警告表示・誤使用の判例と法理

升田 純 著

発行 民事法研究会

はしがき

　本書は、警告表示と誤使用についての基本的な考え方と過去の関連する裁判例を紹介したものである。

　われわれが、日常の生活や経済活動を行うにあたって、製品・設備を利用することは不可避である。時代とともに利用する製品等は増加し、その性能は向上し、機能・構造はますます複雑になっている。製品等の安全性の確保のためにさまざまな設計が行われ、製造過程でも不良品排除のシステムが導入され、取扱説明書等による警告表示に関しても工夫がなされてきているが、これらが実施されたとしても製品等事故がなくなるわけではない。

　実際に発生した製品等事故につき原因の究明を行うと、さまざまな原因が同時あるいは順次関与して発生することが多く、そのような原因の中でも、製品の利用者等の誤使用・不注意等の利用者側の原因が関与していることが少なくない。製品等事故の事故原因の分析・判定については、それ自体重要で困難な課題であるが、製造業者、利用者、行政等のさまざまな立場から大きな関心が寄せられるだけでなく、利用者への警告、将来の事故防止（要するに、利用者に誤使用・不注意をしないよう注意喚起をすることによって、将来の事故防止を図ろうとするものである）、製品の改良、示談・訴訟等の場面で鋭く見解が対立する課題でもある。特に、訴訟の場面では、事故原因として認められる蓋然性のある利用者の誤使用・不注意をめぐってさまざまな見解が登場し、その取扱いが重要な問題になることがある。

　また、近年、消費者庁の発足等をきっかけにして、事故情報・リコール情報を含む製品情報の提供・利用が盛んに提唱されてきたが、現在のところ、製品情報の受け手である消費者等は、残念ながら関心が高いとはいえない。製造業者等の製品情報の提供は、取扱説明書等によって相当改善されている反面、製品情報の受け手の現実をみると、将来の事故防止にどの程度活用されているか、さらに活用するためにはどのようにすべきであるかが重要な課題として浮上してくるわけである。しかも、製品等事故が発生し、訴訟に至ったような場合には、警告（表示・指示を含む）上の過失・欠陥が主張され

はしがき

ることが少なくなく、その取扱いが重要な問題になることがある。

　筆者は、以上のような関心の下、従来から製品等事故における警告表示・誤使用（不注意等の利用者側の事故原因を含む）をめぐる問題に関心をもち、関連する裁判例を収集し、それぞれの基本的な考え方、訴訟実務のあり方を模索するとともに、警告表示と誤使用との関係にも関心をもっていた。これらの問題に関連する裁判例の収集と分析を終え、警告表示については、判例時報（2061号～2076号）に、誤使用については、NBL（934号～939号）にそれぞれ主要な裁判例を紹介しながら、分析の結果を要約して紹介したが、それらの各論文を整理・拡充し、さらに網羅的に裁判例を紹介したものが本書である。

　本書は、製品等事故につき損害賠償請求訴訟が提起された場面における警告表示・誤使用の諸問題を取り扱ったものであり、他の場面における諸問題については関心をもちつつも、言及していないという限界がある。本書で紹介した諸問題あるいは言及しなかった諸問題、その解決のあり方は、今後ともますます重要になるものと予想される。これらの諸問題に一石を投じることが本書の執筆の動機である。

　本書が比較的短期間で出版に漕ぎ着けることができたのは、民事法研究会の田口信義社長と編集部の南伸太郎氏のご尽力があってのものである。感謝を申し上げたい。

　　平成23年1月吉日

　　　　　　　　　　　　　　　　　　　　　　　　　升　田　　　純

目　次

第1部　製品情報の提供と製品事故

第1章　製品事故の背景 …………………………………… 2
1　製品の製造・販売をめぐる状況 ……………………… 2
2　製品事故の防止――個人の役割 ……………………… 3
3　製品情報の意義 ………………………………………… 4

第2章　製品情報と製品取引の関係 ……………………… 6
1　製品情報の提供 ………………………………………… 6
2　製品情報の位置づけ …………………………………… 7

第3章　製品情報の提供・伝達・消化 …………………… 9
1　製品情報の提供・利用の現状 ………………………… 9
2　製品情報の伝達の担い手 ……………………………… 11
3　消費者教育の充実 ……………………………………… 11
4　今後の課題 ……………………………………………… 13

第2部　警告表示をめぐる判例と法理

第1章　製品の警告表示と警告上の過失・欠陥 ……… 16
1　警告表示の意義 ………………………………………… 16
2　警告表示をめぐる実務の動向 ………………………… 19
3　警告表示の内容・範囲 ………………………………… 22
4　製品取引と警告表示 …………………………………… 25

目 次

　5　製品情報の提供者と法的な責任 ……………………………… 27
　6　製品情報の提供の方法・手段 ………………………………… 28
　　(1)　方法・手段 …………………………………………………… 28
　　(2)　情報提供にあたって留意すべきこと ……………………… 29
　7　製品の表示に関する法律 ……………………………………… 30
　8　製品の表示等に関するクレーム ……………………………… 32
　9　警告表示に関する過失・欠陥をめぐる裁判例の紹介の
　　意義 ……………………………………………………………… 33

第2章　警告上の過失・欠陥をめぐる裁判例 ……………… 35

　1　医薬品・医療器具等に関する警告上の過失・欠陥 ………… 35
　　(1)　概　説 ………………………………………………………… 35
　　(2)　医薬品事故をめぐる裁判例 ………………………………… 35
〔1〕　福寿草根の販売業者の指示・警告義務違反を肯定した事例（大
　　阪地判昭和41・5・20判時473号48頁）……………………………… 36
〔2〕　キノホルム剤の製造・販売業者等の警告上の過失を肯定した事
　　例（新潟地判平成6・6・30判タ849号279頁）……………………… 38
〔3〕　クロロキン製剤の製造業者の警告上の過失を肯定した事例（東
　　京高判平成6・9・13判タ862号159頁）……………………………… 43
〔4〕　厚生大臣がクロロキン製剤の副作用による被害の発生を防止す
　　るために薬事法上の権限を行使しなかったことが国家賠償法1条
　　1項の適用上違法とはいえないとした事例（最二小判平成7・
　　6・23民集49巻6号1600頁、判時1539号32頁、判タ887号61頁、
　　判自143号42頁）………………………………………………………… 47
〔5〕　筋肉注射剤の製造・販売における指示・警告義務違反、警告上
　　の過失を肯定した事例（福島地白河支判昭和58・3・30判時1075
　　号28頁、判タ493号166頁）…………………………………………… 49
〔6〕　ストレプトマイシンの製造業者の警告上の過失を肯定した事例
　　（東京地判昭和53・9・25判時907号24頁）………………………… 54

〔7〕〔6〕の控訴審判決であり、ストレプトマイシンの製造業者の
警告上の過失を肯定した事例（東京高判昭和56・4・23判時1000
号61頁） ··· 57
〔8〕 脊椎麻酔剤の製造業者の警告上の過失を否定した事例（東京地
判平成4・1・30判タ792号191頁） ································· 58
〔9〕 血液製剤の製造業者の警告表示義務違反、警告上の過失を否定
した事例（横浜地判平成12・11・17判時1749号70頁） ············· 60
〔10〕 医療用漢方薬の輸入業者の指示・警告義務違反、警告上の過失
を肯定した事例(1)（名古屋地判平成14・4・22判時1866号108頁） ··· 64
〔11〕 医療用漢方薬の輸入業者の指示・警告義務違反、警告上の過失
を肯定した事例(2)（名古屋地判平成16・4・9判時1869号61頁） ······ 66
　　⑶　医療器具事故をめぐる裁判例 ································· 68
〔12〕 送血ポンプの製造業者の警告上の過失を肯定した事例（東京高
判平成14・2・7判時1789号78頁、判タ1136号208頁） ··············· 68
〔13〕 個々には設計上の欠陥は認められない2種類の医療器具を組み
合わせて利用したことによって生じる不具合に関する指示・警告
上の欠陥を肯定した事例（東京地判平成15・3・20判時1846号62頁） ··· 72
　2　ガス機器の警告上の過失・欠陥 ································· 77
　　⑴　概　説 ··· 77
　　⑵　ガス機器事故をめぐる裁判例 ································· 77
〔14〕 ガス湯沸器の販売業者の警告上の過失を肯定した事例（東京地
判昭和45・8・31判時617号74頁） ································· 77
〔15〕 営業用ガスレンジの販売業者の指示・説明上の過失を肯定した
事例（前橋地高崎支判昭和47・5・2判時687号88頁） ············· 79
〔16〕 プロパンガスによる保温装置の製造業者の説明指示上の過失を
否定した事例（大阪高判昭和49・1・31判時752号40頁） ············· 81
〔17〕 ガス風呂釜の販売業者の助言義務違反を否定した事例（東京地
判昭和50・6・30判時801号52頁） ································· 83
〔18〕 ガス事業者の周知義務違反を否定した事例（東京地判昭和55・

10・31判時1005号139頁) ·· 85
〔19〕　ガス事業者の指導義務違反を肯定した事例（京都地判昭和56・
　12・14判時1050号112頁) ·· 86
〔20〕　被害者の誤使用が事故原因であるとし、ガスストーブの製造業
　者の指示上の欠陥等を否定した事例（東京地判昭和59・3・26判
　時1143号105頁) ··· 88
〔21〕　ガス配管等の施工業者らの業務上の注意義務違反を肯定し、重
　過失を否定した事例（浦和地判平成元・9・27判時1352号131頁) ··· 91
〔22〕　ガス機器の販売後における製造業者の事故情報の提供義務違反
　を否定した事例（札幌地判平成10・7・26判タ1040号247頁) ········ 93
　3　エスカレータ・エレベータの警告上の過失・欠陥 ········ 96
　　(1)　概　説 ·· 96
　　(2)　エスカレータ事故をめぐる裁判例 ······································ 96
〔23〕　エスカレータの製品情報の提供義務違反を認め、設置・保存の
　瑕疵を肯定した事例（松山地判昭和48・2・19判時708号79頁) ····· 96
〔24〕　エスカレータの設置・保存の瑕疵を否定した事例（東京地判昭
　和56・8・7判時1026号105頁) ··· 99
〔25〕　エスカレータの構造上の瑕疵を否定し、本来備えるべき設備・
　配慮を欠いていたとして保存の瑕疵を肯定した事例（東京地判昭
　和56・10・28判時1042号115頁) ··· 102
〔26〕　エスカレータの設置・保存の瑕疵を肯定した事例（山形地酒田
　支判昭和57・1・14判タ470号174頁) ··································· 104
〔27〕　親の不注意、幼児の誤動作が事故原因であるとし、エスカレー
　タの設置店の説明義務違反、設置・保存の瑕疵を否定した事例
　（東京地判昭和57・12・24判時1096号95頁) ···························· 106
　　(3)　エレベータ事故をめぐる裁判例 ······································ 108
〔28〕　エレベータの製造業者の指示・警告義務違反を肯定した事例
　（東京地判平成5・4・28判時1480号92頁) ···························· 109
〔29〕　〔28〕の控訴審判決であり、利用者の異常な乗り方が事故原因

であるとし、エレベータの欠陥を否定し、製造業者の警告上の過
　　　失を否定した事例（東京高判平成6・9・13判時1514号85頁）…… 111
〔30〕エレベータ式立体駐車場装置の販売業者の説明義務違反を肯定
　　　した事例（福岡地小倉支判平成14・10・29判時1808号90頁）…… 114
　4　自動車の警告上の過失・欠陥 ………………………………… 117
　　⑴　概　説 ………………………………………………………… 117
　　⑵　自動車事故をめぐる裁判例 ………………………………… 117
〔31〕安全ベルト・取付金具の製造業者の表示・警告義務を否定した
　　　事例（京都地判昭和48・11・30判時738号89頁）………………… 117
〔32〕運転者の誤操作が事故原因であるとし、警告装置による警告上
　　　の欠陥を否定した事例（東京地判平成21・10・21判時2069号67頁）…… 119
　5　食品の警告上の過失・欠陥 …………………………………… 122
　　⑴　概　説 ………………………………………………………… 122
　　⑵　食品事故をめぐる裁判例 …………………………………… 122
〔33〕熱媒体の製造業者の情報提供義務違反を肯定した事例（福岡地
　　　判昭和52・10・5判時866号21頁）…………………………………… 122
〔34〕熱媒体の製造業者の危険性の周知徹底義務違反を肯定した事例
　　　（福岡地小倉支判昭和53・3・10判時881号17頁）………………… 124
〔35〕〔33〕の控訴審判決であり、熱媒体の製造業者の情報提供義務
　　　違反を肯定した事例（福岡高判昭和59・3・16判時1109号24頁）… 125
〔36〕〔34〕の控訴審判決であり、熱媒体の製造業者の危険性の周知
　　　徹底義務違反を肯定した事例（福岡高判昭和59・3・16判時1109
　　　号45頁）………………………………………………………………… 126
〔37〕健康食品に関する雑誌の宣伝記事を執筆した医学博士の注意義
　　　務違反を肯定したが、雑誌を刊行した出版社の不法行為責任を否
　　　定した事例（名古屋地判平成19・11・30判時2001号69頁）………… 127
〔38〕こんにゃく入りゼリーの警告表示上の欠陥を否定した事例（神
　　　戸地姫路支判平成22・11・17判時2096号116頁）………………… 132
　6　日用品の警告上の過失・欠陥 ………………………………… 135

目次

　　(1)　概　説 …………………………………………………… 135
　　(2)　日用品事故をめぐる裁判例 ………………………… 135
〔39〕　金槌の製造業者等の警告義務を否定した事例（京都地判昭和
　　　58・3・30判時1089号94頁）……………………………… 136
〔40〕　カビ取り剤の製造・販売業者の警告上の過失を肯定した事例
　　　（東京地判平成3・3・28判時1381号21頁）……………… 138
〔41〕　〔40〕の控訴審判決であり、製造・販売業者の不法行為責任を
　　　否定した事例（東京高判平成6・7・6判時1511号72頁）……… 140
〔42〕　防火関係機器の設置に伴う表示・警告等の義務違反を否定した
　　　事例（東京地判平成8・1・25判タ918号150頁）……………… 141
〔43〕　強化耐熱製の食器の表示上の欠陥を肯定した事例（奈良地判平
　　　成15・10・8判時1840号49頁）…………………………… 143
〔44〕　ピアノ用防虫防錆剤の設計上の欠陥を肯定し、部品の製造業者
　　　の指示・警告上の欠陥を肯定した事例（東京地判平成16・3・23
　　　判時1908号143頁）………………………………………… 148
〔45〕　自転車のペダル軸の設計上の欠陥を否定し、製造業者の販売店
　　　に対する指示・警告上の欠陥を肯定した事例（広島地判平成16・
　　　7・6判時1868号101頁）…………………………………… 151
〔46〕　携帯電話・リチウム電池の製造上の欠陥、警告表示上の欠陥を
　　　否定した事例（仙台地判平成19・7・10判時1981号66頁）…… 154
〔47〕　電動自転車の製造業者の法令上の規制に関する説明義務違反を
　　　肯定した事例（東京地判平成19・10・29判時2002号116頁）…… 156
〔48〕　〔46〕の控訴審判決であり、携帯電話の警告表示上の欠陥を肯
　　　定した事例（仙台高判平成22・4・22判時2086号42頁）……… 158
　7　化粧品の警告上の過失・欠陥 ……………………………… 161
　　(1)　概　説 …………………………………………………… 161
　　(2)　化粧品事故をめぐる裁判例 …………………………… 161
〔49〕　化粧品の指示・警告上の欠陥を否定した事例（東京地判平成
　　　12・5・22判時1718号3頁）……………………………… 161

8

8 乳幼児用製品の警告上の過失・欠陥 ································· 166
 (1) 概　説 ··· 166
 (2) 乳幼児用製品事故をめぐる裁判例 ······································· 166
〔50〕 乳幼児用防護棚の製造業者の表示・警告上の過失を否定した事例（神戸地尼崎支判昭和54・3・23判時942号87頁） ················ 166

9 レジャー用製品の警告上の過失・欠陥 ································· 169
 (1) 概　説 ··· 169
 (2) レジャー用製品事故めぐる裁判例 ······································· 169
〔51〕 使用者の誤使用が事故原因であるとし、ベンチの設置・管理の瑕疵を否定した事例（東京地判昭和58・2・24判時1072号121頁） ··· 169
〔52〕 使用者の誤使用が事故原因であるとし、遊具用そりの製造業者の警告義務を否定した事例（富山地高岡支判平成2・1・31判時1347号103頁） ··· 171
〔53〕 使用者の誤動作が事故原因であるとし、テニスシューズの製造業者の警告義務違反を否定した事例（東京地判平成5・2・18判タ823号211頁） ·· 173
〔54〕 不適切な管理運行が事故原因であるとし、レジャー施設の設計・施工業者の説明・警告義務を否定した事例（東京地判平成7・3・29判時1555号65頁） ··· 175
〔55〕 児童の誤使用が事故原因であるとしたものの、回転シーソーの設置・管理の瑕疵を肯定した事例（山口地下関支判平成9・3・17判時1637号104頁、判タ955号165頁） ·· 179
〔56〕 操縦者の誤使用・誤改造が事故原因であるとし、ジェットスキーの製造・販売業者の警告・指導義務を否定した事例（京都地判平成12・3・27判タ1107号252頁） ·· 181
〔57〕 〔56〕の控訴審判決であり、ジェットスキーの製造・販売業者の警告・指導義務を否定した事例（大阪高判平成12・11・21判タ1107号249頁） ·· 185
〔58〕 危険な施設を設置する場合の警告義務を肯定し、箱ブランコの

設置の瑕疵を肯定した事例（福井地判平成14・2・28判時1789号108頁） ··· 187
〔59〕 スキー場管理会社の警告義務違反を否定した事例（東京地判平成16・11・19判タ1180号227頁） ··· 190

10 事業用・産業用の製品・設備の警告上の過失・欠陥 ······ 193
(1) 概 説 ·· 193
(2) 事業用・産業用の製品・設備事故をめぐる裁判例 ············ 193

〔60〕 事業者の安全配慮義務違反を肯定し、コンビットの製造業者の指示・説明義務違反を否定した事例（福岡地判昭和59・6・19判時1125号146頁） ·· 193
〔61〕 使用者の誤使用が事故原因であるとし、ホイストの製造業者らの情報提供義務違反を否定した事例（岐阜地大垣支判昭和60・4・25判時1169号105頁） ··· 196
〔62〕 荷物運搬用の昇降機の製造業者の指示・警告義務違反を肯定した事例（山口地判平成3・2・27判タ757号208頁） ················· 199
〔63〕 製麺機の製造業者の指示・警告義務違反を肯定した事例（東京地判平成4・11・30判時1482号120頁、判タ834号150頁） ··········· 202
〔64〕 使用者の誤使用が事故原因であるとし、歩行型耕耘機の警告・表示義務違反を否定した事例（名古屋地判平成11・9・10判時1718号108頁） ·· 204
〔65〕 竹材の表示・警告の欠陥を肯定した事例（長崎地判平成14・5・14判時1934号55頁） ··· 206
〔66〕 パンフレットの警告に関する記載を重視し、ポンプ、バルブの欠陥を認めた事例（東京高判平成16・10・12判時1912号20頁） ······ 208
〔67〕 〔65〕の控訴審判決であり、竹材の表示・警告の欠陥を肯定した事例（福岡高判平成17・1・14判時1934号45頁） ························· 213
〔68〕 使用者の誤使用・誤メンテナンスが事故原因であるとし、高速オフセット印刷輪転機の製造業者の警告義務違反を否定した事例（大阪地判平成17・5・27判時1915号65頁） ································· 215

〔69〕 規制対象物質の輸入業者の注意義務違反を否定し、指示・警告
上の欠陥を否定した事例（東京地判平成17・7・19判時1976号76頁）… 219

〔70〕 マシニングセンタの警告上の欠陥を否定した事例（東京地判平
成19・2・5判時1970号60頁） ……………………………………… 222

〔71〕 焼却炉の指示・警告上の欠陥を肯定した事例（名古屋高金沢支
判平成19・7・18判タ1251号333頁） …………………………… 226

11 情報の欠陥 ……………………………………………………………… 229
　⑴ 概　説 …………………………………………………………………… 229
　⑵ 情報の欠陥をめぐる裁判例 …………………………………………… 229
〔72〕 出版社の品質保証責任を否定し、書籍情報の欠陥を否定した事
例（熊本地判昭和53・12・22判タ374号82頁） …………………… 229

12 その他の製品の警告上の過失・欠陥 …………………………… 232
　⑴ 概　説 …………………………………………………………………… 232
　⑵ その他の製品に関する事故をめぐる裁判例 ………………………… 232
　　(A) 肥　料 ……………………………………………………………… 232
〔73〕 肥料の販売業者の指示・警告義務違反を肯定した事例（高知地
判昭和51・1・19判時819号83頁） ………………………………… 232
　　(B) 積載貨物 …………………………………………………………… 234
〔74〕 高度さらし粉の製造業者等の危険性の周知徹底義務違反を肯定
した事例（東京地判昭和61・3・3判時1222号56頁） …………… 234
〔75〕 〔74〕の控訴審判決であり、高度さらし粉の製造業者等の危険
性の周知徹底義務違反を肯定した事例（東京高判平成元・2・6
判時1310号83頁） …………………………………………………… 235
〔76〕 〔75〕の上告審判決であり、高度さらし粉の製造業者等の危険
性の告知義務違反を否定した事例（最一小判平成5・3・25民集
47巻4号3079頁、判時1478号115頁、判タ833号139頁、金判940号
3頁） ……………………………………………………………………… 237
　　(C) 煙　草 ……………………………………………………………… 238
〔77〕 煙草の製造・販売業者に対する警告文表示等の請求を否定した

事例（名古屋地判平成11・3・15判タ1001号205頁） ……………… 238
13　製品情報の提供（取扱説明書の交付等）と誤使用 ……… 242
　⑴　概　説 ………………………………………………………… 242
　⑵　製品情報の提供をめぐる裁判例 …………………………… 242
〔78〕　医師が医薬品を使用するにあたって添付文書（能書）記載の注意事項に従わず、それによって医療事故が発生した場合には、これに従わなかったことにつき特段の合理的理由がない限り、医師の過失が推定されるとした事例（最三小判平成8・1・23民集50巻1号1頁、判時1571号57頁、判タ914号106頁） ……………… 243

第3部　誤使用をめぐる判例と法理

第1章　製品・設備事故における誤使用 ……………… 248
1　はじめに ………………………………………………………… 248
2　事故原因の判断と誤使用の位置づけ ……………………… 249
　⑴　設備事故の原因の特定 ……………………………………… 249
　⑵　製品事故の原因の特定 ……………………………………… 250
　⑶　事故原因と誤使用の取扱い ………………………………… 252
3　誤使用の意義 …………………………………………………… 253
　⑴　誤使用の意義・定義 ………………………………………… 253
　⑵　製品・設備の用途・用法 …………………………………… 254
　　（A）　用途・用法が明らかな場合 …………………………………… 255
　　（B）　取扱説明書等によって用途・用法を認識する場合 ………… 256
4　誤使用の内容・態様 …………………………………………… 257
　⑴　軽微な誤使用、著しい誤使用、重大な誤使用 …………… 257
　⑵　法令違反の使用 ……………………………………………… 258
　⑶　本来の用途・用法以外の使用 ……………………………… 259
　⑷　通常の用途・用法以外の使用 ……………………………… 259

(5)　誤使用の問題場面 …………………………………………… 260
　(6)　取扱説明書に記載された用途・用法以外の使用 ………… 261
　(7)　不適正な使用 ………………………………………………… 261
　(8)　異常使用 ……………………………………………………… 262
　(9)　常識外の使用、異常な行動、常識外の行動、常軌を
　　　逸した行動 …………………………………………………… 263
　(10)　予想外の使用・行動 ………………………………………… 263
5　適正使用・誤使用の主張・立証、認定 ……………………… 264
　(1)　適正使用・誤使用の認定 …………………………………… 264
　(2)　適正使用・誤使用の主張・立証 …………………………… 265
6　製品・設備事故における瑕疵・欠陥の判断の枠組み …… 266

第2章　誤使用をめぐる裁判例 …………………………… 270

1　建物事故における誤使用 ……………………………………… 270
　(1)　概　説 ………………………………………………………… 270
　(2)　建物事故をめぐる裁判例 …………………………………… 270
〔79〕　幼児の予測外の行動、親の監督過誤が事故原因であるとし、空
　　　港の設置の瑕疵を否定した事例（東京高判昭和40・3・24判時
　　　408号11頁）…………………………………………………… 270
〔80〕　居酒屋の窓の安全性の欠如による瑕疵を肯定した事例（名古屋
　　　地判昭和43・8・28判時539号26頁）……………………… 273
〔81〕　旅客の誤動作が事故原因であるとし、空港の設置・管理の瑕疵
　　　を否定した事例（東京地判昭和44・9・4判時582号81頁）………… 275
〔82〕　受傷者の明白に危険な行為、誤操作が事故原因であるとし、飲
　　　食店の設置・保存の瑕疵を否定した事例（浦和地判昭和57・9・
　　　29判時1068号90頁）………………………………………… 276
〔83〕　幼児の異常な行動を否定し、建物の設置・保存の瑕疵を肯定し
　　　た事例（福岡地小倉支判平成4・9・1判タ802号181頁）………… 279

目次

〔84〕 高齢者の不注意が事故原因であるとし、自動ドアの瑕疵・欠陥を否定した事例（東京地判平成6・3・29判タ868号217頁） ……… 281

〔85〕 玄関ドアが強風によって急激に閉まったことが事故原因であるとし、ドアクローザーが行政規制に適合していたことから売主らの過失を否定した事例（東京地判平成7・11・15判タ912号203頁） …… 282

〔86〕 賃貸建物の手摺の設置・保存の瑕疵を肯定した事例（東京地判平成9・4・15判時1631号96頁） ………………………………… 284

〔87〕 マンションの専有部分の設置・保存の瑕疵を肯定した事例（東京地判平成9・12・24判タ991号209頁） ……………………… 286

〔88〕 居住者の不注意が事故原因であるとし、公営住宅の設置・管理の瑕疵を否定した事例（熊本地判平成11・8・27判時1696号131頁） …………………………………………………………………… 288

〔89〕 商業施設の設置・保存の瑕疵を肯定した事例（札幌地判平成11・11・17判時1707号150頁） ……………………………………… 291

〔90〕 宿泊施設の客室の設置・管理の瑕疵を肯定した事例（東京地判平成13・5・11判時1765号80頁） ………………………………… 293

〔91〕 水分・油分の付着によるビルの保存の瑕疵を肯定した事例（東京地判平成13・11・27判時1794号82頁） ……………………… 296

〔92〕 自動ドアの設置・保存の瑕疵を肯定した事例（東京地判平成13・12・27判時1798号94頁） ……………………………………… 297

〔93〕 公道上に日除けテントを放置したことが事故原因であるとし、飲食店の経営者の不法行為を肯定した事例（東京地判平成14・12・17判タ1155号231頁） ………………………………………… 301

〔94〕 介護老人保健施設の設置・保存の瑕疵を肯定した事例（福島地白河支判平成15・6・3判時1838号116頁） ……………………… 302

〔95〕 高齢者の転倒事故につき介護事業者の債務不履行を肯定した事例（福岡地判平成15・8・27判時1843号133頁） ………………… 304

〔96〕 賃貸住宅の設置・保存の瑕疵を肯定した事例（福岡高判平成19・3・20判時1986号58頁） ……………………………………… 306

〔97〕 建物の生垣の瑕疵を肯定した事例（大阪地判平成19・5・9判タ1251号283頁） ………………………………………………… 308
 2 学校事故における誤使用 ……………………………… 311
  (1) 概　説 …………………………………………………… 311
  (2) 学校事故をめぐる裁判例 ………………………………… 311
〔98〕 滑り台の設置・管理の瑕疵を肯定した事例（松山地判昭和46・8・30判時652号69頁） ……………………………………… 311
〔99〕 児童の誤使用を認めつつ、雲梯の設置・管理の瑕疵を肯定した事例（京都地判昭和47・11・30判時704号77頁） ………… 313
〔100〕 門扉の設置・管理の瑕疵を肯定した事例（宇都宮地判昭和56・5・28判時1038号339頁） ……………………………… 315
〔101〕 プールの設置・管理の瑕疵を肯定した事例（最一小判昭和56・7・16判時1016号59頁、判タ452号93頁） ………… 317
〔102〕 回旋シーソーの設置・管理の瑕疵を肯定した事例（福岡地小倉支判昭和58・8・26判時1105号101頁） ………………… 319
〔103〕 サッカーゴールの設置・保存の瑕疵を肯定した事例（岐阜地判昭和60・9・12判時1187号110頁） …………………… 321
〔104〕 ほうきの設置・管理の瑕疵を肯定した事例（東京高判平成5・8・31判タ848号139頁） ………………………………… 323
〔105〕 小学生の誤使用が事故原因であるとし、ゴールポストの設置・管理の瑕疵を否定した事例（千葉地木更津支判平成7・9・26判タ894号127頁） ……………………………………… 326
〔106〕 児童の誤使用が事故原因であるとしたものの、回転シーソーの設置・管理の瑕疵を肯定した事例（山口地下関支判平成9・3・17判時1637号104頁、判タ955号165頁） ……………… 328
〔107〕 日時計の設置・管理の瑕疵を肯定した事例（東京地判平成9・11・21判時1640号143頁） …………………………… 330
〔108〕 強化耐熱製の食器を運ぶ児童の誤使用を否定し、表示上の欠陥を肯定した事例（奈良地判平成15・10・8判時1840号49頁） …… 332

15

3 公園・遊園地事故における誤使用 ……………………… 333
  (1) 概　説 …………………………………………………… 333
  (2) 公園・遊園地事故をめぐる裁判例 ……………………… 333

〔109〕手摺の異常な事態が事故原因であるとし、滑り台の設置・管理の瑕疵を否定した事例（大阪地判昭和54・10・5判時958号95頁）………………………………………………………………… 333

〔110〕本来の方法を逸脱した遊戯方法が事故原因であるとし、ブランコの構造上の瑕疵を否定した事例（大阪地判昭和59・11・28判時1155号281頁）………………………………………… 335

〔111〕事故防止のための注意義務を怠ったとし、遊園地の運営会社の不法行為を肯定した事例（東京地判昭和59・12・20判時1167号66頁）………………………………………………… 338

〔112〕展望台の管理の瑕疵を肯定した事例（東京地判昭和61・10・28判タ630号173頁）……………………………………… 340

〔113〕ターザンロープの設置・管理の瑕疵を否定した事例（東京地判平成3・4・23判タ767号96頁）………………………… 342

〔114〕事故にあった者の不注意が事故原因であるとし、公園の設置・管理の瑕疵を否定した事例（東京地判平成8・5・21判タ920号170頁）………………………………………………… 344

〔115〕箱型ブランコの設置・管理の瑕疵を肯定した事例（横浜地判平成13・12・5判時1774号98頁）………………………… 346

〔116〕〔115〕の控訴審判決であり、児童の誤使用が事故原因であるとし、箱型ブランコの設置・管理の瑕疵を否定した事例（東京高判平成14・8・7判時1795号110頁）…………………… 349

〔117〕箱型ブランコの設置・管理の瑕疵を肯定した事例（福井地判平成14・2・28判時1789号108頁）…………………… 350

〔118〕〔117〕の控訴審判決であり、箱型ブランコの設置・管理の瑕疵を肯定した事例（名古屋高金沢支判平成15・2・19判タ1141号166頁）………………………………………………… 351

4 レジャー施設・スポーツ施設事故における誤使用 353
　⑴　概　説 353
　⑵　レジャー施設・スポーツ施設事故をめぐる裁判例 354
〔119〕　ゴルフ場の設置・保存の瑕疵を肯定し、キャディの不注意が
　　　　事故原因であるとし、プレーヤーの不法行為責任を否定した事
　　　　例（神戸地伊丹支判昭和47・4・17判時682号52頁）................. 354
〔120〕　プレーヤーの不注意が事故原因であるとし、ゴルフ場の管理
　　　　の瑕疵を否定した事例（浦和地判昭和53・9・28判時930号93頁）...... 357
〔121〕　〔120〕の控訴審判決であり、ゴルフ場の管理の瑕疵を否定し
　　　　た事例（東京高判昭和56・1・30判時995号54頁）........................ 359
〔122〕　使用者の誤使用が事故原因であるとし、日覆いの設置・管理
　　　　の瑕疵を否定した事例（東京地判昭和58・2・24判時1072号121頁）... 360
〔123〕　審判台の設置・管理の瑕疵を肯定した事例（仙台地判昭和
　　　　59・9・18判タ542号249頁） 361
〔124〕　水泳クラブの管理過誤を肯定し、市のタイム測定用電気時計
　　　　の設置・管理の瑕疵を否定した事例（大阪高判昭和60・6・26
　　　　判時1176号102頁）... 363
〔125〕　スキーヤー自身の過失が事故原因であるとし、スキー場の運
　　　　営者の不法行為を否定した事例（最一小判平成2・11・8判時
　　　　1375号65頁、判タ751号62頁、金判869号35頁）...................... 366
〔126〕　〔123〕の上告審判決であり、幼児の通常予測し得ない異常な
　　　　行動が事故原因である等とし、審判台の設置・管理の瑕疵を否
　　　　定した事例（最三小判平成5・3・30民集47巻4号3226頁、判
　　　　時1500号161頁、判タ856号197頁）...................................... 369
〔127〕　キャディの不注意を認めつつ、ゴルフプレーヤーの不法行為
　　　　を肯定した事例（神戸地判平成5・5・25判タ840号172頁）......... 372
〔128〕　練習者の不注意が事故原因であるとし、ゴルフ練習場の設
　　　　置・管理の瑕疵を否定し、経営会社の不法行為責任を否定した
　　　　事例（静岡地判平成7・3・10判時1554号130頁）..................... 374

17

目 次

〔129〕 管理運行者の誤使用が事故原因であるとし、レジャー施設の瑕疵を否定した事例(東京地判平成7・3・29判時1555号65頁) … 376

〔130〕 サッカーゴールの設置・管理の瑕疵を肯定した事例(鹿児島地判平成8・1・29判タ916号104頁) …………………………… 377

〔131〕 スポーツ施設の設置・保存の瑕疵を肯定した事例(東京地判平成9・2・13判タ953号208頁) ……………………………… 379

〔132〕 スキー場の設置・管理の瑕疵を肯定した事例(東京地判平成10・2・25判時1662号98頁) ………………………………… 381

〔133〕 〔132〕の控訴審判決であり、スキー場の設置・管理の瑕疵を肯定した事例(東京高判平成10・11・25判時1662号96頁) ………… 383

〔134〕 車両の運転・操作者の誤操作が事故原因であるとし、ダートトライアル競技場の設置・管理の瑕疵を否定した事例(浦和地判平成10・9・25判時1673号119頁) ……………………………… 384

〔135〕 ゴルフ場におけるプレーヤーの不法行為を肯定した事例(東京高判平成11・11・2判時1709号35頁) ………………………… 387

〔136〕 操縦者の誤使用・誤改造が事故原因であるとし、ジェットスキーの製造業者の警告・指導義務違反を否定した事例(京都地判平成12・3・27判タ1107号252頁) ………………………………… 389

〔137〕 スキーヤーの誤操作が事故原因であるとし、スキー場の設置・管理の瑕疵を否定した事例(福岡地行橋支判平成14・3・5判タ1133号155頁) ………………………………………………… 390

〔138〕 スキーヤーの操作技量の問題を指摘しつつ、スキー場の設置・保存の瑕疵を否定した事例(長野地判平成16・7・12判タ1195号198頁) ……………………………………………………… 392

〔139〕 スキーヤーの誤操作が事故原因であるとし、スキー場の経営会社の安全管理義務違反を否定した事例(東京地判平成16・11・19判タ1180号227頁) ………………………………………… 395

〔140〕 ゴルフ場におけるプレーヤーの不法行為を肯定した事例(大阪地判平成17・2・14判時1921号112頁) ……………………… 396

18

5　工場内事故における誤使用 …………………………… 399
　⑴　概　説 …………………………………………………… 399
　⑵　工場内事故をめぐる裁判例 …………………………… 399
〔141〕　使用者の誤操作が事故原因であるとし、リフトの製造業者等
　　　の損害賠償責任を否定した事例（岐阜地大垣支判昭和60・4・
　　　25判時1169号105頁） ………………………………………… 399
〔142〕　荷物運搬用の昇降機の納入・施工業者の指示・警告義務違反
　　　を肯定した事例（山口地判平成3・2・27判タ757号208頁） ……… 400
〔143〕　作業用エレベータの設置・保存の瑕疵を肯定した事例（東京
　　　地判平成5・10・25判時1508号138頁） …………………………… 401
〔144〕　油圧裁断機の欠陥を肯定した事例（東京高判平成13・4・12
　　　判時1773号45頁） ……………………………………………… 403

6　道路事故における誤使用 …………………………… 407
　⑴　概　説 …………………………………………………… 407
　⑵　道路事故をめぐる裁判例 ……………………………… 407
〔145〕　国等の道路管理の瑕疵を肯定した事例（最一小判昭和45・
　　　8・20民集24巻9号1268頁、判時600号71頁） ……………………… 407
〔146〕　幼児の誤使用が事故原因であるとし、市道の設置・管理の瑕
　　　疵を否定した事例（最三小判昭和53・7・4民集32巻5号809頁、
　　　判時904号52頁、判タ370号68頁） ………………………………… 409
〔147〕　県道の状況と事故発生との因果関係を否定し、県道の設置・
　　　管理の瑕疵を否定した事例（最一小判昭和55・3・13判時968号
　　　46頁、判タ417号91頁） ……………………………………… 411
〔148〕　埋立地内道路の設置・管理の瑕疵を肯定した事例（最一小判
　　　昭和55・9・11判時984号65頁、判タ428号63頁） ………………… 412
〔149〕　運転者の急ブレーキが事故原因であるとし、県道の設置・管
　　　理の瑕疵を否定した事例（最一小判昭和55・12・11判時991号76
　　　頁、判タ434号166頁） ………………………………………… 415
〔150〕　歩行者の不注意の可能性を指摘しつつ、信号機の設置・管理

目次

　　　　の瑕疵を肯定した事例（最二小判昭和60・4・26裁判所 HP） …… 417
〔151〕 歩行者の通常予測できない行動が事故原因であるとし、荒湯桶の設置・管理の瑕疵を否定した事例（最一小判昭和63・1・21裁判所 HP） ………………………………………………………… 420
〔152〕 運転者の誤操作が事故原因であるとし、村道等の設置・管理の瑕疵を否定した事例（盛岡地判平成元・5・18判タ764号160頁） … 422
〔153〕 通行者の通常予測し得ない動作が事故原因であるとし、市道の設置・管理の瑕疵を否定した事例（大阪地堺支判平成2・3・22判時1346号112頁） ……………………………………… 424
〔154〕 市道の設置・管理の瑕疵を肯定した事例（大阪地判平成2・8・8判時1372号113頁） ………………………………………… 425
〔155〕 町道の設置・管理の瑕疵を肯定した事例（広島地判平成2・8・31判時1368号101頁） ……………………………………… 427
〔156〕 歩行者の通常予想できない行動が事故原因であるとし、遊歩道の設置・管理の瑕疵を否定した事例（福岡地判平成4・4・24判時1437号134頁、判タ791号116頁） ……………………… 429
〔157〕 運転者の異常な行動が事故原因であるとし、橋の設置・管理の瑕疵を否定した事例（浦和地判平成5・1・25判自110号94頁） …… 431
〔158〕 〔156〕の控訴審判決であり、歩行者の通常予想できない行動が事故原因であるとし、遊歩道の設置・管理の瑕疵を否定した事例（福岡高判平成5・11・29判タ855号194頁） ……………… 433
〔159〕 排水路の通路部分の設置・管理の瑕疵を肯定した事例（山形地酒田支判平成6・7・28判時1527号139頁） ………………… 435
〔160〕 国道の設置・管理の瑕疵を肯定した事例（福井地判平成7・4・26判時1555号112頁） ……………………………………… 437
〔161〕 駐車車両の放置が道路管理の瑕疵に当たるとし、道路の管理の瑕疵を肯定した事例（東京地判平成8・9・19判時1858号54頁） … 439
〔162〕 通常有すべき安全性を欠くに至っているとはいえないとし、国道の管理の瑕疵を否定した事例（東京高判平成8・9・26判タ

〔163〕〔160〕の控訴審判決であり、国道の設置・管理の瑕疵を肯定
した事例（名古屋高金沢支判平成8・11・6判時1592号80頁）…… 443
〔164〕 橋の管理の瑕疵を肯定した事例（高知地判平成10・5・11判
タ995号128頁）………………………………………………… 445
〔165〕 歩行者の不注意が事故原因であるとし、マットの安全性を肯
定した事例（東京地判平成11・4・22判タ1016号173頁）………… 447
〔166〕 歩道・河川の設置・管理の瑕疵を肯定した事例（大阪高判平
成13・1・23判時1765号57頁）……………………………………… 449
〔167〕 町道の設置・管理の瑕疵を肯定した事例（福岡地小倉支判平
成13・8・30判時1767号111頁）…………………………………… 451
〔168〕 市道の管理の瑕疵を肯定した事例（神戸地尼崎支判平成13・
12・4判時1798号111頁）…………………………………………… 453
〔169〕 町道の設置・管理の瑕疵を肯定した事例（千葉地判平成14・
1・21判時1783号127頁）…………………………………………… 454
〔170〕 町道の設置・管理の瑕疵を肯定した事例（福岡地行橋支判平
成15・1・28判時1864号154頁）…………………………………… 456
〔171〕 国道の設置・管理の瑕疵を一応推定するとした事例（福岡高
判平成15・7・15判タ1156号197頁）……………………………… 458
〔172〕 歩道の設置・管理の瑕疵を肯定した事例（広島地福山支判平
成17・2・23判時1895号82頁）…………………………………… 460
〔173〕 歩道の設置・管理の瑕疵を肯定した事例（名古屋簡判平成
18・8・2判タ1129号229頁）……………………………………… 462
〔174〕 運転者の誤操作が事故原因であることを推定し、県道の設
置・管理の瑕疵を否定した事例（仙台高判平成20・5・29判タ
1278号250頁）……………………………………………………… 464

7 鉄道事故における誤使用 …………………………………………… 467
　(1) 概　説 …………………………………………………………… 467
　(2) 鉄道事故をめぐる裁判例 ……………………………………… 467

目 次

〔175〕 鉄道設備の設置の瑕疵を肯定した事例（最二小判昭和46・
　　　 4・23民集25巻3号351頁、判時626号25頁、判タ263号211頁）…… 467
〔176〕 踏切の保安設備の設置・保存の瑕疵を肯定した事例（最三小
　　　 判昭和46・9・28判時646号44頁、判タ269号192頁） ……………… 469
〔177〕 自動車の運転者の不注意が事故原因であるとし、踏切の保安
　　　 設備の設置の瑕疵を否定した事例（和歌山地判平成2・8・17
　　　 判タ739号142頁） ………………………………………………………… 472
〔178〕 自動車の運転者の誤操作が事故原因であるとし、鉄道施設の
　　　 設置・管理の瑕疵を否定した事例（最一小判平成2・11・8金
　　　 判869号31頁） ……………………………………………………………… 474
〔179〕 乗客の異常な行動が事故原因であるとし、鉄道設備の設置・
　　　 保存の瑕疵を否定した事例（東京地判平成4・1・28判時1421
　　　 号94頁） …………………………………………………………………… 476
〔180〕 踏切の設置・保存の瑕疵を肯定した事例（前橋地判平成16・
　　　 5・14判時1860号108頁） ………………………………………………… 479

8　河川・海岸等事故における誤使用 …………………………………… 482
　(1)　概　説 ………………………………………………………………… 482
　(2)　河川・海岸等事故をめぐる裁判例 ………………………………… 482

〔181〕 幼児の異常な行動が事故原因であるとし、用水路の設置・管
　　　 理を否定した事例（大阪地判昭和53・7・13判時912号85頁）…… 482
〔182〕 保護者の監督過誤が事故原因であるとし、用水溝の瑕疵を否
　　　 定した事例（最三小判昭和53・12・22判時916号24頁） …………… 484
〔183〕 児童の異常な行動が事故原因であるとし、河川の瑕疵を否定
　　　 した事例（最一小判昭和55・7・17判時982号118頁、判タ424号
　　　 69頁） ………………………………………………………………………… 486
〔184〕 外濠の管理の瑕疵を肯定した事例（大阪地判昭和55・12・25
　　　 判時1012号103頁） ………………………………………………………… 487
〔185〕 水路の設置・管理の瑕疵を肯定した事例（浦和地判昭和56・
　　　 1・30判時1014号103頁） ………………………………………………… 489

22

〔186〕〔184〕の控訴審判決であり、通常予測し得ない児童の異常行動が事故原因であるとし、外濠の設置・管理の瑕疵を否定した事例（大阪高判昭和56・12・24判時1044号380頁） ……………… 491

〔187〕〔186〕の上告審判決であり、児童の無軌道な行動が事故原因であるとし、外濠の設置・管理の瑕疵を否定した事例（最三小判昭和58・10・18判時1099号48頁、判タ513号141頁） ……………… 493

〔188〕児童の著しく軽率な行動等が事故原因であるとし、仮橋の設置・保存の瑕疵を否定した事例（東京高判昭和58・12・20判時1104号78頁） ……………………………………………………………… 494

〔189〕幼児の通常予測し得ない行動が事故原因であるとし、防火用貯水槽の設置・管理の瑕疵を否定した事例（最三小判昭和60・3・12判時1158号197頁、判タ560号127頁、判自19号45頁） ……… 497

〔190〕河川敷の管理の瑕疵を肯定した事例（大分地判昭和60・3・12判時1168号133頁） ……………………………………………… 498

〔191〕排水機場のフェンスの設置・管理の瑕疵を肯定しつつ、事故との因果関係を否定した事例（千葉地判昭和60・11・29判時1190号86頁） ……………………………………………………………… 500

〔192〕用水路の管理の瑕疵を肯定した事例（横浜地判昭和61・7・24判時1210号102頁） ……………………………………………… 501

〔193〕児童の異常な行動が事故原因であるとし、側溝の設置・管理の瑕疵を否定した事例（名古屋地判昭和61・10・23判時1238号110頁） ……………………………………………………………… 503

〔194〕水路の設置・管理の瑕疵を肯定した事例（浦和地判平成元・3・24判時1343号97頁、判タ714号91頁） ……………………… 505

〔195〕河川の管理の瑕疵を肯定した事例（浦和地判平成元・4・26判時1343号103頁） …………………………………………………… 507

〔196〕用排水路の設置・管理の瑕疵を肯定した事例（大阪高判平成元・7・7判時1331号65頁、判タ721号148頁） ……………… 508

〔197〕児童の通常予測できない行動が事故原因であるとし、河川の

目次

　　　　設置・管理の瑕疵を否定した事例（大阪高判平成元・7・28判
　　　　時1331号70頁）………………………………………………………510
〔198〕　幼児の通常予測することができない行動が事故原因であると
　　　　し、河川・市道の管理の瑕疵を否定した事例（大阪高判平成
　　　　2・2・28判タ731号124頁）……………………………………………511
〔199〕　幼児の通常予測することができない異常な行動が事故原因で
　　　　あるとし、用水路の設置・管理の瑕疵を否定した事例（福岡地
　　　　行橋支判平成2・4・18判自76号66頁）…………………………513
〔200〕　幼児の異常な行動が事故原因であるとし、河川の管理の瑕疵
　　　　を否定した事例（東京地判平成3・3・25判タ768号74頁）………515
〔201〕　排水機場の管理の瑕疵を肯定した事例（佐賀地判平成4・
　　　　7・17判タ801号138頁）………………………………………………517
〔202〕　〔201〕の控訴審判決であり、幼児の通常予測できない行動が
　　　　事故原因であるとし、排水機場の設置・管理の瑕疵を否定した
　　　　事例（福岡高判平成5・6・29判タ844号127頁）……………………518
〔203〕　河川の設置・管理の瑕疵を肯定した事例（高松高判平成9・
　　　　1・24判タ937号121頁）………………………………………………521
〔204〕　取水施設の設置・管理の瑕疵を肯定した事例（広島地判平成
　　　　10・2・16判タ1009号107頁）…………………………………………523
〔205〕　用水路の設置・管理の瑕疵を肯定した事例（浦和地判平成
　　　　11・3・29判時1694号117頁）…………………………………………524
〔206〕　仮水路の設置・管理・保存の瑕疵を肯定した事例（神戸地姫
　　　　路支判平成13・4・23判時1775号98頁）……………………………527
　9　湖沼池事故における誤使用 …………………………………………530
　　(1)　概　説 ………………………………………………………………530
　　(2)　湖沼池事故をめぐる裁判例………………………………………530
〔207〕　幼児の予想外の行動が事故原因であるとし、池の設置・管理
　　　　の瑕疵を否定した事例（東京高判昭和45・12・21判時619号56頁）……530
〔208〕　潅漑用ため池の管理の瑕疵を肯定した事例（福岡地判昭和

24

　　　　60・3・28判時1182号118頁） ·· 532
〔209〕 児童の通常予測できない行動が事故原因であるとし、水槽の
　　　　設置・管理の瑕疵を否定した事例（仙台高判昭和63・9・12判
　　　　時1302号106頁） ··· 534
〔210〕 人工池の設置・管理の瑕疵を肯定した事例（浦和地判平成
　　　　3・11・8判タ784号208頁） ··· 536
〔211〕 池の設置・管理の瑕疵を肯定した事例（大阪高判平成6・
　　　　12・7判時1529号80頁） ··· 538
〔212〕 児童の通常予測し得ない異常な行動が事故原因であるとし、
　　　　ため池の設置・管理の瑕疵を否定した事例（高松地判平成7・
　　　　10・9判タ924号179頁） ··· 540
〔213〕 ため池の保存の瑕疵を肯定した事例（浦和地熊谷支判平成
　　　　9・3・27判時1634号126頁） ··· 542
　10　ガス設備・機器事故における誤使用 ································ 545
　　(1)　概　説 ·· 545
　　(2)　ガス設備・機器事故をめぐる裁判例 ··································· 545
〔214〕 ガス販売業者らの指導義務違反の過失を肯定した事例（京都
　　　　地判昭和56・12・14判時1050号112頁） ···························· 545
〔215〕 児童の不注意が事故原因であるとし、ガスストーブの欠陥を
　　　　否定した事例（東京地判昭和59・3・26判時1143号105頁） ········ 546
〔216〕 ガスレンジの販売・施工業者の従業員に通常しなければなら
　　　　ない注意を著しく欠いた重過失があったとし、その使用者責任
　　　　を肯定した事例（東京地判昭和61・12・18判時1249号77頁） ········ 546
〔217〕 ガス配管工事の施工業者らの重過失を否定した事例（浦和地
　　　　判平成元・9・27判時1352号131頁） ·································· 548
〔218〕 ガス湯沸器の改造が事故原因であるとし、点検業者の不法行
　　　　為を肯定し、その他の業者の不法行為を否定した事例（札幌地
　　　　判平成10・7・26判タ1040号247頁） ·································· 549
　11　エスカレータ・エレベータ事故における誤使用 ············· 551

目 次

　　(1) 概　説 ………………………………………………………… 551
　　(2) エスカレータ・エレベータ事故をめぐる裁判例 …………… 551
　〔219〕 エスカレータの設置・保存の瑕疵を肯定した事例（松山地判
　　　　昭和48・2・19判時708号79頁）………………………………… 551
　〔220〕 エスカレータの設置・保存の瑕疵を肯定した事例（大阪地判
　　　　昭和50・9・30判時815号70頁）………………………………… 552
　〔221〕 母親の監督過誤が事故原因である可能性を重視し、エスカレ
　　　　ータの設置・保存の瑕疵を否定した事例（東京地判昭和56・
　　　　8・7判時1026号105頁）………………………………………… 553
　〔222〕 エスカレータの保存の瑕疵を肯定した事例（東京地判昭和
　　　　56・10・28判時1042号115頁）…………………………………… 554
　〔223〕 エスカレータの設置・保存の瑕疵を肯定した事例（山形地酒
　　　　田支判昭和57・1・14判タ470号174頁）……………………… 555
　〔224〕 通常の利用方法に従っているとは認められないとし、エスカ
　　　　レータの設置・保存の瑕疵を否定した事例（東京地判昭和57・
　　　　12・24判時1096号95頁）………………………………………… 556
　〔225〕 エレベータ製造業者等の警告上の過失を肯定した事例（東京
　　　　地判平成5・4・28判時1480号92頁）………………………… 557
　〔226〕 〔225〕の控訴審判決であり、使用者の誤動作が事故原因であ
　　　　ったとし、エレベータ製造業者等の過失を否定した事例（東京
　　　　高判平成6・9・13判時1514号85頁）………………………… 557
　〔227〕 通常の利用方法と異なる乗り方が事故原因であるとし、エス
　　　　カレータの点検業者の不法行為を否定し、ビル所有者の土地工
　　　　作物責任を否定した事例（岡山地判平成6・1・25判タ860号
　　　　212頁）……………………………………………………………… 558
　〔228〕 エレベータの設置・保存の瑕疵を肯定した事例（東京地判平
　　　　成18・9・26判時1971号133頁）………………………………… 560
12　自動車事故における誤使用 …………………………………… 563
　　(1) 概　説 ………………………………………………………… 563

⑵　自動車事故をめぐる裁判例……………………………………… 563
〔229〕　運転者の速度の出し過ぎが事故原因であるとし、自動車の構
　　　　造上の欠陥を否定した事例（山形地判昭和46・6・29判タ267号
　　　　346頁）……………………………………………………………… 563
〔230〕　軽自動車の欠陥が事故原因であると認めるに足りる証拠がな
　　　　いとした事例（福岡地判昭和52・2・15判時869号91頁）………… 565
〔231〕　駐車中の自動車における一酸化炭素中毒事故との相当因果関
　　　　係を否定した事例（東京高判昭和63・1・26判時1265号85頁）…… 566
〔232〕　運転者の誤操作が事故原因であることを示唆し、自動車の欠
　　　　陥を否定した事例（大津地判平成8・2・9判時1590号127頁、
　　　　判タ918号186頁）…………………………………………………… 569
〔233〕　運転者の誤操作、異常な運転が事故原因であるとし、自動速
　　　　度制御装置・ブレーキ倍力装置の欠陥を否定した事例（東京高
　　　　判平成8・2・29判タ924号228頁）………………………………… 571
〔234〕　運転者の異常な使用が事故原因であるとし、自動車の欠陥を
　　　　否定した事例（津地四日市支判平成10・9・29金判1057号46頁）… 572
〔235〕　運転者の誤操作が事故原因であるとし、自動車のブレーキの
　　　　欠陥を否定した事例（東京地八王子支判平成11・1・28判タ
　　　　1021号238頁）……………………………………………………… 574
〔236〕　フロント・サイドマスクの設計上の欠陥を肯定した事例（仙
　　　　台地判平成13・4・26判時1754号138頁）………………………… 577
〔237〕　事故時までの点検・修理の過誤を示唆し、エンジン等の製造
　　　　時に欠陥が存在したとは認められないとした事例（大阪地判平
　　　　成14・9・24判タ1129号174頁）…………………………………… 578

13　日用品事故における誤使用………………………………………… 582
　⑴　概　説 ……………………………………………………………… 582
　⑵　日用品事故をめぐる裁判例 ……………………………………… 582
〔238〕　親の監護過誤が事故原因であるとし、防護柵の構造上の欠陥
　　　　を否定した事例（神戸地尼崎支判昭和54・3・23判時942号87頁）… 582

27

目 次

〔239〕 使用者による金槌の誤使用が事故原因であるとし、金槌の形状上の欠陥等を否定した事例（京都地判昭和58・3・30判時1089号94頁） ………………………………………………… 583

〔240〕 受傷者の転倒・骨折とテニスシューズの靴底の剥離との間の因果関係を否定した事例（東京地判平成5・2・18判タ823号211頁） ………………………………………………………… 584

〔241〕 孫と遊んでいた者の不注意が事故原因であるとし、ポテトチップスの袋の欠陥を否定した事例（東京地判平成7・7・24判タ903号168頁） ………………………………………………… 585

〔242〕 自転車の販売業者の誤操作が事故原因であるとし、販売業者の取付けの過誤を肯定したうえ、製造業者の表示・警告上の欠陥を肯定した事例（広島地判平成16・7・6判時1868号101頁） … 586

14 家具事故における誤使用 ……………………………… 587
　(1) 概　説 ……………………………………………… 587
　(2) 家具事故をめぐる裁判例 ………………………… 587

〔243〕 客の誤使用が事故原因であるとし、デッキチェアーが土地の工作物に当たらないとした事例（東京地判昭和47・12・11判時704号70頁） …………………………………………………… 587

〔244〕 幼児の異常な行動が事故原因であるとし、机の欠陥を否定した事例（福島地郡山支判平成7・7・25判時1552号103頁） ……… 589

15 玩具事故における誤使用 ……………………………… 592
　(1) 概　説 ……………………………………………… 592
　(2) 玩具事故をめぐる裁判例 ………………………… 592

〔245〕 子ども用の玩具が安全性を欠いていたとし、製造・販売業者の債務不履行を肯定した事例（大阪地判昭和61・2・14判時1196号132頁） ………………………………………………… 592

〔246〕 カプセル玩具の設計上の欠陥を肯定した事例（鹿児島地判平成20・5・20判時2015号116頁） ……………………………… 594

16 食品等事故における誤使用 …………………………… 598

28

(1)　概　説 …………………………………………………… 598
　　(2)　食品等事故をめぐる裁判例 ………………………………… 598
〔247〕患者の異常な行動が事故原因であるとし、病院の担当者の監
　　　視義務違反等の過失を否定した事例（旭川地判平成13・12・4
　　　判時1785号68頁） ………………………………………………… 598
〔248〕強化耐熱性の食器の設計上の欠陥を否定し、表示上の欠陥を
　　　肯定した事例（奈良地判平成15・10・8判時1840号49頁） ………… 600
17　介護製品・介護施設事故における誤使用 ……………………… 602
　　(1)　概　説 …………………………………………………… 602
　　(2)　介護製品・介護施設事故をめぐる裁判例 …………………… 602
〔249〕高齢の入院患者に対する事故防止措置を怠った過失を肯定し
　　　た事例（東京高判平成11・9・16判タ1038号238頁） ……………… 602
〔250〕介護老人保健施設の設置・保存の瑕疵を肯定した事例（福島
　　　地白河支判平成15・6・3判時1838号116頁） ……………………… 603
〔251〕高齢の利用者に対する必要な介護を怠った過失を肯定した事
　　　例（福岡地判平成15・8・27判時1843号133頁） ……………………… 604
18　医薬品等事故における誤使用 ……………………………………… 606
　　(1)　概　説 …………………………………………………… 606
　　(2)　医薬品等事故をめぐる裁判例 ………………………………… 606
〔252〕送血ポンプの製造業者の注意義務違反を肯定した事例（千葉
　　　地判平成13・3・30判時1755号108頁） ……………………………… 606
〔253〕〔252〕の控訴審判決であり、病院担当者の誤使用を肯定し、
　　　送血ポンプの製造業者の警告義務違反を肯定した事例（東京高
　　　判平成14・2・7判時1789号78頁、判タ1136号208頁） ……………… 607
〔254〕カテーテルの欠陥を肯定した事例（東京地判平成15・9・19
　　　判時1843号118頁） ………………………………………………… 608
19　事業用機械事故における誤使用 ……………………………… 610
　　(1)　概　説 …………………………………………………… 610
　　(2)　事業用機械事故をめぐる裁判例 ……………………………… 610

29

〔255〕製麺機の製造業者の注意義務違反を肯定した事例（東京地判平成4・11・30判時1482号120頁、判タ834号150頁）................ 610
〔256〕使用者の誤使用を重視し、歩行型耕耘機の安全性の欠如を否定した事例（名古屋地判平成11・9・10判時1718号108頁）......... 611
〔257〕ポンプ、バルブの欠陥を肯定した事例（東京高判平成16・10・12判時1912号20頁）.. 612
〔258〕使用事業者の誤使用を認め、高速オフセット印刷輪転機の欠陥等を否定した事例（大阪地判平成17・5・27判時1915号65頁）... 613
〔259〕焼肉店営業者のメンテナンス不足が事故原因であるとし、無煙ロースターの設置工事の施工者の製造物責任等を否定した事例（大阪地判平成18・10・20判時1982号125頁）.......................... 613
〔260〕焼却炉の製造業者の指示・警告上の欠陥を肯定した事例（名古屋高金沢支判平成19・7・18判タ1251号333頁）................. 615

第3章　誤使用の取扱いをめぐる今後の課題 617

・判例索引 619
・著者紹介 629

第1部
製品情報の提供と製品事故

第1章　製品事故の背景

1　製品の製造・販売をめぐる状況

　現代社会には、製品が溢れている。個々の個人が購入し、保有する製品は、過去のどの時代と比較しても、その種類・数量ともに最多である。のみならず、今後もなお、個人が保有する製品の種類はより多数になり、その数量は増加していくものと思われる。

　多種類になっている製品は、従来の製品を改良し、機能を付加したものだけでなく、新規のアイデア、設計、機能・性能による新製品も短期間のうちに製造・販売され、個人が保有し、使用するようになっている。もっとも、製造業者（本書では、特段の指摘をしない限り、輸入業者を含むし、製造についても同様である）、販売業者によって盛んに改良製品、新製品が製造・販売されるため、製品の機能的な寿命は、より短くなっているといえる。

　現在、日本で一人ひとりの個人が保有する製品は、いったいどれだけの種類のものがあり、どれだけの数のものがあるのだろうか（本書は、主として消費者である個人が使用する製品を前提として議論を進めるが、事業者である個人・企業が使用する製品を軽視しているものではなく、後者の製品にも言及することがある）。

　また、製品の製造・販売の社会的なシステムも大きく変貌している。20世紀は、大量生産・大量消費の時代であったが、21世紀には、その傾向に拍車がかかっている。

　大量生産・大量消費の時代を本格的に迎えた第二次世界大戦の後、米国、西欧諸国、日本等の先進の工業国の製造業者・販売業者等によって活発な製品開発の競争が行われ、多種多様な製品が開発され、社会で販売されてきた。

さらに、時代の進行とともに、その国際的な開発競争は中国、インド等の新たな工業国の参加によって激化の一途を辿っている。現在、日本社会において販売されている製品の製造業者はどれくらいの数の国に及んでいるのだろうか。

製品の販売システムは、個人が製品を購入する機会を提供するものであり、極めて重要であるが、今日ではさらに多様化し、個人の購入をさまざまに誘惑している。伝統的な小規模の販売店は重要性を失い、大規模な販売店、カタログ通信販売、テレビ通信販売、インターネット販売等のさまざまな方法を駆使して、個人により便宜な購入の機会を提供している。

2　製品事故の防止──個人の役割

個人が購入し、保有する各種の製品は、個人の生活を豊かで多様なものにし、便利なものにしていることは確かである。しかし、製品の購入・保有の増加は、他面、製品の使用に伴う事故を増加させることは否定できない（本書では、製品に起因するかどうかを問わず、製品の使用に伴って生じた事故について、特段の指摘をしない限り、広く「製品事故」と呼ぶ）。個人が製品を保有・使用するにあたって製品事故の防止が重要であることは当然であるが、保有・使用の絶対的な安全性、製品事故の絶対的な防止を確保すること自体不可能である。製品は、その保有・使用等の事情によっては製品事故が発生する可能性がある。製品事故は、その原因、発生過程も多様であり、個性的であることから、製品事故を防止するためには、製品の設計・製造から、販売、購入、使用に至るまでのさまざまな関与者が自ら可能な範囲で事故防止を図ることが最も現実的である。製品事故の防止は、製造業者等の事業者が製品の安全性を図れば足りるとか、行政が厳格な規制を実施すればよいとか、逆に製品を使用する個人が注意をすれば足りるなどといった議論がされることがあるが、いずれも製品の特性、製品事故の原因を無視した暴論であり、製品事故の実効的で現実的な検討には役立たない。

製品事故の防止のためには、製造業者等において製品の設計、性能、製造等につき安全性の確保に努めることは当然であるが、他面、製品を購入し、使用する個人が製品の性能、使用方法、危険性を軽視して使用すれば製品事故が発生する可能性があるため、製品を使用する個人の役割も極めて重要である。製品事故の防止のための個人の役割は、製品安全に関する法律、行政に対する批判、あるいは製品安全に関する事業者の対策に対する批判、製品事故に関する損害賠償請求訴訟への影響が強調されたためであろうか、現実的かつ活発に議論されてきたとはいえないが、実際の製品事故の原因、発生過程を分析してみれば極めて重要である。しかも、近年、個人が新規の製品を含め多数の製品を保有し、使用しているにもかかわらず、製品に関する知識を十分に消化・理解せず、製品事故の危険性に対する予知、事故を回避する知識、経験、能力が減退している傾向がみられるため、製品事故の防止のための個人の役割が一層重要になっている。

3　製品情報の意義

現代社会においては、製造業者・販売業者等によって社会に提供される製品は、取扱説明書等によって用途・使用方法、危険性、危険の防止方法に関する情報（本書では、特段の指摘をしない限り、「製品情報」という）が提供されるのが通常であるが、製品情報は、使用者にその製品をその用途のために円滑に使用させるために提供されているだけでなく、使用者にその製品の危険性を認識させ、製品事故を防止するためにも提供されている（本書では、主として後者の観点から製品情報を取り上げている）。製品情報は、製品事故の防止のための個人の役割を前提とし、個人がこれを活用するために提供されているが、現実はどうであろうか。従来から政治・行政等のさまざまな場で、製造業者等による製品情報の提供に対する法的、行政的、事実上の要請が繰り返して行われ、現在、膨大な量の製品情報が社会、消費者団体、個人に提供されるに至っているが、一般的にも、また、身近にも製品情報が個人によ

って的確に認識されているとも、活用されているともいえないのが実情である。

　製品事故を現実的、実効的に減少させるためには、政治・行政等の施策・対策と相まって、製品を使用する個々の個人が製品の用途、使用方法、危険性等につき十分な知識・経験を伝承したうえで（消費者教育・家庭教育が重要な場である）、製品情報を的確に認識し、適切に活用することが極めて重要であり、社会的にも求められている。もちろん、個々の個人にとっても製品事故に遭わないために極めて重要である。

第2章　製品情報と製品取引の関係

1　製品情報の提供

　従来から製品の取引にあたっては、製品の製造業者・販売業者等において製品の用途・使用方法を説明したり、製品の使用上の危険性、製品事故の防止方法を説明したりしている。製品を購入する場合、購入者等は、その用途・使用方法を正確に知らないことがあるし、その危険性、危険の防止方法を的確に理解していないことがあるため、製品の製造業者・販売業者等はこれらに関する情報（製品情報）を購入者等に提供することが重要である。

　製品の中には、従来から長年にわたって使用され、その用途、使用方法、危険性、事故防止の方法等が社会的に広く認識され、家庭・地域教育等によって個人に知識・経験が伝承されている製品（伝統型製品）もあるが、近年は、伝統型製品についてもその使用方法、危険性、事故防止の方法等が伝承されない現象がみられる（製品自体から、その用途、使用方法、危険性、事故防止の方法等が相当程度明らかであるという側面もある）。他方、社会に提供されて間もない製品、新規に開発された製品、従来の製品に改良を加えた製品（現代型製品）があり、これらの現代型製品については、その使用方法、危険性、事故防止の方法等を個人が家庭教育等によって認識することは事実上不可能であるから、製造業者・販売業者等によって積極的に提供されることが必要であり、現に取扱説明書、製品自体、包装等によって情報の提供が行われ、さまざまな工夫が重ねられている（現代型製品であっても、その用途・使用方法が簡単である場合には、その危険性も明白であり、このような情報の提供は必要ではないかもしれないが、製造業者等は、欠陥の主張、損害賠償責任の追及のリスクを解消するため、取扱説明書等によって情報の提供を行っていること

が多い)。

　伝統的な社会においては、多くの製品が伝統型製品であり、あるいは、伝統型製品については、その製品自体から必要な製品情報を得ることができるか、製品の用途等に関する知識・経験の伝承も相まって必要な製品情報を得ることができたであろう。しかし、現代社会においては、現代型製品が一般的であり、その製品自体から必要な製品情報を得ることは期待できないこと等から、製造業者等が製品情報を提供するのが通常である。

　製品情報の提供は、たとえば、製造・販売される製品に添付される取扱説明書等の書面（書面の名称は問わない）、製品の種類・形状、製品自体への記載、製品の包装、宣伝広告、パンフレット、カタログ、口頭説明、インターネット上の製品紹介等の方法によって行われているが、これらの方法のうち、特に、取扱説明書等の書面、製品の種類・形状、製品自体への記載、製品の包装によることが多い。製品情報の提供は、製品の製造・販売に付随して行われるものであり、製品の売買等の取引からみれば、情報の提供という独自の取引ではなく、製品の取引に付随的なものであるのが通常である。もっとも、近年は、コンピュータ、その関連製品の取引では、製品の販売等の取引とは別に、その製品に関連する情報（製品情報）がコンピュータの製造業者等以外の事業者等によって提供されることがあるし（たとえば、コンピュータ関連の製品については、書籍等によって製品情報が提供されている）、製品の性能・効用等の情報が専門家によって提供されることもある。

2　製品情報の位置づけ

　製品の売買等の取引における製品情報の位置づけは、必ずしも明らかになっているとはいえないが、特段の事情のない限り、製品情報の提供が取引に不可欠なものであるとはいえないであろう（製品の用途、種類、規模、構造、使用方法、危険性等の事情によっては製品情報の提供が取引に不可欠であることもある）。

もっとも、製品の売買等の取引において、適切な製品情報が提供されていない場合には、製品の不具合、製品の瑕疵、製品の欠陥、説明義務違反、情報提供義務違反、信義則上の義務違反が問題になり、債務不履行責任、瑕疵担保責任、不法行為責任、製造物責任といった損害賠償責任が問われたり、錯誤・詐欺が問題になり、取引に係る契約が無効になり、取り消されたりすることがある（後者の場合には、売買代金の返還等が問われることになる）。債務不履行責任、瑕疵担保責任、不法行為責任、製造物責任が問われる場合には、従来は取引の対象、目的である製品の物理的な性状、品質、危険性から物理的な瑕疵、欠陥が争点になりがちであったが、その後、機能的な瑕疵、欠陥が争点になったり、さらに提供される製品情報の瑕疵、不十分さ、不適切さ、不備が争点になる事例がみられるようになっている。製品に付随して提供される製品情報の内容・質量がこれらの損害賠償責任の判断にあたって重要な事情になると、製品の売買等の取引においても製品情報の位置づけが重要になることは否定できないし、製品の種類、規模、用途によっては製品情報が取引の必要不可欠な対象・目的として位置づけられることがある。現在の製品の売買等の取引においては、製品情報の瑕疵、不十分さ、不適切さ、不備が、製品の瑕疵、製品の欠陥に該当するとされたり、説明義務違反、情報提供義務違反、信義則上の義務違反の重要な事情として考慮されたりしている。

　また、製品事故が発生し、その製造業者・販売業者等に対して損害賠償責任が問われたような場合には、製品の物理的な瑕疵・欠陥、機能的な瑕疵・欠陥のほか、製品情報の不備によって製品の瑕疵・欠陥が認められたり、注意義務違反による過失が認められたりすることがあり、このような損害賠償責任を回避するため、製造業者等が製品の売買等の取引にあたって、製品の用途・使用方法、危険の防止方法等の製品情報を製品に付随するものとして提供することが多い。近年は、製造業者等によって提供される製品に関する情報がますます増加する傾向がみられる。

第3章　製品情報の提供・伝達・消化

1　製品情報の提供・利用の現状

　製品の製造・販売にあたっては、取扱説明書等の方法によって用途・使用方法等に関する情報（製品情報）が提供され、その量は、個々の製品ごとにも相当な量になるだけでなく、製品の種類ごとにも大量であり、社会全体に多数の製品につき提供されている製品情報の量は想像しがたいほどの膨大な量である。個々の個人が保有し、使用する製品も多種類で多数であるため、製品を購入し、あるいは使用する製品に関する製品情報も大量である。
　しかも、現在は、社会に提供されている製品情報はこれに限られない。製造業者等以外の事業者等が製品情報を提供することがあるし、製品の販売後においても、リコール情報・事故情報として製造業者等によって製品情報が提供されている（製品事故に関する情報は、「製品事故情報」ということがあるし、広く「製品情報」に含めて略称することがある）。製品事故情報は、従来から製品を所管する省庁によって提供されてきたし、平成21年に設置された消費者庁は、製品事故に関する情報を一元化し、社会に提供する行政を行っているものであり、関係省庁・関係団体によっても大量の製品事故情報が社会に提供されている。
　現代社会においては、膨大な量の製品情報・製品事故情報が製品の購入者・使用者、社会に提供されているのが現状である。今後、製品事故に関する情報、リコール情報を含む製品情報がさらに増加するものと予想されている。膨大な量の製品情報が社会に提供され、今後も増加する傾向が続くと予想されるが、社会に提供されるこれらの製品情報は、社会における消費者、一人ひとりの消費者によって製品事故の防止のために利用されることが期待

されている。

　しかし、このような期待は全く達成されていないのが現状である。従来から事業者・行政（国、地方公共団体を含む）による製品情報の社会への提供を求める消費者団体、一部の弁護士、マスメディア等の見解が強く主張されてきたものであり、事業者・行政がこの要請に応えてきたものであるが、個々の消費者がどの程度これらの製品情報を活用し、事故防止のために利用しているかが検証される必要がある。現状では身近な範囲の消費者を眺めても活用されているかどうかははなはだ疑問である（実際、個々の消費者が膨大な量の製品情報をどの程度認識しているかの問題についても、極めて消極的な推測が妥当するといえよう）。消費者が製品情報を活用していない現状に対しては、事業者等の情報提供の手段・方法が適切でないとか、消費者が理解しがたい内容であるとか、事業者等の努力が不足しているといった批判が聞かれるところであるが、このような批判がどの程度合理的で相当であるかは疑問がある（もちろん、一部の事業者・行政において適時の製品情報の提供が行われなかった事例があることは、現在でもなお見かけるところであるが、この問題と社会に提供されている製品情報の活用不足の問題は別に解決すべき課題である。現在、製品情報の提供が不足しているとの批判は、製品情報の提供、伝達、活用の全体的な観点からは、問題の一部を指摘するにすぎないものであり、消費者側の活用の問題はこれとは別の重要な問題である）。

　製品情報の活用、製品情報の利用によって製品事故の防止を図ることは、個々の消費者、これを支援することを活動目的とする各種団体の役割である。製品情報の提供の役割を担う事業者等とこの情報の活用の役割を担う消費者団体等の双方がそれぞれ適切にそれぞれの役割を果たすことによって、より確実に製品情報の提供の目的を実現することができるものである。製品事故の防止のためには、製品情報の提供、伝達、消化、活用の各段階において関与する多様な団体がそれぞれの役割を適切に果たすことが重要である。

2　製品情報の伝達の担い手

　社会に提供されている膨大な量の製品情報については、現状では、個々の消費者において事故防止のために的確・適切に利用されるかは、さまざまな問題を指摘することができる。

　そもそも現在においても、膨大な量の製品情報が社会に提供されているが(書籍、雑誌、新聞、テレビ、インターネット等の各種の媒体によって社会に提供されている)、これらの製品情報が消費者団体、消費者全体、さらに個々の消費者において的確・適切に利用されているかははなはだ疑問である。製品情報は、製品の製造業者、輸入業者、販売業者、製品を所管する省庁、国の関連団体等から社会に提供されているが、製品情報は、社会に提供されるだけでは、その提供の目的が適切に達成されるわけではない。製品情報は、その情報が的確に個々の消費者に伝達され、消費者によって消化され、理解され、利用されることが極めて重要である。

　現在では、製品情報の個々の消費者への伝達については、製造業者等の事業者、国によってさまざまな工夫が行われているが、必ずしも満足すべき状況ではなく、膨大な量の製品情報が社会に提供されている現状に照らすと、社会において消費者に対する情報伝達に影響力のあるマスメディア、消費者団体、地方公共団体等の役割が期待されるところである。

3　消費者教育の充実

　製品情報が社会に提供され、消費者団体・マスメディアによって伝達されたとしても、個々の消費者がどの程度これを消化し、これを活用することができるかには大きな疑問を抱かざるを得ないのが現状である。

　製品情報は、その主要な目的は、これを受領する個々の消費者が製品事故を的確に回避・防止することであるが、社会あるいは個々の消費者にあてて提供される製品情報につき、個々の消費者がこれを受領し、消化し、理解し、

11

利用しなければ、この目的を達成することは困難である（製品事故によっては、個々の消費者が自ら製品情報を活用しなければ製品事故を防止することができないものもある）。個々の消費者が提供される製品情報をどの程度的確に受領しているかは、周囲の消費者を見回しただけでも、多々疑問がある。個々の消費者に製品情報に対する関心を日ごろから呼び起こすことが社会的に重要な課題であるということができる。

　現在、国の施策として消費者教育の重要性が強調されているが、実際、さまざまな講演の機会、学校教育の個人的な経験に照らしても、学生世代から高齢者に至るまでの継続的な消費者教育が重要であることが痛感される。現代社会における消費者教育は、製品情報・製品事故に限るものではなく、金融商品等の新規の商品を含む広い取引情報・取引事故に関する消費者教育を実施することが極めて重要である。現在、医師・教師等の専門職に属する職業に就く者について継続的な教育の必要性が指摘され、議論されているが（継続的な教育の必要性については、弁護士等の法曹も含まれるであろう）、継続的な教育が必要であるのは、消費者も例外ではない。

　消費者教育は、従来から一応は行われてきたものであるが、製品情報を含む取引情報が増大していること、新規の製品・取引が大量に社会に提供されていること、製品の危険性等に関する伝統的な知識・知恵が劣化しつつあること、社会常識が劣化しつつあること等の現在の実情に照らすと、従来の教育の内容・視点にとらわれず、新たな内容・視点の消費者教育を実施することが重要である。消費者教育は、消費者が受領する段階だけでなく、情報の消化、理解、利用の全般にわたって重要であり、必要になっている。

　従来の製品事故の防止をめぐる議論は、主として製造業者等の事業者による製品の安全性の確保、情報提供、国の情報提供に焦点が当てられてきたが、この分野については引き続き充実した対策の実施が求められると同時に、他方、製品事故が製品の安全性の確保、情報提供、消費者等の使用状況、使用環境等の複数の原因によって生じることが多いことに照らすと、消費者が製

品事故の回避・防止のために担っている責務も重要であり、消費者において事故回避・防止のため自ら行うことができる事柄は自ら行うべきことは当然である。消費者にとって事故回避・防止をより確実にするためには、自ら行うことができる事柄は、自ら行うという姿勢、判断、行動が極めて重要である。

　製品事故に関する製造業者等の事業者の対策が充実し、国の制度も拡充されるとなると、これを利用する消費者の姿勢、行動、責務が問われることになる。従来の製品情報をめぐる議論は、とかく事業者、国の行政を対象としたものであったが、今後の議論は、製品情報を受領し、消化し、理解し、利用する消費者を対象にする必要が高いものであり、この議論等によって策定される必要な対策の実施、個々の消費者の知識、知恵、能力の向上と判断、責任のあり方を対象とする必要が高くなっているのである。

　現代社会は、消費者保護が重要な時代であるが、そのためには個々の消費者の自らの判断と責任が前提であり、消費者自身の判断と責任を抜きには語ることができないものである。製品事故にしろ、取引事故にしろ、消費者が他人依存の姿勢・判断を強くすればするほど、事故発生の可能性が高まるものであることを忘れてはならない。

4　今後の課題

　近年における日本の法制度は、消費者保護の方向に見直され、組織的にも、制度の運用も消費者の保護を図る方向に改善されているところであるが、これらの制度の構築・運用が実際にその目的を達成することができるかは、上記のとおり、製品を実際に使用する個々の消費者の適切な認識、判断、利用、行動が必要であることはいうまでもない（事業用の製品の場合には、製品を使用する事業者・従業員の適切な認識、判断、利用、行動が必要である）。

　これまで述べたように、現在では、膨大な数量の製品が製造、輸入、販売等され、社会に提供・利用されているが、この製品取引に伴って、膨大な量

の製品情報が「表示・指示・警告等」として提供されている。従来、消費者は、事業者の提供する製品情報が十分ではないとか、行政機関が提供する製品事故情報が十分ではないなどといった不満を正当化することができたが、現在では、製品情報・製品事故情報を消費者がどのように活用するかが消費者個人にとっても、社会全体にとっても重要な課題になっている。

製品の表示・指示・警告によって提供される製品情報が最終的に個々の消費者によって活用されるかは（この製品情報の活用によって製品の機能を十分に享受することができるだけでなく、製品事故を的確に防止することができることになり、特に後者の視点が重要である）、個々の消費者の認識・判断等に依存していることになるわけであって、個々の消費者に期待されている役割は重要である（製品情報は、ほかに事業者が提供するリコール情報、消費者庁等の行政機関が提供する製品事故情報もあり、個々の消費者は、これらの情報も認識し、判断すること等が期待されている）。

現代社会は、これらの製品情報が社会において製品を使用する消費者・事業者によって適切・的確に活用されているかどうかが問われる時代になっているということができる。

第2部
警告表示をめぐる判例と法理

第1章　製品の警告表示と警告上の過失・欠陥

1　警告表示の意義

　社会に多種多様で高機能の製品が提供されることは、一面好ましい現象であるとしても、極めて短期間に新製品や改良された製品が社会に登場することになるため、その使用者が製品の使用に慣れない現象がみられたり、製品の使用に伴う危険性を回避・防止することが困難になる現象もみられたりする。製品の使用方法をできるだけ簡便にし、製品の安全性をできるだけ確保するとしても、自ずと限度があるため、その間隙を適切に満たすため必要な情報を製品の購入者等に提供することが必要であり、この必要性はますます高まっているといえる。

　このような情報の提供のうち、製品の用途・使用方法、危険性、危険の防止方法等に関する情報の提供（これは、前記の広い意味の「製品情報」の提供に含まれる）は、従来、表示・指示・警告などと呼ばれ、不法行為法における過失責任の下では、表示等が十分でなく、過失責任が認められる場合には、「表示上の過失」「指示上の過失」「警告上の過失」と呼ばれることがあった。

　製品の表示・指示・警告の重要性は、製造物責任法（平成6年法律第85号）の審議・制定にあたって、社会においてさらに強く認識されるようになり、取扱説明書等の書面の見直しが盛んに行われ、一層詳細な内容を記載した取扱説明書等の書面が作成されているようになっている。製造物責任法の下では、表示等が十分でなく製造物責任が認められる場合については「表示上の欠陥」「指示上の欠陥」「警告上の欠陥」と呼ばれている。これは、見方を変えると、提供される情報の欠陥の問題ということができる。なお、製造物責任法上、情報は製造物に当たらないため、同法の対象にならないものである

が、製造物に付随して提供される表示・指示・警告に当たる情報に不備、欠陥、瑕疵がある場合には、表示上の欠陥、指示上の欠陥、警告上の欠陥として取り上げることができる（製品、サービス、取引の過程において事業者等から提供される情報に欠陥がある場合、どのような法理によって取り扱うかは、製造物責任法のほかにも検討すべき課題があり、情報そのものの欠陥の取扱い等については今後の重要な課題である。たとえば、弁護士・医師等の専門家の提供するサービスに付随して提供される情報の欠陥をどのように取り扱うかについては、説明義務の法理が形成されているが、これにとどまるか等の問題がある）。

　製品の売買等の取引における製造業者等による製品情報の提供は、製品自体と相まって、製品の購入者・使用者が製品の用途・使用方法、危険性、危険の防止方法等を理解することができる程度に提供することが必要であり、かつ、それで足りるものである。提供される情報の範囲は、前記の範囲で足りるが、近年は、特に消費者の使用が予定されている製品については、消費者が理解できるような内容・態様での情報の提供が望ましいとされ、そのような工夫も行われるようになっている。

　また、消費者のうち、判断能力・身体能力が減退している高齢者の使用が予定されている製品については、その減退する能力の程度に応じた製品の安全性の確保とともに、製品に関する情報の提供も行われるようになっている。現在、高齢社会が急激に進行しているところであり、総人口に占める高齢者人口の割合も増加する一方であり、各種の製品も高齢者対応の製品が企画、設計、製造、販売されているが、今後もこの傾向は続くものと予想される。もっとも、高齢者対応の製品については、高齢者の能力に配慮した設計・製造がされるほか、製品をより安全に使用するための製品情報の提供が行われるとしても、高齢者の能力の減退は個人ごとに多様であり、斑状であって、予想外の製品事故の発生を防止することは相当に困難である。

　製品情報は、製品事故の防止の観点からは、本来、製品の避けられない危険性を前提とし、その製品の危険性を使用者に知らせ、危険の防止方法を知

らせることに主要な意義があるが、実際に提供される製品情報の内容は、これらの範囲の情報を遙かに超える広範な内容が含まれている。製品情報は、製品事故の防止という観点だけから検討し、内容が決められているものではなく、さまざまな観点から重要であると考えられるその製品に関する情報が盛り込まれているのが通常である。

　製品の製造業者等が製品情報を取扱説明書等によって提供されると、その製品の購入者・使用者等は、その取扱説明書を読み、理解する等して、その用途、使用方法に従った適正な使用によって製品を使用することが求められることは、現代社会においては、取引上の通念であるだけでなく、社会常識である。取扱説明書等によって提供される製品情報は、製品の取引の一部になっている。製品の購入者はその製品を使用するにあたってはその取扱説明書等の記載に従った使用をすることが求められるだけでなく、購入者以外の使用者も、購入者との契約関係の有無・内容を問わず、取扱説明書等の記載に従って使用することが求められるものである（製品については、取扱説明書等が存在し、取扱説明書等において製品の用途・使用方法、危険性、危険の回避方法等の製品情報が記載されていることは社会常識である）。

　したがって、製品の購入者等が製品を使用するにあたって、取扱説明書等の記載に従わないで使用した場合には、原則として、その製品の適正な使用を逸脱したものということができるから、購入者等が製品事故を発生させたようなときは、製造業者等の過失、製品の欠陥が否定されるものである（例外的に、取扱説明書等の記載からの逸脱が些細であり、製品の欠陥等が重大であるような場合には、製造業者等の損害賠償責任の全部または一部が肯定されることになる）。取扱説明書等に記載された製品情報から逸脱して製品を使用し、事故が発生したような場合には、製品の購入者等は、原則として自らの責任でその製品の危険を引き受け、自ら製品事故を招いたと評価されるべきものである。取扱説明書等による製品情報の提供は、これに含まれる警告等の情報に従った使用をしない製品の購入者・使用者が誤使用をしたとの判断を導

くものであり、誤使用の問題と密接に関連する事項である（誤使用の考え方については後に詳細に紹介するが（本書248頁以下）、さまざまな意義・態様の誤使用があり、取扱説明書等の記載に従わない製品の使用は、誤使用に当たるし、誤使用の中でも多くみられる誤使用の類型である）。

　もっとも、注意すべきことは、製品の表示・指示・警告は、社会常識に照らし、製品の購入者・使用者がその危険性、危険の防止方法を製品の種類、形態、用途等から認識することができる場合には、取扱説明書等に記載する必要はない。このような製品として代表的なものは、伝統的に使用されてきた製品（伝統型の製品）、危険が明白な製品であるが、このような製品については、特段の製品情報の提供をしなくても、社会常識として認識されている用途・使用方法、危険の防止方法を逸脱して使用した場合には、製造業者等の過失、製品の欠陥を否定することが相当である。

　実際の製品事故をみると、製品の危険性、製品情報提供の不備、使用者の誤使用、使用環境等のさまざまな事情が併行し、あるいは順次関連して製品事故が発生し、拡大することが多く（警告上の過失、警告上の欠陥は、製品事故の原因となる製品情報提供の不備が要素となるものである）、まず、事故原因の特定が重要な問題になるものであって、警告上の過失、警告上の欠陥は、製品情報提供の不備が単独で、あるいは製品の危険性と相まって事故原因であると認められる場合に問題になるものであるし、仮にこれが認められる場合であっても、製品情報の提供と製品事故との因果関係の存否が問題になることがある。

2　警告表示をめぐる実務の動向

　製品の製造・販売における製品情報の提供（製品の表示・指示・警告。以下、「警告表示」ということもある）は、昭和時代から議論され、企業においても情報提供の内容・方法につき検討・工夫が行われてきたが、製造物責任法の審議・制定の過程において、一段と関心が高まった。

すでに当時は、米国における警告上の欠陥の問題が日本の製造物責任法の審議の過程で議論の対象になっていたことや、米国に輸出する製品の警告に関する実績があったこと等の事情から、製造物責任法の下における製品の表示・指示・警告のあり方がさまざまな業界で話題になり、議論され、製品情報を記載する取扱説明書等の書面の内容、情報の提供方法の見直しが活発に行われた。製造物責任法の制定が現実化するにつれ、同法の欠陥の概念を前提とした取扱説明書等の書面による表示・指示・警告が製造物責任法の制定に関心をもっていたさまざまな業界、さまざまな企業、特に消費者の使用が予定されている製品を製造・販売する業界・企業を中心にして見直され、従来の取扱説明書等の書面と比較すると、詳細でわかりやすい取扱説明書等の書面に変更される等した（製造物責任が適用される製造物を製造・販売する業界・企業であっても、その導入にさほど関心をもたない業界・企業もあった）。製品情報を取扱説明書等の書面に記載するにあたっては、記載事項が広範すぎ、多すぎてわかりにくくなるとか、わかりきった事項を書くことは不要ではないかなどといった議論がされたようであるが、実際には、業界・企業ごとに多様な取扱説明書等の書面が作成され、製品とともに購入者に提供されている。

　訴訟実務においては、製品事故が発生した場合、製品の製造上の欠陥等を調査・検討する前に、取扱説明書等に記載された製品情報の内容、提供の方法を検討し、記載されていない事項があることを奇貨として（取扱説明書等には、すべての使用方法、危険性、危険の防止方法が記載されているわけではない）、直ちに警告上の欠陥を主張する者もみられるから、明白な危険性であるかどうかが議論されるような危険な使用方法等については取扱説明書等に記載しておくことが無用な主張に巻き込まれない有用な方法である。製品の表示・指示・警告を取扱説明書等にどの程度、どのように記載すべきであるか（どのように製品情報を提供すべきであるか）は、社会常識に従って、製品の購入者・使用者が理解することができるかどうかを基準として判断するこ

とが合理的である。なお、高齢者向けの製品については、社会常識に従って、高齢者が理解することができるかどうかを基準とする必要があるが、乳幼児・低学年の児童向けの製品については、親・監護者が理解することができるかどうかを基準とすることになる。

　製造物責任法の制定の後も、表示・指示・警告について改善・工夫を実施している企業もみられ、今後も、事故の発生、法令の改正、消費者の提案等によって表示・指示・警告の見直しが行われるものと予想される。

　読者諸氏は、製品を購入した際、取扱説明書等の書面を読み、製品情報を必要な範囲で取得し、適切に利用しているものと推測されるが、製品ごとにあるいは企業ごとに表示・指示・警告に対する考え方が相当に異なっていることに気づいている向きもあろう。取扱説明書等の記載をみると、記載の内容が足りないもの、記載の内容・表現が理解しにくいもの、記載の内容が作成者の立場を基準として書かれたもの、記載の内容に矛盾があるもの、記載の内容は詳細であるものの、危険の内容・程度が具体的でないもの、明白な危険、常識的な危険についても詳細な記載があるもの等も散見されるところであり、今後とも見直しが必要な分野であるということができる。

　製品の表示・指示・警告に関する情報は、製品を製造・販売する企業、これを使用する購入者・使用者（特に消費者）、この情報につき法律上の規制がある場合（たとえば、薬事法（昭和35年法律第145号）、不当景品類及び不当表示防止法（昭和37年法律第134号）等）には、行政にとって異なる意義・機能をもつものである。企業にとっては、製品情報を購入者・使用者、社会に提供することによって製品の適正な使用を確保するとともに、製品事故の防止を図ることが重要であるし、さらに製品事故が発生した場合において、合理的な範囲で製造物責任等に基づき損害賠償責任を回避することに資するという意義・機能をもつものである。

　製品の製造・販売を行う企業が適切な内容・方法で製品の表示・指示・警告を提供したとしても、製品情報が理解しにくい等の事情から、購入者等が

的確にこれらの製品情報を理解しないことがあるため、製品の使用に伴う危険性の内容・程度に応じて、相当にわかりやすい製品情報の提供が工夫された事例がみられるようになっている。また、企業が購入者・使用者、社会に充実した製品情報を提供することは、製品のみならず、企業に対する信頼を確保する重要な機会であることを考慮すると、この機会は使用者等に対して企業として適切なコミュニケーションを行うことであるという重要な意義をもつものであり、この観点から製品の表示・指示・警告を見直すことも重要である。近年は、社会全体でもコミュニケーション能力が話題になることが少なくなく、この能力の開発・向上に関する書籍が出版されているところであるが（このような書籍が出版されることは、社会のさまざまな分野でコミュニケーション能力が話題になっている一つの証であろう）、表示・指示・警告の分野でもこのような動向に配慮することが必要であろう。

3　警告表示の内容・範囲

　製品の警告表示の内容として、どのような内容の製品情報を取扱説明書等に記載するかは、製造業者等の事業者にとって悩ましい問題の一つである（警告の内容・範囲の問題である）。
　製品の通常の用途・使用方法によって生じる危険性、危険の防止方法については記載漏れになる可能性は少なくないが、通常の用途・使用方法を逸脱した場合に生じる危険性、危険の防止方法をどの程度、どの範囲で記載するかは重要な問題であるとともに、困難な問題である。
　訴訟実務上、警告の内容・範囲については、予見可能な誤使用についてもすべて危険性を警告し、危険の防止方法を取扱説明書等に記載し、製品情報を提供すべきであるなどとの主張がされることが少なくない（しかも、このような主張の場合、誰を基準として予見可能であったかの重要な問題が生じるが、被害を受けたと主張する製品の購入者・使用者にとって予見が可能であったことが併せて主張されることが多い）。製品の警告に関する情報について、その製

品のすべての誤使用を前提とした危険性、危険の防止方法をすべて取扱説明書等に記載すべきであるとする根拠は全くないし（社会常識として、すべての誤使用を想定することはもともと不可能であるし、そのような不可能を強いることは合理的ではない）、製造物責任法上の警告上の欠陥においてもそのような予見可能性を前提とした警告まで求められているものではない。

　警告の内容・範囲として問題になる予見可能性は、予見の対象が抽象的な事柄では足りず、具体的な事柄に限られるべきであるだけでなく、通常人を前提とした通常の予見可能性とか、合理的な予見可能性とか、あるいは社会常識上相当な予見可能性に限られるべきである。製品を設計し、製造・販売するにあたっては、製造業者等は、合理的に予見することができる範囲の誤使用を含め、製品の用途、性能、使用方法、危険性、危険の回避・防止方法に関する情報を書面等によって購入者に提供することが必要である。製品情報をどの範囲・内容で提供するかは、製品の用途、性能、危険性（危険性の内容・程度、事故発生の頻度）、使用者層等の事情によって異なるものであり、製造業者等において個々の種類の製品ごとに検討することが必要であるが、この判断にあたっては、予定している購入者・使用者層の視点に立って分析し、社会常識に照らし、これらの購入者・使用者層が製品情報を理解することができるかの基準によって検討することが重要である。製造業者等が購入者に製品情報を提供する場合には、製品情報を購入者に適切に理解してもらい、利用してもらうことが重要であり（購入者・使用者、社会とのコミュニケーションの視点が重要である）、取扱説明書等の書面を作成するにあたっては常に心がけるべき事柄である。

　また、製品情報を取扱説明書等に記載する場合、購入者等の誤使用をどの程度想定するかが問題になることが多い（前記の予見可能性に関する事項と関連するが、必ずしも同じではない）。世間で予想されるすべての誤使用について、その内容、態様、程度を問わず、予想すべきであり、取扱説明書等に記載すべきであるとの見解があるが、このような見解は、製品は本来取扱説明

書等に記載された用途・使用法によって使用されるべきであること、現実にすべての誤使用を予測することは事実上不可能であること、製品の用途、性能、使用方法に照らして著しい誤使用、異常な使用は、社会常識、社会通念から容易に判断することができること、製品の購入者等においても製品事故の防止のために自らできることは自ら行うべきであること、製品の購入者等が自らの誤使用の責任を他人に転嫁することは不当であること、すべての誤使用を予想し、取扱説明書等に記載することは製造業者等に過大で不当な負担を強いるものであることの事情を考慮すると、不当な見解であり、合理的な根拠を欠くものである。

　製品事故をめぐる訴訟においては、すべての誤使用は製造業者等が当然に予見できるとか、誤使用こそ製品の改良に重要な役割を果たしてきたとか、誤使用をして何が悪いなどと主張されることがあるが、製品にはそれぞれ用途、性能、使用方法が製品の種類・形状によって明らかであったり、取扱説明書等によって示されているものであり、製品の購入者は、これを前提として製品を購入しているものであるから、購入者等がこれを遵守すべきことは当然であって、訴訟においてみられるこのような主張は、損害賠償責任が問題になる場面では合理的な根拠を欠く暴論である（誤使用とか、取扱説明書等による使用を逸脱した使用であっても、製品の改良、取扱説明書の改善の検討において考慮することができ、事情によっては有用な情報であるということができるが、このことから、損害賠償責任が問題になった場面でもこれを肯定すべき事情であるとは到底いうことができない）。

　製品情報を取扱説明書等に記載するにあたっては、合理的に予見することができる範囲の誤使用、通常予見することができる範囲の誤使用（製造物責任法2条2項）を考慮して記載することが必要であり、かつ足りるというべきである（なお、製品の使用者層を前提として、通常の使用者にとって明白な危険性については、仮にこれを取扱説明書等に記載する等して警告等しなくても、製品の欠陥、製造業者等の過失を認めることはできないというべきであるが、取

扱説明書等には、法的に損害賠償責任を負わない限界に限定して記載するというものではなく、広く製品事故の回避・防止のための製品情報を記載することが望ましいものであるから、後者の観点から記載することも考えられる）。

4　製品取引と警告表示

　製品が製造、輸入、販売等され、社会に提供されるにあたっては、製品の用途・用法等に関する表示・指示・警告による情報も併せて提供されているものであり、これらの情報も取引の一部になっている。現代社会においては、この表示・警告等による情報提供の重要性を増しつつあることが社会生活上実感される。製品に関する表示・警告等の情報は、製品の取引の一部であるが、同様な事態は、サービスの取引にもみられるところであり、サービスの取引にあたっても、サービスに関する表示・警告等の情報が提供されている。表示・警告等の情報は、製品の取引に限られず、その内容、程度、必要性等の事情を問わなければ、取引全般にみられるようになっている。

　現代社会においては、製品の取引だけでなく、サービスの取引、さらに情報そのものの取引が行われるようになり、サービスの取引、情報の取引が経済社会で占める重要性がますます増している。製品の取引において製品の用途、用法、危険性、危険の回避方法等の製品情報が製品に伴って製品の購入者等に提供されているが、このような情報は、サービスの取引でもサービスの利用者に提供されている。サービスの取引にあたっても、サービスの内容、用法、危険性、危険の回避方法等のサービス情報がサービスの取引に伴って提供されており、このサービス情報に誤りがあったような場合には、債務不履行、不法行為等の法的な根拠に基づきサービスの提供者が損害賠償責任を負うことがある。このサービス情報は、取引の本来の給付内容であるサービスに付随して提供されるものであるが、サービスの利用にあたっては、程度の差はあっても、重要な位置を占めている。

　現在、社会においては、さまざまなサービスが事業者によって提供されて

おり、たとえば、弁護士が提供する法律関係の事務処理のサービスもその一つである。弁護士が相談者・依頼者に提供するサービスは、法律関係の事務処理のサービスといってもさまざまな内容のサービスがあるが、受任の前に相談者等に対して受任の範囲、報酬、費用、事務処理の概要等の諸事項を説明する必要があり、実際にも説明しているところであり（近年は、相談者等から事務処理の方針、事務処理の内容、相談者等の意向の実現の見込み、費用等の事項につき説明を求められ、サービス情報が他の弁護士との競争のための値踏みとして利用されることもある）、サービス情報の提供が弁護士にとってもその重要性を増しつつある。弁護士が相談者等に対して行う法律関係の事務処理のサービスは、その処理の内容・仕方等の事情によっては、常に相談者等にとって敗訴、権利の不確認、権利の不実現等の不利益を受けるおそれがあるから（この不利益は、経済的な不利益だけでなく、信用上の不利益、精神的な不利益も含まれるし、弁護士という法律専門家に依頼したことによる期待上の不利益もあり得る）、弁護士によるサービスの情報の提供は、相談者等にとっても弁護士に依頼をするかどうかの検討・依頼にあたって極めて重要であるということができる（相談者等の自己決定権の尊重は、弁護士の業務においても極めて重要な事項になっているが、弁護士によるサービス情報の提供がなければ、相談者等は自己決定を適切に行うことは困難である）。

　サービス情報の提供が重要であることは、弁護士の場合に限らず、広くサービス取引全体に認められるものである。たとえば、宅地建物の取引にあたっては、宅地建物取引業者が売買の当事者に対して重要事項を説明しているが（宅地建物取引業法（昭和27年法律第176号）35条）、説明を受けた旨の書面に署名押印することまで求められているところであり、これもまた、サービスの提供に伴う宅地建物取引に関連する情報の提供に当たるものである。

　本書は、製品の取引に付随する表示・指示・警告に関する製品情報の提供をめぐる裁判例を取り上げているが、同様な問題は、サービス取引においても生じているところであり、いくつかの裁判例も公表されている。他のサー

ビスの場合であっても、その内容・程度の差はあっても、サービスの提供に伴ってそのサービスの内容、取引の内容等の情報が提供されることは通常みられるのである。

現代社会においては、表示・警告等による情報の提供は、製品の取引の分野に限られるものではなく、サービスの取引の分野においても必要であるとされ、事業者によって取引の相手方に対して提供されているものであるが、これらの情報の内容は、徐々に増加し、詳細になっているし、書面によって提供することも求められるようになっている。この情報の提供は、取引によっては、法律によって義務づけられ、倫理によって強制され、あるいは損害賠償責任の可能性を介して間接的に強制されることがある。

5　製品情報の提供者と法的な責任

情報の提供は、製品を製造する事業者、サービスを提供する事業者が提供することが通常であるが、そのほかにも販売業者が提供することもあるし、情報の提供を業とする事業者（たとえば、コンピュータ製品等につき書籍・雑誌を出版する業者がこれに当たる）、その製品等の品質を推薦する事業者・専門家（たとえば、健康食品の有用性を推薦する医学・科学等の専門家、法律制度の利用マニュアルを作成する法律等の専門家がこれに当たる）が情報を提供することがある。

これらの事業者・専門家が情報を提供する場合、製造業者等の製品の取引に付随して提供されるものもあるほか、独自に提供するものもあるが、後者のような情報の提供をする事業者・専門家は、製造業者等とは別に損害賠償責任が問われる可能性がある。後者のような情報の提供は、情報の対象である製品・サービスに関連しているものの、一応独自の立場で情報を提供するものであり、独自の情報取引であるということができる。

製品情報が製品の使用者によって実際に使用されるに至るまでには、製品情報の作成、加工、提供、伝達、評価、解説、認識、使用といった過程を経

ることになる。これらの過程には、製品の製造業者、販売業者、コンサルタント、弁護士、科学・技術専門家、マスメディア、消費者団体、購入者、使用者等の多くの者が関与する。製品情報のこれらの提供・伝達等の過程において、誤った情報が提供され、その誤った情報が製品事故の原因になった場合には、誤った情報の提供・伝達に関与した者が製品事故の被害者に不法行為、債務不履行に基づき損害賠償責任を負う可能性がある。

つまり、製品情報は、製品の購入者・使用者が商品を選択し、使用するにあたって考慮する重要な情報であるから、製品の購入者・使用者がその情報を信頼し、その情報が誤っていたことにより、誤使用に至ったような場合には、誤った製品情報の提供・伝達に関与した者が損害賠償責任を負うべき根拠があるということができる。

6　製品情報の提供の方法・手段

(1) 方法・手段

製品の製造・販売等の取引にあたって表示・指示・警告に関する情報の提供がますます重要になっていることは、さまざまな立場から取引に関与する者にとってはすでに常識になっているが、製品情報の提供の手段は、取扱説明書等の書面の交付、製品本体への貼付が確実な手段であるものの、その手段を問わない。製品の製造・販売に関与する事業者としては、製品事故が発生した場合には、常に表示・指示・警告の欠陥を追及される可能性があることを想定し、製品情報を適切・的確に提供することを念頭に置くべきであるが、その手段は、取扱説明書の交付を基本とすべきであるものの、パンフレット、リーフレット、カタログ、通知書等の書面の交付、インターネット上の掲示、口頭の説明も併せて利用することが重要である。

表示・指示・警告に関する情報は、適切な内容を的確に提供することが重要であり、従来から事業者によってさまざまな努力が行われているが、実際の紛争を概観すると、警告等の欠陥はほどんどの紛争で主張される類型の欠

陥であり、取扱説明書の記載の抽象的な部分が不十分な記載であるとか、取扱説明書の内容が複雑であり、読みにくいものであって不適切であるとか、あるいは取扱説明書の記載に反した使用・操作等が予見可能なものであり、取扱説明書の記載が不十分であるなどといった主張がされることがある。製品によっては不具合もなく、さほどの危険性がないにもかかわらず、使用者等の誤使用によって製品事故が発生したり、製品の危険性が明白であるにもかかわらず、使用者等の非常識な使用・操作等によって製品事故が発生したりすることがあるが、このような製品事故においても、欠陥の最後の根拠として警告等の欠陥が主張されることがある。

(2) 情報提供にあたって留意すべきこと

日本の法律実務においては、警告等の欠陥は、その他の類型の欠陥（製造上の欠陥、設計上の欠陥）と比較すると、取扱説明書の記載内容・記載方法につき見方によって問題点を見つけることができる可能性があること等から、主張しやすい類型の欠陥であり、最後の拠り所として利用しやすい類型の欠陥であるということができる。

表示・指示・警告は、個々の種類の製品ごとに、危険の明白性、危険回避方法の明白性等の事情を考慮し、使用者として想定される者を前提とし、製品の用途・用法、危険の内容・程度、危険の回避方法等の製品情報として通常人が理解できる程度に提供することが必要であり、かつ、足りるということができる。

実際の紛争を概観すると、取扱説明書の用語を殊更に曲解して不適切な記載であるとか、不十分な記載であるとか、不相当な方法であるなどといった主張がされることがあるが、取扱説明書が製品の製造・販売等の事業者と製品を使用する者との間の製品の用途・用法、事故防止のための重要なコミュニケーションの手段であることに照らすと、通常人が理解できる程度の記載がされている場合には、情報の受け手としても取扱説明書を読み、理解し、遵守することが求められるものである（裁判例によっては、情報の受け手の前

記のような情報の理解・消化の怠慢・懈怠に同情する見解をとるものがないではないが、根拠のない誤った判断であることはいうまでもない)。

　取扱説明書等によって提供される製品情報を使用者が読まないとか、理解しないとか、軽視・無視するといった事情から製品事故が発生した場合には、製品の使用者の誤使用に起因して事故が発生したということができるから、製品と事故発生との間の事実上の因果関係を否定すべきであるということもできるし、あるいは製品の欠陥を否定すべきであるということもできる。この意味で、取扱説明書等によって製品情報が提供されている場合には、その製品情報の範囲内では使用者の自己責任によって製品を使用することが求められているということができるのである。

7　製品の表示に関する法律

　製品の表示については法律によってその法律の目的に沿って各種の製品に関する表示の内容・方法が規制されていることがあるが、これらの製品の表示に関する法令の遵守と不法行為等に基づく損害賠償責任における製品に関する表示の適否については、関連するところがあるものの、別個の問題として検討し、判断するのが合理的であり、訴訟の実務においても同様な見解がとられている。製品の表示に関する法令を遵守していた場合であっても、その事実だけから不法行為等に基づく損害賠償責任が否定されるわけではないし、逆に製品の表示に関する法令に違反していた場合であっても、その事実だけから損害賠償責任が肯定されるわけではない（損害賠償責任が問題になる場面では製品の危険性、事故の態様等の諸事情を考慮してその責任の成否が判断される）。製品の表示・指示・警告上の不具合、欠陥を取り上げて損害賠償責任の成否を問題にしようとする場合には、取扱説明書等による製品情報だけでなく、製品の表示に関する法令の規定を検索し、検討することも重要である。

　製品の表示に関する法律の一つとして、家庭用品の表示を規制する家庭用

品品質表示法（昭和37年法律第104号）がある。同法は、家庭用品の品質に関する表示の適正化を図り、一般消費者の利益を保護することを目的とするものであり（同法1条）、規制の対象となる家庭用品、製造業者につき定義が設けられている（同法2条）。同法の対象となる家庭用品は、一般消費者が通常生活の用に供する繊維製品、合成樹脂加工品、電気機械器具および雑貨工業品のうち、一般消費者がその購入に際し品質を識別することが著しく困難であり、かつ、その品質を識別することが特に必要であると認められるものであって政令で定めるもの（同条1項1号。なお、同法1条1項2号には、繊維製品につきさらに規定が設けられている）であり、品質の識別の観点から製品の表示の問題を取り上げている。具体的に製品の表示につき規制を受ける家庭用品は、繊維製品、合成樹脂加工製品、電気機械器具および雑貨工業品につき政令（家庭用品品質表示法施行令（昭和37年政令第390号））で定められているところであり（同令1条・別表）、同令の別表に具体的な製品が列挙されている。製品の表示の基準は、内閣総理大臣が家庭用品の品質に関する表示の適正化を図るため、家庭用品ごとに、成分、性能、用途、貯法その他品質に関し表示すべき事項、表示の方法その他成分等の事項の表示に際して製造業者・販売業者または表示業者が遵守すべき事項を定めることとされ（家庭用品品質表示法3条1項1号・2号）、具体的に繊維製品品質表示規程（平成9年10月1日通商産業省告示第558号）、合成樹脂加工品品質表示規程（平成9年12月1日通商産業省告示第671号）、電気機械器具品質表示規程（平成9年12月1日通商産業省告示第673号）、雑貨工業品品質表示規程（平成9年12月1日通商産業省告示第672号）に定められているところである。内閣総理大臣は、表示の標準となるべき事項を定めようとするときは、あらかじめ、経済産業大臣に協議しなければならず（家庭用品品質表示法3条2項）、内閣総理大臣は、表示の基準となるべき事項を定めたときは、遅滞なく、これを告示するものとされている（同条3項、前記の各規程参照）。

8 製品の表示等に関するクレーム

　表示・指示・警告は、製品の場合には、製造業者等が販売するにあたって、製品の使用者層を前提として記載すべき製品情報の内容、情報提供の方法を検討し、取扱説明書の内容・体裁等を決め、実施するものであるが、製品の販売・使用に伴って使用者・販売業者からその製品に関するさまざまな情報がもたらされる（製品の使用者からは、クレーム・苦情として販売業者・製造業者等に情報がもたらされることがある）。製造業者等としては、これら製品の使用に関する情報が使用者等から提供された場合、クレーム・苦情としてもたらされた情報が全く根拠がないときは別として、その情報の真偽、情報の重大性、情報の製品に与える影響（製品の設計、警告、危険性、使用方法等に影響を与える可能性）を分析・検討したうえ、必要に応じて、取扱説明書の記載内容、情報の提供方法を変更することが重要である（製品の設計・製造等を変更する必要が生じることもないではない）。

　一般的には、製品は、新製品として社会に提供してしばらくの間は製品の販売・使用に伴うさまざまなクレーム・苦情が少なくないものであり（製品の製造業者等は、製品の種類、用途、性能等にもよるが、新製品の販売にあたってできる限り初期のクレーム・苦情の発生を少なくしようと努めていたとしても、ある程度の初期のクレーム・苦情はやむを得ないところがある）、これらの初期のクレーム・苦情に的確・適切に対応することが重要である。初期のクレーム・苦情のための一つの対応策としては、取扱説明書の記載内容の変更等があるし、製品事故の発生の可能性、事故の重大性等の事情によっては製品の事故情報、不具合情報として製品の購入者・社会に提供することもある（この後者の情報提供は、広義のリコールとして位置づけられている）。

　製品に関するクレーム・苦情のうち、その根拠を欠くもの、クレームの内容等に照らして社会常識から逸脱したものを執拗に追及する者については、モンスター・クレーマーと呼ぶことができる。モンスター・クレーマーは、

学校教育においてはモンスター・ペアレント、医療においてはモンスター・ペイシャントと呼ばれることもあり（最近は、近隣のトラブルにおいてはモンスター住民などと呼ばれることもあるようである）、このようなモンスター・クレーマーは一部の事業から事業全体に拡大しつつある。

モンスター・クレーマーは、現代社会における事業活動、国民の意識、社会の雰囲気、法制度等のさまざまな変化・実情を反映しているものであって、事業者のクレーム対応に重要な課題を提起するものである（たとえば、弁護士が行う法律事務サービスの提供においても、クレーマー対応、特にモンスター・クレーマー対応が無視できない対策の一つになっているといえよう）。モンスター・クレーマーの中には、取扱説明書等の製品情報を熟読してその不備を追及したり、製品事故情報の開示をきっかけにしたりしてクレームをつけるものもみられるところであり、取扱説明書の記載内容、情報提供の方法の検討にあたっては、モンスター・クレーマーの存在をも前提として慎重に検討することも軽視できないようになっている。

9　警告表示に関する過失・欠陥をめぐる裁判例の紹介の意義

本書は、まず、従来の裁判例において、「警告上の過失」（表示上の過失等の同様な意義を有するものを含む）、「警告上の欠陥」（表示上の欠陥等の同様な意義を有するものを含む）が問題になったものについて、その事案の概要、判旨、裁判例の意義・位置づけを紹介することとしている。このような裁判例の紹介にあたっては、いくつかの類型化が可能であるが、本書では、事故原因が疑われた製品・設備につき大まかな分類をしたうえ、それぞれの製品等ごとに裁判例の言渡しの時代順に紹介することとしている。このような分類には批判もあろうが、一見してわかりやすい紹介を旨として分類したものである。

警告上の過失、警告上の欠陥をめぐる裁判例をこのように紹介することは、

各種の製品ごとの警告上の過失・欠陥の有無の判断に関する基準を検討し、訴訟における予測可能性をより高めることができるとともに、警告上の過失・欠陥の裁判例における判断の動向の推測をより確実にすることができると考えたからである。本書における裁判例の検討、分析は、各裁判例上の文言、論理、結論を前提とするものであり、各裁判例の判断の前提となった証拠を検討したものではなく、その制約の下で行ったものとしての限界があるが、その限界を認識して利用してもらいたい。

　警告上の過失、警告上の欠陥は、製品事故による損害賠償請求訴訟においては、しばしば見かける主張であるだけでなく、近年は、比較的安易に警告上の欠陥を認める裁判例も見かけるようになっているため、今後は、従来以上に関心をもつべき法理になっている。特に警告上の欠陥は、ほかに損害賠償責任を追及することができる法的な根拠がないか、あるいは乏しい場合に主張されやすく、また、取扱説明書の記載が十分でないなどと比較的容易に主張されやすい法理であることも相まって、訴訟の実務においてはますますその重要性が高まるものと予測することができる。法律実務上注意を払っておくべき法理である。

第2章　警告上の過失・欠陥をめぐる裁判例

1　医薬品・医療器具等に関する警告上の過失・欠陥

(1) 概　説

　医薬品・医療器具は、人体に直接使用されるものであり、個人の生命・身体への侵害が生じる可能性が常にあるうえ、医薬品の副作用等、人体に使用するにあたって不可避な侵害が生じる可能性がある製品である。

　医薬品等を使用する場合には、医師等の医療に従事する専門家が使用するものがあるだけでなく、医師等の処方・指示によって使用するもの、個人が使用するものもある。いずれの類型の医薬品等であっても、副作用、事故発生の可能性を考慮すると、医薬品等の用途、使用方法、危険性等について適切な情報が提供されることが必要であるし、実際にも能書・添付文書等の文書として提供されてきたものである（薬事法上は、添付文書等と呼ばれている）。

　医薬品等の使用につき医師等の医療の専門家が関与する場合には、医療の専門家が理解することを前提としてこれらの文書の内容、体裁、文言を検討し、文書を作成することが必要であり、これで足りるというべきであるが、他方、医療の専門家の関与なく個人が直接使用する場合には、個人が理解することを前提として文書を作成することが必要である（後者の場合には、素人である個人を対象として理解しやすい内容、体裁、文言が使用されることが必要になる）。

(2) 医薬品事故をめぐる裁判例

　医薬品の警告上の過失、警告上の欠陥が問題になった裁判例は、比較的多

くみられる。

〔1〕 福寿草根の販売業者の指示・警告義務違反を肯定した事例（大阪地判昭和41・5・20判時473号48頁）

　　　　　　　　　　●事案の概要●

　薬種商YがAに福寿草根を販売したが、販売にあたって、基準量の3倍以上を、使用方法として煎用してはならないものを煎用するように指示し、Aが指示に従って服用したため、強度の中毒症状を呈し、死亡したため、Aの相続人X_1、X_2らがYに対して不法行為に基づき損害賠償を請求したというものである。

　この判決は、当時薬事法上の指定医薬品ではなかったものの、文献等により危険性を認識し、服用者に適切な指示を与えて誤用による危険の発生を防止すべき注意義務があり、この義務違反による不法行為を認め、請求を認容した。

【判決内容】

　この判決は、

「同4項の被告の過失の有無につき判断するに、被告は、薬種商として薬用植物を販売するに当っては、この服用方法についての指示を誤ることなく服用者の生命身体に危険を生ぜしめないようにする注意義務があり、特に前項に認定した如く、薬理学上危険な民間薬であるとされている福寿草根を販売するにあたっては文献等によりその危険性を認識し服用者に適切な指示を与えるなど、誤用による危険の発生を防止する注意義務があるのであって、単に当時福寿草が薬事法上指定医薬品でないからという理由で、これらの義務を免れるものでないということはいうまでもない。

　ところが被告本人尋問の結果によれば、被告は平素福寿草根の用法、危険性について知るところがなく、また原告X_1に対する販売に当って、薬種問屋から仕入れた本件福寿草根の容器紙袋に『劇』の字の記入されているのを現認しているのに、何等格別の顧慮を払うことなく、前記認定のとおりその用量において基準量の3倍以上を、又煎用してはならないものを煎用するよう指示し、この他多量使

用した場合の危険等についてはなんら注意を与えることなく販売したことが認められる。右事実によれば、被告は本件死亡事故発生について薬種商として遵守すべき前記注意義務に違反した過失の責を免れないものといわねばならない」
と判示している。

【事案の特徴】

　この事案は、薬種商が福寿草根を販売するにあたり、誤った使用量・使用方法を指示したため、服用した者が死亡し、その相続人が薬種商に対して不法行為に基づき損害賠償を請求した事件であり、薬種商の指示・警告義務違反が問題になったものである。

【判決の意義】

　この判決は、薬種商が薬用植物を販売するにあたっては、服用方法についての指示を誤ることなく服用者の生命身体に危険を生ぜしめないようにする注意喚起義務があるとしたこと、危険な民間薬である福寿草根を販売するにあたっては、文献等により危険性を認識し、服用者に適切な指示を与えるなど、誤用による危険の発生を防止する注意義務があるとしたこと、福寿草根が薬事法上指定医薬品でないからといってこの注意義務は否定されないとしたこと、この事案につき薬種商の注意義務違反を肯定したことに特徴がある。

　この判決は、比較的古い時期において、薬種商の指示・警告義務を認め、その義務違反を肯定した事例として注目されるものである。

　薬効が認められる薬用植物は多数あり、薬用植物を掲載した本も多数出版されているし、実際に日常生活で使用されることもある（筆者も子どもの頃、そのような治療を受けた記憶があるが、時代とともに日常生活で使用される事例は減少しているようである）。薬用植物の用途・使用方法を誤った場合には、人体に被害が発生する可能性があるが、薬用植物を安全に使用することについての知識・知恵も社会全体で急速に衰退している。薬用植物を個人で使用し、人体に被害が生じた場合には、個人の自己責任として取り扱われるほかないが、これを薬効があるものとして販売した場合には、販売した者が法的

な責任を問われることがありうるものであり、このような法的な責任の根拠として、警告上の過失が利用されることがあるし、警告上の過失は利用しやすい法理である。

　第二次世界大戦後、日本においては多数の薬害事件が発生しており、大規模な薬害事件も発生している。大規模で悲惨な薬害事件としては、サリドマイド事件があり、医療、行政、訴訟の場のみならず、大きな社会問題になった（被害者からの訴訟が提起されたが、和解によって解決され、判決に至っていない）。
　サリドマイド事件の後に大きな社会問題になったのがスモン事件である。キノホルム製剤を服用して死亡したり、あるいは、目・下肢等に重篤な障害が残った患者等が、製剤を製造、輸入、販売した事業者、国、医師に対して不法行為等に基づき損害賠償を請求する集団訴訟が日本各地の裁判所に多数提起されたものであるが（筆者は、たまたま東京スモン訴訟と俗称される訴訟に裁判官として関与したことがある）、最近に言い渡されたものもある。

〔2〕　キノホルム剤の製造・販売業者等の警告上の過失を肯定した事例（新潟地判平成6・6・30判タ849号279頁）

――●事案の概要●――

　Xは、Y_1株式会社が製造し、Y_2株式会社が販売したキノホルム剤を服用し（Y_3（国）が許可した）、スモンに罹患したため、損害賠償を請求したものである。
　この判決は、Y_1らの責任を認め、請求を認容した。

【判決の意義】
　スモン訴訟の判決は、昭和53年から昭和54年にかけて多数の判決が言い渡され、法律雑誌に公表されているが、これらの訴訟においては、不法行為における指示・警告上の過失が問題になったものである。スモン訴訟判決とし

ては、金沢地判昭和53・3・1判時879号26頁、東京地判昭和53・8・3判時899号48頁（後掲①）、福岡地判昭和53・11・14判時910号33頁（後掲②）、広島地判昭和54・2・22判時920号19頁、札幌地判昭和54・5・10判時950号53頁（後掲③）、京都地判昭和54・7・2判時950号87頁、静岡地判昭和54・7・19判時950号199頁（後掲④）、大阪地判昭和54・7・31判時950号241頁（後掲⑤）、前橋地判昭和54・8・21判時950号305頁（後掲⑥）、東京高判平成2・12・7判時1373号3頁がある。

　これらの裁判例は、警告上の過失を認めたものがほとんどである。

① 東京スモン訴訟（東京地判昭和53・8・3判時899号48頁）は、

「二　結果回避義務について

　ところで、予見義務の履行は、それ自体が副作用の危険の発生防止の意味を持ち得るものではなく、製薬会社をしてみずから結果回避義務の前提となる予見を可能ならしめることに、その意義があるのであるから、製薬会社は、予見義務の履行により当該医薬品に関する副作用の存在ないしはその存在を疑うに足りる相当な理由（以下、これを『強い疑惑』と呼ぶ）を把握したときは、可及的速やかに適切な結果回避措置を講じなければならない。

　そして、この結果回避措置の内容としては、副作用の存在ないしその『強い疑惑』の公表、副作用を回避するための医師や一般使用者に対する指示・警告、当該医薬品の一時的販売停止ないし全面的回収などが考えられるのであるが、これらのうち、そのいずれの措置をとるべきかは、前記予見義務の履行により把握された当該副作用の重篤度、その発生頻度、治癒の可能性（これを逆にいえば、いわゆる不可逆性の有無）に加えて、当該医薬品の治療上の価値、すなわち、それが有効性の顕著で、代替性もなく、しかも、生命・身体の救護に不可欠のものであるかどうか、などを総合的に検討して決せられなければならない」

と判示している。

② 福岡スモン訴訟（福岡地判昭和53・11・14判時910号33頁）は、

「三　医薬品製造業者の注意義務

　以上の検討によれば、医薬品製造業者は、医薬品が置かれている今日的状況に鑑みて、以下のような安全性確保のための具体的な注意義務を負わされているものと解すべきである。

　即ち、開発過程においては内外の文献を渉猟し、かつ各種試験を行い、製

造過程においては品質の管理に万全を期し、販売に際しては使用上の的確な指示を行い、更に医療現場での流通に置かれた後も副作用等の情報収集を怠らず、場合によっては再度の各種試験を実施し、或いは警告を発し、万一安全性に疑惑が生じたときには製品を回収する等して消費者の生命・身体に対する危害を未然に防止する措置をためらわずとる等の、医薬品の安全性確保のために考えうる限りの方法をすみやかにとらなければならない。

　四　医薬品輸入業者の注意義務
　薬事法22条は、医薬品等を業として輸入しようとする者は、営業所毎に厚生大臣の輸入販売業の許可を受けるべきこと等を規定しているが、本条の立法趣旨は、輸入販売業は医薬品等を国民に供給するという本質的な点において、製造業と変わるところがないので、同様に厚生大臣の許可に関わらしめ、以てその営業が保健衛生上遺憾なく遂行されることを期待するという点にあると考えられる。（旧薬事法上も同趣旨に解される。）
　ところで、既に見たように、医薬品の作用には人種差の認められるものがないわけではないから、外国での成績をそのままわが国に当てはめることはできない。更に、ひとたびその医薬品による事故が生じた場合、外国にある製造業者の責任を実効的に問うことが常に可能であるかについても疑問なしとしない。
　このような諸点に鑑みれば、輸入業者も製造業者と同一内容、同一程度の医薬品安全性確保のための注意義務を負わされていると解すべきである。（なお、自らの研究施設を有しない場合には適当な機関等へ委託して各種試験等を実施すべきであることは勿論であり、製造業者から交付された資料は、批判的に再検討すべきである。）」

と判示している。

③　札幌スモン訴訟（札幌地判昭和54・5・10判時950号53頁）は、

「四　被告会社らの責任
1　（注意義務の内容）
㈠　（注意義務の内容）
　製薬会社は、医薬品を製造・販売するにあたっては、医薬品疾病の予防・治療を目的として用いられる反面、副作用により人の生命・健康を害する危険性もあわせもっていること、また、現代社会では医薬品は『商品』として大量に流通過程に置かれるところ、一般消費者たる国民の側では自ら医薬品の安全性を確認する技術と能力を殆ど欠いていること、従って安全性に欠陥のある医薬品が供給された場合国民の間に広汎かつ深甚な被害がもたらされる虞のあることに鑑みると、医薬品の安全性確保のために次のような注意義務を負うと解される。

1　医薬品・医療器具等に関する警告上の過失・欠陥

(1)　結果予見義務

　医薬品の製造・販売を開始するにあたっては、その時点における医学、薬学等関連諸科学の最高の学問・技術の水準に達した文献調査、動物実験、臨床試験などの調査・研究を尽くして当該医薬品が人の生命・身体に対してもたらす影響、特に副作用の種類・程度を認識・予見することであり、また、既に当該医薬品の販売が開始された場合には副作用の有無・内容に関する情報の収集を行ない、副作用の存在に疑惑が生じたときは更に調査・研究、同種の医薬品を製造・販売する他の製薬会社との情報交換等を行って、当該医薬品の副作用の種類・程度についてのより精確な認識・予見に努めることである。

(2)　結果回避義務

　医薬品の副作用による被害の発生が認識・予見された場合に、それを防止するために必要にして十分な措置の内容(具体的には、医師や一般使用者に対する副作用の警告・適応症や適用量などの用法の規制、当該医薬品の製造・販売の停止ないしは回収などが考えられる)を検討し、被害の発生を回避するために適切な措置をとることである」

と判示している。

④　静岡スモン訴訟(静岡地昭和54・7・19判時950号199頁)は、

　「(二)　医薬品製造業者は、前記の医薬品の性質や安全性を欠如した医薬品のもたらす結果の重大性に鑑み、その製造にあたっては、内外の文献を調査し、動物実験及び臨床実験等の各種試験を行い、又製造過程においては、品質の管理に万全を期し、発売に際しては、用法・用量・効能その他の使用上の指示を的確に行ない、販売開始後も積極的に臨床使用例を追跡調査する等して、副作用情報の収集に努め、場合によっては再度の各種試験を実施し、或いは警告を発し、万一安全性に疑問を生じた時には製品を回収する等、医薬品の安全性確保のために必要と考えられる可能な限りの方法を速かにとらなければならない高度な安全性確保義務が課せられているものと解される」

と判示している。

⑤　大阪スモン訴訟(大阪地判昭和54・7・31判時950号241頁)は、

　「2　結果回避義務

　右調査、研究の結果、当該医薬品について副作用の存在或いはその存在について合理的な疑いが生じた場合は、その副作用による被害の発生を防止するため適切な措置をとらなければならない。そしてそのとるべき具体的な措置は、当該医薬品の有用性に照らして決定されることとなるが、それには、

41

副作用の公表、適応性、用法、用量の制限、医師や一般使用者への警告や指示、製造、販売の中止、製品の回収等がある」

と判示している。

⑥　群馬スモン訴訟（前橋地判昭和54・8・21判時950号305頁）は、

「㈡　（結果回避義務）　医薬品を製造しようとする者が当該医薬品の製造を開始するに先立ち前記調査研究の結果当該医薬品について危険な副作用の存在を予見（危険な副作用の存在について合理的な疑いをもつ場合を含む。）したときは、当該医薬品の製造販売を開始しないか、あるいは有用性がある範囲に限定して当該医薬品の製造販売をするのであれば、適応性、用法、用量を有用性がある範囲に限定し危険な副作用について警告するなど当該医薬品が安全に使用されることを確保する適切な措置をとらなければならない。また、医薬品の製造者が当該医薬品の製造販売を開始したのちに前記調査研究の結果当該製品について危険な副作用の存在を予見したときは、直ちに当該医薬品の使用中止を医療関係者等に伝え流通過程から回収するなど当該医薬品の使用中止のための適切な措置をとるか、あるいは有用性がある範囲に限定して当該医薬品の利用を続行するのであれば、適応症、用法、用量を有用性がある範囲に限定する旨を危険な副作用についての警告とともに医療関係者等に伝えるなど当該医薬品が安全に使用されることを確保する適切な措置をとらなければならない。

すなわち、被告Y_1はエンテロ・ヴィオフォルム及びメキサホルムにつき、被告Y_2はエマホルム類につき、いずれもその製造を開始するに先立ち、また、製造を開始したのちも、前記安全性を確保する注意義務を負っているものである。

なお、被告Y_2は、キノホルムは日本薬局方に収蔵されており、国は局方収蔵によって当該医薬品の安全性に保証を与えているので、その保証に依存して当該医薬品を製造した者は安全性等の調査研究義務を免除又は大巾に緩和されている旨主張している。キノホルムが第六改正及び第七改正日本薬局方に収蔵されていることは、既に認定したところであるが、医薬品を公定書に収蔵することは、医薬品の性状及び品質の適正を図るためであるから、のちに述べるように医薬品の製造者に対する規制の方法ではあっても、製造者の注意義務ないし責任を減免する趣旨を含むと解する余地はなく、また、公定書収蔵に際して厚生大臣が当該医薬品の安全性について検討したとしても、そのことによって公定書に収蔵された医薬品の安全性が保証されたことになるものでもないので、右主張は失当である」

と判示している。

これらの裁判例は、医薬品の製造・販売における製造業者等の指示・警告義務、警告上の過失を認めた事例として参考になるものである。

続いて、医薬品の副作用事件であるクロロキン訴訟に関する裁判例を紹介したい。

(3) クロロキン製剤の製造業者の警告上の過失を肯定した事例（東京高判平成6・9・13判夕862号159頁）

―●事案の概要●―

クロロキン製剤を服用し、クロロキン網膜症に罹患した者、死亡した患者の相続人であるXらが、Y_1（製薬会社）、Y_2（国）に対して損害賠償を請求したものである。第1審判決（東京地判昭和62・5・18判時1231号3頁）が、Y_1に対する請求は認容したものの、Y_2に対する請求を棄却したため、Xらが控訴した。

この判決は、厚生大臣のクロロキン製剤の製造承認等に医薬品の安全性確保義務違反がないとして、控訴を棄却した。

【判決の意義】

クロロキン訴訟については、医療機関の責任が問題になったものとして、東京地判昭和53・9・7判時901号43頁、横浜地判昭和54・9・26判時944号8頁、東京地判昭和59・8・27判時1146号86頁があり、製薬業者・国の責任が問題になったものとして、東京地判昭和57・2・1判時1044号19頁（後掲①）、東京地判昭和62・5・18判時1231号3頁（後掲②）、東京高判昭和63・3・11判時1271号3頁（後掲③）がある。

製薬業者の警告上の過失が問題になった裁判例を紹介すると、次のようなものがある。

① 東京地判昭和57・2・1判時1044号19頁は、

「二　製造販売開始までの間の注意義務

まず、開発段階では、目的とする科学物質とその類似周辺物質につき内外の文献調査を行い、更に十分な前臨床試験、臨床試験をふまえて、医薬品としての有効性はもちろん、その安全性を確認し、もって副作用の有無、程度等を予め知り尽くしておくようにする義務がある。この段階で既に重篤な副作用のあることが判明したならば、これを製造販売してはならないのは当然で、もしどうしても副作用にもかかわらず医学上の必要価値があるという場合には、その副作用の種類、程度、ひん度、重篤性等をできるだけ正確に、そして回避できるならその方法等を医師や患者に伝達する体制を整えてから販売すべきである。
　先行する同種化学物質が医薬品として既に数年使用され、これに重篤な副作用の症例報告等を見聞しないからといって、後に開発する製薬業者の右の義務が軽減されたり、消滅したりすることは絶対にない。
　三　製造開始後における注意義務
　次に、開発から製造までの間の調査研究や各種試験では予見できず、臨床使用の段階で判明する副作用が常に十分ありうる。したがって、製薬業者は、安全かつ有用との認識の下に医薬品の販売を開始したのちも、その副作用について継続して調査をする義務がある。長年の使用経験中に重篤な副作用の症例が現れなかったとの事情があっても、このことにより安全性が定着したとの先入観にとらわれて、右継続的調査義務を怠ることは許されない。要するに、医薬品が販売され使用されているうちは右の副作用調査義務は常時存在する。その間、製薬業者は、当該医薬品に関する医学、薬学その他関連科学分野における内外の文献、報告等の資料を調査して副作用情報を常時収集するよう努めねばならず、調査の対象となる文献、報告等の資料の範囲は、当該医薬品の適応分野（例えば、内科、皮膚科等）に限らず、眼科領域にも及ぶと解せられる。このことは、前述のとおり、医薬品の目に対する副作用も決して少なくなく、古来その副作用が文献に記述されてきたという事実に照らしても一般的に首肯できるものであるばかりでなく、本件にあっては、クロロキンが視機能に対し何らかの影響を及ぼすことのあることは早くから、すなわち前記外国文献１及び２等に記されているように発売の当初から知られていた以上、右のように解して当然とさえいえる。それゆえ、眼科領域の文献までも調査することは合理的にみて期待できなかったという趣旨の一部の被告製薬会社の主張は、到底採用することができない。
　このように、製薬業者には副作用の継続的調査義務があるが、販売後当初知られていなかった副作用情報を入手したときは、速やかにこれに対処すべく調査検討に着手し、副作用の発生を回避する可能な限りの措置を講ずべき義務を負うに至る。
　すなわち、右の副作用情報とは、当該医薬品によって特定の副作用が発生

するという因果関係を疑わせる一応の理由があるものであれば足り、製薬業者は、このような情報を得たならば、漫然他人による副作用の症例報告とか基礎医学的実験報告の蓄積を待っているのではなく、直ちに自らが、あるいは他の研究機関東に依頼して、その時点までの臨床上の諸報告、内外の文献を精査することはもちろん、必要に応じ動物実験、当該医薬品服用者の病歴及び追跡調査等を実施して、医薬品と副作用の因果関係の有無、副作用の程度等の解明、確認に着手すべきであり、場合によっては、例えば報告された副作用が人の生命や身体に重大な危険を及ぼす種類のものであれば、右の解明、確認に先立って、とりあえず一時的に当該医薬品の出荷販売の停止措置を講ずることが要請されることもある。

　そして、このような解明、確認のための調査、研究の結果、その医薬品と特定の副作用との因果関係が医学、薬学その他関連科学上合理的根拠を以て完全に払しょくされない限り、重篤度、発生ひん度、可逆性か否か等の当該副作用の特質とその医薬品の治療、予防上の必要度等を比較考量したうえ、警告にとどめるか、適応の一部を廃止するか、あるいは全面的に出荷販売を停止し流通している医薬品を回収するか、状況に応じていずれかの措置を講ずる義務がある」

と判示している。

②　東京地判昭和62・5・18判時1231号3頁は、

「医薬品は、その時々の最高に学問的水準に基づいて製造されあるいは改良されて行くものであり、そのような学問的水準に属する知識・情報を最もよく収集し得るのは、当該医薬品を製造販売する製薬業者であるから、医薬品が臨床医家によって適切に使用されるためには、製薬業者が、医薬品の効果及び副作用に関する的確な情報を誤りなく臨床医家に提供する必要がある。
2　とくに副作用防止の見地からいえば、医薬品の不適切な使用が使用者に損害を及ぼすものであることに鑑み、製薬業者としては、自己が社会に提供する医薬品によって、使用者に不測の損害が生ずることのないよう、最善の努力を尽くすべきである。そして、製薬業者は、副作用に関する知識・情報を収集し得る能力において、臨床医家及び患者に優ものであること、製薬業者は、医薬品を製造・販売することにより利益を得ることを目的とするものであること、副作用がきわめて重大な身体被害を発生させる場合があり得ることを考えれば、製薬業者が副作用防止のために極力努力をすべきことが、その一般大衆に対する法的義務であることは、疑いのないところである。すなわち、製薬業者は、医薬品の開発・製造にあたっては、十分な文献調査、実験、研究をして、その有効性はもとより、安全性をも確認し、副作用の有無、程度等を予め知悉したうえ、副作用の存在にかかわらず有効性があるも

のと認めて、製造・販売をすることとした場合には、副作用の種類、程度、発生の蓋然性の程度、更には副作用防止・回避の方法等を医師、患者に伝達する方策を講じるべき義務を負うものというべきである」

と判示している。

③　東京高判昭和63・3・11判時1271号3頁（前掲①の控訴審判決）は、

「二　副作用の防止の点を中心にした被告製薬会社の注意義務の具体的内容
1　製造、販売開始までの間の注意義務

まず、開発段階では、目的とする化学物質とその類似周辺物質につき、少なくとも内外の文献の収集、調査、検討を行うとともに、さらに十分な前臨床試験、臨床試験を実施し、医薬品としての有用性はもちろん、その安全性を確認し、もつて副作用の有無、程度等を予め知り尽くしておくようにする義務がある。この段階で既に重篤な副作用が必然であることが疑う余地なく判明したならば、これを製造、販売してはならないのは当然である。また、副作用のあることが疑われるときは、その有無を明確につきとめ、かつ、その内容をも把握しておかなければならない。けだし、そうでなくては、当該化学物質が果たして医薬品としての有用性を有するものか否かを確定し得ないであろうからである。

そして、副作用が存在することが明らかな場合はもちろん、その存在が疑われるにもかかわらず、有用性の見地からする医学上の必要性があるとして、ある化学物質を、医薬品として、製造し、輸入し、これを販売しようとするのであるならば、少なくとも自らにおいて事前に、右の副作用の詳細な内容、すなわちその種類、程度、頻度、重篤性等をできるだけ正確に、そして回避できるか否か、もし回避できる可能性があるならば、その手段、方法等を掌握したうえ、当該医薬品の最終使用者である医師や患者らを含む一般国民に対し、これを正確、十分に伝達する体制を整えておくべきものである。この場合、先行する同種の化学物質が、医薬品として、既に数年程度にわたって使用され、それについての重篤な副作用の症例報告等を見聞しないことは、必ずしも当該医薬品もしくは同種の医薬品を製造し、輸入し、販売しようとする後発の者が右の義務を軽減され、もしくはこれを負わないものとされるべき理由とはならないのである」

と判示している。

これらの裁判例は、いずれも医薬品の製造業者の警告義務を認めたものであり、事例として参考になるものである。

〔4〕 厚生大臣がクロロキン製剤の副作用による被害の発生を防止するために薬事法上の権限を行使しなかったことが国家賠償法1条1項の適用上違法とはいえないとした事例（最二小判平成7・6・23民集49巻6号1600頁、判時1539号32頁、判夕887号61頁、判自143号42頁）

●事案の概要●

前掲③東京高判昭和63・3・11の上告審判決であり、国の責任のみが問題になったところ、この判決は、厚生大臣がクロロキン製剤を劇薬および要指示医薬品に指定し、使用上の注意事項や視力検査実施事項を定め、医薬品製造業者等に対する行政指導によりこれを添付文書等に記載させるなどの措置を講じた等とし、国の責任を否定し、上告を棄却した。

【判決内容】

この判決は、

「四 次に、所論は、厚生大臣がクロロキン製剤の副作用による被害の発生を防止するために薬事法上の権限を行使して適切な措置をとらなかった違法を主張するので、この点につき判断する。

1 日本薬局方に収載され、又は製造承認がされた医薬品が、その効能、効果を著しく上回る有害な副作用を有することが後に判明し、医薬品としての有用性がないと認められるに至った場合には、厚生大臣は、当該医薬品を日本薬局方から削除し、又はその製造の承認を取り消すことができると解するのが相当である。薬事法は、厚生大臣は少なくとも10年ごとに日本薬局方の改定について中央薬事審議会に諮問しなければならないと規定する（41条3項）にとどまり、また、昭和54年法律第56号による改正後の薬事法74条の2のような製造の承認の取消しに関する明文の規定を欠くが、前記の薬事法の目的並びに医薬品の日本薬局方への収載及び製造の承認に関する審査権限に照らすと、厚生大臣は、薬事法上右のような権限を有するものと解される。

また、厚生大臣は、医薬品による被害の発生を防止するため、当該医薬品を毒薬、劇薬又は要指示医薬品に指定し（44条、49条）、医薬品製造業者等に対して必要な報告を命じ（69条1項）、当該医薬品について公衆衛生上の危険の発生を防止するに足りる措置を命ずる（70条1項）等の権限を有し、また、薬事法上の諸権限を前提とし若しくは薬務行政に関する一般的責務に基づいて、医薬品製造業者等に対して指導勧告等の行政指導を行うことができると解される。

2 厚生大臣は、右のような権限を具体的な状況に応じて行使するが、その前提となるべき医薬品の有用性の判断は、当該医薬品の効能、効果と副作用との比較考量によって行われるものであるから、これについては、高度の専門的かつ総合的な判断が要求される。そして、右判断の要素となる医薬品の有効性と副作用及び代替可能な医薬品や治療法の有無等に関する医学的、薬学的知見は、研究、開発の成果などにより常に変わり得るものであるから、医薬品の有用性の判断は、その時点における医学的、薬学的知見を前提としたものとならざるを得ない。また、厚生大臣は、当該医薬品の有用性を否定することができない場合においても、その副作用による被害の発生を防止するため、前記のような権限を行使し、あるいは行政指導を行うことができるが、これらの権限を行使するについては、問題となった副作用の種類や程度、その発現率及び予防方法などを考慮した上、随時、相当と認められる措置を講ずべきものであり、その態様、時期等については、性質上、厚生大臣のその時点の医学的、薬学的知見の下における専門的かつ裁量的な判断によらざるを得ない。

　厚生大臣の薬事法上の権限の行使についての右のような性質ないし特質を考慮すると、医薬品の副作用による被害が発生した場合であっても、厚生大臣が当該医薬品の副作用による被害の発生を防止するために前記の各権限を行使しなかったことが直ちに国家賠償法1条1項の適用上違法と評価されるものではなく、副作用を含めた当該医薬品に関するその時点における医学的、薬学的知見の下において、前記のような薬事法の目的及び厚生大臣に付与された権限の性質等に照らし、右権限の不行使がその許容される限度を逸脱して著しく合理性を欠くと認められるときは、その不行使は、副作用による被害を受けた者との関係において同項の適用上違法となるものと解するのが相当である。

3 これを本件についてみると、前記の事実関係によれば、昭和37年以降我が国においても、クロロキン製剤の副作用であるクロロキン網膜症に関する知見が次第に広まってきたものの、その内容はクロロキン製剤の有用性を否定するまでのものではなく、一方、クロロキン製剤のエリテマトーデス及関節リウマチに対する有用性は国際的に承認され、昭和51年の再評価の結果の公表以前においては、クロロキン製剤は、根本的な治療法の発見されていない難病である腎疾患及びてんかんに対する有効性が認められ、臨床の現場において、副作用であるクロロキン網膜症を考慮してもなお有効性を肯定し得るものとしてその使用が是認されていたというのであるから、当時のクロロキン網膜症に関する医学的、薬学的知見の下では、クロロキン製剤の有用性が否定されるまでには至っていなかったものということができる。したがって、クロロキン製剤について、厚生大臣が日本薬局方からの削除や製造の承認の取消しの措置を採らなかったことが著しく合理性を欠くものとはいえない。

　また、厚生大臣ないし厚生省当局は、副作用の面からの医薬品の安全性を確保

するための組織、体制の整備を図り、その一応の体制が整えられた昭和42年以降において、クロロキン製剤を劇薬及び要指示医薬品に指定し、使用上の注意事項や視力検査実施事項を定め、医薬品製造業者等に対する行政指導によりこれを添付文書等に記載させるなどの措置を講じていることは、前記一7記載のとおりである。これらの措置は、医師の関与によらないクロロキン製剤の使用を禁じるとともに、クロロキン網膜症に関する添付文書等の記載を充実させて医師、医療機関の注意を喚起し、医師の適切な配慮によってクロロキン網膜症の発生を防止することを意図したものと理解されるが、結果的には、これらの措置によってクロロキン網膜症の発生を完全に防止することはできなかったのであり、現在明らかになっているクロロキン製剤及びクロロキン網膜症に関する知見、特に昭和51年に公表された再評価の結果から見ると、これらの措置は、その内容及び時期において必ずしも十分なものとは言い難い。しかし、医薬品の安全性の確保及び副作用による被害の防止については、当該医薬品を製造、販売する者が第一次的な義務を負うものであり、また、当該医薬品を使用する医師の適切な配慮により副作用による被害の防止が図られることを考慮すると、当時の医学的、薬学的な知見の下では、厚生大臣が採った前記各措置は、その目的及び手段において、一応の合理性を有するものと評価することができる。

　以上の点を考慮すると、厚生大臣が前記一7記載の各措置以外に薬事法上の権限を行使してクロロキン網膜症の発生を防止するための措置を採らなかったことが、薬事法の目的及び厚生大臣に付与された権限の性質等に照らし、その許容される限度を逸脱して著しく合理性を欠くとまでは認められず、国家賠償法1条1項の適用上違法ということはできない」

と判示し、重要な先例になっている（判例評釈として、桑原勇進・法協114巻6号143頁、宇賀克也・判評446号50頁（判時1555号203頁）、北村和生・ジュリ1091号36頁がある）。

（5）　筋肉注射剤の製造・販売における指示・警告義務違反、警告上の過失を肯定した事例（福島地白河支判昭和58・3・30判時1075号28頁、判タ493号166頁）

●事案の概要●

　乳幼児であるX_1、X_2らがA医師から筋肉注射を受け、大腿四頭筋拘縮症に罹患したため、筋肉注射剤を製造・販売したY_1株式会社、Y_2株

式会社ら、Y₃（国）に対して損害賠償を請求したものである。
　この判決は、医薬品の製造・販売における指示・警告義務違反を認め、Y₂、Y₃らに対する請求を認容した。

【判決の意義】

　医薬品の指示義務、警告義務、警告上の過失は、筋肉注射剤についても裁判例上問題になったことがある。このような事例では医薬品の医師に対する指示・警告が問題になるものであり、医師の知識、能力、経験、医薬品の危険の認知度も関連するものであって困難な問題を提起する。

　製薬会社の警告上の過失が問題になった裁判例を紹介すると、次のようなものがある。

① 福島地白河支判昭和58・3・30判時1075号28頁、判タ493号166頁は、
　「(三)（結果回避義務）
　　右調査及び研究の結果、当該医薬品について副作用等の有害な作用の存在あるいはその存在について合理的な疑いが生じた場合は、そのような有害な作用による被害の発生を防止するため適切な措置を採らなければならない。有害性が高く代替する医薬品が存在するときには、製造・販売の中止、製品の回収が求められる。医薬品の有効性と副作用等の有害性を比較衡量したうえ、なお有用なものと判断される場合には、当該有害性の公表、適応症、用法及び用量の制限、医師及び一般使用者への使用上の指示・警告など適宜な措置を講ずべきである。
　2　知られた危険
　　弁論の全趣旨によれば、本件各筋肉注射剤はいずれもいわゆる医療用医薬品であること、医療用医薬品は、医師若しくは歯科医師によって使用され又はこれらの者の所方せん若しくは指示によって使用されることを目的として供給される医薬品であることを認定できる。
　　医師（本件では医師の使用にかかるから、以下医師に限定して述べる。）は、医学及び薬学上の専門的な高度の知識・能力に基づき、診断と治療を行うことが期待されている。製薬会社は、医師の間で一般に広く知られている危険について警告をする義務はない。警告がなくても、医師は医薬品の明白な危険を考慮に入れて、医療行為をなすことができるからである。
　　そこで、本件について検討するに、前記第二の二1ないし7の認定事実、

1　医薬品・医療器具等に関する警告上の過失・欠陥

……によれば、大腿四頭筋短縮症が社会問題化する昭和48年以前に、整形外科の領域では、本症の主な原因は大腿部への筋肉注射であるとする見解がほぼ定説化していたけれども、内科、小児科、産婦人科など整形外科以外の分野においては、一般臨床医はもとより大学に籍を置く者でも、筋肉注射が局所的な硬結、腫脹、発赤等をもたらすことことこそ知っていたものの、大腿部へ筋肉注射をすることによって本症を発症させる危険性についてはほとんど知らなかったし、また薬学者においても同様であった事実を認定することができる。

　したがって、本件においては、被告会社らは、知られた危険であるとの理由をもってしては、筋肉注射による本症発症の危険性を警告し、使用上の適切な指示をなすべき義務を免れるものではない。
　……
五　注意義務違反
1　……によれば、原告患児らに対する本件各筋肉注射剤の使用を認定した前記各最終年月日までに、被告会社らが大腿四頭筋短縮症の発症につき何らの調査・研究もせず、また、前記四2(四)に述べたような指示・警告をしなかった事実を認定することができる。
2　右認定事実によれば、被告会社らは、前述した結果予見義務及び結果回避義務を全く尽くしていなかったのであるから、原告患児らへの使用を認定した本件筋肉注射剤を製造・販売するにあたり、その安全性を確保すべき義務を怠ったことが明らかである」

と判示し、指示・警告義務違反、警告上の過失を肯定している。

②　東京地判昭和60・3・27判タ555号121頁は、

「1　製薬会社の医薬品安全性確保義務
　医薬品は、その主要な作用である有益な薬効により、人の疾病の予防、治療、健康の維持、増進に役立つものとして、有効性を高く評価され、商品としての社会的存在を許されているものであるが、本来、人の生体にとっては一つの非生理的な異物であり、生体に対する侵襲を伴うものとして、必然的に危険を内包しており、人の生体反応は複雑微妙であるから、時には予期し得ない結果を招来することがあり、かかる安全性欠如、すなわち有害作用のもたらす結果は直接人の生命、身体の安全にかかわるものとして極めて重大であるにもかかわらず、医薬品の使用者である一般消費者は薬剤の安全性を吟味する術はなく、完全に無防備というべき立場に置かれており、医師であっても、製薬会社のような組織・資力をもたず、多忙な医療業務に従事する一般の医師にとっては、医薬品の使用に関する医師の医療常識に属することは別として、自ら各医薬品に関する情報を収集、分析して、その安全性確保

のために必要な知見を取得し、すべての薬剤についての正確な知識を保持することは容易なことではなく、事実上不可能であるというべきである。これに対し、製薬会社は、多くの資金を有し、充実した人的、物的設備を擁して利潤追及のための企業活動をなし、本来的に危険性を内包する医薬品を製造販売することによって莫大な利潤を得ているものであり、また、医薬品の開発に当っては、内外の文献調査、動物実験、臨床実験等を含む膨大な情報の収集と分析の過程を経て、当該医薬品についての専門的知識と技術を独占し、製造、販売開始後においても、その製造販売過程を排他的に支配しているもので、その組織力をもってすれば、医薬品の副作用等有害作用に関する情報の収集と分析をなすのに十分な能力を有しており、かくして獲得した知見に基づき医薬品の副作用等の有害作用を掌握することが容易でかつ可能な立場にあるものということができるから、製薬会社は、医薬品の製造・販売に関して、その製造、販売開始に当っては勿論のこと、その製造、販売継続中は常に医学、薬学をはじめ周辺諸科学上の最高の学問的水準にのっとった有害作用に関する知見を認識しているよう要求されるとともに、右有害作用の知見に照らし、医薬品の使用過程において危険な状況が発生することのないよう使用者（医療用医薬品については医師、医療用医薬品でない医薬品については一般消費者）が当該医薬品を適切かつ安全に使用するために必要な、その使用に関する指示又は警告をなす等の最大の配慮を払うべき注意義務があるものといわなければならない。

……

(二) 結果回避義務違反

しかるに、被告製薬会社らが昭和40年以降昭和49年までの間に、本件各注射剤の製造販売を開始もしくはこれを継続するに際して、注射剤の使用者である一般の医師に対して、筋拘縮症が筋肉注射に起因するものである旨の医学的知見について、その周知徹底を図るための何らかの措置をなしたことを認めるに足りる証拠を見出すことはできない。

却って、……によると、被告製薬会社らは、いずれも薬事法52条所定の『添付文書』において、筋拘縮症に関する警告措置をすることなく、また、その投与期間および連続投与の可否についても触れることなく、本件各注射剤について、漫然と筋肉注射が可能である旨の指定をなして、その製造・販売を開始し、あるいはこれを継続していたものであることを認めることができ、これを左右するに足りる証拠はない。

そうだとすれば、被告製薬会社らには、当該注射剤を製造・販売するに際し、筋肉注射に起因して、筋拘縮症が発症することがある旨の医学的知見について、注射剤を使用する医師に対して警告をなすべき義務に違反した過失が存するものといわなければならない」

と判示し、警告義務違反、警告上の過失を肯定している。

③　名古屋地判昭和60・5・28判時1155号33頁、判タ563号202頁は、

「そこで検討すると、右の法52条1号の記載事項は、おおむね使用量（年齢、疾病の程度、身体の状況等の差異により必要があれば書き分ける。）、使用の度数、使用の期間、使用の時期、使用の方法、禁忌症等を主とするが、投与経路、部位等に関する指示等も記載事項に含まれると解するのが相当である（なお、昭和51年2月20日薬発第153号『医療用薬品の使用上の注意記載要領』第二9によれば、適用上の注意として『投与経路、剤型、注射速度、投与部位、調整方法に関し投与する際に特に必要な注意を記載』すべき行政指導が行なわれていることが認められるのであるが、これは、当然の理を確認したものに過ぎず、この『要領』によって、初めて投与経路等が記載事項に含まれるに至ったと解すべき理由はない。）。また、副作用の発現につき、医師の一定の用法が重要な要因となっている場合にも、そのような作用の発現する用法上の限界が医師に知られていない場合には、この限界を添付文書に記載すべきである。けだし、証人A及びBの各証言によれば、一般の臨床医においては、特定の注射剤の用法上の規準及び性状等について自ら動物実験等によって調査研究する能力はないものと認められているのであるから、医師が特定の製品の用法の当否について自ら吟味することは殆ど不可能であると考えられるのに対し、当該医薬品の副作用について最も調査能力等を有するのは製造者等であると考えられるのであるから、一定の用法による副作用の発現について情報を医師に提供すべきものは右製造者等であると解されるからである。このことは、医薬品の一定の用法が医学上の基本に反している場合であっても、その基本を無視するような実態が広く、医療の現場で行なわれており、そのことを右製造者等が認識しつつ当該医薬品を流通に置いた場合にも妥当するところである。

しかし、添付文書等の記載事項はこれらに限られるものではないと同時に、これらの事項のすべてについて常に記載することを要するのではなく、当該医薬品の前記のような各性質を考慮して客観的に必要と認められる事項を記載すれば足りると解するのが相当である。従って、用法上の注意事項として記載できる事項でも、これが一般に医療上の常識となっている事項であれば、その添付文書への不記載が直ちに違法となるわけではないが、当該事項が一般の臨床医には余り知られておらず、そのため、用法を誤まることによって、危険性が高まり、有用性が失われるような場合には、却って、添付文書等への義務的記載事項となるものと解するのが相当であり、従って、この義務的記載事項の不記載は、違法となる。

これを本件に則して考案すると、遅くとも昭和48年以前の時点では、本症

の存在が一般の臨床医には余り知られていなかったのであり（前記第三章四）、注射剤の組織障害性に対する理解が一般医師の間では本章三1㈡で認定のようなものであった以上、当該筋注剤の有用性とその障害性に起因する副作用の内容如何によっては、大腿部を投与部位から外し、または、投与部位上の禁忌とする等の部位指定上の記載、本症が注射によって惹起されることがある旨の注意上の記載が添付文書等の義務的記載事項となる余地があると言うべく、組織障害性が注射剤の通有性であるとの一事をもって、組織障害性に関連する事項が添付文書等の義務的記載事項にはならないと解することは妥当性を欠くものである。
……
㈡　（指示・警告義務）
　被告グレランは昭和42年末迄に得ることができた前記のような予見に基づき、昭和42年の末には、グレラン注に関し、前記内容の危険性を警告し、可能な限り注射を限定すべきことを指示すべき義務があり、かつ、これを実行することによって、原告患児らの本症罹患を防止できたにも拘らず、被告グレランがそのような措置をとったことを認めるべき証拠はないから、被告グレランはこの点につき義務あったと言わざるを得ない」
と判示し、指示・警告義務違反、警告上の過失を肯定している。

　これらの裁判例は、いずれも医師に対する警告を内容とする警告上の過失を肯定した事例として参考になるものである。

　次に、ストレプトマイシンの投与における警告上の過失が問題になった裁判例がある。

（6）　ストレプトマイシンの製造業者の警告上の過失を肯定した事例（東京地判昭和53・9・25判時907号24頁）

●事案の概要●

　Xが肺結核に罹患し、昭和40年5月から昭和41年10月までA病院においてストレプトマイシン等の投与を受け、服用した後（副作用はみられなかった）、昭和41年12月から昭和46年3月までY₁医師によってY₂株式会社、Y₃株式会社、Y₄株式会社の製造に係るストレプトマイシン等の投与を受け、服用したところ、昭和45年4月には全聾になる等の副作用

が発現したため、XがY₁、Y₂、Y₃、Y₄に対して損害賠償を請求したほか、Y₅（国）に対して国家賠償法1条に基づき損害賠償を請求したものである（Y₁との間で和解が成立した）。

　この判決は、Y₅はストレプトマイシンの副作用の発現防止のための予防措置を講じていたとし、その責任を否定したが、ストレプトマイシンの添付文書に副作用の記載が一部十分でなかったとし、警告上の過失を認め、Y₂、Y₃、Y₄に対する請求を認容した。

【判決内容】

　この判決は、

「2　ところで、薬事法（昭和35年法律第145号）52条は、『医薬品は、これに添付する文書又は容器若しくは被包に、次に掲げる事項が記載されていなければならない。』とし、その第1号として『用法、用量その他使用及び取扱い上の必要な注意』と規定する。右のとおり薬事法が医薬品につきその添付文書等に当該医薬品の使用上の注意事項等が記載されることを要求しているのは、医薬品の安全性確保の目的から、医薬品に関しての副作用等についての注意が正しく医師等の使用者に喚起され、当該医薬品の適正なる使用を確保するためであると解され、ことの性質上、右の記載は医薬品製造業者又は輸入業者においてすべきものであるから、右規定は、これらの者に右の記載をすべきことを義務づける根拠規定というべきである。してみれば、医薬品製造業者は、その製造した医薬品につきその副作用等使用上の注意事項を添付文書等に記載して使用者たる医師等にその注意を喚起すべき薬事法上の義務を有すると解するのが相当である。

3　そこで、被告会社Y₂らにおいて本件ストマイにつき右規定に従った措置をとっていたかどうかについて検討する。しかるところ、被告会社Y₂らが本件ストマイに添付していた添付文書たるいわゆる能書には、ストマイの副作用として口唇部のしびれ感及び蟻走感並びに耳閉感についての記載のないことは、原告と右被告会社Y₂らとの間において争いがない。そして、本件ストマイにつき他にその容器若しくは被包にストマイの副作用として前記各症状が記載されている事実は認められない。ところで、右副作用のうち口唇部のしびれ感及び蟻走感については、…によれば、第五脳神経に作用し異常を生ぜしめるものであって、ストマイの副作用のうち重篤な障害たる難聴、全聾等をもたらす第八脳神経に対する侵襲によるものとは異り、かつ、一過性のものと解せられていたふしはあるが、すでに、昭和35年12月発行の防衛衛生7巻12号、昭和39年8月1日発行の健康会議16巻8

号、昭和40年5月29日発行の日本医事新報2144号、昭和41年10月5日発行のもっとも新しい化学療法のすべてにストマイの副作用として口唇部のしびれ感を生ずることが臨床例と共に発表されている事実を認めることができる。右事実によれば、他に特段の反証のない本件においては、本件ストマイ製造当時ストマイにその副作用として口唇部のしびれ感及び蟻走感の生じることあるのは、医学専門の文献、雑誌等において相当の根拠をもって広く警告され、被告会社Y_2らも右事実を充分了知していたものと推認することができる。そして、ストマイの副作用のうち口唇部のしびれ感及び蟻走感は、他の第八脳神経に作用する副作用と比較して人体に重篤な障害を生ぜしめるものとはいい難いけれども、右副作用とは別個独立した副作用であり、人体に対し或程度の障害を与えるものであることは否定しがたいし、また、当該人体にストマイ施用による副作用が発現したことを明確にし他の重篤な障害を生ずる副作用の発現に対する警戒を抱かせるためにも、前記薬事法52条の目的、趣旨に照らし、被告会社Y_2らは本件ストマイの能書にこれらの知れたる副作用を記載すべき薬事法上の義務があったものといえる。このことは、……によって認められる前記昭和43年12月27日薬発第1019号厚生省薬務局長通知が薬事法52条1号に規定する最小限の使用上の注意事項としてストマイの副作用につき一過性の口唇部のしびれ感・蟻走感を記載すべきものとしていることにより見ても明らかであり、同条1項ただし書によって厚生省による別段の定めがなされていない以上、このような副作用が一般に知られているからといって、被告Y_2らはもとより右義務を免れることはできないというべきである。したがって、被告会社Y_2らが本件ストマイにつきその能書又はその容器若しくは被包にストマイの副作用として前記症状を記載しなかったことは、故意又は過失に基づき、薬事法上の前記義務に違反し、本件ストマイを使用すべき医師等に対する警告を怠ったものというべきである」

と判示している。

【事案の特徴】

　この事案は、医師の処方によってストレプトマイシンを服用した患者が全聾になったため、患者が製薬業者に対して損害賠償を請求した事件である。この事案は、医薬品の副作用が問題になったこと、問題の副作用は医学専門の文献等に広く記載されていたこと、医薬品の副作用につき能書（取扱説明書）の記載が問題になったこと（警告上の過失が問題になったこと）、製薬業者の不法行為が問題になったことに事案としての特徴がある。

【判決の意義】

1　医薬品・医療器具等に関する警告上の過失・欠陥

　この判決は、副作用として口唇部のしびれ感および蟻走感が生じることがあることは医学専門の文献・雑誌等において相当の根拠をもって広く警告されていたものの、能書にはその副作用の記載がなかったとし、製薬業者が副作用の記載義務に違反したとしたものであり、製薬業者の警告義務違反（警告上の過失）を肯定した事例として参考になる。

　もっとも、この事案で問題になっているとおり、問題の副作用が広く知られていたことを重視すれば（明白な危険として位置づけることになろう）、医師の過失を問うことは可能であるとしても、製薬業者の警告上の過失を認めることに問題が残るが、この判決の判断はあながち不合理ではなかろう。

〔7〕　〔6〕の控訴審判決であり、ストレプトマイシンの製造業者の警告上の過失を肯定した事例（東京高判昭和56・4・23判時1000号61頁）

●事案の概要●

　前掲〔6〕（54頁）の控訴審判決であり、Y_2らが控訴したものである。

　この判決は、ストレプトマイシンの販売にあたって、添付文書の副作用の記載が不十分であり、警告義務違反が認められる等とし、控訴を棄却した。

【判決内容】

　この判決は、

「(三)　……を綜合すれば、右……は、それぞれ、控訴人Y_2、同Y_3及び同Y_4の製造にかかる本件ストマイに添付された能書であって、被控訴人がＢ医師から本件ストマイの投与を受けていた当時のものであり、右各能書には、それぞれ副作用として、別紙一、二及び三のとおり記載されていたことが認められる。

(四)　被控訴人は、その請求原因において、被控訴人らは、本件ストマイに添付した効能書に、その副作用の一部についての記載を欠き、副作用の防止についても極めて簡略かつ不十分な内容の説明を掲記したにとどまり、医師に対して適切な警告をしなかった旨主張しているので、さらに考えるに、前認定の別紙一ないし三によれば、控訴人らの右能書上の副作用に関する記載は、(イ)副作用は一過性の

57

ものであること、㈹副作用はどのような場合に発現するか、㈋副作用の主な内容及び㈢耳鳴、難聴がはじまったら、できれば投与を減量し又は中止することという注意の4点からなっている（ただし、控訴人三共分については、右㈹を欠く。）が右のように、控訴人らは、いずれも右能書において、普通見られる副作用は一過性であるとしており（とくに控訴人Y$_3$は『普通見られる』という修飾語を付していないので、その限りではストマイの副作用は全て一過性である説いているように読める。）、しかも副作用としてアレルギー性反応・皮膚発疹・関節痛・発熱と、第八脳神経（聴神経）障害や平衡障害とを並列的に挙げているから、かかる記載は前認定のようなストマイ難聴が殆ど回復不能な極力発現を避止すべき副作用であることについての警告とは言いがたい。右能書の副作用に関する記載の末尾には、前述のように、それぞれ、耳鳴りや難聴がはじまったらできるだけ減量または投与中止の処置をとるべきことが示されてはいるが、これをもって聴神経障害としてのストマイ難聴が一過性の副作用には含まれない器質的損傷があることを示すものということはできない。

　したがって、控訴人らが本件ストマイにつきその能書またはその容器若しくは被包にストマイの副作用として口唇部のしびれ感・蟻走感を記載しなかったこと及び第八脳神経（聴神経）障害が一過性の副作用ではないことを明示しなかったこと（むしろ一過性の副作用であるかのように読めるような表示をしたこと）は、少なくとも過失に基づき、薬事法上の前記義務に違反し、本件ストマイを使用すべき医師等に対する警告を怠ったものというべきである」

と判示している。

【判決の意義】

　この判決は、第1審判決（〔6〕（54頁））につき、製薬業者の警告義務違反、警告上の過失を肯定したものであり、事例判断として参考になる。

　医薬品に対する警告を内容とする警告上の過失が、麻酔剤について問題になった裁判例もある。

〔8〕　脊椎麻酔剤の製造業者の警告上の過失を否定した事例（東京地判平成4・1・30判夕792号191頁）

―●事案の概要●―

　A（当時、15歳）が急性虫垂炎に罹患し、B病院においてC医師の手術を受け、脊椎麻酔剤テトカインの投与を受けたところ、呼吸困難、低

血圧、チアノーゼが出現し、治療を受けたが、死亡ため、Aの両親X₁、X₂がテトカインの製造業者であるY株式会社に対して、薬剤によるショック死につき、未成年者に成人量を超えてはならない旨の明確な警告をしなかった過失等を主張し、不法行為に基づき損害賠償を請求したものである。

　この判決は、添付文書の記載としては十分であるとし、警告上の過失を否定し、請求を棄却した。

【判決内容】

　この判決は、
「1　原告らは、脊椎麻酔後、麻酔領域（レベル）の固定まで少なくとも5分ごとに、右領域（レベル）を確認し、患者の血圧、呼吸、脈拍、意識等を観察して異常が認められたときは直ちに治療をすることをいう趣旨を、テトカインの添付文書に記載すべきであったのにこれを欠いていると主張する。
2　しかしテトカインの添付文書……の『取扱い上の注意』の項には『本剤は、指定医薬品である。』との記載があり、劇薬で指定医薬品であるテトカインを使用するのは、医学及び薬学上の専門知識を有する医師であると考えられるから、テトカインの添付文書にも、これらの者が理解しうる範囲で使用上の注意をしておけば足りると解される。
　……
　このように、テトカインの添付文書には、患者の個人差に留意せよとの記載や、麻酔領域（レベル）固定まで約10分かかるとの記載があるので、テトカインを使用する医師が、その間、麻酔レベルをチェックするであろうことは当然予測ないし期待できるし、また、副作用とそれに対する医師の対応についての記載もあるので、万一副作用が起きた場合でも、医師がしかるべき対応をとるであろうことも十分予測ないし期待できる。
3　以上によれば、テトカイン販売業者である被告が、これをしようする医師らに対する使用上の警告のために、その法的注意義務としてその添付文書に記載すべき事項としては、……の記載で足りると考えられ、これを超えて原告の主張するような事柄まで記載すべき注意義務があるとは言えない」

と判示している。

【判決の意義】

この事案は、医師に対する警告の内容が問題になったものであり、この判決は、警告の内容が添付文書における記載で十分であるとし、警告上の過失を否定したものであり、事例として参考になるものである。

(9) 血液製剤の製造業者の警告表示義務違反、警告上の過失を否定した事例（横浜地判平成12・11・17判時1749号70頁）

●事案の概要●

Aは、Y₃が経営していた病院（その後、法人化され、Y₂が債務承継）に入院し、平成5年12月、医師Bから冠動脈バイパス手術、僧帽弁置換術を受けたが、その手術の際に、Y₁法人の製造に係る血液製剤の輸血を受けたところ、手術から25日目に移植片対宿主病（GVHD）により死亡したため、Aの遺族であるXらが輸血された濃厚血小板に放射線照射をしなかったことによりGVHDに罹患したと主張し、不法行為、債務不履行に基づき損害賠償を請求したものである。

この判決は、Y₁については、放射線照射義務、警告表示義務がないとし、その過失を否定し、請求を棄却したものの、Y₂らについては、放射線照射を実施すべき判断を怠った義務違反があったとし、請求を認容した。

【判決内容】

この判決は、

「2　被告Y₁の放射線照射義務の有無

㈠　前認定のとおりの輸血後 GVHD 解明の経緯及びその予防法の開発に関する歴史的事実経過、ことに術後紅皮症から次第に輸血後 GVHD が解明されていく中で、免疫不全症に関す治療は当然のことながら医療機関で行われ、放射線照射は、院内の治療用の放射線照射装置等を使って、医療機関が医療行為の一環として行ってきたものであること、また、日本輸血学会が平成4年1月に公表した前記ガイドラインIは、臨床医に対し、先天性免疫不全症や心臓外科手術等の場合に輸血

用血液に放射線照射を行うことが必要であることを示し、その後改訂されたガイドラインⅡでは、対象患者に担癌症例の外科手術等が加えられたが、右はいずれも医療機関が医師の判断で輸血用血液に放射線を照射することを前提とし、その際の指針を示したものと認められること、平成8年及び同11年改訂されたガイドラインⅢ、Ⅳにおいても、『輸血を当時行っている中核的病院では院内に放射線照射装置を設置するよう努力すべきであり、24時間体制で遂行できるよう院内体制を整備することが望ましい。』として、被告 Y_1 が前記のとおり平成6年以降に放射線照射協力を開始した以後も、日本血液学会において、輸血後GVHDの予防として行う輸血用血液への放射線照射は、原則として当該医療機関において行われるべきであるとの認識を示したものであり、その理由は、放射線を照射するかどうかは、医療行為の範疇の問題として主治医の判断と責任においてなされるべきであることのほか、放射線照射によるカリウム濃度上昇の危険を回避するため輸血直前に院内で照射することが望ましく、また、緊急に輸血が必要となった場合に備えるためであるとされていたこと等の歴史的経緯からみると、輸血後GVHDの予防のための放射線照射は、主治医の判断により医療行為の一環としいて医療機関が行ってきたものと認められる。

しかも、輸血後GVHDは、前認定のとおり、輸血用血液それ自体に問題があるわけではなく、輸血用血液の組織適合抗原がたまたま輸血を受ける患者のそれと近似した場合に、免疫反応を起こして発症するものである上、輸血用血液に放射線を照射した場合には、悪性腫瘍の発生やウィルスの活性化の危険、ないしカリウム濃度の上昇による心臓等への障害の危険もあることから、輸血後GVHDの予防としての放射線照射も、当該担当医師において、患者の病名、無齢、その他の具体的事情を勘案し、放射線照射による危険と利益とを比較衡量して、個別具体的に判断されるべき医療行為であるということができる。

そして、被告 Y_1 は、前記のとおり医療機関ではない反面、被告病院、心臓外科の専門的医療機関かつ輸血を大量に行う医療機関として、前記のとおり輸血後GVHDの危険性及びその予防方法について熟知していたと認められ、放射線照射装置を自ら設置し、あるいは他の病院に依頼するなどして自ら放射線照射を行うか、又は白血球除去フィルター等の他の予防方法をとることもできたものであり、かつ、本件手術が心臓外科手術であったことからすると、なおのこと被告病院において輸血後GVHDの予防措置をとるべきであったといえる。

仮に原告ら主張のとおり、被告 Y_1 において、すべての血液もしくはハイリスク患者を対象とした輸血に放射線照射義務を負わせるとなると、医療機関や現場の医師の裁量を奪う結果となって不当であるし、とりわけ被告病院のような心臓外科の専門病院においては、右のとおり本件手術に際して放射線照射をすべきか否かを判断することができ、また判断すべきであったということができる。

以上から、血液製剤に放射線照射をすべきか否かは、医療行為として医療現場

における担当医師の判断に任せられるべきものであり、ハイリスク患者に対する場合には、なおのこと医療現場における判断が尊重されるべきであるから、いずれの場合においても、被告Y₁が血液製剤に放射線照射すべき法的義務、並びに被告Y₁が被告病院に右の照射をした血液を供給すべき法的義務があるとはいえない。
　……
㈢　以上によれば、被告Y₁には、全ての血液に対しても、またハイリスク患者を対象とした場合であっても、そもそも医療現場の医師に代わって照射の要否を判断した上で放射線照射を実施すべき法的義務は認められないこととなるから、その余の点について判断するまでもなく、本件手術当時において、Aに対する輸血に供される血液製剤に放射線照射を実施しなかったことにつき、被告Y₁の過失を認めることはできない。
　……
二　争点2について
1　前記一1に認定した事実、並びに……によれば、被告Y₁の神奈川県血液センター技術部製剤課に勤務していたCは、平成3年2月14日、湘南病院を訪問し、当時の院長代行であるDに面会して輸血後GVHDの危険性について情報提供を行った上、前記乙第5号証のパンフレット40部手渡し、アンケート調査（第一次アンケート調査）への協力を求めたこと、次いで、Cは、平成3年7月15日、湘南病院に赴き、前記第6号証のパンフレットを3部提供し、同病院の検査室のE検査技師に面会し、趣旨を説明して実態調査の結果について情報提供を行い、改めて第二次調査のアンケートを依頼したこと、さらに平成4年6月には、神奈川県血液センター供給課職員が前記乙第7号証のパンフレットを持参して湘南病院を訪問し、40部の配布を依頼して情報提供を行ったこと、そして平成5年8月6日、Cは、湘南病院から、輸血後GVHDの疑いの患者が発生したとの知らせを受けて同病院に赴いた際、主治医のB医師と面会し、輸血後GVHDに関する文献資料を提供するとともに、後に右の症例が輸血後GVHDと確定された後の同年9月7日には、B医師の上司にあたるF外科医長に面会し、前記のガイドラインIを示し、予防法に関する説明を行ったこと、また、被告Y₁が供給する血液製剤には、既に平成元年4月から、副作用としてGVHDが稀に発言することがある旨の使用上の注意を表記していたこと、以上のとおり認められ、他に反証はない。
2　ところで、被告Y₁が配布した前記の各パンフレットにはGVHDの予防法に関する記載がないことは原告ら指摘のとおりであるが、Cが湘南病院に各パンフレットを配布する際や、平成5年8月に同病院において輸血後GVHDの症例が発現した際に輸血後GVHDの予防法に関する口頭の説明を行ったことは前記認定のとおりである上、前記一1の事実経過からすれば、被告病院及び湘南病院は、輸血後GVHDの危険性及びその予防法につき十分な知見と認識を有していたものであり、にもかかわらず同医師の判断でAの輸血血液に放射線照射をしなかったこ

とも前記のとおりであるから、被告Y₁が輸血後GVHDの危険性についての警告表示義務を怠ったとはいえないのみならず、右義務違反があったとしても、これによって本件の輸血後GVHDが発症したとの因果関係も認められない」
と判示している。

【事案の特徴】

　この事案は、医師により冠動脈バイパス手術、僧帽弁置換術を受けた者が、その手術の際に、血液製剤の輸血を受けたところ、移植片対宿主病（GVHD）により死亡したため、患者の遺族が輸血された濃厚血小板に放射線照射をしなかったことによりGVHDに罹患したなどと主張し、血液製剤の製造業者等に対して不法行為、債務不履行に基づき損害賠償を請求した事件である。この事案は、医師の使用する薬剤の副作用が問題になったこと、薬剤を使用する医師に対する薬剤の製造業者の警告表示義務違反（警告上の過失）が問題になったことに特徴がある。

【判決の意義】

　この判決は、薬剤のパンフレットには副作用の予防法に関する記載がなかったものの、製造業者によって医師に対して口頭等による説明が行われ、医師において副作用の危険性・予防法につき十分な知見と認識を有していたとし、製造業者の警告表示義務違反を否定したこと（なお、仮にこの義務違反があったとしても、副作用との間の因果関係が認めれないとしたこと）に特徴がある。

　製品によっては、専門家の使用を前提とするものがあるが、このような製品については、警告等の情報は、製品を使用する専門家の知識・能力を前提としたもので足りるということができる。この事案は、医師の使用する薬剤についての警告表示義務違反が問題になったものであるところ、この判決は、警告表示義務違反（警告上の過失）を否定した重要な事例として参考になるものである。

　専門家といっても、国家の付与する資格を有する専門家から日常的・継続

的に使用し、製品の危険性、事故防止方法につき相当の知識・経験を有する者までさまざまな専門家がいるが（問題になった製品を職場内で使用する従業員についても専門家として位置づけることができる）、それぞれの専門家の資格の種類、内容、知識、知見、経験、能力を考慮して警告等の義務違反、あるいは警告等の欠陥を判断することになる。

〔10〕 医療用漢方薬の輸入業者の指示・警告義務違反、警告上の過失を肯定した事例(1)（名古屋地判平成14・4・22判時1866号108頁）

──●事案の概要●──

X_1、X_2が、X_1において平成5年9月から平成7年12月までの間、X_2において平成4年7月から平成7年9月までの間、医師Aの処方により、冷え性治療等のために、Y株式会社の輸入した医療用漢方薬「天津当帰四逆加呉茱萸生姜湯エキス顆粒『KM』」を服用したところ、腎不全に罹患し、腎障害を受けたため、X_1、X_2がYに対して主位的に製造物責任、予備的に不法行為責任に基づき損害賠償を請求したものである。

この判決は、KMのみによって腎不全が発症したとはいえないとし、その因果関係を否定し、製造物責任法の適用を否定したものの、指示・警告義務違反の不法行為責任を肯定し、請求を認容した。

【判決内容】

この判決は、

「(3) 原告らの本件製造物たるKMの服用と腎機能障害発生との間の因果関係について

原告らが本件製造物たるKMを服用していたこと、原告らが腎不全に罹患したことは前記争いのない事実のとおりであるところ、アリストロキア酸を含有するKMは、これを長期にわたって使用した場合には、1回の投与量が多量でなくとも腎機能障害を発生させる可能性を有するものと認めるべきことは上記のとおり

である。

　ところで、原告らのKM服用量・服用期間は前記争いのない事実等のとおりであって、これによれば、原告らはいずれも3、4年間にわたってKMを服用しているものであり、本件製造物たるKMを服用したのはそのうち一部の期間にすぎない。ちなみに、原告X_1に対する製造物責任法施行（平成7年7月1日）前のKMの投与期間は660日、同法施行後は175日、原告X_2に対する同法施行前のKMの投与期間は953日、同法施行後は89日であって、全投与期間に対する同法施行後の日数比率は、原告X_1が約21.0パーセント、原告X_2が約8.5パーセントにとどまるところ、KMが被告から引き渡されてから原告らに投与されるまでにはある程度の日数を要することを考慮すると、原告らの全投与期間に対する本件製造物たるKMの投与期間の日数比率は、さらに低いものとなるというべきである。

　そうすると、原告らが腎不全に罹患したことが上記のようなKMの長期服用に起因するものであるとしても、本件製造物たるKMを服用したことのみに起因するものであると断じることは困難であるし、原告らが本件製造物たるKMを服用しなければ、腎不全に罹患しなかったとはいい難い（原告らは、本件製造物たるKMを服用するより前のKMの服用が原告らの腎不全の素地を形成し、本件製造物たるKMの服用が引き金となって腎不全が発症した可能性が高いと主張するが、これを認めるに足りる証拠はない。）。

　以上によれば、原告らの本件製造物たるKMの服用と腎不全の罹患との間に因果関係を肯認することはできないから、その余の点について判断するまでもなく、原告らの主位的請求は理由がない。

　　……

(ｳ)　結果回避義務について

　上記調査・研究の結果、当該医薬品について副作用等の有害な作用の存在あるいはその存在について疑いが生じた場合は、そのような有害な作用による被害の発生を防止するため適切な措置をとらなければならない。すなわち、有害性が高く代替する医薬品が存在するときには、製造・販売の中止、製品の回収が求められる。そして、医薬品の有効性と副作用等の有害性を比較衡量した上、なお有用なものと判断される場合には、当該有害性の公表、適応症や用法・用量の制限、医師及び一般使用者への使用上の指示・警告など適宜な措置を講じなければならない。

　　……

ウ　結果回避可能性について

　上記イ認定のとおり、被告は、平成4年7月までには、KMが、少量であっても長期間服用することにより腎機能障害を発生させることが予見できたのであるから、その時点で、少なくとも、長期服用によって腎機能障害が発生する可能性があることについて添付文書に記載するなどの方法により指示・警告することが

可能であったというべきである。そして、かかる記載がなされていれば、A医師は、原告らのKMの服用が長期にわたらないよう配慮し、その結果、原告らの腎不全への罹患を避けることができたものと推認できる。
エ　注意義務違反について
　……によれば、原告らがKMの服用を開始した平成4年7月までに、被告がKMの服用による腎機能障害の発生につき有効な調査・研究をせず、また、上記ウに述べたような指示・警告をしなかった事実を認定することができる。
　そうすると、被告は、前記予見義務及び結果回避義務を尽くしていなかったのであるから、原告らが服用したKMを輸入・販売するに当たり、その安全性を確保すべき義務を怠ったというべきである」
と判示している。

【事案の特徴】
　この事案は、医師の処方により漢方薬を服用した患者に副作用が生じたため、患者が漢方薬の輸入業者に対して損害賠償を請求した事件である。この事案は、医師の処方した医薬品が問題になったこと、医薬品の副作用が問題になったこと、医薬品の輸入業者の製造物責任、不法行為責任が問題になったこと、指示・警告義務違反（警告上の過失）が問題になったことに事案としての特徴がある。

【判決の意義】
　この判決は、製造物責任がこの事案に適用されないとし、否定したこと、輸入業者の指示・警告義務を認め、この事案につき指示・警告義務違反を肯定し、医師の処方する医薬品の輸入業者の指示・警告義務違反（警告上の過失）を肯定した事例として参考になる。

(11)　医療用漢方薬の輸入業者の指示・警告義務違反、警告上の過失を肯定した事例(2)（名古屋地判平成16・4・9判時1869号61頁）

●事案の概要●

　前掲〔10〕（64頁）と同じ医薬品による副作用が問題になったものであり、Xが、平成7年7月から平成9年6月までの間、医師Aの処方に

より、冷え性治療のために、Y株式会社の輸入した医療用漢方薬「天津当帰四逆加呉茱萸生姜湯エキス顆粒『KM』」を服用したところ、腎不全に罹患し、腎障害を受けたため、XがYに対して製造物責任に基づき損害賠償を請求したものである。

　この判決は、KMと腎不全の因果関係を認め、副作用の表示がなかったことにより欠陥を肯定し、請求を認容した。

【判決内容】

　この判決は、

「(1)　製造物責任法2条は、『欠陥』とは『当該製造物の特性、その通常予見される使用形態、その製造者等が当該製造物引き渡した時期その他の当該製造物に係る事情を考慮して、当該製造物が通常有すべき安全性を欠いていることをいう』と定めているところ、KMのような医薬品は一定の効能がある反面、ある程度の副作用は避けられないという性質を有していることから、輸入された医薬品が『欠陥』を有するかどうかは、当該医薬品の効能、通常予見される処方によって使用した場合に生じ得る副作用の内容及び程度、副作用の表示及び警告の有無、他の安全な医薬品による代替性の有無並びに当該医薬品を引き渡した時期における薬害上の水準等の諸般の事情を総合考慮して判断するのが相当である。

　　……

(カ)　以上の検討によると、KMの効能が、手足のしびれを感じ、下肢が冷えると下肢または下腹部が痛くなりやすい者のしもやけ、頭痛、下腹部痛及び腰痛を改善することであるのに対し、長期間服用することによる副作用は腎障害であることから、効能と副作用を比較する限り、効能に比し副作用の重篤さは顕著であるというべきであり、平成6年1月の時点で、アリストロキア酸を漢方薬として使用した場合にも腎障害が発症することを知り得たにもかかわらず、KMには副作用として腎障害があることが表示されていない上、上記KMの効能は、アリストロキア酸を含まない『木通』を成分とした当帰四逆加呉茱萸生姜湯によって容易に代替できることができることが認められる。よって、KMは、製造物責任法上の欠陥を有するというべきである」

と判示している。

【事案の特徴】

　この事案は、医師から処方された漢方薬（輸入品）を患者が服用したとこ

ろ、腎不全に罹患したため、輸入業者に対して製造物責任に基づき損害賠償を請求した事件であり、副作用に関する表示上の欠陥（警告上の欠陥）の有無が争点になったものである。

【判決の意義】

この判決は、この漢方薬に関する副作用の記載を検討し、長期服用による腎障害の副作用の記載がなかったこと等を考慮し、表示上の欠陥を認めたものであり、医薬品の副作用に関する表示上の欠陥（警告上の欠陥）を肯定した事例として参考になるものである。

⑶ **医療器具事故をめぐる裁判例**

医療器具についても警告上の過失が問題になった裁判例がある。

⑿ 送血ポンプの製造業者の警告上の過失を肯定した事例（東京高判平成14・2・7判時1789号78頁、判夕1136号208頁。〔253〕（607頁）参照）

──●事案の概要●──

Xが、心臓にファロー四徴症の疑いがあるとし、Y₁市の設置した病院で検査を受け、右室二腔症の診断により、平成7年7月、人工心肺装置を使用して手術を受けたが、手術中に送血ポンプのチューブに亀裂が生じ、空気が血管に混入し、Xが脳梗塞を引き起こし、脳機能障害の後遺症が生じたため、XがY₁のほか、送血ポンプの製造業者であるY₂株式会社に対して損害賠償を請求したものである（Y₁に対しては、債務不履行に基づき、Y₂に対しては不法行為に基づき請求した）。第1審判決（千葉地判平成13・3・30判時1755号108頁。〔252〕（606頁）参照）は、ポンプのチューブホルダーの構造をより保持力の高いものに、チューブガイドの構造を先端がチューブに接触してもチューブに亀裂が生じにくいものに改良等すべき注意義務があったところ、ポンプの構造に起因して生じた事故であり、Y₂が何らの改良をしていない等とし、Y₂の不法行為を認め、Y₂に対する請求を認容し、Y₁に対する請求を棄却したため、X、Y₂が控訴した。

1 医薬品・医療器具等に関する警告上の過失・欠陥

> この判決は、ポンプが通常有すべき安全性を欠いていたとはいえないとしたものの、Y_2の警告義務違反による不法行為責任を肯定し、Y_1の債務不履行責任を肯定し、第１審判決を変更し、Xの請求を認容し、Y_2の控訴を棄却した。

【判決内容】

この判決は、

「イ　これらの事実によれば、本件人工心肺装置及びその内の本件ポンプは、基本的には、操作する者の過失ないし過誤がなければ、チューブ亀裂等の事故を起こすことなく多数回の使用に耐え得るものであったと認められる。海浜病院の使用例における同年７月19日のチューブとチューブガイドの接触事例もチューブ設定を行った者のミスが関与していたものと推認されるから、本件人工心肺装置のポンプ機器は、これを操作する者の取扱い上の過失ないし過誤がなければ、安全に使用することができるものであったと認められる。したがって、本件ポンプ自体は、製造物責任法にいう『当該製造物が通常有すべき安全性を欠いていること』という欠陥があったということはできない。この点についての一審原告の主張は採用することができない。

ウ　一審原告は、本件事故発生後、一審被告Y_2が本件ポンプ及び同型機のすべてについて、本件事故におけるチューブ亀裂の事故の防止のために、上側のチューブガイドの設置場所を４か所から２か所に減らし、原判決別紙㈡のとおり、チューブガイドの長さを26mmから27mmに、直径を９mmから12mmに変更し、先端部分の面取り加工を0.5mmかせ2.0mmのR加工に改良する設計変更したことは、本件ポンプに安全性の欠如があったことを示すものであると主張する。……によれば、本件事故後、一審被告Y_2が上記のとおりの改良のほか、チューブの保持力を高めるためにチューブホルダーの固定幅を12mmから20mmに変更し、増し締め機能も追加した新しい機種を海浜病院に納入していることが認められるが、このことは、本件ポンプ部分になお改良の余地があったことを示すものではあっても、事故時の本件ポンプの十分な点検、整備、利用上の安全監視を行えば、安全に使用できたものであり、その通常有すべき安全性が欠如していたとまではいえない。

……

㈡　説明義務、警告義務違反について

……

ウ　前記認定事実によれば、本件ポンプのチューブの亀裂は、チューブの締め付け固定の不十分、本件ポンプ外のチューブの斜め下方への傾きによって、チュー

ブの浮き上がりを惹起し、チューブガイドとの接触により亀裂を発生されたものであったから、一審被告Y_2が説明書又は警告ステッカーあるいは営業担当者の言動により、これらの事故発生の具体的危険を指摘する説明ないし警告が発せられていれば、若岡技士や坂本技士の前記認定の過誤が防止し得たと考えられる。特に、前記認定のとおり、チューブ亀裂防止のために重要なチューブの締め付け固定の程度を明示するラチェット数（ノッチ数）の表示機能が本件ポンプに備わっていなかったのであるから（そのことが本件ポンプの欠陥であるとまではいえないが）、チューブの固定に関する説明指示ないし警告については、具体的な危険の指摘が必要であったと認められる。

ところが、前記認定のとおり、一審被告Y_2の説明ないし警告は、前記取扱説明書の記載及び前記警告ステッカーによる警告に止まったのであるから、一審被告Y_2には、前述の具体的危険を指摘する説明ないし警告を発すべき注意義務に違反する過失があったいうべきである。

エ　以上によれば、一審被告Y_2には、本件機器の操作に関する製造者としての説明ないし警告の義務に違反する過失があったと認められ、一審被告Y_2がこの義務を尽くしていれば、本件事故の発生を防止し得たといい得るから、一審被告Y_2の前記過失と本件事故の発生には相当因果関係があると認められ、一審被告Y_2は、一審原告に対して、不法行為による損害賠償義務を負うものといわなければならない」

と判示している。

【事案の特徴】

　この事案は、患者が医師による人工心肺装置を使用した手術を受けたが、手術中に送血ポンプのチューブに亀裂が生じ、空気が血管に混入し、脳梗塞を引き起こし、脳機能障害の後遺症が生じたため、患者が病院、送血ポンプの製造業者に対して損害賠償を請求した控訴審の事件である。

　第1審判決は、送血ポンプの安全性の確保に問題があり（チューブに亀裂が生じにくいものに改良すべきであったと認定されている）、製造業者の不法行為責任を肯定したため、製造業者がこの判断を争ったものである。この事案は、専門家である医師、医療関係者の使用する医療器具が問題になったこと、ポンプのチューブに亀裂が生じたことが問題になったこと、チューブの亀裂は操作者である医師、医療関係者の誤操作によっても生じうること、警告義務違反（警告上の過失）が問題になったことに事案としての特徴がある。

【判決の意義】

　この判決は、ポンプになお改良の余地があるとしたこと、本件事故時のポンプにつき十分な点検、整備、利用上の安全監視を行えば、安全に使用できたものであるとし、その通常有すべき安全性が欠如していたとまではいえないとしたこと、医療関係者の誤操作を認めたこと、医療関係者の誤操作の可能性を踏まえ、ポンプの取扱説明書の記載および警告ステッカーによる警告は具体的危険を説明・警告するものではなく、製造業者は具体的危険を指摘する説明ないし警告を発すべき注意義務に違反する過失があったとしたことに特徴がある。

　この判決は、医療器具の警告義務違反（警告上の過失）を肯定した事例ということができるが、警告の内容・方法は専門家である医療関係者を前提とすれば足りるものであり、この判決の指摘する具体的危険とそれに至らない危険との区分・基準が明確でないことに照らすと、議論があるものの、この事案では警告義務違反（警告上の過失）を否定する判断も不合理ではないものと考えられる。この判決が警告上の過失を肯定した判断には疑問がある。また、事故後、製品の改良が問題になることがあるが、改良を理由に製品の欠陥を肯定する見解は後知恵の類であることが多く、合理的な見解ではない。

　なお、本事案の第1審判決である千葉地判平成13・3・30（〔252〕（606頁）参照）は、ポンプの安全性の確保に問題があったとし、製造業者の注意義務違反を認め、

「1　前記第二の一1㈡で認定したとおり、被告Y_2は医療機械、器具の製造及び販売等を目的とする株式会社で、人工心肺装置を構成する本件ポンプの製造者であるから、その安全性の確保については高度の注意義務を負っているものと解せられる。
2　そして、前記第二の一3㈢(1)で認定したとおり、本件ポンプの上下のチューブガイドは、チューブが回転ローラーから脱落するのを防ぐための装置で、特に上方のチューブガイドは浮上ったチューブを押さえて回転ローラーが上方から脱落するのを防ぐ装置であるから、浮上ったチューブと右チューブガイドが接触することは当然に予測されていたものと認められるところ（なお、チューブガイド

の先端が0.5ミリメートルの面取り加工されていることから、被告Y₂は、右先端部分がチューブに接触することがあることも予測していたものと推認できる)、チューブの浮上りはローラーポンプの血液を送り出す仕組(前記第二の一3㈡)から当然に生じるもので、その程度は、チューブの径の大小や回転ローラーの回転速度、チューブにかかる内圧の程度、チューブホルダーの保持力の程度等によって影響を受けることが予測できたのであるから、被告Y₂としては、チューブホルダーの構造をより保持力の高いものに、チューブガイドの構造を、その先端がチューブに接触してもチューブに亀裂が生じにくいものに改良する等すべき注意義務があったものと認められる。
3　しかるに、被告Y₂は、前記第二の一3㈢(2)及び(3)で認定した本件ポンプのチューブホルダー及びチューブガイドの構造に何ら改良を加えることなく放置した結果、前記第二の一5で認定した態様で本件事故を招来したものと認められるから、同被告には、民法709条に基き、原告に生じた損害を賠償する責任がある」
と判示している。

　次に紹介する裁判例は、2種類の医療器具を組み合わせて使用した場合に欠陥が生じるという問題を取り扱った事案である。

(13)　個々には設計上の欠陥は認められない2種類の医療器具を組み合わせて利用したことによって生じる不具合に関する指示・警告上の欠陥を肯定した事例(東京地判平成15・3・20判時1846号62頁)

──●事案の概要●──
　Aは、平成12年12月8日に出生したが、呼吸障害がみられたため、Y₁の設置した病院に入院し、治療を受け、平成13年3月13日、声門・声門下狭窄、気管狭窄がみられ、気管切開術を受けた。手術後、Aを病棟に帰室させるために、担当医師が、気管切開部に接着されたY₂株式会社の輸入販売に係る気管切開チューブに、Y₃株式会社の製造販売に係るジャクソンリース小児用麻酔回路(呼吸回路機器)を接続して用手人工呼吸を行おうとしたところ、ジャクソンリース呼吸回路機器は新鮮ガス供給パイプが患者側接続部に向かってTピースの内部で長く突出したタイプであり、気管切開チューブは接続部の内径が狭い構造になって

1　医薬品・医療器具等に関する警告上の過失・欠陥

いたため、新鮮ガス供給パイプの先端が気管切開チューブの接続部の内壁にはまり込み、密着し、回路の閉塞を来したことから、Aが換気不全によって気胸を発症し、全身の低酸素症、中枢神経障害に陥り、同月24日、死亡したため、Aの両親であるX₁、X₂がY₁に対して不法行為責任、債務不履行責任、Y₂、Y₃に対して製造物責任、不法行為責任に基づき損害賠償を請求したものである。

この判決は、医師の過失を認め、Y₁の使用者責任を肯定し、気管切開チューブの警告上の欠陥を認め、ジャクソンリース呼吸回路機器の警告上の欠陥を認めたうえ（なお、いずれの器具についても、設計上の欠陥は否定している）、開発危険の抗弁を排斥する等し、Xらの請求を認容した。

【判決内容】

この判決は、

「イ　上記認定事実に基づき、本件ジャクソンリースと本件気管切開チューブの設計上の欠陥及び指示・警告上の欠陥の有無について検討する。
㋐　本件ジャクソンリースの設計上の欠陥及び指示・警告上の欠陥の有無について
①　上記認定事実によれば、本件事故当時、国内で販売されていた小児用ジャクソンリース回路16種類うち、本件ジャクソンリースのように長い新鮮ガス供給パイプが付いている設計の製品は5種類のみであるが、本件ジャクソンリースがこのような構造をしているのは、1回の換気量が少ない小児の麻酔において死腔を減少させるためであって、その構造自体には合理的な理由があるといえるし、また、本件ジャクソンリースは小児の麻酔用として付属品のマスクとともにセット販売されており、同マスクと接続した場合には回路の閉塞が起きないのであるから、本件ジャクソンリースに設計上の欠陥があったとはいいがたい。
②　しかしながら、本件ジャクソンリースは麻酔用器具として製造承認を受け販売されていたとはいえ、医療の現場においては人工呼吸用にも用いられ、その際に他社製の呼吸補助用具と組み合わせて使用されていたのが実態であり、被告Y₃社としてもそのような実態を認識していた上に、そのような組み合わせ使用がなされた場合、他社製品の中には、本件気管切開キューブのように、その接続部の内壁に新鮮ガス供給パイプの先端がはまり込み、呼吸回路に閉塞が生じる危険があるものが存在していたことからすると、被告Y₃社とすれば、本件ジャクソ

ンリースを製造販売するに当たり、使用者に対し、気管切開チューブ等の呼吸補助用具との接続箇所に閉塞が起きる組み合わせがあることを明示し、そのような組み合わせで本件ジャクソンリースを使用しないよう指示・警告を発する等の措置を採らない限り、指示・警告上の欠陥があるものというべきである。
③　そこで次に、被告病院に納入された本件ジャクソンリースに上記指示・警告がなされていたか否かを検討する。

上記認定事実によれば、被告Y_3社は、平成9年5月に愛媛大2症例の報告を受けてから、本件ジャクソンリースを梱包した外箱に本件注意書を記載したシールを貼るようにしたことが認められるから、これにより2年余り後の平成11年7月ころに被告病院に納入された本件ジャクソンリース20セットの梱包箱にも同様のシールが貼付されていたことが推認できる。被告病院看護師らの陳述書には、被告病院に納入された本件ジャクソンリースを梱包した20箱のいずれにも上記シールが貼付されていなかった旨の記載があるが、上記認定の事実経経緯に照らし俄に措信しがたい。

しかし、本件ジャクソンリースが他社製の種類の呼吸補助用具と組み合わせ使用されている医療現場の実態に鑑みると、本件注意書は、換気不全が起こりうる組み合わせにつき、『他社製人工鼻等』と概括的な記載がなされているのみでそこに本件気管切開チューブが含まれるのか判然としないうえ、換気不全のメカニズムについての記載がないために医療従事者が個々の呼吸補助用具ごとに回路閉塞のおそれを判断することも困難なものであって、組み合わせ使用時の回路閉塞の危険を告知する指示・警告としては不十分である。
④　したがって、本件ジャクソンリースには指示・警告上の欠陥があったと認められるから、被告Y_3社は原告らに対し製造物責任を負うというべきである。
(イ)　本件気管切開チューブの設計上の欠陥及び指示・警告上の欠陥の有無について
①　上記認定事実によれば、本件気管切開チューブの接続部内径は、本件事故当時、国内で販売されていた小児・新生児用気管切開チューブの中で最も狭く、他社製品の接続部内径との差は2.2mmから6.5mmに及ぶが、このように接続部の内径を狭い構造にした設計意図は1回の換気量の少ない小児・新生児の換気に際し、死腔を減らすためであって、その目的事態は合理的である。

また、本件気管切開チューブは、本件事故当時に国内で販売されていたジャクソンリース回路16種類のうち、一部の長い新鮮ガス供給パイプが付いたタイプのジャクソンリース回路を除く11種類の製品との間では閉塞を起こす危険がない上、機械式の人工呼吸器とも接続して使用することができるものである。

これらの点に鑑みれば、本件気管切開チューブに設計上の欠陥があると認めるのは困難である。
②　しかしながら、上記認定事実によれば、被告Y_2社は、本件気管切開チューブ

を販売するに当たり、その当時医療現場において使用されていた本件ジャクソンリースと接続した場合に回路の閉塞を起こす危険があったにもかかわらず、そのような組み合わせをしようしないよう指示・警告しなかったばかりか、かえって、使用説明書に『標準型換気装置および麻酔装置に直接接続できる』と明記し、小児用麻酔器具である本件ジャクソンリースとの接続も安全であるかのごとき誤解を与える表示をしていたのであるから、本件気管切開チューブには指示・警告上の欠陥があったというべきである」
と判示している。

【事案の特徴】

　この事案は、病院において患者が気管切開術を受けたところ、手術後、用手人工呼吸のため2種類の医療器具が組み合わせて利用されたが、不具合が生じて回路の閉塞を来し、患者が換気不全によって気胸を発症する等して死亡したため、患者の両親が病院、医療器具を製造・販売した二つの事業者に対して損害賠償を請求した事案である（製造業者らに対する請求の根拠の一つとして製造物責任が主張されている）。この事案では、個々の医療器具自体の欠陥は認められないとしても、2種類の医療器具を組み合わせて利用された場合に欠陥が認められるかどうかという重要であり、かつ、興味深い問題が提起されたものである。この事案では、設計上の欠陥、警告上の欠陥が問題になったものである。

【判決の意義】

　この判決は、2種類の医療器具のそれぞれの設計上の欠陥を否定したこと、それぞれの指示・警告上の欠陥を肯定したことに特徴がある。

　この判決は、本来の用途・用法の場合には、この事案のような事故が発生しないものであるものの、医療の現場において他の用途・用法がされ、呼吸回路の閉塞が生じる危険があったことから、この危険を明示する指示・警告をすべきであり、これらの医療器具の取扱説明書の記載が十分ではなかったとして指示・警告上の欠陥を肯定したものであり、限界的な事例について指示・警告上の欠陥を肯定したものである。

この判決が、2種類の医療器具を組み合わせて使用した場合にはじめて欠陥が認められるとし、双方の医療器具につき指示・警告上の欠陥を肯定した判断は議論を呼ぶものであり、通常の予見可能性の有無、警告上の欠陥の有無につきさらに検討が必要である。

2　ガス機器の警告上の過失・欠陥

⑴　概　説

　ガス湯沸器、ガスストーブ、ガス温風機、ガスレンジ等のガス機器は、使用者等の一酸化炭素中毒、火災等の事故の原因になる可能性があり、相当に慎重な使用が必要である（ガス機器につき使用を誤ると、事故発生の危険性があることは、明白な危険であるということができ、社会常識である）。

　ガス機器は、その販売・設置にあたって取扱説明書が添付されており、取扱説明書の内容を理解したうえで使用することが必要であるし、ガス機器によっては定期的な点検も必要である。

⑵　ガス機器事故をめぐる裁判例

　ガス機器の警告上の過失等が問題になった裁判例を紹介すると、次のようなものがある。

⒁　ガス湯沸器の販売業者の警告上の過失を肯定した事例（東京地判昭和45・8・31判時617号74頁）

●事案の概要●

　X₁、X₂の夫婦がY株式会社からフランス製のガス湯沸器を購入し、台所・浴場用に設置することにし、Yの従業員と下請会社であるA株式会社の代表者がX₁らの自宅に排気筒がないのに設置し、排気筒なしに使用しても危険ではない旨を伝えたところ、X₂（当時、妊娠9カ月）が湯沸器を使用して入浴した際、湯沸器から発生した一酸化炭素による中毒のために昏倒し、長女Bを早産したが、Bがその3カ月後に死亡したため、X₁らがYに対して使用者責任に基づき損害賠償を請求したものである。

　この判決は、換気方法等の警告が十分でなかった過失があるとし、使用者責任を肯定し、請求を認容した。

第2章　警告上の過失・欠陥をめぐる裁判例

【判決内容】

この判決は、

「本件湯沸器のような危険な器具の設置販売を業とする者は、その業務を行うに当り、かかる器具の一般使用者に事故が発生することないよう細心の注意を払い、慎重を期すべきことは当然であるというべきところ、……を総合すれば、昭和41年2月26日被告の営業部長Bの指示のもとにA管工業株式会社の代表者Cは、本件湯沸器には排気筒を取付ける予定であったのに、それが未だ作製されていなかったため取付できない儘、敢えて本件湯沸器を設置し、使用可能の状態に置いたのであるが、その際、右BないしCは、排気筒を取付けない儘本件湯沸器を使用するならば、特段の措置を講じない限り、一酸化炭素中毒等の事故が発生するであろうことを知り、または知りうべきであったのにもかかわらず、原告らに対し『窓を開ける等十分な換気方法を講じないで本件湯沸器を使用することは危険である』旨警告するとか、『本件湯沸器を使用するには右のような換気措置を講じるよう』指示するとかすることなく（もっとも同人らは、原告X_2に対し本件湯沸器の使用説明を交付しているが、これは原告らの読めないフランス語で書かれたものである）、却って、原告X_2の質問に対し、漫然と『排気筒は一応念のために取付けるのであるから、これなしで本件湯沸器を使用しても心配はない』旨返答していること、原告らにとって本件湯沸器の使用ははじめてであったことが認められるのであって（……）従って、本件湯沸器による一酸化炭素中毒の事故は右のBないしC（ないしはA管工業株式会社）の過失に基因するものといわざるをえない」

と判示している。

【事案の特徴】

この事案は、フランス製のガス湯沸器（使用説明書は、フランス語で記載されたものである）を購入し、販売業者が購入者の自宅に設置したが、排気筒がないのに設置したため、購入者（妻）が湯沸器から発生した一酸化炭素中毒により昏倒し、早産したため（その後間もなく新生児は死亡した）、購入者らが販売業者に対して不法行為（使用者責任）に基づき損害賠償を請求した事件であり、ガス湯沸器の販売の際における警告が十分でなかったことによる過失（警告上の過失）の有無が問題になったものである。この事案では、ガス湯沸器の販売業者の警告上の過失が問題になったところに事案の特徴がある。

【判決の意義】

　この判決は、販売業者が排気筒を取り付けないままガス湯沸器を使用することの危険性を知り、または知り得たとし、その危険性を購入者らに警告・指示しなかった過失を認めたこと、フランス語の使用説明書の交付は警告・指示に当たらないとしたこと、販売業者が排気筒を設置しないで湯沸器を使用しても心配ない旨を購入者らに告げたこと、販売業者の使用者責任を肯定したことに特徴がある。ガス機器を閉鎖した空間で使用することについて一酸化炭素中毒の危険性があることは、常識に属するところであるが（もっとも、近年は、この常識も常識としての意義が薄れつつあるようである）、この事案では、排気筒の設置が放置され、一酸化炭素中毒の可能性が高まる状況において、ガス湯沸器の販売・設置における警告の要否・内容が問題になったものである。

　この判決は、ガス湯沸器の販売における販売業者の警告上の過失を肯定した事例として参考になるものである（この判断の前提として、警告義務が認められている）。

(15)　営業用ガスレンジの販売業者の指示・説明上の過失を肯定した事例
　　（前橋地高崎支判昭和47・5・2判時687号88頁）

●事案の概要●

　X_1が、建物を所有し、X_2は、その建物で喫茶食堂を経営していたところ、X_2がガスレンジの製造業者であるY株式会社に中華料理用のガスレンジを注文し、Yが建物内に設置したが、壁に接するレンジ後面に排気孔が設けられていたことから、ガスレンジを継続的に使用している間に、排気孔から排出される熱気によって柱等が消し炭状態になり、ガスレンジの納入後、約1年10カ月を経過して出火し、建物が全焼する等したため、X_1、X_2がYに対して債務不履行、不法行為に基づき損害賠償を請求したものである。

第2章　警告上の過失・欠陥をめぐる裁判例

> 　　この判決は、営業用ガスレンジという火力を使用する危険な製品の製造・納入に際して、安全な使用方法を指示、説明すべき義務違反があったとし、製作物供給契約上の不完全履行を認め、重過失の不法行為を否定し、X_1の請求を棄却し、X_2の請求を認容した。

【判決内容】

　この判決は、

「2　次いで、原告は被告が本件レンジの納入にあたり、原告に対し排気孔の存在や火気の保安について何ら注意を与えなかったことが債務不履行にあたると主張するので判断する。
㈠　本件のように営業用ガスレンジという火力を使用する危険な製品の製造納入をするメーカーは、製品の納入に際しその安全な使用法を十分に指示説明すべき契約上の義務を負い、これをしなかった場合には、よって生じた損害につき債務不履行（不完全履行）責任を負担するものと解すべきである。
㈡　ところで、被告が右の義務を履行しなかったことは前記四(2)に認定したとおりである。そして、被告が右義務を怠ったため、原告X_2においてレンジと壁の空間にステンレスを張って本件レンジを使用した結果、本件火災が発生したのであるから、右債務不履行と本件火災との間には事実上の因果関係があるというべきである」

と判示している。

【事案の特徴】

　この事案は、食堂の経営者が営業用のガスレンジを製造業者に注文し、その購入後、食堂に設置されたところ、継続的に使用している間に低温着火し、出火したため、食堂の経営者らが製造業者（販売業者）に対して債務不履行、不法行為に基づき損害賠償を請求した事件であり、営業用ガスレンジの販売における使用方法の指示・説明上の過失（警告上の過失）の有無が問題になったものである。

【判決の意義】

　この判決は、販売業者が製品の納入に際してその安全な使用方法を十分に指示・説明すべき契約上の義務を負うこと、この事案では、この義務違反に

よる債務不履行が認められるとしたことに特徴がある。この判決は、ガスレンジの販売における販売業者の指示・説明上の過失（警告上の過失）を肯定した事例として参考になるものである。

(16) プロパンガスによる保温装置の製造業者の説明指示上の過失を否定した事例（大阪高判昭和49・1・31判時752号40頁）

━━━━●事案の概要●━━━━

Xが養鶏育雛業者であり、育雛箱の保温のために、プロパンガス器具の販売等を営むY₁らにプロパンガスの保温装置を注文し、Y₁がその器具をX方に設置し、その使用方法を説明し、引き渡したところ、Xがこの器具を育雛箱の保温のために使用中、火災が発生したため、XがY₁、従業員Y₂に対して不法行為等に基づき損害賠償を請求したものである。第1審判決（神戸地豊岡支判昭和44・7・30（昭和41年(ワ)第4号））が請求を棄却したため、Xが控訴した。

この判決は、説明指示上の過失を否定する等し、控訴を棄却した。

【判決内容】

この判決は、

「(三) 進んで本件における過失の問題につき考察すると、右のごとく狭い育雛箱の内部でプロパンガスによる保温装置を連日連夜にわたって、燃焼し続ける場合には、ある程度の危険を伴なうことは素人にも当然予想されるところであるから、養鶏育雛の専門業者である控訴人としては、この設備の使用に踏切るについてはプロパンガスについての十分の知識を有しないならば、予め独力あるいは、専門家の協力の下に、右使用に伴なって発生することがあるべき一切の事態を十分想定研究の上使用するか否かを決定するのが相当である。

このように考えてみると、控訴人が被控訴人に対し、右使用の当否について予め意見を求めたのであれば別問題であるが、そうではなく、既に使用を決定して被控訴人に購入の注文をしたのであるから、たとい右使用目的が告げられたにしても育雛箱について何らの知識も持たない被控訴人としては、控訴人においてプロパンガス器具使用につき十分検討済であるものとしてこの設備の通常の使用方

法の説明をするに止め、それ以上控訴人の使用目的に立入って、詳細に問い尋し、将来発生するあらゆる事態を考慮して必要な指示を与えなかったことを責めることはできない。況んや、被控訴人が試験点火をした際には、先きに認定したとおり、いまだ箱の中にガスコンロを設置してなかったのであるから、尚更である。

してみると、本件において、被控訴人の納入および点火後火災発生までに10時間以上異常なく燃焼し続けたのであるから、被控訴人としては、納入に際し普通になすべき注意は尽したものであって、その後発生することあるべき危険を防止することは、すべて控訴人においてこれに当らなければならない。したがって被控訴人Y_2に過失のあったことを前提として、同人およびその使用者たる被控訴人Y_1に不法行為の責任を問うことはできない」

と判示している。

【事案の特徴】

この事案は、これまでに紹介したガス機器の事故と異なり、養鶏育雛業者の損害が問題になったものであり、養鶏育雛業者が育雛箱の保温のためにプロパンガスによる保温装置を注文し、製造業者がその装置を設置し、その使用方法を説明し、引き渡した後、育雛箱の保温のために使用中、火災が発生したため、養鶏育雛業者が製造業者に対して損害賠償を請求した事件である。この事案では、プロパンガスの保温装置による火災事故が問題になったこと、製造業者のプロパンガスによる保温装置についての説明指示上の過失（警告上の過失）の有無が問題になったことに事案の特徴がある。

【判決の意義】

この判決は、養鶏育雛業者が特殊な使用を告知した場合は別として、製造業者が装置の引渡しに際して通常の使用方法を説明したとしたこと、説明義務違反は認められないとしたことに特徴があり、プロパンガスによる保温装置の製造業者の説明指示上の過失（警告上の過失）を否定した事例として参考になるものである。

この判決は、養鶏育雛業者が保温装置の通常の使用以外の使用を前提として購入したものであるが、このような特殊な使用を製造業者に告知していなかった場合において、どのような内容・範囲の説明・指示が必要であり、合

理的であるかについて、通常の使用方法を説明することが必要であり、かつ、それで足りるとしたものであり、重要な事例を提供するものである。

(17) ガス風呂釜の販売業者の助言義務違反を否定した事例（東京地判昭和50・6・30判時801号52頁）

━━●事案の概要●━━

　X社会福祉法人の経営する病院の浴室において、病院に勤務する医師Aが入浴中、一酸化炭素中毒で死亡し、Aの両親BらがXに対して損害賠償を請求する訴訟を提起し、訴訟上の和解が成立したことから、Xが事故の原因はガス風呂釜の換気口に問題があり、不完全燃焼が生じたものであると主張し、ガス風呂釜の販売・設置等を行ったY$_1$有限会社、ガスを供給したY$_2$株式会社に対して債務不履行、不法行為に基づき損害賠償を請求したものである。

　この判決は、Y$_1$がガス風呂釜の販売・取付けを行ったにすぎず、換気装置の設置を請け負っておらず、換気装置の設置につき助言をした等とし、その責任を否定し、Y$_2$も勧告・助言をしたとし、その責任を否定し、請求を棄却した。

【判決内容】

　この判決は、

「しかしながら他方、都市ガスが、その取扱いの如何によっては、不完全燃焼による一酸化炭素中毒を含め、事故発生の危険性の高いものであることは経験則上明白なところであり、ガス風呂釜の販売取付を業とするY$_1$としては、ガス風呂の販売取付にあたり、換気装置の一部を注文者が自ら設置することにした場合であっても、注文者において設置すべき換気装置につき助言を与えるなど、ガス事故防止のための一定の注意義務を要求されていると解すべきであり、また注文者も、業者に対しそれを期待するのが当然であって、右義務は、その違背が不法行為を構成すべき業者としての社会的な注意義務であるにとどまらず、販売取付契約に付随する契約上の義務（以下両者を合わせ『法律上の義務』という。）でもあると

認むべきである。
　よってY₁が右義務を尽くしたかどうかにつき更に判断をすすめるに、……によれば、換気装置の新設につきCとAとの間で前認定の工事分担の話合いが行われた際、CはAに対し、浴室入口の扉には、その上下にガラリーを設け、かつ風呂を沸かしながら入浴することは避けるようにとの注意を与え、これに対しAは、脱衣場と洗面所の間にも扉があるから、浴室入口の扉はとりはずしてもよい旨言明したことが認められ（る。）、……そして……によれば、32年当時は、ガス風呂に排気筒を設けることは、東京ガスにおいても指導されておらず、一般的ではなかったことが認められ、このことに、前記認定のように、原告が設置し事故当時に存在した浴室入口扉のガラリーは、右注意にもかかわらず一個だけであったこと、しかし、それでも本件改修工事から事故の発生まで約6年半の間に特に危険があったとは認められないこと、本件事故は換気装置の不備のみに起因するものではないことを考え合わせると、Y₁は、前記注意を与えたことにより、ガス風呂販売業者として要求される最低限の法律上の義務を尽くしていたと認めるべきである。Cが浴室入口の扉に設けるがラリーにつき、東京ガスの基準どおりの大きさを告げたことについては、これを認めるべき証拠はないが、このことは右判断の妨げとなるものではなく、他に右判断を左右するに足りる証拠はない。
　そうだとすると、Y₁には、本件浴室の換気装置の瑕疵につきその責に任ずべき事由があったとすることはできず、債務不履行あるいは不法行為による責任を認めることもできないから、原告のY₁に対する請求は、その余の点について判断するまでもなく、理由がない」
と判示している。

【事案の特徴】
　この事案は、病院の医師が病院の浴室に入浴中、換気口の不具合があり、一酸化炭素中毒により死亡したため、病院の経営主体が遺族と訴訟上の和解をした後、病院の経営主体がガス風呂釜の販売業者らに対して債務不履行、不法行為に基づき損害賠償を請求した事件である。この事案では、販売業者らの換気装置の設置についての助言義務（実質的には、指示・警告義務）の違反（警告上の過失）の有無が問題になったものである。

【判決の意義】
　この判決は、ガス風呂釜の販売業者が注文者において設置すべき換気装置につき助言を与える等、ガス事故防止のための一定の注意義務を要求されて

いるとしたこと、この事案では注意義務が尽くされたとしたものであり、ガス風呂釜の販売業者の助言義務（指示・警告義務）違反（警告上の過失）を否定した事例として参考になる。

(18) ガス事業者の周知義務違反を否定した事例（東京地判昭和55・10・31判時1005号139頁）

●事案の概要●

　AがY₂の所有するアパートを賃借し、居住していたところ、都市ガスを燃料とする風呂釜の設置されていた浴室において一酸化炭素中毒により死亡したため、Aの相続人XがY₂のほか、ガスを供給していたY₁株式会社、アパートの建築工事を施工したY₃、風呂釜を販売・設置したY₄、建物をY₂に売り渡したY₅に対して不法行為に基づき損害賠償を請求したものである。

　この判決は、ガス事業者の周知義務違反につき否定し、Y₂、Y₃、Y₅の責任を肯定し、請求を認容し、Y₁、Y₄の責任を否定し、請求を棄却した。

【判決内容】

　この判決は、

「3　原告は、被告会社に対し、ガス浴室の使用に関する周知義務の懈怠があると主張する。

　……によれば、被告Y₁の委託を受けたY₂製作所の作業員Bは、昭和49年4月15日、Aの申込みを受けてガス開通のために本件建物の同女の居室に赴いた際、本件浴室に換気設備が設けられていなかったので、同女に対し、ガスふろがまに煙突が付いていないので危険であることを警告するとともに、『ガスは正しく使いましょう』と題するガス保安上の注意事項を記載したパンフレットを手渡したことが認められ、右認定に反する証拠はない。

　右に認定した事実によれば、被告会社にガス浴室の使用に関する周知義務の懈怠があると認めることはできない」

と判示している。

【事案の特徴】

　この事案は、賃貸アパートのガスの浴室（換気設備が設置されていなかった）を使用していた賃借人が一酸化炭素中毒で死亡したため、賃借人の相続人らがガス事業者らに対して損害賠償を請求した事件であり、ガス事業者の周知義務（実質的には、警告義務）違反（警告上の過失）の有無が問題になったものである。この事案のガス事業者は、ガス風呂釜に煙突が設置されていないので危険であることを警告していたこと、「ガスは正しく使いましょう」と記載されたパンフレットを交付していたことに特徴がある。

【判決の意義】

　この判決は、この警告とパンフレットの交付から、周知義務の懈怠（警告上の過失）を否定したものであり、事例として参考になる。しかし、この判決が「ガスは正しく使いましょう」と記載された程度で適切な警告に当たるとする判断には疑問が残るところであり（この内容・程度の記載であれば、警告として記載する必要がないということもできよう）、煙突が設置されていないことの警告をしたことが重要な事情であるということができる。

　なお、ガスの使用に伴う一酸化炭素中毒の発生の危険性は、相当に広く知られている知識であるが（もっとも、このように広く知られた危険性であっても、近年は、知識の劣化がうかがわれる）、ガスの使用施設につき適切な換気設備が設置されていないことは、施設使用の危険性を著しく高めるものであるから、施設の使用者に適切な情報を提供すべきである。

(19)　ガス事業者の指導義務違反を肯定した事例（京都地判昭和56・12・14判時1050号112頁。(214)（545頁）参照）

　　　　　　　　　　●事案の概要●

　X（当時、82歳）がY₁株式会社からプロパンガスの継続的供給を受け、ガス元栓のうち未使用栓を「閉」の状態にし、紐で縛っていたところ、

Y₁の依頼でガス設備の保全点検を行ったY₂が元栓の紐をはずし、検査終了後、栓を「閉」の状態にしたものの、紐で縛ることなどをしなかったことから、Xが誤って「開」の状態にしたままにし、ガスが漏洩し、ガスコンロに点火し、爆発したため、XがY₁に対して債務不履行、Y₂に対して不法行為に基づき損害賠償を請求したものである。

この判決は、未使用栓にキャップ等の装置を装着すべきことを指導すべき過失があった等とし、請求を認容した（過失相殺を7割認めた）。

【判決内容】

この判決は、

「ところで、原告は、本件事故は被告Y₂が検査後使用しない元栓口にゴムキャップをせず、その指導もしなかったことによる旨主張するので検討する。前記のとおり被告Y₂が事故当日検査終了後使用していない元栓口にゴムキャップを装着せずまた原告にこれを装着するようこれまで指示していなかったことが認められるけれども、右事故日までもゴムキャップのないまま事故なく経過してきたのであり、本件事故は原告により開栓し放置されたことが直接の原因であったことは前記のとおりである。しかしながら、被告会社はプロパンガス供給契約に伴う義務として受給者に対して安全を確保すべき義務があり被告Y₂は被告会社から委託された者として、また自らも保安点検員としてより確実にプロパンガス使用者の使用状況を実地に点検し安全を確保すべき義務があり、昭和53年4月の通産省立地公害局による液化石油ガス設備の保全総点検事業の実施要綱では業者に対し自主的な調査点検設備改善として、安全装置付以外の未使用閉止弁へのキャップ等の装置を求めており、このような保全設備を施していた場合本件事故が避けられたものと考えられるから、これを装着せずまた少なくともこれを予め装着するよう指導していなかったことによる被告らの責任もまた否定することはできない。もっとも、前記のとおり事故の直接の原因が原告の重大な過失にあり使用場所に近い場所にある元栓の開閉は専門検査員でなくとも容易に確認し操作しうるところであって直接には原告自らの不注意で本件危険の発生を惹起したものであること、その後も原告は室内にありながら危険状態にあることに気付かず自ら結果発生を回避しえたのにその措置をとらなかったこと、原告が当時82才であったことを考慮すると、被告らが本件事故により生じた損害に対し負担すべき割合は3割とするのが相当である」

と判示している。

【事案の特徴】

　この事案は、プロパンガスの点検業者が高齢者宅の点検を行った際、元栓にかけてあった紐を取りはずしたままにしたため、高齢者が誤って元栓を操作し、ガスが漏洩し、爆発したため、高齢者が点検業者、点検を依頼したガスの供給業者に対して損害賠償を請求した事件であり、ガスの漏洩自体はガスの供給設備につき使用者である高齢者の誤使用によって生じたものであるが（実際には高齢者の不注意、重大な過失が問題になったものである）、元栓の安全装置の装着に関する指導義務違反の有無が問題になったものである（実質的には安全装置に関する警告上の過失が問題になったものである）。

【判決の意義】

　この判決は、ガス設備の使用者の不注意を認めたものの、この使用者が高齢者であること等の事情を考慮し、元栓の安全装置の装着に関する指導義務違反（警告上の過失）を認めたものである（もっとも、使用者の過失相殺を7割認めたものである）。

　この事案は、使用者の誤使用が明白な事件であるが、高齢者の判断能力を考慮すると、点検業者が元栓の状態を点検前の状態と同じ状態にしておかなかったことが事故の重要な原因になっていることは否定できないものであり、指導義務違反を肯定することができる限界的な事例ということができる。

(20)　被害者の誤使用が事故原因であるとし、ガスストーブの製造業者の指示上の欠陥等を否定した事例（東京地判昭和59・3・26判時1143号105頁。(215)(546頁)参照）

―――――●事案の概要●―――――

　X（当時、8歳）の父AがY株式会社の製造したガスストーブを購入し、自宅で暖房用に使用していたところ、Xが薄手木綿地の寝間着姿のまま、ガスストーブの前にまたがり、暖をとりながらテレビを見ていた

が、着衣に引火して燃え上がり、火傷等の傷害を負ったため、ＸがＹに対してガスストーブの設計上の欠陥、製造上の欠陥、指示上の欠陥を主張し、製造物責任に基づき損害賠償を請求したものである。

　この判決は、本件ストーブが改造されたこと、改造後の異常燃焼はＡ方の綿ほこり等による目詰まりが原因であった等とし、本件事故はストーブの異常燃焼がなくても起こりうる状況であったとし、異常燃焼が本件事故の原因であるとの証明がないとして設計上の欠陥、製造上の欠陥を否定し、指示上の欠陥も否定し、請求を棄却した。

【判決内容】

　この判決は、

「３　以上に認定したところを総合すると、本件ストーブの改造後には綿ぼこりの付着による異常燃焼が存在したが、改造前に同様の異常燃焼が存在したかは甚だ疑わしいといわなければならない。

　そして、前記２の……については、バーナーの上部に青い炎が出ることを異常燃焼と誤解したための供述であると解されるところがあり、また、もし、その供述がさきに認定した改造後の異常燃焼と同様の状態が改造前に存在したとする趣旨であるならば、その供述の信用性は疑わしいというべきである。

　とりわけ前記……には、青い炎がストーブの前面にガードを超えて10センチメートル程度伸びる現象があったとする部分があるけれども、特別な条件なくして右のような燃焼状態が発生すると認むべき証拠はないし、……には風が室内に吹き込んだ場合に生ずるとしても、これをもってガスストーブの欠陥とすることができないことはいうまでもない。

４　翻って、本件ストーブが正常の燃焼状態にあった場合に、原告の着用していたネグリジェに引火又は発火する可能性の存否について検討するに、右ネグリジェが薄手木綿地であったことは前認定のとおりであるところ、……によれば、ある文献においては、木綿は摂氏250度では２秒で焦げ、発火点は同390度であるとされ、別の文献においては、木綿の引火点は摂氏230度ないし266度、発火点は同250度とされているが、いずれにせよ各種繊維の中で木綿が最も燃えやすく、外国では木綿など燃えやすい背員製品の児童用パジャマは販売を法律で禁止されていること、ＧＳ-260Ａは3000キロカロリー毎時の発熱量を有するガスストーブであって、バーナーの表面温度は摂氏780度ないし840度であるが、輻射熱はストーブか

らの距離の2乗に反比例して減少すること、GS-260Aの使用説明書では、室内におけるストーブの設置方法につき、家具等は器具の前面から1.5メートル以上距離を置くこと、ストーブの背面も壁から30センチメートル以上距離を置くこと、じゅうたんが器具本体に触れないようにすること、器具のそばにカーテン・紙類など燃えやすい物を絶対に置かないことを指示していることが認められるから、木綿地のネグリジェがストーブの近くに存在した場合には、炎に触れれば勿論であるが、輻射熱又は排気熱を受けて発火点に至っても燃焼するに至ると解されるところ、……によれば、事故当日の朝、ガスストーブに点火した磯部ツネは、点火つまみをこころもち絞った程度の全開に近い状態で燃焼させていたこと、原告は午前7時少し過ぎ頃に起床し、ネグリジェ姿のまま本件ガスストーブの正面に位置して暖を採っていて、午前7時20分頃事故に至ったもので、その間相当の時間を経過していること、原告はその間に膝を抱えてしゃがみこみ、或いは立ち上がって大きく伸びをするなどの姿勢もとっていたことが認められ、また……によれば右ネグリジェには裾に8センチメートルのひだがあったことも認められるから、本件事故は、ストーブの異常燃焼がなくとも、原告の着用するネグリジェと本件ストーブの位置関係次第で起こりうる状況にあったということができる。

四　以上で検討したところによれば、本件ガスストーブに設計上又は製造上の欠陥が存在したことは証明されないといわざるを得ない。

　原告は、被告がGS-260Aの使用説明書においてどのような燃焼状態であるかを説明するとともに異常燃焼を発見した場合にとるべき処置を指示することをしなかったのは、消費者に対する製造者としての義務を怠ったものであると主張するけれども、本件事故が異常燃焼によって発生したとの証明がないことは以上の判示によって明らかであるから、この点に関する原告の主張も理由がない」

と判示している。

【事案の特徴】

　この事案は、自宅で使用されているガスストーブにまたがって暖をとっていた児童の着衣に引火し、火傷等の傷害を負ったため、ガスストーブの製造業者に対して損害賠償を請求した事件である。この事案では、損害賠償責任の根拠として製造物責任が主張され、設計上の欠陥、製造上の欠陥、指示上の欠陥が主張されているが、製造物責任法制定の相当前の事件であり、同法の製造物責任が適用されるものではなく、不法行為に基づく損害賠償責任が問題になったものである。

【判決の意義】

この判決は、ガスストーブの異常燃焼、設計上の欠陥、製造上の欠陥、指示上の欠陥をいずれも否定したこと、むしろ引火の原因は原告が暖をとった位置・姿勢にあるとしたこと（ガスストーブの使用者の誤使用を認めたものである）を判示したものであり、ガスストーブの製造業者の損害賠償責任を否定したことに特徴がある。

　この判決は、ガスストーブの引火事故につき被害者の誤使用を認め（ガスストーブにまたがって暖をとることは明白な危険を自ら引き受けた危険な行為であると評価することができる）、これを理由に前記の指示上の欠陥（警告上の欠陥）等の欠陥を否定したものであり、事例として参考になるものである。

　なお、ストーブにおける同様な引火事故だけでなく、ガスレンジによる調理中の着衣への引火事故が発生しているところであり、日頃から十分な注意が求められているところである。

(21)　ガス配管等の施工業者らの業務上の注意義務違反を肯定し、重過失を否定した事例（浦和地判平成元・9・27判時1352号131頁。(217)（548頁）参照）

●事案の概要●

　X_1は、所有する木造建物の1階部分をA、X_2に賃貸し、Aは、料理店を開店するためにガスレンジを購入し、Y_1株式会社にガス配管の変更工事、ガス栓の設置工事を依頼し、Y_1は、業務委託店であるY_2株式会社に工事を下請けさせ、Y_2の担当者Bは、Aから内装工事の依頼を受けていたCにガスレンジの上方を不燃材（耐火ボード）にするよう要請し、Cが了解し、Aにその旨を伝えたものの、Aがこれを断り、ステンレス板のみを貼り、ガスレンジが設置されたところ、その半月後、ガスレンジの後壁内部の木部がガスレンジのこんろの火によって炭化し、低温着火し、建物が全焼したため、X_1、X_2がY_1らに対して使用者責任に基づき損害賠償を請求したものである。

この判決は、Y₂は不燃材を使用したか否かを確認せず、適切な忠告をすることもなく、漫然とガスレンジとガス栓を接続し、ガスレンジを利用可能な状態にしたことは業務上の注意義務違反の過失があるものの、重過失には当たらないとし、請求を棄却した。

【判決内容】

　この判決は、

「被告Y₂は、ガス事業者たる被告Y₁のサービス店（業務委託店）であり、被告Y₂がサービス店業務を行うときは、その業務担当者は被告Y₁の定める資格を有するものでなければならず、工事の施工に当たっては、ガス事業法、消防法などの関係書法令を遵守すべきこととされていること、Bは、被告Y₁のガス工事関係に関する内部試験を受けてサービス店業務を担当する資格を取得し、前記のようなガスレンジの設置基準を一応心得ていたことが認められ、以上の事実にかんがみると、Bらとしては、その業務の過程において、ガスレンジと壁面が接着し火災発生の危険がある状態を発見した場合には、壁の構造を確認し、火災発生の危険があるときは、ガスレンジの使用者に対し、防熱板の設置、あるいはガスレンジの使用の制限など火災を防止するために必要な適切な措置をとるよう忠告すべき業務上の注意義務があったというべきである。

　しかるに、Bらは、前記認定のように、本件接続工事を行うに当たり、本件ガスレンジの後壁内部に不燃材を使用したか否かを確認せず、Aに対し適切な忠告をすることもなく、漫然と本件ガスレンジを利用可能な状態にしたのであるから、Bらの右行為には、前記のような業務上の注意義務を怠った過失があるというべきである」

と判示している。

【事案の特徴】

　この事案は、建物の賃借人が料理店を営業していたところ、ガスレンジの後壁内部の木部が低温着火し、火災が発生したため、建物の所有者、ほかの賃借人がガス配管の工事を施工した業者らに対して不法行為に基づき損害賠償を請求した事件である。この事案では、ガスレンジの使用による低温着火が問題になったこと、施工業者らの適切な措置をとるよう忠告すべき義務違反が問われたことに特徴がある（実質的には、警告上の過失であるが、この事

案では、失火責任法が適用されるため、重過失の有無が問題になったものである）。

【判決の意義】
　この判決は、施工業者の下請業者が不燃材を使用したか否かを確認せず、適切な忠告をすることもなく、漫然とガスレンジとガス栓を接続し、ガスレンジを利用可能な状態にしたことは業務上の注意義務違反の過失があるとしたものの（一応警告上の過失は肯定したものと評価することができる）、重過失には当たらないとしたものであり、事例判断を提供するものである。

⑵⑵　ガス機器の販売後における製造業者の事故情報の提供義務違反を否定した事例（札幌地判平成10・7・26判タ1040号247頁。(218)(549頁)参照）

●事案の概要●

　AがY₁から建物を賃借して居住していたところ、平成4年4月、建物に設置されたY₂株式会社の製造に係るプロパン式瞬間湯沸器を使用して風呂に湯を入れていたが、一酸化炭素中毒により死亡したため、Aの相続人Xが、Y₁、Y₂のほか、ガス器具の点検業者であるY₃株式会社、設置業者であるY₄有限会社に対して不法行為に基づき損害賠償を請求したものである。
　この判決は、湯沸器の改造によって安全装置が作動せず、事故が発生したと認め、Y₃の不法行為責任を認め、請求を認容したが、Y₂等のその余の責任を否定し、請求を棄却した。

【判決内容】
　この判決は、
「1　被告Y₂の責任
㈠　原告らは、本件湯沸器には、はんだ割れにより強制排気装置が作動しない瑕疵と追加配線を施して安全装置が機能することなく点火燃焼する瑕疵があった旨

主張する。
しかし、原告主張の瑕疵を認めることはできない。その理由は、次のとおりである。
(1) 本件湯沸器で使用されたはんだが通常のガス器具で使用されるはんだより耐久性に劣っていたとか、湯沸器では通常より耐久性の勝るはんだを使用することが可能でありそうすべきであったとかの事情を認めるに足りる証拠はないし、もともと、本件湯沸器は、強制排気装置が作動しなければ排気あふれ防止装置によって燃焼が停止される仕組みになっていたから、本件湯沸器のはんだつけ部分にはんだ割れが生じたことをもって、本件湯沸器の販売時の瑕疵である、と認めることはできない。
(2) また、追加配線により安全装置が作動することなく点火燃焼するようになった点については、販売当時に追加配線が施されたものではないし、販売当時に右のような追加配線が施工されることが予想できた、とも認められないから、追加配線がされたことをもって、本件湯沸器の販売当時の瑕疵である、と認めることはできない。
(二) とすれば、被告Y₂が原告主張のような内容の瑕疵のある欠陥商品を販売提供したことを前提とする被告Y₂の賠償責任は肯定できない。また、右のような危険な追加配線をする修理が実施されることをあらかじめ予測できた、との事情を認めるに足りる証拠もないから、本件のような追加配線の危険やその実施を禁止する説明をする義務が生じていた、と認めることもできない。商品の欠陥を原因とする事故が生じた場合にその情報を提供する義務についても、本件事故の発生を阻止できる時期に本件のような事故が発生するおそれのあることを知らせる情報が提供できた、と認めるに足りる証拠はない。
(三) したがって、原告の被告Y₂に対する請求は理由がない」
と判示している。

【事案の特徴】

この事案は、賃貸建物の賃借人が建物に設置されたプロパン式瞬間湯沸器を使用して風呂に湯を入れていたところ、一酸化炭素中毒により死亡したため、その相続人が建物の賃貸人、製造業者、点検業者らに対して不法行為に基づき損害賠償を請求した事件である。

【判決の意義】

この判決は、ガス湯沸器の改造によって安全装置が作動しなかったことに起因して事故が発生したものと認め、点検業者の不法行為責任を認めたもの

の、ガス湯沸器の瑕疵を否定し、製造業者の事故情報の提供義務を否定したものである。この判決は、ガス機器の販売後における製造業者の事故情報の提供義務違反（実質的には、警告上の過失ということができる）を否定した事例として参考になるものである。

3 エスカレータ・エレベータの警告上の過失・欠陥

(1) 概　説

　エスカレータもエレベータも、現在では、さまざまな建物・施設で設置され、日常的に利用されている製品・設備である。

　エスカレータの場合には、製品の改良が加えられてきたほか、踏み台（ステップ）の部分の黄色の枠、天井との間の三角板の設置、建物内の注意喚起の放送の実施、エスカレータ前の注意板の設置による製品情報が提供されてきたし、現在も提供されている。

　エレベータの場合には、注意事項の記載、注意喚起の放送などはさほど行われていないが、最近、東京地方裁判所・東京高等裁判所のエレベータの扉にありあわせの注意書きが貼付されていることを発見し、何かのトラブルが感じられた。もっとも、エレベータの場合には、数年前、使用者がエレベータの箱と建物の床との間に挟まれ、死亡した事故が発生したことがあり、エレベータの欠陥、建物の瑕疵等をめぐる問題が生じたことがある。

　エスカレータも、エレベータも、通常の運用がされている限りは、社会常識に沿った使用をしている場合には、事故が発生することはないが（エスカレータ、エレベータの長年にわたる使用実績、製品情報の提供によって、その使用方法、危険性は相当に広く社会常識になっているということができる）、通常の使用からいささか逸脱した使用をすると、事故発生の可能性があるため、警告上の過失・欠陥が問題になることがある。

(2) エスカレータ事故をめぐる裁判例

(23)　エスカレータの製品情報の提供義務違反を認め、設置・保存の瑕疵を肯定した事例（松山地判昭和48・2・19判時708号79頁。(219)(551頁)参照）

3 エスカレータ・エレベータの警告上の過失・欠陥

●事案の概要●

　X（当時、1歳11ヵ月）が父母と一緒に、Y₁市が所有し、Y₂協同組合が賃借し、管理する温泉センターに行き、温泉に入浴後、1階食堂入口付近で母が目を離した隙に付近のエスカレータに乗ろうとし、エスカレータの階段部分と側壁との間の空隙に左足親指等を嚙み込まれ、負傷したため、XがY₁らに対して土地工作物責任に基づき損害賠償を請求したものである。

　この判決は、幼児、老人を含む家族連れが利用しており、エスカレータの構造から階段部分と左右側壁に足が嚙み込まれる可能性がある等の事情があり、エスカレータの運転にあたって職員を配置しなかったことが本来備うべき安全性を欠いていたとし、設置・保存の瑕疵を認め（過失相殺を5割認めた）、Y₂の責任を認め、Y₁に対する請求を棄却し、Y₂に対する請求を認容した。

【判決内容】

　この判決は、

「三、（被告組合の工作物責任について）

　次に、被告組合の民法717条に基づく損害賠償責任の有無について検討する。本件エスカレーターは本件温泉センターの建物内に設置されたものであるから、同条にいう土地の工作物にあたることは明らかである。そして同条にいう土地工作物の設置された場所の環境、通常の利用者の判断能力や行動能力などを具体的に考慮して、当該工作物が本来備うべき安全性を欠いている状態を指称しているものと解される。これを本件についてみると、前示諸事実によれば、本件温泉センターは幼児子供や老人などの利用できる温泉大浴場・温泉プール・大食堂などの諸設備を有する総合センターとなっていたため、幼児子供や老人などを含む家族連れなどの客に毎日多数利用されており、本件エスカレーターやその付近においても、一時休憩用のソファーのほか大食堂・娯楽室・化粧室（トイレ）・土産品コーナーなどがあり、幼児子供や老人などを含む家族連れなどの客がその往来などによく利用していたのであるから、幼児子供や老人などが親や監督者などの目を離れるなどし、一人歩きをして本件エスカレーターの乗入口付近に近づいてこれに

第2章　警告上の過失・欠陥をめぐる裁判例

乗移るに至り、ひいては本件のようにエスカレーターの階段の部分と左右側壁との間の空隙に足を嚙込まれたり（本件温泉センターにおいては右のとおり大浴場・温水プールなどの諸設備があったため素足のままこれを利用する危険性が大で右のような事故が起こりがちである）、あるいは動くエスカレーターの上で転倒するなどして負傷するなどといった事態も十分予測することができるというべきである。そして幼児子供や老人などがいったん右のような危険な状態に陥ったときには自力で危険から脱する知能も体力もないことはもちろんのこと、事前に右のような危険に陥ることを回避する才覚も持ち合わせていない場合が多いことを考え合わせると、被告組合において本件エスカレーターを運転して利用客のように供する場合には、右事情を考慮して、本件エスカレーターの乗入口付近にかような幼児子供や老人が接近しつつあるときは、エスカレーターに乗移ることを事前に防止するか、もしくは安全にエスカレーターを利用することができるように正しく誘導するなどして、本件エスカレーターに起因する事故の発生を未然に防止すべきであり、したがってそれが可能なように右事故防止を任務とする職員をそれが可能な位置に配置してその体勢を整えておくべきものであるといわなければならない。しかるに、被告組合が右のような体勢を整えていなかったことは前示のとおり（フロント係や入場係は単に本件エスカレーターの始動及び停止などを担当していたのみで右の任務を負うものではなかった）であるから、本件エスカレーターはその本来備うべき安全性を欠いていたものであって、その保存に瑕疵が存在したものというべく（前記認定のように本件事故当時本件エスカレーターの階段部分と左右側壁との間の空隙は広いところで7ミリ平均すると3ミリないし4ミリ程度であるが、これは移転部分と固定部分との間のものであるから、右程度の空隙はやむを得ないものであって、一般的にこれをもってエスカレーターの機械自体に瑕疵があるとみることは困難である）、本件事故は右瑕疵が原因となったものといわざるをえない。

そして、本件エスカレーターの占有者としての被告組合は、本件エスカレーターの運転に際して損害の発生を防止するに必要な注意をなしたときは損害賠償責任を免れるが、右注意は損害の発生を現実に防止しうるに足るだけのものでなければならないものというべきところ、被告組合は第一項記載のとおり本件温泉センターの玄関脇にスリッパを用意し、右記載のような注意事項を本件エスカレーター乗入口付近に掲示したのであるが、これらは原告のような1才11か月の幼児に対してはその実効性を望むべくもないのだから、これのみでは被告組外が右注意をなしたものということはできないといわなければならない。

よって、その余の点について判断するまでもなく、被告組合は原告の本件事故による損害を賠償する責任があるというべきである」

と判示している。

【事案の特徴】

　この事案は、幼児が父母と一緒に温泉センターに行き、1階食堂の入口付近で母が目を離した隙に付近のエスカレータに乗ろうとし、エスカレータの階段部分と側壁との間の空隙に左足親指等を嚙み込まれて負傷したため、幼児が温泉センターの所有者・経営者に対して土地工作物責任に基づき損害賠償を請求した事件である。この事案では、エスカレータの設置・保存の瑕疵の有無、幼児の父母の不注意が問題になったものである。

【判決の意義】

　この判決は、幼児、老人を含む家族連れが利用しており、エスカレータの構造から階段部分と左右側壁に足が嚙み込まれる可能性がある等の事情があるとしたうえ、エスカレータの乗入口付近に幼児子どもや老人が接近しつつあるときは、エスカレータに乗り移ることを事前に防止するか、もしくは安全にエスカレータを利用することができるように正しく誘導するなどして、エスカレータに起因する事故の発生を未然に防止すべき義務があるとし、この義務違反を認め、設置・保存の瑕疵を肯定したものである。この判決は、安全誘導を担当する職員を配置し、正しく誘導すべき義務等を認めるものであるが、実質的には、職員によるエスカレータの安全な使用方法という製品情報の提供義務を認めるものである。

　この判決については、エスカレータの使用方法は明白であり、製品情報が十分に提供されているから、親の監護過誤、不注意が事故原因ではないか疑問が残る。

(24)　エスカレータの設置・保存の瑕疵を否定した事例（東京地判昭和56・8・7判時1026号105頁。(221)（553頁）参照）

──●事案の概要●──

　Aが、その子であるX（当時、4歳）、B（当時、1歳）を連れて、Y株式会社の経営するスーパーマーケットに買い物に行き、Bを右手で抱

き、Xを左手で手を引いて3階から2階に降りるエスカレータに乗ったところ、エスカレータの中段付近においてXがステップ上でサンダルのボタンをとめようとし、誤って前かがみに倒れ、左手をエスカレータの側板とステップとの間に挟まれて負傷したため、XがYに対してエスカレータの設置・保存の瑕疵を主張し、土地工作物責任に基づき損害賠償を請求したものである。

　この判決は、事故の原因となる設置・保存の瑕疵は認められないとし、請求を棄却した。

【判決内容】

　この判決は、

「4　被告は、本件事故当時、本件エスカレーターの乗り口に『ベルトにおつかまり下さい。お子様は中央にお乗せ下さい。』との標語を文字及び図案で表現した注意表示を設置し、本件エスカレーターの乗り口の内側パネルに右同趣旨を文字及び図案で表現したステッカー並びに『幼児のひとり乗りはけがのもと』の標語を文字及び図案で表現したステッカーをはりつけ、かつ、エスカレーターに乗るについての注意事項を店内放送し、もって、エスカレーターの乗り方について、乗客に対し、注意を喚起し、指導を行い、併せて、本件エスカレーターの非常停止ボタンの周囲に非常停止ボタンの所在を明示するステッカーをはって、非常時に備えていた。
　……
　そこで、原告が本件エスカレーターの踏段の上でサンダルのボタンをとめようとして、誤って、前に倒れ、その左手を本件エスカレーター左側の側板と階段との間にはさみ込んで発生した本件事故の原因となる設置・保存の瑕疵が本件エスカレーターに存在したか否かについて検討するに、右1ないし5の各事実に照らすと本件エスカレーターに本件事故の原因となるその設置・保存の瑕疵が存在したとは認められず、右6の事実中、本件エスカレーターに案内係が配置されておらず、本件事故発生後エスカレーターを停止させるのに若干の時間を要した点は前記二の5の事実に照らすと本件事故と相当因果関係があるとは認められず、照明の一部が切れていた点も本件事故と相当因果関係があったとは認められず、案内係を配置していなかった点はエスカレーターが、著しく普及し、性質上利用方法如何によっては危険なものである旨の認識が広く行きわたっていた本件事故当

時の状況に照らすとそれが直ちに本件事故の原因となる瑕疵とは言えず、その他本件全証拠によるも、本件エスカレーターの設置・保存につき少なくとも本件事故の原因となる瑕疵の存在を認めることはできず、結局、請求原因3は理由がない」
と判示している。

【事案の特徴】

　この事案は、母親が子である二人の幼児を連れてスーパーマーケットに行き、スーパーマーケット内のエスカレータに乗っていたところ、4歳の子が誤って前かがみになって倒れ、子が左手をエスカレータの側板とステップとの間に挟まれて負傷したため、子が土地工作物責任に基づきスーパーマーケットを経営する会社に対して損害賠償を請求した事件である。この事案では、エスカレータの設置・保存の瑕疵の有無が問題になり、瑕疵判断のための考慮事情としてエスカレータの乗り方、危険等につき警告・指示の適否が問題になったものである。

　土地工作物責任の主要な要件の一つである設置・保存の瑕疵は、客観説（瑕疵が通常有すべき安全性を欠いているとする見解）によるのが通説・判例であると解されるところ、警告・指示の有無・内容は瑕疵の判断にあたって考慮事情として重要な事情であるということができる。この事案では、前記の警告・指示のほか、幼児である子を連れた母親の監督・監護が適切であったか（幼児の保護者の不注意）等が問題になったものである。

【判決の意義】

　この判決は、エスカレータの乗り方、危険等に関する警告・指示が適切に行われたことを認め、事故原因となる瑕疵の存在を認めることができないとしたものであり、警告・指示が適切であったことを重視し（この判決には、エスカレータの乗り口の注意表示等の警告・指示の状況が具体的に認定されている）、エスカレータ事故における設置・保存の瑕疵を否定した事例として参考になる。この判決は、警告上の過失、警告上の欠陥が問題になる事案につ

いても参考になるものである。

〔25〕 エスカレータの構造上の瑕疵を否定し、本来備えるべき設備・配慮を欠いていたとして保存の瑕疵を肯定した事例（東京地判昭和56・10・28判時1042号115頁。(222)（554頁）参照）

●事案の概要●

X（当時、5歳）が、母Aに連れられてY管理組合の管理する複合ビルに行き、Aとともに、Xが前になって1階から地下1階に降りるエスカレータに乗っていたところ、Xの履いていたゴム長靴の右足先端が自分の乗っていたステップと一段後方のAの乗っていたステップとの間に挟まれ、負傷したため、XがYに対してエスカレータの保存の瑕疵を主張し、土地工作物責任に基づき損害賠償を請求したものである。

この判決は、ステップの中央に足の位置を定めるよう注意を呼びかけるポスター等による広報活動がされず、黄色の線で塗られておらず、ステップの垂直部分に溝がつけられていない等とし、構造上の瑕疵はないものの、安全に運転するため、本来備うべき設備・配慮を欠いていたとし、保存の瑕疵を認め（過失相殺を5割認めた）、請求を認容した。

【判決内容】

この判決は、

「(二) ゴム長靴やビニール靴（以下、ゴム長靴等という。）は、革靴等に比べて滑りにくいうえ柔らかいため、エスカレーターのステップの垂直面（ライザー）に触れると、ステップとステップのすき間が前記検査基準の範囲内であっても、密着状態となって引きずり込まれる危険が高いことは業界の常識に属することとされており、したがって、エスカレーター等のメーカーでつくる訴外社団法人日本エレベーター協会では、ゴム長靴等による乗降は危険であるから、ステップの中央に足の位置を定めるよう注意を呼びかけるポスターを作成する等の広報活動をしており、またライザー部分に溝をつけたり、潤滑油を塗ったり、ステップとステップ間及びステップと手すり下との間のすき間を、注意を呼びかけるため、黄

色の線で塗る等の措置がとられるようになっていたこと。

㈢　しかるに、本件エスカレーターには、その乗り口わきの手すり下のスカート部分に、母と子が子を中央に位置させて同一ステップに乗り、母が手を手すりにかけているイラストに『手は手すりに、お子様は中に』との標語を記載したワッペンが貼られていたのみであり、潤滑油や注意を呼びかける前記黄色の線並びにゴム長靴等の危険を知らせるポスターや放送等の措置は一切講じられていなかったこと。

　以上の事実が認められ、右事実に照らすと、本件エスカレーターには、その構造上に特段の瑕疵はなかったものの、これを安全に運転するため、その本来備うべき設備ないし配慮を欠いていたものであって、その保存に瑕疵が存在したものというべきである」

と判示している。

【事案の特徴】

　この事案は、〔24〕（99頁）の事案と類似した幼児のエスカレータ事故であるが、母親が子である幼児を連れて複合ビルに行き、下りのエスカレータに乗っていたところ、幼児の履いていたゴム長靴の右足先端が自分の乗っていたステップと一段後方の母親の乗っていたステップとの間に挟まれ、負傷したため、幼児がビルの管理者に対して土地工作物責任に基づき損害賠償を請求した事件である。この事案では、エスカレータの保存の瑕疵の有無が問題になり、その判断にあたってエスカレータの乗り方、危険等に関する警告・指示の適否が問題になったものである。

【判決の意義】

　この判決は、エスカレータの構造上の瑕疵を否定したが、母と子のエスカレータの乗り方に関する警告がされていたものの、ステップに黄色の線で塗る警告がなく、ゴム長靴等の危険を知らせるポスター、放送等がされていなかった等とし、エスカレータを安全に利用するための本来備えるべき設備・配慮を欠いていたものであり、保存の瑕疵があるとしたものである（幼児、母親の過失を５割認め、過失相殺をした）。

　エスカレータの乗り口わきの手摺にイラスト入りの警告があり、幼児であ

る子と一緒にエスカレータに乗る際の危険性が容易にわかることに照らすと、この判決がエスカレータの保存の瑕疵を肯定したことについては疑問があり（この事案のエスカレータ事故の原因は、幼児の年齢、警告の状況等を考慮すると、幼児を連れていた親の不注意と評価することは不合理ではない）、エスカレータの乗り方、危険性に関する警告・指示として不適切であるとはいいがたい。

(26) エスカレータの設置・保存の瑕疵を肯定した事例（山形地酒田支判昭和57・1・14判タ470号174頁。(223)(555頁) 参照）

●事案の概要●

A（当時、9歳4カ月）が友人とともに、Y株式会社が経営する百貨店に行き、4階から5階に上るエスカレータに乗り、ベルト上に腹ばいとなり、外側に身を乗り出していたところ、4階天井との間に首を挟まれ、死亡したため、Aの両親X₁、X₂がYに対してエスカレータの設置・保存の瑕疵を主張し、土地工作物責任に基づき損害賠償を請求したものである。

この判決は、幼児から老人まで不特定多数の者が集合するデパートにあっては必ずしも通常の利用方法に従わない場合があり、そのための不測の事故が発生する危険もあるとし、業界団体が定めている安全対策標準に合致するだけでは足りず、危険防止のための万全の安全確保の設置・管理上の配慮をする必要がある等とし、設置・保存の瑕疵を認め（過失相殺を8割認めた）、請求を認容した。

【判決内容】

この判決は、

「2 本件エスカレーターは、幼児から老人に至るまで不特定多数の者が集合するデパート内において、各階の売り場へ移動する顧客の利用に供することを主目的として設置された昇降機の一つであり、幼児、老人を問わず通常の歩行能力を

有するものであれば、低速で移動する踏段の上に立つだけで容易に利用しうる反面、これらの利用者の中には注意能力や行動能力が劣るため、必ずしも通常の利用方法に従わない場合があり、そのため不測の事故が発生する危険もあるというべきであるから、本件エスカレーターの設置、保存については、右のような用途、場所的環境、利用状況等を考慮して、予見しうる危険性に対し、通常有すべき安全性を保持するのに十分な危険防止、安全確保のための設備ないし管理上の配慮が必要とされるのであり、これらを欠くときは、その設置又は保存に瑕疵があるというべきである。そこで、以下この点について検討する。

㈠　本件エスカレーターのように建物の天井、床の開口部に設置され、天井板、床に衝突させ、あるいはエスカレーターの手すりベルトと天井板等との間にその頭部等をはさまれる等の事故が発生する危険があることは当然予想しうることである。

　……

　前述のとおり、前記エスカレーター安全対策基準は、利用者が必ずしも通常の利用方法に従わず、その頭部や手等をエスカレーターの手すりベルトの外側へ出して、建物の天井等との交差箇所において事故を惹起する危険があることを予想したものであるから、そのような危険が予想される以上、その危険防止のための万全の設備がなされていなければならないというべきである。右安全対策標準では、危険防止措置の一つとして、前記のようなガード板を設置すべきこととされたのであるが、しかし、前記のとおり、右ガード板の設置のみでは、必ずしも右のような事故の防止の機能を期待することができないのであるから、すべてのエスカレーターに通用する十分な事故防止設備であるということはできない。

㈢　前掲甲第1号証、証人B、同Cの各証言および検証の結果によれば、被告は、本件事故当時、本件エスカレーター手すりベルトと4階天井板が交差する三角部に、概ね前記改正前のエスカレーター安全対策基準に従って、アクリル製のガード板を4階天井下端部から鎖で吊り下げて設置していたほか、右ガード板の前方（本件エスカレータの下方向）に5本のアクリル製ねじり棒を右同様に鎖で吊り下げていたことが認められる（別紙図面㈠参照）。

　しかしながら、前述のとおり、右ガード板およびねじり棒は、本件エスカレーターの利用者に対し頭や手を手すりベルトの外側へ出さないよう警告する程度の機能を有するに止まり、実際に利用者が手すりベルトの外側に頭や手を出した場合にこれを保護しうるだけの機能を有するものとは認められない」

と判示している。

【事案の特徴】

　この事案は、小学校の児童が友人とともに百貨店に行き、上りエスカレー

タに乗り、ベルト上に腹ばいとなり、外側に身を乗り出していたところ、4階天井との間に首を挟まれ、死亡したため、両親が百貨店の経営会社に対して土地工作物責任に基づき損害賠償を請求した事件である。この事案では、エスカレータ事故の原因が児童の異常な行動にあるか（エスカレータの異常な乗り方にあるか）、エスカレータの設置・保存の瑕疵の判断にあたって、エスカレータの上部に設置されていたアクリル製のガード板が事故防止措置として適切であるか等が問題になったものである。この事案は、児童のエスカレータ事故であり、事故態様も児童の異常な行動が関係しているものであり、〔24〕（99頁）等とは異なる類型の事件である。

【判決の意義】

　この判決は、百貨店における利用者が多様であり、通常の利用方法に従わない場合があり、不測の事故が発生する危険もあるとし、前記ガード板がエスカレータの利用者の頭、手を手摺ベルトの外側へ出さないよう警告する程度の機能を有するにとどまり、実際に利用者が手摺ベルトの外側に頭や手を出した場合にこれを保護しうるだけの機能を有するものではないとし、エスカレータの設置・保存の瑕疵を認めたものである（高い割合の過失相殺を認めたものである）。

　しかし、この事案のエスカレータ事故に遭った者の年齢に照らすと、エスカレータの利用にあたってベルト上に腹ばいとなり、外側に身を乗り出していたという異常な行動をしていたことを考慮すると、アクリル製のガード板が警告程度の機能を有することで十分であったということができ、この判決については重大な疑問が残る（過失相殺を8割も認めていることもこの判決自体に疑問を抱いていることを示唆するものである）。

〔27〕　親の不注意、幼児の誤動作が事故原因であるとし、エスカレータの設置店の説明義務違反、設置・保存の瑕疵を否定した事例（東京地判昭和57・12・24判時1096号95頁。(224)（556頁）参照）

3 エスカレータ・エレベータの警告上の過失・欠陥

●事案の概要●

X₁（当時、3歳）が、母X₂とともにY株式会社が経営する百貨店に行き、ビニール長靴を買い、これを履いて2階から1階に降りるエスカレータに乗り、X₂と手をつないでいたところ、左足先が黄色の注意標識の枠からはみ出し、スカートガードとステップの隙間に挟まれ、負傷したため、X₁、X₂、X₁の父X₃がYに対して工作物責任等に基づき損害賠償を請求したものである。

この判決は、店内放送、ステッカーで注意喚起をし、黄色の注意標識をしていた等とし、X₁が通常の利用方法に従っているとは認められないとし、設置・保存の瑕疵を否定する等し、請求を棄却した。

【判決内容】

この判決は、

「㈡　なお、……によれば、原告X₂、原告X₁及び訴外Aの3名は、本件店舗4階子供用靴売場において本件長靴を購入したのち、他の売場に寄ることなく、直ちに4階から1階に降りるべく降下用エスカレーターを利用して順次下の階に降りて来たものであることが認められ、その間、原告X₁が本件長靴を左右履きかえる機会があったとは認められないから、右事実に照らせば、原告X₁が本件事故当時本件長靴を左右逆に履いていたのは、訴外Bが原告X₁に本件長靴を履かせた際に左右を逆に履かせたことによるものと認められる。

……

しかしながら、訴外Bが本件長靴を左右逆に原告X₁に履かせたことが認められても、右事実が直ちに本件事故の原因があったと認めるに足りる証拠はない。

また、訴外Bが、子供用靴売場の店員として、原告X₂に対し、エスカレーターの危険性、特に子供のゴム、ビニール長靴がエスカレーターに巻き込まれやすく危険であることにつき、説明すべき義務を負っていたものと認めるに足りる証拠はない。

㈢　むしろ、前記認定の本件事故の態様に照らせば、原告X₁は、エスカレーターの中央に立たずに、右片足で立ち、左足を右足に交差させて浮かした状態で左足爪先を後方に向け、これをステップの黄色の注意標識の枠からはみ出してスカートガードに押しつけていたときに本件事故にあったものと認められ、本件事故は、もっぱら、原告X₁を保護、監督すべき立場にあった原告X₂が、原告X₁の動静に

十分注意せず、同児が右のような乗り方をしていることに気づかなかった過失に起因するものというべきである。そうだとすると、被告会社には本件事故の発生につき、責任を負うべき義務はないということができる」
と判示している。

【事案の特徴】
　この事案は、〔25〕（102頁）の事案に類似した事件であるが、幼児が、母親とともに百貨店に行き、ビニール長靴を買い、これを履いて下りのエスカレータに乗り、母親と手をつないでいたところ、左足先が黄色の注意標識の枠からはみ出し、スカートガードとステップの隙間に挟まれて負傷したため、幼児等が百貨店の経営会社に対して土地工作物責任等に基づき損害賠償を請求した事件である。この事案では、エスカレータの危険性、特に子どものゴム、ビニール長靴がエスカレータに巻き込まれやすく危険であることにつき説明すべき義務を負うか、注意標識が適切であったかどうかが問題になったものである。

【判決の意義】
　この判決は、この事故は、もっぱら幼児を連れていた母親の保護・監督上の過失によって発生したとし（母親の不注意、子である幼児の誤動作が事故原因であるとしたものである）、百貨店の経営会社の土地工作物責任等の損害賠償責任を否定したものであり、事例として参考になるものである。この判決は、エスカレータの危険な乗り方の説明義務違反を否定し、幼児・親の不注意・誤動作を事故原因と認めた事例として、警告上の過失・欠陥が問題になる事案についても参考になるものである。

(3) エレベータ事故をめぐる裁判例

　エスカレータ事故をめぐる裁判例のうち警告上の過失・欠陥が問題になった裁判例に続いて、エレベータ事故をめぐる裁判例を紹介したい。
　エスカレータとエレベータは、建物等の中を上下移動するために利用される設備であることは共通しているが、製品・設備の構造・使用方法等は全く

異なるものであるものの、日常生活上しばしば並んで紹介されることがあるので、便宜上ここで紹介するものである。

(28) エレベータの製造業者の指示・警告義務違反を肯定した事例（東京地判平成5・4・28判時1480号92頁。(225)（556頁）参照）

───●事案の概要●───

XがA病院に入院中、院内に設置されたY₁株式会社の製造に係るエレベータに乗り込もうとしたところ、扉が閉まり始め、扉に組み込まれていたセーフティシューと呼ばれる安全装置の下端とエレベータの床の隙間に右足先が挟まれ、負傷したため、XがY₁、エレベータの保守・管理をしていたY₂株式会社に対して不法行為に基づき損害賠償を請求したものである。

この判決は、エレベータの利用者に対して適切な指示・警告の表示等をすることによって事故を防止すべき義務に違反した等とし、請求を一部認容した。

【判決内容】

この判決は、

「ア　本件エレベーターのように、広く一般公衆の利用に供される電機機器を製造し、販売する被告Y₁としては、通常の利用によって生じ得る人の身体、生命、財産等に対する予見可能な危険を回避し、人の身体、財産等への被害の発生を防止するよう設計し、製造すべき注意義務を負うものと解される。また、エレベーターの整備、保守は、利用者の安全を確保し、利用上の危険を回避することを目的とする業務であるから、かかる業務を営む被告Y₂としては、予見し得る危険を回避し、利用者の身体、財産等の被害を防止すべく注意し、そのために必要な措置を講ずべき注意義務を負うものと解される。

ちなみに、被告Y₁は、被告Y₂から事故の報告を受けて、製造段階における改善をするなどの態勢をとっていること、被告Y₂は、被告Y₁の製造するY₁製エレベーターの日常的な点検、調整、修理のみならず、エレベーターの性能ないし運転能率の向上のためにモダナイズと称する機械の一部の取替え等の改修を引き受けていること、Y₁製エレベーターは扉だけの交換も可能であることなどが認められ

る。
　ところで、右注意義務の具体的な内容ないし範囲は、製品事態の有用性、予見され又は予見可能な危険の性質、その危険回避の可能性及び難易、安全対策が製品の有用性に与える影響、製品の利用者が誰か、利用者による危険の予見ないし回避の可能性などを総合的に考慮して判断されなければならないものと解される。
……
エ　指示や警告の表示（構造以外での安全策）
　本件エレベーターの構造はそのままでも、一般の利用者にとっては予見不能であると解されるセーフティシュー下部の構造上の危険について、利用者に注意を促すために指示、警告等の表示をすれば、本件のような事故が発生する危険性は大幅に低下するものと考えられる。そして、被告らがこのような表示をしていたなら、表示によって予見し得る危険を回避する義務は、原則として利用者の側に移転し、被告らの注意義務は一応尽くされたものと評価することができる。頻発するとは思われない本件のような事故を防止するために一々このような表示をすることは、煩わしいし、エレベーターの美観を損ねるかもしれないが、それほど費用と手間を要するものではないから、事故の危険がある以上は、被告らにこのような義務を課することがあながち不当であるとはいえまい。
　本件エレベーターには、右のような指示、警告等の表示が全く施されていなかった。
オ　注意義務違反
　以上の検討を総合すれば、本件エレベーターのセーフティシューの構造に水平移動型を採用し、あるいは、利用者に対して適切な指示や警告の表示を施すことによって、本件事故の発生を回避することが可能であったと解され、被告らにはこれらの措置を講ずべき注意義務があったというべきであるから、これらの措置を講じなかった被告らには右注意義務に違反する過失があったと判断される」

と判示している。

【事案の特徴】

　この事案は、患者が病院内のエレベータに乗り込もうとした際、扉が閉まり始め、扉に組み込まれていたセーフティシューと呼ばれる安全装置の下端とエレベータの床の隙間に右足先が挟まれ、負傷したため、エレベータの製造業者等に対して不法行為に基づき損害賠償を請求した事件である。この事案では、製造業者のエレベータ利用者に対する適切な指示・警告の表示等をすることによって事故を防止すべき義務違反（警告上の過失）の有無が問

3　エスカレータ・エレベータの警告上の過失・欠陥

題になったものである（なお、この事案では、事故の態様、原因も問題になっているものである）。

【判決の意義】

　この判決は、製造業者はエレベータの一般の利用者にとっては予見不能であると解されるセーフティシュー下部の構造上の危険について、利用者に注意を促すために指示・警告等の表示をする義務があるとしたこと、この事案では、エレベータに指示・警告等の表示が一切されていなかったこと、製造業者には指示・警告等の表示をすべき義務を怠った過失があるとしたことに特徴がある。

　この判決は、エレベータの製造業者について前記内容の指示・警告義務を肯定し、その義務違反も肯定したものであるが、主張され、認定されている指示・警告の内容に照らすと、エレベータの使用者に容易にわかる危険であるということもでき、このような義務、あるいは義務違反を認めることには疑問が残るものである。

(29)　(28)の控訴審判決であり、利用者の異常な乗り方が事故原因であるとし、エレベータの欠陥を否定し、製造業者の警告上の過失を否定した事例（東京高判平成6・9・13判時1514号85頁。(226)(557頁)参照）

―――――●事案の概要●―――――

　前掲〔28〕(109頁)の控訴審判決であり、Xが控訴し、Y_1、Y_2が附帯控訴したものである。

　この判決は、エレベータの欠陥を否定し（Xの異常な乗り方によって起因して負傷したものと認めた）、Xの控訴を棄却し、Y_1、Y_2の附帯控訴に基づき、原判決を取り消し、請求を棄却した。

【判決内容】

　この判決は、

111

「2　しかし、右二で述べた本件エレベーターのセーフティシューの構造は、かなり一般的で広く普及しているものであって、本件エレベーターに特有のものではなく、扉が全開のときと全閉のときにセーフティシューの突出量を少なくし、扉を開閉する途中では突出量を多くすることにはそれなりに合理的な理由があり、そのためにセーフティシューが若干上下するのも己むを得ないものといえるし、セーフティシューを相応のところ（床面から10ないし15ミリメートル）に下げないと、別の危険（扉に足を挟まれる等の危険）が生じ易くなる可能性があることはみやすいところであるから、セーフティシューを右のように下げること自体を不当な構造であるとすることはできない。
　そして、本件エレベーターは、設置後控訴人が負傷するまで16年間を経ているが、その間一度も同種の事故が発生したことはなかったのであり（この間1000万回に及ぶ扉の開閉が繰り返されている。）、また、かなり多数存在する同種の事故が発生した事実、又は、発生を疑わせる事実を認めるに足る証拠はない。なお、この点に関して、控訴人は、被控訴人らはその製造又は保守管理にかかるエレベーターについては、被災事故に関するデータを保持しているはずであり、その開示を要求したのに、被控訴人らがこれを一切開示しないことは、同種事故の発生を裏付けるものであるといった趣旨の主張をしているが、そもそも同種事故発生の事実については、控訴人が立証すべきことがらであるし、右のとおりその発生を疑わせる事実すらも立証されていないのであるから、右主張は採り得ない。
　……
4　ところで、エレベーターは、現代、建築物において一般公衆に広く利用され、日常欠くことのできない乗り物として大きな役割を果たしていることは、公知の事実であり、その安全性の確保につき、製造業者、保守業者等が充分に意を用いなければならないことはいうまでもない。しかし、エレベーターは、利便性を有する反面、ある程度の危険性をも兼有し、その危険性は、これを全く無くすことはできないから、エレベーターを利用する以上、利用者もその危険を避けることにつき相応の配慮が要請されるのである。このように考えると、エレベーターの事故につき、製造業者、保守業者等に不法行為責任を負わせるためには、当該エレベーターが通常予見される利用形態等を考慮して通常有すべき安全性を欠いていること（欠陥の存在）、及び、それにより右事故が起きたということ（因果関係の存在）、が、まず、満たされることを要し（責任が認められるためには、更に、予見可能性及び結果回避義務等もとりあげられることになろうが、これらは右の欠陥の点と微妙に関わりを有する。）、これらが認められない限り、右製造業者等に対し不法行為責任を問い得ないものというべきである。
5　そこで、検討するに、本件エレベーターのセーフティシューの突出量を変化させ、それを上下することには合理的な理由があること、これまで本件エレベーターが多年にわたり極めて多数回使用されながら、本件と同種の事故が起きてい

るとはいえないこと（右2）に鑑みると、本件エレベーターは、通常予見される利用形態等を考慮して通常有すべき安全性を欠いているとはいい難いものと一応推認されるところである。

そして、本件負傷当時控訴人が本件エレベーターに乗ったときの状況をみるに、控訴人は、裸足にサンダル履きで、新聞を左脇に挟み、右手で荷物を持って、両手が塞がった状態で、中央部からゆっくり点滴用支柱柱とともに乗ろうとする初老の男性と接触しないようにこれを避けながら、その右側を早足で擦り抜けるように追い抜いて乗り込もうとし、右足先を、右扉の敷居の上で扉が全開のときのセーフティシューの側面先端の位置から120ミリメートル程度の左の位置に置いたときに、セーフティシューの下端と床面の隙間に右足先が挟まれ本件負傷を負ったということができるところ（右3の(一)、(二)）、エレベーターに乗る場合に、一般に扉の動きに注意する必要があるが、本件では、中央部に右の男性がいて、それへの接触を避けて早足で出入口のかなり右端で乗ろうというのであるから、一層その注意を払うことが要請され、しかも、足指を露出していて、それ自体金属部にぶつかるなどにより負傷の危険があるから、なお一層扉の動きに注意を払うべきことが期待されるはずであるのに、急いで乗ることと右の男性に気をとられて、右注意を怠り、扉が閉まり始めたのを気付かず、又は、本件事故直前に気付き、セーフティシューの下端に右足先を差し込むに近いように置き、あるいは、あわてて突っ込んでしまったのである（右3の(三)）。これらによると、控訴人の乗り方は通常予想される乗り方をかなり逸脱している異常なものと認めざるを得ないのであって、被控訴人らがエレベーターの製造業者あるいは整備、保守業者としての高度の専門技術を有していることを考慮に入れても、このような乗り方による危険までを予見してエレベーターの構造を設計しあるいは配慮すべき責任が被控訴人らにあるとすることはできないのである。

そうすると、本件エレベーターは、通常有すべき安全性を欠いているとはいい難いものであるし、仮にそう断定できないにしても、控訴人の本件負傷は、もっぱら控訴人の異常な乗り方に起因するものというべきであって、本件エレベーターの構造に起因するものということはできないといわざるをえない」

と判示している。

【事案の特徴】

この事案は、患者が病院内のエレベータに乗り込もうとした際、扉が閉まり始め、扉に組み込まれていたセーフティシューと呼ばれる安全装置の下端とエレベータの床の隙間に右足先が挟まれ、負傷したため、エレベータの製造業者等に対して不法行為に基づき損害賠償を請求した控訴審の事件である。

この事案では、前記のとおり、製造業者のエレベータの利用者に対する適切な指示・警告の表示等をすることによって事故を防止すべき義務違反（警告上の過失）の有無が問題になったものである（第1審判決（〔28〕（109頁））は、警告義務違反を肯定していた）。

【判決の意義】

　この判決は、エレベータの利用者が異常な乗り方をしたことが負傷の原因であるとし、エレベータが通常有すべき安全性を欠いているとはいいがたいとしたこと、製造業者の不法行為を否定したことに特徴がある。

　第1審判決と本判決の認定する事実を読む限り、この判決の認定・判断がより合理的であり、この事実関係の下では、利用者の異常な乗り方が認められ、エレベータの欠陥、製造業者の不法行為を否定した判断が合理的であるということができ、この判決は、警告上の過失を否定した事例判断として参考になるものである。

（30）　エレベータ式立体駐車場装置の販売業者の説明義務違反を肯定した事例（福岡地小倉支判平成14・10・29判時1808号90頁）

―●事案の概要●―

　カラオケ店を経営するX株式会社が、平成8年10月、Y株式会社からエレベータ式の立体駐車場装置を購入し、設置したところ、平成10年1月、顧客AがXの従業員Bの誘導でパレット内に自動車を停止させ、装置内にいたにもかかわらず、装置を作動させたため、Aがパレットと壁面の支柱との間に頭部を挟まれて死亡し、Aの相続人CらがXに対して損害賠償を請求する訴訟を提起し、損害賠償をする旨の訴訟上の和解が成立し、損害賠償をしたことから、XがYに対して債務不履行に基づき損害賠償を請求したものである。

　この判決は、装置の安全性の説明義務違反を肯定し、請求を認容した（過失相殺として3分の2の減額をした）。

3　エスカレータ・エレベータの警告上の過失・欠陥

【判決内容】

この判決は、

「ウ　上記認定事実によれば、本件装置は、人が棟内やパレット上にいても入庫ボタンを押せばパレットが回転し、その入庫運転が開始されるものであるところ、そのような場合には、人が回転するパレットから転落したり、回転するパレットと衝突するなどして、負傷若しくは本件事故のような死亡事故が発生する危険性があるから、その構造について特別の知識を有しない原告に本件装置を販売する被告は、本件装置の操作は教育を受けた者が行うこと、操作するときは棟内の無人を確認すること、同乗者は入庫前に降車させること等の注意事項を説明するにとどまらず、これらの注意事項を怠った場合には上記のような危険性があり、そのような危険性を回避又は軽減するためにどのようなセンサが設置されているか、また、安全性を更に向上させるために、オプションでどのようなセンサが用意されており、その価格はどの程度であるか等といった本件装置の危険性と安全装置であるセンサの内容等について、原告に具体的に説明すべき信義則上の義務があったというべきである。

しかし、被告が原告に交付した本件取扱説明書の各種の光電センサの車検知センサの表示には、センサ検知により本件装置が停止するのか否かを明らかにしないまま『(人間や障害物も同様)』と記載され、人を検知して本件装置が停止するかのように読むこともできる上に(……)、Bは、上記装置の前記危険性を全く説明していないばかりか、かえってパレット上に人がいる場合等はセンサの働きにより本件装置は停止する旨の説明をしたものであって、本件装置の危険性とそれを回避又は軽減するためのセンサの内容等について説明していないのである。

そこで、Bの上記説明義務違反と本件事故との相当因果関係について検討するに、①Aは、棟内に人がいた場合の本件装置の作動についてBに質問していたこと、②本件装置には、60万円という低価格で棟内のほぼ全域を網羅し得るパッシングセンサがオプションで用意されていたこと、③Aは、本件装置の代金を7500万円に抑えるようBに求めていたこと、④本件売買契約は、代金7000万円で契約されていること、⑤原告が以前に購入した新明和工業株式会社製の立体駐車装置は、不特定多数の者が操作するものではあるものの、オプションの乗降デッキマットセンサが設置さていることなどに照らすと、Bが前記説明義務を尽くしていれば、Aが本件装置にパッシングセンサを設置する旨表明し、同センサ装置によって本件事故を防止できた蓋然性があると認めることができる。

したがって、被告は、原告に対し、売買契約上の債務不履行責任に基づき、本件事故によって生じた原告の損害を賠償すべき義務があるというべきである」

と判示している。

【事案の特徴】

　この事案は、エレベータ式の立体駐車場装置を購入し、設置した事業者の従業員が顧客を誘導し、パレット内に自動車を停止させ、顧客が装置内にいたにもかかわらず、装置を作動させたため、顧客がパレットと壁面の支柱との間に頭部を挟まれて死亡したため、事業者が顧客の相続人らと訴訟上の和解をした後、エレベータ式の立体駐車場装置の販売・設置業者に対して損害賠償を請求した事件である。

　この事案では、装置の安全性の説明義務違反（警告上の過失）の有無が問題になったものである。この事案のエレベータは、人が建物の昇降に使用するエレベータではなく、駐車場として使用される自動車用のエレベータであり、問題になる警告上の過失・欠陥が通常のエレベータとは全く異なるものである。

【判決の意義】

　この判決は、エレベータ式の立体駐車場装置について、装置の危険性とそれを回避または軽減するためのセンサの内容等について説明していないとし、装置の安全性の説明義務違反を認め、装置の販売・設置業者の債務不履行責任を肯定したものであり、装置の販売業者の説明義務違反（実質的には、警告上の過失）を肯定した事例として参考になる。

4 自動車の警告上の過失・欠陥

(1) 概　説

　自動車は、日常的に使用される製品であるうえ、運転免許を受けた者のみが使用することが認められている製品である。自動車の用途・使用方法は、運転免許を有する者にとっては明白であるし、基本的な危険性も明白である。

　また、自動車の使用（運転、操作）にあたっては、添付されている詳細な取扱説明書を読んで理解することが前提となっているし、定期・随時の点検も必要であることは運転免許を有する者にとって明白である。自動車の使用方法、危険性等に関する製品情報は、相当な範囲で明白であるとともに、取扱説明書に詳細に記載されていることが通常である。したがって、自動車の使用方法、危険性等の製品情報は、運転免許を有する者の知識・能力を前提として提供することが必要であり、かつ、足りるものである。

　自動車を運転中に発生した事故は年間多数に上るが、ほとんどは運転者の運転過誤であり、自動車の欠陥に起因するものと疑われる事故は少ないし、その中で警告上の過失・欠陥に起因するものと疑われる事故はさらに少ないのが実情である。

(2) 自動車事故をめぐる裁判例

(31)　安全ベルト・取付金具の製造業者の表示・警告義務を否定した事例
　　（京都地判昭和48・11・30判時738号89頁）

───●事案の概要●───

　Aが自動車の製造業者であるY₁株式会社の製造に係る普通乗用自動車をY₂株式会社から購入し、国道を運転して走行中、対向して進行してきたBの運転に係る自動車と衝突したところ、Aの自動車の後部座席に同乗していたXが右側センターピラーに装着されていた安全ベルトの取付金具に顔面を打ち付け、負傷したため、XがY₁、Y₂に対して、取付金具の取付位置の製造上の欠陥があったとか、取付金具の保護カバー

の存在・効用を知らせなかったとか、安全ベルトの使用方法、取付金具の危険性、危険防止方法の教示をしなかったなどと主張し、不法行為に基づき損害賠償を請求したものである。

　この判決は、教示義務を否定する等し、不法行為を否定し、請求を棄却した。

【判決内容】

　この判決は、
「一般に自動車の運行は、特に無謀な操縦によらない場合でも、事故の危険を伴うものであるから、自動車製造業者としては、このような事態をも予想したうえ、乗員の生命・身体を危険にさらさないよう万全の注意を用いて自動車の設計製造をすべき注意義務があることは当然である。
　ところで、自動車の安全ベルトおよびその取付装置は、交通事故に際して、乗員が直面する身体損傷の危険に対処することを目的として、前記保安基準により設置を義務づけられたものであり、本件自動車の肩掛ベルトの取付装置の構造と設置位置は右保安基準のほか、日本工業規格や諸外国の安全基準にも適合したものである。もっとも、右取付装置のような金属製の突出物を自動車内に設置することは、乗員の身体に対する新たな危険をもたらすことにはなるが、右取付装置の取付位置をセンターピラーより他の場所に求め得ない以上、右取付装置がもたらす危険に対処する方法としては、その設置をやめることにより右危険を絶対的に排除するか、もしくはその金具の部分を保護カバーで覆う方法により、これによる人身損傷の危険を可能な限り軽減することで満足するしかない。
　しかし、自動車製造業者は、安全ベルトの取付が義務づけられているのである。そうすると、自動車製造業者としては、センターピラーに安全ベルトを取り付け、その取付金具によって惹起される人身損傷の危険は、可能な限り軽減する措置を講じればたりるとしなければならない。
　被告Y_1には、右取付装置の危険性やその危険の防止方法を使用者に知らせる方法を全く講じなかった過失があると主張するが、右取付装置の存在や保護カバーの使用目的は、その位置形状からして自動車使用者が容易に知りうるものであるから、自動車製造業者である被告Y_1には、本件のような事故が発生することまでも予想して、その危険性や危険防止方法を買主などの使用者に教示すべき注意義務はないものといわなければならない」
と判示している。

【事案の特徴】

　この事案は、普通自動車を運転中、ほかの自動車と衝突し、同乗者がセンターピラーに装着されていた安全ベルトの取付金具に顔面を打ち付けて負傷したため、自動車の製造業者・販売業者に対して損害賠償を請求した事件である。この事案では、製造業者らの買主に対する安全ベルトの使用方法、取付金具の危険性、危険防止方法についての教示義務違反（警告上の過失）の有無が問題になったものである。

【判決の意義】

　この判決は、問題の附属設備の使用目的がその位置形状から使用者に容易に知りうるものであるとしたこと、製造業者にはその設備の危険性、危険防止方法を使用者に教示すべき義務はないとしたことに特徴がある。

　この判決は、安全ベルト、その取付金具の危険性について明白な危険であるとし、製造業者の表示・警告義務（教示義務）を否定した事例であり（結局、警告上の過失を否定した事例である）、先例として参考になるものである。

〔32〕　運転者の誤操作が事故原因であるとし、警告装置による警告上の欠陥を否定した事例（東京地判平成21・10・21判時2069号67頁）

●事案の概要●

　Aは、B株式会社の代表者であり、C株式会社が製造し、Y株式会社が輸入した自動車をD株式会社から購入し、使用していたところ、勾配約5度の坂道（上り坂）に停車し、同乗していた妻X₁と車外に出た後、自動車が後退し始め、Aがこれを追いかけ、自動車が道路脇のガードパイプに衝突した際、自動車の車体とドアに挟まれて死亡したため、X₁、子X₂がYに対して製造物責任に基づき損害賠償を請求したものである。

　この判決は、X₁らの主張に係る制動装置の欠陥、警告装置の設置されていない欠陥等を否定し、請求を棄却した。

第2章 警告上の過失・欠陥をめぐる裁判例

【判決内容】

　この判決は、

「原告らは、本件車両のセレクターレバーがP位置とR位置の中間で止まる場合があること、この場合になってもMFD上は『P』の表示がされ、何らの警告も発せられないことは、本件車両の重大な欠陥であり、本件事故の発生原因になった可能性が高い、と主張する。

　そして、石濱鑑定人は、本件車両と同型車両を操作した際に、セレクターレバーをP位置に入れる操作をしたものの、セレクターレバーがR位置とP位置の中間にとどまってしまう場合があったことを指摘し、積極的に警報が発せられないことを問題にしている（前記(3)ア(イ)）。また、前記(4)ア(イ)のとおり、椿井が行ったセレクターレバーに関する実験において、本件車両のセレクターレバーをP位置からR位置ないしR位置からP位置に動かした際、セレクターレバーがP位置とR位置の間で止まることがあったことが認められる。

　これに対し、山本鑑定では、本件車両と同型の車両について、自動変速機の通常の操作方法を理解している通常の運転者がセレクターレバーをP位置に入れるよう通常の操作をすれば、セレクターレバーは通常P位置に入りきるものと考えられ、P位置に入りきらないでとどまる可能性は低い、とされている（前記(3)イ(イ)）。そして、石濱鑑定人が、本件車両の同型車両を用いてセレクターレバーをP位置に入れる操作を行ってR位置とP位置の途中で止まったのは、約10回のうち2回であり、目視によってこの状態を確認したと述べている。

　また、前記のとおり、石濱鑑定人が鑑定の際に行った操作は、クランク上の溝に沿った軌跡に合わせてセクレターレバーを前方と左に押すような丁寧な操作ではなく、R位置から前方に押して、パーキング機構の有するバネ復元力に頼ってP位置まで動くことを期待した操作であり（前記(3)ア(イ)）、椿井の行った実験においてセレクターレバーがP位置とR位置の間で止まったのは、セレクターレバーをP位置からR位置ないしR位置からP位置に動かす途中で手を離すという操作をした場合であったから（前記(4)ア(イ)）、石濱鑑定人及び椿井が行ったこれらの操作は、いずれも、本件車両の運転者がセレクターレバーをP位置に入れるために行う通常の操作であるとは言い難い。

　そうすると、本件車両のセレクターレバーをP位置に入れる操作を行うことが非常に困難であるとは認め難いし、また、R位置とP位置の途中で止まった場合に、本件車両の運転者が目視によりその事態を確認することに困難を伴うとも認め難い。

　そして、運転者は、車両を停車させた上でセレクターレバーをP位置に入れる操作を行うことが通常であり、その際、運転者が目視によってセレクターレバーがP位置に入ったか否かを確認することが困難な状況は通常想定し難いから、セ

レクターレバーがR位置とP位置の途中で止まった場合に、警報が発せられる装置が設置されている方が危険防止の面からは優れているといえるとしても、そのような装置が設置されていないからといって本件車両が通常備えるべき安全性を備えていないということはできない。

……

そして、本件車両が本件事故現場において、停車後後退を開始し、本件事故に至るまでには、道路から受ける摩擦力の変化等の様々な要素が影響を及ぼした可能性があると考えられるところ、前記ア(イ)のとおり、本件事故直前に、亡Aが本件車両のセレクターレバーを適切にP位置に操作したとは認められず、本件事故の際、本件車両のパーキング・ロックによる制動力は得られていなかったものと推認されること、前記イ(イ)のとおり、亡Aが、本件事故の前に本件車両を坂道に停車させた際、十分な制動力が得られるまで駐車ブレーキを踏み込んでいなかった可能性があること、前記(2)アのとおり、本件車両は、亡Aが、MFD上の警告灯を消すため複数回にわたりトランクの開閉作業を繰り返すなどの衝撃を受けた後に後退を開始したことなどを考慮すれば、前記(3)イ(エ)の山本鑑定が指摘するとおり、本件車両は、駐車ブレーキにより停車状態を維持する最小限の制動力を得て停車していたものの、亡Aの行ったトランクの開閉作業その他の原因による衝撃を受けて後退を始め、本件事故に至ったものと推測することが不合理であるとはいえない」

と判示している。

【事案の特徴】

この事案は、自動車の運転者が勾配約5度の坂道（上り坂）に停車し、車外に出た後、自動車が後退し始める等し、自動車が道路脇のガードパイプに衝突した際、自動車の車体とドアに挟まれて死亡したため、遺族が輸入業者に対して製造物責任に基づき損害賠償を請求した事件である。この事案では、自動車に警告装置が設置されていない欠陥（警告装置による警告上の欠陥）等の有無が問題になったものである。

【判決の意義】

この判決は、自動車の運転者の誤操作が事故原因であったとし、警告装置の未設置に関する欠陥を否定したものであり、事例として参考になるものである。

5 食品の警告上の過失・欠陥

⑴ 概　説

　食品は、日常生活において食料として摂取するものであり、多種多様な食品が未加工のまま、あるいは加工されて提供されているものである。食品の一部は、その種類によっては用途、使用方法、危険性等が明白であるものも多い。他方、生産業者、製造業者、販売業者によって用途、使用方法、使用期間、危険性、内容、添加物等の情報が適切に提供されなければ安全に摂取することが困難な食品もある。特に、加工食品については、食品の包装等にさまざまな製品情報が記載されているものもある。食品に関する製品情報は、基本的には食品の包装に記載される等していることが多いが、パンフレット、添付文書のほか、専門家の著作に係る本によって提供されることも少なくない。

　過去、食品事故は多数発生し、事故の中には大規模な食中毒等の食品事故が発生したことがあるが、裁判例として公表されている製品事故は少ないし、そのような製品事故をめぐる裁判例の中で警告上の過失・欠陥が問題になったものはほとんどない。

⑵ 食品事故をめぐる裁判例

　食品事故については、西日本一帯で食用油が原因となった中毒事件が発生し、食用油の製造業者等に対する損害賠償請求訴訟が提起され、大規模な油症事件として訴訟の場のみならず、社会的にも問題になったことがある（製造業者の商号が付されたカネミ油症事件と呼ばれることが多い）。油症の原因は、食用油の製造過程で混入した熱媒体であることが判明し（もっとも、混入の原因・過程が重要な争点の一つになった）、熱媒体の製造業者の不法行為責任等が問題になったものである。カネミ油症事件で警告上の過失が問題になったのは、熱媒体の製造業者である。

(33)　熱媒体の製造業者の情報提供義務違反を肯定した事例（福岡地判昭和

52・10・5判時866号21頁）

●事案の概要●

　食用油の製造・販売を業とするY₁株式会社（Y₂が代表取締役）は、食用油の製造工程のうち脱臭工程にY₃株式会社の製造に係る熱媒体（カネクロール）を使用していたところ、食用油に混入したが、そのまま販売したことにより、西日本地域に油症被害が発生したため、被害を受けたX₁、X₂らがY₁らに対して不法行為に基づき損害賠償を請求したものである。

　この判決は、Y₁、Y₂の不法行為を肯定するとともに、熱媒体の毒性についての情報の提供が極めて不十分であった等とし、請求を認容した。

【判決内容】

　この判決は、

「次に、食品工業における熱媒体として利用を勧める場合の毒性の表示として十分かどうかを考えてみる必要がある。食品工場において熱媒体として使用されるカネクロールは、その機能上当然に非加熱物である食品（又はその原料）に極めて近接して存在するのであり、このような装置（熱交換器）がその性質上劣化損傷し易いものであることは、甲第207、第208号証（東京工業大学助教授佐治孝の証言調書）及び証人中島清一の証言等に照らして明らかであり、化学工業を営む被告Y₃としてもこの点は十分認識していたはずである。しかもカネクロールの場合には装置を腐食させる重要な原因物質である塩酸の生成要素となる塩化水素ガスを生ずるものであることは前記したし、被告Y₃がこの点を認識していたことは後述するとおりである。したがって不測の事故によるカネクロールの食品中への混入を防止するため、被告Y₃としては職業病的観点の他に、カネクロールの毒性についてできるだけ具体的にかつ詳細に記載して、これを利用する食品業者の取扱い上の注意を強く喚起する必要があったのである。しかるに、前記甲第1ないし第3号証のカネクロールのカタログでは、油脂工業における脱臭工程の熱媒体としての、カネクロールの利用を推奨しながら、その毒性については若干の毒性がある、蒸気を吸うと有害であると抽象的に記載したに止まり、またその前後の文言においても、その毒性が職業病的観点からみてほとんど心配するに及ばないかの如き印象を与えかねない表現を用いたことは前記のとおりであり、この点食品業者に対する毒性についての情報の提供としては極めて不十分なものであるといわ

ざるを得ない」
と判示している。

【判決の意義】
　この判決は、熱媒体の製造・販売業者の食品業者に対する熱媒体の毒性に関する情報提供義務違反（実質的には、警告上の過失）を肯定したものであり、事例として参考になるが、厳格すぎる責任を認めたとの指摘もできよう。

(34)　熱媒体の製造業者の危険性の周知徹底義務違反を肯定した事例（福岡地小倉支判昭和53・3・10判時881号17頁）

●事案の概要●

　食用油の製造・販売を業とするY_1株式会社（Y_2が代表取締役）は、食用油の製造工程のうち脱臭工程にY_3株式会社の製造に係る熱媒体（カネクロール）を使用していたところ、食用油に混入したが、そのまま販売したことにより、西日本地域に油症被害が発生したため、被害を受けたX_1、X_2らがY_1ないしY_3のほか、Y_4（国）、Y_5（北九州市）に対して不法行為、国家賠償法1条に基づき損害賠償を請求したものである。
　この判決は、Y_1の不法行為を肯定し（Y_2の不法行為を否定した）、熱媒体の危険性と取扱いにつき周知徹底すべき注意義務違反を認め、Y_4、Y_5の責任を否定し、Y_1、Y_3に対する請求を認容し、その余の請求を棄却した。

【判決内容】
　この判決は、
「1　合成化学物質製造販売業者の安全確保義務
　地球上のある資源に、日進月歩に研究開発される化学技術を応用して化学反応を起させ、人間の生活に必要ないろいろ新しい合成化学物質が化学企業によって製造され、他に販売されて多くの面で利用されているが、合成化学物質は、本来人体に異質なものであるから、時として多数の人の生命、身体に計り知れない有

害な作用を及ぼす危険性を持つ。一方、その新しい合成化学物質の需要者たる他の工業者は、通常、その物質について高度の技術専門家ではないから、自らの調査研究によりその物質の性質、危険性を的確に知ることが困難であり、高度の技術専門家であるその製造業者が発行するカタログ等を通じてその記載の範囲内で専らこれを知りうるのみである。

　従って、化学企業が合成化学物質を研究開発し、これを製造販売する場合には、そのような危険性を持つ物質を商品として販売することにより利潤をうる化学企業において、可能なあらゆる手段を尽して、その物質の安全性、裏返せばその危険性並びにその用途に応じた安全な取扱方法を、予め充分に調査研究し、その結果を需要者に全面的に周知徹底させる等の措置をとって、合成化学物質の利用により危険が発現しないよう安全を確保すべき高度の注意義務があるというべきである。蓋し、ある合成化学物質が、それを研究開発して製造販売する化学企業により、その危険性の強弱等の内容、用途に応じた安全な取扱方法を知らされないまま、需要者によって利用されれば、人の生命健康に対する侵害を発生させる事態となることは避けられず、そのような結果が許されないことは当然だからである。

　……

3　カネクロールの危険除去のための適切な手段方法を周知せしめなかった過失

　被告Y_3は、そのカタログでカネクロールの危険性除去のため、熱媒装置のカネクロール循環系内に水分を入れない諸注意や加熱炉で局部加熱を避けるための諸注意をしているけれども、前記のとおり全く不充分なものであったし、また、熱媒体であるカネクロールが食品に混入した場合の発見方法については、前記カタログ等に何の記載もせず、カネクロール400の需要者に何らこれを周知させることがなかったから、カネクロールの危険除去のための適切な手段方法を周知せしめなかった過失があったというべきである」

と判示している。

【判決の意義】

　この判決は、熱媒体の製造・販売業者の需要者に対する熱媒体の危険性と取扱いにつき周知徹底すべき注意義務違反（実質的には、警告上の過失）を肯定したものであり、事例判断を加えるものであるが、〔33〕（122頁）と同様に、厳格すぎる責任を認めたとの指摘も可能である。

〔35〕　〔33〕の控訴審判決であり、熱媒体の製造業者の情報提供義務違反を

肯定した事例（福岡高判昭和59・3・16判時1109号24頁）

●事案の概要●

前掲〔33〕（122頁）の控訴審判決であり、Y₃が控訴したものである。この判決は、基本的に第1審判決を引用し、Y₃の情報を十分に提供しなかった過失を認め、控訴を棄却した。

【判決内容】

この判決は、

「控訴人には、カネクロールについて、少なくとも労働衛生の面からの危険についての注意喚起があり、その毒性を認識していながら、その安全性について十分に調査研究を尽くすことなく、人体被害発生のおそれがあることの予見できる食品業界に右カネクロールを販売した過失並びに右販売に当たって当時控訴人が知り得たカネクロールの毒性、金属腐蝕性について十分情報を提供しなかった過失が存したというものというべきである」

と判示している。

【判決の意義】

この判決は、第1審判決（〔33〕（122頁））と同様に、熱媒体の製造・販売業者の食品業者に対する熱媒体の毒性に関する情報提供義務違反（実質的には、警告上の過失）を肯定したものであり、事例的な意義をもつものである。

〔36〕（34）の控訴審判決であり、熱媒体の製造業者の危険性の周知徹底義務違反を肯定した事例（福岡高判昭和59・3・16判時1109号45頁）

●事案の概要●

前掲〔34〕（124頁）の控訴審判決であり、Xら、Y₃、Y₄、Y₅が控訴したものである。

この判決は、基本的に第1審判決を引用し、Y₃の警告上の過失を認め、Y₄の責任を認め、第1審判決を変更し、Y₃、Y₄に対する請求を認容し、Y₅に対する控訴を棄却した。

【判決内容】

この判決は、

「しかし、右にみた研究が化学工場の作業員の労働衛生、環境衛生という見地からのものであり、かつは野村論文に見られるように不十分ながらも一応の警告がなされていたのであるから、一審被告Y₃は、我が国で他の企業に先き立ってPCBの生産を開始し、とりわけPCBを食品の熱媒体用として企業化するに当たっては、それが人体に危険を及ぼすおそれの高い分野であるだけに、PCBの毒性について不十分な研究に満足することなく独自に動物実験を行ってその毒性の程度や生体に対する有害作用をたしかめ、または他の研究機関に実験を委託するなどして安全性を確認し、その結果知りえたPCBの特性や取扱い方法を需要者に周知徹底すべきであるのに、その労を惜しんでなんらの実験もなさなかった」

と判示している。

【判決の意義】

この判決は、第1審判決（〔34〕(124頁)）と同様に、熱媒体の製造・販売業者の需要者に対する熱媒体の危険性と取扱いにつき周知徹底すべき注意義務違反（実質的には、警告上の過失）を肯定したものであり、事例的な意義をもつものである。

次に紹介するのは、健康食品に関する製品情報の提供が問題になった裁判例である。

(37) 健康食品に関する雑誌の宣伝記事を執筆した医学博士の注意義務違反を肯定したが、雑誌を刊行した出版社の不法行為責任を否定した事例
（名古屋地判平成19・11・30判時2001号69頁）

―――●事案の概要●―――

Y₁株式会社（製薬会社）がトウダイグサ科に属するあまめしばに加工し、「加工あまめしば」という健康食品を製造し、Y₂株式会社が販売し、出版社であるY₃株式会社の発行する雑誌「健康」に医学博士Y₄が効用を記載する記事を掲載したところ、X₁、X₂がこの記事を読んで、平成13年9月から同年12月までの間、栄養補給のために本件製品を購入し、

摂取したが、閉鎖性細気管支炎等の呼吸器機能障害を発症したため、X_1、X_2がY_1に対して製造物責任、Y_2に対して製造物責任、不法行為責任、Y_3、Y_4に対して不法行為責任に基づき損害賠償を請求したものである。

　この判決は、本件製品が通常予見される使用をしても閉鎖性細気管支炎を発症しうるものであり、欠陥を有するとし、Y_1の製造物責任を認め、Y_2が製造業者に当たるとしたうえ、その製造物責任を認め、Y_4の不法行為を認め、Y_3の不法行為を否定し、Y_1、Y_2、Y_4に対する請求を認容し、Y_3に対する請求を棄却した。

【判決内容】

　この判決は、
「(2)　製造物の欠陥について
ア　製造物責任法にいう欠陥とは、当該製造物の特性、その通常予見される使用形態、その製造業者等が当該製造物を引き渡した時期その他の当該製造物に係る事情を考慮して、当該製造物が通常有すべき安全性を欠いていることをいう（同法2条2項）。
イ　本件あまめしばには、一回につきスプーン一杯を目安として摂取する使用方法が記載されており、原告らは毎回スプーン小さじ一杯ずつ摂取していた（上記一(3)(4)の認定事実）から、原告らは、本件あまめしばを、通常予見される使用形態に従って使用していたものといえる。
　また、上記二及び三の説示からすると、本件あまめしばを一回につきスプーン一杯を目安として摂取するという通常予見される使用方法に従って使用した場合にも閉塞性細気管支炎が生じうることが認められる。
ウ　原告らが本件あまめしばを最初に購入した平成13年8月以前に、各種の医学雑誌において台湾の症例が紹介され、野菜あまめしばの問題が検討されていたこと（上記一(8)の認定事実）からすると、平成13年8月の段階で野菜あまめしばにより閉塞性細気管支炎を来した症例を知ることは可能であったと認められる。
エ　そうとすれば、本件あまめしばは、通常有すべき安全性を欠いており、製造物責任法上の欠陥を有するというべきである。
(3)　開発危険の抗弁について
ア　製造物責任法4条1号は、製造業者等が『当該製造物をその製造業者等が引

き渡したときにおける科学又は技術に関する知見によっては、当該製造物にその欠陥があることを認識することができなかったこと』を証明したときは、損害賠償の責めに任じない旨規定するところ、同号にいう『科学又は技術に関する知見』とは、当該製造物をその製造業者等が引き渡した当時において、科学技術に関する諸学問の成果を踏まえて、当該製造物の欠陥の有無を判断するに当たり影響を受ける程度に確立された知識の全てをいうものと解するのが相当である。

イ　原告らが本件あまめしばを最初に購入した平成13年8月以前に、各種の医学雑誌において野菜あまめしばの摂取を原因とする台湾の症例が紹介されていたこと（上記一(8)の認定事実）からすると、平成13年8月の段階で野菜あまめしばの摂取により閉塞性細気管支炎を来した症例を知ることは可能であった。また、同知見は、医学の臨床雑誌として米ハーバード大学が出版する『ニューイングランド・ジャーナル・オブ・メディシン』に次いで権威が高いとされる『LANCET』にも掲載されたことからすると、同知見は、本件あまめしばの欠陥の有無を判断するに当たり影響を受ける程度に確立された知識であったということができる。

ウ　したがって、被告Y_1は、本件あまめしばを引き渡した当時、本件あまめしばに欠陥があることを認識できなかったとは認められず、被告Y_1の同主張は採用できない。

　　　……

六　被告Y_3社の不法行為責任について

(1)　本件特集が読者である原告らを誤信させ、本件あまめしばの実質的な広告にあたり原告らへの本件あまめしばの販売を促進し、原告らに本件あまめしばの販売を促進し、原告らに本件あまめしば摂取による閉塞性細気管支炎を発症させたといえるか（違法行為の有無）について

ア　本件特集には、野菜あまめしばないし加工あまめしばの効用のみを強調する内容の記事が掲載され、野菜あまめしばないし加工あまめしばの摂取と閉塞性細気管支炎との関連性は触れられていなかったこと（上記一(2)の認定事実）からすれば、本件特集は本件あまめしばにより健康になることはあっても病気になることはないと原告らに誤信させるに足りる記事であったと認められる。

イ　健康増進法上、特定の食品又は成分に係る学術的解説を掲載する場合であっても、その解説の付近から特定食品の販売ページに容易にアクセスが可能である場合や、販売業者の連絡先が掲載されている等の場合には、実質的に広告塔に該当するとの扱いがなされているところ、本件特集には、合計7か所に『【あまめしば】のプレゼントは173ページ』との記載があり、173ページには『取り寄せ案内』として、本件あまめしばの写真が掲載され、問い合わせ先として被告Y_2の電話番号が記載されている（上記一(2)の認定事実）から、本件特集は実質的には本件あまめしばの広告にあたり、原告らへの本件あまめしばの販売を促進し、原告らに本件あまめしば摂取による閉塞性細気管支炎を発症させたと認められる。

(2) 過失について
　日本国内で加工あまめしば摂取者の閉塞性細気管支炎が発症されたのが平成15年8月以降であること、厚生労働省による加工あまめしばの販売禁止措置がとられたのが同年9月になってからであること、本件特集掲載以前の台湾での症例に関する報告が英文の医学雑誌によるものであったこと、Y_4和漢薬研究所所長・医学博士の肩書きを有する被告Y_4が野菜あまめしばについて『生活習慣病を防ぐ新野菜』であるとして、野菜あまめしばないし加工あまめしばの摂取と閉塞性細気管支炎との関連性を指摘することなく、効用を説明していたこと（上記一の認定事実）からすれば、出版社である被告Y_3社において、加工あまめしば摂取による重篤な肺疾患発症の予見可能性はなかったというべきである。
　そうとすると、被告Y_3社が本件特集により本件あまめしばの販売を促進し、原告らに本件あまめしば摂取による閉塞性細気管支炎を発症させたことにつき過失はない。
七　被告Y_4の不法行為責任について
(1)　本件特集のうち、被告Y_4の執筆にかかる部分が、読者である原告らを誤信させ、原告らへの本件あまめしばの販売を促進し、原告らに本件あまめしば摂取による閉塞性細気管支炎を発症させたといえるか（違法行為の有無）について
　本件特集には、野菜あまめしばないし加工あまめしばの効用を強調する体験談に被告Y_4が具体的な成分名をあげて解説するコメント部分や、被告Y_4自身が野菜あまめしばを『生活習慣病を防ぐ新野菜』として説明した部分があるが、野菜あまめしばないし加工あまめしばの摂取を閉塞性細気管支炎との関連性について触れた部分がないこと（上記一(2)の認定事実）からすれば、本件特集のうち被告Y_4の執筆にかかる部分は、本件あまめしばにより健康になることはあっても病気になることはないと原告らに誤信させ、原告らへの本件あまめしばの販売を促進し、原告らに本件あまめしば摂取による閉塞性細気管支炎を発症させたと認められる。
(2)　過失について
ア　注意義務について
　健康食品として販売に供されるものについて、その摂取により生命・健康を害する危険性があるにもかかわらず、それに触れられることがないまま、医師等によりその効用が説明されると、かかる危険性を判定する能力に欠ける消費者は、自らその危険性について検証することなく上記医師等による説明をそのまま受け入れがちであり、そのため食品が安全性を欠いていた場合、広範囲の消費者がその生命・健康に重大な被害を受けるおそれがある一方、医学・薬学等の専門的知識を有する医師等にとって、当該食品に関する内外の情報を収集することは可能であり、かつ、それを求めても酷とはいえない。
　したがって、医師等は、食品の効用を解説する場合には、同食品が生命・健康を害する危険性の有無についても、その時点の最高の知識と技術をもって確認し、

危険性が存する場合にはこれを指摘し、消費者に警告するなど適宜な措置を講ずべき義務が課されているものと解される。
　イ　予見可能性について
　　被告Y₄は、本件特集において、Y₄和漢薬研究所所長、医学博士の肩書きを示した上で、専門家の立場から野菜あまめしばの効用を解説している者であるところ、体験談に対するコメントないし野菜あまめしばの解説記事を執筆した当時、台湾での野菜あまめしば摂取者の閉塞性細気管支炎症例に関する報告が英文の医学雑誌等に掲載され、野菜あまめしばの摂取と閉鎖性細気管支炎との関連性が指摘されていたのであるから、野菜あまめしばないし加工あまめしばの摂取により閉鎖性細気管支炎が発症する危険性を十分に予見することができたというべきである。
　ウ　結果回避可能性について
　　被告Y₄が上記のとおり野菜あまめしばないし加工あまめしばの摂取による閉鎖性細気管支炎が発症する危険性を予見できた以上、体験談に対するコメントないし野菜あまめしばの解説記事を執筆するにあたり、その危険性を警告することが可能であり、原告らの閉鎖性細気管支炎の罹患を避けることができたものと推測される。
　エ　注意義務違反について
　　被告Y₄は、野菜あまめしばないし加工あまめしばの摂取と閉鎖性細気管支炎との関連性につき有効な調査をせず、また、上記ウに述べた警告をしなかったこと（弁論の全趣旨）からすると、被告は、上記アの予見義務及び結果回避義務を尽くしていなかったといえるから、過失（注意義務違反）がある」
と判示している。

【事案の特徴】
　この事案は、製薬会社が加工、製造、販売した健康食品を摂取した者が呼吸器機能障害を発症したため、製造業者のほか、健康食品を宣伝した雑誌の出版社、効用を記載した記事を執筆した医学博士に対して損害賠償を請求した事件である。この事案で製品情報の提供、警告上の過失が問題になったのは、出版社、医学博士である。

【判決の意義】
　この判決は、まず、健康食品の欠陥、機能障害との因果関係を肯定し、健康食品の製造業者の製造物責任を肯定したこと、出版社の不法行為責任については、予見可能性がなかったとし、否定したこと、医学博士の不法行為責

任については、最高の知識と技術をもって確認し、危険性が存する場合にはこれを指摘し、消費者に警告するなど適宜な措置を講ずべき義務が課されているものとしたうえ、注意義務違反を肯定したことを示したものであり、出版社の情報提供義務を否定したものの、医学博士の警告に関する注意義務違反（実質的には、警告上の過失）を認めた重要な事例として参考になるものである。

　出版社は、さまざまなテーマ、内容の雑誌・書籍を出版し、専門家もさまざまなテーマにつき発言し、記事を掲載しているが、これらの情報が製品情報であり、誤った内容である場合には、その内容を信頼した者に対して不法行為に基づく損害賠償責任を負う可能性がある。この判決は、雑誌に掲載された記事に製品につき適切な警告をしなかった医学博士の不法行為を認めたものであり、注目される判断を示したものである。もっとも、この判決が出版社の不法行為を否定した判断には議論が残る。

(38) こんにゃく入りゼリーの警告表示上の欠陥を否定した事例（神戸地姫路支判平成22・11・17判時2096号116頁）

●事案の概要●

　A（当時、1歳10カ月）の祖母Bは、平成20年7月、スーパーマーケットでY_1株式会社の製造に係るこんにゃく入りゼリーを購入し、冷凍庫に入れて保管していたところ、Aらに解凍したミニカップ容器に入った本件食品を与え、AがBから容器の蓋を剥がしてもらったが、その後間もなく、BはAが容器を床に落とし、頭をがっくりと下に垂らした等の状態であることに気づく等したことから、救急車により病院に搬送されたものの、その後意識を回復することなく、約2カ月後に窒息による多臓器不全により死亡したため、Aの父母X_1、X_2がY_1に対して製造物責任、不法行為責任に基づき損害賠償、Y_1の代表取締役Y_2らに対して取締役の第三者責任に基づき損害賠償を請求したものである。

5　食品の警告上の過失・欠陥

> 　この判決は、ミニカップ容器の上蓋を剥がせないような乳幼児には、保護者等が本件食品を適当な大きさに切り分けるなどして与えるべきである等として、設計上の欠陥を否定したうえ、本件食品の外袋の表面には子ども、高齢者が息苦しそうに目をつむっているイラストが、裏面には子ども、高齢者が喉を詰まらせるおそれがあり、食べないよう赤字で警告されている等の記載があり、一般の消費者に対し誤嚥（ごえん）による事故発生の危険性を周知するに必要十分であったとして、警告表示の欠陥を否定し、請求を棄却した。

【判決内容】

　この判決は、

「本件こんにゃくゼリーの警告表示は，前記前提事実(3)のとおりであり，外袋の表面にはその右下に，ある程度の大きさで，子供及び高齢者が息苦しそうに目をつむっているイラスト（ピクトグラフ）が描かれ，こんにゃく入りゼリーであることも明示されていること，外袋の裏面には，子供や高齢者はこんにゃくゼリーをのどに詰めるおそれがあるため食べないよう赤字で警告されており，その真上には，ミニカップ容器の底を摘んで中身を押し出し吸い込まずに食するよう，摂取方法が同容器の絵とともに記載されていることに加え，前記ア(ウ)説示のとおり，本件こんにゃくゼリーの外袋表面の中央には『蒟蒻畑』と印字されており，食感等の点で通常のゼリーとは異なることを容易に認識し得ると解されることからすれば，本件こんにゃくゼリーの警告表示は，本件事故当時において，一般の消費者に対し，誤嚥による事故発生の危険性を周知するのに必要十分であったというべきである（なお，本件事故後に蒟蒻畑の警告表示が改訂され，さらに見やすいものになっていることは前記1(3)認定のとおりである。）。したがって，本件こんにゃくゼリーにつき，警告表示の欠陥は認められない」

と判示している。

【事案の特徴】

　この事案は、幼児が祖母からこんにゃく入りゼリーを与えられ、食べた際、喉に詰まらせ、救急病院に搬送されたものの、約2カ月後に死亡したため、幼児の両親がこんにゃく入りゼリーの製造業者に対して、製造物責任に基づ

き損害賠償を請求する等した事件である。この事案は、食品の誤嚥事故であること、誤嚥したのが幼児であること、食品の包装に子どもに与えないことを警告する表示があったこと、食品を与えたのが祖母であったこと、実質的に祖母の誤使用・不注意が問題になったこと、食品の警告表示上の欠陥が問題になったことに特徴がある。

【判決の意義】

　この判決は、設計上の欠陥を否定したこと、本件食品の外袋の表面には子ども、高齢者が息苦しそうに目をつむっているイラストが、裏面には子ども、高齢者が喉を詰まらせるおそれがあり、食べないよう赤字で警告されている等の記載があるとしたこと、一般の消費者に対し誤嚥による事故発生の危険性を周知するに必要十分な警告表示であるとしたこと、警告表示上の欠陥を否定したことに特徴がある。この判決は、従来から幼児らの誤嚥事故が問題になっていた食品について、警告表示上の欠陥を否定した事例判断を提供するものである。

6　日用品の警告上の過失・欠陥

⑴　概　説

　われわれは、日常生活上、多種多様で多数の製品（日用品）を使用して生活をしている。日常的に使用される製品は、比較的、その用途はわかりやすく、使用方法は簡単で、危険性もわかりやすいという性質を有するものであるが、新製品が短期間に多数販売され、製品情報を消化することが困難になったり、あるいは製品の使用方法、危険性に対する常識が劣化したりする等して、製品事故が発生する可能性が高まっている。

　日用品の使用にあたっては、使用者は、従来以上に製品情報を理解し、用途・使用方法を誤ることなく、危険性にも十分に注意をして使用することが重要になっている。なお、家庭は、家庭外と異なり、居住者にとっては全体的に緊張感が緩んだ状況にあり、事故防止に対する予知・回避に関する注意が低下していることも指摘できよう。

　また、日用品が使用される環境も変化しており、たとえば、家庭内を取り上げると、狭い住居環境において使用される製品が増加しており、異なる世代の者が使用する日用品が渾然と置かれている。家庭環境は、家族の構造・年齢、日常生活の態様等が時代によって大きく変化しており、高齢者の事故、乳幼児・児童の事故が発生しやすくなっている。狭い環境において多数の製品が置かれ、異なる世代の者が使用していると、製品事故が発生しやすい状況にある。製品情報が取扱説明書等によって提供されている場合であっても、このような状況にあるため、家庭内の誰が製品情報を消化し、製品事故の防止のために役立てるかという基本的な事柄も家庭内においては問題になりがちである。

⑵　日用品事故をめぐる裁判例

　日用品事故における警告上の過失・欠陥が問題になった裁判例を取り上げたい。

〔39〕 金槌の製造業者等の警告義務を否定した事例（京都地判昭和58・3・30判時1089号94頁。(239) (583頁) 参照）

●事案の概要●

　Xは、Y₁株式会社が金槌の頭部を作成し、Y₂株式会社がこれを加工して金槌を完成し、Y₃株式会社に販売し、Y₄が小売した金槌を購入し、自己の店舗内で釘を抜こうとし、釘抜きの頭部を金槌で打ち付けていたところ、金槌の縁端部に亀裂が生じ、その破片が左眼球に飛び込み、負傷したため、XがY₁ないしY₃に対して不法行為に基づき、Y₄に対して債務不履行に基づき損害賠償を請求したものである。

　この判決は、事故は危険を軽視した使用方法、作業姿勢により発生したものである等とし、金槌の欠陥を否定し、請求を棄却した。

【判決内容】

　この判決は、

「また、金槌に用途に関する説明書きを貼付することによって事故発生を防止しえたかどうかについて検討するに、前記事実と弁論の全趣旨によると、本件金槌の安全度を表示する方法として硬度の高いものを叩かないよう使用範囲を限定するのが最も包括的であるけれども、仮に柄の部分に硬度を数字で表示して記載したとしても通常使用が予想される一般人にこれを理解させることは困難であり、個々的に用途を列挙したとしてもその全てを網羅して記載することはできないから例示に止まりこれによって危険防止の目的を達しうるかは疑問であって、本件金槌そのものに内在し特に表示しておく必要のある特別の危険性は考えられず極めてまれにしか起りえない特殊事故を想定しそれに備えて注意を告げる義務が販売者にあるとはいえず、従来から大量に製造販売され広く使用されてきたこの種の道具類についてこれをどのように使用するかは使用者の常識に委ねる外ないものというべきである。

　四　以上のとおり、本件事故にみられた金槌の破断は使用方法如何により通常起りうるものであって、一般に過重負荷力が加わると縁端部から破壊が始まるのであり全く破壊することのない金槌はなくその種類により強度に差のあるのは用途上止むを得ないところであり、より硬度の高い物体を強力に打ちつける場合は特に使用者において破壊することのあるのを想定し注意をする必要があるのであっ

て、原告は本件金槌の打てき面の変形状態からみて本件釘抜きの硬度が高いことは知りえた筈であり本件事故は使用していた金槌の重量形状から考え社会常識上予想できた危険を軽視した使用方法、作業姿勢により発生させた事故であって結果が重大となったことは不運不幸な特殊事態というほかない」
と判示している。

【事案の特徴】

この事案は、金槌を使用していた者が、金槌の縁端部に亀裂が生じ、その破片が左眼球に飛び込み、負傷したため、金槌の製造業者らに対して債務不履行に基づき損害賠償を請求した事件である。この事案では、金槌に用途に関する説明書きを貼付する義務違反（実質的には、警告義務違反）の有無が問題になったものである。この事案で問題になった金槌は、日常的に消費者によって使用され、用途、危険性がよく知られた簡単な道具であり、使用上の危険性は明白であるということができる。

【判決の意義】

この判決は、極めて稀にしか起こり得ない特殊な事故を想定し、それに備えて注意を告げる義務が販売者にあるとはいえないとしたこと、大量に製造販売され、広く使用されてきた金槌のような道具類につきどのように使用するかは使用者の常識に委ねるほかないとしたこと、この事案の事故は社会常識上予想できた危険を軽視した使用方法、作業姿勢によって発生したものであるとしたことに特徴がある。

この判決は、説明書きを貼付すべき義務（警告義務）を否定した重要な事例として参考になる。この判決は、合理的で常識的な判断を示したものとして参考になるが、特に用途、危険性がよく知られた簡単な製品（危険が明白な製品である）については、製造業者らの事業者に警告義務はなく、使用者の常識に委ねることができるとする法理を提示したものということができ、理論的に先例となる判断を示したものということができる。この判決の提示した法理は、この事案の金槌に限らず、危険が明白な製品に広く適用される

137

ものである。なお、この判決は、金槌の使用者の誤使用を認め、誤使用が使用者の被害の原因であるとした事例としても参考になるものである。

(40) カビ取り剤の製造・販売業者の警告上の過失を肯定した事例（東京地判平成3・3・28判時1381号21頁）

―●事案の概要●―

主婦ＸがＹ株式会社の製造に係る噴霧式の製品を購入し、継続的に使用していたところ、咳き込み、呼吸困難等の症状が出たため、Ｙに対して不法行為に基づき損害賠償を請求したものである。

この判決は、慢性疾患との因果関係を否定したものの、急性疾患との因果関係を認め、製品の製造・販売にあたり、人の生命、身体、健康に被害を及ぼさないよう注意すべき義務を負っているところ、泡式のものを採用すべきであったとして過失を肯定し、請求を認容した。

【判決内容】

この判決は、

「2　被告は家庭用カビ取り剤カビキラーを製造、販売するものであるが、前記認定のとおり、カビキラーの容器は噴霧式であり、そのため薬液の一部が空気中に飛散、拡散し、使用者が薬液の一部を吸入するおそれがあること、カビキラーの成分である次亜塩素酸ナトリウムや水酸ナトリウムは人の気道に傷害を与える有害な物質であること、また、カビキラーは、日用雑貨として大量に販売され、一般人が日常的に使用するものであることに鑑みると、被告は、カビキラーの製造、販売に当たり、人の生命、身体、健康に被害を及ぼさないよう注意すべき義務を負っていると解するのが相当である。
3　そして、前記二で認定の事実等によれば、被告は、カビキラーの製造、販売に際し、カビキラーが場合によりひとの気道に対して傷害を生ずるなどの健康被害を与えるおそれがあることを予見することは可能であったというべきである。
4　ところで、前記認定のとおり昭和63年に定められた家庭用カビ取り・防カビ剤等協議会の自主基準は、容器として薬液の飛沫しにくいタイプ（例えば、泡タイプ）とするとしている。これは、噴霧式の容器では薬液の一部が空気中に飛散、

拡散するため、使用者が空気中に飛散、拡散した薬液を吸入するおそれが高いのに対し、泡式の容器は、噴霧式に比べると、薬液が空気中に飛散、拡散しにくいことによるものと考えられる。そして、被告がカビキラーの製造、販売を開始した当時、その容器として泡式のものを用いることも十分に可能であったと思われる。なお、カビキラーと同じ成分でアメリカで販売されているカビ取り剤タイレックスには、製品の外箱に呼吸に影響を及ぼした場合の処置や心臓病や喘息のような慢性呼吸器障害、慢性気管支炎、気腫、肺疾患の人は使用してはならないことなどに関する記載があるが、本件で使用されたカビキラーの外箱にはそのような記載はなく、また、カビキラーの外箱に記載される説明、注意書きの内容も販売開始後に変更され、より詳細になっていることも、被告の注意義務の懈怠の有無を考慮するについて参考になる。

　そうすると、被告は、カビキラーの製造、販売に当たり、少なくとも容器として泡式のものを採用すべきであったということができる」

と判示している。

【事案の特徴】

　この事案は、噴霧式のカビ取り剤を購入し、使用していた者が咳き込み、呼吸困難等の症状が出たため、カビ取り剤の製造販売業者に対して不法行為に基づき損害賠償を請求した事件である。この事案では、製造・販売業者の不法行為責任（警告上の過失等）が問題になり、その中で、米国における同種製品に関する説明・注意書きとの違いが問題になったものである。

【判決の意義】

　この判決は、製品の使用者における疾患の存在自体が争点になったものであること、この使用者の慢性疾患と製品使用との因果関係を否定したこと、この使用者の急性疾患と製品使用との因果関係を肯定したこと、この製造・販売業者の米国の関連会社における同種製品の容器、説明・注意書きとの違いを指摘し（米国における同種製品には、製品の外箱に呼吸に影響を及ぼした場合の処置や心臓病や喘息のような慢性呼吸器障害、慢性気管支炎、気腫、肺疾患の人は使用してはならないことなどに関する記載があるのに対し、日本で販売されている製品にはこのような記載がない）、この製造・販売業者の不法行為を認めたことに特徴がある。

この判決は、同じグループに属する企業が同種製品を米国・日本で販売するにあたって重要な事項に関する警告の内容が異なることが重要な事情として考慮され、製造・販売業者の不法行為責任を肯定した事例として参考になるものである（警告上の過失を肯定した事例として参考になる）。

(41) (40)の控訴審判決であり、製造・販売業者の不法行為責任を否定した事例（東京高判平成6・7・6判時1511号72頁）

―――●事案の概要●―――

　前掲〔40〕(138頁)の控訴審判決であり、X、Yの双方が控訴したものである。

　この判決は、Xの健康被害を否定し、Yの控訴に基づき第1審判決を取り消し、請求を棄却し、Xの控訴を棄却した。

【判決内容】

　この判決は、

「しかし、前記のとおり、カビキラーは次亜塩素酸ナトリウムを含んではいるが、ガビキラーから塩素ガスが発生するのは酸性洗浄剤などとの併用により酸性が強くなった場合であり、第一審原告はカビキラーを酸性の洗浄剤と併用したことはないというのであるから、第一審原告のカビキラー使用中に塩素ガスが発生したとは考えにくいところであるし、第一審原告がカビキラーを使うたびに生じた症状が第一審原告がいうほどひどい症状であったかには、疑問がある。第一審原告は、カビキラーを使う度に、喉がいらいらして咳が出るというだけでなく、喉に焼けるような痛みを覚え、息苦しくなって呼吸が困難な症状まであって、そのような症状が一日中続いたとも供述するのであるが、もしそのとおりであるとすると、いくら医学の知識がないにしても、カビキラーを使うこととの関連を当然気付きそうなものである。ところが、第一審原告は、かびが原因であると思って、前にも増して頻繁にカビキラーを使ったという。カビキラーを使う度に第一審原告に重い症状が生じたというのは、理解できない供述である。第一審原告のいうように、咳がでたり、喉に焼けるような痛みを覚えたり、息苦しく、体を動かすと呼吸困難になるなどの症状があったというのはそのとおりなのであろうが、それがカビキラーを使う度に生じた症状であったとの第一審原告の供述は、そのま

まには採用することができない（……によれば、第一審原告が東京医科歯科大学で検査を受けている当時、医師に述べたところでは、昭和58年12月9日夜に呼吸困難になって救急車で寿康会病院に運ばれた際にも、カビキラーを使った直後に呼吸困難になったと訴えていたことが認められるが、前述のとおり、原審での供述では、当日は自分はカビキラーを使っていないという。）。そうすると、第一審原告がカビキラーを使用したことによって生じた症状は、不快感を伴うものであるにせよ、こうした製剤を使う際にありがちな一過性の症状を出るものであったとまでは認めがたく、不法行為に基づく損害賠償請求の根拠とし得るほどの健康被害を受けたと認めることはできない」

と判示している。

【判決の意義】
　この判決は、損害賠償請求の根拠となりうるほどの健康被害を否定し、製造業者の不法行為を否定したものであり、事例的な意義をもつものである。

〔42〕　防火関係機器の設置に伴う表示・警告等の義務違反を否定した事例
（東京地判平成8・1・25判タ918号150頁）

●事案の概要●

　二世代住宅に居住するXらが、警備保障を業とするY株式会社との間で、防犯・防火等に関するホームセキュリティー契約を締結したが、煙感知器は1階厨房部分に1箇所設置しただけであったところ、その3年後に、2階和室の電気ごたつのコンセント部分から出火し、建物・家具類が焼失したため、Yに対して債務不履行、不法行為に基づき損害賠償を請求したものである。
　この判決は、防火関係機器の設置につき説明をしたものであるとし、煙感知器の設置方法に欠陥がなかったとし、請求を棄却した。

【判決内容】
　この判決は、
「以上の認定事実に基づいて考えると、被告担当者Aは、本件契約の履行に当た

り、原告ら宅の実地見分を行った上で、防犯、防火に関する機器の設置等について必要な説明を一通り行い、原告らの意見と要望を適宜取り入れながら、前記のような内容の見積説明書、図面及び取扱説明書を交付し、原告X_1及び原告X_2から、機器の種類、設置個数及び設置位置等の全般について了承を得た後、機器等の設置工事を行ったものであり、また、原告X_2の居住部分について煙感知器を1階の厨房部分1箇所にしか設置しなかったのは、日常的に火気を使用する場所に設置すれば足りるという被告の標準的取扱例に従ったものであり、この点について原告らから異議が出たことはなかったことが認められる。

　右事実と一般の家庭において1年間を通じて日常的な火気の使用によって出火の可能性の最も高い場所が台所・厨房であると考えられること、防犯、防火及び非常時の通報等のセキュリティシステムを設置する場合、様々な機器を多数設置すればするほどその効果が高いといえるものの、一方で、家屋の美観を害し、機器の購入や設置工事に要する代金等がかさむことになるため、右設置には自ずと限度が生ずるものと考えられことなどに照らすと、被告が本件契約の履行に当たり原告X_2居住部分について煙感知器を1階の厨房部分の1箇所にのみ設置し、本件火災の出火場所となった2階の部屋にはこれを設置しなかったとしても、原告らから煙感知器の設置に関して特別の要望が出されなかった以上、被告としては防火関係の設備として通常備えるべき程度の機器等の設置を行ったものというべきである。

　したがって、被告の右煙感知器設置の点について欠陥があり、不完全なものであったとすることはできないといわなければならない」

と判示している。

【事案の特徴】

　この事案は、自宅を所有する者らが警備保障会社と防火等のホームセキュリティ契約を締結し、自宅内に煙感知器を設置したところ、煙感知器を設置しなかった箇所から出火し、自宅等が焼失したため、債務不履行、不法行為に基づき損害賠償を請求した事件である。この事案では、煙感知器の設置箇所の選択過誤、設置箇所についての説明義務違反（実質的には、警告上の過失）の有無が問題になったものである（この事案のような契約は、機械を使用するものであるが、主として防犯・防火等のサービスの提供を内容とするものであろう）。

【判決の意義】

この判決は、警備保障会社の担当者が防火・防犯関係の機器の設置について説明をしたとし、説明義務違反を否定する等し（警告上の過失を否定したものである）、警備保障会社の債務不履行、不法行為を否定したことに特徴がある。

　防火等に関する機器の種類、設置場所、設置方法によって防火等の内容、範囲、程度が異なるものであり（見方を変えれば、リスクの内容、範囲、程度が異なるわけである）、この事案の説明義務は、これらの機器、サービスの表示・警告等に関する情報の提供義務に当たるということができる。

　この判決は、防火等に関するサービスの提供に伴う表示・警告等の義務違反（警告上の過失）を否定した事例として参考になるものである。

（43）　強化耐熱製の食器の表示上の欠陥を肯定した事例（奈良地判平成15・10・8判時1840号49頁。(108)（332頁）、(248)（600頁）参照）

―――――――●事案の概要●―――――――

　国立大学附属小学校3年生であったXは、学校給食の際、ワゴンに強化耐熱製の食器を返却に行こうとし、他の児童に接触し、食器を誤って床に落としたところ、飛び散った食器の破片で右眼を負傷したため、食器の製造業者であるY_1株式会社、販売業者であるY_2株式会社（Y_1の子会社）に対して食器の欠陥を主張して製造物責任に基づき、Y_3（国）に対して学校教諭等の過失を主張して国家賠償責任に基づき損害賠償を請求したものである。

　この判決は、設計上の欠陥は認められないとしたものの、商品カタログ、取扱説明書に割れた場合の危険性についての記載がない等の事情から、表示上の欠陥を肯定し、Y_1、Y_2に対する請求を認容し、教員等の過失を否定し、Y_3に対する請求を棄却した。

【判決内容】

この判決は、

「(3) 表示上の欠陥について
ア ……によれば、以下の事実が認められる。
(ア) 被告Y₂の業務用全商品カタログのコレールについての説明部分には、冒頭に、『ショックに強く丈夫だから、割れたりカケたりしにくく、多少手荒に扱っても大丈夫』と記載されるとともに、上記の三層構造による引張率と圧縮応力が互いの力を打ち消し合うためになかなか割れない状態になること、また、コレールと他社の陶磁器、強化磁器、耐熱強化磁器及び乳白強化ガラスとの強度比較一覧表（コレールの落下強度（水平落下）が平均値270センチメートル、最低値でも90センチメートル、端部衝撃強度（垂直落下最低値）が50センチメートル）が記載されている。しかし、コレールの破損の危険性やそれに対する注意喚起、破損した場合に予想される破片の飛散状況等についての記載はない。
(イ) また、被告Y₂によるコレールの使用要項の表紙には、『熱にも、ショックにも強いガラス食器』と大きく記載されるとともに、特長の筆頭に、『ショックに強い、ガラスでありながら一見陶磁器のようで、しかも丈夫さはその数倍！』と記載されているほか、陶磁器との強度比較として、上記と同様の内容の強度一覧表が記載されている。取扱い上の注意事項としては、品質表示欄の横に、『粒子の粗いクレンザーやスチールたわしを使って洗わないでください。』、『高いところから落とすなど、急激な衝撃を与えることは避けてください。』、取扱い上のお願い中の一般的な注意事項として、『(1)食器は安全に持ちましょう。また、安全に取扱える枚数運びましょう』、『(2)高い所から落とすなど、急激な衝撃を与えることは避けて下さい。』、『(3)食器同志が激しくぶつからないように扱って下さい』等と記載されているが、破損についてはその危険性があることが、回収、洗浄や収納、運搬についての注意事項に添え書きされているのみであり、破損した場合に予想される破片の飛散状況等についての記載はない。
(ウ) コレールに一般に添付されている取扱説明書には、『五つの特長』の第一番目に『コレール独自の三層構造で、多少のショックでも割れにくい性質をもってい』ることが挙げられている。他方で、同説明書内の『取扱い上の注意』欄には、『コレールはガラス製品です。一般のガラス製品や陶磁器より丈夫にできていますが、決して「割れない」、「欠けない」ということではありません。』として破損の可能性があることのほか、『硬いものにぶつけたり落としたりすると割れることがあります。』、『また、そのときに割れなくても、ついた傷が原因で、後になって思わぬ時に割れることがあります。』、『割れた場合、音をたてて、鋭利な破片となって割れることがあります。又、底が抜けるように割れることがあります。洗浄やご使用時はていねいにお取扱いください。』、『ガラスにヒビ、カケ、強いスリ傷の入ったものは、思わぬ時に破損することがありますので、使用しないで下さい。』、洗

浄する場合に、『研磨剤入りナイロンたわし、金属たわしや、粒子の粗いクレンザーなどを使用しますとガラスが傷つき、破損する原因となるので使用しないで下さい。』、『ギザギザのついたナイフやスプーン等固いもので強くたたいたりこすったりしないで下さい。』などとして、強い衝撃を与えたり、傷をつけると破損の原因なることが、さらに、『ガラス製品は破損すると鋭利な破片となります。破片は十分注意してお取扱いください。』として、破片の危険性についての一応の注意喚起がなされている。

(エ) 経済産業省は、本件事故後の平成13年4月24日、家庭用品品質表示法第3条の規定に基づき雑貨工業品品質表示規程の一部を改正する告示を定め（同省告示第328号）、これは同日付官報に掲載された。上記改正により、雑貨工業品品質表示規程別表第二第18号『強化ガラス製の食事用、食卓用又は台所用の器具』の(二)につき、強化の種類を示す用語を用いて適正に表示することとするとともに、その強化の種類について、『熱膨張係数の異なる二種類以上のガラスを三層以上に重ね合わせることにより製品全面の表面に圧縮層を設け、製品の強度を増大したもの』について、強化の種類を示す用語として、『全面積層強化』が新たに加えられ、同号(三)につき、『取扱い上の注意の表示に際しては、次に掲げる事項を製品の品質に応じて適切に表示すること』として、イ（破損を防ぐための注意事項）②で、『……全面積層強化のものその他破損した場合に破片が鋭利なかけら又は細片となって激しく飛散するおそれがあるものにあっては、傷がつくような取扱いは避ける旨』、ロ（破損した場合に関する注意事項）で『イ②に規定するものにあっては、破損した場合に、破片が鋭利なかけら又は細片となって激しく飛散するおそれがあるので注意する旨』が挙げられた。

イ(ア) 前記(1)の認定事実によれば、積層強化ガラス製食器であるコレールは、他の強化磁器製や一般的な磁器製等の食器に比べて、落下等の衝撃に強く、破壊しにくく丈夫であるという長所を有する反面、割れにくさの原因である三層から成るガラス層を圧縮形成する構造ゆえに、ひとたび破壊した場合には残留応力が解放されることにより、他の強化磁器製や一般的な磁器製等の食器に比べて、その破片がより高く、広範囲にまで飛散し、しかも、その破片は鋭利でかつ細かく、多数生じることが認められる。

すなわち、コレールは、強化磁器製や一般的な磁器製等の食器に比べて、割れにくさという観点からはより安全性が高い食器であるという一面を有するが、破損した場合の破損状況という観点からは、極めて危険性の高い食器であるともいえる。

しかし、被告Y₁らは、コレールの取扱説明書、商品カタログ及び使用要項において、コレールがガラス食器でありながら、一見陶磁器のような外観を有し、しかも、陶磁器、強化磁器、耐熱強化磁器及び乳白強化ガラス等に比べて、落下や衝撃に強く、丈夫で割れにくいものであることを特長として強調しているものの、

145

一旦割れた場合には、通常の陶磁器等に比べて危険性の高い割れ方をすることについては特段の記載がないことが認められる。

(イ) ところで、コレールが割れた場合の危険性を考慮すれば、コレールが必ずしも通常の陶磁器等に比べて安全性が高いものとはいえない。そうすると、消費者としては、コレールの購入や使用を検討するに当たり、その割れにくさと割れたときの危険性をいう、いわば表裏をなす性質の両面を十分認識して初めて、割れにくさを重視して購入・使用するか、あるいは、割れた場合の危険性を重視して購入・使用をしないという選択を的確になしうるといえるし、また、割れにくさを重視して購入・使用した消費者に対しても、一旦割れた場合の危険性について注意喚起し、その危険性を認識した上でその使用方法につき、十分な警告をする必要があるといえる。

したがって、コレールの製造業者等である被告Y_1らとしては、商品カタログや取扱説明書等において、コレールが陶磁器等よりも『丈夫で割れにくい』といった点を特長として、強調して記載するのであれば、併せて、それと表裏一体をなす、割れた場合の具体的態様や危険性の大きさも記載するなどして、消費者に対し、商品購入の是非についての的確な選択をなしたり、また、コレールの破損による危険を防止するために必要な情報を積極的に提供すべきである。確かに、商品カタログは、商品を宣伝し、消費者に購入させることを目的として作成されるものであるが、消費者は商品の製造・販売業者による情報提供がなければ、製品の特性に関して十分な情報を知り得ないのが通常であることに鑑みれば、商品の製造業者等としては、当該製品の短所、危険性についての情報を提供すべき責任を免れるものではないし、まして、取扱説明書においては、短所や危険性について注意喚起が要求されるというべきである。

(ウ) そこで、本件におけるコレールの取扱説明書や使用要項等の危険性についての注意事項の記載内容が、コレール購入の是非についての的確な選択をなすための必要な情報を提供していたといえるか否かについて検討する。

前記認定のとおり、コレールの取扱説明書及び使用要項には、取り扱い上の注意として、コレールはガラス製品であり、衝撃により割れることがあるといった趣旨の記載があり、また、取扱説明書には、割れた場合に鋭利な破片となって割れることがあるという趣旨の記載もある。しかし、これらの記載は、割れる危険性のある食器についてのごく一般的な注意事項というべきものであり、被告Y_1らが、陶磁器等と比較した場合の割れにくさが強調して記載していることや、コレールが割れた場合の破片の形状や飛散状況から生じる危険性が他の食器に比して大きいことからすると、そのような記載がなされた程度では、消費者に対し、コレールが割れた場合の危険性について、十分な情報を提供するに足りる程度の記載がなされたとはいえない。また、商品カタログ及び使用要項には、コレールが割れた場合にそのような態様で割れるかについての記載は一切ない。

そうすると、上記説明に接した消費者は、コレールについて、陶磁器のような外観を有しながら、より割れにくい安全な食器であると認識し、仮に割れた場合にも、その危険性が一般の陶磁器のそれとさほど変わらないものにすぎないと認識するのが自然であると考えられる。したがって、上記各表示は、コレールが割れた場合の危険性について、消費者が正確に認識し、その購入の是非を検討するに当たって必要な情報を提供していないのみならず、それを使用する消費者に対し、十分な注意喚起を行っているものとはいえない。

　以上により、コレールには、破壊した場合の態様等について、取扱説明書等に十分な表示をしなかったことにより、その表示において通常有すべき安全性を欠き、製造物責任法3条にいう欠陥があるというべきである」

と判示している。

【事案の特徴】

　この事案は、小学校の給食で強化耐熱製の食器が使用されていたところ、給食の際、小学生（小学校3年生）がワゴンに食器を返却に行こうとし、ほかの児童に接触して食器を誤って床に落としたところ、飛び散った食器の破片で右眼を負傷したため、食器の製造業者・販売業者に対して製造物責任に基づき損害賠償を請求する等した事件である（学校内の事故であるため、学校の運営者の損害賠償責任も問題になっている）。この事案で主として争点になったのは、食器の表示上の欠陥の有無である。なお、この事案の事故原因としては、負傷した小学生の誤使用・誤動作も問題になりうるものである。

【判決の意義】

　この判決は、食器の商品カタログ、取扱説明書における食器の品質・取扱いに関する記載、家庭用品品質表示法による規制の内容を検討し、この事案の食器の表示は、割れた場合の危険性について、消費者が正確に認識し、その購入の是非を検討するにあたって必要な情報を提供していないのみならず、それを使用する消費者に対し、十分な注意喚起を行っているものとはいえないとし、表示上の欠陥（警告上の欠陥）を肯定したものである。

　もっとも、判決文に照らしてこの食器の表示をみると、食器を落とすと割れることがあること、割れたときの破片の危険性があることについては記載

されているものであって（取扱説明書等には相当詳細な取扱い上の注意事項が記載されているということができる）、この判決が判断しているような表示の不具合があるともいいがたいところがある。この判決が、表示上の欠陥を肯定した判断については、議論が予想されるが、この表示は主として食器を購入し、給食に使用する学校の管理者にあてて行われているものであり、この表示を前提とした使用上の注意が児童にどのように与えられていたかも問題になりうるものであり、この観点からも問題が生じるところである。この判決が表示上の欠陥を肯定した判断には疑問が残る。

〔44〕 ピアノ用防虫防錆剤の設計上の欠陥を肯定し、部品の製造業者の指示・警告上の欠陥を肯定した事例（東京地判平成16・3・23判時1908号143頁）

──●事案の概要●──

X株式会社は、医薬品・化成品の製造・販売等を業とし、ピアノ用防虫防錆剤の販売をし、その製造をY株式会社に委託していたところ、販売先から製品につきピアノ内部で使用後数カ月で液状化する旨のクレームが寄せられたため、XがYに対して設計上の欠陥、指示・警告上の欠陥を主張し、製造物責任に基づき損害賠償を請求するとともに、売買契約の解除による支払済みの代金の返還、手形の返還を請求したのに対し、Yが反訴として代金の支払いを請求したものである。

この判決は、本件製品が吸湿性により液状化するという設計上の欠陥、指示・警告上の欠陥を肯定し、開発危険の抗弁等を排斥し、クレーム処理費用、逸失利益等の損害賠償、代金の返還、手形の引渡請求を認容し、反訴請求を棄却した。

【判決内容】

この判決は、

「一　争点一（本件錠剤の欠陥の有無）について
　1　……並びに前記前提となる事実によれば、以下の各事実が認められる。
㈠　本件錠剤は、旧錠剤のナフタリン臭を抑え、防錆剤を主成分としつつ、旧錠剤と同様の形状を保つために打錠可能となるよう、新たにソルビットという蒸散安定補助剤を配合したものであり、ソルビットは本件錠剤の76パーセント以上を占めている。
㈡　ソルビットは、水に極めて溶けやすく、吸湿性である。
㈢　原告は、平成12年8月7日、テツカ楽器から、本件錠剤が顧客のピアノ内部で液だれしている旨の連絡を受け、翌日現物を確認したところ、本件錠剤はべとべとの状態であり、激しく液状化していた。
　また、YMTは、同年8月8日、その顧客から本件錠剤がピアノ内部で液状化している旨の報告を受け、直ちに本件錠剤の発売を停止し、本件錠剤を購入した顧客に対する確認・回収作業に取りかかり、同年9月から10月の間に、茨城県ひたちなか市や千葉市の18件の顧客のピアノ内部において、本件錠剤が液状化していることを確認した。なお、YMTの販売総数は256個であった。
　また、宮地楽器が販売した分のうち、4個についても、東京都国立市や小金井市の顧客のピアノ内部で液状化していることが判明した。
㈣　被告側の調査によれば、本件錠剤は、密閉された温度30℃以上、湿度80パーセント以上で、水蒸気の供給が常にある環境で液状化することが判明している。本件錠剤の液状化が問題となった地域周辺では、夏季においては、温度25℃以上、湿度80パーセント以上という環境になることも珍しくない。
㈤　旧錠剤が液状化したことはない。
㈥　被告は、本件錠剤を原告に納入するまでに、本件錠剤の液状化の危険性についての見当をしておらず、本件錠剤を原告に納入する際に、原告に本件錠剤の液状化の危険性について言及しなかった。
㈦　原告は、担当者が本件錠剤の販売前に本件錠剤を暫時事務所内に吊るすなどして試用してみたところ、特段問題はなかったため、液状化の危険性があることを知らないまま本件錠剤の販売を開始した。
　以上の認定事実によれば、本件錠剤は、水に極めて溶けやすく、吸湿性があるソルビットという蒸散安定補助剤の特性により、一般家庭でアップライトピアノ内部に吊り下げて使用されている間に、空気中の湿気を吸い、溶けて液状化するという性質を有するものであったと認められる。そして、ピアノ内部において液状化すれば、これがピアノ内部を汚損するだけでなく、ピアノの部品に付着するなどして故障の原因になったり、流れ出して床を汚損するおそれが十分あったと認められる。にもかかわらず、被告が、その設計段階において、本件錠剤の液状化を防止するための工夫等を施した形跡は窺われないから、本件錠剤は、設計上、ピアノ防虫防錆剤が通常有すべき安全性を欠いた製品であったと認めるのが相当

である。
　また、前記認定のとおり、被告は、本件錠剤の液状化の危険性について言及しなかったのみならず、本件錠剤には、ナフタリン臭を防ぎつつ打錠を可能にするという効用を持たせるためソルビットが配合されていること、そしてこれが水に溶けやすい特性を有していることを原告に知らせておらず、効用との関係で除去し得ない危険性が存在する製造物について、その危険性の発現による事故を防止・回避するに適切な情報を与えなかったといえるから、本件錠剤には、指示警告上の欠陥があったものと認められる。
2　この点、被告は、本件錠剤は、温度30℃以上、湿度80パーセント以上で、水蒸気の供給が常にあるという、ピアノの通常予見される使用環境とはいい得ない環境下での使用によってのみ液状化するものであって、欠陥はないと主張する。
　確かに、……によれば、ピアノに適した環境は、温度が15℃から20℃まで、湿度が50パーセントから70パーセントまでであるとされていることが認められる。しかしながら、他方において、……によれば、本件錠剤の液状化が問題となった地域周辺では、夏季においては、温度25℃以上、湿度80パーセント以上という環境になることも珍しくなく、たとえそれがピアノにとって適切な環境とはいえなくても、一般家庭において、常にピアノの設置環境を上記のような状態に保つのが困難であることは、経験則上明らかである。本件錠剤は、アップライトピアノの内部という閉めきった風通しのない場所で使用するものであるから、たとえそれが液状化するためには、被告の主張するような前記認定の環境が必要であったとしても、それが通常予見される本件錠剤の使用環境でないものとは認められない」
と判示している。

【事案の特徴】
　この事案は、ピアノ用防虫防錆剤を委託によって製造し、委託した事業者がこの製品を販売したところ、販売先から製品につきピアノ内部で使用後数カ月で液状化する旨のクレームが寄せられたため、委託した事業者が委託先の事業者（製造業者）に対して製造物責任に基づき損害賠償を請求する等した事件である。この事案では、主として設計上の欠陥、指示・警告上の欠陥の有無が争点になったものである。なお、この事案は、製品の製造業者と製品の使用者との間の損害賠償をめぐる紛争を取り扱ったものではなく、最終製品の製造業者と部品の製造業者との間の紛争を取り扱ったものである。

【判決の意義】

この判決は、設計上の欠陥を認めたうえ、この製品の液状化の危険性については言及されていなかったこと、この製品の原料が水に溶けやすい特性を有していることが知らされていなかったことから、効用との関係で除去し得ない危険性が存在する製造物につき、その危険性の発現による事故を防止・回避するに適切な情報を与えなかったといえるとし、指示警告上の欠陥があったと認めたものであり、指示・警告上の欠陥を肯定した事例として参考になるものである。

　この判決は、ピアノ用防虫防錆剤の指示・警告上の欠陥を肯定したものであるが、前記のとおり、この製品の製造委託の過程が特殊であり、最終製品の製造業者と部品の製造業者との間の損害賠償をめぐる問題であるという事案の特徴があるものであり、事例として参考になる範囲は狭いというべきである。

(45)　自転車のペダル軸の設計上の欠陥を否定し、製造業者の販売店に対する指示・警告上の欠陥を肯定した事例（広島地判平成16・7・6判時1868号101頁。(242)(586頁)参照）

●事案の概要●

　X（当時、5歳）は、その父母AらがY株式会社が製造し、B販売店から購入した児童用自転車（Bが未完成の自転車を購入し、ペダルをギアクランクに取り付ける等して組み立てて完成する商品であった）に乗って遊んでいたところ、自転車のペダル軸の根元から飛び出していたバリに接触して右膝を受傷したため、XがYに対して設計上の欠陥、指示・警告上の欠陥を主張し、製造物責任に基づき損害賠償を請求したものである。

　この判決は、Bがギアクランクにペダル軸を取り付けた際にバリが発生したところ、取付けの際にバリ発生の危険性、除去の必要性につき指示・警告上の欠陥があった等とし、請求を認容した。

第2章 警告上の過失・欠陥をめぐる裁判例

【判決内容】

この判決は、

「(1) 設計上の欠陥について
原告は、『本件製品はその構造上、ペダルをギアクランクへ取り付ける際に長いばりが生じる危険性があり自転車として通常有すべき安全性を欠いている。』と主張する。

なるほど、前記一(2)の事実からすれば、本件製品について25センチメートルのペダルレンチを用い、その取っ手部分に55キログラムの力をかけてギアクランクのねじ穴にペダル軸を締め付けて取り付けた場合には、10ミリメートルに近いばりが発生する可能性がある。

しかしながら、その原因は前記一(1)の認定のとおりであるところ、ペダル軸とギアクランクの硬度の差はペダル軸にボールベアリングを入れることからやむを得ない結果であること、ギアクランクのねじ穴の角度とペダル軸の角度の不一致は製造上不可避的に発生するものであること、被告が組立マニュアルで明記している35ないし45N・mの締め付けトルクで取り付けていたならば高さ10ミリメートルものばりが発生することはなく、レンチの取っ手部分に55キログラムというかなり強い力が加わらない限り同様のばりが発生することはまずないことを総合勘案すると、前記の10ミリメートルに近いばりが発生する可能性があったことから、本件製品について、設計、製造上の欠陥があったとまでいうことは困難であり、他にこれを肯定するに足りる事実は証拠上認められない。

(2) 指示・警告上の欠陥について
一般に、ある製造物に設計、製造上の欠陥があるとはいえない場合であっても、製造物の使用方法によっては当該製造物の特性から通常有すべき安全性を欠き、人の生命、身体又は財産を侵害する危険性があり、かつ、製造者がそのような危険性を予見することが可能である場合には、製造者はその危険の内容及び被害発生を防止するための注意事項を指示・警告する義務を負い、この指示・警告を欠くことは、製造物責任法3条にいう欠陥に当たると解するのが相当である。

そこで、これを本件についてみると、本件製品は、未完成の自転車であり、被告からの購入者であるBにおいてペダルをギアクランクに取り付けるなどして組み立てて完成しなければならない商品であったところ、ギアクランクにペダル軸を135N・mで締め付けた場合には約10ミリメートルに達するばりが生じる可能性があり、この135N・mは通常用いる25センチメートルのペダルレンチを使用した場合に取って部分に55キログラムの力をかけたときと同一の力で、これは成人男性が容易にかけ得る力である。そして、ばりは針状の金属片であり、長さ約10ミリメートルにも達するばりがペダルの取付部分にあった場合、自転車に乗車した者が足をばりに引っ掛けるなどして受傷する危険性は高く、特に本件自転車が幼

児用のものであり、幼児は受傷を避けるための注意力が低いことからすれば、なお一層上記の危険性は高いから、製造者である被告が、本件製品をBに販売した当時、上記のような危険性を予見することは可能であったといえる。以上の点からすれば、被告は本件製品をBに販売する際、Bに対し、ペダルをギアクランクに取り付けるときは被告の組立マニュアルに指示したトルクを遵守すること、このトルクよりも強く締め付けた場合には危険なばりが発生する可能性があること、取付けが完了した後は必ずばりの有無を確認し、ばりが発生していた場合にはこれを取り除くことの各点を指示、警告する措置を講じるべきであったというべきである。

　ところが、被告は本件製品をBに納入した際、組立マニュアルをBに交付したが、これにはギアクランクへのペダル軸の締め付けトルクを35ないし45N・mと指定することの記載があったにとどまり、締め付けすぎによるばりの発生の危険について注意を促したり、組立て後の点検の際にばりを除去するよう指導する記載はなかったのであるから、この組立マニュアルの交付によって前記の被告がなすべき指示、警告の措置を講じたとはいえないし、他にこの措置を講じたというに足りる事実は証拠上認められない。そうすると、この点で本件製品には製造物責任法3条にいう欠陥があったといえるから、被告は、原告に対し、この欠陥によって原告が被った損害を賠償する義務を負う」

と判示している。

【事案の特徴】

　この事案は、幼児が児童用自転車（販売店が製造業者から未完成の自転車を購入し、組み立てて販売するもの）に乗って遊んでいたところ、自転車のペダル軸の根元から飛び出していたバリに接触して負傷したため、幼児が製造業者に対して製造物責任に基づき損害賠償を請求した事件である。この事案では、組立自転車の設計上の欠陥、指示・警告上の欠陥が問題になったこと、バリが販売店における自転車の組立ての過程で発生したことに事案としての特徴がある。

【判決の意義】

　この判決は、設計上の欠陥を否定したこと、指示・警告の意義につき、製造物に設計・製造上の欠陥があるとはいえない場合であっても、製造物の使用方法によっては製造物の特性から通常有すべき安全性を欠くことがあると

したこと、製造者は人の生命、身体または財産を侵害する危険性があり、かつ、そのような危険性を予見することが可能である場合には、その危険の内容および被害発生を防止するための注意事項を指示・警告する義務を負うとしたこと、この指示・警告を欠くことは、製造物責任法3条所定の欠陥に当たると解するのが相当であるとしたこと、この事案では、自転車の組立マニュアルにはペダルの締付けトルクを指定したものの、締め付けすぎによるバリの発生の危険性、発生したバリの除去につき記載がなかったことから、指示・警告措置を講じたといえないとし、指示・警告上の欠陥を肯定したことに特徴がある。

　製造物責任法の観点からみると、この判決は、設計上の欠陥を否定した事例、指示・警告上の欠陥を肯定した事例を提供するものであるが、設計上の欠陥を否定した判断は合理的であるものの、指示・警告上の欠陥を肯定した判断には、その論理・判断に疑問が残る。

　この判決が説示する指示・警告の意義は合理的なものであるが、指示・警告上の欠陥が指示・警告義務を前提とする論理は誤ったものであり、指示・警告の内容が適正であるかは、製品の危険性の内容、態様、程度、周知度、危険の回避の方法、取扱説明書等の内容等の事情による。交付されたマニュアルには締付けの強度が指定されていたこと、指定された強度で締付作業を行っていればこの事案のようなバリが生じなかったこと、締付けをするのが自転車の販売店であり、専門の事業者であったこと、締付け後の点検を行うことを販売店に期待することができること等のこの事案の事情の下では、マニュアルの記載が不合理であるとはいいがたいであろう。

(46)　携帯電話・リチウム電池の製造上の欠陥、警告表示上の欠陥を否定した事例（仙台地判平成19・7・10判時1981号66頁）

──────●事案の概要●──────
　XがY株式会社の製造に係る携帯電話（リチウムイオン電池の電池パッ

6 日用品の警告上の過失・欠陥

クが装備されていた）をＡ株式会社から購入し、使用していたところ、携帯電話をズボンの左前ポケットに入れている間に保管中、熱傷を負ったものであり、携帯電話をポケット内に収納して通常の方法で使用していたにもかかわらず、低温熱傷を負ったものであり、携帯電話に設計上の欠陥、製造上の欠陥、警告表示上の欠陥がある等と主張し、Ｙに対して製造物責任等に基づき損害賠償を請求したものである。

　この判決は、熱傷事故の発生状況に関するＸの主張が不自然・不合理に変遷し、その信頼性に重大な疑問があること等を指摘し、本件全証拠によっても、本件熱傷が本件携帯電話または本件リチウム電池の発熱によって生じたことが高度の蓋然性をもって証明されているとはいえない等とし、警告表示上の欠陥も認められず、欠陥等も認められないとし、請求を棄却した。

【判決内容】

　この判決は、

「(1)　本件熱傷の原因（争点(1)）
　以上のとおり、本件携帯電話は、本件熱傷事故当時、正常に作動していたものであること（前記三）、本件各実証実験によれば、本件熱傷事故当時の動作モードであると合理的に推認される待ち受け状態はもとより、温度上昇が最大となる最大送信電力での連続通話状態でポケットに収納した場合でも、正常作動時の本件型携帯電話は低温熱傷を発症し得る温度に達しなかったこと（前記四）、本件熱傷跡と本件携帯電話の形状等には外見上の類似性は認められるが、両者が一致又は符合しているとは評価できないこと（前記五）、携帯電話又はリチウムイオン電池の異常発熱の危険性に関する大石技術士の意見や事故報告例はいずれもこれらの一般的な危険性を指摘する以上の意味を有するものではないこと（前記六）、こたつを使用した本件携帯電話の温度上昇実験は、本件携帯電話が本件熱傷の原因であることを実証的に裏付けるものではなく、かえって、本件熱傷がこたつのふく射熱等を原因として生じた可能性が高いことを示していること（前記七）、本件熱傷事故の発生状況に関する原告の主張が不自然、不合理に変遷し、その信頼性に重大な疑問があること（前記八）からすれば、本件全証拠によっても、本件熱傷が本件携帯電話又は本件リチウムイオン電池の発熱によって生じたことが高度の

155

蓋然性をもって証明されているとは認められないというべきである。
(2) 本件携帯電話の欠陥の有無（争点(2)）及び被告の過失の有無（争点(3)）
　上記のとおり、本件携帯電話及び本件リチウムイオン電池が本件熱傷事故を生じさせる設計上、製造上又は警告表示上の欠陥があったとは認められず、本件携帯電話を製造、出荷したことについて被告に過失があったとも認められない」
と判示している。

【事案の特徴】
　この事案は、携帯電話をズボンのポケットに入れていたところ、低温熱傷に罹患したと主張する者が携帯電話の製造業者に対して製造物責任等に基づき損害賠償を請求した事件であり、低温熱傷の罹患の有無、事故原因、携帯電話の欠陥等とともに、警告表示上の欠陥が問題になったものである。

【判決の意義】
　この判決は、主張された低温熱傷が携帯電話またはリチウム電池の発熱によって生じたことが証明されていないとしたこと、製造上の欠陥、警告表示上の欠陥が認められないとしたことに特徴があり、警告表示上の欠陥を否定する等した事例判断として参考になるものである。

〔47〕 電動自転車の製造業者の法令上の規制に関する説明義務違反を肯定した事例（東京地判平成19・10・29判時2002号116頁）

●事案の概要●

　カタログ通信販売等を業とするX株式会社は、平成15年1月、自転車の開発販売を業とするY株式会社との間で、商品販売契約を締結し、Yからバッテリーで駆動するモーターを搭載した電動ハイブリッド自転車の供給を受け、自転車として販売していたところ、道路交通法上、自転車ではなく、原動機付自転車に当たり、公道を走行するためには運転免許等が必要であることが判明したことから、購入者に対する返品等の事後処理をせざるを得なくなったため、XがYに対して基本契約上の品質上の欠陥、商品の間違いに当たると主張し、債務不履行に基づき返品費

用、代替品費用、逸失利益の損害賠償を請求したものである。
　この判決は、異なる商品説明をした債務不履行を認め、請求を認容した（返品費用、代替品費用、逸失利益の損害賠償額を認め、過失相殺を2割認めた）。

【判決内容】

　この判決は、

「1　争点1（被告が原告に対し、本件商品を道交法上自転車に該当するものであるとして販売した行為は、基本契約10条が定める『品質上の欠陥』または『商品間違い』に該当するか。）について。

　上記認定した事実によれば、被告が主張するように、自走機能を有する電動自転車に関する警察庁交通局の見解が平成17年度に変更となった事実を認めることはできず、Y製のPAS発売時に事故発生率の統計をとり、通常の自転車の事故発生率と比較してPASを自転車に含めるかどうかを検討した事実も認めるに足りる証拠はない。

　従って、平成14年の基本契約締結当時から、自走機能を有する本件商品は道交法上原動機付き自転車に該当していたことが認められ、電源を切って自走機能を用いずに公道を走行したとしても、原動機付き自転車でなくなることはありえない。

　そうすると、被告は、原動機付自転車に該当する本件商品を、原動機付自転車ではなく自転車として原告に販売したことになり、基本契約10条が定める『商品間違い』に該当すると認めるのが相当である。

2　争点2（被告は原告に対し、基本契約締結時に、本件商品が電動アシスト自転車とは異なることを説明したか。）について

　上記認定した事実時よれば、被告は、原告に対して、『公道で走るときには電源を切って走行してください。』と商品掲載申込書の告知必要事項欄に記載し、原告が『電動モーターサイクルのモーター走行は私道で行うようにしてください。』という内容の注意書きを通信販売カタログに記載した程度で、本件商品が電動アシスト付自転車とは異なることを説明しているとは認められる。しかしながら、被告の説明は、本件商品は、電源を切って公道を走行する場合には道交法上自転車と取り扱われるという誤解に基づく説明である。顧客が本件商品を使用する場所が大部分が公道であると推認されることに照らすと、被告は、原告に対し、最も主要な使用方法について誤った説明をしたために、原告をして、本来自転車として使用できないにもかかわらず公道で自転車として使用することが可能であると

157

誤信させたものと認定することができる。

　そうすると、被告は、原告に対して、本件商品で必要とされる説明義務を果たしたと認めることはできず、被告は、原告に対して、不十分な説明をしたと認めるのが相当である」
と判示している。

【事案の特徴】
　この事案は、通信販売の事業者が製造業者から電動自転車としてバッテリーで駆動するモーターを搭載した電動ハイブリッド自転車の供給を受け、自転車として販売していたところ、道路交通法上、自転車ではなく、原動機付自転車に当たり、公道を走行するためには運転免許等が必要であることが判明し、購入者に対する返品等の事後処理をせざるを得なくなったため、通信販売の事業者が製造業者に対して債務不履行に基づき損害賠償を請求した事件であり、製造・販売に係る電動自転車の法令上の規制に関する説明の当否（説明義務違反、表示義務違反の有無）が債務不履行責任において問題になったものである。

【判決の意義】
　この判決は、電動自転車の製造業者の商品説明が不十分であったとし、債務不履行責任を肯定したものであり、債務不履行における説明義務（表示義務）違反を肯定した事例として参考になるものである。

〔48〕〔46〕の控訴審判決であり、携帯電話の警告表示上の欠陥を肯定した事例（仙台高判平成22・4・22判時2086号42頁）

―●事案の概要●―

前掲〔46〕（154頁）の控訴審判決であり、Xが控訴したものである。
この判決は、コタツに入っている間に携帯電話が異常発熱し、低温熱傷を負った等とし、警告表示上の欠陥等を認め、第1審判決を取り消し、請求を認容した。

6 日用品の警告上の過失・欠陥

【判決内容】

この判決は、
「これを本件についてみるに、携帯電話は、前記のとおり、無線通信を利用した電話機端末（携帯電話機）を携帯する形の移動型の電気通信システムのことをいい、その特性から、携帯電話機を衣服等に収納した上、身辺において所持しつつ移動でき、至る所で、居ながらにして電気通信システムを利用できることにその利便性や利用価値があるのであるから、これをズボンのポケットに収納することは当然通常の利用方法であるし、その状態のままコタツで暖を取ることも、その通常予想される使用形態というべきである。ちなみに、被控訴人も、ズボンのポケットに収納したままコタツで暖を取ることを取扱説明書において禁止したり、危険を警告する表示をしてないところである。
なお、被控訴人は、取扱説明書の本件携帯電話を高温の熱源に近づけないようにという警告表示がこれに当たるかのような主張をするが、コタツがそこにいう『高温の熱源』に当たるとは直ちにはいい難いし、上記警告表示が、携帯電話機をことさらコタツの熱源に接触させるような行為はともかくとして、これをズボンのポケットに収納した状態のままコタツで暖を取るという日常的行為を対象にしているとは到底解されない（仮に、そのような日常的行為の禁止をも含む趣旨であるとしたならば、表示内容としては極めて不十分な記載であり、警告表示上の欠陥があるというべきである）」
と判示している。

【事案の特徴】

この事案は、携帯電話をズボンのポケットに入れていたところ、低温熱傷に罹患したと主張する者が携帯電話の製造業者に対して製造物責任等に基づき損害賠償を請求した控訴審の事件である（第1審判決（〔46〕（154頁））は、主張が信用できない等とし、警告表示上の欠陥を否定したものである）。この事案では、低温熱傷の罹患の有無、事故原因、主張・供述の信用性、携帯電話の欠陥等とともに、警告表示上の欠陥が問題になったものである。

【判決の意義】

この判決は、コタツに入っている間に携帯電話が異常発熱し、低温熱傷が生じた等としたうえ、コタツで暖をとることにつき警告表示上の欠陥を認めたものである。この判決は、警告表示の内容が疑問であるだけでなく、第1

159

審判決と比較すると、仮定の上に仮定を積み上げたものであり、疑問のある判断である。

7　化粧品の警告上の過失・欠陥

(1)　概　説

　化粧品は、人にとっては古くから使用されている装飾・美容等のための製品であるが、顔等の人体に直接に使用されるため、人身事故が発生する可能性がある。化粧品は、人にとってその歴史とともに長期にわたって使用されてきたものであるが、最近は、その安全性の確保が図られ、取扱説明書も充実している。化粧品の使用によって発生する事故は、皮膚障害が多いようであるが、事情によっては不具合に気づかないまま化粧品を使用し続けることがあり、被害が一層深刻になることもあるようである。

　近年は、男性用化粧品、高齢者用化粧品を使用することが増加しているようであり、新たな様相の化粧品事故の発生する可能性も生じている。

(2)　化粧品事故をめぐる裁判例

〔49〕　化粧品の指示・警告上の欠陥を否定した事例（東京地判平成12・5・22判時1718号3頁）

●事案の概要●

　ギャラリーに勤務する女性企画室長Xは、平成7年7月初め頃、Y_3デパートにおいて、化粧品の製造業者であるY_1株式会社が製造し、Y_2株式会社（Y_1と代表取締役が同一人である）が発売元として販売した化粧品（ファンデーション）を購入し、本件化粧品を使用した頃から顔面に紅斑等が発症したことからA病院皮膚科において診察を受け、B医師から接触性皮膚炎の疑いがあると診断され、本件化粧品を含む化粧品類の使用を中止させられたところ、Xの紅斑等の症状が軽快した。B医師は、本件化粧品、本件化粧品の改良品として販売業者であるY_3株式会社の従業員から渡された化粧品につきXの上腕でパッチテストを実施したところ、陽性の反応が出たのに対し、Xが使用しているほかの化粧品等につきパッチテストを実施したところ、陰性の反応が出たが、B医師

は、本件皮膚障害が接触性皮膚炎であり、本件化粧品が顔面の皮疹の増悪因子の一つであると診断した。そこで、Xは、東京都の化粧品担当係に対して、本件化粧品のパンフレット上に敏感肌にも安心である旨の記載があることを信用して、接触性皮膚炎を発症した旨の手紙を提出したところ、担当係は、Y_1の担当者を呼び、パンフレットの不適事項の改善を指示したのに対し、Y_1は、多くの記載事項を変更したため（本件化粧品は、昭和62年3月に販売が開始され、これまでに約6万2000本が販売され、Y_1が把握した苦情がXのものを含め4件あり、顧客からの返品等の要請に応じた）、Xは、顔面等に接触性皮膚炎を生じ、本件化粧品に指示・警告上の欠陥が存在した等と主張し、Y_1、Y_2に対して、製造物責任、不法行為に基づき、Y_3に対して、不法行為、債務不履行に基づき損害賠償を請求したものである（なお、Xは、本人訴訟である）。

　この判決は、Xの皮膚障害が本件化粧品の使用によって生じたものであることを認め、本件化粧品の指示・警告上の欠陥を否定する等し、請求を棄却した。

【判決内容】

　この判決は、

「①原告は、平成7年7月初めに本件化粧品を購入し、同月5日には、本件皮膚障害が発生したとして、遠方にあるにもかかわらず、知人から紹介を受けたA医院を訪れていること、②原告は、本件皮膚障害発生後、2か月近くにわたって欠勤していること、③本件化粧品を使用している間は、顔面の皮膚障害が持続していたが、本件化粧品の使用を止めると右皮膚障害の症状は軽快したこと、④本件パッチテストでは、原告の顔面の皮膚障害について接触性皮膚炎と診断し、本件化粧品が顔面の皮疹の増悪因子の一つと判定していること、以上の事実によれば、本件皮膚障害（顔面の皮膚障害）の原因の全てが本件化粧品の使用によるものとはいえないとしても（後記㈡で判示するとおり、アトピー性皮膚炎や真菌症の症状も混在している可能性は否定できない。）、少なくとも、本件化粧品の使用は、顔面の皮疹の症状を発生させ、増悪させる因子の一つとして働いたものと認められる。

……

　製造物によっては、医薬品のように、製造業者等がこれを設計・製造するに当たり、その安全性につき、いかに配慮しても、当該製造物に本質的に期待される有用性ないし効用との関係で、完全には危険性を除去して当該製造物を製造することが不可能又は著しく困難なものが存在する。そのような製造物については、設計ないし製造における観点からみると、製造物自体において通常有すべき安全性を欠いているとはただちにはいえないものの、そのまま販売して消費者の使用に供するにはふさわしくなく、製造業者等としては、消費者が右製造物を使用する際にその危険性が現実化するのを防止するために必要と考えられる適正な使用方法等に関して、適切な指示ないし警告をする義務を負っているものと解され、右のような指示ないし警告が全く行われていないか、行われていても不適切である場合は、設計上又は製造上欠陥があるとはいえなくても、当該製造物は通常有すべき安全性を欠いているものと評価するのが相当であり、このことを、原告が本件において『指示・警告上の欠陥』と主張しているものと解される。

……

　化粧品が先に判示したような効用を有する反面、少なくとも現時点においては、本来的にアレルギー反応を引き起こす危険性を内在しているものである以上、化粧品を使用した消費者の中にアレルギー反応による皮膚障害を発生する者がいたとしても、それだけでその化粧品が通常有すべき安全性を欠いているということはできないものというべきであり、本件化粧品についても、原告に皮膚障害が発生したというだけで本件化粧品が通常有すべき安全性を欠いているということはできない。

……

　被告Y_2は、本件化粧品の外箱及び容器の最下部に、本件注意文言を、いずれも枠囲いを施して注記しており……、本件注意文言を素直に読めば、本件化粧品は、何人にとっても皮膚障害等のトラブルを全く起こさないような、絶対安全なものではなく、何らかの皮膚障害を引き起こすなど、肌に合わないこともあり得ることを伝えるとともに、そのようなときには本件化粧品の使用を中止するよう、使用方法についても指示しているものと解することができ、右のような注意文言自体から通常読みとれる内容に加えて、本件注意文言の記載の態様も斟酌すると、被告Y_2は、本件化粧品の外箱及び容器において、本件化粧品につき予想される危険の存在とその場合の対処方法について、消費者の目につきやすい態様で、端的に記載することにより注意を喚起していたものと評価することができる。そして、本件化粧品の成分のどれかに対して原告のようにアレルギー反応を引き起こす消費者がいたとしても、そのアレルギー反応の出現は、本件化粧品を使用して初めて判明することであるから、本件注意文言のように、本件化粧品が『肌に合わない』場合、すなわち、皮膚に何らかの障害を発生させる場合があり得ることを警

告するとともに、その場合は、使用を中止するように指示することは、まれに消費者にアレルギー反応を引き起こす可能性のある本件化粧品の指示・警告としては、適切であったというべきである。

……

オ　以上のとおり、本件ノンオイル文言や本件敏感肌文言は、本件化粧品の安全性を強調するものではあるが、皮膚疾患がある場合についてまで安全であることを表現したものとは解されないし、本件注意文言は、本件化粧品が絶対に安全なものではなく、何らかの皮膚障害を引き起こすなど、肌に合わないこともあり得ることを警告しているものであるから、本件ノンオイル文言や本件敏感肌文言があったとしても、本件注意文言が本件化粧品の指示・警告として不十分であったと認めることはできない。

カ　なお、……原告は、本件皮膚障害は、アトピー性皮膚炎等の皮膚疾患の悪化と思い込んでいたために長期間にわたって本件化粧品を使用し続け、その間本件皮膚障害に悩まされ続けたものと判断されるが、このようにもともと皮膚障害があり、あるいは皮膚障害の既往症がある場合は、発生、あるいは悪化した皮膚障害の原因を化粧品によるものと気付かないこともあり得るものと考えられ、そのような場合は、本件注意文言や本件注意書きのように何らかの皮膚障害が発生したら使用をやめることを指示する指示・警告は有効に働かない可能性もある。その意味では、アレルギー肌やアトピー肌を含めて敏感肌と表現している敏感肌用化粧品などでは、すでにパンフレットへの記載例がある……ように、『アレルギー体質の方、皮膚の弱い方はご使用前に上腕部内側などに塗布して、必ず使用テストを行って下さい。』というような指示・警告があることが望ましいものと考えられる」

と判示している。

【事案の特徴】

　この事案は、敏感肌の女性が化粧品のパンフレット上に敏感肌にも安心である旨の記載があることを信じて化粧品を購入し、使用したところ、皮膚障害が生じたため、女性が化粧品の製造業者等に対して製造物責任、不法行為等に基づき損害賠償を請求した事件である。この事案では、化粧品の欠陥が問題になったこと、化粧品の危険性についての指示・警告の欠陥が問題になったこと、化粧品の注意文言（「お肌に合わないときはご使用をおやめ下さい」と記載された文言）の意義・解釈が問題になったことに特徴がある。

【判決の意義】

7　化粧品の警告上の過失・欠陥

　この判決は、化粧品の外箱および容器の最下部に、前記注意文言を、いずれも枠囲いを施して注記していること、この注意文言を素直に読めば、化粧品は、何人にとっても皮膚障害等のトラブルを全く起こさないような、絶対安全なものではなく、何らかの皮膚障害を引き起こすなど、肌に合わないこともあり得ることを伝えるとともに、そのようなときには本件化粧品の使用を中止するよう、使用方法についても指示しているものと解することができるとしたこと、指示・警告上の欠陥を否定したことに特徴があり、事例として参考になる。

8 乳幼児用製品の警告上の過失・欠陥

(1) 概　説

　日用品の中でも、乳幼児が使用することが予定されている製品については、乳幼児の特性に応じた安全性の確保が必要であるが、乳幼児用製品の使用にあたっては、乳幼児を監護する親・監護者の注意も必要であり、これらの監護を前提とした安全性を検討し、判断することも重要である。

　乳幼児用製品の警告上の過失・欠陥については、その使用者の特性上、乳幼児の親等の監護者を対象としてその有無を判断することが必要であり、事故の態様、傷害の内容等が悲惨なものであり、事故原因が製品の欠陥と監護者の不注意・誤使用とが排他的に問題になることがあるため、一層深刻な事件に発展することがある。

(2) 乳幼児用製品事故をめぐる裁判例

〔50〕　乳幼児用防護柵の製造業者の表示・警告上の過失を否定した事例（神戸地尼崎支判昭和54・3・23判時942号87頁。(238)（582頁）参照）

●事案の概要●

　X_1、X_2の自宅の2階6畳間と階段踊り場との境にY株式会社の製造に係る乳幼児用防護柵が設置されていたところ、X_1らの子A（当時、1歳3カ月）が柵の最上段のV字型部分に頸部を挟んで窒息死したため、X_1らがYに対して防護柵の構造上の欠陥、適切な使用方法の表示の欠如等を主張し、不法行為に基づき損害賠償を請求したものである。

　この判決は、防護柵の設置場所、使用状況はもっぱら利用者が決めるものであり、構造上の欠陥、表示の欠如に係る過失を否定し、請求を棄却した。

【判決内容】

　この判決は、

8　乳幼児用製品の警告上の過失・欠陥

「しかし、本件の場合、本件ベビーガードの目的は前示のとおり乳幼児が危険な場所へ足を踏み入れるのを防ぐことにあって、右ベビーガード内の乳幼児の完全な安全を保障するものでないところ、その構造は別紙第一図面のとおり極めて簡単なものであって、その取扱いも容易で特別の技術や知識を要せず、伸縮自在であって、その使用時において菱型部及びＶ字型部分を構成すること、右Ｖ字型部分の床面からの高さ如何により本件のごとく幼児の頸部をはさむ危険があること、右Ｖ字型部分の高さは右ベビーガードの使用幅の広狭とその取付位置の高低によって調整しうることなどは本件ベビーガードの外観上明白に認識することができるところであり、そしてその使用幅の広狭、取付位置の高低は固定されたものでなく利用者の選択にまかされているのであるから、一般の利用者は設置場所、乳幼児の年令、体格等の情況に応じて本件ベビーガードを安全に設置使用することができる（右情報によっては保護者が常に側に居る必要のある場合も考えられる）ものと認めることができる。すなわち、

1　原告らが、亡Ａが誤って本件ベビーガードのＶ字型部分に首をはさんだ（前示のとおりその正確な経過は不明であるが）のは、右Ｖ字型部分上端の横幅及びＶ字型部分の床面からの高さ不足の欠陥にあると主張するが、右指摘の点は、本件ベビーガードの構造上一定の形態が予定されているとはいえ、結局は、専ら、利用者である原告らがこれをどのような場所、間隔の、どの位置、高さに取り付けるかにより決せられるものである。したがって本件ベビーガード自体としては乳幼児用防護柵設置のためのいわば素材にすぎないものというべきであり、その使用にあたっては、製作者たる被告の関与しない利用者の設置工作によって、はじめて現実の使用形態が決せられるものであり、しかも右設置使用につき特別な技術や知識を要しないのであるから、製作者たる被告としては、利用者において対象とされる乳幼児の年令、体格、活動状況、利用目的等諸般の状況に考慮を払い十分な注意のもとに設置工作をなし、安全に利用するものと信頼して、そのもの固有の性能（即ち、素材としての耐久力等一般利用者の容易に気付き得ない内在的危険等）に注意を払えば足りるというべきところ、この点に関するいわゆる欠陥は認められない。

2　更に、このようなものの制作、販売にあたり、進んで、設置使用時に考慮されるべき注意を表示することが好ましいとはいえ、本件ベビーガードの設置使用方法は千差万別であるところ、その設置使用につき一般の利用者が容易に気付き得ない危険が内在するものと認めるに至らず、したがってかかる注意表示をしなかったことをもって製作者たる被告の過失というに該らないものというべきである」

と判示している。

【事案の特徴】

167

第2章　警告上の過失・欠陥をめぐる裁判例

　この事案は、乳児の親が乳幼児用防護柵を設置して使用していたところ、乳児が柵の最上段のＶ字型部分に頸部を挟んで窒息死したため、親が柵の製造業者に対して防護柵の適切な使用方法の表示の欠如等を主張し、不法行為に基づき損害賠償を請求した事件である。この事案では、製造業者の乳幼児用防護柵に関する使用方法の表示上の過失（警告上の過失）の有無が問題になったものである。この事案は、乳幼児用防護柵という身体能力・判断能力の未熟な者の使用を前提とした製品の表示・警告上の過失が問題になったところに特徴がある。

【判決の意義】

　この判決は、乳幼児用防護柵の用途が乳幼児が危険な場所へ足を踏み入れるのを防ぐことにあって、乳幼児の完全な安全を保障するものでないとしたこと、乳幼児用防護柵の構造は極めて簡単なものであり、その取扱いも容易であり、特別の技術や知識を要しないものであるとしたこと、使用時における幼児の頸部を挟む危険があるところ、この危険は外観上明白に認識することができるとしたこと、使用者は、設置場所、乳幼児の年令・体格等の情況に応じて安全に設置使用することができるとしたこと、製造業者の表示上の過失を否定したことに特徴がある。

　この判決は、乳幼児用防護柵の製造業者の表示・警告上の過失を否定した事例として参考になるが、製品の明白な危険を理由としていることが注目される。

9 レジャー用製品の警告上の過失・欠陥

(1) 概 説

日本社会が経済的に豊かになるにつれ、多様なレジャーを楽しむことが増加し、政策的にもレジャーが推奨されてきたところであるし、現に多くの者が多様なレジャーを楽しんでいる。レジャーを楽しむにあたっては、各種の製品・設備を使用することが少なくないが、その製品等の安全性が問題になることもある。レジャー用製品は、その使用方法によっては危険な状況に陥ることがあり、通常は予想しない危険な動作を行うことがあるし、レジャーの種類によっては緊張感が緩んだ状況で使用されることから事故が発生する可能性が高まるものである（レジャーの場では、冒険心も生まれがちである）。

レジャー用製品を使用中に事故が発生した場合には、使用者の誤使用・不注意が事故原因になることが少なくなく、警告上の過失・欠陥もそれだけ重要な争点になることがある。

(2) レジャー用製品事故めぐる裁判例

(51) 使用者の誤使用が事故原因であるとし、ベンチの設置・管理の瑕疵を否定した事例（東京地判昭和58・2・24判時1072号121頁。(122)（360頁）参照）

●事案の概要●

XがY公団の設置したテニスコートでテニスをしようとし、コート内に設置されたベンチの日覆いの骨組みである鉄製のパイプに手をかけ、懸垂をしたり、全身の屈伸運動をする等の準備運動をしていたところ、パイプの根元が折れて転倒し、負傷したため、XがYに対して国家賠償法2条に基づき損害賠償を請求したものである。

この判決は、日覆いが倒壊したのはXが過度の重力を加えたためであり、日除けとして利用される限り安全性を維持しており、良識あるものとしては、他人から注意されたり、禁止されるまでもなく、このような

行為を避けるのが通常であり、これに反して受傷しても、自業自得である等とし、設置・管理の瑕疵を否定し、請求を棄却した。

【判決内容】

この判決は、

「三　そこで、次に、本件日覆いの設置・管理の瑕疵の有無について判断する。
　公の営造物の設置又は管理の瑕疵とは、当該営造物が、その構造、用途、場所的環境及び利用状況等の諸般の事情に照らして、具体的に通常有すべき安全性を欠いていることをいうものと解すべきところ、これを本件についてみるに、既に確定した事実並びに……を合わせれば、本件日覆いの構造は請求原因2(三)記載のとおりのものであり、それはあくまで本件テニスコートの利用者等が同コート内のベンチを利用する際に日除けとする目的で設置されたものであること、右利用者の中には、時に原告と同様に覆いを準備運動の補助用具として利用する者もあるが、それが明らかに用途に反するものであるため、良識ある多くの者はそのような利用をしていないこと、同コートは周囲を金網フェンスで囲われていて、その入口には施錠の設備があって励行され、しかも松原団地の住民により構成するテニスクラブの会員が主に使用するものとされていたこと、そして本件テニスコート等の管理は旧公団から訴外会社に対し委託され、同社業務課員が、週に2回程度巡回してベンチ、日覆い等の施設が利用可能な状態にあるか否かを見てまわっており、その限りでは、本件当事も特に異常は見受けられなかったこと、先のとおり本件日覆いの折損事故が、日覆いの本来の用途に反し準備運動のように供して過度の重力を加えたために惹起されたものであることが認められ、右認定に反する証拠はない。
　右認定の本件日覆いの構造、用途及び場所的環境、日頃の管理利用状況等に照らすと、本件日覆いは日除けとして利用するために具体的に通常有すべき安全性に欠けていたものとは認め難い。
　確かに、……によれば、本件日覆いは、これを設置してから長年月経過し、本件事故当時、その骨組みである鉄製パイプが一部腐食していて、これがため原告が行った準備運動の使用には耐えられないものであったこと、又本件テニスコートの利用者の中には前認定のように本件日覆いを準備運動の補助用具に利用するものが見られるのにこれを明示的に禁止する掲示板などはなかったことが認められるけれども、右のような本件日覆いの利用方法が、本来の用途にそぐわない不適切なものであることは言を待たず、このことは通常の判断力を持った成人には容易に判断のつくことであるから、そのような利用は他人に注意され、禁止されるまでもなく避けるべき事柄であり、これをさけずに行ったことによって生じた

結果は、当該利用者において責任を負うのが当然というべきであって、営造物の設置・管理者において本件日覆いが準備運動の補助用具として利用されることまで予想し、これに耐えられるよう常に整備し、あるいはそのような利用をしないよう掲示等により注意するまでの義務があるということは、到底できない」
と判示している。

【事案の特徴】

　この事案は、公団の設置したテニスコートでテニスをしようとした者が、コート内に設置されたベンチの日覆いの骨組みである鉄製のパイプに手をかけ、懸垂をしたりして準備運動をしていたところ、パイプの根元が折れて転倒し、負傷したため、公団に対して国家賠償法2条（営造物責任）に基づき損害賠償を請求した事件である。この事案では、ベンチの設置・管理の瑕疵の判断にあたって準備運動の補助用具として利用を禁止する旨の警告の要否が問題になったこと（実質的には、警告上の瑕疵、あるいは警告上の過失の有無が問題になったものである）、ベンチの製造業者ではなく、設置・管理者の損害賠償責任が問題になったことに特徴がある。

【判決の意義】

　この判決は、事故に遭った者がベンチの本来の用途にそぐわない不適切な行為によって事故が発生したとし、準備運動の補助用具として利用をしないよう掲示等により注意するまでの義務があるとは到底いえないとし、警告義務を否定するとともに、設置・管理の瑕疵を否定したものである。

　この判決は、事故原因が使用者のベンチの誤使用であるとし、警告義務を否定した重要な事例判断として参考になるものである。

(52)　使用者の誤使用が事故原因であるとし、遊具用のそりの製造業者の警告義務を否定した事例（富山地高岡支判平成2・1・31判時1347号103頁）

──●事案の概要●──

　XがY₁株式会社の経営するスキー場において、夜間、Y₂株式会社の

製造に係る遊具用そりに乗って滑走していたところ、リフトの鉄塔に衝突し、負傷したため、XがY₁に対して夜間照明を消したこと等の過失を主張し、Y₂に対して安全性を欠くそりを安全なものとして広告販売した過失を主張し、債務不履行、不法行為に基づき損害賠償を請求したものである。

この判決は、照明が消える前に事故が発生し、誇張された広告であることを認めたものの、事故は広告文書の内容を信じたことによって発生したものではなく、Y₂の説明義務違反はない等とし、Y₁、Y₂の過失を否定し、請求を棄却した。

【判決内容】

この判決は、

「被告Y₂が、一般消費者を対象として通信販売を行っている会社であることは、当事者(原告と被告Y₂)間で争いがなく、……によれば、被告Y₂は、本件そりの販売に際して『ハンドルとブレーキ操作で自由自在に動かせる、待望のスノーカート』『ゲレンデでの遊びがまた面白くなりました。』『安定性・安全性には万全の配慮がなされていますから、お子さまから、おとなまで、ゴーカートスキーの醍醐味が満喫できます。』と表示して販売していたこと、本件そりはブレーキ付きであったとはいえ、2本の金属性の爪が数センチメートル雪面に刺さるだけの簡単な構造のものであったことが認められ、また、……によれば、本件事故の際、本件そりのブレーキを力一杯引いても全く効かなかったことが認められる。

しかしながら、……によっても、本件そりは、競技などに使用するものではなく、ゲレンデで使用する遊具として販売されていたことが認められ、……によれば、原告らもゲレンデでスキーの合間に遊ぶために本件そりを購入したことが認められる。そうすると、本件そりのような遊具用のそりは、スキーのような操縦性や制御性がなく、急斜面などの条件が悪い場所で使用するものでないから、単に操縦性や制御性が悪いことを以て安全性を欠くとはいえず、素材や構造上の欠陥があって、遊具用のそりが通常滑走するような緩斜面を滑っても破損したというような場合に初めて安全性を欠くと言えるところ、この点についての主張も立証もない。次に、本件そりは、外見からも、また、実際に使用してみればなおさら、どの程度の操縦性や制御性を有するかは容易に知ることができ、したがってまた、そのブレーキ性能には限界があり、危険な場合には足を使って停止するな

どの必要があることも分かるものであるから、ことさら右の点について被告Y₂に説明義務があったと認めることができない。そして、確かに被告Y₂の前記広告文言は誇張されたものである点は否めないが、原告が前記広告文言を信じた結果本件事故が発生したと認めるに足りる証拠はない」
と判示している。

【事案の特徴】
　この事案は、遊具用のそりを購入した者が相当の斜面のスキー場で使用していたところ、ブレーキを引いても効かず、リフトの鉄塔に衝突し、負傷したため、そりの製造業者らに対して損害賠償を請求した事件である。この事案では、そりの製造業者の操縦性・制御性に関する説明義務違反（実質的には、警告上の過失）の有無が問題になったものである。この事案は、スキーの合間で使用される遊具用のそりであり、そりの操縦性・制御性は容易に知ることができるものであったところ（実際に使用してみれば容易にわかるものであった）、実際に事故が発生したのが相当の急斜面で使用された際であることに特徴がある。

【判決の意義】
　この判決は、そりの用途・性能が容易にわかるものであるとし、製造業者のそりの操縦性・制御性に関する説明義務違反を否定したものであり、説明義務違反（警告上の過失）の否定事例として参考になる。この判決は、危険性が相当に明白な製品について説明義務（警告義務）を否定した重要な事例判断として参考になるとともに、この事案の事故原因が使用者の誤使用であるとした事例としても参考になる。

(53)　使用者の誤動作が事故原因であるとし、テニスシューズの製造業者の警告義務違反を否定した事例（東京地判平成5・2・18判夕823号211頁。(240)(584頁)参照）

第2章　警告上の過失・欠陥をめぐる裁判例

●事案の概要●

　Xが、昭和60年8月、テニスコートにおいて、Y株式会社が製造したテニスシューズ（靴底にポリウレタンが使用されていた）を履いてテニスをしていたところ（購入後、約5年間を経過していた）、休憩時間に近くの遊動円木に乗り、地面に飛び降りたが、その際、靴底が突然剥がれて足が滑り、右踵骨骨折を負ったと主張し、Yに対して不法行為に基づき損害賠償を請求したものである。

　この判決は、骨折は、靴底が剥がれたためではなく、遊動円木から飛び降りたことによるものであり、仮に靴底が剥離して右足が滑ったとしても、骨折との間に因果関係はないか、警告上の義務がない等とし、請求を棄却した。

【判決内容】

　この判決は、

「2　製造後の予見可能性について
　被告がマレーシア及びシンガポールに輸出したテニスシューズについて靴底が劣化したとの報告を受けた事実については、当事者間に争いがなく、右争いのない事実、……によると、被告は、本件靴製造後、昭和59年10月ころ、マレーシアに輸出したポリウレタンの靴底を用いたテニスシューズについて、靴底に亀裂が生じたという報告を受け、加水分解による劣化の事例と認識されたこと、また、昭和60年ころ、シンガポールに輸出したテニスシューズについて、同様の報告を受けた事実が認められ、したがって、被告は、本件事故前に、具体的に、ポリウレタンを用いた靴底が加水分解によって劣化した事例を知るに至ったことが認められる。しかし、右報告は、東南アジアという、国内と同じ状況下における事例ではなく、また、いずれも、靴底に亀裂が生じたというものに過ぎず、人身事故等の原因になったものとして報告を受けたのではない。また、……及び弁論の全趣旨によれば、国内の事例でも、昭和61年以降、加水分解が進行した場合、靴底にも亀裂が生じたり、一部剥離することが認められるが、その結果、人身事故が起きたとの報告例はない。
　したがって、右事実によって、直ちに被告が、前述のような具体的危険性を予見することが可能になったとか、その結果消費者に右危険を警告したりすべき義

務があったということはできない」

と判示している。

【事案の特徴】

　この事案は、テニスシューズを履いていた者が遊動円木から飛び降りた際、靴底が剥がれた（これによって骨折したと主張した）ため、テニスシューズの製造業者に対して不法行為に基づき損害賠償を請求した事件である。この事案では、不法行為上の義務として危険の警告義務違反（警告上の過失）の有無が問題になったものである。

【判決の意義】

　この判決は、靴底が剥がれた原因が加水分解による劣化であることを認めたものの、負傷事故が発生したとの報告例がないとし、具体的な予見可能性がないか、あるいは警告義務があったとはいえないとし、不法行為を否定したところに特徴がある。この判決は、負傷の原因は飛び降りたことにあるとし（負傷は誤動作によるものであり、自己責任の範囲内の事故であるということができる）、警告義務を否定した事例として参考になるものである。

(54)　不適切な管理運行が事故原因であるとし、レジャー施設の設計・施工業者の説明・警告義務を否定した事例（東京地判平成7・3・29判時1555号65頁。(129)（376頁）参照）

―●事案の概要●―

　平成2年に大阪で開催された「国際花と緑の博覧会」に出展されたウォーターライド施設（水路に大型ボートで客を輸送する施設）からボートが転落し（開業2日目に事故が発生した）、客が負傷し、休業したため、施設の運行を担当したX株式会社が、出展者であるA株式会社に対して休業損害（逸失利益）として19億1393万円を賠償した後、施設を設計し、その主要な部分の工事を請け負ったY株式会社に対して瑕疵担保責任、債務不履行責任、使用者責任、共同不法行為者間の求償に基づき損害賠

償を請求したものである。
　この判決は、施設の瑕疵を否定し、Xが的確な管理運行をしなかったことが事故原因であったとして、説明・警告義務違反を否定し、請求を棄却した。

【判決内容】

　この判決は、
「2　そして、本件ウォーターライド施設のような高架の遊戯施設の設計者ないし施工者としては、当該施設を建築基準法令の定める基準に適合させるべき義務を負うことはもとより、当該施設が事業者によって不特定・多数の乗客等の利用に供されるものであるという特性に鑑み、当該施設の本来の運行管理体制ないし運行ルール及び合理的に予見することができる運行管理上の過誤を前提として、当該施設が通常有すべき安全性を具備したものとするべき契約上又は条理上の義務を負うものであり、また、当該施設の持つ危険性についての説明・警告を行うことによって、事業者が当該施設の適切な運行管理体制ないし運行ルールを確立して、合理的に予見することができる運行管理上の過誤を招来しないようにすべき契約上の付随的義務又は条理上の義務を負うものというべきであって、設計者ないし施工者がこれらの義務の履行を怠り、その結果として相手方が損害を被ったときは、設計者ないし施工者は、契約上の瑕疵担保責任又は不法行為責任として、相手方の被った右損害を賠償すべき責任があるものと解するのが相当である。
　……
四　被告の説明・警告義務違反の有無
1　次に、被告の説明・警告義務違反の有無について検討すると、本件ウォーターライド施設の設計者ないし施工者としての被告は、原告ないしジャスコに対して、原告ないしジャスコが事業者として本件ウォーターライド施設の適切な運行管理体制ないし運行ルールを確立して、合理的に予見することができる運行管理上の過誤を招来しないようにするために、事故発生の危険性について必要な説明をし警告すべき義務を負うことは、先にみたとおりである。
　この場合において、本件ウォーターライド施設は、あくまで不特定・多数の乗客自身が直接これを操作することを予定したものではなく、原告ないしジャスコが事業者として適切な運行管理体制ないし運行ルールを確立してその運営に当たることを予定したものなのであるから、被告が原告ないしジャスコに対して負う右のような説明・警告義務は、原告ないしジャスコが事業者として適切な運行管理体制ないし運行ルールを確立して、合理的に予見することができる運行管理上

の過誤を招来しないようにするのに必要かつ十分なものでなければならず、また、それをもって足りるものである。

2　そして、……によれば、被告は、本件ウォーターライド施設の前記のような設計の過程において、原告に対して、本件ウォーターライド施設の設計図書等を交付したほか、平成元年10月頃以降、原告に対して、本件ウォーターライド施設の運行方法の説明の一環として『始業前試運転手順』、『終業時機器停止手順』、『プラットホームコンベア営業運転要領』等を順次交付し、また、枇杷木と今村は、同年12月19日に施設の安全と非常時の対応をテーマとして行われた運営会議において、ジャスコからポートの運行等の業務の委託を受けた関西マネジや原告の関係者に対して、本件ウォーターライド施設のないようについての説明を行ったこと、さらに、被告は、本件ウォーターライド施設の完成後、引渡に先立って、平成2年3月1日から24日までの間、本件ウォーターライド施設の試運転と並行して、原告及びジャスコが受講者として指定した小島以下の関西マネジの担当者に対して、運行方法の指導ないし慣熟訓練を行ったが、その際、担当者であった枇杷木と今村は、関西マネジの担当者に対して、本件ウォーターライド施設の構造等の総括的な説明を行い、あるいは、前記の運転手順等を交付し、受講者を各現場に案内するなどして、各操作盤におけるライドの発着の操作方法や制御室のリセットボタンの操作方法等の説明を行うなどしたこと、今村や八木原らは、右試運転期間中の同年3月22日及び同月29日に本件事故現場付近においてライドが滞留し、後続のライドに押されたライドが損傷を受けるという事故が発生したこともあって、関西マネジの担当者らに対して、ライドを水路に滞留させないように再三にわたって注意したこと、ジャスコは、この間、奥山を総館長とする運営本部以下の本件ウォーターライド施設の先にみたような管理体制を定め、また、インターフォン、モニターテレビ、無線等による各部署間における連絡体制や要所の監視装置を整備したこと、ところで、ジャスコは、本件ウォーターライド施設の運行マニュアル等の策定を目的とした運営会議において検討を重ねたうえ、同年3月頃までには、これを完成したが、右運行マニュアルにおいては、本件ウォーターライド施設にベルトコンベア等の故障が生じた場合を代表例として、これに対する対応策として、①故障を発見した主操作盤の担当者は運営本部に報告する、②報告を受けた運営本部は総館長に報告する、③総館長は運営本部に停船を指示する、④運営本部は主操作盤の担当者に停船指示を伝達する、⑤運営本部は、故障の発生を総館長に報告するのと同時に、メンテナンス室にメンテナンス要請をし、現場に赴いたメンテナンス係員は復旧までの見込時間を運営本部に報告し、見込時間が15分未満である場合には乗客を乗船させたまま復旧を待つが、それ以上の場合には、運行が不可能なものとして館長が退船を誘導するように指示する、⑥そのほか、緊急時においては、主操作盤の担当者は本件ウォーターライド施設の全停止の措置を採る、ものとされていたこと、以上の各事実を認めることがで

きる。
3　このように、被告は、本件ウォーターライド施設の設計図書、運転手順初等の交付、本件ウォーターライド施設の構造、機器等の説明、各操作盤におけるライドの発着の操作方法や制御室のリセットボタンの操作方法等の説明、運行方法の指導ないし慣熟訓練の実施などを通じて、原告ないしジャスコが本件ウォーターライド施設の事業者として運行管理体制を確立し運行ルールを策定するに足りる資料や情報を提供したものということができるし、いずれにしても、ジャスコないし原告は、前記のとおり、運営本部以下の管理体制を確立し、各部署間における連絡体制や要所の監視装置を整備した上、その策定した運行マニュアルにおいては、被告が危急時において採るべきものとしていたところに適合した前記のような一連の手順を定めていたのであって、本件事故時においても、右のような運行管理体制ないし連絡・監視体制の下において、操作担当者等が右運行マニュアルに定められた手順に従って的確に対応しさえしていれば、容易に本件事故を避けることができたことは明らかなところである。
4　したがって、被告は、原告ないしジャスコが事業者として本件ウォーターライド施設の適切な運行管理体制ないし運行ルールを確立し、合理的に予見することができる運行管理上の過誤を招来しないようにするのに必要かつ十分な説明・警告義務を尽くしたものということができる。

　本件事故は、先にみたような本件事故発生の経過に鑑みると、結局、開幕2日目という時点において、未だ右の運行マニュアルが運行関係者等に周知徹底されず、それに従った的確な運行管理が行われなかったことによって発生したものというほかないのであって、これを本件ウォーターライド施設の設計者ないし施工者である被告の責めに帰することはできない」
と判示している。

【事案の特徴】

　この事案は、博覧会に設置された客を輸送する施設(ウォーターライド)からボートが転落し、客が負傷し、休業したため、施設の運行を担当した会社が、出展者である会社に逸失利益を賠償した後、施設を設計し、その主要な部分の工事を請け負った会社に対して使用者責任等に基づき損害賠償を請求した事件である。この事案は、レジャー施設の事故が問題になったものであるが、被害者が損害賠償責任を追及したものではなく、施設の運用会社が施設の請負業者の損害賠償責任を追及し、請負業者の説明・警告義務違反(警告上の過失)の有無が問題になったものである。

9 レジャー用製品の警告上の過失・欠陥

【判決の意義】

　この判決は、請負業者が施設のもつ危険性についての説明・警告を行うことによって、事業者が当該施設の適切な運行管理体制ないし運行ルールを確立して、合理的に予見することができる運行管理上の過誤を招来しないようにすべき契約上の付随的義務または条理上の義務を負うとしたこと（説明・警告義務を認めたこと）、この事案では、施設・制御室のリセットボタンの操作方法等の説明、運行方法の指導ないし慣熟訓練の実施等を通じて、施設の運用者等に運行管理体制を確立し運行ルールを策定するに足りる資料・情報を提供したとしたこと、この事案では必要かつ十分な説明・警告義務を尽くしたとしたことを判示したものである。

　この判決は、大型のレジャー施設の請負業者（設計・施工業者）の説明・警告義務（警告上の過失）を否定した事例として参考になるものである。

〔55〕　児童の誤使用が事故原因であるとしたものの、回転シーソーの設置・管理の瑕疵を肯定した事例（山口地下関支判平成9・3・17判時1637号104頁、判夕955号165頁。(106)(328頁)参照）

　　　　　　　　　●事案の概要●

　児童（当時、小学校4年生）らがY市立小学校の「なかよし広場」に設置されていた回転シーソーで、はしご部分に乗ったり、ほかの児童が他の端を走って回して遊んでいたところ、走っていた児童が急に手を離したため、児童が乗っていたはしご部分が急に落下し、その握り棒の先端が付近で遊んでいた児童X（当時、小学校1年生）の頭部にあたり、傷害を負ったため、XがYに対してシーソーの設置・管理の瑕疵を理由に営造物責任に基づき損害賠償を請求したものである。

　この判決は、児童が教師から注意を与えられていたとしてもその注意を忘れることがある等とし、設置・管理の瑕疵を肯定し、請求を認容した。

第2章　警告上の過失・欠陥をめぐる裁判例

【判決内容】

この判決は、

「1　本件回転シーソーが、国家賠償法2条1項の『公の営造物』に該たることは当事者間に争いがない。
2　国家賠償法2条1項にいう『公の営造物の設置又は管理に瑕疵であ』るとは、公の営造物が通常備えるべき安全性を欠く場合をさし、その判断は、公の営造物の構造、用法、場所的環境及び利用状況等諸般の事情を総合考慮して具体的個別的に判断すべきものであるから、本件のように、危険状態に対する判断力、適応能力が低い児童を多数収容教育する小学校においては、それに相応する高度の安全性が要求されると解すべきである。

……

㈢　しかしながら、好奇心・冒険心のおう盛な小学校の児童は、本来の用法に反する危険な用法に反する危険な方法で遊具を使用することが多く、回転シーソーについても、本件事故時と同様に、一人の児童がはしご部分や握り棒部分に腰を掛けて遊ぶなどの用い方をすることが多いことは、類似の事故報告例などから公知のことであり、そのような用い方をした場合には、反対側の握り棒等を持って回転させる役の者が、その回転を制動するには、通常の2倍の力を要することになるし、握り棒を持っていた者がその手を話した場合（手がすべるなど意図せずに離してしまうこともある。）には、完全に制動の方法を失って危険性が急激に増すことは、経験則上明らかな事実である。そして、教師が、口頭で特定の遊具の使用を禁じたり、危険な遊具には不用意に近づかないよう注意を与えていたとしても、その指導に意図的に従わず、あるいは遊びに夢中になるうちに、そのような注意を失念したり危険性の認識自体を欠いたりして、危険な遊具に不用意に近づく児童が少数であるが存在することもまた経験則上明らかな事実である。とりわけ、低学年の児童は、いまだ危険状態に対する判断能力や適応能力が十分でないため、その危険性は高いというべきである。
㈣　右のような回転シーソー自体が持つ危険性、利用者である小学校の児童の特性、本件回転シーソーの利用状況等を総合すると、衝突防止のための保護柵等の設備のない本件回転シーソーは、主として低学年の児童が使用する『なかよし広場』内に設置されたという場所的関係において、通常備えるべき安全性を欠いていたというべきである」

と判示している。

【事案の特徴】

この事案は、回転シーソーで遊んでいた小学生が急に手を離し、回転シー

ソーが落下し、その握り棒が付近にいた小学生にあたって負傷したため、負傷した小学生が小学校を設置・管理する地方公共団体に対して営造物責任に基づき損害賠償を請求した事件である。この事案では、教諭が回転シーソーの危険な遊び方を禁止する注意をしていたこと、小学生がこの注意にかかわらず危険な誤使用をしたこと、この誤使用によって傷害事故が発生したことに事案の特徴がある（遊具の設置・管理の瑕疵の有無が問題になり、その中で警告の有無・内容が問題になったものである）。

【判決の意義】

　この判決は、遊具の設置・管理の瑕疵の判断にあたって、小学校においては高度の安全性が要求されるとし、「教師が、口頭で特定の遊具の使用を禁じたり、危険な遊具には不用意に近づかないよう注意を与えていたとしても、その指導に意図的に従わず、あるいは遊びに夢中になるうちに、そのような注意を失念したり危険性の認識自体を欠いたりして、危険な遊具に不用意に近づく児童が少数であるが存在することもまた経験則上明らかな事実である。とりわけ、低学年の児童は、いまだ危険状態に対する判断能力や適応能力が十分でないため、その危険性は高いというべきである」との認識のうえ、回転シーソーが通常有すべき安全性を欠いているとしたものである。

　この判決は、教師の注意（設備の使用に関する警告等の情報提供に当たるものである）があったにもかかわらず、設備の設置・管理の瑕疵を肯定した事例ということができる。しかし、この事案で回転シーソーを誤使用していたのは４年生であり、低学年とはいえないこと、教師の日頃の注意がされていたこと、教師の注意を無視する児童が少数存在することから、この児童の行動につき損害賠償責任を負うべきであるとする、この判決の論理によると、小学校内の負傷事故については結果責任を強いることになることという特徴をもつものであり、論理も、結論も疑問のある判断である。

(56)　操縦者の誤使用・誤改造が事故原因であるとし、ジェットスキーの製

造・販売業者の警告・指導義務を否定した事例（京都地判平成12・3・27判タ1107号252頁。(136)(389頁)参照）

―――●事案の概要●―――

　Aは、Y₁株式会社がジェットスキーを設計し、系列会社に製造させ、系列会社から引渡しを受けて販売店に納入したY₂株式会社の販売に係るジェットスキーを購入し、海水浴場において使用中、波打ち際でエンジンが停止したまま流されそうになったことから、浜辺に戻そうとした際、エンジンが始動し、無人のまま暴走し、浜辺にいたX₁、X₂の頭部等に衝突し、X₁、X₂が負傷したため、X₁、X₂がY₁、Y₂に対して不法行為に基づき損害賠償を請求したものである。

　この判決は、ジェットスキーには、無人の場合にはアイドリング状態に減速される機能があるものの、改造レバーが設置され、一時的に無人のまま暴走したものであり、欠陥がないとし、改造レバーへの交換に対する警告・指導義務がないとし、請求を棄却した。

【判決内容】

　この判決は、

「2　本件ジェットスキーの設計について
　原告らは、本件ジェットスキーにはテザーコードキルスイッチが設置されておらず、設計上安全性に欠ける旨主張する。
㈠　まず、原告らは、本件ジェットスキーにテザーコードキルスイッチが設置されていなかったことが、Aによる不用意なエンジン始動に結びついたかの如く主張するが、前記認定のとおり、エンジン始動ボタンは左側ハンドルバーのグリップの横に設けられたボックスにストップボタンと共に設置され、しかも、エンジンを始動させるにはこれを一定程度押し込み、エンジンを全開するにはスロットルレバーを握り込むことが必要であるから、その取付位置、構造からして、Aが本件ジェットスキーを押し戻す際に意図せずしてエンジンを始動してしまい、かつ、意図せずにエンジンを全開状態にしたとは容易に考え難く、本件ジェットスキーにテザコードキルスイッチが設置されていなかったことと本件暴走との間に相当因果関係を認めることはできない。

確かに、本件ジェットスキーにテザーコードキルスイッチが設置され、管理者がこれを抜いておけば、本件暴走が発生しなかった関係にあることは原告ら指摘のとおりであるが、Ａが意図的にエンジンを始動したと見るべきことは右のとおりであって、そのことはもはや操縦者らの管理や使用方法の問題であり、本件暴走との相当因果関係を認めることもできない。

(二) さらに、本件ジェットスキーではスロットルレバーから操縦者の手が離れれば、リターンスプリングの作用により、スロットルが閉じられてアイドリング状態になり、操縦者の周りを低速で旋回する仕組みになっており、右の一連の機能が働く限り、無人暴走はあり得ないというべきであるから、本件事故態様との関係に照準を合わせて考えれば、テザーコードキルスイッチ方式を採用せずに、セルフサークリング方式を採用した設計思想に瑕疵があるともいえない。

3 以上説示したところによれば、本件暴走原因は本件改造レバーの設置に原因があったというべきであり、その他本件全証拠を検討しても、本件ジェットスキーにおいて、ワイヤー、スロットル、エンジン等の構造的・機能的欠陥が存在したと認めるに足りない。

……

1 思うに、大規模な生産設備を有する製造者、大規模卸売業者の中には、他の卸売業者または小売業者を特約店等として、これに対する製品供給業者として製品販売の形式をとりながら、特約店契約等により行って販売権の授与や販売地域の指定、販売ノウハウの供与等を行い、実際には、実際には、経済上の優位に立ってこれら特約店を自己の販売系列に組込み、特約店頭の事業経営にいっての統計・指導等を行う関係の成立する場合もないのではないから、仮に、一般消費者との窓口となる特約店等が、製造者の製品を消費者に販売するに当たり、違法な改変を加えたり、製品の使用による危険性を惹起させかねない重要な部分において、当該製品の設計、制作等一連の過程を担い、かつ、膨大な情報量を蓄積している製造者の設計思想と異なる危険な改造や、部品交換を恒常化させている場合は、製造者としては危険回避に関する技術情報の開示の一環として、危険の現実化を防止すべく警告・指導し、さらにはより強力な措置を採るべき法律上の義務が生ずる場合があることは原告ら主張のとおりである。右のような作為義務は、このような製造者と特約店頭の契約内容にのみ規定されるだけでなく、その関係の強弱、改造・部品交換等の及ぼす危険の程度、態様、製造者等の知り得る情報の性質、内容等を総合して、条理を根拠とする義務として生ずることもあるというのが相当である。

被告らは、このように販売店に対してハンドル等の交換に関する指示や指導をすることは、独占禁止法上禁止されている『不公正な取引』に該当し、右法律に違反する旨主張するが、そもそも『不公正な取引』が禁止される趣旨は、自己の取引上の地位（市場における力の差）を利用して指導する側の利益を目論む不当

183

な指導を行ってはならないというものであって、自らの製品が一般消費者に使用される場合の安全確保の見地から、必要な警告や指導等が許されないはずはなく、そのような警告や指導等は、むしろ製造者として当然尽くすべき注意義務であって、それらの行為が独占禁止法に違反する余地はないというほかない。

2 これを本件についてみるに、本件ジェットスキーにおけるスロットルは、エンジンシリンダー内に供給される混合気の量を調節し、エンジンの出力や速度を調節する中心的機能を担う部分であり、これを調節するスロットルレバー（リターンスプリング付）は、安全走行（暴走防止）のための枢要な構造部分であって、これを容易に交換することは異なるハンドルの握り手の色の変更や、何ら本体機能（特に安全機能）に影響のないアクセサリーの類などのオプションの交換とはおおよそ本質的に異なる性質の事柄であるというべきところ、……及び弁論の全趣旨によれば、水上オートバイのパーツカタログ（……）には、純正品のスロットルレバーのような親指で押すタイプより本件改造レバーのような親指以外の指で握るタイプのレバーの方が、微妙なアクセルワークを楽しめる上級熟達者用であるかのように喧伝されており、販売店Y_2では、新規に販売するジェットスキーの約8割にスロットルレバーが純正部品でない改造レバー自体は、確かに、前述のとおり、リターンスプリングがなく、しかもハンドルパイプをほとんど隙間なく覆ってしまう形状のため、砂粒等が嵌入して噛合った場合に元に戻らなくなってしまうという極めて危険な製品と断ぜざるを得ないものの、交換される純正部品以外のスロットルレバーであっても、およそスロットルレバーとハンドルパイプが噛合わないように配慮された構造の製品も販売されていることが認められる。

3 右認定事実によれば、被告らも、本件ジェットスキーが一般消費者と直接契約する販売店において、スロットルレバーを純正品レバーから社外製品のレバーに変更にされているとの実態を当然に認識していたことが推認されるが、一小売店である販売店Y_2で得られたに過ぎない8割の交換率というのがスロットルレバーの一般的な交換率として信頼ある数値か否か、また、そのうち、本件改造レバーと同種の危険な製品が幾分の割合で含まれていたのかを確定すべき証拠はない。

また、そもそもジェットスキーは、操縦者が水面を滑走するレジャー艇であるところ、Aが行ったような操縦者が操縦の意図もなしに船体に跨いで座ることもなくエンジンを始動させるという使用方法は必ずしも本則に従った利用方法でない上（仮に、本件においてAが本件ジェットスキーに搭乗するという通常の使用方法をとっていたならば、本件改造レバーがハンドルパイプに噛み込んだとしても即座に対処できて本件暴走は生じなかった可能性も否定することができない。）、本件暴走に至るまで一つの暴走事例の報告もなかったというのである。

そうすると、これらの諸般の事情を考慮した場合、本件の証拠関係上、いまだ被告らに、純正品レバーから本件改造レバーへの交換が危険であることを販売店や消費者に警告、指導すべき義務があったとまで認めるのは困難であるといわざ

るを得ない」

と判示している。

【事案の特徴】

　この事案は、ジェットスキーの使用者が改造レバーを設置して使用していたところ、無人のまま暴走し、他人に衝突したため、負傷した者がジェットスキーの製造業者等に対して不法行為に基づき損害賠償を請求した事件である。この事案では、ジェットスキーの欠陥が問題になったこと、無人のまま暴走した原因が改造レバーの設置にあったこと、改造につき警告・指導義務違反（実質的には、警告上の過失）の有無が問題になったことに特徴がある。

【判決の意義】

　この判決は、ジェットスキーに改造レバーが設置されていたところ、その使用者（操縦者）が意図的にエンジンを始動したことが無人で暴走したことの原因であるとし、無人暴走が操縦者らの管理や使用方法の問題であり、暴走との相当因果関係を認めることができないとしたこと、ジェットスキーの欠陥を否定したこと、改造レバーへの交換についての警告・指導義務がないとしたことに特徴がある。この判決は、無人のジェットスキーとの衝突事故について、操縦者等の誤使用・誤改造が事故原因であり、ジェットスキーとの相当因果関係を否定した事例、改造に関する警告・指導義務（警告上の過失）を否定した事例としていずれも重要な事例判断である。

　なお、この事案のような製品の無断改造の事案において、製品の使用者等が無断改造、危険な改造を行うことがあり、製造業者等が無断改造等を予見することができたなどと主張し、製造物責任の拡大・拡張を図る見解があるが、改造等につき取扱説明書等によって適切な警告がされている場合には、予見可能性の有無・内容を問わず、使用者等の自己責任、危険の引受けの範囲内の事柄として判断されるべきであり、損害賠償責任を否定すべきである。

(57) (56)の控訴審判決であり、ジェットスキーの製造・販売業者の警

告・指導義務を否定した事例（大阪高判平成12・11・21判タ1107号249頁）

●事案の概要●

前掲〔56〕（181頁）の控訴審判決であり、X₁らが控訴したものである。

この判決は、基本的に第１審判決を引用し、Y₁らの警告・指導義務違反を否定し、控訴を棄却した。

【判決内容】

この判決は、

「前記で認定したところと、証拠（甲第38号証、第40号証）に弁論の全趣旨を総合すると、本件ジェットスキーと同型の製品に取り付けられているサムシフト型（親指で押すタイプ）のスロットルレバーは一般ユーザーに不人気で、平成初年ころから、本件改造レバーと同様のアヒル（又は鳥）の嘴型スロットルレバーが本件ジェットスキーと同型の製品に相当数純正品の代わりに取り付けられていること及び公刊本においてスロットルレバーの改造に関する記事が登載されていること、設計者としてのメーカー及びディーラーとして広く自社製品に関する人気等の情報を収集しているであろうことなどの事実によれば、被控訴人らは、本件改造レバーが本件ジェットスキーと同型の製品に装着されていたことを認識していたものと推認される。しかしながら、本件事故以前にスロットルレバーの改造に起因する事故が発生したことについては立証がないこと、本件事故後に被控訴人らが本件ジェットスキーと同型製品により実験を繰り返したにもかかわらず、暴走が再現できず、原審裁判所によって取り寄せられた本件事故の捜査記録に基づき、本件ジェットスキーの改造レバーの取付位置に取り付けた上、濡れた砂を噛み合わせた実験を行い、初めて、スロットルレバーが前回の位置から戻らないまま暴走するのが再現できたことなどが認められ、これらの事実にかんがみるならば、被控訴人らが本件事故発生前において、市販されている複数の社外製品のスロットルレバーを取り寄せ、本件改造レバーと同様の偏った位置・方法で取り付け、同種の実験を行って初めて他社製品の改造レバーの偏った取り付けに起因するエンジンの全開を知り得たと考えられるところ、本件事故前に被控訴人らがこのような手順で実験を行うことに思い至ることは著しく困難であったと考えられる。加えて、Aの本件ジェットスキーの運転態様を見ると、そもそもジェットスキーは、操縦者が水面を滑走するレジャー艇であるのに、Aが行ったような海辺の波打ち際で操縦者が操縦の意図なしに、船体にまたがることなく、その脇からハン

9　レジャー用製品の警告上の過失・欠陥

ドルを握ってエンジンを始動させ、スロットルレバーを強く握るという使用方法は、ジェットスキーの通常の使用方法でなく、いわば自動二輪車を車両脇に立ってハンドルを握ったままエンジンを始動させてアクセルを全開するのと同様の極めて危険なものであって、正常なジェットスキーの運転方法とは到底いえないこと等の事実にもかんがみるならば、被控訴人らに、本件事故の原因となった、本件改造レバーの装着及び運転態様についての予見可能性があったとは認めがたいといわざるを得ない」
と判示している。

【事案の特徴】
　この事案は、ジェットスキーの使用者が改造レバーを設置して使用していたところ、無人のまま暴走し、他人に衝突したため、負傷した者がジェットスキーの製造業者等に対して不法行為に基づき損害賠償を請求した控訴審の事件である。この事案では、前記のとおり、ジェットスキーの欠陥が問題になったこと、無人のまま暴走した原因が改造レバーの設置にあったこと、改造につき警告・指導義務違反（実質的には、警告上の過失）の有無が問題になったことに特徴がある。

【判決の意義】
　この判決は、基本的には第1審判決を引用したうえ、ジェットスキーに改造レバーが設置されたことの予見可能性を否定したこと、ジェットスキーの欠陥を否定したこと、改造レバーへの交換についての警告・指導義務がないとしたことに特徴がある。この判決は、第1審判決と同様に、使用者の誤使用が事故原因であるとした事例、警告・指導義務を否定した事例（警告上の過失を否定した）として重要な事例的な意義をもつものである（〔136〕（389頁）参照）。この事案では、改造レバーの予見可能性を問わず、ジェットスキーの使用者の誤使用、無断で行われた誤改造が事故原因であることは明白であり、警告義務を否定するのが相当であるというべきである。

〔58〕　危険な施設を設置する場合の警告義務を肯定し、箱ブランコの設置の

187

瑕疵を肯定した事例（福井地判平成14・2・28判時1789号108頁。(117)（350頁）参照）

●事案の概要●

小学校2年生のXがY市の管理する公園に設置された箱ブランコで遊んでいたところ、箱ブランコの外側から背もたれ部分を押していたが、うつ伏せに転倒したため、戻ってきたブランコの底と地面に頭を挟まれ、右眼失明等の傷害を負ったことから、XがYに対して営造物責任に基づき損害賠償を請求したものである。

この判決は、箱ブランコの設置上の瑕疵を肯定し、請求を認容した（過失相殺の主張を排斥した）。

【判決内容】

この判決は、

「(三) 上記前提事実及び上記認定の事実によれば、本件箱ブランコは、被告の設置・管理する公の営造物であるが、被告は、本件事故当時、本件箱ブランコの構造的な危険性を認識していたか、当然認識しうる状況にあった上、その構造や設置された場所的環境等に照らすと、小学校低学年の児童らが同ブランコを使用することを容易に予測でき、また、児童らが本件箱ブランコの背もたれ部分等を外側から押したりして遊ぶことも当然に予測できたものというべきである。

そうすると、上記のように本件箱ブランコを押したりして遊んでいる児童らが転倒したりすることは容易に予想できることであるから、被告は、本件箱ブランコの使用を禁止するか、あるいは、底部の足置板と地面との間に児童の頭部等が挟まれて怪我をすることのないような構造の箱ブランコを設置すべきであり、上記(二)(1)のような危険性を内包した本件箱ブランコを設置するのであれば、少くとも本件箱ブランコ付近にその使用上の注意等を掲示した立看板等を設置したり、広報活動を通じてその危険性を福井市民に周知徹底すべきであったのに、そのいずれの措置も講じていなかった（なお、被告は、福井県が発した上記書面を受理した平成13年3月30日から本件事故が発生した平成13年4月4日までの間に、少くとも、本件箱ブランコの使用を禁止する措置を講じることが可能であったことは明らかである。）。

以上の事実によると、本件箱ブランコは、本件事故当時、本来の使用方法に即した安全性を欠いており、営造物が通常有すべき安全性を欠く状態にあったこと、

そのため、原告Xは、本件箱ブランコの上記のような瑕疵により、上記前提事実㈣のとおり負傷したものと認めるのが相当である」
と判示している。

【事案の特徴】

　この事案は、児童が公園に設置された箱ブランコで遊んでおり、箱ブランコの外側から背もたれ部分を押していたところ、うつ伏せに転倒したことから、戻ってきたブランコの底と地面に頭を挟まれ、傷害を負ったため、公園の設置者である市に対して営造物責任に基づき損害賠償を請求した事件である。この事案は、公園における施設である箱ブランコ事故であること、児童が負傷した事故であること、児童が箱ブランコを誤使用したことによって生じた事故であること、営造物責任の成否が問題になったこと、箱ブランコの使用上の注意の有無が問題になったことに特徴がある（遊具の設置・管理の瑕疵の有無が問題になり、その中で警告の有無・内容が問題になったものである）。

【判決の意義】

　この判決は、児童（小学校2年生）がこの事案のような遊び方をすることが当然に予測できたとしたうえ、箱ブランコの構造、使用上の注意のないこと等の事情を考慮し、本来の使用方法に即した安全性を欠いているとし、設置・管理の瑕疵を肯定したことに特徴がある。この判決は、箱ブランコの警告・注意について、危険性を内包した箱ブランコを設置する場合には、少くとも箱ブランコ付近にその使用上の注意等を掲示した立看板等を設置したり、広報活動を通じてその危険性を市民に周知徹底すべきであったことを認め（実質的には警告義務を認めるものである）、瑕疵を肯定する重要な事情として考慮しているものである。

　この事案における箱ブランコの使用方法は、誤使用に当たるが、小学校2年生であれば誤使用を理解することが期待できるか、この判決にいうような市民に周知徹底しなければ誤使用を理解することが期待できないのかが問題になる。箱ブランコの用途・用法、危険性は比較的容易に認識することがで

きるものであり、小学生に至れば認識は可能であるということもできる。この判決は、広報活動を通じてその危険性を市民に周知徹底しなければならないとまで判示しているが、箱ブランコがそのような危険な施設であるとは到底いえないであろう。なお、箱ブランコは、何件かの事故の発生を受け、公園からその姿がみられなくなっているようである。

(59) スキー場管理会社の警告義務違反を否定した事例（東京地判平成16・11・19判夕1180号227頁。(139)（395頁）参照）

　　　　　　　　●事案の概要●

　Xが、平成14年12月、Y株式会社が管理するスキー場で、チューブ型そりを借り、そりに乗ってゲレンデを滑走していたところ、加速し、スキー場の鉄塔に衝突し、骨折等の傷害を負ったため、XがYに対して緩衝マットを整えていなかった等と主張し、不法行為に基づき損害賠償を請求したものである。

　この判決は、スキーヤーは自らの判断と技術によって種々の危険を回避して滑走しなければならず、スキーヤーの危険回避義務を遵守することを前提として安全対策を行えば足りるところ、本件鉄塔は滑走者に容易に視認することができた等とし、不法行為を否定し、請求を棄却した。

【判決内容】

　この判決は、

「ア　スキー場の管理者には、ゲレンデ内の状況を十分に把握し、スキー、スノーボード、そり等により滑走をする者の危険を防止するために必要な措置をとり、ゲレンデの安全を管理する義務があるが、スキー、スノーボード、そり等は、自然の地形を利用しながら滑走するスポーツ又は遊技であり、滑走すること自体が他者や施設との衝突等の様々な危険を伴うので、ゲレンデを滑走する者には、自らの技量及び用具の性能に応じてコースを選択し、スピードや方向をコントロールして滑走することを前提に、ゲレンデの安全対策や管理を行うことで足りると

解すべきである。

イ 本件における具体的な義務について検討すると、まず、被告が原告らのリフト搭乗を許諾したとしても、被告としては、原告らが、自らの技量と本件そりの性質に応じて、安全な場所からゲレンデを滑るものと判断して登場させている以上、被告の安全配慮が欠けていたということはできない。

次に本件そりでの滑走の危険性を警告し、滑走を禁止しなかったと主張するが、前記認定によれば、被告のパトロールが、OA地点からの滑走は危険であると注意している以上、警告義務は尽くしていると解される。

また、通常の滑走者であれば、本件そりが制動や方向転回が容易でないとの性質を理解し、一度滑走を開始すれば、足でブレーキをかけない限り、フォールラインに従って、速度を上げて直下降して行くことを予測し、高度の低い場所から滑走しようとするものと考えられ、本件ゲレンデは、上部からみて全体的に左下がり片斜面のゲレンデであり、通常の滑走者であれば、原告が滑走を開始した地点であるC″地点において、ゲレンデのフォールラインを把握でき、直滑降すれば、左下がりに滑走し、最悪の場合建物や本件リフトの鉄柱に衝突する可能性が高いことを認識し、そうでないとしても、ゲレンデの斜度からみて、ブレーキをかけない限り相当のスピードに達して危険が生ずることを予測して、ゲレンデの低い位置から滑走したとしても、足でブレーキをかけながら滑走しようとするものと考えられ、被告のパトロールも、原告らが滑走しようとする際に、Aが足で本件そりが滑り出さないように押さえつつ、原告が本件そりに搭乗しようとしていた状況から、通常、足でブレーキをかけることにより速度や方向を調節して滑走すると想定したものと解されるから、原告らの滑走を禁止しなかったことが義務違反にあたるとはいえない。

原告は、本件ゲレンデを10回程度スキーで滑走し、本件ゲレンデの特性を十分把握し、かつ、本件そりを試しに滑り、性能を十分理解していたにもかかわらず、通常の滑走者とは異なり、左下がりではなく、本件リフトと並行に滑走を開始するはずであると判断を誤って足でブレーキをかけることもなく直滑降したために本件事故が発生したものであって、前記原告の主張する被告の滑走者の安全管理義務違反によるものだということはできない」

と判示している。

【事案の特徴】

　この事案は、スキー場でチューブ型そりを借り、そりに乗ってゲレンデを滑走していたところ、スキー場の鉄塔に衝突し、骨折等の傷害を負ったため、使用者がスキー場の設置者に対して不法行為に基づき損害賠償を請求した事

件である。この事案では、そりでの滑走の危険性につき警告義務違反（警告上の過失）の有無が問題になったことに特徴がある。

【判決の意義】

　この判決は、スキーヤーは自らの判断と技術によって種々の危険を回避して滑走しなければならず、スキーヤーの危険回避義務を遵守することを前提として安全対策を行えば足りるところ、鉄塔は滑走者に容易に視認することができた等としたこと、警告についてはそりでの滑走の危険性が警告されていたとし、警告義務が尽くされているとした旨を判示している。この判決は、スキー場におけるそりの滑走による施設への衝突事故について、警告義務違反（警告上の過失）を否定した事例的な判断として参考になるものである。

10 事業用・産業用の製品・設備の警告上の過失・欠陥

⑴ 概 説

これまでは、主として消費者・個人が使用することが予定されている製品について警告上の過失・欠陥が問題になった裁判例を紹介してきた（消費生活用製品安全法は、消費生活用製品を対象とする法律であるが、本書では、消費生活用製品安全法の適用範囲とは別に、これまで消費者・個人が使用することが予定されている製品を対象として紹介したものである）。

製品の中には、主として事業者・企業が事業活動、産業の分野で使用することが予定されている製品があり、この事業用・産業用製品による事故が発生した場合、製品の製造業者等の不法行為責任上の過失、製造物責任上の欠陥は、消費者用の製品とは異なる事情を考慮し、異なる判断基準で判断することが必要である。事業用・産業用製品については、製品を使用する事業者・企業の従業員が一定の資格を有し、製品の用途・使用方法、危険性等につき相当の知識・経験を有し、習熟していることが通常であるから、これらの者を前提として製品の安全性の確保、取扱説明書等の製品情報の提供を行うことが必要であり、かつ、足りるというべきである。

事業用・産業用の製品は、多様な事業活動によって多種多様な製品が製造されているため、製品事故が発生したとしても、個々の製品事故ごとに事故原因を検討し、個々の製品の種類ごとに警告上の過失等の不法行為責任、警告上の欠陥等の製造物責任の有無を判断することが必要である。

⑵ 事業用・産業用の製品・設備事故をめぐる裁判例

〔60〕 事業者の安全配慮義務違反を肯定し、コンビットの製造業者の指示・説明義務違反を否定した事例（福岡地判昭和59・6・19判時1125号146頁）

──●事案の概要●──
Y₁株式会社の従業員Xが、A銀行支店新築現場において、Y₂株式会

社の製造に係るコンビット（圧縮空気を動力源としてコンクリートに釘を打ち込むための機械）を用いて金庫室外壁に防犯用コンクリートボードを貼る作業を行っていたところ、コンビットの使用によって発生した火花が圧縮酸素に引火してコンビットが破裂し、負傷したため、XがY₁に対して安全配慮義務違反、Y₂に対して使用方法等の指示説明義務違反に基づき損害賠償を請求したものである。

　この判決は、安全配慮義務違反を肯定したものの、取扱説明書の記載等から使用方法等の的確な指示説明、情報提供義務を怠ったとはいえないとし、Y₁に対する請求を認容し、Y₂に対する請求を棄却した。

【判決内容】

この判決は、

「第一　被告Y₁に対する請求について
　……ところで、この点に関し、被告Y₁は、コンビット購入前にその製造者である被告Y₂の従業員からコンビットの動力源として圧縮酸素を用いてもさしつかえない旨の教示を受けており、かつコンビットの取扱説明書中にも圧縮酸素を用いてはならない旨の記載がなかった、コンビットの動力源として圧縮酸素を用いても安全であると信じたのであり、そう信じることにつき過失はなかったと主張する。

　そして、……によると、コンビットの取扱説明書には動力源として圧縮酸素を用いてはならない旨の記載がないこと（これに対し、……によると、同型のコンビットの本件事故後の取扱説明書には圧縮酸素等を動力源として用いると危険である旨の記載があることが認められる。）が認められる。

　しかし、コンビットが本来は圧縮空気を動力源として使用する機械であり、使用時には火花が飛散することがあり、それらの旨が取扱説明書に記載されているという前認定の事実及び酸素の支燃性という公知の事実更には……により認められる少なくとも被告Y₁の常務取締役であり原告が勤務する春日工場の工場長として、原告に本件事故現場の作業を命じたBはコンビット使用時に火花が飛散することがあること及び酸素の危険性について知っていた事実、以上の事実のもとでは、コンビットの取扱説明書に酸素の使用を禁止する旨の説明がなく、コンビット製造者である被告Y₂の従業員が圧縮酸素を用いることが可能であると説明したとしても、たやすくこの説明を信ずることなく更に被告Y₂の確認をとる等の安全

確保のための手段を講ずべきであり、それを怠りただちに圧縮酸素を用いても安全と判断したことには過失があったと言わざるを得ない。
　……
　第二　被告Y_2に対する請求について
　……
　二　コンビットが爆発した原因は定かではないが、本件事故の際原告がコンビットの動力源として圧縮酸素を用いていたことは当事者間に争いがなく、……によると、コンビットの動力源として圧縮酸素を用いたことがその一原因（たとえば、コンビットの使用の際飛散した火花が何らかの物に引火し、もれ出た圧縮酸素の影響で爆発した等）となったことが認められ、この認定を左右するに足りる証拠はない。
　三　被告Y_2がコンビットの製造者であることは当事者間に争いがない。ところで、……によるとコンビットはコンクリートに釘を打ち込む機械であって、その使用時には火花が飛散することもあり、その取扱説明書には動力源として圧縮空気を用いる旨及び使用時には火花が飛散することがあるので引火しやすいものや爆発しやすいものは遠ざけるべき旨の記載があること、Y_2の従業員は、コンビットの購入者に対し、その購入前にコンビットの説明をなし、実際に使用してみせることが多いが、その際には、コンプレッサーを持参するなどして圧縮空気を動力源として実演してみせていること、前認定のとおり被告Y_1がコンビットを購入する前にも、被告Y_2の従業員であるCが被告Y_1の営業所（春日工場）においてコンビットの取扱い説明と実演を行ったが、その際Cはコンプレッサーを持参して圧縮空気を動力源として実演していること、以上の事実が認められ、この事実に、酸素が支燃性を有し、空気中ではおだやかな燃焼にとどまるものも高濃度の酸素のもとでは激しく燃焼しときには爆発に至ることがあることが公知であることを併せ考えると、被告Y_2において、コンビットの購入者中に圧縮酸素をその動力源として用いる者が予知し得たか否か疑問がある。したがって、コンビットの取扱説明書に圧縮酸素を動力源として使用してはならない旨の記載がないこと及び被告Y_2の従業員が右のコンビットの実演の際に圧縮酸素を動力源として使用してはならない旨を教示しなかったことのみをもってしては未だ被告Y_2に前記義務を怠ったとは認めるに足りない。
　なお、この点に関し、原告は、被告Y_2の従業員である柳田は、右のコンビットの実演の際に自ら圧縮酸素を動力源として使用してみせる等の圧縮酸素を動力源とすることを是認する言動をとった旨主張し、……中にはこれにそう部分もあるが、これらは、反対趣旨の……及び次の各点に照らして採用できず、他に右主張事実認めるに足りない」

と判示している。

【事案の特徴】

　この事案は、会社の従業員が業務の遂行にあたってコンビットを使用して作業中、コンビットが破裂し、負傷したため、コンビットの製造業者らに対して損害賠償を請求した事件である。この事案では、製造業者の使用方法等の指示説明義務違反（実質的には、指示・警告上の過失）の有無が問題になったものである。この事案では、コンビットを業務上使用し、その使用に慣れていた従業員の労働災害において雇用主の損害賠償責任のほか、製造業者の不法行為責任が問題になり、コンビットの取扱説明書には圧縮空気を動力源として使用すること、使用時に火花が飛散することがあることが記載されていたものの、圧縮酸素を使用してはならない旨の記載がなかったことから、製造業者の指示・警告上の過失が争点になったわけである。

【判決の意義】

　この判決は、コンビットの製造業者の従業員による実演の際の口頭の説明、交付した取扱説明書の記載から指示・説明義務を懈怠したとはいえないとしたものであり、コンビットの製造業者の指示・説明義務違反（指示・警告上の過失）を否定した事例として参考になるものである。

(61)　使用者の誤使用が事故原因であるとし、ホイストの製造業者らの情報提供義務違反を否定した事例（岐阜地大垣支判昭和60・4・25判時1169号105頁。(141)（399頁）参照）

━━━━━●事案の概要●━━━━━

　Xは鉄骨造2階建て倉庫兼自宅を所有する建築大工であるが、器材を運搬するために、Y₁株式会社が製造し、Y₂株式会社が販売し、Y₃らが設置工事をしたホイストを作業に使用していたところ、2階の倉庫にある器材を2階の天井に設置されたホイストで階下に移動すべく作動させたところ、ホイストのワイヤロープが切断し、搬器がXの背部に落下して負傷したため、XがY₁らに対して損害賠償を請求したものである。

この判決は、ワイヤロープの切断の原因が搬器の吊り上げによってドラムと二重巻きとなり、これに搬器の強制横引きが加わり、メッセンジャーワイヤに搬器が一時的に引っ掛かり、ワイヤロープに急激な衝撃荷重が作用し、切断したとし、ホイストの使用には非常な危険を伴うものであることを知りながら、交付された取扱説明書を全く読まず、約2年6カ月間ホイストのワイヤロープの点検・取替えをせず、ホイストの可動範囲内にクレーンのメッセンジャーワイヤが入るような状態でホイストを作動させ、ホイストの作動中に搬器の下に進入して作業をしたという最も常識的で基本的な注意を怠ったことによって事故が発生したものであり、Xの異常な使用方法、作業姿勢に起因して発生したものであるとし、請求を棄却した。

【判決内容】

この判決は、

「(八) 原告は、本件リフトを使用するに当り、荷物は鉛直になるように吊り、昇降中はリフトの下に入らないこと、ワイヤは捩れたり、磨耗したりしたものを使用しないようにすべきであることなど、使用に際しての基本的注意事項は常識としてこれを知っていたのであるが、本件ホイストの取付、使用に先だって本件ホイストと一緒に送られてきた取扱説明書、その他には全く目を通さず、本件事故の発生まで約2年6か月間ホイストのワイヤロープの取換えをしなかったのみならず、これの点検すらもすることなく、主に荷物の宙吊りの方法で使用を継続し、搬器の取付け後にあってもこれが鉛直になっていないことが一見して明らかであるのに、あえてそのまま使用したものであり、しかも、本件当日は本件リフトで階下に降ろした溶接機等を1階天井を走行するクレーンを利用して自動車に載せるべく、右クレーンの可動範囲内にクレーンのメッセンジャーワイヤが入るところまでクレーンを移動させた上、本件ホイストを作動させ、剰え、本件ホイストの作動中に搬器の下に進入して自転車を除去しようとするなどの行動にでて本件事故に遭遇する結果になった。

……

2 ところで、以上の認定事実を総合して考えると、被告Y_1が容認しているホイストのワイヤロープの二重巻それ自体が直接にワイヤの切断原因になったとは直

ちに認め難いところであるが、少くとも本件ワイヤロープの性能は著しく劣化していたところに、メッセンジャーワイヤに搬器が一時的に引っかかったことからワイヤロープに急激な衝撃加重が作用し、ついに右ワイヤが切断するに至ったものであることは明らかであり、事故にかかわりをもったメッセンジャーワイヤの取付位置にせよ、搬器の形状にせよ、そのまま漫然と使用を継続するのが非常に危険を伴うものであることは原告自身十分に承知していたと考えられるし、被告Y₃らからもその旨事前に指摘を受けていたにもかかわらず、原告は、当然に予想できた危険を軽視して、専ら、作業所内での荷の移動や積み降ろしなど自己の作業上の利便をあえて優先させて、使用を継続し、剰え、本件事故当日は1階クレーンを西方にわざわざ移動し、そのメッセンジャーワイヤが本件リフトの可動範囲内に入る位置にこれを停めて、リフトからクレーンに溶接機等を吊り換えるのを容易にするなどの危険な行動に出たばかりか、無謀にも本件リフトの作業中にその下に入るなど、リフト、クレーン等の荷役設備を取扱い操作する場合における最も常識的で基本的な注意を怠った結果が本件の重大な事故に繋がったものということができ、本件事故は、被告らの責に帰すべき事由によるというより、要するに、当然に予想し、或いは予想しえた危険をあえて軽視した原告の異常な使用方法、作業姿勢に起因して発生した事故であるといわざるをえない。

　そうすると、原告は、被告らの責任を縷々主張するが、これらの責任をいずれも認めることができないことになる」

と判示している。

【事案の特徴】

　この事案は、建築大工が自宅兼倉庫に設置したリフトを器材を運搬するために使用していたところ、2階の倉庫にある器材を2階の天井に設置されたホイストで階下に移動すべく作動させた際、ホイストのワイヤロープが切断し、搬器が落下して負傷したため、ホイストの製造業者らに対して損害賠償を請求した事件である。この事案では、負傷した大工が交付された取扱説明書を全く読まず、点検・取替えを全くせず、自ら危険な行動をしたことから、ホイストの誤使用、事故の原因、因果関係が問題になったものであり、取扱説明書の交付による情報提供義務違反（警告上の過失）と誤使用が排他的に問題になったところに特徴がある。

【判決の意義】

　この判決は、事故に遭った者の誤使用を認め、異常な使用方法、作業姿勢

が事故原因であったとし、製造業者らの損害賠償責任を否定したものである。

　この判決は、事故にあった建築大工が取扱説明書を読まなかったことが誤使用の事情として考慮された重要な事例判断として参考になるものである。

〔62〕　荷物運搬用の昇降機の製造業者の指示・警告義務違反を肯定した事例
　　　（山口地判平成3・2・27判タ757号208頁。(142)（400頁）参照）

●事案の概要●

　AがB株式会社の従業員であったところ、BがY₂株式会社に2階建倉庫の新築工事を注文し、Y₂がC株式会社の製造に係る荷物運搬用の昇降機について、Y₁株式会社から納入、倉庫に据付工事を行わせ、倉庫を完成させたところ、倉庫1階で作業をしていたAが昇降機に上半身を挟まれて死亡したため、Aの遺族であるX₁ないしX₃がY₁、Y₂に対して不法行為に基づき損害賠償を請求したものである。

　この判決は、ドアスイッチにセロテープを貼り、扉が閉まっているのと同様の状態になって操作ボタンの操作次第で常時昇降機が作動するような危険な状態で荷降ろし作業が行われていたことが事故の一因であった等とし、Y₁にはドアスイッチの改造等を行わないようにする指示・警告等の注意義務違反があったとし、Y₂の過失は否定し、Y₁に対する請求を認容し、Y₂に対する請求を棄却した。

【判決内容】

　この判決は、

「まず被告Y₁の責任について検討するに、本件クマリフトのようにその製品自体が危険物でなくても、一般に製造業者や販売業者などがその専門知識・経験に基づく合理的な判断によって製品の購入者などの利用者による不相当な使用や誤用等により生命・身体等に対する重大な侵害が惹起される危険性を予見できる場合には、利用者の知識・経験からしてその危険性が明白であるなど、当該製品の利用者がその危険性を具体的に認識していることが明らかでない限り、製造業者ら

には、製品の販売、納入等に際し、その利用者に対し、製品の安全な使用方法を充分指示・説明することは勿論のこと、右のような危険性を喚起し、不相当な使用が誤用等が行われないよう指示・警告して事故の発生を未然に防止すべき注意義務があるといえるところ、その設置場所からしてドアスイッチが本件クマリフトを使用する者にとって発見し易い箇所にあったうえ、繰り返し流れるアナウンスがうるさいことから、ある程度の時間本件クマリフトを使用して荷物の上げ降ろし作業に従事する者が、その都度扉を閉めてアナウンスを止めるわずらわしさから、意図的にアナウンスの声を消すために、ドアスイッチに触れたり、これに改造を施すおそれがないわけではないから、被告Y_1には、本件クマリフトの納入業者として、このようなドアスイッチの誤用や改造について、そのようなことは危険であるから絶対行わないよう指示・警告すべき義務があったのに、本件クマリフトを使用する者がドアスイッチに触れたり、改造を施したりして、その安全装置としての機能を失わせるおそれがあることを充分認識し予見しながら、本件クマリフトの設置を依頼された被告Y_2に対し、下請業者を介して本件クマリフトが扉を開いた状態では作動しないとの説明をしただけであり、また安全な使用方法の説明やドアスイッチなどにみだりに触れないようにとの使用上の注意内容が記載されているクマリフト取扱説明書及び『ダムウェーターの正しい使い方』等のパンフレットをクマリフト株式会社から交付を受け、同社からこれらのパンフレットを使用者に交付するよう指導されていたのに、これを被告Y_2及び本件クマリフトの使用者である訴外会社に対して交付しなかったばかりか、その安全な使用方法についての充分な説明やドアスイッチの誤用等についての指示・警告もしなかったのであって、少なくとも被告Y_1がドアスイッチの誤用や改造について、そのようなことは危険であるから絶対行わないよう指示・警告するなどの適切な措置を講じてさえいたならば、亡Aが不用意にドアスイッチの機能を失わせるようなことを防止することができ、したがって、本件事故の発生を未然に回避することができたものと解されるから、この点において、被告Y_1に不法行為上の注意義務違反があることは明らかであるといわざるを得ない」

と判示している。

【事案の特徴】

この事案は、会社の従業員が業務の遂行にあたって荷物運搬用の昇降機を使用していた作業中、昇降機のドアスイッチにセロテープを貼り、扉が閉まっているのと同様の状態になって操作ボタンの操作次第で常時昇降機が作動するような危険な状態で荷降ろし作業が行われていたこともあり、昇降機が下降したことに気づかず、昇降機に下半身を挟まれて死亡したため、従業員

の相続人らが昇降機の販売業者らに対して不法行為に基づき損害賠償を請求した事件である。この事案では、昇降機の販売業者のドアスイッチの改造等を行わないようにする指示・警告の注意義務違反（警告上の過失）の有無が問題になったものである。この事案では、昇降機を業務上使用し、慣れていた従業員が事故に遭った労働災害であり、この従業員らが昇降機のドアスイッチにセロテープを貼り、常時扉が閉まっているのと同様な危険な状態で昇降機を使用しているところ、事故に遭ったこと、販売業者から使用者である会社に取扱説明書が交付されていなかったことに特徴がある。

【判決の意義】

この判決は、利用者の知識・経験からしてその危険性が明白であるなど、製品の利用者がその危険性を具体的に認識していることが明らかでない限り、製造業者らには、製品の販売・納入等に際し、その利用者に対し、製品の安全な使用方法を十分指示・説明する注意義務があるとしたこと、また、この注意義務とともに、このような危険性を喚起し、不相当な使用が誤用等が行われないよう指示・警告して事故の発生を未然に防止すべき注意義務があるとしたこと、この事案では、販売業者が取扱説明書を交付せず、安全な使用方法についての十分な説明、ドアスイッチの誤用等についての指示・警告をしなかったとし、その指示・警告義務違反（警告上の過失）を認めたことに特徴がある。

この事案では、販売業者が取扱説明書を使用者（昇降機の購入者）である会社に交付していなかったという重大な問題がある（販売業者は、昇降機の製造業者から取扱説明書を使用者に交付するよう指導を受けていた）。他方、昇降機の使用者、その従業員にとっては、昇降機のドアスイッチにセロテープを貼り、常時扉が閉まっている状態にすることは、昇降機の昇降状態を目視によって確認することになるものであって、極めて危険な状態に置くものであることは事業上の常識であるといってよいものであり、昇降機につき異常な改造、異常な操作を行っていたということができる。この判決が販売業者

の指示・警告上の注意義務違反を認めた判断には疑問が残るものである（昇降機を誤使用したことについては、主として雇用主である会社、その従業員に責任があるというべきである）。

(63) **製麺機の製造業者の指示・警告義務違反を肯定した事例**（東京地判平成4・11・30判時1482号120頁、判タ834号150頁。(255)(610頁)参照）

---●事案の概要●---

　そば店を経営するXは、Y₂有限会社が製造し、Y₁有限会社が販売した製麺機を購入し、使用していたが、主電源スイッチを入れ、カッター第1スイッチ、第2スイッチを切った状態でカス取り作業を行っていたところ、カッターが回り出し、指先を切断されたため、Y₁らに対して不法行為、債務不履行に基づき損害賠償を請求したものである。
　この判決は、Y₂は、第2スイッチを切れば、カッターの回ることのない安全な構造の製麺機を設計・製造するか、カス取り作業をする際には主電源スイッチを切るよう危険を指示・警告して事故発生を未然に回避すべき注意義務があったのに、これを怠ったとし、Y₁は、流通過程に関与したにすぎないとし、Y₁に対する請求を棄却し、Y₂に対する請求を認容した。

【判決内容】

　この判決は、
「2　被告Y₂について
　被告Y₂は、各種製麺機の製造販売等を目的とする会社として、本件製麺機を被告Y₁に販売したものであるが、本件製麺機は、原則として、ユーザーによる日常的な点検、保守を必要としない構造になっており、証拠……によれば、異常発生時には、被告Y₂が製造販売元として対応することが予定されていたことが認められる。しかしながら、原告が本件製麺機を買い受けた後、本件事故までの間に右機械の故障が相次ぎ、被告Y₂が、その都度、原告の求めに応じて修理、部品取り

替え等を行ったことは、前記のとおりであって、本件製麺機は、元々構造上の問題点を内包する機械であったといわざるを得ない。のみならず、本件製麺機の稼働の際、カス取り板の根元部位にカスがたまることは避けられないところ、スライダー部が装着されている状態では手が入らないため、カス取り作業を行うためにはスライダー部が装着されている状態では手が入らないため、カス取り作業を行うためにはスライダー部を外すことが必要であり、カッター第2スイッチがスライダー部を外すと同時に切れる構造になっているのも、右のような作業を行う場合にて指を損傷することのないよう配慮した安全装置であることは、前述のとおりである。したがって、本件製麺機のローラーのカス取り作業を行うことは、被告らの主張のように、専ら、製造販売元である被告Y_2に委ねるべき事柄であるとはいえず、その作用、構造上からすれば、ユーザーにおいてスライダー部を外し手を入れて右作業を行うことが予定されており、その作業の時期、方法等も基本的にユーザーの判断に任されていたというべきである。もっとも、本件事故後において原告に交付された使用説明書には、元電源のスイッチを切ってから注意して手を入れるよう指示警告されてはいるが、Aは、他方において、本件製麺機を原告店舗に納品する際、本件製麺機は二重安全装置付であり、主電源スイッチが入っていても、カッター第2スイッチを切ればカッターが回ることはなく安全である旨の説明もしていることは、前記のとおりである。そして、カス取り作業の効率化という観点からすれば、主電源作動スイッチを切り、ローラーを停止させた状態よりは、右スイッチを入れ、ローラーを回している状態の方が効率的であることは、容易に推測し得ところである。いわゆる製造物責任においては、被害者の損害が製品の異常な使用から生じた場合には、製造者は、責任を負わないものと解されるが、本件事故は、そのような異常な使用から生じた被害であるとはいえない。以上の認定及び判断からすれば、被告Y_2としては、右のようなカス取り作業中に麺長さ切断用カッターが回れば人の手指に損害を与える危険が存在することは十分予見し得たはずであり、このように通常予測される危険を回避するため、スライダー部を外してカッター第2スイッチを切ればカッターが回ることはないような安全な構造の製麺機を設計・製造するか、又は、本件製麺機の構造を前提にするとすれば、自ら又は販売業者を通じて、ユーザーに対し、カス取り作業時には必ず主電源スイッチを切るよう的確に右危険の存在を指示警告して、その発生を未然に回避すべき注意義務があったものというべきである。ところが、被告Y_2は、この注意義務に違反して、前記のとおり安全性を備えていない欠陥のある本件製麺機を製造し、これを流通させた上、原告に対し、本件事故時までに使用説明書を交付しないばかりか、二重安全装置付なので手を入れてカス取り作業をしても安全である旨の説明をして原告を誤解に陥れ、ひいて本件事故を招いたものといわなければならないから、右事故につき、不法行為責任を免れないというべきである」

と判示している。

【事案の特徴】

　この事案は、製麺機を購入したそば屋の経営者が主電源スイッチを入れたまま、カッター第1スイッチ、第2スイッチを切った状態でカス取り作業を行っていたところ、カッターが回り出し、指先を切断されたため、製造業者・販売業者に対して不法行為、債務不履行に基づき損害賠償を請求した事件である。この事案では、事業用の製品につき製造業者等の危険性の指示・警告義務違反（警告上の過失）の有無、誤使用の有無が問題になったものである。

【判決の意義】

　この判決は、この製麺機の構造を前提とすると、カス取り作業時には必ず主電源スイッチを切るよう的確にこの危険の存在を指示警告して、その発生を未然に回避すべき注意義務があったとしたこと、製造業者は使用説明書を交付しなかったこと、製造業者は二重安全装置付きであるので手を入れてカス取り作業をしても安全である旨の説明をしていたこと、製造業者に指示・警告義務の懈怠があったとしたこと、製麺機の使用者に誤使用はなかったとしたこと、販売業者は流通の過程に関与したにすぎないとし、不法行為を否定したことを判示したものである。この判決は、製造業者の事業用製品に関する指示・警告義務違反（警告上の過失）を肯定した事例として参考になる。

(64) 使用者の誤使用が事故原因であるとし、歩行型耕耘機の製造業者の警告・表示義務違反を否定した事例（名古屋地判平成11・9・10判時1718号108頁。(256)(611頁)参照）

──●事案の概要●──

　農家の主婦Aが、Y株式会社の製造・販売に係る歩行型耕耘機を使用して耕地の粗起こし作業中、後退運転をしていたところ、背後に柿木が接近したために後退を停止させようとしたが、柿木の枝がクラッチレバ

一等に挟まれ、後退を停止させることができず、柿木と耕耘機の金属製バーに挟まれ、負傷して死亡したため、Aの相続人X₁、X₂らが不法行為に基づき損害賠償を請求したものである。

　この判決は、事故はAの不注意によって生じた可能性があるとし、歩行型耕耘機が通常有すべき安全性を欠いていたとはいえないとし、請求を棄却した。

【判決内容】

　この判決は、

「五　以上のとおり、本件機械は、重量58キログラムの小型の歩行型耕耘機であり、単気筒エンジンを動力とし、出力も定格2.5馬力程度であって、重量や出力の点からみれば、それほど危険性の高い機械であるということはできず、また、進行の速度も遅く、瞬間的な判断、動作が必要とされる場面に遭遇することも比較的少ないものというべきである。そして、本件機械を使用するには免許や構造、メカニズムに関する知識を必要とせず、原告X₁のように本件機械を使用しているうちに自然に操作方法を覚え、特に支障なく本件機械を使用している者もおり、始動、停止の措置を含め本件機械の操作方法に格別難しい点は認められない上、昭和57年から平成元年まで約１万2000台が販売されたが、本件事故以外に事故発生の報告もなかったから、これらの事情を考えれば、通常の知覚、運動能力があれば、本件機械を安全に使用することは可能であったというべきである。そして、Aにおいても、柿の木周辺における後退使用を含め約６年間にわたる本件機械の使用期間中、事故を起こしたことはなく、本件機械に設置された停止装置を機能させて本件事故発生を回避することが容易であったことは前示のとおりであるから、右の停止装置が備えられた本件機械について通常の安全性を欠如したものということはいえず、被告において原告ら主張の緊急停止装置設置の措置を採るべき注意義務があったということはできない（前示の本件の事実関係に照らせば、本件事故は、Aが、約６年間にわたる本件機械の継続的使用による慣れと、作業現場が状況を熟知した本件圃場であったことから、柿の木の周辺における本件機械の後退使用の際の安全性について何時ものような注意を欠き、少なくとも背中に柿の木の幹が接触する時点においては速やかに本件機械の停止措置や危険回避措置を採るべきであったのにこれを怠ったため惹起された可能性を否定することができない。）。

　また、Aが、本件機械の後退使用時における危険性を認識していたことは前示

205

のとおりである上、本件機械の取扱説明書に請求原因6㈡の使用上の注意に関する記述があったことは当事者に争いがないから、これらの事情に照らせば、被告において、右取扱説明書の記述を超えて原告ら主張の内容の警告表示等の措置を採るべき注意義務があったということはできない」
と判示している。

【事案の特徴】

　この事案は、小型の歩行型耕耘機を使用していた者が後退の操作中、後退を停止させることができず、柿木と耕耘機の金属製バーに挟まれ、死亡した事故について、相続人が耕耘機の製造業者に対して警告・表示義務違反（警告上の過失）等を主張し、損害賠償を請求した事件である。この事案は、製品が小型の歩行型耕耘機であり、その操作方法が相当に容易であったこと、通常の知覚・運動能力があれば、安全に使用することが可能であったこと、この事案の操作者は6年間この耕耘機を継続的に使用していたこと、取扱説明書に使用上の注意事項が記載されていたことの特徴がある。

【判決の意義】

　この判決は、この事案の事故現場である柿の木の周辺における後退使用の際の安全性につき注意を欠いた操作をしたことが事故原因であった可能性があるとしたこと、この小型の歩行型耕耘機に安全性の欠如はないとしたこと、取扱説明書の記載に照らし、警告表示等の措置をするべき注意義務はないとしたことに特徴がある。この判決は、小型の歩行型耕耘機による人身事故について、実質的に使用者の誤使用を認め、警告・表示義務違反を否定したものであるということができ、誤使用の事例としても、警告・表示義務違反（警告上の過失）を否定した事例としても参考になるものである。

(65)　竹材の表示・警告の欠陥を肯定した事例（長崎地判平成14・5・14判時1934号55頁）

●事案の概要●

　X₁、X₂夫婦が、自宅建物の新築工事を行い、建物の壁材として、Y有限会社が竹の伐採業者から購入した竹材を購入し、土壁に竹組み「コマイ竹」として使用し、土を塗り込んで壁を造って、平成9年6月末、建物を完成し、居住していたところ、平成10年5月頃、建物内に見慣れない虫が多数発生し、建物内の壁・床等を侵食し始めたため、調査したところ、虫が「チビタケナガシンクイムシ」であることが判明し、竹材が害虫の発生時期に伐採されたものである等と主張し、XらがYに対して製造物責任に基づき損害賠償を請求したものである。

　この判決は、竹材が製造物にあたり、防虫対策を施さなかったこと、防虫対策を施したか否かの明示をしなかったこと等を考慮して欠陥を肯定し、請求を認容したものである。

【判決内容】

　この判決は、

「以上からすると、まず松竹材販売業者がコマイ竹用に納入した竹材は、エツリ師が建築現場でコマイ竹を組みにかかり、コマイ竹が組み終わると土壁を塗っていくことになる。したがって、コマイ竹用の竹材が納入された後、建築現場で竹材に防虫対策を講じる余裕もなく、また、実際にも行われてはいない（この点、被告代表者は、その供述書で、エツリ師が丸竹を割った後にコマイ竹用の竹材に防虫剤を散布してコマイ竹を組んだり、コマイ竹を組んだ後にエツリ師が防虫剤を散布したということをエツリ師から聞いた旨述べているが、被告代表者尋問で、原告ら代理人から、この防虫剤は何かと聞かれ、その防虫剤は白あり駆除のものと思うが、推測である旨供述しており、上記供述書によってもエツリ師が竹材に防虫対策を講じているとは認められない。）。そして、エツリ師は、納入された竹材は不適切な時期に伐採されたものではないと信頼しているが、安全とされる時期に伐採あれた竹材であっても全体に害虫がつかないということにはならないから、竹材販売業者が防虫対策を講じておかなければ、竹材の害虫による被害を防ぐことができない。そのために、丁原や戊田のところでは、竹材に防虫対策を講じており、防虫対策を講じた竹材にはその旨のテープを貼り付けている。これに対して、被告のところでは、コマイ竹用の竹材を本社事務所の敷地内と別の場所

(山) の2か所に横に寝かせて置くだけであり、しかも、竹材にビニールシート等を被せてはいない。さらに、防虫対策としては、丸竹を山積みにしたままタケゾールやアリゾールステインを散布あるいはじょうろでかけているだけである。その上、防虫対策を施したか否かの明示を行っていない。このことは、通常、竹材販売業者に要求される防虫対策としては不十分といえる。そして、このように防虫対策が不十分な状態で本件食害が生じたことからすると、本件竹材に要求される防虫対策が講じられておらず、竹材に当然備えられているべき安全性を欠いているものといえ、製造物責任法2条の欠陥があるものといえる」

と判示している。

【事案の特徴】

この事案は、自宅建物の新築工事に使用された建物の壁材である竹材に害虫が発生したため、建物の注文者が竹材の販売業者（竹の伐採業者から購入し、防虫処理等を施していた）に対して製造物責任に基づき損害賠償を請求した事件である。この事案は、竹材が製造物に当たるかどうか等の製造物責任をめぐる興味深い問題を提起するものであるが（製造物責任を追及された業者は、竹の伐採業者ではなく、伐採業者から竹を購入し、竹材として販売する業者である）、竹材の欠陥の有無が問題になったこと、竹材の欠陥の判断基準が問題になったことに事案としての特徴がある。

【判決の意義】

この判決は、竹材が製造物にあたるとしたうえ、竹材に防虫対策を施さなかったこと、防虫対策を施したか否かの明示をしなかったこと等を考慮して欠陥を肯定したものであり、竹材に関する情報（実質的には表示・警告に関する情報である）の欠如を一つの事情として考慮し、欠陥を肯定した事例として参考になる。

(66) パンフレットの警告に関する記載を重視し、ポンプ、バルブの欠陥を認めた事例（東京高判平成16・10・12判時1912号20頁。(257)（612頁）参照）

10 事業用・産業用の製品・設備の警告上の過失・欠陥

●事案の概要●

　X株式会社は、A株式会社の注文により食肉の自動解凍装置を製作し、Y₁株式会社の製造に係る汎用品であるポンプとY₂株主会社の製造に係る汎用品であるバルブを使用して製作し、Aに納入したところ、Aが食肉の解凍に使用中、解凍食肉の中に金属異物が混入していたため、Aから損害賠償請求を受ける等し、売上高が減少したことから、XがY₁、Y₂に対して製造物責任に基づき損害賠償を請求したものである。第1審判決がバリの残留を認めたものの、汎用品であるポンプ、バルブの欠陥を否定し、請求を棄却したため、Xが控訴した。

　この判決は、解凍食肉に付着していた金属異物がポンプ、バルブによるものであることを推定し、パンフレットにバリの発生を警告する記載がないこと等を考慮し、切削バリが残留したことが欠陥に当たるとし、ポンプ、バルブの欠陥を肯定し、7カ月間の売上高の減少につきその2割が損害であるとし（民事訴訟法248条の適用を肯定）、過失相殺を5割認め（Aへの損害賠償、受注が予定された事業の解除による損害は否定した）、第1審判決を変更し、請求を一部認容した。

【判決内容】

　この判決は、

「a　控訴人は、食肉解凍装置である本件装置において、食肉を解凍させるための解凍液（塩水）を配管を通して循環させるために本件ポンプを設置した。
b　被控訴人Y₁の本件ポンプのパンフレットには、『用途』として『①化学液、②産業用、③工業用水、④給湯』と記載され、『標準仕様』の『取扱液』欄には、清水、油、化学液が挙げられ、さらに取扱一覧表には、液名として、海水のほか、果汁、ジュース、醬油、ミルク等食品に属する液体が多数挙げられている。一方、本件ポンプのパンフレットには、本件ポンプを食品用に使用することを禁ずる記載はないし、本件ポンプは、切削バリの除去作業を実施しないで製造されたことを明らかにしたり、本件ポンプ使用中に切削バリが出る危険性を警告したり、バリ取り等の対処を講じて使用するように注意した記載は一切ない。

209

c　被控訴人Y₁の藤澤工場品質保証部長は、本件ポンプがビール工場の製造装置に設置され、原材料や原液の輸送用に使用されていることを認めている。
　d　被控訴人Y₁の本件ポンプの平成15年4月以降の取扱説明書の製品使用欄には、『本ポンプは水道法による「給水装置の浸出性能基準」に適合します。』との記載が付記された。
　一方、本件全証拠によるも、本件ポンプの取扱説明書に上記記載がされるようになってから、本件ポンプが汎用品でなくなったとか、本件ポンプの作業標準において、『作業手順・作業項目』としてバリ取りが規定されるという変更があったとは認められない。
(イ)　以上に認定したところによれば、被控訴人Y₁は、本件ポンプのパンフレットにおいて、その用途を化学液、産業用、工業用水、給湯としているが、食品用に用いることを禁じている記載はなく、取扱一覧表には、食品に属する液体が多数挙げられており、被控訴人Y₁の藤澤工場品質保証部長自らがビール工場において原材料や原液の輸送時に使用されていることを認めており、本件ポンプについての平成15年4月以降の取扱説明書においては、水道法による給水装置の浸出性能基準に適合しますとの付記までされている事実からすると、被控訴人Y₁において、本件ポンプが汎用性のポンプであることを理由に食品用に使用することを禁じていたとは到底考えられないし、また、本件ポンプのパンフレット等の記載からもその趣旨を読み取ることはできず、食肉解凍装置である本件装置において、食肉を解凍させるための解凍液（塩水）を配管を通して循環させるために本件ポンプを利用するという使用方法は、本件ポンプとして通常予見される使用形態であったと認められる。
　そして、前記に認定したとおり、被控訴人Y₁の本件ポンプの切削バリによって本件装置における解凍食肉が金属異物によって汚染されたのであるから、本件装置における使用形態が本件ポンプにバリが存在しても差し支えないような場合に当たらないことは明らかである。
　以上の検討の結果と前記(2)に判示したところを併せ考えると、切削バリが残っていた状態にあった本件ポンプは、その特性、通常予見される使用形態その他当該製造物に係る事情からして、通常有すべき安全性を欠いていたと認められる。
　　……
　d　上記(ア)eに認定したとおり、紀文は食品プラントに汎用性バルブを使用せず、購入仕様書に基づき食品加工プラントに使用するバルブを独自で選定購入している事実が認められるが、それは紀文の選択であって、本件チャッキバルブが食品用に使用できないことを意味するものではないし、また、紀文が汎用性バルブを使用しない理由は、上記(ア)eに認定したとおりであって、本件チャッキバルブに切削バリが残留していることを理由として挙げていないこと、紀文の食品プラントは、蒲鉾、はんぺん等の直接人の口に入る食品を製造する食品加工プラントが

規定されているのに対し、本件チャッキバルブを使用した本件装置は、冷凍されたハム・ソーセージ用原料肉を解凍する装置であり、ハム・ソーセージ製造の前段階の工程であることに照らしても、本件チャッキバルブが本件装置に使用できないことの裏付けとなるものではない。

e そうすると、食肉解凍装置である本件装置において、食肉を解凍させるための解凍液（塩水）を配管を通して循環させるために本件チャッキバルブを利用するという使用方法は、本件チャッキバルブとして通常予見される使用形態であったと認められ、加えて、被控訴人Y_2の本件チャッキバルブのパンフレットにおいて、切削バリの除去作業を実施しないで製造されたことを明らかにしたり、切削バリが出る危険性を警告したりする記載は一切なく、かえって、甲6号証のパンフレットから、被控訴人Y_2のバルブは、バリ取りが行われ、不良品が選別された高品質のものであると理解されるところ、前記に認定したとおり、被控訴人Y_2の本件チャッキバルブの切削バリによって本件装置における解凍食肉が金属異物によって汚染されたのであるから、本件装置における使用形態が本件チャッキバルブにバリが存在しても差し支えないような場合に当たらないことは明らかである。

以上の検討の結果と前記(2)に判示したところを併せ考えると、切削バリが残っていた状態にあった本件チャッキバルブは、その特性、通常予見される使用形態その他当該製造物に係る事情からして、通常有すべき安全性を欠いていたと認められる」

と判示している。

【事案の特徴】

この事案は、注文により、汎用品であるポンプ、バルブ等を使用して食肉の自動解凍装置を製作し、注文者に引き渡したところ、注文者が食肉の解凍中、解凍食肉の中に金属異物が混入し、解凍装置の製作者がこれを稼働させた事業者（注文者）から損害賠償請求を受ける等し、売上高が減少したため、製作者がポンプの製造業者、バルブの製造業者に対して製造物責任に基づき損害賠償を請求した控訴審の事件である（第1審判決は、ポンプ、バルブの各欠陥を否定したものである）。この事案は、食肉の解凍装置の使用中に食肉に金属異物が付着したことの原因がバリの残留であるかが問題になったこと（ポンプ、バルブが事故原因であるかが問題になったものである）、食肉の解凍装置を製作するために汎用品であるポンプ、バルブを使用したこと、汎用品であるポンプ、バルブの欠陥が問題になったこと、解凍装置の製作事業者がポ

ンプ、バルブを部品として選択したこと、解凍装置の製作業者が発注者から損害賠償請求を受け、ポンプ、バルブの各製造業者に対して製造物責任を追及したこと、欠陥の判断にあたってパンフレットの記載（製品情報）が重要な考慮事情になったことに特徴がある。

【判決の意義】

この判決は、食品に混入した金属異物がポンプ、バルブのバリの原因であったことを推認したうえ、ポンプ、バルブが汎用品であり、ポンプ、バルブの各パンフレットの記載には食品用を禁止する記載がなく、バリの残留を警告する記載がなかったこと等から食肉の解凍装置の部品として使用することが通常予見される使用形態であったとし、バリが残留したことが欠陥にあたるとし、ポンプの欠陥、バルブの欠陥を肯定したことに特徴がある。この判決は、ポンプ等の欠陥を肯定する判断にあたって、パンフレットの警告に関する記載を重視し、欠陥を肯定したものと評価することができる（実質的には、警告上の欠陥を認めたと評価することができよう）。

この事案のポンプ、バルブは、汎用品であり（パンフレットには一応の用途が記載されている）、汎用品が文字どおりすべての用途に適合した製品というものではなく、通常の用途に適合した製品であり、特別の使用環境、使用状況、用途に使用する場合には、それらに適合した品質・性能等を検討し、判断することが必要であるところ、この事案では食肉の解凍という食品加工に適合した品質・性能等という特別の用途に適合したものであることが求められていたというべきであり、食肉の解凍装置の製作業者の部品の検討・選択が誤っていた蓋然性が相当に認められるものである（特別の用途に汎用品を使用しようとする場合には、汎用品の製造業者・販売業者等に対して特別の用途、使用環境等を説明し、その適合性に関する説明を求めるべきであり、そのような説明を求めることは容易である）。この判決がポンプ、バルブの欠陥を肯定した判断には疑問が残る。

なお、この判決は、ポンプ、バルブの欠陥を認めたうえ、食肉解凍装置の

製作業者の売上減少の損害について、民事訴訟法248条を適用し、7カ月間の売上高の減少の2割が損害であるとし、過失相殺を5割認め、注文者への損害賠償、受注が予定された事業の解除による損害を否定したものであるが、欠陥を肯定した判断に疑問があるとともに、損害論にも疑問が残るものである。

〔67〕〔65〕の控訴審判決であり、竹材の表示・警告の欠陥を肯定した事例
（福岡高判平成17・1・14判時1934号45頁）

■●事案の概要●■

前掲〔65〕（206頁）の控訴審判決であり、Yが控訴したものである。
この判決は、竹材が製造物にあたり、竹材に欠陥があったとし（判決の文言上は、表示上の欠陥を認めたものと評価できる）、控訴を棄却した。

【判決内容】

この判決は、

「(1) 被控訴人らは、本件丸竹は、自然産物である竹に対し、防虫処理を行った上で販売されるのであるから、製造物責任法2条にいう『加工された動産』に該当すると主張するのに対し、控訴人は、本件丸竹は、単に防虫剤の粉剤を散布したに過ぎず、高度に加工された工業製品とは認め難いし、人為的な操作な処理が加えられていると評価することもできないから、製造物責任法2条の『加工された動産』に該当しないと主張する。

ところで、……によると、竹材の販売に当たって竹材業者のうちには、通常、害虫の発生が予想されることから、竹材は7月20日ころから翌年2月15日頃までの間に伐採され、伐採した竹材は全て丸竹のままシートを被せた上で、農薬を吹き込むなどして、需要があるまで蒸し、更に、竹材を割りあげて製品とした後、タケゾールという薬剤につけ込む等の防虫処理をしたり、竹材に対して真空防虫処理を行ったり、ガス燻蒸による方法で防虫処理を行ったりしていること、また、コマイ竹としての注文があった場合には、必ず竹を割った上で、防虫処理を施して販売をしていること、その際、防虫処理を講じた竹材にはその旨を明らかになするために、テープ等を貼り付ける等の措置を講じる業者も存すること、控訴人は、その保管に係る竹材についてはコマイ竹用の竹材も含めて、本社事務所と別

の場所（山）の3ヵ所に丸竹の状態で竹材を山積みにしたままで保管し、害虫による加害の発生の危険性があるとして、防虫のために、前記保管に係る竹材についてはスミチオン、パダン、パダンラック等の粉剤を散布するなどしていたことが認められる。したがって、竹材には、一般的に害虫の発生が予想されることから、防虫処理をして販売されていたと認められる。本件においては、甲田は、土壁のエツリ竹として使用するコマイ竹として控訴人から本件丸竹を購入したのであり、エツリ師が購入した竹材について工事現場で改めて防虫処理を施すことは実際にはないというのであるから（控訴人は、エツリ師が丸竹を割った後に防虫処理をして糀を行っている旨をきいたなどを陳述するが、右供述は伝聞にわたるものであり、その陳述内容を精査するも、あいまいで具体性に欠け、たやすく採用することはできないし、前記供述によるも、すべてエツリ師が前記のような防虫処理をしているとは認められない。）、コマイ竹などとして販売される竹材は、前示のとおりの害虫の発生を防止するための防虫処理が施されており、かかる防虫処理により一次産品と異なる建築用材として使用し得る竹材としての属性または価値が付加された製品として販売されるのであるから、コマイ竹としての本件丸竹は、製造物責任法2条にいう『製造物』に該当すると認められる。

　控訴人は、控訴審において、本件丸竹は、伐採納入された竹材に防虫のための粉剤を散布したにすぎないから、格別の人為的な操作や加工が加えられたと評価することはできないと主張する。しかしながら、前示のとおり、竹材は、害虫の発生が一般的に予想されるのであるから、伐採された丸竹に対し、機械で農薬を吹き込むとか、防虫処理のための機械によって真空防虫処理等をするとか、防虫薬剤を貯留したプールに竹材を漬けるなど相当に加工をする必要があり、実際にこのような防虫処理をしたうえで販売している業者も存するところであるし、控訴人も、害虫の被害が発生しないわけではないとの認識の下に前示のとおり防虫処理を行っていたのであり、これによって前示害虫の発生という危険を回避する建築資材として販売が可能となるのであるから、竹材に対する防虫処理は、害虫の発生の予想される竹材に対し、より高度な安全性を確保できるものとして、人為的に相当な処理を加えるものと評価することができる。したがって、防虫処理の施された竹材は、竹材という自然産物に対して、防虫処理という新たな属性を付加し、建築資材としての価値を付加すると評価することができ、前示のとおり、防虫処理が施された竹材は、加工された動産として製造物責任法2条に定める『製造物』に該当すると認められ、控訴人の前記主張は、理由がない。

　……

(2)　被控訴人らは、通常有すべき安全性を欠いた本件丸竹を売り渡したことにより、本件害虫による損害が生じたのであるから、控訴人は製造物責任法に定める損害を賠償する責めを負うと主張する。

ア(ｱ)　前記認定のとおり、控訴人は、甲田からエツリ竹としての注文を受け、本

件丸竹を売り渡したのであるから、本件丸竹が土壁のコマイ竹として使用されることを認識していたと認められ、そうすると、相当の防虫処理が施された建築資材としてのコマイ竹を製造し、販売すべきであるところ、控訴人も、コマイ竹として使用に供する分については、他の竹と区別して保管しており、また、害虫の発生の危険性があるとして、粉散を散布するなどしていたのであるから、害虫発生の危険性とこれに対する防虫処理の必要性に対する認識も有していたと認められる。しかるに、本件においては、前示のとおり、控訴人は、ビニールシート等を被せることなく丸竹の状態で竹材を山積みにしたままで保管し、タケゾールやアリゾールステイン等の薬剤を散布するなどの防虫処理をしたにとどまり、係る防虫処理では丸竹の内部に対してまで防虫処理の効果は及ぶことはないというのであるから、結局、本件丸竹は、建築資材としてのコマイ竹を販売するに当たっての防虫処理は十分であったとは認め難く、通常有すべき安全性を欠いていると認めるのが相当である」

と判示している。

【事案の特徴】

この事案は、自宅建物の新築工事に使用された建物の壁材である竹材に害虫が発生したため、建物の注文者が竹材の販売業者に対して製造物責任に基づき損害賠償を請求した控訴審の事件である（第1審判決（〔65〕（206頁））は竹材の欠陥を肯定したものである）。

【判決の意義】

この判決は、竹材が製造物に当たるとし、竹材の防虫処理が十分でなかったとし、欠陥を肯定したものであり、欠陥を肯定した事例として参考になる（もっとも、この判決は、製造上の欠陥を肯定したと評価すべきものである）。

〔68〕 使用者の誤使用・誤メンテナンスが事故原因であるとし、高速オフセット印刷輪転機の製造業者の警告義務違反を否定した事例（大阪地判平成17・5・27判時1915号65頁。(258)（613頁）参照）

━━━━━●事案の概要●━━━━━

A株式会社は、B株式会社から工場用建物を賃借し、Y₁株式会社の製造に係るガスを燃焼させて印刷物の塗料等を乾燥させるシステムの高

速オフセット印刷輪転機を、Y_2株式会社を経て、C株式会社から購入し、建物に設置し、使用していたところ、印刷機がガス爆発により印刷機・建物が大破したことから、建物内に設置されていた機械類に保険契約を締結していた各保険会社Xらが保険金を支払ったため、XらがY_1、Y_2に対して保険代位により、Y_1に対して不法行為に基づき、Y_2に対して瑕疵担保責任に基づき損害賠償を請求したものである。

この判決は、瑕疵、構造上の欠陥、警告義務違反等を否定し、請求を棄却した。

【判決内容】

この判決は、

「(2) 確かに、製造物を組織的に製造して販売をする製造業者は、その製造に関する知見を有することが多く、その設計施工上、通常予想される使用形態から利用者の生命、身体、財産に対する危険が生じることがないよう避止することが可能であることが多いから、当該製造物を流通過程においた当該製造物の引渡時において、当該製造物の通常予想される使用形態から利用者の生命、身体、財産等に対し損害を及ぼすべき欠陥が当該製造物に存在したと認められる場合には、当該製造物を製造した製造者の故意又は過失に基づき生じたものであることを事実上推認することができる場合があるといえる。

……

そして、被告Y_1は、科学的知見を有する研究所を設け、本件機械のほか同型の商業用印刷機についても9台製作して納入するなどしているというのであり、本件機械の引渡時において本件機会の通常予想される使用形態から損害を及ぼすべき欠陥が当該製造物に存在したと認められるのであれば、被告Y_1の故意又は過失に基づき生じたものであることを事実上推認することができるというべきである。

被告Y_1は、原告らが不法行為に該当する事実を具体的に主張立証すべき責任を負うとするが、かかる主張は上記説示に反する限度において採用の限りではない。

(3) しかしながら、かかる場合であっても、原告らが被告Y_1の責任原因として不法行為責任を主張するものである以上は、少なくとも本件機械の引渡時における本件機械の欠陥の存在が認められる必要があり、原告らはこれらに該当する具体的事実を主張立証する責任を負うというべきである。

原告らは、前記のとおり、本件においては、燃焼異常時に安全装置が作動しな

かったことが『欠陥』であり、かかる『欠陥』が生じた機械的、物理的、化学的原因（欠陥原因）については被告Y₁が主張立証する責任を負うなどと主張する。

確かに、当該製造物が日用品であるなど当該製造物に対する特段の保守管理が期待されないような物である場合には、当該製造物が経年により劣化したと認められるような場合を除き、その利用時における欠陥が引渡時に存在したものであると推認することができる場合はある。

しかし前記争いのない事実等に加え、……によれば、本件機械は都市ガスに空気を供給し燃焼させ印刷物を乾燥させる商業用印刷機械であり、熱交換器により得られる熱に応じて燃焼の程度を決定する温度制御システムを有し、したがって燃料及び燃焼用空気の供給の割合の調整が適正にされるようメンテナンスをすることが予定され、かつまた、定期交換を予定している紫外線光電管により構成されたUVによる燃焼監視が予定されているなど、誰の手によるかはともかく、日常的な保守管理が取扱説明書の上においても必要とされ、かつ、本件機械納入後、本件事故時まで約3年半の期間も経過していたことが認められるのであり、これらの認定事実にかんがみれば、利用時において不具合の現象が見られたという事実のみをもってして本件機械の引渡時に本件機械に欠陥があったと直ちに推認することはできない。

したがって、本件機械の利用時である本件事故当時に安全装置が作動しなかったことをもって引渡時の欠陥の主張として足りるという原告らの主張は、その限りにおいては採用できない。

……

上記認定事実によれば、本件機械は、高い信頼を得ている紫外線光電管を利用した燃焼監視システムを採用し、しかも、起動時、その誤作動の有無を点検する自己点検回路を装備し、着火不良などの異常が生じた場合、取扱説明書の記載にしたがって紫外線光電管の状況を点検し、交換することによって、安全を図るシステムになっており、かつ、かかる方式は安全技術指標上でも否定されていないというのであるから、上記自己点検回路を持つ本件機械について、UVに依拠した一系統の安全装置を設ける以上に、さらに使用期限を徒過した紫外線光電管の交換をしておらず、取扱説明書記載のとおり点検をしていなかった本件のような場合を想定して二重三重の安全装置を設けるべき注意義務があったとまでは認め難い。

したがって、この点をいう原告らの主張も採用することができない。

三　争点(3)（使用禁止措置、改修、警告義務違反の有無）について（被告Y₁関係）

原告らは、本件機械は異常失火を繰り返していたのであるから被告Y₁には使用禁止措置を講じ、あるいは改修を施すべき義務があったとも主張するが、二(1)及び(2)で認定したとおり、本件機械に構造上の欠陥があったとは直ちに認め難い上、

仮に原告ら主張の支障がいずれも断火であったとしてもその数が多いということもできないから、上記のような取扱説明書の記載に則り点検をすることにより安全が図られるよう設計されていた本件機械について、使用を禁止して改修を施すべき義務まで生じているとは直ちに認め難く、まして本件のように取扱説明書記載の措置に反する措置がとられ、かつ、使用期限の徒過した紫外線光電管が使用されていた場合まで想定して、警告すべき義務が生じているとも認め難い。

なお、原告らは、販社の紫外線光電管の交換の要否に関する判断をして被告Y_1の判断と同視することができるから被告Y_1は責任を負うなどとも主張するが、本件全証拠によるも販社の判断をもって被告Y_1の判断と同視するに足りるまでの証拠もない。

したがって、これらの点に関する原告らの主張も採用することができない」

と判示している。

【事案の特徴】

この事案は、事業者が工場にガスを燃焼させて印刷物の塗料等を乾燥させるシステムの高速オフセット印刷輪転機を設置し、使用していたところ、印刷機がガス爆発により印刷機・建物が大破したことから、建物内に設置されていた機械類に保険契約を締結していた保険会社らが保険金を支払った後、保険代位により、印刷輪転機の製造業者に対して製造物責任に基づき損害賠償を請求する等した事件である。この事案は、印刷輪転機という事業用の製品の欠陥が問題になったこと、印刷輪転機の使用者が専門業者であったこと、使用者が取扱説明書の記載と異なる使用を行っていたこと、印刷輪転機の構造上の欠陥が問題になったこと、警告義務違反（警告上の過失）が問題になったこと、保険会社が保険契約者に保険金を支払った後、製造業者に対して損害賠償を請求したものであることに特徴がある。

【判決の意義】

この判決は、製品事故による損害賠償を請求する者が、少なくとも機械の引渡し時における機械の欠陥の存在が認められる必要があり、これらに該当する具体的事実を主張立証する責任を負うというべきであるとしたこと、製品が日用品であるなど特段の保守管理が期待されないような物である場合に

は、経年により劣化したと認められるような場合を除き、その利用時における欠陥が引渡し時に存在したものであると推認することができる場合があるとしたこと、他方、日常的な保守管理が取扱説明書上においても必要とされ、かつ、機械納入後、事故時まで約3年半の期間も経過していた場合には、利用時において不具合の現象がみられたという事実のみをもってして機械の引渡し時に機械に欠陥があったと直ちに推認することはできないとしたこと、印刷輪転機の使用者が取扱説明書の記載どおりの点検等をしていなかったこと、印刷輪転機の構造上の欠陥を否定したこと、製造業者の警告義務違反を否定したことに特徴がある。

　この判決は、事業用製品の欠陥について、立証責任の所在・内容を明確にするとともに、事実上の推定の考え方を説示し、この事案に事実上の推定の適用を否定し、製品の使用者の誤使用、誤メンテナンスを認め（取扱説明書の記載に違反した使用、メンテナンスであったことを重視している）、製品の欠陥を否定し、製造業者の警告義務違反（警告上の過失）を否定したものであり、いずれの判断も事業用製品に関する重要な事例判断を示したものであり、先例としての価値をもつものである。

　訴訟実務においては、消費者用の製品と事業者用の製品について同様な考慮事情、判断基準で判断すべきであるといった根拠のない乱暴な主張・判断を見かけることがあるが、後者の製品については使用者が事業者・専門業者であり、その欠陥の判断にあたってはより慎重な検討・判断が求められているところである（製造物責任法の立法の趣旨も、そのような区分を前提としている）。この判決は、この区分を明確に認識した判断を示しているものである。

(69)　規制対象物質の輸入業者の注意義務違反を否定し、指示・警告上の欠陥を否定した事例（東京地判平成17・7・19判時1976号76頁）

────●事案の概要●────

日本法人であるＹ株式会社（Ｙの合併等の変遷があるが、省略する）は、

化学物質の審査及び製造等の規制に関する法律（化審法）により製造・輸入につき許可制がとられ、使用につき用途制限・届出制がとられている置換塩素数が3個以上のポリ塩化ナフタレン（PCN）を無許可で日本国内に輸入し、接着剤原液を日本国内に流通させたところ、その原液が他の会社を介して海外に輸出され、カナダに所在するX株式会社の現地法人が買い受けるようになり、Xは、現地法人からその原液を輸入し、日本国内においてその原液を使用して接着剤を製造し、販売したが、その接着剤には化審法により使用が制限されているPCNが含有されているとし、経済産業大臣から行政指導を受け、製品の製造中止・回収等の措置を余儀なくされたため、XがYに対して不法行為、製造物責任に基づき損害賠償を請求したものである（PCNの製造、輸入、使用等を規制するのは、日本だけである）。

　この判決は、Yの過失を認めたものの、損害との法的因果関係が認められないとし（指示・警告上の欠陥も否定した）、請求を棄却した。

【判決内容】

　この判決は、

「(3)　法的因果関係の存否について
ア　次に、上記の条件関係(事実的因果関係)を前提とした上で、本件損害をYの本件注意義務違反の結果として同社に法的に帰責することができるか（法的因果関係があるか否か）について検討する。
イ　化審法は、既に述べたとおり、PCNについて輸入・製造・使用の各段階で規制を行い、国内におけるPCNの存在及び流通を禁ずる規制を行っている。他方で、海外においてはPCNの輸入・製造・使用についての規制を設けられていない。また、化審法は、PCNを含む製品の海外からの輸入については、政令で定められた、①潤滑油または切削油、②木材用の防腐剤、防虫剤及びかび防止剤、③塗料（防腐用、防虫用及びかび防止用のものに限る）の3種類に限り禁止しており、それ以外の製品の輸入は禁止していない（化審法第13条第1項、同法施行令第3条）。このようなPCNの法規制を前提とすると、本件注意義務違反により惹起された第三者に対する規制リスクは、健康被害あるいは環境汚染のリスクと異なり、PCN

自体が内包するリスクではなく、あくまでも化審法の規制を前提としたものであるから、当該PCNが国外に流出した時点において消滅するものと考えられる。そして、一旦海外に出た当該PCNが我が国の国内に輸入され、使用される場合には、再び化審法を前提とした規制リスクが生じることとなるが、これは当初の注意義務違反によりもたらされたものではなく、PCNを国内に輸入する者により新たにもたらされたリスクというべきであり、本件損害もまさに原告の輸入行為によりもたらされた規制リスクが現実化した者と見ることができる。

　そうすると、本件においては、注意義務違反の設定において、第三者に対する権利侵害リスク（規制リスク）として想定したものを超えた別個のリスクにより本件損害がもたらされたものであり、本件損害は本件注意義務の射程外のリスクが現実化したものと言うべきであるから、本件注意義務違反と本件損害との間に法的因果関係を認めることはできない。

　　……

三　争点三について

　原告は、化審法上の規制の対象となっているPCNを含有することを製造上、設計上の欠陥であり、被告が作成するMSDSにNFBがPCNを含有することを記載しなかったことを指示・警告上の欠陥である旨主張する。

　仮に、NFBにPCNを含有することが製造上の欠陥、設計上の欠陥に当たると仮定しても、本件損害はNFBが含有するPCNの毒性が有する身体・環境に与える危険性が発現して原告の財産を毀損したものではないから、原告が主張する製造上の欠陥、設計上の欠陥と原告の損害との間には因果関係を認めることはできない。

　次に、指示・警告上の欠陥についても、本件で問題になっているNFBは、Yが商業生産するようになって以降のものであるところ、同社のMSDSにはNFBがPCNを含有することを記載していることから、指示・警告上の欠陥は認められない」

と判示している。

【事案の特徴】

　この事案は、外国では流通の規制がなく、日本においては規制がある化学物質の国際的な取引において、無許可で輸入された化学物質を含む原材料を日本において使用しようとした事業者がその原材料を使用した製品の回収を余儀なくされたため、輸入業者に対して製造物責任等に基づき損害賠償を請求した事件である。この事案では、製造物責任をめぐる問題の一つとして指示・警告上の欠陥の有無が問題になったものである。

第2章　警告上の過失・欠陥をめぐる裁判例

【判決の意義】
　この判決は、化学物質を使用した事業者の被った損害について、輸入業者の注意義務違反との間で法的因果関係を認めることができないとしたこと、製品安全データシート（MSDS）に規制された原材料が記載されていたことから、指示・警告上の欠陥が認められないとしたことに特徴があり、指示・警告上の欠陥の否定事例を提供するものである。

〔70〕　マシニングセンタの警告上の欠陥を否定した事例（東京地判平成19・2・5判時1970号60頁）

──●事案の概要●──
　金型の製造・販売等を業とするX有限会社は、平成13年11月14日、A株式会社との間で、B合資会社をサプライヤーとし、Y株式会社の製造に係るマシニングセンタと呼ばれる工作機械（本件機械）につきリース契約を締結し、Xは、Yの従業員から取扱説明書の交付を受ける等し、Xの従業員等は、同月18日から20日にかけて、Xの工場に設置し、本件機械の引渡しを受けて以来、Xが使用してきたところ（本件機械は、コンピュータ制御により、ツールマガジン内に格納された工具から必要な工具を選択したうえ、主軸に装着して加工を行い、多種工具を用いた多種工程を連続して行うことができる機械である）、平成14年9月8日、無人のXの工場で火災が発生し、工場の天井・内壁等、工場内の工作機械・設備等が焼損したため（当時、本件機械は、コンピュータプログラムによる自動運転がされ、アルミ材を切削加工するプログラムが設定されていた）、Xは、Yに対し、本件機械に欠陥があり、火災が発生した等と主張し、製造物責任に基づき損害賠償を請求したものである。
　この判決は、本件火災の状況から本件機械自体が出火元である可能性が十分あるとしつつ、本件機械の電磁弁、短絡や過負荷等の電気系統の異常等があったとするXの主張を排斥し、本件機械の電気系統部品から

10 事業用・産業用の製品・設備の警告上の過失・欠陥

発生した火花が原因となって本件火災が発生したと認める証拠はないとし、Xが通常想定される使用形態とはいえない使用形態で本件機械を作動させていたことが本件火災の出火原因となった可能性があるものと認められるとし、本件機械の設計上・構造上の欠陥があって、これにより本件火災が発生したとはいえないとし、また、本件機械の取扱説明書・安全銘板において夜間無人運転の際には、火災防止のため、不燃性の切削油を使用すべきであるとの警告がされているとし、警告上の欠陥を否定し、請求を棄却した（この判決は、Xが、出火箇所が本件機械であることが明らかである以上、Yにおいて本件機械の欠陥に基づくものでないことの主張・立証しない限り、本件火災が本件機械の欠陥によるものと認定されるべきであると主張したのに対し、独自の見解であるとし、排斥している）。

【判決内容】

　この判決は、

「前記認定のとおり、本件機械の作動の際に切削油ミストが発生し、これが切削室内部のみならず本件機械の外部へも飛散していたことからすれば、本件機械内の電気系統部分にも切削油ミストが付着していた可能性があり、また、一般に、機械の電気系統部分において火花が発生する可能性も否定できないから、可燃性物質である切削油ミストが本件機械内部の電気系統部分に侵入し、電気系統において発生した火花が熱源となって、これに切削油ミストが引火して出火したという可能性もないわけではない。

　この点に関し、原告は、本件機械の電磁弁がスイッチのオンオフを繰り返すごとに発生させる微少の火花が出火の原因である旨主張するが、そもそも、弁論の全趣旨によれば、本件機械の電磁弁は、磁力により油圧調整を行う弁にすぎず、電磁弁そのものから火花が発生することはないものと認められるから、この点に関する原告の主張を採用することはできない。

　また、弁論の全趣旨によれば、本件機械において、通電する際に火花を発生させるようなスイッチは、すべて本件機械の背面西側の制御盤の中に収納され、焼損の激しかった本件機械の左側方下部付近には置かれていなかったものと認められるところ、本件火災後の現場見分の際、制御盤内に焼損箇所はなく、変形、変色も認められず、原形が保たれていたことは前記認定のとおりであり、制御盤内

において通電する際の火花に切削油ミストが引火して第一次的に発生した炎が制御盤自体を焼損させずに制御盤の扉の中から外へ拡散し、本件機械の左側方下部付近への延焼にまで至ったものとは、およそ考え難いというべきであるから、制御盤内に侵入した切削油ミストが引火して本件火災に至ったものとも認められない。

　さらに、短絡や過負荷等の電気系統の異常による火花も出火原因たる熱源となり得るものであるが、……によれば、本件機械には、短絡に備え、短時間のうちに極めて過大な電流が流れた場合に配線に電流が流れることを遮断する装置である配線遮断機が、また、過負荷に備え、本件機械の動力部に定格電流値を超えた過電流が一定時間流れるという過負荷による熱的損傷から本件機械を保護する装置である過負荷保護装置がそれぞれ設けられており、本件機械は、短絡や過負荷により過電流が発生した場合には、機械全体の運転が停止する構造になっていたことが認められるところ、前記認定のとおり、本件火災発生後の現場見分の際、本件機械の各電気配線について短絡痕は見分できなかったこと、切削部付近の焼損は見分できず、切削室内の切削テーブル上の加工材料の一部がめくれ上がった状態であったことなどに照らすと、出火原因判定書記載のとおり、本件火災の出火時、切削部は作動していたものと考えられ、そうだとすると、本件機械は通電状態で作動していたことになるし、本件機械に短絡、過負荷等の電気系統の異常が生じたことを認めるに足りる証拠はないから、結局、本件において、短絡、過負荷等の電気系統の異常によって火花が生じて出火したものとも認められない。

　なお、……によれば、本件機械の左側面には、いずれも電気部品である送り軸エアー装置、主軸オイルエアーユニット、油圧ポンプ、洗浄液ポンプ及びオイルクーラーが組み込まれていることが認められ、これらの電機部分が高温化することで本件火災の熱源となることも一応想定されるが、……によれば、上記各部品の本件機械運転時における最高温度は、送り軸エアー装置において約100度、主軸オイルエアーユニットにおいて約70度、油圧ポンプにおいて約90度、摺動面潤滑油ポンプにおいて約120度、切削油ポンプ及び洗浄液ポンプにおいて約100度、オイルクーラーにおいて約66度であることが認められ、他方、前記認定のとおり、本件切削油の引火点は最低でも130度以上であるから、これら電気部品が高温に達して熱源となり、これにより当該電気部品に付着した切削油ミストが引火して出火したものとも認めることができない。

　……

　なお、原告は、出火箇所が本件機械であることが明らかである以上、被告において本件火災が本件機械の欠陥に基づくものでないことを主張立証しない限り、本件火災が本件機械の欠陥によるものと認定されるべきであるとも主張するが、製造物責任法条3条に基づき損害賠償を請求する場合、製造物責任を追及する者が製造物の欠陥の存在及び欠陥と損害との間の因果関係の主張立証責任を負うこ

とは明らかであるから、原告の上記主張は独自の見解というほかなく、採用することはできない。
三　争点(2)（警告上の欠陥の有無）について
　原告は、被告が、取扱説明書及び安全銘板において、夜間無人運転で不水溶性切削油の使用が危険であるという十分な警告を行っていなかったなどと主張するが、前記認定事実によれば、本件機械の取扱説明書及び安全銘板の記載等により、本件機械を夜間無人運転する際には、火災防止のため、不燃性の切削油を使用すべき旨の警告がなされており、火災防止のための警告としての機能を十分果たし得るものであったことが認められるし、取扱説明書及び安全銘板の記載方法や安全銘板の取付方法を含めた警告の方法等についても、特段の欠陥があったものとまでは認められないというべきであるから、この点に関する原告の主張も採用することができない」
と判示している。

【事案の特徴】
　この事案は、工作機械をリースによって工場に設置し、稼働していたところ、自動運転中に火災が発生し、工場が焼損する等したため、工場を経営する事業者が工作機械の製造業者に対して製造物責任に基づき損害賠償を請求した事件である。この事案は、工作機械による火災事故であること、火災の発生機序が問題になったこと、損害を被った者が事業者であること、工作機械の設計上の欠陥、製造上の欠陥、警告上の欠陥の有無が問題になったことに特徴がある。

【判決の意義】
　この判決は、工場を稼働させていた事業者の主張する火災発生の原因を認めなかったこと、この事業者が通常想定される使用形態とはいえない使用形態で機械を作動させていたことが火災の出火原因となった可能性があるとしたこと、工作機械の取扱説明書および安全銘板の記載等により、工作機械を夜間無人運転する際には、火災防止のため、不燃性の切削油を使用すべき旨の警告がされていたことから、警告上の欠陥を否定したことに特徴があり、重要な事例判断として先例を提供するものである。
　この判決は、火災事故の原因として工作機械の使用者の誤使用を示唆する

ものであり、これを重視し、工作機械の欠陥を否定したものであり、実務上の参考になる。

また、この判決は、事業者が、出火箇所が機械であることが明らかである以上、製造業者において工作機械の欠陥に基づくものでないことの主張・立証しない限り、火災が工作機械の欠陥によるものと認定されるべきであるとの主張について、独自の見解であるとし、排斥しているが、常識的な判断であり、実務上参考になるものである。

(71) 焼却炉の指示・警告上の欠陥を肯定した事例（名古屋高金沢支判平成19・7・18判タ1251号333頁。(260)(615頁)参照）

――――●事案の概要●――――

X株式会社は、木製サッシの製造・販売を業とし、焼却炉を設置し、使用していたところ、法令上のダイオキシン類の規制に適合しなかったため、Y株式会社の製造に係る焼却炉を購入し、使用していたが、Xの従業員が焼却作業中、灰出し口の扉を開いたことから、バックファイヤーが発生し、火災に至り、Xの工場が全焼する等したため、XがYに対して製造物責任に基づき損害賠償を請求したものである。第1審判決（富山地判平成17・12・20裁判所HP）は、指示・警告上の欠陥を認め、請求を認容したため、Yが控訴した。

この判決は、基本的に第1審判決を引用し、焼却炉の指示・警告上の欠陥を認め、過失相殺を3割認め、控訴を棄却した。

【判決内容】

この判決は、

「ことに、被控訴人においては、前記認定のとおり、本件焼却炉を取り扱う春野は焼却炉に関する特別な資格や知識はなく、また、従前使用していた焼却炉は、300度前後の炉内を撹拌することが予定されており、実際、そのように使用されて

いたのである。加えて、控訴人は、本件焼却炉を被控訴人に販売した際、取扱いに特別な資格のいらない焼却炉として紹介、説明していたのである。したがって、製造者である控訴人は、本件焼却炉を被控訴人に販売した当時、被控訴人が従前焼却炉の使用方法に従って本件焼却炉の燃焼中に灰出し口の扉を開いてバックファイヤーを招く危険性を予見し、本件焼却炉の燃焼中に灰出し口を開けてはならないこと、これを開けた場合にはバックファイヤーが発生して火災が炉外に噴出する危険性があることについて指示、警告する必要があったというべきである」
と判示している。

【事案の特徴】
　この事案は、産業廃棄物処理工場を稼働する事業者が工場に設置された焼却炉を使用中、バックファイヤーが発生し、火災に至ったため、事業者が製造業者に対して製造物責任に基づき損害賠償を請求した控訴審の事件である（第１審判決は、指示・警告上の欠陥を認め、過失相殺を否定したものである）。この事案は、事業用の機械設備である焼却炉が問題になったこと、焼却炉を操作していた事業者の従業員が誤操作によってバックファイヤーを発生させたこと、焼却炉による火災事故であること、焼却炉の指示・警告上の欠陥の有無が問題になったことに特徴がある。

【判決の意義】
　この判決は、焼却炉の燃焼中に灰出し口の扉を開いてバックファイヤーを招く危険性があり、製造業者がこの危険性につき指示・警告が十分でなかったとし、指示・警告上の欠陥を肯定したものである。この事案の事業者は従来から焼却炉を稼働させてきたこと、この判決が問題にする危険性は焼却炉の操作者にとっては明白な危険に属すること等に照らすと、この事案の事故は事業者の従業員において焼却炉の操作方法を誤ったことによって発生し、その誤操作が明白であるというべきであり、この判決が指示・警告上の欠陥を認めた判断は極めて疑問である。

　事業者が使用する事業用の機械・設備について表示・指示・警告上の欠陥が問題になる場合には、事業者であること、事業者としての知識・能力を前

提として製品情報を提供することで足りること（事業者の従業員が実際に機械・設備を使用する場合であっても、事業者を前提として検討することで足りる）、事業が当該機械・設備、同種の機械・設備の使用経験があるときは、この使用経験を重視することが可能であることを考慮し、欠陥の有無を判断することが必要であるが、この判決も、第1審判決もこのような検討・判断が十分かつ適切に行われたものとはうかがうことが困難である。

11 情報の欠陥

(1) 概　説

　情報が製造物責任の対象になるのか、対象とすべきであるかという議論は、従来から行われているが、現行の製造物責任法上は、対象が物に限定されていることから、情報そのものは製造物責任の対象にはならない。もっとも、製品の表示・指示・警告という製品情報に誤りがあったり、十分でなかったりした場合には、製品の欠陥が認められるものであり、この範囲では情報の欠陥を認めているということもできる。情報一般につき製造物責任を認めるべきかどうかは、今後の検討課題である。

　書籍、雑誌、新聞、テレビ等のメディアは、情報に重要な価値があるものとして販売等によって社会に提供されているが、この内容に不具合・誤りがあったような場合、情報を提供する事業者（出版社、雑誌社、新聞社、テレビ局等）が不法行為等に基づき情報の受け手、情報の使用者に対して損害賠償責任を負うかが問題になる。情報を社会に事業として提供する事業者（出版社、雑誌社等）が法的な責任を全く負わないとする根拠はないが、どのような要件の下で損害賠償責任を負うかは議論のあるところである。

　新聞・雑誌が誤った内容の記事・広告を掲載し、これを信用して取引等を行った場合における新聞社等の損害賠償責任が問題になった裁判例は数例あるが、本書では、誤った内容の書籍を出版・販売した出版社が、物の生産者と同様な観点から損害賠償責任を負うかどうかが問題になった裁判例があるので、紹介する。

(2) 情報の欠陥をめぐる裁判例

(72) 出版社の品質保証責任を否定し、書籍情報の欠陥を否定した事例（熊本地判昭和53・12・22判タ374号82頁）

―――――●事案の概要●―――――
　Xが書籍の販売を業とするY株式会社が発売したロシア語書籍の翻訳

書を購入したところ、誤訳があったため、Yに対して債務不履行、不法行為に基づき損害賠償を請求したものである。

この判決は、書籍の発売元は、落丁等の物理的瑕疵の責任を負うことは格別、質的な内容の品質保証までは負わない等とし、請求を棄却した。

【判決内容】

この判決は、

「3(一) そこで原告の主張についてみるに、原告は、先ず、いわゆる製造物責任論を基礎にして、被告が商品としての本件書籍の品質について保証責任を負い、これにより種々の契約責任あるいは不法行為責任が生ずる旨主張する。

しかしながら、食品や医薬品のように、それに存する欠陥によって生じる被害が、健康被害といった人の生命、身体に直接的で、重大かつ回復困難なものについては、その危険性ゆえに、生産者のみならず、その販売に関与した製造販売業者をも含め、これらのものに品質保証責任を認める余地があるものと解されるのであるが、この理が直ちにあらゆる商品に当然に妥当するものと解されることはできず、その商品の種類、性質、流通過程の実態、消費者側の選択能力や選択可能性、さらにはその欠陥によって生じうる被害の内容と危険性の度合、そして責任ありと主張される者がその欠陥を防止できる立場にあるか否かといった諸点について検討を加えたうえで、品質保証責任を負うものと認めることができるかを考えるべきである。

(二) 右の観点から本件について見るに、前述したように、本件書籍は被告が発売元になったことによってはじめて前記の市販ルートによって販売されることとなったものである（なお、原告は、被告が本件書籍の生産者であるというが、前述したように被告は本件書籍の作成に関与しているものではなく、本件書籍に被告の名が表示されているといってもそれは発売元としての表示であり、しかもその実態は単に販売に関する業務を担当しているにすぎないのであるから被告を生産者ということはできない。）が、前述したように書籍について販売元が設けられるのは弱小出版社が取次店の有する販売網に自己の書籍を乗せるための流通上の必要からであって、発売元自体が独自の販売網を有するわけではなく、発売元として担当する業務は取次店との間の販売に関する業務に限られること、書籍においては、他の商品と異なり、著作権や出版権といった独特の問題があって、これ故に発行元たる出版社はともかく、発売元には当該書籍の内容について補正、訂正する権限は無く、従って、書籍出版販売業界の実態としても発売元が書籍の内容について検討することはあまりないこと（ただ、発売元として内容を検討する

こと自体は勿論絶対不可能なものではなく、前記証人横井忠夫の証言からすれば、発売元となる出版社によっては内容を検討することもありうることが認められるのであるが、しかし、それによって内容的な欠陥に気づいたとしても事実上発行元たる出版社に対し注意を喚起しうるにすぎず、それ以上に、内容的な欠陥を訂正させうる法的な権限を有するものではない。)、また、書籍においては、一般的にはその内容について消費者たる読者の側にも判断能力があるのであって、むしろ、読者の良識によって良書、悪書の選択がなされることこそ本来のあるべき姿と考えられること、さらに、その欠陥によって生じうる被害についても、原告の主張するとおりこれを軽視することは許されないが、しかし、その重大性、危険性を比較すれば、食品や医薬品の場合に比して相当に軽度なものということができ、しかも読者においてこれを回避することが相当程度可能であること、そして仮に原告主張の如く発売元にも書籍の内容について責任ありとして、発売元に書籍の内容を検討する義務を課すときは、前述のような書籍出版販売業界の実態に照らし、却って、弱小出版社による出版をいよいよ困難なものとする弊害を招来しかねないことなどを勘案すると、本件の被告の如き書籍の発売元については書籍の内容についての法的な検討義務があると解することはできず、従って、原告主張のような品質保証責任を認めることはできない」

と判示している。

【事案の特徴】

　この事案は、表示・指示等の過失が問題になったものではなく、書籍の内容の不備、瑕疵が問題になったものであり、書籍の購入者が発売元(出版社)に対して内容に誤訳があったと主張し、製造物責任を基礎にする品質保証責任、不法行為に基づき損害賠償を請求した事件である。

【判決の意義】

　この判決は、書籍の内容の欠陥は読者において回避することが相当程度可能であること、発売元に書籍の内容につき検討義務を課すと、弱小出版社による出版を困難にする弊害があること等から、品質保証責任等の損害賠償責任を否定したものであり、書籍情報の欠陥を否定した事例として参考になるものである。

12 その他の製品の警告上の過失・欠陥

(1) 概　説

これまでに紹介した類型の製品以外の製品についても、警告上の過失・欠陥が問題になった裁判例があるので、まとめて紹介する。

製品に関する警告上の過失・欠陥については、どのような内容、程度、方法によって製品情報を提供すれば、警告上の過失・欠陥を否定することができるかは、個々の製品の種類ごとに検討することが必要である。

(2) その他の製品に関する事故をめぐる裁判例

(A) 肥　料

(73) 肥料の販売業者の指示・警告義務違反を肯定した事例（高知地判昭和51・1・19判時819号83頁）

●事案の概要●

肥料等の販売を業とするX株式会社は、Yがビニールハウスでキュウリを生産するにつき農地の土壌検査をし、肥料設計をして肥料を販売し、Yがキュウリの収穫を終えた後、ビニールハウスでピーマンの苗を植えつけたところ、肥料から発生したガスによって枯れ死したことから、XがYに対して肥料代金の支払いを請求したのに対し、Yが反訴として債務不履行、不法行為に基づき逸失利益の損害賠償を請求したものである。

この判決は、Yの後作があることは当然に予想され、ガス発生を予想していたものであり、ガス発生のおそれ、後作の作付けにつき留意事項を何ら教示しなかった過失を認め、損害賠償請求権による相殺を認めて本訴請求を棄却し、反訴請求を認容した。

【判決内容】

この判決は、

「……によればサンユウキの製造は森本製肥であり、発売元が大倉商事であるこ

と、そのパンフレットには、悪性ガスの発生がほとんどない旨の記載がなされていることが認められる。
　しかし、原告が本件肥料を被告に販売するについては、ビニールハウス内でのキュウリに対する施肥であり、後作があることは当然予想されていたのであり、しかも土壌の検査をしたうえで、肥料の配合割合や施肥量をきめ、それが被告のビニールハウスの土に最も適合したものであると教示しているのであるから、それが例え肥料販売のためのサービス（無料という意味で）としてなされたものであったとしても、右教示した内容に誤りないし相当でない部分がある場合においては、原告には過失ありとして法的責任を負担しなければならないものと考える。
　ところで証人吉本亀の証言によれば同人は、サンユウキを施肥するとある程度ガスが発生することが予想していたことが認められるのに、被告に対し、ガス発生についてなんらの説明もしていないこと、しかも、原・被告間の取引は本件が最初であること、前記(ハ)で述べたとおり、他にも同様のガス発生による損害が発生していること、これらの点を総合判断すると、サンユウキを施肥した後においては、ガス発生の恐れがあることを被告に注意し、後作の作付けについての留意事項等を教示すべき義務があったものと解するのが相当であり、従ってそれをしなかった原告には過失があったものといわざるを得ない」

と判示している。

【事案の特徴】
　この事案は、肥料の販売業者がビニールハウスでキュウリを生産する農家に肥料の設計をし、肥料を販売したが、農家がキュウリの後にピーマンの苗を植え付けたところ、苗が枯れたため、農家が販売業者に対して損害賠償を請求した事件である。この事案は、肥料の販売業者の肥料販売にあたっての注意義務違反が問題になったこと、販売業者の肥料によるガス発生のおそれ等の留意事項の教示義務違反（警告上の過失）の有無が問題になったこと（この教示義務は、実質的には警告義務ということができる）に特徴がある。

【判決の意義】
　この判決は、肥料の発売元のパンフレットには悪性ガスの発生がほとんどない旨の記載がなされていたこと、販売業者にとっては、キュウリの後作があることは当然予想されていたこと、施肥によりある程度のガス発生が予想

されていたこと、ガス発生による損害が発生していたこと等の事情から、施肥した後にはガス発生のおそれがあることを購入者に注意し、後作の作付けについての留意事項等を教示すべき義務があったものと解するのが相当であると判示したものである。この判決は、この事案で教示義務違反を肯定したものであり、肥料販売にあたっての販売業者の指示・警告義務違反（警告上の過失）を肯定した事例として参考になるものである。

(B) 積載貨物

船舶に登載した荷物が原因で船舶の火災事故が発生し、荷物の製造業者等の不法行為に基づく損害賠償責任が追及され、荷物の危険性の周知徹底に関する注意義務違反（実質的には、警告上の過失）が問題になった裁判例がある。

〔74〕 高度さらし粉の製造業者等の危険性の周知徹底義務違反を肯定した事例（東京地判昭和61・3・3判時1222号56頁）

●事案の概要●

物品の海上運送を業とするＸ会社がＡ会社から船舶の定期傭船契約を締結し、貨物を運送していたところ、貨物内にY_1株式会社が製造し、Y_2株式会社（Y_1の100％子会社）が販売した高度さらし粉を積載していたことから、航行中に3度にわたり火災事故が発生し、積荷に損害が生じたため、ＸがY_1らに対して高度さらし粉の性質、危険性を流通経路の業者に注意を喚起する注意義務に違反したと主張し、不法行為に基づき損害賠償を請求したものである。

この判決は、高度さらし粉の化学的性質、危険性等を運送人等に周知徹底させるべき注意義務を怠った過失を認め、請求を認容した。

【判決内容】

この判決は、

「2 以上認定の事実によると、被告Y_1は、高度さらし粉を製造し、しかも国内最大手のメーカーとしてその大半を輸出し、高度さらし粉が過去において爆発事

故を起こしていたことを知っていたのであって、高度さらし粉の性質等特に発火の危険性について最もよく認識し、また、認識すべきであったのであるから、荷役会社、船会社、荷送人など流通経路に関与する業者に対し、その取扱の万全が期せられるよう、火気に接触させないこと、酸・有機物・還元性物質等と接触混合させないこと、直射日光を遠ざけること、高度さらし粉が急激に分解した場合災害が引き起こすおそれのあること等を理解させるなどその危険性について周知徹底させるべき法律上の作為義務を負っていたものというべきである。

したがって、前記1記載のような被告Y_1の不作為は、右作為義務に違反するものであって違法であり、しかも前記認定の本件事故発生に至るまでの経緯にかんがみると、被告Y_1は、本件高度さらし粉の危険性の周知徹底方を懈怠したことにつき過失があったものといわざるを得ない」

と判示している。

【事案の特徴】

この事案は、取扱いにつき安全性を確保すべき高度さらし粉を船舶で運送中、火災事故が発生したため、海上運送業者が高度さらし粉の製造業者等に対して損害賠償を請求した事件である。この事案では、製造業者等の高度さらし粉の危険性の周知徹底に関する注意義務違反（実質的には、警告上の過失）の有無が問題になったわけである。

【判決の意義】

この判決は、この危険性の周知徹底に関する注意義務違反を肯定したものであるが、高度さらし粉の危険性が明白な危険であるかどうかも問題になるところであり、上告審判決（〔76〕(237頁)）によって注意義務違反が否定されたものである。

〔75〕 〔74〕の控訴審判決であり、高度さらし粉の製造業者等の危険性の周知徹底義務違反を肯定した事例（東京高判平成元・2・6判時1310号83頁）

●事案の概要●

前掲〔74〕（234頁）の控訴審判決であり、Y_1らが控訴したものである。

この判決は、危険物を製造・販売する者は流通経路においてその危険

> が現実化することを避けるため、その危険性の内容、程度、適切な運搬・保管方法等の取扱上の注意事項をその流通に関与する者が容易に知りうるようにする義務、危険性、取扱上の注意事項を周知徹底させる義務を負う等とし（過失相殺を5割認めた）、第1審判決を変更し、請求を認容した。

【判決内容】

この判決は、

「一　危険物製造業者の責任

危険物を製造、販売する者は、その製品たる危険物の流通経路において、その危険が現実化することを避けるために、その危険性の内容、程度及び適切な運搬、保管方法等の取扱上の注意事項をその流通に関与する者が容易に知りうるようにする義務、即ち危険性及び取扱上の注意事項を周知させる義務を負うと解すべきである。もっとも、一般人の知識水準に照らし、流通関与者が当然知っていなくてはならない事項については、周知させる義務の対象とはならないというべきであるし、また、衡平上、現実に当該関与者が既にその危険性の内容、程度、取扱上の注意事項を十分に知っている場合には、周知義務違反の責任を問われるべきではない。

これを本件についてみるに、前記第二の二4(1)で認定したように本件高度さらし粉は、強力な酸化剤であって、不適切な取扱によっては火気なしに爆発的な燃焼を生じて火災の原因となる危険性を有したのであるから、これを製造、販売した控訴人Y_1は、一般人が既にそれを知っていたといえないかぎり、その危険性の内容、程度及び運搬、保管方法等の取扱上の注意事項を周知させるべき義務があったというべきである。

以上の1ないし8の認定事実によれば、Y_1は、自らは高度さらし粉の危険性を知っていたのであり、他方、流通関与者がその危険性の認識が低く不適切な取扱がなされている実情についても、これを知り、或いはこれを知り得たのに、流通における危険防止に対する義務の自覚が弱く、これを周知させる努力を殆どしなかったし、本件高度さらし粉の出荷に際しても特に船主側から要請されていた説明書の添付はせず、ラベルを貼ったとしても、それは危険性に対する注意喚起としては不十分なものであったのであるから、過失により高度さらし粉の危険性を周知させるべき義務を尽くさなかった違法があると言わざるを得ない」

と判示している。

【判決の意義】

　この判決は、第１審判決（〔74〕（234頁））と同様に、高度さらし粉の危険性の周知に関する注意義務違反を肯定したものであるが、上告審判決（〔76〕（237頁））によって破棄されたものである。

〔76〕 〔75〕の上告審判決であり、高度さらし粉の製造業者等の危険性の告知義務違反を否定した事例（最一小判平成５・３・25民集47巻４号3079頁、判時1478号115頁、判タ833号139頁、金判940号３頁）

―――●事案の概要●―――

　前掲〔75〕（235頁）の上告審判決であり、Y_1らが上告したものである。

　この判決は、海上物品運送業者は危険物であることを知りながらこれを運送する場合には、船舶および積荷等の安全を確保するため、当該危険物の危険性の内容・程度および運搬・保管方法等の取扱上の注意事項を調査し、適切な積付け等を実施し、事故の発生を未然に防止すべき注意義務を負い、これらを知りうるときは、当該危険物の製造業者・販売業者は告知義務を負わないとし、控訴審判決中Y_1らの敗訴部分を破棄し、第１審判決中この部分を取り消し、Xの請求を棄却した。

【判決内容】

　この判決は、

「１　海上物品運送業者は、危険物であることを知りながら、これを運送する場合には、船舶及び積荷等の安全を確保するため、当該危険物の危険性の内容、程度及び運搬、保管方法等の取扱上の注意事項を調査し、適切な積付け等を実施して、事故の発生を未然に防止すべき注意義務を負っている。したがって、右の場合において、海上物品運送業者が、通常尽くすべき調査により、当該危険物の危険性の内容、程度及び取扱上の注意事項を知り得るときは、当該危険物の製造業者及び販売業者は、海上物品運送業者に対し、右の事項を告知する義務を負わな

237

第2章　警告上の過失・欠陥をめぐる裁判例

いものというべきである。
2　これを本件についてみるに、前記事実関係によれば、海上物品運送業者である被上告人は、荷送人テナント・トレーディングから交付された連絡表等により、本件運送品が高度さらし粉であって、発火の危険性を有することを認識していた上、危険物海上輸送に関し国際的に権威のあるイムココード等を参照して調査することにより、その危険性の内容、程度及び取扱上の注意事項を容易に知り得たものというべきである。したがって、上告人らは、危険物の製造業者及び販売業者として、被上告人に対し、右の事項を告知する義務を負っていたということはできない」
と判示している（判例評釈として、小塚荘一郎・法協111巻10号139頁、原茂太一・金判957号42頁、高橋眞・ジュリ1046号81頁がある）。

【判決の意義】

この判決は、高度さらし粉の危険性は容易に調査し、その取扱い等も容易に知ることができたとし（海上運送業者は通常尽くすべき調査等を実施すべきであるとしている）、危険性等の告知義務（実質的には、警告上の過失）を否定したものである。

この判決は、危険物を取り扱う事業者の事故防止のための注意義務を認め、通常の注意によって取り扱う物の危険性、取扱方法等を知ることができた場合には、危険物の製造業者・販売業者が危険性等の告知義務（事業者の表示・指示・警告義務に当たるということができる）を負わないとする法理を認めるものであり、理論的に重要な判断を示したものであるし、この事案につき告知義務を否定した事例としても重要な先例を示したものである。

　　(C)　煙　草

製品事故における警告上の過失・欠陥が問題になったものではなく、煙草の非喫煙者が煙草の製造業者に対して警告文の掲載請求の可否・当否が問題になった裁判例があるので、紹介する。

(77)　煙草の製造・販売業者に対する警告文表示等の請求を否定した事例
　　（名古屋地判平成11・3・15判夕1001号205頁）

12 その他の製品の警告上の過失・欠陥

●事案の概要●

　非喫煙者Xらが、喫煙者の吸った煙草の煙によって眼・喉の痛み等の健康障害が生じたとして、煙草を製造・販売するY株式会社に対して、主位的に人格権侵害を主張して煙草の製造、販売、輸入の禁止および損害賠償を、予備的に製造物責任法の規定、民法709条、憲法13条の各法理および条理を主張して煙草販売における警告文の表示を請求したものである。
　この判決は、受忍限度を超えていない等とし、請求を棄却した。

【判決内容】

　この判決は、

　「五　人格権に基づく差止等
　一般に、人の生命、身体及び健康についての利益は、人格権としての保護を受け、これらを違法に侵害された場合には、損害賠償を求めることができるほか、人格権に基づいて、加害者に対し、現に行われている侵害行為を排除し、又は、将来の加害行為を予防しするため侵害行為の差止をし、又は、侵害行為を予防するために必要な措置を講じることを求めることができるものと解するのが相当である。
　しかしながら、人の生命、身体及び健康に関する利益に対する侵害にも、極めて軽微なものであって侵害行為が終了した後速やかにその影響が解消するものから、重大な侵害であって被害者が長くその影響から脱することのできないものまで様々な段階があり得るところであり、また、侵害の態様も直接的なものから、第三者の行為が介在する間接的なものまで一様ではない。
　そして、人の身体、健康等に影響を及ぼすものであっても、その態様、程度のいかんによっては、社会生活を円滑に営むために相互に許容すべきものとして社会的に容認されるものもあり得るのであって、およそ、侵害の態様、程度、加害行為の性質・効用又はこれに対する差止による影響等を考慮しないで当然に損害賠償又は差止を肯認するのは相当とはいい難く、侵害行為が受忍限度を超えるものであって初めて損害賠償又は差止が肯認されると解すべきである。
　六　主位的請求（たばこの製造、販売及び輸入事業の差止請求）について
　前記二のとおり、たばこ煙には種々の有害物質が含まれており、受動喫煙は、急性影響として、眼症状（かゆみ、痛み、涙、瞬目）、鼻症状（くしゃみ、鼻閉、

239

第 2 章　警告上の過失・欠陥をめぐる裁判例

かゆみ、鼻汁）、頭痛、咳、喘鳴等をもたらし、また、受動喫煙の影響として、特に肺がんに関し近時多くの研究が発表され、約半数のものは、受動喫煙の肺がんに対するリスクを明らかに認め、肺がん以外のがん、呼吸機能の障害、虚血性心疾患についても、複数の研究において受動喫煙のリスクが報告されている。

　非喫煙者が右のような健康被害又はそのおそれのある受動喫煙を避けたいとするのは当然であって、社会生活を円滑に営む上において、非喫煙者が喫煙者の喫煙行為を一方的に受忍しなければならない理由はない。

　ところで、たばこの製造、販売及び輸入という被告の行為は、それがなければおよそ喫煙という行為があり得ないし、喫煙者の喫煙がなければ、非喫煙者が間接喫煙をすることもないという意味では間接喫煙にとって根本原因ではある。しかし、非喫煙者に対するたばこ煙の暴露は喫煙者の喫煙なくしては生じないという点からすると、被告の行為は間接的なものであって、非喫煙者の間接喫煙は、喫煙者の喫煙という行為によってもたらされるものである。

　したがって、まずは、喫煙者が非喫煙者に配慮し、喫煙の場所、方法について十分な自制をすべきであり、喫煙者がこれを実行するならば、非喫煙者がたばこ煙に暴露される機会もなくなるはずである。もちろん、喫煙者のマナーにのみ期待して、非喫煙者を間接喫煙から完全に守ることはできないが、近年、たばこ煙の害が強調され、公共の施設、交通機関、一般の職場においても喫煙規制・分煙の措置がとられるようになり、今後も充実強化されることが予想されることから、これらの社会的規制によっても、非喫煙者を間接喫煙から守ることは十分可能である。

　一方、原告らが被った受動喫煙による被害は、前記四のとおりであり、比較的軽微な急性影響や、たばこや喫煙者に対する嫌悪感や不快感であって、原告らが、受動喫煙により、健康上容易に回復することのできない重大な被害を現に被っているとは認められないし、将来重大な健康被害を受けるおそれがあるか否かは、受動喫煙の暴露の時間及び量並びに個人の素因、素質及び健康状態の良否等の種々の条件に左右されるものであるところ、これらの事実に関する原告らの主張立証がないので、原告らについて将来重大な健康被害が発生するか否かについて判断することはできない。

　以上、間接喫煙によって原告らが現に受けている被害の程度、将来受ける健康被害の可能性、喫煙者のマナー、喫煙に対する社会的規制によっても間接喫煙の機会は少なくすることができること等を考えると、たばこの製造、販売及び輸入事業を差し止めなければ、間接喫煙を防止できないとも、また、重大な生命、身体、健康の被害を防止できないとも認められない。

　したがって、原告らの人格権侵害を理由とするたばこの製造、販売及び輸入事業の差止請求には理由がない。

　……

九　予備的請求2（本件警告文の表示請求）について
1・2　〈略〉
3　前記1㈡及び2の各事実に加え、受動喫煙の肺がん等の疾患に対するリスクの存在を肯定する研究が少なからず公表されていること、各国あるいは国際機関の勧告において受動喫煙の危険性について公衆衛生上の注意が喚起されていることに加え、周知のとおり、我が国においても、近年医療機関や列車を含む公共の場所や職場での喫煙に対する規制が進んでおり、職場においていわゆる分煙化が定着しつつある状況にあることを併せ考えると、被告においては、任意の措置として、本件警告文のような表示を加えることが好ましいといえる。
4　ところで、原告らは、本件警告文の表示請求の根拠として製造物責任法の規定や民法709条、憲法13条の各法理及び条理を主張する。しかしながら、これらの条文を根拠にするとしても、右請求が私権に基づくものとしても、右請求が私権に基づくものというためには、原告ら自身の権利侵害に基づくものと構成せざるを得ない。仮に、原告らの請求を人格権の侵害に基づく妨害予防請求権と構成するとしても、前記四認定のとおり、原告らが被った受動喫煙による被害は、比較的軽微な急性影響や、たばこや喫煙者に対する嫌悪感や不快感にすぎず、受忍限度の範囲内のものであって、妨害予防請求権を行使することができる程度の被害を受けているとも、または、そのような被害を受ける恐れがあるとも認めがたいところであるから、人格権の侵害の立証がないことに帰する。
　したがって、その余の点について検討するまでもなく、原告らの予備的請求2も理由がない」

と判示している。

【事案の特徴】
　この事案は、非喫煙者らが、喫煙者の吸った煙草の煙によって眼・喉の痛み等の健康障害が生じたと主張し、煙草を製造・販売する事業者に対して煙草販売における警告文の表示等を請求した事件である。この事案では、煙草の製造・販売にあたって煙草に警告文の表示等を請求したところに特徴がある。

【判決の意義】
　この判決は、被害のおそれが認められないとし、警告文の表示等の請求を否定したものであり、事例として参考になる。

13　製品情報の提供（取扱説明書の交付等）と誤使用

(1)　概　説

　これまで紹介してきた裁判例からも明らかになっているように、①製品事故の原因として、使用者等の誤使用・不注意が問題になることが多いこと（実際に事故原因と認められることも少なくない）、②使用者等の誤使用等は、製品の危険が明白である場合には、取扱説明書の交付等によって製品情報を提供するまでもなく、事故原因と認められること、③製品の危険が明白であるとはいえない場合には、取扱説明書の交付等によって、使用者等に製品情報が提供され、使用者等が危険に自ら接近し、危険を引き受けたなどとして事故原因と認められることが、それぞれ法理として認められるものである。

　取扱説明書の記載等による製品情報の提供は、一般的にも製品の使用者等に事故防止のために重要な役割を果たすものであるが、いったん製品事故が発生した場合には、製品事故の原因の認定、因果関係の存否の判断にあたって極めて重要な事情として考慮されるものであるだけでなく、警告上の過失、警告上の欠陥の有無の判断にあたっても極めて重要な事情として考慮されるものである。使用者等が取扱説明書の記載等に反して製品を使用した場合には、誤使用に当たるものであり、事故原因、因果関係、警告上の過失・欠陥の判断にあたって極めて重要な事情として考慮されるわけである（もっとも、使用者等の誤使用は、取扱説明書等の記載の内容・程度にかかわらず、認められることがあることはいうまでもない）。

(2)　製品情報の提供をめぐる裁判例

　取扱説明書の交付等による製品情報の提供は、前記のように誤使用の問題と密接に関係しているものであるが、この関係を明確に判示した裁判例として、次のものがあり、重要な先例であるので、紹介したい。

〔78〕 医師が医薬品を使用するにあたって添付文書（能書）記載の注意事項に従わず、それによって医療事故が発生した場合には、これに従わなかったことにつき特段の合理的理由がない限り、医師の過失が推定されるとした事例（最三小判平成8・1・23民集50巻1号1頁、判時1571号57頁、判夕914号106頁）

●事案の概要●

Y₁病院の医師Y₂が、昭和49年9月、患者X₁（当時、7歳）に腰椎に麻酔剤（ペルカミンS）を注入し、虫垂炎切除手術を行ったところ、その手術中、Xの血圧が低下し、X₁が心停止等により脳に重大な損傷を受け、寝たきりの状態になったが、麻酔剤の能書には、麻酔剤注入前に1回、麻酔剤注入後には、10分ないし15分まで2分間隔で血圧を測定すべきことが記載され、Y₂は、一般開業医の常識に従って5分ごとの測定を指示していたところ、X₁とその両親X₂らがY₁らに対して診療契約上の債務不履行または不法行為に基づき損害賠償を請求した。控訴審判決（名古屋高判平成3・10・31民集50巻1号115頁）がX₁らの請求を棄却したため、X₁らが上告した。

この判決は、Y₂の過失があるとし、控訴審判決を破棄し、本件を原審に差し戻した。

【判決内容】

この判決は、

「人の生命及び健康を管理すべき業務（医業）に従事する者は、その業務の性質に照らし、危険防止のために実験上必要とされる最善の注意義務を要求されるのであるが（最高裁昭和31年(オ)第1065号同36年2月16日第一小法廷判決・民集15巻2号244頁参照）、具体的な個々の案件において、債務不履行又は不法行為をもって問われる医師の注意義務の基準となるべきものは、一般的には診療当時のいわゆる臨床医学の実践における医療水準である（最高裁昭和54年(オ)第1386号同57年3月30日第三小法廷判決・裁判集民事135号563頁、最高裁昭和57年(オ)第1127号同

63年1月19日第三小法廷判決・裁判集民事153号17頁参照)。そして、この臨床医学の実践における医療水準は、全国一律に絶対的な基準として考えるべきものではなく、診療に当たった当該医師の専門分野、所属する診療機関の性格、その所在する地域の医療環境の特性等の諸般の事情を考慮して決せられるべきものであるが(最高裁平成4年(オ)第200号同7年6月9日第二小法廷判決・民集49巻6号1499頁参照)、医療水準は、医師の注意義務の基準(規範)となるものであるから、平均的医師が現に行っている医療慣行とは必ずしも一致するものではなく、医師が医療慣行に従った医療行為を行ったからといって、医療水準に従った注意義務を尽くしたと直ちにいうことはできない。

ところで、本件麻酔剤の能書には、『副作用とその対策』の項に血圧対策として、麻酔剤注入前に一回、注入後は10ないし15分まで2分間隔に血圧を測定すべきであると記載されているところ、原判決は、能書の右記載にもかかわらず、昭和49年ころは、血圧については少なくとも5分間隔で測るというのが一般開業医の常識であったとして、当時の医療水準を基準にする限り、Y_2に過失があったということはできない、という。しかしながら、医薬品の添付文書(能書)の記載事項は、当該医薬品の危険性(副作用等)につき最も高度な情報を有している製造業者又は輸入販売業者が、投与を受ける患者の安全を確保するために、これを使用する医師等に対して必要な情報を提供する目的で記載するものであるから、医師が医薬品を使用するに当たって右文書に記載された使用上の注意事項に従わず、それによって医療事故が発生した場合には、これに従わなかったことにつき特段の合理的理由がない限り、当該医師の過失が推定されるものというべきである。そして、前示の事実に照らせば、本件麻酔剤を投与された患者は、ときにその副作用により急激な血圧低下を来し、心停止にまで至る腰麻ショックを起こすことがあり、このようなショックを防ぐために、麻酔剤注入後の頻回の血圧測定が必要となり、その趣旨で本件麻酔剤の能書には、昭和47年から前記の記載がなされていたということができ(鑑定人宮崎正夫によると、本件麻酔剤を投与し、体位変換後の午後4時35分の血圧が124ないし70、開腹時の同40分の血圧が122ないし72であったものが、同45分に最高血圧が50にまで低下することはあり得ることであり、ことに腰麻ショックというのはそのようにして起こることが多く、このような急激な血圧低下は、通常頻繁に、すなわち1ないし2分間隔で血圧を測定することにより発見し得るもので、このようなショックの発現は、『どの教科書にも頻回に血圧を測定し、心電図を観察し、脈拍数の変化に注意して発見すべしと書かれている』というのである)、他面、2分間隔での血圧測定の実施は、何ら高度の知識や技術が要求されるものではなく、血圧測定を行い得る通常の看護婦を配置してさえおけば足りるものであって、本件でもこれを行うことに格別の支障があったわけではないのであるから被上告人Y_2が能書に記載された注意事項に従わなかったことにつき合理的な理由があったとはいえない。すなわち、昭和49年当

時であっても、本件麻酔剤を使用する医師は、一般にその能書に記載された2分間隔での血圧測定を実施する注意義務があったというべきであり、仮に当時の一般開業医がこれに記載された注意事項を守らず、血圧の測定は5分間隔で行うのを常識とし、そのように実践していたとしても、それは平均的医師が現に行っていた当時の医療慣行であるというにすぎず、これに従った医療行為を行ったというだけでは、医療機関に要求される医療水準に基づいた注意義務を尽くしたものということはできない」

と判示している（判例評釈として、松原昌樹・判評457号41頁（判時1588号203頁）、伊藤文夫＝山口斉昭・判タ957号42頁、植垣勝裕・判タ945号70頁、手嶋豊・ジュリ1109号120頁、同1113号78頁、拙稿・NBL623号72頁がある）。

【事案の特徴】

この事案は、医師が患者の腰椎に麻酔剤（ペルカミンS）を注入し、虫垂炎切除手術を行ったところ、その手術中、患者の血圧が低下し、心停止等により脳に重大な損傷を受け、寝たきりの状態になったため、患者等が医師等に対して医療契約上の債務不履行等に基づき損害賠償を請求した上告審の事件である。この事案では、医師が薬事法に規定されている添付文書（能書）に記載された麻酔剤の使用方法と異なる使用をしたことが医師の過失に当たるかが問題になったものである。

この事案では、麻酔剤の能書には、麻酔剤注入前に1回、麻酔剤注入後には、10分ないし15分まで2分間隔で血圧を測定すべきことが記載されていたのに、医師は、一般開業医の常識に従って5分ごとの測定を指示していたものであり、医薬品の製造業者の警告義務違反が問題になったものではなく、製造業者が作成し、医師の医薬品に添付した書面による警告に違反したことが医師の過失に当たるかが問題になったものである（医師の誤使用が問題になったものであり、医薬品の取扱説明書である能書以外の取扱説明書についても、使用者の誤使用・過失として問題になりうるものである）。

【判決の意義】

この判決は、医薬品の添付文書（能書）の記載事項は、医薬品の危険性

(副作用等）につき最も高度な情報を有している製造業者または輸入販売業者が、投与を受ける患者の安全を確保するために、これを使用する医師等に対して必要な情報を提供する目的で記載するものであるとしたこと、医師が医薬品を使用するにあたってこの文書に記載された使用上の注意事項に従わず、それによって医療事故が発生した場合には、これに従わなかったことにつき特段の合理的理由がない限り、医師の過失が推定されるとしたこと、この事案では、特段の合理的な理由は認められないとし、医師の過失を認めたことに特徴がある。

　この判決は、医薬品の使用者である医師と医薬品の製造業者の作成に係る取扱説明書（添付文書、能書）との関係について、特段の合理的な理由がない限り、医師が取扱説明書に従わない使用をした場合には、医師の過失が推定されるとする法理を明らかにしたものであるが、製品の専門的な使用者と取扱説明書との関係にも妥当する法理であるということができる。

　また、この判決は、製品の取扱説明書等の表示・指示・警告を逸脱した使用と使用者の誤使用、使用者の過失との関係を検討するについても重要な先例として参考になるものである。

ptop
第3部

誤使用をめぐる判例と法理

第1章　製品・設備事故における誤使用

1　はじめに

　われわれの日常生活も、経済活動も、社会において設置されている公有・私有の各種の設備を利用し、多種多様な製品を利用することによって営まれている。われわれ個人だけではない。われわれが属する公的な団体、私的な団体も、設備を利用し、製品を利用することによってその活動が行われている。

　たとえば、社会において利用されている設備を取り上げてみると、道路、駐車場、鉄道、駅、空港、港湾、海浜、河川、湖沼、山林、上水道、下水道、排水路、送電線、ガス管、電話線、擁壁、店舗、飲食店、ホテル・旅館、事務所用建物、倉庫、工場、学校、公園、遊園地、娯楽施設、温泉、公共建物、私有建物等、公有・私有の各種の設備があるが、これらの設備の利用等に伴って事故が発生する事態（設備の利用等に伴って発生する事故を「設備事故」と呼ぶことにする）は日常的にみられるところである。

　設備事故が発生すると、設備の利用者、周囲にいる者等に人身損害、物的損害、経済的損害等の損害が生じ、責任原因、加害者の地位、加害行為の態様、加害者と被害者との関係等の事情によって加害者に損害賠償責任が認められることがある（被害者は、一応個人であることを前提とした説明をしているが、株式会社・公法人等の団体が設備事故の被害者になることがあることはいうまでもない）。

2　事故原因の判断と誤使用の位置づけ

(1)　設備事故の原因の特定

　設備事故における損害賠償責任は、不法行為（民法709条・715条）、債務不履行（同法415条）、土地工作物責任（同法717条）、営造物責任（国家賠償法2条）等の法的な根拠によって認められることがありうるが、このような損害賠償責任が認められるためには、たとえば、土地工作物責任の場合には、設備が土地の工作物であること、土地の工作物の設置・保存に瑕疵が存在すること、損害が発生したこと、瑕疵と損害の発生との間に因果関係が存在することの各要件を満たすことが必要であるところ、これらの各要件のうち、瑕疵の存在、因果関係の存在が重要な争点になることが多い（営造物責任の場合にも、ほぼ同様な要件が満たされることが必要であり、瑕疵の存在、因果関係の存在が重要な争点になることが多い）。

　瑕疵の存在にしろ、因果関係の存在にしろ、それぞれの要件を具体的な事案で判断することが困難であることが多いが、これは、各要件が抽象的であり、判断基準もまた抽象的であることのほか、設備事故の原因を分析・検討すると、同時あるいは順次に複数の原因が関与していることが多く、設備事故の原因を特定することが困難であることが少なくない。また、設備事故によっては、収集・使用することができる証拠が相当に制約されるため、具体的にどのような経過・態様で事故が発生したかを認定することが困難であることも多い。

　しかも、設備事故の原因を特定するにあたっては、特定の設備そのものが事故発生に関与したか、どの程度関与したかも明らかでないことが少なくないため、瑕疵の存在とか、瑕疵と損害発生の間の因果関係の存在を検討する前に、事故原因の特定、設備と損害発生との間の因果関係の存在が重要な争点になることが少なくない。

　設備事故の原因を分析し、検討する場合、設備側の原因（設備の種類、用

途、危険性、取扱説明、設置、修理、メンテナンス等)、使用者側の原因(使用状況、認識、行動、取扱説明違反、使用に関する法令違反、誤使用・誤操作、異常行動、不注意等)、使用環境上の原因、法令上の規制等の事情が関与する可能性があり、具体的な事故ごとに収集した証拠によって可能性のある原因から事故原因を特定し、さらに前記の因果関係の存在を認定することが必要である。しかし、実際上、設備事故につき事故原因の分析・検討においては、使用者・被害者が設備の使用方法・操作方法を誤っていたと認められることが少なくなく(具体的な事案によっては、被害者が設備の使用によって損害が発生したと主張しながら、設備にかかわりなく他の原因によって事故を発生させたと認められることもあるが、従来は、このような事案を含め、広く誤使用の問題として取り上げられてきた)、この誤使用を瑕疵の存在、因果関係の存在等の各要件の判断の場面でどのように取り扱うかが問題になり、悩まされることが少なくなかった。使用者・被害者は、事故発生後において、設備の使用方法・操作方法につき適切に供述・説明することが求められるが、さまざまな思惑等の事情によって歪められた供述・説明がされることが少なくなく、誤使用の問題をより複雑なものにしていることは否定できない。

⑵ 製品事故の原因の特定

設備事故における事故原因の判断が困難である事情は、程度の差はあっても、製品事故にも同様にあてはまる。

たとえば、社会において利用されている製品を取り上げてみると、製品の開発、販売、廃棄が日々盛んに行われ、提供される商品の種類・用途等が変化しているところであるが、われわれは、自宅、交通機関、道路、職場、事務所、学校、店舗、飲食店、公園、遊技場、公共施設等において多種多様な製品に取り巻かれて生活しており、これらの製品の利用等に伴って事故が発生する事態(製品事故)もまた日常的にみられるところである。

われわれが自ら保有し、あるいは他人が保有する製品を利用する機会は、年々増加しているところであるし(われわれが自ら個人で保有する製品の数は、

豊かな社会を背景として、10年前、20年前、30年前等の過去を遡って比較すると、著しく増加している)、製品の種類、用途、機能、品質は拡大し、高性能になっているところである。その反面、われわれが保有し、利用する製品の増加傾向に比較して（提供される製品の数、リコールの増加等に伴って、提供される製品情報・製品事故情報も増加傾向にあり、すでに膨大な量の情報が提供されている)、製品情報・製品事故情報の理解は低迷し、消化不良になり、製品の本来の使用、適正な使用から逸脱した使用をしがちになっている（社会において伝統的に保有されてきた製品の用途、危険性、危険の予知等に関する常識・知恵は、徐々に伝承されなくなり、衰退する傾向にあるため、製品の常識的な使用から逸脱した使用をしがちになっているということもできる)。

　製品事故が発生すると、製品の利用者、周囲にいる者等に人身損害、物的損害、経済的損害等の損害が生じ、責任原因、加害者の地位、加害行為の態様、加害者と被害者との関係等の事情によって加害者に損害賠償責任が認められることがある。

　製品事故における損害賠償責任は、不法行為（民法709条・715条)、債務不履行（同法415条)、製造物責任（製造物責任法3条）等の法的な根拠によって認められうるが、このような損害賠償責任が認められるためには、製品の欠陥の存在、欠陥と損害発生との間の因果関係の存在等の各要件が満たされることが必要である（たとえば、製造物責任の場合には、製品の欠陥の存在は、法律上規定によって必要であると明示されている（同法2条・3条）が、実務上は不法行為の場合にも、製品の欠陥の存在が主張されることが少なくない)。

　製品事故の場合、因果関係の存在については、前記の設備事故の場合と同様に、事故原因の特定、特定の製品と損害発生との間の因果関係の存在が重要な争点になることが少なくない。製品事故の原因を分析し、検討する場合、製品側の原因、使用者側の原因、使用環境上の原因、法令上の規制等の事情が関与する可能性があることも、設備事故の場合と同様である。具体的な分析・検討にあたっては、製品事故ごとに収集した証拠によって可能性のある

原因から事故原因を特定し、因果関係の存在を認定することが必要である。しかし、実際上、使用者・被害者が製品の使用方法・操作方法を誤っていたり、不注意であったり、異常な行動をしたりしたと認められることが少なくなく（設備事故の場合と同様に、広く誤使用の問題として取り上げられてきた）、製品事故において使用者等の誤使用を法的にどのように取り扱うかは、相当に悩まされる問題である。

(3) 事故原因と誤使用の取扱い

製品・設備事故が生じ、損害賠償責任が問題になった場合、使用者等の誤使用をどのように取り扱うかは、損害賠償責任の法的な根拠である不法行為、債務不履行等ごとに異なるところはあるが、①責任原因の特定・存在（加害者の故意・過失、土地の工作物の設置・保存の瑕疵、製造物の欠陥、営造物の設置・管理の瑕疵、製品・設備事故の原因の特定等）、②責任原因と損害発生との間の因果関係の存在（製品・設備事故の原因の特定、製品・設備と事故との間の因果関係、損害拡大防止義務違反の問題を含む）、③過失相殺の各場面で使用者等の誤使用が問題になりうる。

なお、本書においては、製品・設備事故における使用者等の誤使用とこれらの法的な問題を取り扱うこととしているが、責任原因のうち、主に土地工作物責任（民法717条）、営造物責任（国家賠償法2条）、製造物責任（製造物責任法3条）の適用が問題になった場面における取扱いを紹介する。

土地工作物責任の基本的な要件は土地の工作物の設置・保存の瑕疵の存在であり、営造物責任のそれは公の営造物の設置・管理の瑕疵の存在、製造物責任のそれは製造物の欠陥の存在であるところ、これらの瑕疵・欠陥の抽象的な定義は類似しており、瑕疵等の存否と使用者等の誤使用の有無・態様が問題として取り上げられることが多く、問題の所在がわかりやすいという事情があるからである（一般の不法行為等の場面でも、使用者等の誤使用と責任の存否が問題になることがあるが、瑕疵等の存否が問題になった場合に準じて分析することができよう）。

また、本書は、前記のとおり、製品・設備事故による損害賠償責任が問題になった事案を前提として誤使用をめぐる法的な問題を検討するものであるが、誤使用は、このような損害賠償責任が問題になった場面だけで分析され、検討されるわけではない（法的な問題であっても、刑事責任が問題になる事案は、本書の対象外である）。

　製品・設備事故における誤使用をめぐる問題は、事故後、同種の事故を防止する対策を検討したり、製品・設備の改良を検討したりする場面でも重要な課題になっているが、これらの課題は重要であっても、本書の対象外である（現在、製品・設備事故の原因調査について、充実した調査体制の構築が重要な政策課題になっているが、これは、主として同種事故の防止対策のためであって、損害賠償責任の追及のためのものではない）。

3　誤使用の意義

(1)　誤使用の意義・定義

　製品・設備事故が発生し、その原因の特定・認定が問題になると、使用者等の誤使用が問題になることが多いが、そもそも使用者等の誤使用の用語自体必ずしも明確な定義を前提として使用されているようではないし、誤使用を主張する者も同じ意義のものとして使用しているようでもない（裁判例を概観しても、同じ意義のものとして使用されているとはいいがたい）。

　また、誤使用と同様な意味合いで、誤使用の以外の用語、たとえば、「通常の用途以外の使用」「本来の用途以外の使用」「不適正な使用」「取扱説明書以外の使用」「異常使用」「著しい誤使用」「重大な誤使用」「法令違反の使用」「異常な行動」「常識外の使用」「常識外の行動」「予想外の使用」「予想外の行動」等の用語も使用され、誤使用をめぐる問題をさらに混乱させているようである。誤使用という同じ言葉を使用したり、類似の言葉を使用したりして誤使用をめぐる前記の法的な問題が取り上げられ、議論されているが、誤使用という同じ言葉を使用しながら、異なる意味を盛り込んで議論をして

も生産的でもなく、実際的でもない。

　誤使用をめぐる法的な問題を検討するにあたっては、まず、その定義をできる限り明確にすることが必要である。

　誤使用が問題になる場合、誤使用であるから責任原因・因果関係を否定すべきであるとの方向で主張されることが通常であるが、論者によっては、誤使用の程度であるから責任原因・因果関係を肯定すべきであるとの方向で主張をする者もいるため（通常の誤使用、軽微な誤使用では、責任原因等は否定されず、このような誤使用を想定して製品・設備の安全性の確保を図るべきであるとの主張がその背景にある）、誤使用の意義が一層不明確になっているところもある。誤使用とその類似の用語については、前記のとおり、複数利用されているが、その意味合い、実体もそれぞれの用語ごとに同じではないし、同一の用語が利用されていても、その意味合い、実体が異なることが少なくないのが現状である。

　誤使用の用語の意義・定義をできる限り明確にする観点から誤使用の用語を検討すると、誤使用は、基本的には、製品・設備の特定の用途、そのための特定の用法を逸脱した使用のことを意味するものである。製品・設備は、それぞれ特定の用途のために社会に提供されているものであるが、その特定の用途、そのための特定の用法を逸脱して使用した場合には、製品等の誤った使用（操作、操縦、取扱い、異常な行動、不注意を広く含む）というべきである（この特定の用途は、本来の用途、予定された用途と呼ばれることがある）。

⑵　製品・設備の用途・用法

　製品・設備の用途・用法については、製品等の種類、性質、外形によって明らかであるものもあるが（製品等によっては、通常人が使用することが予定されているもの、特定の資格を有する者が使用することが予定されているもの、業として使用することが予定されているもの等があり、用途・用法が明らかであるといっても、誰にとって明らかであるかという観点も重要である）、これだけでは十分に明らかではなく、製品・整備の用途等につき製造業者等の提供に

係る取扱説明書等によって製品情報・設備情報が提供されることで認識することができるものもある。このような情報提供は、製品の表示と呼ばれることがあるし、特に製品等の危険性、危険を防止する使用に関する情報提供は、製品等の表示・指示・警告と呼ばれることがある。

(A) 用途・用法が明らかな場合

製品等の種類、性質、外形によって特定の用途・用法が明らかである製品等とは、伝統的な製品等、長年社会で利用されている製品等、用途が単純な製品等がこれに該当する。このような類型の製品等については、製品等のほか別に取扱説明書等の提供を必要としないし、仮に取扱説明書等が提供されている場合であっても、社会常識を確認する程度のことが多いであろう。

この類型の製品等については、その特定の用途、特定の用法を逸脱した場合には、誤使用として、特段の事情のない限り、製品事故等の発生において使用者側の責任、その事故原因が認められるものであり、製品等の主要な事故原因と認められ、製品の欠陥、設備の瑕疵を否定する方向で考慮され、製品等と損害発生との間の因果関係を否定する方向で考慮されることになる（事案によっては、過失相殺における過失、損害拡大防止義務違反としても考慮されることになる）。

このような製品等について認められる危険（損害発生のリスク）は、明白な危険ということができ、使用者等の誤使用によって製品事故等が発生した場合には、使用者等が自ら危険を招き、現実化させたということができる（この場合には、危険への接近、危険の引受けということができる）。この場合、使用者等は、その製品の使用等に伴う危険は明白であり、社会生活上の常識を働かせることによって容易にその危険を回避し、製品事故を防止することができる。

もっとも、このような製品事故等において、事故にあった使用者等が明白な危険であることを争い、取扱説明書等によって適切で十分な製品情報が提供されていないなどと強弁し、警告上の過失、警告上の欠陥等を主張する事

255

例がみられるが、自己の判断、行動の誤り、不注意に対する責任を他人に転嫁しようとするものであり、根拠のない主張である（事故防止の観点からも、製品等の使用者は、自らできることは、みずから行うことが必要であり、重要である）。

(B) 取扱説明書等によって用途・用法を認識する場合

　製品・設備の用途等につき製造業者等の提供に係る取扱説明書等によって製品情報が提供されることで認識することができる製品等の用途・用法は、その種類、性質、外形のみによって用途を特定することが困難であり、製造業者等の製品情報・設備情報の提供によって十分に用途・用法を認識することができるものであり、社会で提供されている多くの製品等がこれに該当し、取扱説明書等による情報提供が用途・用法の特定等につき重要な役割を担っている。この場合、取扱説明書等の記載内容、記載方法、提供方法については、法令に従うことが必要であったり、使用者の地位・資格等を考慮して常識的・合理的なものにすることが必要であったりして、さまざまな要請の下で適切なものにすることが重要である。特に消費者の使用が予定されている製品等については、通常の消費者が理解できる程度に取扱説明書等を記載する等して製品情報・設備情報を提供することが重要である。

　この類型の製品等については、その取扱説明書等の製品情報・設備情報に反して使用した場合には、誤使用として、特段の事情のない限り、製品事故等の発生において使用者側の責任、その事故原因が認められるものである。この場合にも、誤使用は、製品等の主要な事故原因と認められ、製品の欠陥、設備の瑕疵を否定する方向で考慮されるすることは前記の場合と同様である。

　この場合における製品等の危険は、前記の明白な危険ということはできず、危険の防止は、製品の種類・性質等による情報のほか、製造業者等が取扱説明書等で提供する情報を認識し、理解し、利用することによって（社会生活上の常識を働かせることも重要であるし、資格のある者のみが使用することができる製品等または業として使用される製品等については、それぞれの資格を有す

る者、地位にある者の常識を働かせることも重要である)、的確に、危険とその防止方法を認識することができるものである。

　取扱説明書等の情報が添付された類型の製品等の使用にあたっては、使用者等は、取扱説明書等による情報を含むものとして製品等を購入等するものであり(たとえば、製品等の売買にあたっては、製品等のほか、製品等に関する情報も付随的に売買の対象になると解するのが合理的であり、製品等に関する情報の内容・範囲は、製品等の種類・性質によって大きく異なる)、製品の製造業者、販売業者、管理者等においても使用者等が取扱説明書等による製品情報・設備情報を適切に認識することを期待するものであり、この期待は合理的である。使用者等は、取扱説明書等によって提供される製品等の情報を認識し、これに従って製品等を使用することが、社会生活上要請されているというべきであり、各種の法的な根拠に基づいて損害賠償責任が問題になる場面においては使用者等がこのような注意義務・遵守義務を負うと解することができる。

　損害賠償責任を離れた製品事故等の防止の観点からは、取扱説明書等によって情報が提供されているかどうかを問わず、使用者等は、事故防止のために常識的に自分でできることを行うことが広く社会生活上要請されているというべきであるうえ、取扱説明書等によって情報が提供されている場合には、取扱説明書の記載等を遵守して事故防止のために自分でできることを行うことが同様に要請されているということができる。誤使用をして製品事故を起こした使用者の中には製品情報を無視、軽視した説明をする者もいるが、これは自らの責任で無視、軽視をしているにすぎない。

4　誤使用の内容・態様

(1)　軽微な誤使用、著しい誤使用、重大な誤使用

　誤使用の意義を基本的に以上のように解する場合、誤使用の内容・態様にも程度がありうる。軽微な誤使用、著しい誤使用、重大な誤使用の用語が利

用されることがあるが、これらは、誤使用の内容・態様の程度に着目した分類である（より正確には、用途・用法を誤っている程度のことである）。

　これらの用語は、製品等の使用につき誤使用が認められる場合、誤使用が製品事故等の原因にあたり、因果関係が否定されるとか、製品の欠陥等が否定されるといった判断をすることが相当でなく、これらの判断がされるためには、誤使用が通常の誤使用よりもさらに逸脱していることが必要ではないかという問題意識の下で提唱されているものと推測される（なお、軽微な誤使用は、この程度の誤使用であれば、製品事故等の原因、因果関係、製品の欠陥等を否定することができるという議論を背景として、提唱されているものと推測される）。著しい誤使用、重大な誤使用の用語・概念を認めるかどうか、その合理的な根拠があるか、また、認めるとしてもどのような意義・定義のものとして認めるかが問題になる。

　そもそも製品・設備は、特定の用途・用法のために販売され、設置される等しているものであり、使用者等がその特定の用途・用法を逸脱して使用することは、製品・設備の使用に伴う危険を格段に増加・拡大させる危険な行為であるから、特段の事情のない限り、使用者等が自らその結果につき責任を負うべき合理的な根拠があるというべきである。誤使用が軽微であるとか、重大であるとかは、製品事故等の事故原因、因果関係等の判断において、個々の製品事故等の内容・態様、その他の原因等の事情を考慮するにあたって考慮すれば足りる事情である。重大な誤使用でなくても、製品事故等の内容・態様等の個々の事案の事情によっては、誤使用の存在・内容に照らして、因果関係、あるいは製品の欠陥等を否定するのが相当であることがある。

(2)　法令違反の使用

　製品・設備によっては、用途・用法が法令によって規制されていることがあり、使用者等によって製品等の法令違反の使用がされることがある（特定の資格、特定の地位にある者が使用する製品・設備については、その用途・用法が法令によって規制されていることが少なくないが、消費者の使用する製品・設

備でもこのような規制を受けるものがないではない)。これは法令違反の使用であるが、これもまた誤使用の一つの類型である。法令違反の使用は、用途・用法に関する法令の規定に違反するものであり、違反の程度が重大なものであることが明白であり（法令違反として制裁が科せられる可能性がある）、製品の欠陥等を否定する誤使用として考慮されるべきである。

(3) 本来の用途・用法以外の使用

「本来の用途・用法以外の使用」については、これまで紹介してきた意味の誤使用として使用されることが多いようであるが、本来の用途・用法の意義・定義が必ずしも明らかにされてこなかったところがある。

本来の用途・用法の用語は、現実の用途、用法、誤使用などと対比して使用されてきたもののようであるが、本来の用途・用法をどのようなものとして、何によって定義し、認定することができるかが重要であることに照らすと、前記のように認められる製品・設備の特定の用途、特定の用法を前提とする誤使用として検討することで足りるということができる。

(4) 通常の用途・用法以外の使用

本来の用途・用法以外の使用と類似しているが、「通常の用途・用法以外の使用」の用語も使用されている。通常の用途・用法は、基本的には、すでに紹介した製品等の種類、性質、外形、取扱説明書等の情報提供によって特定された用途・用法に従った使用をいうものということができるが、論者によっては、この特定の用途・用法を逸脱した使用のうち許容された範囲の使用を含めた意味でこの用語を使用しようとする見解を提唱するものもいる。

社会で製品等が使用されている実態を概観すると、確かに製品等が誤使用されている事態は少なくないため、このような事態の下で誤使用が原因になって製品事故等が発生した場合、使用者等がその損害を受忍させられるのが不当であるといった認識が背景にあるのかも知れない。

しかし、製品等の誤使用は、本来、製品等が有する危険を自ら招来する可能性のある行為であり、その危険は自ら負担すべきであるのが原則である

(自らの落ち度の負担、責任をほかに転嫁するためには、そのための合理的な根拠が必要である)。誤使用であっても、許容された使用であると解することができるかは、理論的にも問題があるだけでなく、どのような要件であれば許容されるかという問題である。許容されるとの要件について、予測される誤使用、あるいは通常予測される誤使用、さらに些細な誤使用であれば、通常の用途・用法の範囲内であるといった議論があるが、製品等の特定された用途・用法を逸脱したものであることは間違いのないところである。製品等の製造業者等は、製品等の性質、形状、取扱説明書等の情報提供によって製品等の用途・用法を特定し、それ以外の用途・用法によって使用等する場合には、製品等の使用によって事故が発生する危険性があることを明らかにしているものであるから、仮にその用途・用法を誤ったことによって製品事故等が発生した場合には、誤った使用が事故原因であり、原則としてその事故原因を作出した者（製品等の使用者）が責任を負担すべきことになる（製品等の使用者が自らの不注意による事故の責任、負担を製造業者等に転嫁することができる根拠はない）。

　もっとも、製品事故等において製品等の誤使用だけが原因である場合には、このようにいうことができるものの、誤使用を含め、複数の原因が事故原因であると認められ、その原因の中に製品等の欠陥・瑕疵等がある場合には、製品等の製造業者等の責任が認められることになる（誤使用をした使用者と製造業者等との間の責任割合を検討し、判断することが必要であるが、過失割合、原因の程度等として議論されることになる）。

(5) 誤使用の問題場面

　誤使用については、以上のような損害賠償責任の成否・内容が問題になる場面だけでなく、製品等の事故原因の究明・分析、公表・情報提供、事故後における将来の防止対策の検討・策定、製品等の改良等の各場面でも問題になりうるが、後者のさまざまな場面における誤使用の取扱いは、それぞれの制度の趣旨に従って検討することになる。

従来の誤使用をめぐる議論の中には、誤使用が問題になるさまざまな場面において誤使用を取り上げる趣旨が異なるにもかかわらず、混同させて議論をするなどの混乱がみられたところであるが（誤使用の概念・趣旨をあえて混乱させようとする姿勢の見解もみられないではなかった）、議論の場面を明確にすることが重要である。

⑹ **取扱説明書に記載された用途・用法以外の使用**

「取扱説明書に記載された用途・用法以外の使用」も、誤使用であるということができ、これまで説明した誤使用と同様に考えることができる。製品等の用途、用法、危険性が製品等の性質・形状によっては認識されない場合には（製品等の使用者として想定され者の年齢、判断能力、地位、資格等の事情によっても異なることになる）、必要な範囲で、製造業者等において取扱説明書等によって製品等に関する情報を提供することが必要である。

取扱説明書には、使用者に用途、用法、危険性、危険の防止方法等が理解できる程度に記載されることが必要であり（取扱説明書の記載の内容・方法によっては使用者が理解できる程度のものであったかどうかが問題になることがある）、このような記載がされているにもかかわらず、使用者がその記載に反した使用をした場合には、前記のような誤使用として取り扱われることになる。

⑺ **不適正な使用**

「不適正な使用」は、誤使用と同じ意義に利用されることがあるが、誤使用のうち、誤使用の程度が軽微でなく、社会通念上、通常許容される範囲を超える誤使用の意味で利用されることがある。

不適正な使用が利用されるのは、誤使用であっても、誤使用として製品事故等において使用者の責任を負わないか、あるいは使用者が責任を負う程度の誤使用であるかを判断する基準として提唱されているものではないかと推測される（誤使用をした使用者の責任、負担を限定する趣旨で利用されている）。不適正な使用は、前記の通常予測される使用と同様な機能・役割が期待され

261

ているわけであるが、不適正な使用の定義が曖昧であるだけでなく、通常予想される誤使用と同様な問題を抱えるものである。

(8) 異常使用

「異常使用」は、社会通念上、本来の用途、用法を著しく逸脱した誤使用の意味で利用されているが、この概念・用語もまた、不適正な使用と同様に、誤使用をした使用者の責任・負担を限定する趣旨で利用されている。異常使用は、誤使用であっても異常使用に至らない程度のものは、製品事故等の原因に当たらないか、製品事故等との因果関係が認められないか、あるいは製品等の欠陥・瑕疵を否定する理由にはならないとの意味で利用されることがある。

　異常使用は、不適正な使用と比較すると、その定義ははっきりしているということができるが、異常使用の程度に至らなければ、誤使用と製品事故等の事故原因、因果関係を否定することができないとか、あるいは製造業者等の責任を否定することができないというには合理的な理由がない。異常使用に至らない誤使用であっても、誤使用が製品事故等の事故原因になりうるものであるし、事故の内容・態様によっては製品等と製品事故等の事故原因、因果関係を否定する根拠になりうるものであるほか、製品等の欠陥・瑕疵を否定する理由にもなりうるものであって、事故原因、因果関係、欠陥・瑕疵の判断にあたって考慮すべき誤使用を異常使用に限定すべき合理的な理由は見出し得ないのである。

　もっとも、製品事故等についての示談・訴訟において、製造業者等によって異常使用が主張されることがあるが、これは、使用者の誤使用の程度が著しく、製造業者等の責任は到底認められる可能性がない旨の印象づけを図った主張として利用されているもののようである。製品事故等が発生し、被害を被ったと主張する者が製造業者等に対して損害賠償責任を追及すると、被害者としては製品等の欠陥・瑕疵を主張し、製造業者等は事故原因、因果関係、欠陥等に関する反論を主張することになり（製造業者等は、特定の製品等

が事故原因であること等につき証明責任を負うものではない)、その反論をより説得的に、より明確に行うために使用者の異常使用を主張することがある。

(9) 常識外の使用、異常な行動、常識外の行動、常軌を逸した行動

また、「常識外の使用」「異常な行動」「常識外の行動」「常軌を逸した行動」も利用されることがある概念・用語であるが、その意義は、異常使用とほぼ同じものとして利用され、同様な機能・役割が期待されているところ、異常使用と同様な問題を有するものである。

(10) 予想外の使用・行動

「予想(予測)外の使用」「予想(予測)外の行動」については、誤使用であっても、許容される誤使用か、許容されない誤使用であるかの判断基準として利用されることが多い。

予想外の使用・行動の場合には、製品等の誤使用の程度・態様が著しく、製品の欠陥等、あるいは事故と製品等との因果関係を否定する重要な事情として考慮されるが、予想される範囲内の使用・行動の場合には、必ずしもこれらの争点を否定する事情には当たらないという方向での議論において利用されるわけである(予想される範囲内の使用・行動であっても、誤使用であるから、他の事情と相まって、製品の欠陥等、因果関係が否定されることがありうる。前記の通常の誤使用と同様な意味で議論されることが多い)。

製品事故等が発生し、その製品の欠陥等の有無が問題になった場合、事故の予見可能性の有無・程度・内容は、欠陥等の判断にあたって考慮することができる事情の一つであるが(なお、過失責任の場合には、予見可能性の存在が過失の要件の一つになるから、製品の欠陥等の場合よりも重要な事情になる)、予想される範囲内の使用・行動であっても、その使用・行動が製品等の本来の用途・用法が明白であるとか、それを対象として取扱説明書等に表示・警告がされているようなときは、端的に誤使用の問題として取り扱えば足りるものである。予想される範囲内の使用・行動につき取扱説明書等に表示・警告等されていない場合には、本来の用途・用法、取扱説明書等の表示・警告

等の内容に照らし、誤使用かどうかが明確ではなく、誤使用に当たることも、誤使用に当たらないこともありうることになり、常に許容された使用であるともいいがたい。

　この場合、予想される範囲が本来の用途・用法、取扱説明書等の表示・警告等の内容に照らして相当であるか、合理的であるときは、許容された使用であると認めることが相当であるのに対し、相当でないとか、合理的でないときは、誤使用というべきである。

　製品等の使用に関する予見可能性は、実務上、製品事故等の発生した後に、抽象的に予見できたとか、一部の人が予見できたような事情を取り上げ、予見可能性があったとの主張がされ、裁判例においてもこのような予見が可能であったことで予見可能性が認められると判断するものもないではないが（製品事故等が発生した後には、誰かが予見が可能であったなどと供述する可能性があり、実際にもそのような事例は珍しくない）、予見は具体的な内容・態様の事故の発生、損害の発生を対象とするものであることが必要であるし、通常人を基準にして予見が可能であったかどうかによって予見可能性の有無を判断することが必要である。予想外の使用・行動は、以上の検討から明らかであるように、通常は、前記の著しい誤使用に当たることが多い。

5　適正使用・誤使用の主張・立証、認定

(1)　適正使用・誤使用の認定

　誤使用については、その認定をめぐっても相当に困難な問題がある。

　誤使用、適正使用等、製品等の使用状況、使用環境については、製品等の使用者が死亡した等の特段の事情がある場合を除き、使用者等の使用者側の者が最もよく説明し、供述することができる事項であることはいうまでもない。誤使用等の製品の使用状況、使用環境は、製品事故が発生し、製品等の製造業者等の損害賠償責任が追及された場合、製品事故、因果関係、製品の欠陥、設備の瑕疵等の損害賠償責任の重要な要件の判断にあたって重要な事

情になるものである。

　誤使用等の製品の使用状況等に関する事項が適切・的確に主張・立証されなければ、これらの各要件が適正に認定・判断されない可能性が高まるものである。誤使用等の製品の使用状況等の事実が誠実に明らかにされることが重要であるにもかかわらず、実務上は、使用者等が製品等の製造業者等に対して損害賠償責任を追及し始めると、具体的な使用状況を説明することなく、抽象的に適正使用をしていたとか、使用状況につき虚偽の説明をしたりする事例は少なくないのであって（使用状況についての説明・供述が変化することも珍しくない）、使用者等以外に的確な証拠がない状況において誠実な説明・供述をしないため、適正使用・誤使用等の使用状況の証明が問題になることが少なくない。

(2) 適正使用・誤使用の主張・立証

　製品の欠陥等を主張し、損害賠償責任を追及する場合には、使用状況（適正使用）は、損害賠償を請求する者が主張・立証責任を負うと解するのが相当であり、その責任は通常の要件と同様に通常の証明度の程度（真実であるとの高度の蓋然性の程度）に証明されることが必要であり、その証明がされない場合には、適正な使用がされなかったものとして製品の欠陥等の事情として考慮することが合理的である。

　事案によっては、使用者等が使用状況について適正な使用をしていることを具体的に説明し、供述している形式を整えているような場合であっても、ほかに信頼できる証拠が判明し、その証拠に照らして、虚偽の説明、曲解した供述と評価することができることがあるが、この場合であっても、どのような内容・態様の事故であるかの事実関係は的確に証明されないという弊害が残ることになる。製品等の使用状況、使用環境に関する事実関係が使用者側の者によって誠実に主張・立証されない事例は、実務上少なくないだけでなく、虚偽の内容の主張・立証がされることも見かけることがある。

6 製品・設備事故における瑕疵・欠陥の判断の枠組み

　製品事故が発生した場合、被害を受けたと主張する者は、製造業者等に対して製造物責任法3条所定の責任を追及することになる。製造物責任の重要な要件の一つである製造物の欠陥は、製造物の特性、その通常予見される使用態様、その製造業者等が当該製造物を引き渡した時期その他当該製造物に係る事情を考慮して、当該製造物が通常有すべき安全性を欠いていることをいうものである（製造物責任法2条2項）。

　製造物の欠陥の定義である「通常有すべき安全性を欠いていること」は、製造物責任法の立法経緯から明らかであるが、土地工作物責任（民法717条1項）の瑕疵、営造物責任（国家賠償法2条1項）の瑕疵に関する判例・学説が参考にされているところである（諸外国の立法例のほか、特に営造物責任に関する最高裁判所の判断が参考にされたものである）。

　国家賠償法2条1項所定の損害賠償責任の要件は、道路、河川その他の公の営造物の設置または管理に瑕疵があったことであるが、この瑕疵の意義については、客観説、主観説、義務違反説等の見解が提唱されているところ、最高裁判所の判断は客観説に立っていると解されている。

　瑕疵に関する客観説は、たとえば、①最一小判昭和45・8・20民集24巻9号1268頁、判時600号71頁、判タ252号135頁（〔145〕（407頁）参照）は、「国家賠償法2条1項の営造物の設置または管理の瑕疵とは、営造物が通常有すべき安全性を欠いていることをいい、これに基づく国および公共団体の賠償責任については、その過失の存在を必要としないと解するを相当とする」と判示し、②最三小判昭和53・7・4民集32巻5号809頁、判時904号52頁、判タ370号68頁、金判562号42頁（〔146〕（409頁）参照）は、「国家賠償法2条1項にいう営造物の設置又は管理に瑕疵があつたとみられるかどうかは、当該営造物の構造、用法、場所的環境及び利用状況等諸般の事情を総合考慮して

具体的個別的に判断すべきものである」と判示している見解である、と解されている（その後の判例は、これらの判例の定義・考慮事情によって営造物責任における瑕疵を判断している）。営造物の設置または管理の瑕疵は、当該営造物の構造、用法、場所的環境および利用状況等諸般の事情を総合考慮して、当該営造物が通常有すべき安全性を欠いていることをいうものであり、個々の営造物ごとに具体的個別的に判断すべきものであるとの法理が形成されているということができるのである（土地工作物責任（民法717条1項）の瑕疵についても同様の議論があるが、この場合と同様に解することができる）。

　製造物責任の欠陥と営造物責任、土地工作物責任の瑕疵について極めて類似した定義が採用されているのは、前記の事情によるが（もともと「欠陥」も「瑕疵」も同じか極めて類似した概念であるが、製造物責任の要件は、「製造物の欠陥」であるのに、営造物責任の要件は、「設置又は管理の瑕疵」というものであり、「欠陥」「瑕疵」の対象が異なるという無視できない違いがある）、実際に適用が問題になる事故についても、製造物責任が製造物に起因する事故に適用されうるものであるのに対し、営造物責任が公の営造物に起因する事故、土地工作物責任が土地の工作物（竹木を含む）に起因する事故に適用されうるものであって、近接・類似した事故・事情によっては重複した事故に適用される法理であることが注目される。

　製造物責任も、営造物責任・土地工作物責任も、関連する諸事情を考慮して通常有すべき安全性を欠いていることが重要な要件になっているが、いずれの責任の成否を判断するにあたっても、使用者等の使用状況が重要な考慮事情として位置づけられている。

　製造物責任の欠陥の判断にあたっては、「その通常予見される使用態様……その他当該製造物に係る事情」を考慮して判断することが必要であるし、営造物責任、土地工作物責任の瑕疵の判断にあたっては、「当該営造物の……利用状況等諸般の事情」を考慮して判断することが必要であるとされている。使用者等の使用状況のうち、特に使用者等の誤使用は、理論的にも欠

陥・瑕疵の有無を判断するにあたって重要な事情であるし、実際にも欠陥・瑕疵を否定する重要な事情として考慮されてきたものである（製品事故等によっては、欠陥・瑕疵を否定する決め手となる誤使用として考慮されることもある）。

　誤使用といっても、その定義につき議論があるだけでなく、その内容・態様・程度もさまざまであるうえ、利用される証拠の内容・信頼性がまちまちであるため、製品事故等として問題になった製品等の種類、用途、用法が多様であることと相まって、実際に誤使用を欠陥・瑕疵の有無の判断にあたってどのように考慮すべきであるかは困難な問題であることが少なくない。

　誤使用の定義等については、これまでに紹介したとおりであり、筆者の定義による誤使用を前提とすると、製品事故等が発生し、誤使用が認められる場合には、特段の事情のない限り、使用者等が自ら危険を招き、現実化させたということができ、製品等の欠陥・瑕疵を否定することができると解するのが相当である（事案によっては、因果関係を否定すると解することもできる）。

　もっとも、誤使用であっても、軽微な誤使用、通常許容された誤使用等の特段の事情が認められる場合には、誤使用があったとしても、直ちに製品等の欠陥・瑕疵を否定することは相当でないということができるが、ほかの諸事情と相まって製品等の欠陥・瑕疵を否定することが相当であることもありうる。また、誤使用といっても、製品の場合には、消費者が使用する製品と事業者が使用する製品とでは、その欠陥の考慮事情の考慮の仕方、欠陥の判断の仕方は当然に異なるべきものであり、事業者が使用する製品の欠陥は、相当に厳格に、相当に慎重にその有無を判断すべきである（裁判例を概観すると、実際には、この重要な違いを軽視した裁判例は少なくない）。同様のことは、営造物責任、土地工作物責任についても妥当する。

　製品事故等につき製造業者等の損害賠償責任が問題になった場合、使用者等の誤使用は、①欠陥・瑕疵の有無を判断するための重要な事情として考慮されるほか、②製品事故等の内容・態様、主張される損害の内容によっては、

発生したと主張される損害との因果関係を否定する事情として考慮されることがあるし（この因果関係は、事実上の因果関係と相当因果関係の二つの因果関係が問題になり得る）、③その前提として事故原因として主張される製品等との因果関係を否定する事情として考慮されることもある（この因果関係は、事実上の因果関係であり、実務上、製品起因性などと呼ばれることもある）。

　従来の判例・裁判例をみても、製品事故等の実務を見聞しても、使用者等の誤使用が、欠陥・瑕疵の有無が問題になった場面と因果関係の有無が問題になった場面（前記のとおり、三つの因果関係が問題になりうる場面がある）のいずれの場面で問題にされているのかが明確でない事例があるが、理論的には前記の意味でそれぞれ問題にすることができるものである（なお、これらのほか、使用者等の誤使用は、過失相殺、被害者の損害回避義務違反としても問題にすることができる）。

第2章　誤使用をめぐる裁判例

1　建物事故における誤使用

(1)　概　説

　日本全国各地に、規模、構造、用途の異なるさまざまな建物が建築されており、建物の内部・周囲にはその用途に応じた多様な設備が設置されている。事務所用の建物、店舗用の建物等の事業用建物のほか、マンション、アパート、一戸建て建物等の居住用の建物が建設され、使用されている。各種の建物の内部・周囲においては人身事故を含めさまざまな設備事故が発生する可能性があるが、日常生活上、われわれもこのような事故を見聞きすることがある。

　建物の内部・周囲において使用者等が設備事故にあい、使用者等の誤使用（誤動作・不注意等を含む）があった場合、建物の占有者・所有者が損害賠償責任を負うかが問題になることがある（事案によっては、建物の建築業者、設備の設置業者の損害賠償責任も問題になりうる）。

(2)　建物事故をめぐる裁判例

　建物の内部・周囲における設備事故の際の誤使用をめぐる裁判例を紹介したい。

〔79〕　幼児の予測外の行動、親の監督過誤が事故原因であるとし、空港の設置の瑕疵を否定した事例（東京高判昭和40・3・24判時408号11頁）

――●事案の概要●――

　米国人X_1とAの子であるX_2（当時、3歳8カ月）は、母Aとともに米国に帰国するため、羽田国際空港ビルにいたところ、2階待合室から1階に至る階段上の踊り場の手摺の間から落下し、負傷したため、X_1、

X_2がY_1（国）に対して空港設備の瑕疵を主張し、国家賠償法2条に基づき、Y_2株式会社に対して運送契約上の責任に基づき損害賠償を請求したものである。第1審判決が請求を棄却したため、X_1らが控訴した。

　この判決は、建築物の構造、用途、場所的環境、利用状況等から総合判断し、通常予想されうる危険発生を防止するに足りる程度の設備があれば必要十分であるとし、本件では瑕疵がない等とし、控訴を棄却した。

【判決内容】

　この判決は、

「思うに、建築物の設置及び管理について、危険防止のために、いかなる設備等をなすべきかについては、およそ想像しうるあらゆる危険の発生を防止しうべきことを基準として抽象的、画一的に決すべきではなく、法令に規定のある場合にこれに準拠すべきは別として、一般的には、当該建築物の構造、用途、場所的環境及び利用状況等諸般の事情を総合考慮した上で、具体的に通常予想されうる危険の発生を防止するに足ると認められる程度のものを必要とし、かつこれをもって足るものと云うべきであって、この理は、公の営造物についても異なるところはないものと解すべきである。

　本件についてこれを見ると、本件事故現場たる階段踊り場には前示のような手摺りが設備され、これが転落事故を防止することを主たる目的とするものであることは明白であるところ、この手摺りの空間は前示のとおり縦67糎、横1米48糎の空間であり、その直下は約4米の距離を存する1階床面であるから、右手摺り自体のみをとりあげれば一見危険で不完全な設備であるように見られないでもない。しかし、……によれば、前記鉄柵内の本件踊り場は、東京税関支署等出入国手続関係官庁の構内に属し、航空機便で出国する限られた人数の国際旅客が、出国に当って通関出国等の手続を経て航空機に搭乗するためにのみ利用せられる個所であって、すなわち一定の目的を有する不特定人のみの利用に供せられる施設であること、従って前記各官庁係員及び空港関係者等で官庁の特別の許可を受けた者以外の一般人は右鉄柵の内部に立入ることを禁止せられ、本件踊場は、一般人であると旅客であるとを問わず、子女が遊歩ないし遊戯することを許されず、航空機に搭乗する旅客が通過するとき以外にはほとんど人影も見られない場所であること、また、航空機に搭乗する旅客は、出入手続を促す放送に誘導せられて待機中の2階待合室から順次一人づつ右鉄柵に設けられた出発口を出て、見送人

に対しても簡単な別れを告げた上本件踊り場を通過し、順を追うて流れるように、一路階段を降って、その間何らの混乱を生ずることもなく、1階旅具検査場に至るのが常態であって、子女といえども、附添いの保護者の誘導に従い一般旅客と行動を一にし、その例外をなすものでないことが認められ、以上の認定を左右するに足る証拠はない。

　以上の認定事実に前記の本件手摺の構造、形状を考え合せると、旅客中に危険の観念や行動力において劣る子女のあることを考慮しても、本件踊り場からの転落による危険の発生を防止するためには、本件手摺の設置をもって足るものというべきである。控訴人X₂の母Aは、当時旅客や見送人が全く見当らなかった現場に幾分心を許したためか、前記のとおり同控訴人に追従を促しつつ、単独で階段に向かって歩行し、同控訴人は母Aと離れて別行動をとり、同控訴人等を見送る祖父に向って『バイバイ』と手を振りながら後ずさりをし、さらに手摺の台石に足をとられて階下に転落したという本件のような不幸な事故（……によれば、控訴人X₂は、わが国の同年令の子女と比べて背が高く、2年程年長に見えたことが認められるから、若し台石に足をとられることがなかったならば、優に手摺の上部によって身体を支えられ転落を免れたであろうことが認められる）は、前記認定事実に徴し、本件踊り場においては、通常予測しえないところというべきであるから、かような場合の危険の発生を未然に防止しえない本件手摺の設置をもって営造物の設置に瑕疵があるとする控訴人等の主張は採用しがたい」

と判示している。

【事案の特徴】

　この事案は、親に連れられた幼児が空港の階段の踊り場の手摺から落下し、負傷したため、幼児らが国に対して営造物責任に基づき損害賠償を請求する等した控訴審の事件である。この事案では、空港設備の瑕疵の有無とともに、親の監督過誤（不注意）が事故原因として問題になったものである。

【判決の意義】

　この判決は、建築物の設置および管理にあたり危険防止のために設備等をなすべきかは、およそ想像しうるあらゆる危険の発生を防止しうべきことを基準として抽象的・画一的に決すべきではないとしたこと、法令に規定のある場合にこれに準拠すべきは別として、一般的には、建築物の構造、用途、場所的環境および利用状況等諸般の事情を総合考慮し、具体的に予想されうる危険の発生を防止するに足りると認められる程度のものを必要とし、かつ、

これをもって足りるとしたこと、この事案で踊り場からの転落による危険の発生を防止するためには、手摺の設置をもって足りるとしたこと、通常予想されうる危険防止措置が備わっていたことを理由に瑕疵を否定したことを判示したものであり、実質的には幼児の予測外の行動、親の監督過誤を事故原因として重視した事例として参考になる。

(80) 居酒屋の窓の安全性の欠如による瑕疵を肯定した事例（名古屋地判昭和43・8・28判時539号26頁）

●事案の概要●

A（当時、大学生）が多数の友人らとともに、Y_1株式会社が経営する居酒屋の2階座敷で懇親会をして飲食をしていたところ、座敷の窓が高さ床上37センチメートルであり、手摺等が設置されていなかったことから、よろけて路上に転落し、死亡したため、Aの両親X_1、X_2がY_1のほか、以前の支店長Y_2、現在の支店長Y_3に対して不法行為に基づき損害賠償を請求したものである。

この判決は、土地工作物責任の主張も含まれているとし、飲酒のために運動能力・注意力等が減退する顧客の危険を防止する設備を講じておくべきであり、本件窓は安全性を欠いていた等とし、土地工作物責任を認め（5割の過失相殺を認めた）、Y_1に対する請求を認容し、Y_2らに対する請求を棄却した。

【判決内容】

この判決は、
「二、一般に飲食店において宴会用に顧客に座敷を提供して、ビール、酒等のアルコール類を供する場合、飲食店の経営管理に当るものは、顧客の中には飲酒のため通常の場合より運動能力、注意力等が減退するものがあるから、その者等の動作上における危険を防止すべき設備を講じておくべきところ、本件の窓はその高さが床から36センチメートルで、そのままアスファルト道路に面しているのだ

から酔客の動作する2階座敷の窓としては、転落の危険性があり、それを防止するためには右窓の床上からの高度を一段と高め或いは前示手摺りの設置等の必要があったと考えられる。すなわち右窓の高度は安全性を欠いていたものと言わなければならない。

三、被告らは当時は厳寒期のため窓は閉切ってあったのに学生らが開けたこと。窓に腰掛けていた学生を発見して被告Y_3が危険だからと注意し危険を防止したから被告らに経営管理上の過失はないという。

しかし、厳寒期とはいえ宴会が目的の部屋で窓が閉め切ったままであることは通常考えられず窓が開けられることは予期されるところである。

被告らにおいて、窓を開けることが危険であるから開けないようにとの格別の措置もなされず、窓を開けた一因が階下から煙が入ってくるので部屋がけむくなったからであることを考えれば、窓が閉め切ってあったという被告らの主張は理由がない。

また被告Y_3が窓に腰掛けている学生等に危険だからと注意して、それを中止させたとしても、それ以上にとくに、危険防止のための措置を講じたこともないのであるから、これをもって危険防止のための義務を果たしたとはいえない。

結局のところ、被告会社および被告Y_3において、右パーティが催されていた間、右窓についての安全性を確保していたことは認めることができない」

と判示している。

【事案の特徴】

この事案は、学生が居酒屋（2階）で飲食中、窓に座っていたところ、居酒屋の従業員から注意を受けたにもかかわらず窓から転落し、死亡したため、相続人が居酒屋の経営会社らに対して不法行為に基づき損害賠償を請求した事件である。この事案では、明確に土地工作物責任が主張されていなかったものの、建物の設置・保存の瑕疵の有無、転落者の危険な行動の有無が問題になったものである。

【判決の意義】

この判決は、窓から転落する危険防止の措置がとられていなかったとし、窓の安全性の欠如による瑕疵を認め、土地工作物責任を肯定したものである。

この判決は、居酒屋の顧客の安全確保の措置の欠如による居酒屋の瑕疵を認めた事例を提供するものであるが、転落者が大学生であること、窓に腰掛

けるという危険な行為を行っていたこと、居酒屋の従業員から危険な行為であると注意されていたことに照らすと、自ら危険な行為を行ったことが事故原因であると認めるのが相当であるというべきであり、この判決には疑問が残る。

(81) 旅客の誤動作が事故原因であるとし、空港の設置・管理の瑕疵を否定した事例（東京地判昭和44・9・4判時582号81頁）

─●事案の概要●─

Xが、昭和42年6月、旅客機で東京国際空港に到着し、ターミナルビルの待合室に入ろうとしたところ、旅客通路と待合室の境の床面に設置された靴摺りにつまづいて転倒し、負傷したため、XがY$_1$（国）に対して営造物責任、ビルを所有するY$_2$株式会社に対して土地工作物責任に基づき損害賠償を請求したものである。

この判決は、ごく軽度の注意を払うことによって自己の前方に障害物が存在することを認識し、これを避けることを期待することができる等とし、設置・管理の瑕疵を否定し、請求を棄却した。

【判決内容】

この判決は、

「本件靴摺りの構造は前示のとおり床面からわずかに1.4センチメートル突出しているにすぎないものであり、通常の場合の人の歩き方から考えても、本件靴摺りの上を通過する人がそれにつまづく蓋然性は極めて低いと考えられる。更に右挙示の証拠によれば、待合室はフィンガー側から見て旅客通路の左側に手前から第一、第二、第三の順にならんでおり通路と待合室の間はドア開口部を除いてはガラス製の仕切り壁で仕切られていること、第一、第二待合室前の旅客通路には30センチメートル×22センチメートルの柱が5本あるが……旅客通路から第二待合室入口のドアの構造、旅客通路と待合室の間のガラス製の仕切り壁の存在を見通すには支障のないことが認められ、これらの事実によれば通行者が本件靴摺りの存在を直接認識し、あるいはガラス製の仕切り壁の存在を認識して、自分が通路

部分と区切られた部分に入ろうとしていること、従ってその境界に高低差があったり本件のような靴摺りのようなものがあるやも知れぬことを予測して、これにつまづかないようにすることは、ごく軽度の注意を払えば可能であることが認められる。従って、他に本件靴摺りが設置された場所は特に見通しの悪い場所であるとか、あるいは周囲に歩行者の注意を惹く物があるとか通行者が多く充分前方を見ることができない等の事情の認められないかぎり、充分な注意力を有しない幼児老人、疲労した者であっても、独力で歩行し外国旅行をしている者に対して、前記のようなごく軽度の注意を払うことによって自己の前方に存在する障害物を認識しこれをさけることを期待することは、社会通念から見ても相当というべきである。従って利用者が右の程度の注意を払うことを期待して設置された本件靴摺りは、通常予想される危険の発生を防止するに足りる性質を有しているものと解すべきであり、本件靴摺りの設置に瑕疵があるとはいえない」

と判示している。

【事案の特徴】

　この事案は、旅客が空港の待合室に入ろうとしたところ、旅客通路と待合室の境の床面に設置された靴摺りにつまづいて転倒し、負傷したため、旅客が国に対して営造物責任、空港を所有する会社に対して土地工作物責任に基づき損害賠償を請求した事件である。この事案では、転倒の原因が旅客の誤動作（不注意）であるか、瑕疵が認められるかが問題になったものである。

【判決の意義】

　この判決は、転倒した靴摺りが、旅客がごく軽度の注意を払うことによって認識し、回避することができることを期待して設置され、この期待は社会通念からみて相当であるとし、通常予想される危険の発生を防止するに足りる性質を有しているとしたこと、靴摺りの設置に瑕疵がないとしたことを判示したものである。

　この判決は空港の設置・管理（保存）の瑕疵を否定した事例として参考になるが、その前提として旅客の誤動作（不注意）が事故原因であるとしているものであり、この意味でも参考になる。

(82)　受傷者の明白に危険な行為、誤操作が事故原因であるとし、飲食店の

設置・保存の瑕疵を否定した事例（浦和地判昭和57・9・29判時1068号90頁）

●事案の概要●

Xは飲食店を経営するY₁株式会社の従業員であったが（飲食店は、Y₁がY₂から賃借していた）、仕事を終えて帰宅の途中飲食したが、忘れ物に気づき店舗に戻った際、ガレージ入口のシャッターを外部から上げようとし、誤って腕を挟まれ、右上腕切断等の傷害を負ったため、XがY₁に対して土地工作物責任、安全配慮義務違反、不法行為に基づき、Y₂に対して土地工作物責任に基づき損害賠償を請求したものである。

この判決は、シャッターを操作するスイッチは建物内部にあり、外部から操作することは本来予定された用法とはいえず、極めて危険であることは通常人にも一見して明白であるから、外部から手の届く位置にスイッチボックスが設置される等していても、設置・保存の瑕疵があるとはいえない等とし、請求を棄却した。

【判決内容】

この判決は、

「なるほど、……を総合すると、Y₂ビルのように入口全部に内部からしか操作し得ないシャッターを設置し、かつ、建物の一部を賃貸する場合には、シャッターの一つ、あるいは全部の開閉を内、外から行なうことができるようにするとか、当該建物に管理人を常駐させ賃借人が必要に応じて管理人を呼び出して開けてもらえるシステムをとるのでなければ利用の上の不便を生ずること、原告を含む『たぬき』の従業員らは、Y₂ビルの管理人室をH入口横のインターホンで呼び出すことができることを知らなかったため、『たぬき』の従業員らにおいて本件シャッターが日曜、祭日等に閉まっているときなどに数回本件シャッターの外部から手をさしこんで本件シャッターを操作したことがあることの各事実は、これを認めることができる。

しかしながら、前記認定事実からすると、本件シャッターの外部から手をさしこんで本件シャッターを操作することが極めて危険であることは、本件事故の発生に徴するまでもなく一見して明白であって、かつ、そのような操作方法が本来予定されていないことも明らかである。そして、それは、通常人において容易に

看取し得るものであって、格別に、本件シャッターを外部から手をさしこんで操作する方法が本来の操作方法でないこと、あるいはそのような操作方法が極めて危険な操作方法であることの注意を喚起しなければ通常人がその危険性を看過する可能性があるというものではない（……によれば、原告本人自身も、本件シャッターの外部から手をさしこんで本件シャッターを操作することに危険を感じていたことが認められる。）。

　したがって、本件シャッターを外部から操作することが不可能ではない位置に本件シャッターのスイッチボックスを設置したからといって、本件シャッターに設置・保存の瑕疵があるということは到底できないし、建物の入口全部に内部からしか操作し得ないシャッターを設置することによって利用上の不便が生じるとしても、本件シャッターの設置・保存の瑕疵とは何ら関係がないといわざるを得ない（そのような利用上の不便から、本件シャッターを外部から手をさしこんで操作することが許容されるものではないし、これが許容されないことは、通常人にとり容易に看取し得るところである。）」

と判示している。

【事案の特徴】

　この事案は、賃借建物の飲食店の従業員が仕事を終えて、帰宅の途中、忘れ物に気づき店舗に戻った際、ガレージ入口のシャッターを外部から上げようとし、誤って腕を挟まれて負傷したため、飲食店の経営会社に対して土地工作物責任、安全配慮義務違反、不法行為に基づき損害賠償を請求する等した事件である。この事案では、負傷した従業員が自ら危険な行為をしたことが事故原因であるか、因果関係が認められるか、瑕疵が認められるかが問題になったものである（従業員の誤操作・不注意が問題になったわけである）。

【判決の意義】

　この判決は、この事案の従業員がシャッターの外部から手を差し込んでシャッターを操作することが極めて危険であることは一見して明白であること、そのような操作方法が本来予定されていないことも明らかであること、シャッターの設置・保存の瑕疵が認められないことを判示したものであり、事故にあった者の明白に危険な行為、本来予定されていない誤操作によって事故が発生したことを重視し、土地工作物責任上の瑕疵を否定した事例として参

考になるものである。

〔83〕 幼児の異常な行動を否定し、建物の設置・保存の瑕疵を肯定した事例
（福岡地小倉支判平成4・9・1判タ802号181頁）

●事案の概要●

　Aは、子X（当時、2歳）、姪を連れて、Y$_1$、Y$_2$が所有する建物の3階にあるY$_3$の経営する美容室を訪れ、整髪をしてもらっているうちに、Xがいなくなり、Y$_3$の従業員らと探したところ、3階の踊り場に設置された手摺の隙間から転落し、負傷しているのが発見され、救急車で病院に搬送されたものの、重篤な後遺症が残ったため、XがY$_1$らに対して土地工作物責任に基づき損害賠償を請求したものである。
　この判決は、美容室には幼児を連れた女性客が来ることが予定されていたこと等から幼児の転落を防止する設備を欠いていた等とし、土地工作物責任を認め、請求を認容した（過失相殺を5割認めた）。

【判決内容】

　この判決は、

「以上の事実が認められ、右事実によれば、本件美容室への通路にあたる本件踊り場は、母親等の保護者に連れられた幼児が通行することも予定されていたと認められる。したがって、本件踊り場には、母親等の保護者に連れられた幼児も通行することを予定した施設として、通常有すべき安全性が要求され、これを欠いている場合には、その設置又は保存につき瑕疵があるというべきであるところ、本件踊り場には、転落防止のため、本件手すりが設置されているが、本件手すりには、底辺約112センチメートルないし116センチメートル、高さ約50センチメートルないし58センチメートルの三角形の隙間が8箇所あり、このような隙間は、幼児の体形に照し、比較的容易にこれをくぐり抜けることができ、しかも、本件建物の構造上、仮に本件踊り場から転落すれば、直接約7メートル下のアスファルト舗装された道路上に転落することになるのであるから、右のような隙間がある本件手すりしか設置されていない本件踊り場は、幼児も通行することを予定した施設として、通常有すべき安全性を有しておらず、したがって、当時その設置

又は保存につき瑕疵があったというべきである。
　なお、本件において、原告が、閉められていた入口ドアを開けて外に出たのか、開いていた入口ドアから出たのかについては、本件全証拠をもってしてもいずれとも断定することはできないが、……によれば、本件美容室の入口ドアは、原告と同年齢くらいの幼児でも一人で開けることができ、過去に本件美容室の顧客が連れてきた原告と同年齢くらいの幼児が右ドアを開けて一人で階段を下りていったことがあった事実が認められ、また、一般に、幼児が好奇心に富み、かつ危険に対する判断力や行動力に乏しいことからすれば、幼児が母親等の目が離れた隙に、本件手すりの隙間から下を覗きこんだり、本件手すりの隙間をくぐり抜けようとすることも通常予測しうることであるから、原告が閉められていた本件美容室の入口ドアを開けて外に出、本件手すりの隙間から転落したものであるとしても、そのことをもって、通常予想できない異常な行動に起因するものであるとはいえない」
と判示している。

【事案の特徴】

　この事案は、母親が幼児を連れて建物の3階にある美容室に行き、整髪をしてもらっているうちに、幼児が3階の踊り場に設置された手摺の隙間から転落し、負傷したため、幼児が建物の所有者、美容室の経営会社に対して土地工作物責任に基づき損害賠償を請求した事件である。この事案では、幼児の異常な行動、母親の監督過誤（不注意）が事故原因であるか、建物の設置・保存の瑕疵が認められるかが問題になったものである。

【判決の意義】

　この判決は、建物の3階にある踊り場（通路）は母親等の保護者に連れられた幼児が通行することも予定されていたこと、踊り場には母親等の保護者に連れられた幼児も通行することを予定した施設として、通常有すべき安全性が要求され、これを欠いている場合には、設置または保存につき瑕疵があること、この事案につき通常有すべき安全性を欠いていること、幼児が母親等の目が離れた隙に、手摺の隙間から下を覗きこんだり、手摺の隙間をくぐり抜けようとすることも通常予測しうることから、通常予想できない異常な行動に起因するものであるとはいえないことを判示したものである。

この判決は、幼児の行動の特性を考慮して幼児の異常な行動を否定し、建物の瑕疵を肯定したものであるが、仮にこの立場に立ったとしても、親の同行、親の監督を無視した判断であり、親の監督過誤が問題になりうるものであり、疑問が残るものである。

〔84〕　高齢者の不注意が事故原因であるとし、自動ドアの瑕疵・欠陥を否定した事例（東京地判平成6・3・29判夕868号217頁）

●事案の概要●

　高齢者であるX（当時、75歳）が、建設業を営むY株式会社との間で等価交換方式でマンションを建築し、マンションの一部を区分所有していたが、1階玄関出入口の自動ドアの閉扉の際に転倒して負傷したため、請負契約上の債務不履行に基づき損害賠償を請求したものである。
　この判決は、特段の事情がない限り欠陥があったとはいえないとして、請求を棄却した。

【判決内容】

　この判決は、
「そうすると、本件ドアの構造は、原告主張のとおり、身障者や高齢者にとって、いわゆるゴムマット式もしくは静止感知式を採用し、かつ安全光線スイッチを設置した場合に比して安全性に欠ける憾みがあるから、身障者や高齢者の使用に特別な配慮をすべきような場合には、その設置に問題がないとはいい難い（身障者や高齢者がドアに接触する位置において、身体の自由を失ったような場合には、危険な状態となろう）。
　2　しかしながら、……によると、(1)本件ドアが使用している電磁マットスイッチの検出範囲は、屋内側はタテ50センチメートル・ヨコ100センチメートル、屋外側がタテ70センチメートル・ヨコ100センチメートルであり、通常の健康状態の者なら、検出範囲に踏み入れて本件ドアを通過するのに2ないし3歩、約4秒であるから、本件ドアのように開扉後閉扉が始まるまでに40秒の余裕がとられているのであれば、通常の使用形態を想定する限り、およそ危険な事態は考えられないこと、(2)現に、本件ドアと同様の構造のドアは、昭和45年ころから実用化され、

平成2年度まで約20年間、延べ約6万5000箇所に設置され、一般のビルのみならず、市庁舎、図書館、ホテル、病院等の不特定多数の人々が出入りする建物で使用されてきたが、その間、製造メーカー及び被告において、その製造・設置について見直しを迫られるような事故例の報告を受けたことはなく、業界の安全指針に適ったものであること、が認められる。

そうすると、本件ドアは、身障者や高齢者の使用を専らにするなど特段の事情ないし合意がない限り、瑕疵ないし欠陥のあるものとはいい難い」
と判示している。

【事案の特徴】
　この事案は、等価交換方式によるマンションの区分所有者（高齢者）が1階玄関出入口の自動ドアの閉扉の際に転倒して負傷したため、建築業者に対して請負契約上の債務不履行に基づき損害賠償を請求した事件である。この事案では、建物の設備である自動ドアの瑕疵・欠陥の有無、高齢者の不注意の有無が問題になったものである。

【判決の意義】
　この判決は、この事案のドアと同様の構造のドアが多数設置され、製造・設置につき見直しが迫られるような事故例の報告がないこと、業界の安全指針に適ったものであること、特段の事情のない限り瑕疵・欠陥があるとはいえないことを判示したものであり、高齢者の事故につき自動ドアの瑕疵・欠陥を否定した事例として参考になる（実質的には、事故原因が高齢者の不注意にあったとしたものであるということができる）。

(85)　玄関ドアが強風によって急激に閉まったことが事故原因であるとし、ドアクローザーが行政規制に適合していたことから売主らの過失を否定した事例（東京地判平成7・11・15判タ912号203頁）

●事案の概要●

　X（当時、11歳）が帰宅しようとし、河川沿いに建築されたマンションの玄関ドアを手前に開けようとしたところ、急激にドアが閉まり、ド

アに指を挟まれ、小指を切断する等の傷害を負ったため、マンションの売主であるY₁株式会社、建築業者であるY₂株式会社、玄関ドアの取付業者であるY₃株式会社等に対して玄関ドアの閉扉速度の調節不良の過失を主張し、不法行為に基づき損害賠償を請求したものである。

この判決は、ドアクローザーは建設省告示「建築物性能等認定事業登録規程」の安全性に関する要求基準に適合していた等として、玄関ドアの閉扉速度の調節不良の過失を否定し、請求を棄却した。

【判決内容】

この判決は、

「前示一3、4のとおり、BL住宅部品は、これを取り付けた住宅の居住者等に対する安全性を十分に考慮して定められた認定基準をクリアしているものと認められること、P73BLは平成2年以降毎年5万個以上出荷され、平成6年には約6万9800個になっているが、これまで本件事故以外にP73BLを使用したドアで指を切断する事故は起きていないこと等の事実を総合すると、前示のような確認方法により基準作動速度で閉扉することを確認して本件ドア及びドアクローザーの取付工事をした被告Y₃には、本件ドアの閉扉速度の調整について注意義務違反はないものと認めるのが相当である。

……

しかし、原告主張の適切閉扉速度の内容は、本件部屋の周囲の環境から通常予想される程度の風による荷重を1平方メートル当たり何キログラム又は風速毎秒何メートルと主張するのかが不明確で、結局どのような閉扉速度に調整すべきか不特定である。

仮に、原告主張の適切閉扉速度が現状の速度であるとしても、前示一8のとおり、現状の速度では自動的にラッチングしないこと、前示一2、4のとおり、本件ドア及びドアクローザーは取付後自動的にラッチングするよう設計され防火扉としての機能を期待されていることに照らすと、被告Y₃に現状の速度に調整すべき義務があるとはいえない。

また、建設省告示の登録規程は、玄関ドアの取付場所が様々であり、時に強風の影響を受ける場所もあることを前提として、前示のとおりのBL制度基準速度を定めているものと認められ、閉扉速度はユーザーにおいて市販の器具を使用してその責任で自由に調整できる構造になっていることから、ドア及びドアクローザー取付業者に対し、BL制度基準速度以外に他の条件を考慮してドア取付調整を

行う義務があるというためには、当該場所が通常予測される玄関ドアの取付場所以外に強風の影響を常時受けることが明白かつ容易に予測される等の特別な事情が必要であるというべきであるところ、河川沿いに立地し周囲に高層建築物がないマンションは珍しい存在ではないし、本件マンションに対する風向も一定ではないのであるから、本件ドア及びドアクローザーの取付場所以上の強風の影響を常時受けることが予測されるということはできない。

また、前示一7のとおり、本件事故当日の午後6時の気象観測結果が新木場で北西の風毎秒11メートルであったこと、本件事故当時南西側洋室の窓が開いていたと認められることから、本件事故当時、本件ドアに対して瞬間的に毎秒11メートル前後の荷重が加わったことが考えられる。したがって、原告主張の適切閉扉速度に調整したとしても、当時の状況下で本件事故の発生が回避できたか不明であり、この点でも原告の主張は理由がない」

と判示している。

【事案の特徴】

この事案は、児童が自宅マンションの玄関ドアを開けて入った際、ドアが急激に閉まり、小指を切断する傷害を負ったため、売主らに対して不法行為に基づき損害賠償を請求した事件である。この事案では、ドアクローザーの設定に過失があったか、強風がマンションを通り抜けるような状況においたこと（居住者の不注意）が事故原因であるかが問題になったものである。なお、強風が吹く中高層のマンションの上部の部屋では、窓の開閉状況によって玄関のドアが急激に閉まる現象を見かけることは少なくない。

【判決の意義】

この判決は、強風が吹いている状況においてマンションの玄関以外の窓が開いていたことから、玄関ドアが急激に閉まったことが事故原因であるとし、ドアクローザーが行政規制に適合していたことから売主らの過失を否定したものであり、事例判断を提供するものである。

(86) 賃貸建物の手摺の設置・保存の瑕疵を肯定した事例（東京地判平成9・4・15判時1631号96頁）

1　建物事故における誤使用

●事案の概要●

　Xが妻と共同賃貸住宅の2階の一室で居住していたところ、テレビを観ながら飲酒をしていたが、居室の窓枠の手摺がはずれ、転落し、頭蓋骨骨折等の重傷を負ったため（Xが後遺症を負ったため、事故の態様が明らかではない）、建物の所有者Yに対して土地工作物責任に基づき損害賠償を請求したものである。

　この判決は、窓枠と手摺の接合部分の設置方法が転落防止の目的において通常有すべき安全性を欠くものであるとし、請求を認容した（過失相殺を2割認めた）。

【判決内容】

　この判決は、

「前記一2のとおり、原告が本件事故時に本件窓及び本件手摺をどのように使用していたのかは明らかではないにせよ、本件事故は、本件手摺が窓枠からはずれて原告が転落したものである。ところで、本件窓の形状に鑑みると、本件手摺は、本件窓から人が誤って転落するのを防止する目的で設置されたものと認められるから、本件手摺に人がもたれかかるなどの荷重がかかることは通常予想されるところである。しかしながら、本件窓の窓枠と手摺の接合部分の強度は、厚さ約1ミリメートル（補助参加人新日軽の主張によれば取付部分の板厚は約1.1ミリメートルであり、……によれば0.9ミリメートルであることが窺われる。）のアルミ板である本件サッシに深さ0.25ミリメートルのねじ山をつけるだけで本件手摺を設置したために、前記一4において認定したとおりの強度しかなかったのであって、右設置方法では転落を防止するには不十分であったというべきであるから、本件手摺の設置ないし保存状況は、右転落防止の目的において通常有すべき安全性に欠けるものであったと認められる」

と判示している。

【事案の特徴】

　この事案は、共同賃貸住宅の一室の自宅で飲食をしていた居住者が窓枠の手摺がはずれ、転落して負傷したため、建物の所有者に対して土地工作物責任に基づき損害賠償を請求した事件である。この事案では、飲酒中の居住者

285

が窓枠をどのように使用していたかが明らかではないため、居住者の使用状況という事故の態様が問題になったものである（居住者の飲酒の影響もあり、その不注意が問題になったわけである）。

【判決の意義】

　この判決は、窓枠の手摺にもたれかかることは通常予想されるとしたうえ、窓枠と手摺の接合部分の強度が足りないとし、手摺の設置・保存が転落防止のために通常有すべき安全性を欠いていたとして建物の手摺の瑕疵を認めたものである。

　この判決は、手摺の安全性に関する事例判断を提供するものであるが、そもそも窓枠の手摺にもたれかかることを前提とし（この事案では、どのようなもたれかかり方をしたかは明らかではない）、このような状況における転落防止のための安全性の確保まで手摺に求めることが合理的であるかは疑問が残る。この事案では、居住者は飲酒の影響を受けており、事故態様も明らかではないというのであるから、居住者の不注意が事故原因であると判断することも不合理であるとはいえない（この判決は、過失相殺を2割認め、バランスをとろうとしたのであろう）。

(87) マンションの専有部分の設置・保存の瑕疵を肯定した事例（東京地判平成9・12・24判夕991号209頁）

━━━━●事案の概要●━━━━

　Yがマンションの4階の専有部分を区分所有し、Aに賃貸していたが、Aの友人B（当時、25歳）が訪問し、飲食していたところ、専有部分の窓（腰壁の高さ約40センチメートルで、手摺は設置されていなかった）から転落し、死亡したため、Bの両親X_1、X_2がYに対して土地工作物責任に基づき損害賠償を請求したものである。

　この判決は、転落事故防止の観点からみて、居住用施設として通常備えるべき安全性を欠いていたとし、土地工作物責任を認め、請求を認容

した（過失相殺を7割認めた）。

【判決内容】

この判決は、

「右認定のとおり、本件居室の南側窓は腰壁が約40センチメートルしかなく、転落事故を防止するための手すり等も設置されていなかった。本件居室の南側窓のような場合、その腰壁の高さの基準について法的な規制はないが、建築業者の解説書……においても、『特に居住用施設では注意を要すべきであり、一般的には下記の形態が望ましい』として、腰壁の高さはおおよそ65ないし85センチメートルを目安とし、窓の内側又は外側に床面から1.1メートル以上の高さに手すりを設置することが推奨されているのであって、前記のような本件居室の南側の構造は、転落事故防止の観点からみて、居住用施設として通常備えるべき安全性を欠いているものというべきである。

被告は本件事故後、本件居室の南側窓の床面から60.5センチメートル、83.5センチメートル及び107センチメートルの3箇所に横に鉄パイプを設置したが……、右のような措置が本件直前に講じられていたならば、本件事故の発生は防止することができたと考えられる。

以上によれば、本件事故は本件居室の南側窓部分の設置保存の瑕疵に基づくものというべきであるから、本件居室の賃貸人である被告は、本件建物の占有者として、民法717条に基づき、原告らに対して後記損害を賠償すべき義務がある」

と判示している。

【事案の特徴】

この事案は、マンションの友人宅（専有部分の賃借人）で飲食していた者が専有部分の窓（手摺は設置されていなかった）から転落し、死亡したため、両親が専有部分の区分所有者（賃貸人）に対して土地工作物責任に基づき損害賠償を請求した事件である。この事案では、訪問者の飲酒（誤動作・不注意）が事故原因であるか、専有部分の設置・保存の瑕疵があるかが問題になったものである。

【判決の意義】

この判決は、居室の窓の高さが通常有すべき安全性を欠いているとし、専有部分の設置・保存の瑕疵が事故原因であるとしたものである。この事案で

は、その内容を要約すると、訪問者の飲酒の影響（誤動作・不注意）があったことは明白であるところ、専有部分の区分所有者（賃貸人）としては、マンションの建築業者が建築した専有部分につき分譲を受けただけであり、転落する可能性のある飲食をする友人をもつ者に専有部分を賃貸したため、土地工作物責任が問われたものである。

　この事案では、転落した者の飲酒量、行動を検討することが重要であり、専有部分の瑕疵を否定しても不合理ではない。この判決は、7割という高い割合の過失相殺を認めたものであり、バランスをとろうとしたものであろう。

　なお、専有部分の区分所有者が事故後に鉄パイプを設置したことをとらえて、この措置を事故前に講じていれば事故防止ができたとする判断は、単なる後知恵の類であり、到底説得的な説示とはいえない。

〔88〕　居住者の不注意が事故原因であるとし、公営住宅の設置・管理の瑕疵を否定した事例（熊本地判平成11・8・27判時1696号131頁）

●事案の概要●

　Y_1が設置する公営住宅に居住するXらの二男A（当時、1歳6カ月）が室内の窓際のベッドにいたところ、手摺の隙間から転落し、死亡したため、XらがY_1に対して国家賠償責任に基づき、公営住宅を設計・改修したY_2有限会社に対して不法行為に基づき損害賠償を請求したものである。

　この判決は、手摺が通常有すべき安全性を欠くものではない等とし、請求を棄却した。

【判決内容】

　この判決は、

「ところで、営造物が通常有すべき安全性とは、当該営造物の構造だけではなく、その用法、場所的環境及び利用状況等の諸般の事情を総合考慮して具体的個別的

に判断すべきことは原告ら主張のとおりであり、前記認定のように本件手すり等が建設基準に違反しないからといって、直ちに本件団地が通常有すべき安全性を有していたものということはできない。本件においては、前記認定のように原告らが足がかりとなるようなベッドを置いていたことが本件事故の直接の原因となったと認められるところから、公営住宅の設置・設計にあたってかかる原告らの用法を考慮した危険防止措置が要請されるか否かさらに検討を要する。

　公営住宅は、病院や宿泊施設などのように当該営造物に備品を含んだ設備が予め準備され、その利用形態が設置目的からも定型的に限定される場合や、その利用関係が短期的な場合と異なり、住居として、その利用が日常的に密着し、かつその利用関係が長期にわたって継続することから、世帯構成や入居者の趣向等によって異なる利用の多様性に応える必要があり、また、居住の快適性や便宜性といった要請を満たす必要もある（建設基準法5条参照）。この点、原告らがいうように、設置者において、多様な利用形態から生じる危険の全てを予め予期して、その全てにつき防止措置を講じるということは、おおよそ不可能を強いるものであるうえ、居住の多様性、快適性や便宜性といった要請は全く無視されてしまう結果となり、不当である。また、公営住宅については、住居としての性格上各住戸の利用は排他的で、入居者がどのような家財道具を持ち込み、どのように利用するかは千差万別で、その実態を外部から把握することはできず、日常の管理についても居住者に委ねざるを得ない部分がほとんどであるうえ、公営住宅と入居者との関係が密接かつ継続的であることから、入居者の側において危険を予知し防止措置を講ずることもある程度期待することができる。このように公営住宅については、利用の態様につき入居者の裁量が認められ、かつ日常の管理が入居者に委ねられているという特質に鑑みれば、公営住宅の設置管理にあっては、通常の用法からは容易に予期し得ない危険が生じる場合や、予期された危険を防止するため日常生活の場としての住居の利用が著しく妨げられたり、その防止に加重な負担を強いられるなどの事情がない限り、入居者の危険回避行動を期待し、これを前提とすることは許容されているといわなければならない。

　本件団地は、前述のように建設基準に違反しているとは認められないうえ、日常生活の場として居住の多様性や快適性を充たす必要があったこと、北側窓付設の落下防止手すりは、公営住宅において決して特殊なものではなく、同種のものが他の住宅でも少なからず用いられていること、ベッドが足がかりとなって本件現場に落下する危険の存することを原告らも認識し得、これに対し、日常生活に支障のない形で足がかりとならないようベッドの置き方等を工夫する余地もあったと認められること、などに総合考慮すると、公営住宅の設置、設計にあたり窓下に足がかりとなるベッドを配置することまで考慮した危険防止措置が要請されるとはいえず、北側窓の落下防止手すりが住居内の腰壁の手すりとして通常有すべき安全性を欠いていたものとは認められない。

289

また、本件現場付設の手すり柵についてみるに、前記認定のように本件現場についてはもっぱら避難路として、日常生活での利用の予定されていなかったことや、入居者において足がかりとなるような家具等の配置に気をつけ、北側窓から室外に幼児が出ないよう注意をすることが期待されていたこと、本件事故が起こるまで、本件現場の手すり柵についてその危険性が指摘されたり、改善の要求がなされたなどの事実はなかったこと等に鑑みると、Aのような幼児が一人で本件現場に出るということは被告らにおいて予期しない事態であったといえる。したがって、たまたま、本件現場の手すり柵につき横さん型式がとられ、その間隔が広かったため本件事故が起こったとしても、右の点が避難路の手すり柵として通常有すべき安全性を欠いていたものとは認められない」

と判示している。

【事案の特徴】

　この事案は、公営住宅に居住する者の幼児が室内の窓際のベッドにいたところ、手摺の隙間から転落し、死亡したため、両親が公営住宅の設置者に対して営造物責任に基づき損害賠償を請求する等した事件である。この事案では、ベッドの配置（居住者の不注意）が事故原因であったか、公営住宅に設置・管理の瑕疵があったかが問題になったものである。

【判決の意義】

　この判決は、公営住宅については利用の態様につき入居者の裁量が認められ、かつ日常の管理が入居者に委ねられているという特質に鑑みれば、公営住宅の設置管理にあっては、通常の用法からは容易に予期し得ない危険が生じる場合、予期された危険を防止するため日常生活の場としての住居の利用が著しく妨げられたり、その防止に加重な負担を強いられるなどの事情がない限り、入居者の危険回避行動を期待し、これを前提とすることは許容されていること、ベッドが足がかりとなって落下する危険の存することを居住者も認識でき、日常生活に支障のない形で足がかりとならないようベッドの置き方等を工夫する余地もあったこと等を総合考慮すると、公営住宅の設置・設計にあたり窓下に足がかりとなるベッドを配置することまで考慮した危険防止措置は要請されないこと、通常有すべき安全性を欠いていたとはいえな

いと判示したものである。

　この判決は、公営住宅の窓際にベッドを配置することが容易に認識しうる危険であることを前提とし、居住者の危険回避行動を期待することができる反面、このような危険を防止できる措置をとらなくても通常有すべき安全性を欠いているとはいえないとしたものであり、合理的な判断基準を明確にしたうえ、居住者の不注意が事故原因であるとし、公営住宅の設置・管理の瑕疵を否定した重要な事例判断として参考になる。

(89)　商業施設の設置・保存の瑕疵を肯定した事例（札幌地判平成11・11・17判時1707号150頁）

　●事案の概要●

　X（昭和22年生まれ）が、Y_1株式会社が所有し、Y_2株式会社が管理する大規模小売店を利用した後、店舗外の階段を降りていた際、階段に付着していた氷に足をとられ、転倒して負傷したため（本件階段で転倒したのは、X以外にはいなかった）、XがY_1に対して土地工作物責任、Y_2に対して不法行為に基づき損害賠償を請求したものである。

　この判決は、階段に設置されたロードヒーティングの温度管理を怠り、階段に氷を付着させたとし、小売店施設の設置・保存の瑕疵を認める等し、請求を認容した（過失相殺を5割認めた）。

【判決内容】

　この判決は、

「㈠　被告Y_1ビルは、本件建物の所有者として、本件建物を商業施設として賃貸しているが、多数の顧客の出入りが予想されているのであるから、利用する顧客に対し、安全性の確保された施設を用意し、あるいは施設の安全性を確保するように管理して本件建物を商業施設として提供する注意義務がある、と解される。また、被告Y_2は、本件建物の管理の委託を受けているが、多数の顧客が利用する商業施設であるから、顧客に対し、本件建物の安全性を確保するように管理して

本件建物を商業施設として提供する注意義務がある、と解される。
(二) これを本件建物に付属する本件階段についてみれば、野外の階段であって、雪が積もったり、氷が付着したりするから、被告らは、歩行者が足を滑らせないように安全性を確保して管理すべき注意義務があったにもかかわらず、設置したロードヒーティングの温度管理を十分行わないまま、氷を付着させて原告に利用させた過失により、本件事故を発生させた、と認められるから、被告らは、本件事故により原告に生じた損害について賠償責任を負う、と解するのが相当である。
(三) 被告らは、北海道で冬期間に多量の積雪がありこれが凍結して氷のできることは、ごく当たり前の自然現象であり、歩行者が転倒しないように注意するのは自己責任の問題である旨主張する。確かに、雪国で生活する人間にとって、雪や氷で覆われた道路や階段で転倒しないように注意して歩行することは当然のことであり、転倒しないように注意すべき自己責任があることは、被告ら指摘のとおりと考える。しかし、多数の顧客の出入りが予想される商業施設を提供・管理している場合に、歩行者に自己責任があるからといって、通常予想される態様で施設を利用する歩行者に対し、その安全性を確保した施設を提供するとともに安全性を確保できるように施設を管理すべき注意義務があることを否定することはできない（この場合、歩行者の自己責任は、過失相殺の問題として考慮すべきである）。本件階段には、ロードヒーティングが設置されているが、ロードヒーティングの管理等に落ち度があっても、歩行者に自己責任があるから、本件階段を提供・管理する者に一切の賠償責任が生じない、とすることは当を得ないものである。したがって、被告らの右主張をもって、被告らに責任がない、とすることはできない。

また、被告らは、専門業者であるジーテックスにロードヒーティングの管理を委託したから、被告らに過失はない旨主張する。しかし、ジーテックスにロードヒーティングの管理を委託したことは、被告らの内部関係であり、被告らが施設利用者に対する関係で負担する施設の安全性を確保するように管理して施設を提供する注意義務自体を否定することはできない。被告らの右主張は採用できない」
と判示している。

【事案の特徴】

この事案は、冬季、顧客が大規模小売店を利用した後、店舗外の階段を降りていた際、階段に付着していた氷に足をとられ、転倒して負傷したため（本件階段で転倒したのは、この顧客以外にはいなかった）、建物の所有者に対して土地工作物責任に基づき損害賠償を請求する等した事件である。この事案では、大規模小売店の野外階段における歩行者の転倒事故であり、この顧客

以外に転倒した者がいなかったことから、この顧客の不注意が事故原因であるかが問題になったものである（この事件の審理においては、歩行者の自己責任として問題になっている）。

【判決の意義】

　この判決は、事故現場が野外の階段であって、雪が積もったり、氷が付着したりするから、歩行者が足を滑らせないように安全性を確保して管理すべき注意義務があったこと、設置したロードヒーティングの温度管理を十分行わないままに氷を付着させて歩行者に利用させた過失により事故を発生させたこと、多数の顧客の出入りが予想される商業施設を提供・管理している場合、歩行者に自己責任あるからといって、通常予想される態様で施設を利用する歩行者に対し、その安全性を確保した施設を提供するとともに安全性を確保できるように施設を管理すべき注意義務があること、施設の設置・保存の瑕疵があることを判示している。

　この判決の論理を前提とすると、多数の顧客が出入りする商業施設については、冬季、敷地全体にわたって氷が付着しないようにし、顧客が転倒しないような安全性を確保し、管理すべき注意義務があり、これを怠ると、施設の設置・保存の瑕疵が肯定されることになるが、ほかの歩行者に同様な事故が発生していないことに照らすと、瑕疵を認めるべき合理的な根拠はないというべきであり、この判決には疑問が残る。

(90)　宿泊施設の客室の設置・管理の瑕疵を肯定した事例（東京地判平成13・5・11判時1765号80頁）

──────●事案の概要●──────

　X（当時、85歳）が義理の妹とともに、東京都の特別区Yが設置・管理する湯河原所在の保養所に宿泊したが（本件保養所は、地方自治法244条所定の公の施設として設置されたものであった）、Xらが宿泊した客室内には和室部分と洋室部分があり、和室部分から洋室部分に向かう通路に

は約45センチメートルの段差があったところ（段差には、手摺・踏み台が設置されていなかったが、本件客室の段差は、車椅子の使用者が利用の便宜のために設置されたのもであった）、Xは、和室部分から通路部分に降りようとしたところ、段差を踏みはずして床に転倒し、右大腿骨転子部分等を骨折したため、Xは、Yに対して、段差に手摺等がなかったことが客室の設置・管理に瑕疵があった旨を主張し、国家賠償法2条に基づき損害賠償を請求したものである。

　この判決は、段差が車椅子使用者の利用の便宜のためとはいえ、高齢者の利用の観点からみて、高さ約45センチメートルの段差を設けることの設計内容に疑問があり、段差を設ける場合には、昇降にある程度の危険性を伴うこと等から、手摺等の通路部分に降りることを容易にするための設備が全く設けられていない等の瑕疵があったとし、瑕疵を肯定し、請求を認容した。

【判決内容】

　この判決は、

「国家賠償法2条1項所定の公の営造物の設置又は管理の瑕疵とは、当該営造物が通常有すべき安全性を欠く状態にあることをいい、この安全性の有無については、当該営造物の構造のみならず、その用法、場所的環境及び利用状況等諸般の事情を総合的に考慮して判断すべきものである。

　これを本件についてみるに、本件施設が杉並区民等を利用者とする保養所であり、大多数の利用者は、車いす使用者以外の者であり、高齢者の利用が多かったこと、本件客室も車いす使用者専用のものではなく、一般の高齢者や幼児等も利用する部屋であったことを考慮すると、車いす使用者の利用の便宜のためとはいえ、本件客室内の本件和室部分の畳面と、通路部分及び洋室部分の床面との間に高さ約45センチメートルもの段差を設けること自体、高齢者等の利用の観点からみて、その設計内容に疑問を差し挟む余地があり、また、本件客室内にこのような段差を設けるのであれば、その昇り降りにある程度の危険が伴うことは当然であるから、被告としては、これに対する十分な安全確保のための対策を講ずべきである。しかるに、前記認定のとおり、車いす使用者以外の宿泊客の本件和室部

分への昇り降りのためには、洋室側の一部に踏み台が設けられたにすぎず、本件事故のように、本件客室の利用者である高齢者等が本件和室部分の通路側から通路部分に降りることは、その方が本件客室の出入口に近いことから十分想定し得る事態であり（現に、食器を持った原告の義妹も、本件和室部分の通路側から通路部分に降りている。……）、構造上、そのことにある程度の危険が伴うことも十分予測し得るにもかかわらず、本件和室部分の通路側には、踏み台、手すり等の通路部分に降りることを容易にするための設備は全く設けられておらず、本件和室部分の通路側から通路部分に降りることを妨げ、洋室側から降りるように誘導するような、つい立て等の道具等も全く置かれていなかったこと、さらに、被告は、本件事故当時、本件客室の利用者に対し、本件和室部分からの出入り（昇り降り）は、洋室側から踏み台を用いてするようにし、通路側からは通路部分に降りないようにするとの、安全確保のための利用上の注意をすることも、全くしていなかったことが明らかであり、これらの事実を総合すると、その内部に本件段差のある本件客室は、本件事故当時、通常有すべき安全性を欠く状態にあったものと認めるのが相当であり、被告による本件客室の設置、管理には瑕疵があったものというべきである」

と判示している。

【事案の特徴】

　この事案は、高齢者が保養所に宿泊した際、客室の和室部分と洋室部分の段差から踏みはずし、転倒して負傷したため、高齢者が保養所の設置者に対して営造物責任に基づき損害賠償を請求した事件である。この事案では、客室の段差が車椅子の使用者の利用の便宜のために設置されたのもであったところ、段差からの転落が高齢者の不注意によるものではないか、段差に手摺等がなかったことが客室の設置・管理に瑕疵に当たるかが問題になったものである。

【判決の意義】

　この判決は、客室の利用者である高齢者等が和室部分の通路側から通路部分に降りることは、そのほうが客室の出入口に近いことから十分想定しうる事態であり、構造上、ある程度の危険が伴うことも十分予測しうるにもかかわらず、和室部分の通路側には、手摺・踏み台等の通路部分に降りることを容易にするための設備は全く設けられていなかったとし、客室の設置・管理

の瑕疵を認めたものである。

　この事案の事故は、通常人が注意をすれば避けることができた事故であるということができるが、この判決は、高齢者の能力を重視して瑕疵の有無を判断したものということができる。この判決の瑕疵の判断は後智恵の類である。

(91)　水分・油分の付着によるビルの保存の瑕疵を肯定した事例（東京地判平成13・11・27判時1794号82頁）

---●事案の概要●---

　X（当時、67歳）が、平成11年9月、Y株式会社の区分所有に係るJRの駅ビル8階の料理店で飲食した後、知人とともに7階の通路を歩行中、足を滑らせ転倒し、左足骨折等の傷害を負ったため、XがYに対して土地工作物責任に基づき損害賠償を請求したものである。

　この判決は、転倒場所は荷物の搬入等によって水分・油分が付着する状態であった等とし、ビルの保存の瑕疵を認め、請求を認容した。

【判決内容】

　この判決は、

「以上の状況を総合考慮すると、原告が転倒したのは、左足が着地した地点に油、水等が付着し滑りやすくなっていたことによるものと推認するのが相当である。

　もっとも、被告は、本件ビル7階の通路は、毎日清掃をしていた旨主張し、これに符合する証拠もあるが、本件ビルの7階では、清掃は、毎日、午前7時30分から10時30分までの間に行われていたものであり、清掃後に通路C及びAを通って野菜等の材料が搬入されていた可能性は十分にあり、午後には昼食に供された食材の廃材等の搬出も行われていたものと推認できる。そうすると、本件事故が発生した午後6時過ぎには、すでに原告主張転倒地点をライオン関係者が多数通行し、かつ、運搬車も通行していたものと認められ、その時点では、通行者の靴や運搬車両の車輪についていた油、水等が通路に付着している状態にあったものと考えられる（被告は、上記の清掃のほかにも毎日複数回清掃が行われていた旨主張するが、……からすると、清掃が頻繁に行われていたとは到底認められない

し、通路Aのタイル、通路Aの壁、本件出入口の汚れ具合からして、清掃が行われていたとしても、油分を十分取り去る程度に行われていたとは認められない。）。
　したがって、上記の通路の状況をもって、本件ビル7階の保存につき瑕疵があったというべきであり、原告は、その瑕疵により受傷したものと認められる」
と判示している。

【事案の特徴】
　この事案は、高齢者が駅ビルの料理店で飲食した後、通路を歩行中、足を滑らせ転倒し、左足骨折等の傷害を負ったため、駅ビルの区分所有者に対して土地工作物責任に基づき損害賠償を請求した事件である。この事案では、転倒事故の原因が問題になったこと、歩行者の不注意が転倒の直接の原因であることに特徴がある。

【判決の意義】
　この判決は、歩行者の転倒が通路に水分・油分が付着していたことを推認し、水分・油分の付着による建物の保存の瑕疵を肯定したものである。
　しかし、通路に水分等がどの程度付着していたかは明らかではないうえ、通常の注意をもって歩行すれば事故の回避は相当に可能であったということができるから、この判決の認定・論理だけで建物内の通路の保存の瑕疵を肯定することには疑問がある。

(92)　自動ドアの設置・保存の瑕疵を肯定した事例（東京地判平成13・12・27判時1798号94頁）

●事案の概要●

　高齢者X（昭和4年生まれ）が、平成7年4月4日、家族とともに、Yが経営するレストランにおいて食事をした後、出入口用の自動ドアの前に立って、スイッチを押してドアが開いたので、外に出ようとしたところ、閉まり始めたドアに接触して転倒したため、左大腿骨頚部骨折等の傷害を負ったことから、XがYに対して土地工作物責任に基づき損害

297

賠償を請求したものである。

　この判決は、ドアの通行可能時間が十分とはいえず、通行する者がドアに接触・衝突する危険を有していた等とし、設置・保存の瑕疵を肯定し、請求を認容した（過失相殺を7割認めた）。

【判決内容】

　この判決は、

「そして、被告がこの方法によって算出した通行可能時間は、……のとおり3.65秒から5.787秒であるところ、この数値には誤差も含まれると考えられるものの、実際にもおおむねこの程度の時間であったということができる。

　そこで、この通行可能時間が本件ドアを通過するのに十分なものであったかについて検討する。

　まず、一般に、通常の歩行能力を有する成人の通常の歩行時間は約4km／時であると考えられるところ、……によれば、原告が本件事故当時に本件ドアの前で立っていた地点から本件ドアを通過し終わるまでに歩行すべき距離は、誤差も勘案すればおおむね60㎝であるといえるから、通常の歩行能力を有する成人であれば、約0.54秒間で本件ドアを通過できることとなり、このような者を基準とする限りは、本件ドアの通行可能時間が不十分なものであったとまではいえない。

　しかし、原告のように杖をついて歩行する高齢者や幼児は、通常の歩行能力を有する成人の数倍程度歩行に時間を要することがあり、やむを得ず自動ドアを通行する途中に立ち止まったりすることもあり得るから、これらの者も利用することを前提とした場合には、前記のような通行可能時間で十分であったとは必ずしもいい難い。また、このような者に引き続いて通行する者がいることも十分考えられるから、その場合にも本件ドアの通行可能時間は十分であったとはいえない。

　ところで、証人乙山春子（以下「乙山」という。）は、本件事故以前に長男を連れて本件店舗を訪れたときに、長男が先に立ち、乙山がその後に続いて本件ドアを通過しようとしたところ、本件ドアが同人の胸部に衝突したことがあったほか、同人が先に立って、長男がそれに続いて通過しようとした際にも、長男の頭部に本件ドアが衝突したことがあったばかりでなく、他の通行者が本件ドアに衝突するのを見たこともあり、本件ドアの開閉速度が速いと感じた旨証言し、陳述書……においても同趣旨のことを述べているところ、同人の供述は具体的であって、不自然な点も見受けられないから、十分に信用することができると考えられる。これに対し、被告は、本人尋問において、幼児が開扉しきっていない本件ドアに走り込んだために衝突したことが1回あるだけで、閉まりかけた本件ドアに衝突

した者はいなかった旨供述しているが、被告の陳述書……において、閉じようとしている本件ドアに衝突した者が数人いた旨述べていることとそごしていることにかんがみれば、前記供述をたやすく信用することはできない。以上のことからすれば、本件事故以前に本件ドアを通行する幼児や連続して本件ドアを通行する者に本件ドアが衝突したことが少なくとも数回あったことが認められる。

これらのことからすれば、本件ドアは、開閉速度が速く、通行可能時間が十分なものではないために、これを通過しようとする者に接触又は衝突する危険性を有するものであったということができる。

なお、被告は、本件ドアを開扉しておくことによって空調管理や衛生上の問題が生じると主張するが、そのような問題を考慮してもなお本件ドアが通常有すべき安全性を具備するものでなければならないことはいうまでもないところであるが、この点に関する被告の主張を採用することはできない。

(ウ) 本件ドアに接触ないし衝突したときの衝撃について

本件ドアが木製枠を有するものであり、その押圧力が最大11kg重以下であることは当事者間に争いがない。

そして、……によれば、本件ドアが枠の重さと相まって重量を有するものと推認することができ、本件ドアに接触ないし衝突した場合の衝撃の度合いは通常の歩行能力を有する者にとってもかなりの程度大きなものであったと推認することができる。そして、高齢者や幼児がドアの接近に対して機敏に対処し得ないことは推測するに難くなく、さらに、杖を使用して歩行していた原告のような高齢者や幼児であれば、本件ドアに接触ないし衝突した場合には、よろめく程度にとどまらず、衝撃により転倒することも想定できるところである。

そうすると、本件ドアは、通行者に接触ないし衝突した際、その者を転倒させる危険性を有するものであったということができる。

ウ 以上に判示した本件ドアの性質、それが設置された場所の具体的状況、その利用状況等を総合的に考慮し、本件ドアは、身体ないし動作の制御能力及び歩行能力の劣る高齢者や幼児も利用することを前提として通常有すべき安全性を備えている必要があること、付属設備として補助光電スイッチが設置されていなかったことから、走行部を通行する者にドアが接触ないし衝突せずに通過できるだけの十分な通行可能時間が設定されている必要があること、本件ドアの通行可能時間は十分なものとはいえず、これを通行する者がドアに接触ないし衝突する危険性を有していたこと、本件ドアが接触ないし衝突した場合の衝撃は大きく、通行者を転倒させる危険性を有するものであること等の事情に基づいて判断すれば、本件ドアが通常有すべき安全性を備えていたということはできず、その設置又は保存に瑕疵があったといわざるを得ない。

エ なお、本件ドアにはセイフティリターンが施されていたことは前判示のとおりであるが、この機能が接触ないし衝突後一定時間停止しないと作動しないこと

から、これによっても原告の転倒及び負傷を回避し得なかったことに照らせば、前記瑕疵の存在についての判断を左右しないものというべきである」
と判示している。

【事案の特徴】

この事案は、高齢者がレストランの出入口用の自動ドアの前に立って、スイッチを押してドアが開いたので、外に出ようとしたところ、閉まり始めたドアに接触して転倒し、負傷したため、レストランの経営者に対して土地工作物責任に基づき損害賠償を請求した事件である。この事案では、自動ドアの転倒事故であること、高齢者の転倒事故であること、転倒事故の原因が高齢者の不注意ではないかが問題になったことに特徴がある。

【判決の意義】

この判決は、この事案の自動ドアは身体ないし動作の制御能力および歩行能力の劣る高齢者・幼児も利用することを前提として通常有すべき安全性を備えている必要があること、付属設備として補助光電スイッチが設置されていなかったことから、走行部を通行する者にドアが接触ないし衝突せずに通過できるだけの十分な通行可能時間が設定されている必要があること、この自動ドアの通行可能時間は十分なものとはいえず、これを通行する者がドアに接触ないし衝突する危険性を有していたこと、この自動ドアが接触ないし衝突した場合の衝撃は大きく、通行者を転倒させる危険性を有するものであること等の事情に基づいて判断すると、この自動ドアが通常有すべき安全性を備えていたということはできないとし、その設置または保存に瑕疵があったと判示している。

この判決は、一見すると論理的であるもののようであるが、高齢者の事故であることを重視し、後知恵として判断したと評価できよう。この事案の転倒事故は、高齢者の不注意が直接の原因であるということができ、自動ドアの歩行も相当程度の注意を払っていれば転倒事故を回避することは十分にできたということができる。

(93) 公道上に日除けテントを放置したことが事故原因であるとし、飲食店の経営者の不法行為を肯定した事例（東京地判平成14・12・17判タ1155号231頁）

●事案の概要●

Yが東京都内の交差点で飲食店を経営し、店内に西日が差し込むことを防止するため、巻き上げ式の日除けテントを設置していたところ（テントは公道である歩道上にはみ出していた）、近くに事務所を有していたXが歩道上を歩行中、テントの先端部分に右頭部をぶつけて負傷したため、XがYに対して不法行為に基づき損害賠償を請求したものである。

この判決は、公道上に私有物を放置していた不法行為を認め、請求を認容した（過失相殺を3割認めた）。

【判決内容】

この判決は、

「2 被告の責任について
　上記1で認定した経緯に弁論の全趣旨を総合すれば、被告が本件テントの庇部分を一杯に開いた状態で使用していたことは、公道に私有物を放置していた違法な行為であり、そのために、歩行中の原告が右前頭部を本件テント角に衝突させるという本件事故が発生し、原告が傷害を負ったのであるから、被告は、本件事故に関して、原告に対して、不法行為責任を負うというべきである」

と判示している。

【事案の特徴】

この事案は、道路の歩行者が飲食店の日除けテントの角に衝突し、負傷したため、飲食店の経営者に対して不法行為に基づき損害賠償を請求した事件である。この事案では、歩行者の不注意が問題になったものである。

【判決の意義】

この判決は、公道上に私有物を放置した違法性を認め、不法行為を肯定したものであり、事例判断を提供するものであるが、見方を変えれば、通常の

注意をもって歩行すれば事故の回避は可能であったということができよう。

(94) 介護老人保健施設の設置・保存の瑕疵を肯定した事例（福島地白河支判平成15・6・3判時1838号116頁。(250)（603頁）参照）

───●事案の概要●───

　Y社会福祉法人が介護老人保健施設を開設し、運営していたところ、X（明治38年生まれ）が要介護3の認定を受け、平成12年10月、Yとの間で、入所するために介護老人保健施設利用契約を締結し、入所し、介護を受けていたが、平成13年1月8日、自室のポータブルトイレを使用し、トイレ中の排泄物を施設に併設されていた汚物処理場に捨てに赴いた際、その出入口の仕切りに足をひっかけて転倒し、負傷したため、XがYに対して債務不履行、土地工作物責任に基づき損害賠償を請求したものである。

　この判決は、排泄物を定時に清掃すべき義務違反による債務不履行、仕切りにつき瑕疵があるとし、土地工作物責任を認め、請求を認容した。

【判決内容】

　この判決は、

「二　被告の債務不履行責任について
(1) 前記認定の事情によれば、被告が、本件契約に基づき、介護ケアサービスの内容として入所者のポータブルトイレの清掃を定時に行うべき義務があったこと、本件事故当日、これがなされなかったこと、そのため原告がこれを自ら捨てようとし、本件処理場に行った結果、本件事故が発生したことが認められる。
(2) 原告所論のとおり、居室内に置かれたポータブルトイレの中身が廃棄・清掃されないままであれば、不自由な体であれ、老人がこれをトイレまで運んで処理・清掃したいと考えるのは当然であるから、ポータブルトイレの清掃を定時に行うべき義務と本件事故との間に相当因果関係が認められる。

　この点被告は、『ポータブルトイレの清掃がなされていなかったとしても、自らポータブルトイレの排泄物容器を処理しようとする必要性はなく、ナースコールで介護要員に連絡して処理をしてもらうことができたはずである。』と主張

するが、前記認定のようにポータブルトイレの清掃に関する介護マニュアルの定めが遵守されていなかった本件施設の現状においては、原告ら入居者がポータブルトイレの清掃を頼んだ場合に、本件施設職員が、直ちにかつ快く、その求めに応じて処理していたかどうかは、不明であるといわなければならない。したがって、入居者のポータブルトイレの清掃を定時に行うべき義務に違反したことと本件事故との間の相当因果関係を否定することは出来ない。
(3) したがって、被告は、本件事故に関して、原告に対して本件契約上の債務不履行責任を負う。
　三　民法717条の責任について
(1) 原告所論のとおり、本件施設は、身体機能の劣った状態にある要介護老人の入所施設であるから、その特質上、入所者の移動ないし施設利用等に際して、身体上の危険が生じないような建物構造・設備構造が特に求められているというべきである。
(2) しかるに、現に入所者が出入りすることがある本件処理場の出入口に本件仕切りが存在するところ、その構造は、下肢の機能の低下している要介護老人の出入りに際して転倒等の危険を生じさせる形状の設備であるといわなければならない。
(3) これは民法717条の『土地の工作物の設置又は保存の瑕疵』に該当するから、被告には、同条による損害賠償責任がある」

と判示している。

【事案の特徴】

　この事案は、介護老人保健施設に入所していた高齢者が自室のポータブルトイレを使用し、トイレ中の排泄物を施設に併設されていた汚物処理場に捨てに赴いた際、その出入口の仕切りに足をひっかけて転倒し、負傷したため、施設の運営者に対して債務不履行、土地工作物責任に基づき損害賠償を請求した事件である。この事案では、転倒事故が高齢者の不注意によるものか、施設の設置・保存の瑕疵によるのかが問題になったものである。

【判決の意義】

　この判決は、介護施設が身体機能の劣った状態にある要介護老人の入所施設であるから、その特質上、入所者の移動ないし施設利用等に際して、身体上の危険が生じないような建物構造・設備構造が特に求められていること、この施設では現に入所者が出入りすることがある汚物処理場の出入口に仕切

りが存在し、その構造が下肢の機能の低下している要介護老人の出入りに際して転倒等の危険を生じさせる形状の設備であること、施設に設置・管理の瑕疵があることを判示したものである。

　この事案は、介護を要する施設における高齢者の転倒事故であり、施設の種類・構造が重要な事情として判断されるべきであるところ、この判決は、施設の設置・保存の瑕疵を肯定したものであるが、高齢者の能力、施設の性質を重視して瑕疵の有無を判断したものとして評価することができる。

(95)　高齢者の転倒事故につき介護事業者の債務不履行を肯定した事例（福岡地判平成15・8・27判時1843号133頁。（251）（604頁）参照）

―――●事案の概要●―――

　X（当時、95歳）が高齢に伴う身体機能、精神機能の低下によって要介護4の認定を受け、通所介護の措置を受け、平成12年7月、Y法人（特定非営利活動法人）との間で、娘Aを代理人として通所介護を内容とする契約を締結し、おおむね週3回、Yの施設で介護サービスを受けていたところ、同年11月、Yの施設の畳敷の静養室において昼寝から目覚めた後、入口付近の段差で転倒し、右大腿骨顆上骨折の傷害を受けたため、XがYに対して介護サービス契約上の債務不履行に基づき損害賠償を請求したものである。

　この判決は、事業者は、利用者の障害を前提に安全に介護を施す義務があるとし、昼寝から目覚めた際に必要な介護を怠った過失があるとし、債務不履行を肯定し、請求を認容した。

【判決内容】

　この判決は、
「ところで、通所介護契約は、事業者が利用者に対し、介護保険法令の趣旨にしたがって利用者が可能な限りその居宅において、その有する能力に応じた自立し

た日常生活を営むことができるよう通所介護サービスを提供し、利用者は事業者に対しそのサービスに対する料金を支払うというものであるところ（契約書1条）、同契約の利用者は、高齢等で精神的、肉体的に障害を有し、自宅で自立した生活を営むことが困難な者を予定しており、事業者は、そのような利用者の状況を把握し、自立した日常生活を営むことができるよう介護を提供するとともに、事業者が認識した利用者の障害を前提に、安全に介護を施す義務があるというべきである。

　前記認定のとおり、原告は、本件事故当時95歳と高齢であり、両膝関節変形性関節症を有しており、歩行に困難を来すとともに、転倒の危険があり、このことは、通所介護の開始に当たって示された居宅サービス計画書及びAからの書面で被告には知らされていた。

　本件事故までに、被告は、原告の52回にわたる被告施設の利用状況及びその記録から、原告の被告施設内での活動状況を把握しており、それによれば、原告は、風船バレーのレクリエーションでは立ち上がることもあり、尿意を催すと自らトイレを探し、ものに摑まるなどして歩行を開始することがあった。前記のとおり、原告は、通所介護を重ねていくことにより、活動能力が回復してきたことが窺われ、さらに、布団で寝て上体から起きあがること、そこから一人でいざって移動することもできた。

　以上の諸点に鑑みれば、原告が、静養室での昼寝の最中に尿意を催すなどして、起きあがり、移動することは予見可能であった。さらに、居宅サービス計画書にあるとおり、原告は、視力障害があり、痴呆もあったのだから、静養室入口の段差から転落するおそれもあったといわざるを得ず、この点についても被告は予見可能であった。

　そして、本件事故時、被告従業員は、原告に背を向けてソファーに座っており、原告の細かな動静を十分に把握できる状態にはなく、さらに、原告の状態を確認することなく、他の被告従業員に静養室近くでの『見守り』を引継ぐこともなく、席を外して、玄関に移動してしまい、他の被告従業員は、本件事故が発生した静養室が死角となる位置で『見守り』をしていたのであるから、原告が目を覚まし移動を開始したことについても、気付く状況になく、当然、原告の寝起きの際に必要な介護もしなかった。

　そうすると、本件事故は、被告が、原告の動静を見守った上で、昼寝から目覚めた際に必要な介護を怠った過失により発生したといわざるを得ず、被告には、本件事故により原告に発生した損害を賠償する責任がある」

と判示している。

【事案の特徴】

この事案は、高齢者が介護施設に入居し、畳敷の静養室において昼寝から目覚めた後、入口付近の段差で転倒し、負傷したため、施設の運営者に対して介護サービス契約上の債務不履行に基づき損害賠償を請求した事件である。この事案では、介護施設における転倒事故であること、高齢者の転倒事故であること、転倒事故の原因として高齢者の不注意が問題になったことに特徴がある。

【判決の意義】

　この判決は、介護施設の事業者は、利用者の障害を前提に安全に介護を施す義務があるとし、昼寝から目覚めた際に必要な介護を怠った過失があるとし、高齢者の転倒につき債務不履行を肯定したものであり、事例判断を提供するものである。この判決は、高齢者の能力、契約の性質を重視して判断したものである。

(96) 賃貸住宅の設置・保存の瑕疵を肯定した事例（福岡高判平成19・3・20判時1986号58頁）

●事案の概要●

　Aが昭和48年建築の賃貸住宅（2階建ての縦割長屋）を所有し、賃貸していたが、平成12年10月、X_1に建物の一部を賃貸し、X_1は、妻B、子X_2と居住していたところ、平成14年11月、Bが本件建物の2階窓から窓の外に設置された物干し竿を受ける金具に物干し竿を通して利用していた物干し竿に洗濯物を干そうと身を乗り出し（窓の腰高は約73センチメートル）、2階から転落して死亡したため、相続人であるX_1、X_2がAの相続人であるYに対して土地工作物責任に基づき損害賠償を請求したものである。第1審判決（福岡地小倉支判平成18・2・10判時1986号61頁）は本件の賃貸建物では本件のような事故が発生したことがなく、通常の注意をすれば転落することはない等とし、管理の瑕疵を否定し、請求を棄却したため、X_1らが控訴した。

この判決は、洗濯物を干すには危険があった等とし、建物の瑕疵を認め、第1審判決を変更し、請求を認容した（Bの過失を9割認めて過失相殺した）。

【判決内容】

　この判決は、

「ところで、被控訴人は、この点に関して、本件窓の腰高が約73センチメートルあることをもって窓として通常有すべき安全性を備えているとする如くであり、そのことを前提として縷々主張する。
　建築基準法では、採光や換気のために開口部の面積をどの程度確保しなければならないかの規制はあっても、窓の腰高を規制する規定はないが、建設業界では、一般に、幼児が足をかけてよじ登ることのできる高さ65センチメートルと幼児の墜落を防止するに足りる高さ85センチメートルを参考に、65センチメートルから85センチメートルが適当と考えられている（……、裁判所に顕著な事実）。したがって、本件窓の腰高は上記基準の範囲内であるものということができるし、また、採光や通風、さらには居室の開放感等の見地からしても、窓の腰高を余り高くすることはできないし、相当でもないものといわなければならない。そうであれば、約73センチメートルという本件窓の腰高自体を瑕疵とみなすことはできない。
　しかしながら、本件窓の外には本件竿受けが設置され、賃借人が本件窓から戸外に洗濯物を干すことが予定されていたのであり、この場合、賃借人は、戸外に体を伸ばし出す姿勢を取ることになるので、本件窓の安全性に対する検討に際しては、この点を併せ考慮しなければならないのである。なお、上記(2)のとおり、本件竿受けはAが設置したと断ずることはできないが、本件居室にあって、洗濯物を干すには本件窓を利用して戸外に干すのが最適であるものと認められるし、Aにおいてもそのことを認識していたものと推認されるところである。そして、上記(3)の事実に照らせば、本件竿受けに設置した物干し竿に洗濯物を干すには一定程度の危険性があったことは否めないから、本件窓の外に手すり等を設置して、転落防止に備えるべきであったものである。
　そうすると、本件窓の腰高について瑕疵がないからといって、本件窓が十分な安全性を備えていたということにはならない」

と判示している。

【事案の特徴】

　この事案は、賃貸建物の賃借人の妻が2階窓から窓の外に設置された物干

し竿に洗濯物を干そうと身を乗り出し、転落して死亡したため、相続人らが賃貸建物の所有者の相続人に対して土地工作物責任に基づき損害賠償を請求した控訴審の事件である（第1審判決は賃貸建物の設置・保存の瑕疵を否定し、請求を棄却した）。この事案では、賃貸建物からの転落事故であること、転落事故の原因として転落者の不注意が問題になったことに特徴がある。

【判決の意義】

　この判決は、物干し竿に洗濯物を干すには一定程度の危険性があったことは否めないから、窓の外に手摺等を設置して転落防止に備えるべきであったとし、建物（窓）の設置・保存に瑕疵があったと判示したものである。

　しかし、この事案のような危険は、通常人であれば容易に認識し、回避することができるものであることに照らすと、転落者の不注意は明白であり、極めて疑問な判断である（この判決は、9割もの高率の過失相殺を認めているが、このことも瑕疵の判断に疑問を抱かせるものである）。第1審判決は、建物の設置・保存の瑕疵を否定したものであるが、第1審判決の判断のほうが合理的である。

（97）　建物の生垣の瑕疵を肯定した事例（大阪地判平成19・5・9判タ1251号283頁）

　　　　　　　　━━━●事案の概要●━━━

　X_1、X_2の子A（当時、7歳）が、平成14年3月、道路上を児童用自転車に乗って走行中、Y_1の所有建物の歩道上に張り出している生垣付近で転倒し、折からY_2が運転していた2トントラックに礫過されて死亡したため、X_1らがY_1に対して土地工作物責任に基づき、Y_2に対して自動車損害賠償保障法3条等に基づき損害賠償を請求したものである。

　この判決は、生垣の張り出しも事故原因である等とし、土地工作物責任を認め、請求を認容した。

【判決内容】

　この判決は、

「3　争点(2)（被告Y₁の責任）について

　被告Y₁が管理していた生け垣について、竹木の栽植又は支持について瑕疵があるかについて検討する。

　民法717条2項にいう竹木の栽植又は支持の『瑕疵』については、その竹木のおかれた環境とあわせて判断すべきものであるところ、とりわけ道路に沿って設置された竹木の管理者は、その竹木が交通の往来に危険を及ぼすおそれがあると認められる場合には、その危険を防止するため道路上に竹木がはみ出さないようにするなど必要な措置を講じなければならないというべきであり、そのような措置を講じることなく竹木を放置していた場合には、通常有すべき安全性を欠いており、民法717条2項にいう『瑕疵』があるといえる。

　しかるに、前記のとおり、Y₁方の生け垣は本件歩道に張り出しており、本件歩道は、生け垣により、本件交差点北東角の本件歩道開始地点から門南端までの間で本来幅員約85cmのところが約65cm、門北端からY₁方北西角までの間で本来幅員約90cmのところが約25cmと狭められていた。また、南北道路を通行する自転車の多くはY₁方西側では本件歩道ではなく本件車道を通行していたのであって、本件車道の通行量も少なくないという状況下おいては、生け垣が本件歩道の通行に危険を及ぼしていたことは明らかであって、『瑕疵』があるというべきである。そして、前記認定の事実関係からすると、それにより本件事故が発生したといえるのであるから、被告Y₁は、民法717条2項に基づく損害賠償責任を免れない」

と判示している。

【事案の特徴】

　この事案は、児童が道路上を児童用自転車に乗って走行中、建物の歩道上に張り出している生垣付近で転倒し、折から走行中のトラックに礫過されて死亡したため、両親が建物の所有者に対して土地工作物責任に基づき損害賠償を請求する等した事件である。この事案では、建物の生垣が瑕疵に当たるか問題になったこと、事故原因として自転車に乗っていた児童の不注意が問題になったこと、事故の直接の原因はトラックの礫過であり、その前の原因は児童の転倒であり、その前の原因が生垣との接触であることに特徴がある。

【判決の意義】

　この判決は、建物の生垣である竹木の管理者は、竹木が交通の往来に危険

を及ぼすおそれがあると認められる場合には、その危険を防止するため道路上に竹木がはみ出さないようにするなど必要な措置を講じなければならないとしたこと、このような措置を講じることなく竹木を放置していた場合には、通常有すべき安全性を欠いているとしたことに特徴があり、建物の生垣につき瑕疵を肯定した事例判断を提供するものである。

　この判決の合理性は、竹木が交通の往来に危険を及ぼすおそれがあると認められるかどうかによるところであるが、この判決の説示は必ずしも説得的ではなく、議論が必要である。

2　学校事故における誤使用

⑴　概　説

　学校は、広くいえば、保育所、幼稚園、小学校、中学校、高等学校、大学、専門学校等の種類があるが（私立、公立、国立の区分も可能であり、事故が発生した場合における損害賠償責任の根拠が異なることがある）、建物、設備・施設、教員等の諸活動（教育サービスの提供が中心である）によって運営されている。

　学校を教育のために利用するのは、園児、児童、生徒、学生等であるが、園児、低学年の児童については判断能力等の観点から保護者・監護者の十分な保護・監護が必要であり、建物、設備・施設もそれに応じた安全性の確保が必要である。他方、高学年の児童、生徒、学生については成長しつつある判断能力、知識・経験を踏まえて安全性の確保を図ることで足りるものである。

⑵　学校事故をめぐる裁判例

　学校事故については、従来から関心を呼んできた類型の事故であるが、本書では、学校事故のうち建物、設備・施設の瑕疵と誤使用が問題になった裁判例を取り上げて紹介するものである。

⒇　滑り台の設置・管理の瑕疵を肯定した事例（松山地判昭和46・8・30判時652号69頁）

――――●事案の概要●――――

　A（当時、4歳）がY市の設置するB保育園の園児であったところ、保育が終わり、母Xの迎えを待ち、園内の滑り台で遊んでいたが、肩からかけていた鞄の紐が滑走用斜面の手摺の外枠の鉄製パイプにかかり（手摺に隙間があった）、首が絞まって窒息死したため、XがYに対して営造物の設置・管理の瑕疵等を主張し、国家賠償法2条等に基づき損害賠償を請求したものである。

この判決は、滑り台を採用するにあたり隙間のないものを採用すべきであったとし、設置・管理の瑕疵を認め、請求を認容した。

【判決内容】

　この判決は、

「ところで、国家賠償法第2条の営造物の設置又は管理の瑕疵とは、当該営造物の通常の利用者の判断能力や行動能力、設置された場所の環境などを具体的に考慮して、当該営造物が本来備うべき安全性を欠いている状態をいうものと解すべきところこれを本件についてみると、前記諸事実によれば、園児の中には相当数の者が父兄の迎えを待つ間、鞄を肩からかけたまま滑り台で遊んでいたのであるから、鞄の紐が肩からずり落ちたり、たるんだりしたときは、手すり上端部にひっかかり、園児の首が紐で締まるなどの事故の発生し得ることは十分予測できることであり、危険に対する判断能力も未熟で体力も弱い4才程度の園児は一旦右のような危険な状態に陥り入ったときは自力で危険から脱する智能も体力もなく、又、傍に他の園児がいてもこれが救出の方法をすみやかにとる能力もないことを併せ考えると、被告において保育園内に滑り台を設置する場合は、右事情を考慮して、本件滑り台にみられる手すり上端部分のような形状のものは採用せず、手すり上端部と踊り場の支柱の間に隙間の存在しない、前示被告が本件事故後改善したような形状のものを選ぶべきであり、もし、本件滑り台のような形状のものを選んだ場合は、前示のような改善を事故発生前に行うべきであり、本件事故当時の本件滑り台には園児の遊戯具としてその安全性に欠けるところがあり、公の営造物の設置又は管理について瑕疵が存在したものというべく、本件事故は右瑕疵が原因となったものといわざるを得ない。

　もちろん、担当保母らにおいても、園児が右のような事故に遭遇するのを防止するため、常に、園児に対し鞄をかけたまま滑り台で遊ぶのは危険であることを教え、右危険行為に出ないことを実行させるとともに、園内においては、園児の行動の監視を怠らず、不幸にして園児が右危険行為に出て生命、身体に対する危険が生じた場合は直ちに救護の措置をとるべき義務があるところ、前示事実によれば、担当保母らにおいて右義務を怠ったものといわざるを得ず（被告は本件事故が土曜日の保育終了時刻である午前12時より後に発生したことから保母の過失を争うけれども前示事実によれば、被告と園児の保護者らとの間では土曜日における保育時間は午前零時30分頃まで延長する黙示的合意がなされていたものと推認でき、本件事故は右保育時間内に発生したことは明らかであるから被告の右主張は理由がない。）、右過失も本件事故発生の一因と認めることができるが、既にみたとおり、被告の本件滑り台の設置又は管理に瑕疵があり、それが原因となって

本件事故が発生した以上、被告は本件事故によって生じた後記損害を賠償すべき義務があるものといわなければならない」
と判示している。

【事案の特徴】
　この事案は、保育園の園児（4歳）が母の迎えを待ち、園内の滑り台で遊んでいた際、肩からかけていた鞄の紐が滑走用斜面の手摺の外枠の鉄製パイプにかかり、首が絞まって窒息死したため、母親が保育園の運営者に対して営造物責任に基づき損害賠償を請求した事件である。この事案は、偶発的で不幸な事故であるが、保育園の園児が滑り台で窒息死した事故であること、安全教育の内容によっては園児の遊び方（不注意）が事故原因になるかが問題になることに特徴がある。

【判決の意義】
　この判決は、園児が鞄を肩からかけたまま滑り台で遊ぶ際、鞄の紐が肩からずり落ちたり、たるんだりしたときは、手摺の上端部にひっかかり、園児の首が紐で締まるなどの事故の発生しうることは十分予測できることを指摘し、滑り台の設置・管理の瑕疵を肯定したものであり、事例判断を提供するものであるが、限界的な事例というべきである。なお、この判決は事故後の改善措置を瑕疵の判断にあたって重視しているものであり、後知恵としての性質の強いものである。

(99) 児童の誤使用を認めつつ、雲梯の設置・管理の瑕疵を肯定した事例
（京都地判昭和47・11・30判時704号77頁）

　　　　　　　　●事案の概要●
　A（当時、小学校5年生）がY市の設置する小学校の校庭に設置されていた鉄製の移動式雲梯で、級友と遊んでいたところ、Aが雲梯の上に登り、飛行機とびと称する遊びをしていたが、雲梯が横倒しになり、Aが倒れた雲梯に後頭部を強打され、頭蓋骨骨折等の傷害を受けて死亡し

たため、Aの両親X₁、X₂がYに対して国家賠償法2条に基づき損害賠償を請求したものである。

この判決は、児童は大人が予想すらしない方法で遊ぶことは十分に予想することができる等とし、固定式の雲梯にしなかったことにつき管理の瑕疵があったとし、請求を認容した（過失相殺を5割認めた）。

【判決内容】

この判決は、

「以上認定した各事実によると、本件事故が発生した原因は、Aが級友二人と共に学校内での禁止事項を破って雲梯の上に上がり、しかも5年1組の約束事項に反してその上から飛行機とびをしたことによるといえるが、他方、被告側において、固定式雲梯よりも安全性の低い移動式雲梯を採用しながら、使用にあたって何らの固定させる手段を講じなかったことにもよると考えられる。すなわち、小学校高学年の児童の中には精神的発達が未熟であるにもかかわらず、肉体的発達が著しく好奇心も旺盛なため、通常の大人ですら思いつかないような方法で遊んだり、学校で決められ又は自分達で定めた規則や約束事であっても、しばしば破る者が出ることは十分に予期しうるところであり、大内小学校においてもそのような事実の発生が予想されるからこそ前記認定のように児童に対し機会あるごとに遊具の正しい使用法を指導してきたのであり、現に、同校では雲梯の上に上ったり飛行機とびをする者がいて（このことは……によって認められる）、学校当局もこれを知りえたと考えられる。そうすると被告側としては安全性の見地から本来固定雲梯を採用する方が望ましいことはもちろんであるが、本件のように児童の運動量の増大その他の利点により移動式を採用する方が妥当と考えるに至った以上は、雲梯が本来の目的に従って使用される場合（それは雲梯の中棒にぶらさがりながら端から端へと渡っていくという使用方法）以外の場合、特に移動式雲梯は横の運動には不安定であるから、横の運動がなされる場合とか、雲梯の上に児童が上って遊ぶ場合にも十分に安定性が維持されうるように何らかの方法で固定化したうえで使用するような手段をとるべきであった。そして、それは専門の業者に相談して工夫すれば、比較的簡単に、したがって小額の費用で実現しえた事柄であったといえる。（検証の結果による本件雲梯の構造等から判断して）ところが本件雲梯は何らの固定手段がとられなかったため、Aらがその上に登ってした飛行機とびによって生じた揺れによって雲梯の重心が傾き倒れるという事故が発生したのである。

そうすると、このような手段をとらずに漫然と地上に設置しただけにとどまる

本件の場合は、雲梯の設置及び安全性の管理において十分でなく、それらに瑕疵があったというべきである」
と判示している。

【事案の特徴】
　この事案は、高学年の児童が小学校内に設置された鉄製の移動式雲梯で、級友と遊んでいた際、雲梯の上に登り、飛行機とびと称する遊びをしていたところ、雲梯が横倒しになり、倒れた雲梯に後頭部を強打され、死亡したため、両親が市に対して営造物責任に基づき損害賠償を請求した事件である。この事案は、高学年の児童が雲梯の利用中に生じた転倒事故であること、児童が雲梯の上に登るという誤使用をしていたこと、児童の遊び方は学校で禁止されていたこと、事故原因が児童の誤使用であるかが問題になったことに特徴がある。

【判決の意義】
　この判決は、児童の誤使用を認めつつ、児童は大人が予想しなかった方法で遊ぶことの予見可能性を根拠に、移動式雲梯を採用し、固定式雲梯を採用しなかったことに雲梯の設置・管理の瑕疵を認めたものである。
　しかし、学校によって禁止されていた雲梯の遊び方を高学年の児童が行ったものであることに照らすと、事故原因は児童の誤使用にあるというべきであり、雲梯の設置・管理の瑕疵を肯定したこの判決の判断には重大な疑問が残る。

(100)　門扉の設置・管理の瑕疵を肯定した事例（宇都宮地判昭和56・5・28判時1038号339頁）

●事案の概要●

　A（当時、5歳4ヵ月）が、数名の幼児とともに、Y市の設置する市立中学校の校門の門扉を押したり引いたり、門扉に乗って移動させる等して遊んでいたところ、門扉と門柱との間に頭部を挟まれ、病院に搬送

第2章　誤使用をめぐる裁判例

された後、脳挫傷により死亡したため、Aの両親X₁、X₂がYに対して門扉の設置・管理の瑕疵を主張し、国家賠償法2条に基づき損害賠償を請求したものである。

　この判決は、門扉が本来の用法ではないものの、幼児の何らかの遊びの対象になることが十分に予想され得た等とし、門扉の設置・管理の瑕疵を認め、請求を認容した（過失相殺を7割認めた）。

【判決内容】

　この判決は、

「本件門扉は被告が管理する公の営造物であることは疑いないが、他方、本件門扉が子供の遊具施設でないことは被告主張のとおりである。しかしながら、本件学校が幼児にとっても比較的親しみのもてる中学校であることと前記周辺の状況からすると、その校庭や付近の校庭は、本来の利用者である教職員・生徒以外に、幼児を含め周辺住民も事実上立ち入ることが予想され、校門に設置された本件門扉についても、学校に遊びに来た幼児らが、本来の用法ではないにせよ、これをなんらかの遊びの対象とすることは十分にあり得ることであり、被告も予測し得たというべきである。しかも、本件事故当時、陽北中学校では、東門が常時開放され、多数の幼児が校内に立ち入って遊んでおり、かねてから本件門扉で遊ぶ者もあったことに加えて、本件門扉は底板の上に乗ることもでき、滑りやすいレール上を個別に動かせる状態にあったことからすると、危険性の判断能力に乏しい幼児らが本件門扉をレール上移動させて遊ぶことは、しつけにかかわることではあるが、とかく動くものを遊具としたがる幼児の心理特性からしても通常予測し得たというべきである。したがって、本件門扉のような学校用門扉を設計する際には、門扉で子供が遊ぶ事態も想定して安全性につき配慮すべきは当然であり、本件門扉には、転倒防止措置にとどまらず、前認定のように開放時若しくは閉鎖時に門扉を固定する装置が設けられていたのである。そこで、被告としては、東門を開放しておく必要があるならば、右事態及びこれによる事故発生の危険を防止するため、開放状態で本件門扉を固定する装置を使用し、又は針金等で2個の門扉を連結するなどの方法により（なお、立入禁止の標示が事故当時あったとしても、幼児に対する注意喚起の方法としては有効適切とはいえない。）幼児らが右のような遊び方ができないようにすべきであったし、そのような事故回避措置は比較的容易に採り得たはずである。にもかかわらず、被告は、そのような措置をなんら採っていなかったのであるから、本件門扉の管理には瑕疵があり、かつ、

本件事故は右瑕疵によって発生したものといわざるを得ない」
と判示している。

【事案の特徴】

　この事案は、幼児が数名の幼児とともに、市立中学校の校門の門扉を押したり引いたり、門扉に乗って移動させる等して遊んでいたところ、門扉と門柱との間に頭部を挟まれて死亡したため、両親が市に対して営造物責任に基づき損害賠償を請求した事件である。この事案は、幼児が中学校の校門の門扉に乗って遊んでいた際に事故にあったこと、幼児の不注意、親の監督過誤が事故原因ではないかが問題になったことに特徴がある。

【判決の意義】

　この判決は、学校用門扉を設計する際には、門扉で幼児が遊ぶ事態も想定して安全性につき配慮すべきは当然であり、立入禁止の表示が事故当時にあったとしても、幼児に対する注意喚起の方法としては有効適切とはいえないとしたうえ、幼児が門扉で遊ぶことのないよう措置をとらなかったことに門扉の設置・管理の瑕疵があるとしたものである。

　しかし、この事案は痛ましい事故ではあるが、門扉の本来の用法・用途、幼児の年齢、幼児の遊び方等の事情に照らすと、門扉の瑕疵を肯定したこの判決の判断には重大な疑問がある。なお、この判決の予測可能性の判断については、通常の予測可能性、予測可能性の相当性の観点から疑問である。

　この判決を前提とすると、幼児の遊ぶ可能性のある施設・設備については、幼児が理解できる警告を付し、異常な遊び方をしたときに備えて安全性を確保しておかなければ、施設・設備の占有者らが営造物責任、土地工作物責任を負うことになるものであって、極めて不合理である。

(101)　プールの設置・管理の瑕疵を肯定した事例（最一小判昭和56・7・16判時1016号59頁、判夕452号93頁）

第 2 章　誤使用をめぐる裁判例

●事案の概要●

　Y市の市立小学校内にプールが設置され、プールが児童公園に隣接し、高さ約1.8メートルの金網フェンスで囲まれていたところ（金網フェンスの上部には忍び返しが設置されていなかった）、A（当時、3歳7カ月）が児童公園で独りで遊んでいたが、金網フェンスを乗り越え、プール内に立ち入り、転落して死亡したため、Aの両親X_1、X_2がYに対して国家賠償法2条に基づき損害賠償を請求したものである。第1審判決（盛岡地判昭和53・12・21（昭和51年(ワ)第297号））は、子どもが金網フェンスを乗り越えることは通常予想されないことである等とし、請求を棄却したため、X_1らが控訴したものである。控訴審判決（仙台高判昭和55・9・9（昭和54年(ネ)第3号））は、金網フェンスを乗り越えることは予測を超えた行動であるとはいえず、プールの設置・管理の瑕疵を認め、第1審判決を変更し、請求を認容したため（過失相殺を3分の2認めた）、Yが上告した。

　この判決は、予想を超えた行動であるとはいえない等とし、設置・管理の瑕疵を認め、上告を棄却した（一人の裁判官の反対意見があった）。

【判決内容】

　この判決は、

「所論の点に関する原審の認定は、原判決挙示の証拠関係に照らしてこれを是認することができ、右事実関係のもとにおいて、小学校敷地内にある本件プールとその南側に隣接して存在する児童公園との間はプールの周囲に設置されている金網フェンスで隔てられているにすぎないが、右フェンスは幼児でも容易に乗り越えることができるような構造であり、他方、児童公園で遊ぶ幼児にとって本件プールは一個の誘惑的存在であることは容易に看取しうるところであつて、当時3歳7か月の幼児であった亡Aがこれを乗り越えて本件プール内に立ち入つたことがその設置管理者である上告人の予測を超えた行動であったとすることはできず、結局、本件プールには営造物として通常有すべき安全性に欠けるものがあったとして上告人の国家賠償法2条に基づく損害賠償責任を認めた原審の判断は、正当

として肯認することができる」
と判示している（判例評釈として、近藤昭三・判評278号23頁（判時1030号169頁）がある）。

【事案の特徴】
　この事案は、児童公園で遊んでいた幼児が金網フェンスを乗り越え、市立小学校内のプールに入り、転落して死亡したため、両親が市に対して営造物責任に基づき損害賠償を請求した上告審の事件である。この事案は、幼児が金網フェンスを乗り越えてプールに入ったことが誤使用、親の監督過誤に当たるか、プールの設置・管理の瑕疵に当たるかが問題になったものである。

【判決の意義】
　この判決は、幼児が金網フェンスを乗り越えてプールに入ったことがプールの設置・管理者の予測を超えた行動ということができないとし、プールが通常有すべき安全性を欠いていたとし、プールの設置・管理の瑕疵を肯定したものであり、事例判断を提供するものである。
　しかし、この判決には、予測可能性の意義・判断に疑問が残る。仮にこの判決の合理性を認めるとしても、この事案が限界的な事例であって、小学校内のプールに児童公園が隣接していたという特別の事情がある場合に限って認められるものと解すべきである。この事案では、児童公園で幼児が遊ぶ場合における親の監督過誤も事故原因として軽視できないというべきである。

(102)　回旋シーソーの設置・管理の瑕疵を肯定した事例（福岡地小倉支判昭和58・8・26判時1105号101頁）

───●事案の概要●───
　X（当時、小学校4年生）がY₁市の設置する小学校に通学していたところ、昭和56年5月、級友Aと校庭の回旋シーソーで遊んでおり、シーソーの握り棒を腰に当てて宙に浮いた状態であったが、Aが突然反対側の握り棒を離したため、急激な落下を防ごうとし、とっさに支柱に接触

第2章　誤使用をめぐる裁判例

してシーソーを静止させるための鉄製のパイプ（ストッパー）をつかみ、右示指を挟まれて負傷し、医師Y₂の治療を受けたため、XがY₁に対して回旋シーソーの設置・管理の瑕疵を主張し、国家賠償法2条に基づき、Y₂に対して説明義務違反による不法行為に基づき損害賠償を請求したものである。

　この判決は、ストッパーと支柱の間に緩衝装置が設置されていなかったことにつき設置・管理の瑕疵があるとし（過失相殺を5割認めた）、Y₁に対する請求を認容し、Y₂に対する請求を棄却した。

【判決内容】

　この判決は、

「国家賠償法2条1項の営造物の設置又は管理の瑕疵とは営造物が通常有すべき安全性を欠いていることをいい、当該営造物の構造、用法、場所的環境及び利用状況等諸般の事情を総合考慮して具体的個別的に判断しなければならないが、右認定の事実に徴すれば、学校遊具である本件回旋シーソーはそのストッパーと支柱間の緩衝装置が設置されてない点において通常有すべき安全性に欠けていたといわなければならない。

　被告市は原告が本件シーソーの握り棒を腰に当てる当本来の使用方法でない遊び方をしていたための負傷であるから責任がない旨抗争するところ、好奇心旺盛な小学校高学年生に学校遊具の通常の使用方法のみを期待することは本来無理であるのみならず、……によるも足原小学校において本件回旋シーソーの正しい遊び方を具体的に指導した形跡は窺えないのであって、たとえ本来正しい遊び方でないとしても本件回旋シーソーの握り棒を腰に当てる遊び方が、原告のような高学年生にとっては体型的に自然な遊び方であり、その場合にストッパーと支柱間に指をはさまれる危険が十分に予測できる等前示認定の事情の下においては、原告の負傷は本件回旋シーソーの設置又は管理の瑕疵によるものというを妨げないのである」

と判示している。

【事案の特徴】

　この事案は、高学年の児童が校庭の回旋シーソーで遊んでいた際、シーソーの握り棒を腰に当てて宙に浮いた状態であったところ、級友が突然反対側

の握り棒を離したため、急激な落下を防ごうとし、とっさにパイプをつかみ、右示指を挟まれて負傷したため、市に対して営造物責任に基づき損害賠償を請求する等した事件である。この事案は、高学年の児童が校庭で級友と遊んでいた際に事故にあったこと、回旋シーソーの本来の遊び方を明白に著しく逸脱していたこと、児童の誤使用・不注意が事故原因ではないかと問題になったことに特徴がある。

【判決の意義】

この判決は、好奇心旺盛な高学年の児童に学校遊具の通常の使用方法のみを期待することは本来無理であること、小学校において回旋シーソーの正しい遊び方を具体的に指導した形跡はうかがえないこと、回旋シーソーがそのストッパーと支柱間の緩衝装置が設置されてない点において通常有すべき安全性に欠けていたことを判示している。

しかし、この事案では高学年の児童が危険な回旋シーソーの遊び方をしていたものであり、児童の年齢、遊び方に照らすと、回旋シーソーの設置・管理の瑕疵を肯定するこの判決の論理・判断には疑問が残る。

また、この判決は、このような判断の前提として、「好奇心旺盛な小学校高学年生に学校遊具の通常の使用方法のみを期待することは本来無理であること」を指摘するが、このことを重視すれば、高学年の児童について設備事故・製品事故が発生した場合には、管理者等の結果責任を認めるに等しいものであって、合理的な論理とはいいがたい。

(103) サッカーゴールの設置・保存の瑕疵を肯定した事例（岐阜地判昭和60・9・12判時1187号110頁）

●事案の概要●

A（当時、2歳11ヵ月）がY学校法人の経営する幼稚園に通っていたが、校庭のサッカーゴール付近において遊んでいたところ、Yの初級学校に属する児童（Aの姉Bを含む）がサッカーゴールに取り付けられて

いたネットにぶら下がっていたことからサッカーゴールが転倒し、その一部がAの頭部を強打し、病院に搬送され、脳挫傷により死亡したため、Aの両親X_1、X_2がYに対してサッカーゴールの設置・保存の瑕疵を主張し、土地工作物責任に基づき損害賠償を請求したものである。

　この判決は、サッカーゴールに杭を打つなどして転倒防止措置を講じなかったことにつき瑕疵を認め、請求を認容した（過失相殺を4割認めた）。

【判決内容】

　この判決は、

「2　……によると、被告学園はサッカーゴールの設置に当っては、四隅の脚の部分に鉄杭を打ち込んで地面に固定し容易に動かない状態にしていたのであるが、本件事故の2週間程前に被告学園校庭において運動会が行われた際、杭を抜いてサッカーゴールを移動し、運動会終了後これを元の位置に戻したものの、杭を打たずにそのまま放置していたこと、本件事故発生当日Aの姉2名を含む約8名の小学生がサッカーゴールを前後に揺すって遊んでいたところ、右サッカーゴールが前方に倒れ、その鉄わくの部分が、たまたまその附近で遊んでいたAの頭部を強打して、本件事故に至ったものであること、司法警察員猿渡勝が本件事故発生直後現場に臨場した際には、鉄杭等サッカーゴールを固定するための何らかの装置も見い出し得なかったことが認められる。……中、運動会終了後従前のようにサッカーゴールの四隅の脚の部分に鉄杭を打って固定したと供述する部分は、前記認定事実に照らし信用できない。

　右事実によれば、本件事故当時、被告学園において設置していたサッカーゴールは、通常講じらるべき転倒防止のための措置が採られていなかったため、危険な状態にあったものと推認されるところであるから、これによれば、被告学園のサッカーゴールの設置又は保存について瑕疵があったものと認めざるを得ない。

3　以上認定したとおり、本件においては土地の工作物であるサッカーゴールについて、その所有者権占有者である被告学園の設置又が保存に瑕疵があったものというべきであり、かつ、本件事故により原告らに生じた損害は、右の瑕疵のため生じたものと認められるので、被告学園は右損害を賠償すべき責任を有する」

と判示している。

【事案の特徴】

この事案は、小学校が併設されている幼稚園の園児が校庭のサッカーゴール付近で遊んでいた際、小学生がサッカーゴールにぶら下がり前後にゆすって遊んでいたことから転倒し、園児の頭部に当たって死亡したため、両親が学校を運営する学校法人に対して土地工作物責任に基づき損害賠償を請求した事件である。この事案では、小学生がサッカーゴールにぶらさがって遊んでいたことは誤使用に当たり、これが直接の事故原因であることは明らかであるが、サッカーゴールの転倒防止につき設置・保存の瑕疵が認められるかが問題になったものである（瑕疵の判断だけでなく、小学生のサッカーゴールの誤使用につき予見可能性の有無、予見可能性の合理性も問題になる）。

【判決の意義】

　この判決は、学校がサッカーゴールに固定装置をしなかったことが通常講じられるべき転倒防止のための措置がとられていなかったとし、その設置・保存の瑕疵に当たるとしたものである。

　この事案では、小学生がサッカーゴールの本来の使用を著しく逸脱した遊び方をしていたものであり、学校にこのような誤使用につき予見可能性があったか、予見可能性の内容が合理的であるか等につき検討し、判断する必要があったというべきであり、疑問の残る判決である。

(104) ほうきの設置・管理の瑕疵を肯定した事例（東京高判平成5・8・31判夕848号139頁）

　X_1（当時、中学校2年生）が、Y_1市の市立中学校に在学していたところ、級友Y_2らと同中学校の調理室においてホッケー遊びをしていたところ、Y_2がホッケーのスティック代わりに使用していた自在ほうきを強く振り回したことから、ほうきの柄から先端部分がはずれ、X_1に当たり、左眼球破裂等の傷害を負ったため、X_1とその母X_2がY_1に対してほうきの瑕疵につき国家賠償法2条に基づき、Y_2に対して不法行為

に基づき損害賠償を請求したものである。第1審判決（横浜地判平成4・4・27判自106号50頁）は、本件事故は予測不可能であり、ほうきに通常の使用上特に危険があったとはいえないとし、請求を棄却したため、X₁らが控訴した。

この判決は、ほうきの設置・管理の瑕疵を認め、第1審判決中、X₁の敗訴部分を変更し、X₁のY₁に対する請求を認容し（過失相殺を7割認めた）、その余の控訴を棄却した。

【判決内容】

この判決は、

「ところで、同条にいう『公の営造物』とは国又は公共団体により直接に公の目的のため共用されている個々の有体物を意味するが、前記のように、本件ほうきは、横浜市の設置する中学校において清掃の時間に使用させるため備え付けたものであり、清掃の時間は保健指導として年間の教育方針に組み込まれていたものであるから、これが国家賠償法2条1項にいう『公の営造物』に該当することは明らかである。

次に、同条にいう『公の営造物の設置又は管理に瑕疵』があるとは、公の営造物が通常有すべき安全性を欠いていることをいい、右安全性を欠くか否かの判断は、当該営造物の構造、本来の用法、場所的環境及び利用状況等諸般の事情を総合考慮して具体的、個別的に判断すべきであり、営造物の設置管理者において通常予測できない行動に起因する事故が発生したとしても営造物につき本来それが有すべき安全性に欠けるところがあったとはいえないが、設置管理者において通常予測することのできる行動に起因して事故が発生した場合には、当該営造物に本来それが有すべき安全性に欠けるところがあったとして、設置管理者にその責めを問うことができるものというべきである（最高裁昭和42年(オ)第921号同45年8月20日第一小法廷判決・民集24巻9号1268頁、最高裁昭和53年(オ)第76号同年7月4日第三小法廷判決・民集32巻5号809頁、最高裁昭和55年(オ)第1111号同56年7月16日第一小法廷判決、判例時報1016号59頁等参照）。

ところで、前記認定によると、確かに、本件ほうきは、本来の用法である清掃活動に用いられる限りにおいては、たとえ先端部分が半分欠け、また、柄と先端部分とを結ぶねじが緩んでいるなどしたとしても、生徒等に危害が生じるおそれは乏しかったといえるが、それが置かれていた場所は中学校であり、その使い手は危険についての判断能力の面で未熟さが残る中学2年生であって、未だ子供ぽ

さが抜け切れず、ふざけたり、物事に熱中して前後の見境がなく軽率な行動に出ることも多い年頃の者であったこと、それが使用されるのは教師の目が必ずしも行き届かない清掃の時間であったこと、清掃の時間は、前記のとおり、毎日あったものであるから、本件ほうきは生徒等にとって毎日手に触れる極めて身近なものであったこと、担任教諭は本件事故の数箇月前に既に清掃中自在ほうきを用いてホッケー遊びがされている事実を知っていたこと等を考えると、営造物である自在ほうきの設置管理者において、自在ほうきが清掃に使用されるだけでなく、毎日の清掃の過程で生徒がふざけ合ってときには振り回されたり、あるいは本件のように教師の目を盗んで清掃以外の遊びに使われ、振り回されるなどしてそこに相当の衝撃が加えられることがあることも充分予測できたというべきである。したがって、本件ほうきが通常有すべき安全性を判断するに当たっては、このように自在ほうきが振り回されるなどしてそこに相当の衝撃が加えられることがあることも考慮に入れたうえで、そのような使用法がされたとしても安全性が具備されているか否かを判断すべきであるというべきである。

　このような観点に立って本件ほうきをみると、前記のように、先端部分と柄の部分を結ぶねじが相当程度緩んでいるなどして、外部からの衝撃により先端部分が柄から外れやすい状態になっており、衝撃の加え方によっては柄から外れた先端部分が飛び、周囲の人間や器物にぶつかってそれに損傷を与える危険性があったものと推認されるから、本件ほうきは通常有すべき安全性を欠いていたといわざるを得ず、本件ほうきの設置又は管理には瑕疵があったというべきである。なお、この点の判断は、前記のように本件事故までホッケー遊びにより何ら事故が発生していなかったからといって（本件事故までたまたま発生していなかったに過ぎないと推認される。）、また、ホッケー遊びをしていた中学生達がそれを危険なものとして認識していなかったからといって何ら左右されるものではない。

　そして、本件事故は、この自在ほうきの設置管理の瑕疵に起因して生じたものということができる。

　そうすると、被控訴人横浜市は、公の営造物である本件ほうきの設置、管理の瑕疵によって生じた本件事故について、国家賠償法2条1項に基づき、損害賠償の責めを負うことになる」

と判示している。

【事案の特徴】

　この事案は、中学校の生徒が級友らと中学校の調理室においてホッケー遊びをしていた際、友人がホッケーのスティック代わりに使用していた自在ほうきを強く振り回したことから、ほうきの柄から先端部分がはずれて当たり、

負傷したため、被害を受けた中学生が市に対して営造物責任に基づき損害賠償を請求する等した事件である。この事案は、生徒が友人とホッケー遊びをしていた際、友人のほうきの振り回しによって負傷した事故であること、ほうきの通常の使用から著しく逸脱した遊び方をしていたこと、事故の直接の原因は友人のほうきの振り回しであること、その間接的な原因はそのような遊び方をしていた友人とともにホッケー遊びをしていたことにあること、中学校のほうきの管理はさらに遠い原因であること、ほうきの設置・管理の瑕疵が問題になったことに特徴がある。

【判決の意義】

この判決は、公の営造物の設置管理者において通常予測することのできる行動に起因して事故が発生した場合には、営造物に本来それが有すべき安全性に欠けるところがあったとして設置・管理の瑕疵を肯定することができるとしたこと、ほうきが教師の目を盗んで清掃以外の遊びに使われ、振り回されるなどし、相当の衝撃が加えられることがあることも十分予測できたというべきであるとしたこと、ほうきの設置・管理の瑕疵があったとしたことに特徴がある。

しかし、この事案の中学生のほうきの使用は、異常な使用であり、このことは社会の常識、中学生の常識に照らしても明白であることに照らすと、この判決の事実認定、判断は常識はずれというべきである（第1審判決のほうが社会常識にも合致し、合理的な判断であるということができる）。

また、この判決が予測可能性を認めた判断は、そもそも予見可能性が通常であるか、相当であるかの判断を無視しているか、あるいは判断を誤ったものであり、極めて疑問が多いものである。

〔105〕 小学生の誤使用が事故原因であるとし、ゴールポストの設置・管理の瑕疵を否定した事例（千葉地木更津支判平成7・9・26判夕894号127頁）

●事案の概要●

　X（当時、小学校2年生）が同級生Aとともに、Y市の設置に係るB中学校の校庭に遊びに行き、校舎の裏側に置かれていた移動式の球技用ゴールポストで遊んでいたところ、Xがゴールポストのネットをブランコのようにして繰り返して揺さぶり、振幅が大きくなり、ゴールポストが転倒し、Xが下敷きになり脳挫傷等の傷害を負ったため、XがYに対して国家賠償法2条に基づき損害賠償を請求したものである。

　この判決は、本件事故はゴールポストに起因するものではないとし、ゴールポストの設置・管理の瑕疵を否定し、請求を棄却した。

【判決内容】

　この判決は、

「二　右認定した事実によれば、本件事故現場に一時的におかれていた本件ゴールポストは、相当の重量があり、その奥行が地面に接する最下部で1.1メートル、幅が3.2メートルで、コの字型に地面と接していたもので、かつその置かれた地面に右ゴールポストの転倒を誘発するような凹凸もなかったから、小学校2年生の男子2名が右ゴールポストに固定されたネットに寄り掛かる程度の遊びをしたとしても、右ゴールポストが転倒する状況になく、右ゴールポストが転倒したことによる本件事故の原因は、原告ら2名がゴールポストに固定してあったネットをブランコのように二人の体重掛けて前後に繰り返し揺さぶって遊んだことにより、その衝撃がゴールポスト自体に伝わり、そのためその前後に対する揺れの心拍を大きくした結果、これを転倒させるに至ったものであると認められる。

　また、本件ゴールポストは、本件事故前に一時的に本件事故現場に置かれたものであり、この現場で原告らと同様の行動を従前外にもしていたと認めるに足りる証拠はなく、また本件置いていたグランドでも、本件事故前に、本件ゴールポストに固定していたネットをブランコのようにして遊んでいた者がいたと認めるに足りる証拠はない。

三　ところで、本件ゴールポストを設置した被告は、その設置管理者として、本件事故現場に一時的に置いた右ゴールポストが、その置いた状況で本来の用法に従って安全であるべきことについての責任を負担をすることは当然であるとしても、国家賠償法2条1項の責任は原則としてこれをもって限度とすべきものであるところ、右二で認定したことからすると、本件事故は原告らが本件ゴールポス

トに固定されていたネットを利用してブランコのようにして遊ぶという行動の結果であり、本件ゴールポストの本来の用法と異なることはもちろん、設置管理者の通常予測し得ないものであったといえる。
四　そうすると、本件事故は、本件事故現場に一時的におかれていた本件ゴールポストの安全性の欠如に起因するものではないから、被告が原告に対して国家賠償法2条1項所定の責任を負うものではない」
と判示している。

【事案の特徴】

　この事案は、低学年の児童が同級生とともに、市立中学校の校庭に遊びに行き、移動式の球技用ゴールポストで遊んでいたところ、ゴールポスト（サッカーゴール）のネットをブランコのようにして繰り返して揺さぶり、振幅が大きくなり、ゴールポストが転倒して負傷したため、市に対して営造物責任に基づき損害賠償を請求した事件である。この事案では、〔105〕（326頁）と類似の事故であるが（被害者がこの事案ではゴールポストにぶらさがって遊んでいた小学生自身であるのに対し、〔105〕の事案では付近にいた幼児であることが異なる）、小学生がゴールポストにぶらさがって遊んでいたことは誤使用に当たるところ、ゴールポストの設置・保存の瑕疵が認められるかが問題になったものである。

【判決の意義】

　この判決は、小学生の遊び方がゴールポストの本来の用法と異なることはもちろん、設置管理者の通常予測し得ないものであったとし、ゴールポストの設置・管理の瑕疵を否定したものであり、重要な事例判断として参考になるものである。

〔106〕　児童の誤使用が事故原因であるとしたものの、回転シーソーの設置・管理の瑕疵を肯定した事例（山口地下関支判平成9・3・17判時1637号104頁、判夕955号165頁。〔55〕（179頁）参照）

2 学校事故における誤使用

●事案の概要●

　小学生（当時、小学校4年生）らがY市立小学校の「なかよし広場」に設置されていた回転シーソーで、はしご部分に乗ったり、ほかの小学生が他の端を走って回して遊んでいたところ、走っていた小学生が急に手を離したため、小学生が乗っていたはしご部分が急に落下し、その握り棒の先端が付近で遊んでいた小学生X（当時、小学校1年生）の頭部に当たり、傷害を負ったため、XがYに対して回転シーソーの設置・管理の瑕疵を理由に営造物責任に基づき損害賠償を請求したものである。
　この判決は、児童が教師から注意を与えられていたとしてもその注意を忘れることがある等とし、回転シーソーの設置・管理の瑕疵を肯定し、請求を認容した。

【判決の意義】

　この判決は、回転シーソーは、主として低学年の児童が使用する「なかよし広場」内に設置されたという場所的関係において、通常備えるべき安全性を欠いていたとし、設置・管理の瑕疵を認めたものである。
　しかし、この判決は、このような判断をする前提とし、「好奇心・冒険心のおう盛な小学校の児童は、本来の用法に反する危険な用法に反する危険な方法で遊具を使用することが多く、回転シーソーについても、本件事故時と同様に、一人の児童がはしご部分や握り棒部分に腰を掛けて遊ぶなどの用い方をすることが多いことは、類似の事故報告例などから公知のこと」とか、「教師が、口頭で特定の遊具の使用を禁じたり、危険な遊具には不用意に近づかないよう注意を与えていたとしても、その指導に意図的に従わず、あるいは遊びに夢中になるうちに、そのような注意を失念したり危険性の認識自体を欠いたりして、危険な遊具に不用意に近づく児童が少数であるが存在することもまた経験則上明らかな事実」と認定しているが、そのような事実が一部にあるとしても（これを的確に認める証拠はないであろうし、公知の事実と

329

か、経験上明らかであるとはいえない）、一部に認められる事実を根拠に設置・管理の瑕疵を認めることは合理的ではない。

　この判決の論理を前提とすると、児童の学校内の事故については、学校の運営者は結果責任を認めるに等しいものであり、妥当ではない。要するに、この判決は、後知恵の論理を縷々展開しているにすぎないものである。

(107)　日時計の設置・管理の瑕疵を肯定した事例（東京地判平成9・11・21判時1640号143頁）

●事案の概要●

　X（健康保険組合）の組合員Aの子B（当時、小学校1年生）がY市立小学校において学校行事として行われていた校内持久走大会を校舎正面玄関前の日時計付近で見学していたが、日時計によじ登るようにして体重をかけたところ、日時計が倒れ、Bが下敷きになって死亡し、Xが治療費等を支払い、健康保険法67条に基づき損害賠償請求権を取得したとして、Yに対して損害賠償を請求したものである。

　この判決は、容易に転倒しない安全性を有していないとして、日時計の瑕疵を認め、請求を認容した（過失相殺を3割認めた）。

【判決内容】

　この判決は、

「公の営造物の設置、管理の瑕疵とは、当該営造物が通常有すべき安全性を欠く状態をいうが、右安全性の有無を判断する際しては、単に営造物の構造のみならず、その用法、場所的環境、利用状況等諸般の事情を総合的に考慮すべきである。

　これを本件についてみると、本件日時計は、卒業生の記念品として設置、管理されていたものであり、この上に乗るあるいは覆いかぶさるということがその本来の用法ではないことは明らかである。しかしながら、前記三1㈠に認定の本件日時計の場所的環境、利用状況、前記二3に認定の本件日時計の形状に加え、小学校に在学する児童らの行動特性、さらには、本件日時計は、その外観上、奥野

小学校の教員すらその転倒の危険性を感じ得なかったものであることにかんがみれば、奥野小学校の児童らが、本件日時計を教材として興味をもって使用し触れるのみならず、これを遊具として好奇心をもって接したり、気楽に戯れたりし、場合によってはこれによじ登る可能性があることも容易に予測できるところである。したがって、本件日時計は、児童らが寄りかかるあるいはそれによじ登るなどの行動に出たとしても容易に転倒しない程度の安全性を有していない以上、通常有すべき安全性を備えていなかったというべきである。そして、前記認定の本件日時計の形状及び構造並びに本件事故当時における本件日時計が右の程度の安全性を有していなかったことは明らかである。

要するに、本件事故の発生の前提となったBの行動は、Bのような低学年の児童の行動としては、本件日時計の設置場所やその利用状況にかんがみ、設置、管理者に通常予測しうる範囲内でのものであるから、本件事故をBの異常な行動によるものということはできず、本件事故は、本件日時計が通常有すべき安全性を欠いていたために生じたものである。したがって、被告による本件日時計の管理には瑕疵があったというべきである」

と判示している。

【事案の特徴】

この事案は、低学年の児童が小学校の校舎正面玄関前の日時計付近で行事を見学していた際、日時計によじ登るようにして体重をかけたところ、日時計が倒れ、下敷きになって死亡したことから、健康保険組合が保険金を支払い、市に対して営造物責任に基づき損害賠償を請求した事件である。この事案は、低学年の児童が日時計に登ろうとし、日時計が転倒した事故であること、事故原因が児童の日時計の誤使用にあること、日時計の設置・管理の瑕疵が問題になったことに特徴がある。

【判決の意義】

この判決は、児童が日時計を遊具として好奇心をもって接したり、気楽に戯れたりし、場合によってはこれによじ登る可能性があることも容易に予測できるとしたこと、日時計の形状および構造並びに事故当時における日時計が安全性を有していなかったことは明らかであるとしたことに特徴があるが、この判断の前提となる予見可能性、瑕疵の判断は、ともに重大な疑問がある

ものである。

　この事案では、事故にあったのが低学年の児童であるが、日時計に登ることが日時計の本来の用途でないことは容易に理解できるものであり、このような異常な使用についてまで通常予見可能であるとは到底いえないものであって、この判決は予見可能性の判断を誤ったものである。

〔108〕　強化耐熱製の食器を運ぶ児童の誤使用を否定し、表示上の欠陥を肯定した事例（奈良地判平成15・10・8判時1840号49頁。〔43〕（143頁）、〔248〕（600頁）参照）

●事案の概要●

　国立大学付属小学校3年生であったXは、学校給食の際、ワゴンに強化耐熱製の食器を返却にいこうとし、ほかの児童に接触し、食器を誤って床に落としたところ、飛び散った食器の破片で右眼を負傷したため、食器の製造業者であるY$_1$株式会社に対して食器の欠陥を主張して製造物責任に基づき、Y$_2$（国）に対して学校教諭等の過失を主張して国家賠償責任に基づき損害賠償を請求したものである。

　この判決は、設計上の欠陥は認められないとしたものの、商品カタログ、取扱説明書に割れた場合の危険性についての記載がない等の事情から、表示上の欠陥を肯定し、Y$_1$に対する請求を認容し、教員等の過失を否定し、Y$_2$に対する請求を棄却した。

【判決の意義】

　この判決は、〔43〕（143頁）で紹介しているものであり、児童の食器を運ぶ際の誤使用が問題になり、これを否定した事例ということができる。

3 公園・遊園地事故における誤使用

(1) 概　説

　公園・遊園地は、全国各地にさまざまな設備・施設を設置して開設され、散策、休憩、娯楽等のさまざまな目的に使用されているが、高齢者から幼児までのさまざまな年代の者が使用することもあって、設備・施設事故が発生することがある。公園等の中には幼児、児童、生徒等が使用することを前提として各種の遊具が設置され、使用されているものもあるが、近年、気のせいか、設置された遊具の数・種類が減少しているような印象を受ける。

　公設の公園等において事故が発生すると、公園等を設置・管理する国、地方公共団体の営造物責任が問われ、設置・管理の瑕疵が問題になることがあるし、民営の遊園地において事故が発生すると、遊園地を運営する事業者の土地工作物責任が問われ、設置・保存の瑕疵が問題になることがある。

(2) 公園・遊園地事故をめぐる裁判例

(109) 手摺の異常な事態が事故原因であるとし、滑り台の設置・管理の瑕疵を否定した事例（大阪地判昭和54・10・5判時958号95頁）

――●事案の概要●――

　Y府の設置した府営団地内に公園が設置され、滑り台・鉄棒等の設備が設置されていたが、A（当時、4歳）が滑り台で遊んでいたところ、台の手摺に両端を結んで輪状にして斜面に垂らして放置されていた木綿製の紐に頸部がかかり、窒息死したため、Aの両親X_1、X_2がYに対して国家賠償法2条等に基づき損害賠償を請求したものである。

　この判決は、幼児については保護者の監護下にあると信頼するのが通常である等とし、設置・管理の瑕疵を否定する等し、請求を棄却したものである。

【判決内容】

第2章　誤使用をめぐる裁判例

　この判決は、
「ところで、本件事故は、本件滑り台の構造自体に欠陥があったことにより惹起されたというものではなく何者かが本件滑り台の手摺部に紐を結びつけておいたという異常な事態から生じたのであるが、被告に公の営造物の管理責任があるといっても、多数の選任管理人を常置するなど不能を強いることができないことはいうまでもなく、本件団地にはB一人が管理人として常駐していたのであるから、施設の構造上の不備、欠陥を修理するなど被告独自でなし得、またなさねばならない事柄はもとより入居者に協力義務はないけれども、共同施設を入居者において利用中にその利用を妨げる外部的障害が生じた場合はこれを発見する機会が最も多い多数の入居者の協力（前記保管義務としての随時の除去又は通報）を得て始めて十全の管理の実を挙げうるというべきところ、前記認定の事実を総合すれば、本件滑り台の管理者たる被告としては、本件紐が本件滑り台に付着されることは通常予想できないことに加えて、入居者が共同施設の保管義務を負うところから、本件滑り台に危険物が付着していた場合、右使用に際し使用者が危険物除去をなす事を期待しうるとともに、Aのような幼児については当然保護者の監護の下にあると信頼するのが自然であるうえ、本件住宅の管理人は、本件事故前に点検した差異も異常は認めず、又入居者から本件滑り台について異常があるとの何らの報告を受けていなかった（本件紐が事故前長時日に亘り付着していれば当然団地入居者にとって発見されたであろうから、管理人が点検する余裕のない僅かな隙に事故が発生した可能性が強い。）のであるから、本件紐を除去しなかったことをもって公権力の行使にあたる公務員たる管理人に職務遂行上の故意、過失があり、又は公の営造物の管理に瑕疵があったといえないことが明らかである。その他本件事故が被告の管理の瑕疵に基づくことを認める証拠はない」
と判示している。

【事案の特徴】

　この事案は、悲惨な事故であり、幼児が公園内に設置された滑り台で遊んでいたところ、台の手摺に両端を結んで輪状にして斜面に垂らして放置されていた木綿製の紐に頸部がかかり、窒息死したため、両親が府に対して営造物責任に基づき損害賠償を請求した事件である。この事案では、第三者の故意の行為による紐の放置、親の監督過誤が事故の原因となりうる状況の下で、滑り台の設置・管理の瑕疵の有無が問題になったものである。

【判決の意義】

この判決は、紐が滑り台に付着することは通常予想できないこと等を考慮し、滑り台の設置・管理の瑕疵を否定したものであり、事例判断として参考になる。

(110) 本来の方法を逸脱した遊戯方法が事故原因であるとし、ブランコの構造上の瑕疵を否定した事例（大阪地判昭和59・11・28判時1155号281頁）

●事案の概要●

X（当時、小学校4年生）が、友人3名とともに、Y株式会社が設置した住宅地内にある児童公園の箱型ブランコで遊んでいたところ、友人の1名が箱内のベンチに腰掛け、Xを含む3名がベンチの背もたれ上端のパイプ上に足をかけて立ち、上方のパイプを両手で摑み、強く揺すっていたところ、振幅が大きくなり、Xが足を滑らせ宙釣り状態になり、ベンチの背もたれ上端のパイプに激突し、左大腿骨骨折等の負傷をしたため、XがYに対して土地工作物責任に基づき損害賠償を請求したものである。

この判決は、本来の遊戯方法と異なる遊戯方法によって本件事故が発生したものであり、ブランコの構造上の瑕疵に当たらない等とし、請求を棄却した。

【判決内容】

この判決は、

「二　ところで、原告は、本件ブランコは質量が大きく、かつ、その振幅が約180度にもなるため、位置エネルギーが大きく、これを利用する児童を振り落とす可能性のある構造上危険な遊具である旨主張する。

そこで検討するに、本件事故は、前記認定のように、原告が友人2名とともに本件ブランコの座席部分の背もたれ上端のパイプの上に足を掛けて立ち、座席部分情報のパイプを両手でつかみ、座席部分を弾みをつけて強く振り動かすという方法によって操作したことにより発生したものである。そして、本件ブランコの

座席部分を含む本体部分の重量が約45キログラムであること並びに……によれば、本件ブランコは、右のような方法によって操作された場合には、次第に座席部分の振幅が大きくなり、かつ、その移動の速度が加速されて、ときには、これを操作する者が身体のバランスを失って振り落とされたり、更には、その際加速されて移動している座席部分と衝突したりして負傷するなどの事故を惹起するおそれがあることは否定することができない。しかし、本件ブランコは、前記認定のように、座席部分に腰掛けるか又はせいぜい底板の上に立って本体部分を前後に揺り動かして遊ぶための遊具であり、このことは、本件ブランコの外観及び形状からいって、これを利用とする幼児、児童にも容易に理解しうるものと解される。したがって、原告が本件事故の際に採った遊戯方法は、本件ブランコの本来の遊戯方法とは異なる遊戯方法であったというべきである。しかも、本件ブランコは、右のような本来の遊戯方法と異なる遊戯方法によって操作された場合に常に本件事故のような事故を惹起するというわけのものではないし、また、これを利用する子どもたちにおいて座席部分の振幅と速度が大きくなりすぎないように調節することがそれほど困難なものであるとも認められない。そうすると、子どもは往々にして遊具について本来の遊戯方法と異なる遊戯方法を採ることがあることを考慮しても、本件ブランコを原告が本件事故の際に採ったような遊戯方法によって操作した場合にときとして本件事故のような事故が起こるおそれがあることをもって本件ブランコに構造上の瑕疵があるということはできないものというべきである。なお、付言すれば、一般的には安全であるとされている遊具であっても、もとより絶対的な安全性を保障されたものではなく、ときには不幸にして事故が発生することを避けることができない。そして、このような不幸な事故は、本件ブランコのような遊動遊具の場合により多く発生する傾向にあることも否定することができない。また、右の遊具が複数の子どもが同時に操作するもの（本件ブランコもこれである。）である場合、これを安全に操作するためには全員が協同して操作することが必要であり、協同関係がうまくいかないときには、事故が発生することにもなりかねない。しかしながら、子どもは、このような遊具による遊びを通じて、あるいはそれから生ずるかも知れない危険を予知しそれを回避する能力や知恵を身に付け、あるいは一定の目的のために協同することの重要性を体得してゆくのである。したがって、多少とも事故の発生するおそれのある遊具をすべて構造上瑕疵があるものとしてその設置を許さないとすることは、子どもたちから右のような貴重な体験の機会を奪うことになり、決して当を得たことではない。このような点を考えれば、本件事故は、原告にとっては誠に不幸な事故ではあるが、前示のとおり、本件ブランコに構造上の瑕疵があるとまでは言いがたいのである」

と判示している。

3 公園・遊園地事故における誤使用

【事案の特徴】

　この事案は、高学年の児童が友人とともに児童公園の箱型ブランコで遊んでいた際、友人の1名が箱内のベンチに腰掛け、ほかの児童らがベンチの背もたれ上端のパイプ上に足をかけて立ち、強く揺すっていたところ、ベンチの背もたれ上端のパイプに激突し、左大腿骨骨折等の負傷をしたため、児童が公園を設置した会社に対して土地工作物責任に基づき損害賠償を請求した事件である。この事案では、高学年の児童の箱型ブランコの使用中の事故が問題になり、児童らが箱型ブランコの本来の遊戯方法と異なる遊戯をしていたことから、事故原因が箱型ブランコの誤使用であるか、箱型ブランコの設置・保存の瑕疵が認められるかが問題になったものである。

【判決の意義】

　この判決は、箱型ブランコは座席部分に腰掛けるかまたはせいぜい底板の上に立って本体部分を前後に揺り動かして遊ぶための遊具であり、このことは、箱型ブランコの外観および形状から、これを利用とする幼児・児童にも容易に理解しうるとしたこと、この事案の児童の遊戯方法は、箱型ブランコの本来の遊戯方法とは異なる遊戯方法であったとしたこと、箱型ブランコにつき構造上の瑕疵があるとはいえないとしたことに特徴があり、児童の本来の遊戯方法を逸脱した遊戯を重視し、瑕疵を否定した重要な事例判断として参考になるものである。

　この判決は、社会生活上常識的な判断を示したものであるとともに、「子どもは、このような遊具による遊びを通じて、あるいはそれから生ずるかも知れない危険を予知しそれを回避する能力や知恵を身に付け、あるいは一定の目的のために協同することの重要性を体得してゆくのである。したがって、多少とも事故の発生するおそれのある遊具をすべて構造上瑕疵があるものとしてその設置を許さないとすることは、子どもたちから右のような貴重な体験の機会を奪うことになり、決して当を得たことではない」と判示していることは注目される。

〔111〕 事故防止のための注意義務を怠ったとし、遊園地の運営会社の不法行為を肯定した事例（東京地判昭和59・12・20判時1167号66頁）

●事案の概要●

X（当時、小学校6年生）が、同級生3名と、Y株式会社が経営する遊園地に行き、遊園地内の遊戯機「ビックリハウス」と呼ばれる回転遊戯機（一戸建て住宅を模した遊戯機）に乗り、運転が開始された際、ブランコ状に揺れる座席の背もたれの上部に腰掛けていたことから、平衡を失い、座席の背もたれの部分とその後方の回転ルームの間隙に転落し、回転ルームの回転に伴って間隙から投げ出され、座席内の床面に転落し、肋骨骨折等の傷害を負ったため、XがYに対して土地工作物責任等に基づき損害賠償を請求したものである。

この判決は、事故防止のために少なくとも運転開始に先立ち座席に正しく着座しているかを確認しうる装置を設置する注意義務があったのにこれを怠ったとし、不法行為を認め、請求を認容した（過失相殺を6割認めた）。

【判決内容】

この判決は、

「前示のとおり被告が前記遊園地の経営者として『ビックリハウス』を設置して営業を行っているものであって、その立場上、当然『ビックリハウス』の前示構造等を知悉していたか、知悉しておるべきであったと考えられることや右のごとき立場にあるものとして、経験則上、小学校高学年程度の事理弁識能力を有する児童であっても、遊園地にきて『ビックリハウス』のような遊技機に乗る場合、殊に、数人で一緒にきてふざけ合っているような場合には右児童らの関心、注意の対象が極めて限定されることにより、通常の大人からは、理解しがたい行動に出ることがままあることは十分承知していたか、当然、認識しておくべき事であったと考えられること及び前示『ビックリハウス』の構造等に照らすと、たとえ、『回転ルーム』が原告のいうような高速で回転するという程のものでないとしても、前示本件事故のごとき態様の事故が発生しうることは、事前に予見しえたものと推認するのが相当である。

しかして、被告の前記立場と『ビックリハウス』の前示構造等に照らすと、被告は、右のごとき事故の発生を防止するため、少なくとも、運転開始に先立ち『回転ルーム』内に入った乗客が座席に正しく着座しているかどうかその安全を確認しうる装置を設置すべき注意義務があったと解するのが相当である。
　そして、……によれば、本件事故後、被告は『ビックリハウス』の座席にパイプ製の安全バーを設置し、さらに監視用のテレビカメラを設置した事実を認めることができ、右事実からすれば、本件事故発生前において右のごとき安全装置を設置することが不可能であったことについて特段の事情の立証のない限り、本件事故前においても、右テレビカメラのような室内監視設備を設置することは可能であったと推認するのが相当であり、『ビックリハウス』の前示構造等と本件事故の態様からみれば、右設備があれば本件事故の発生は回避しえたものと推認するのが相当である」
と判示している。

【事案の特徴】
　この事案は、高学年の児童が友人と遊園地に行き、遊園地内の遊戯機「ビックリハウス」と呼ばれる回転遊戯機に乗り、ブランコ状に揺れる座席の背もたれの上部に腰掛けていたことから、平衡を失って転落し、負傷したため、遊園地を運営する会社に対して土地工作物責任等に基づき損害賠償を請求した事件である。この事案では、高学年の児童が遊園地の遊戯機を使用中に事故にあったこと、事故にあった児童が本来の使用方法を逸脱した誤使用をしていたことが事故原因であるか（会社の損害賠償責任が認められるか）が問題になったことに特徴がある。

【判決の意義】
　この判決は、経験則上、小学校高学年程度の事理弁識能力を有する児童であっても、遊園地にて遊技機に乗る場合、殊に、数人で一緒にふざけ合っているような場合には児童らの関心・注意の対象が極めて限定されることにより、通常の大人からは、理解しがたい行動に出ることがままあることは十分承知していたか、当然、認識しておくべきであったと考えられるとしたこと、この事案の事故のような態様の事故が発生しうることは事前に予見し得たものと推認されるとしたこと、運転開始に先立ち遊戯機内に入った乗客が座席

に正しく着座しているかどうかその安全を確認しうる装置を設置すべき注意義務があったとし、その義務違反があったとしたことを判示している。

しかし、この判決は、相当に独断による認定・判断をしたというべきものであり、遊戯機の種類、構造、形状、児童の年齢、遊戯機の使用方法を考慮すると、児童自らが極めて危険な使用を行ったものというべきであり、児童の誤使用を理由に不法行為を否定する判断も不合理ではないということができる。この判決が指摘するような「数人で一緒にきてふざけ合っているような場合には児童らの関心、注意の対象が極めて限定されること」は、高学年の児童については自らの責任で負うべき根拠にはなっても、他人に責任を転嫁すべき事情にはならないと解するのが相当である。この判決には重大な疑問があるというべきである。

(112) 展望台の管理の瑕疵を肯定した事例（東京地判昭和61・10・28判夕630号173頁）

●事案の概要●

A（当時、7歳）が友人らとY都の設置した都立公園に遊びにいき、公園内の展望台において、防護柵（高さ1.31メートル）の鉄柵の外側に出て、庇部分で友人らと遊んでいたところ、庇の外側に設置されていたコンクリート壁（高さ約0.34メートル）に足をとられ、地面に転落し、死亡したため、Aの両親X_1、X_2がYに対して国家賠償法2条に基づき損害賠償を請求したものである。

この判決は、庇部分で児童が頻繁に遊んでいたことを容易に知り得た等とし、展望台の管理の瑕疵を認め（Aの軽率な行動につき80％の過失相殺をした）、請求を認容した。

【判決内容】

この判決は、

3　公園・遊園地事故における誤使用

「2　右の事実に基づいて考えるに、本件展望台の屋上には一応鉄柵が設けられているものの、右鉄柵は屋上外線からかなり内側に設置されていたため、その外側には前記のとおりかなりの広さのスペースの庇部分が生じ、このスペースはAのような小学校低学年の児童にとっては児童特有の好奇心、冒険心からここに出て遊びたいという誘惑を抱かせるに十分のものであって、実際にも本件事故以前に頻繁にそこで児童が遊んでいたものである。そして、この庇部分で児童が遊ぶ場合においては、庇の端のパラペットが0.34メートル程度しかなく、しかもこれが外側に傾斜しているのであるから、遊びに夢中になった児童が誤って転落する事故の起こり得ることは通常予測し得るところであり、高さ3.9メートルの屋上から転落した場合には本件事故の如くその児童が死亡するに至ることもまた通常予測し得るところであったといわなければならない。

とすれば、被告は本件のような構造を有する展望台を設置した場合には児童が右庇部分に出ることを防止する措置を講じ、転落事故が生じないようにすべき義務があり、本件展望台の庇部分で児童が頻繁に遊んでいたにもかかわらず、庇部分に児童が出ることを防止する措置を何ら採ることなく放置していたときは、被告の本件展望台の管理に瑕疵があるものといわざるをえない。

しかるところ、本件展望台には、……のとおり鉄柵が設置されていたとはいえ、屋上北西端の植込上部C地点には鉄柵がないこと、児童が庇部分で頻繁に遊んでいたこと及び庇部分に出るには本件植込を通ってC点付近に出ることが容易であり、現に多くの児童がこの経路を通って庇部分に出ていたことは前記認定のとおりであるから、右鉄柵等が児童の庇部分に出ることを防止するための安全施設としては不十分であったことは明らかである。

……によれば、被告の公園管理事務所の職員が午前中は3、4回、午後は4、5回園内全域を巡回して、危険行為に対してはその都度注意を与えていたことが認められるが、本件展望台屋上の庇部分が児童にとって誘惑的なスペースであったことを考えるならば、右の程度では転落事故を防止するには十分であるということはできず、現実にも右巡回によっても児童が庇部分で遊ぶことを防止することはできなかったものである。

そして、前掲各証拠によると、右に見たほか被告において、児童が本件展望台屋上の庇部分に出ること及び庇部分に出た児童が地上に転落することを防止するための措置を講じていなかったことが認められ、右認定に反する証拠はない。

そうすると、被告は右庇部分で児童が頻繁に遊んでいたことを容易に知り得たというべきであり、右防止措置を講じるにつき特段の支障はなかったのであるから、被告の本件展望台の管理に瑕疵があったものといわなければならない」

と判示している。

【事案の特徴】

この事案は、低学年の児童が公園内の展望台において、防護柵（高さ1.31メートル）の鉄柵の外側に出て、庇部分で友人らと遊んでいたところ、庇の外側に設置されていたコンクリート壁に足をとられ、地面に転落して死亡したため、両親が都に対して営造物責任に基づき損害賠償を請求した事件である。この事案では、低学年の児童が公園の展望台の庇から落下した事故であること、事故原因が児童の危険な行動（不注意）であるか（展望台の管理の瑕疵が認められるか）が問題になったことに特徴がある。

【判決の意義】

この判決は、公園の展望台の鉄柵の外側に庇部分が生じ、このスペースは低学年の児童にとっては児童特有の好奇心・冒険心からここに出て遊びたいという誘惑を抱かせるに十分のものであるとしたうえ、安全施設が十分でなかったとし、展望台の管理の瑕疵を認めたものである。

しかし、低学年の児童であっても、庇部分が危険な場所であることは明白であり、鉄柵が設置されていたことを考慮すれば、転落事故の原因は児童の軽率な行動、危険な行動にあったというべきであり、児童の年齢、誤動作の態様に照らすと、展望台の管理の瑕疵を肯定することは疑問である（この判決が8割もの高い過失割合を認めていることもこのことを示唆するものである）。

(113) ターザンロープの設置・管理の瑕疵を否定した事例（東京地判平成3・4・23判タ767号96頁）

●事案の概要●

X（当時、9歳）が友人らとともにY都が設置する公園に遊びに行き、公園内のターザンロープで遊ぶことにし、出発台（高さ94.5センチメートル）で順番を待っていたところ、出発台の後方の柵から紐につかまって出発した児童が態勢を崩して衝突したことから、出発台から転落して負傷したため、XがYに対してターザンロープの設置・管理の瑕疵を主張し、国家賠償法2条に基づき損害賠償を請求したものである。

この判決は、子どもが後方の柵から出発することは当初から予定されていたものであり、これによるある程度の危険は許容されていたとし、ターザンロープの設置・管理の瑕疵を否定し、請求を棄却した。

【判決内容】

　この判決は、

　「㈠　国家賠償法2条1項にいう『瑕疵』とは、営造物が通常有すべき安全性、すなわち、通常の方法により利用した場合に通常予想される危険に対して十分な安全性を欠いていることをいうのであるから、瑕疵の有無の判断は、当該営造物によってもたらされることが予想される危険の内容・程度に応じて異なるものである。

　これを本件ターザンロープの場合について見ると、本件ターザンロープの敷地から出発代までの高さは94.5センチメートルであり、転落態様次第では本件のような重大な事故が起こる危険性は全くないとはいえない。しかし、既に述べたように、その高さは、一般の遊具と比べて、特に遊具の構造等について配慮を有するほどの高さではないし、この程度の高さから転落する危険は、児童が自然界において遊ぶ場合であっても日常的に存在するから、被告が本件ターザンロープを設置したことにより、新たに人工的な危険を作り出したともいえない。そして、本件のような遊具は、児童の冒険心などを満たし、さらに児童を自然に親しませるという合理的な目的を有するものである（……）。このような観点からみると、本件ターザンロープの出発台程度の高さから生じる危険を想定して遊具の敷地を選択する場合には、自然界に普通に存在する土と同程度の軟らかさの素材を用いれば、遊具として通常有すべき安全性は満たされると解するのが相当である。

　後に述べるように、ダスト舗装は自然界に通常に存在する土とほぼ同程度の軟らかさで、形状においても自然の土と大きな違いはないと認められるから、ダスト舗装は、原則として遊具として通常有すべき安全性を備えたものということができる」

と判示している。

【事案の特徴】

　この事案は、低学年の児童が公園内のターザンロープで遊ぶことにし、出発台で順番を待っていた際、出発台の後方の柵から紐につかまって出発した児童が態勢を崩して衝突したことから、出発台から転落して負傷したため、

児童が都に対して営造物責任に基づき損害賠償を請求した事件である。この事案では、低学年の児童の転落事故であること、事故原因が児童の不注意であるか（出発台の設置・管理の瑕疵が認められるか）が問題になったことに特徴がある。

【判決の意義】
　この判決は、出発台の高さは、一般の遊具と比べて、特に遊具の構造等について配慮を有するほどの高さではないし、この程度の高さから転落する危険は、児童が自然界において遊ぶ場合であっても日常的に存在し、ターザンロープを設置したことにより、新たに人工的な危険をつくり出したともいえない等とし、出発台が通常有すべき安全性を備えていたものであるとし、その設置・管理の瑕疵を否定したものであり、事例判断として参考になるものである。

〔114〕　事故にあった者の不注意が事故原因であるとし、公園の設置・管理の瑕疵を否定した事例（東京地判平成8・5・21判タ920号170頁）

―――●事案の概要●―――

　XがY都の設置する都立葛西海浜公園内で家族とともに海水浴をしていたところ、アカエイに指を刺され、都内の病院で治療を受けたが、後遺症が残ったため、XがYに対して国家賠償法2条等に基づき損害賠償を請求したものである。

　この判決は、海浜公園の基本的性格は自然公物である砂浜と海であり、人が海水浴等により海を利用する場合の危険は自らの責任において回避すべきであるのが原則であり、本件公園のように地方公共団体が開設したときはその安全性に対する信頼と期待に応じた程度の人的・物的設備を備えれば足りる等とし、設置・管理の瑕疵を否定する等し、請求を棄却した。

3 公園・遊園地事故における誤使用

【判決内容】

この判決は、

「㈢ ……本件海浜公園は、被告による管理がなされてるもののその基本的性格は前記のとおり自然工物たる砂浜と海であり、古来から人は、海とは、底に生息する生物との関係も含め、自らの責任において付き合ってきたものであり、海水浴その他により海を利用することによる危険も原則として自らの責任において回避すべきものと解するのが相当である。もっとも、普通公共団体が特定の海域と海浜につき前記内容の海浜公園を開設した場合は、これを利用するものに海浜公園の安全性に対する信頼と期待が生じることは否定できないから、普通地方公共団体が海浜公園を開設した以上、右の信頼と期待にこたえるため、安全性に関しある程度の人的・物的設備を備える必要なあることはいうまでもない。

このような観点から本件海浜公園を利用する者がエイ等の海洋生物により危害を加えられる場合の安全性の基準について考えてみると、前記のとおりエイはもともと攻撃的性格ではなく、本件事故以前に公園利用者がエイ等の海洋生物に刺される等して怪我を負ったのは年に1～2回程度であり、その怪我の程度も軽微なものであったというのであるから、同公園を管理する被告としては、利用者に対しエイ等の海洋生物に注意するよう警告する措置を講ずるとともに、応急措置がとれるようにアンモニア水等の薬品を常備し、場合によっては救急車等の手配が迅速に出来るような体制を備えておけば足りるというべきである。

㈣ 原告はまず、被告は本件海浜公園には危険な海洋生物が生息することを表示した看板を、多国語及び写真により設置すべきであった旨主張するが、前記のとおり本件海浜公園の西なぎさ入口に日本語と図入りでその旨の警告を記載した看板が設置されていた（外国以後で記載されていなくてもエイ等の図が描かれているから不十分とまではいうことはできない。）のであるから、原告の主張は前提を欠き失当である。

次に原告は、多国語の放送により同公園内に危険な海洋生物が生息する旨を警告すべき義務があったと主張するが、前記㈢で述べた次第により、被告に対し右のような義務を指定することはできない（前記のとおり日本語により案内放送は随時行われていたのであるが、それ以上に外国語による放送までを行うべき法的義務はない。）というべきであるから、原告の主張は失当である」

と判示している。

【事案の特徴】

この事案は、海浜公園内で家族とともに海水浴をしていた際、アカエイに指を刺され、後遺症が残ったため、都に対して営造物責任に基づき損害賠償

を請求した事件である。この事案は、大人の偶発的な事故であるが、事故にあった者の不注意が事故原因であるか、公園の設置・管理の瑕疵が認められるかが問題になったものである。

【判決の意義】

この判決は、古来から人は、海とは、底に生息する生物との関係も含め、自らの責任において付き合ってきたものであり、海水浴その他により海を利用することによる危険も原則として自らの責任において回避すべきものと解するのが相当であるとし、公園の設置・管理の瑕疵を否定したものであり、自己責任を強調し、瑕疵を否定した事例として参考になるものである。

(115) 箱型ブランコの設置・管理の瑕疵を肯定した事例（横浜地判平成13・12・5判時1774号98頁）

●事案の概要●

X（当時、9歳）がY$_2$市が設置した公園で遊んでいたところ、同所に設置されたY$_1$合名会社の製造に係る箱型ブランコを、友達と大きく揺らして遊んでいた際、左肩・左下肢を地面につけ、顔を左方向に向けた格好で転倒したため、揺れ戻ってきた本件ブランコの底部がXの右足に衝突し、右大腿骨転子骨折の傷害を負ったため、XがY$_1$に対して不法行為責任に基づき、Y$_2$に対して営造物責任に基づき損害賠償を請求したものである。

この判決は、低年齢の児童の力によっても大きく揺動する一方でカゴの底部と地面との間隔がわずかしかない危険性を有する本件ブランコを製造・販売し、児童の使用に供したとし、Y$_1$の過失を肯定し、不法行為責任を認め、Y$_2$のブランコの設置・管理の瑕疵を認め、請求を認容した。

【判決内容】

この判決は、

「(4) 被告Y₁の注意義務とその違反
　ア　本件ブランコのようなゆりかご型ブランコは、購入者によって公園等に設置され、主に幼児ないし小学校低学年の児童の使用のために提供されるものであるから、これを製造・販売する者としては、このような幼児ないし児童が通常予想される用法に従って使用する場合に、これらの者の生命や身体に重大な危害を及ぼすような危険な構造・形状のものを製造・販売してはならない注意義務を負うものというべきである。
　一般に、遊具については、幼児や児童が様々な遊び方をする過程で何らかの傷害を被る可能性を完全に排除することはできず、このような可能性があることから直ちに製造・販売した者の過失を認めることはできないことはもちろんであるが、幼児や児童が通常予想される遊び方をする過程で生命や身体に重大な危害を及ぼすおそれのあるものを製造・販売することは、遊具というものの性質に照らしても許されないところである。
　イ　ところで、本件ブランコは、外見上は危険の少ない安全な遊具との印象を与える一方で、前記(2)のような構造・形状であることから、9歳程度の児童であっても、両側からカゴの背もたれの鉄パイプを握って揺らし続けると40度以上に揺動することができ、この場合、揺動の前後の幅も大きくなるため、カゴを押すために前進した児童が本件ブランコの中心付近に至る危険のあること、そして、このように前進した児童が速やかな後退に失敗して転倒した場合は、カゴの底部と地面との間がわずか約22センチメートルしか空いていないため、約90キログラム（カゴに児童が乗っている場合は、その児童の体重が加算される。）のカゴの底部と地面との間に挟まれて重大な傷害を被るおそれのある危険な構造・形状であったこと、本件事故は、本件ブランコのこのような危険な構造・形状のために生じたものであることは、それぞれ前記認定のとおりである。
　ウ　そして、児童が本件ブランコのような構造・形状のゆりかご型ブランコを両側から押し続けて揺動させて遊ぶことは稀有の出来事ではなく、むしろ通常予想される使用法であること、また、児童がこのようにして遊ぶ過程で前後に大きく揺動するカゴの揺動範囲内に立ち入って転倒したり、その他の原因で揺動範囲内に立ち入って退避に失敗した場合にはカゴの底部と地面との間に挟まれて重大な傷害を被る危険性が高いことは、このような遊具の専門的な製造・販売業者である被告Y₁にとっては十分予見可能な事柄であったというべきである。このことは、前記認定のとおり、ゆりかご型ブランコによるものも含めて、相当頻繁に発生していることによっても裏付けられるものというべきである。なお、本件ブランコのようなゆりかご型ブランコが主に公園等の土の地面に設置されるものである以上、本件ブランコが実際にそうであったように、底辺の四角形鉄製パイプの

四隅に設けられた足状の鉄パイプ部分は地中に埋没し、その分だけカゴと地面の間の幅が狭くなることも被告Y_1は十分予見可能であったというべきである。

エ　そうすると、被告Y_1が、低年齢の児童の力によっても大きく揺動する一方でカゴの底部と地面との間がわずかしかないため上記のような危険性を有する本件ブランコを製造・販売し、児童の使用に提供させ、その結果本件事故を招いたことは、同被告の負っている前記注意義務に反する過失というべきである。

(5)　被告Y_1の主張について

　これに対し、被告Y_1は、児童がカゴに乗り降りする際に転倒する危険を避けるためにカゴの床部分と地面との間隔を約25センチメートルとしたことは合理的であり過失はないと主張するが、カゴと地面との間隔が30センチメートル以上あっても乗り降りに不自由はなく……、また、稀にこのような転倒が生じうる危険があるとしても、これにより生じうる結果は、本件事故のようなカゴの底部と地面の間に挟まれて生じる死傷事故の結果の重大性に比べると比較的軽度のものであるから、この主張を採用することはできない。

　また、被告Y_1は、①カゴの底部と地面の隙間に児童が入れないようにするために湾曲型鉄パイプを設置していること、②カゴを吊り下げている4本の鉄パイプの中間にベアリング装置を施し、かつ、カゴの重量を重くすることにより児童の力では40度以上に揺動しないようにしたこと、③カゴに乗っていない児童の身体がブランコが揺動する空間に入りにくくするため枠体が地面に接地する部分に四角形鉄パイプを設けていることにより安全性に配慮していると主張する。しかし、本件ブランコが9歳程度の児童の力によっても40度以上に大きく揺動することは上記認定のとおりであり、また、その余の上記①や③の措置を講じても、児童が揺れ戻ってきたカゴと地面の隙間に挟まれる態様の事故を防止することはできない以上、過失を否定する根拠とはならない。

　……

三　争点(3)（被告Y_2市の過失）について

　国家賠償法2条1項が規定する『営造物の設置又は管理』の瑕疵とは、営造物が通常有すべき安全性を欠いていることをいうところ、被告Y_2市が、安全な遊具としてみどりの広場において設置・管理し、児童の使用に提供していた本件ブランコは、前記認定のとおり、低年齢の児童であっても両側からカゴを揺らし続けると40度以上に揺動し、カゴを揺らす過程で前進した児童が本件ブランコの中心付近に至り、速やかな後退に失敗して転倒した場合、カゴの底部と地面の間がわずかに約22センチメートルしか空いていないため、児童が、約90キログラムまたはそれ以上の重量のカゴの底部と地面の間に挟まれて重大な傷害を被るおそれのある危険な構造・形状であったのであるから、本件ブランコは通常有すべき安全性を欠いていたものといえる。

　また、前記認定のとおり、本件事故と同種の事故が各地で相当頻繁に生じ、そ

の一部が新聞等によって報じられており、児童が上記のような方法で遊ぶ過程で本件のような事故が生じる危険性があることは、本件事故当時十分予見可能な状況にあったといえるところ、前記のような報道がなされた後も、被告Y₂市は、本件ブランコを点検し、安全と考えられるカゴの高さを確保するなどの措置を全く講じていなかったのであるから（……）、本件ブランコの設置・管理の瑕疵があったというべきである」

と判示している。

【事案の特徴】

この事案は、低学年の児童が友人と公園の箱型ブランコで遊んでいた際、大きく揺らして遊んでいたところ、転倒し、揺れ戻ってきたブランコで負傷したため、市に対して営造物責任に基づき損害賠償を請求する等した事件である。この事案では、低学年の箱型ブランコからの転倒事故であること、児童の箱型ブランコの誤使用（不注意）が事故原因ではないか（箱型ブランコの設置・管理の瑕疵が認められるか）が問題になったことに特徴がある。

【判決の意義】

この判決は、箱型ブランコの設置・管理の瑕疵を認めたものであるが、事故の態様の認定に重大な誤りがあり、控訴審判決（〔116〕（349頁））によって取り消されたものである。

〔116〕（115）の控訴審判決であり、児童の誤使用が事故原因であるとし、箱型ブランコの設置・管理の瑕疵を否定した事例（東京高判平成14・8・7判時1795号110頁）

●事案の概要●

前掲〔115〕（346頁）の控訴審判決であり、Y₁、Y₂が控訴し、Xが附帯控訴したものである。

この判決は、事故原因がXにあったとし、第1審判決を取り消し、請求を棄却した。

第2章 誤使用をめぐる裁判例

【判決内容】

この判決は、

「上記のとおり本件事故の態様を被控訴人主張の態様と認めることはできず、またさきに指摘した本件証拠上の問題点からすると、そもそもどのような態様のものであったかを確定することは困難というべきである。そうすると、本件事故の態様が被控訴人主張のようなものであることを前提として本件空間高が35センチメートルに足りなかったために本件事故（骨折）が発生したとする被控訴人の主張については、これを認めることはできず、本件事故との関係では本件ブランコに本件空間高としいて35センチメートルが保持されていなかったことをもってゆりかご型ブランコとしての安全性を欠いていたということもできない。

このようにしてみると、本件事故に関する限り、控訴人Y_1に本件事故態様を予見して本件空間高を35センチメートル維持用保持して本件ブランコを製造すべき義務を措定することはできないし、上記空間高を保持しない本件ブランコを設置し管理していたことをもって控訴人Y_2市に国家賠償法2条1項所定の営造物の設置又は管理の瑕疵に基づく責任があるということもできない。したがって被控訴人の控訴人らに対する本訴各請求はその余について判断するまでもなく理由がないというべきである」

と判示している。

【判決の意義】

この判決は、児童の誤使用が事故原因であるとしたものであり、事例判断として参考になる。

〔117〕 箱型ブランコの設置・管理の瑕疵を肯定した事例（福井地判平成14・2・28判時1789号108頁。(58)（187頁）参照）

────●事案の概要●────

X（当時、小学校2年生）がY市の管理する公園に設置された箱型ブランコで遊んでいたところ、箱ブランコの外側から背もたれ部分を押していたが、うつ伏せに転倒したため、戻ってきたブランコの底と地面に頭を挟まれ、右眼失明等の傷害を負ったことから、XがYに対して営造物責任に基づき損害賠償を請求したものである。

この判決は、箱型ブランコの設置・管理の瑕疵を肯定し、請求を認容した（過失相殺の主張を排斥した）。

【判決の意義】
　この判決は、低学年の児童らが箱型ブランコの背もたれ部分等を外側から押したりして遊ぶことも当然に予測できたものとし、箱型ブランコの設置・管理の瑕疵を肯定したものであり、事例判断を提供するものであるが、この判決の認定に照らしても児童の誤使用が事故原因であるというべきであろう。
　この判決が根拠とする予見可能性は、その合理性・相当性の範囲によって限定していないものであり、疑問である（なお、この判決は、過失相殺を否定しているが、この判断にはさらに重大な疑問がある）。

(118) (117)の控訴審判決であり、箱型ブランコの設置・管理の瑕疵を肯定した事例（名古屋高金沢支判平成15・2・19判タ1141号166頁）

●事案の概要●

前掲〔117〕(350頁)の控訴審判決であり、Yが控訴したものである。
　この判決は、第1審判決を引用し、箱型ブランコの設置・管理の瑕疵を認め、第1審判決を変更し、請求を認容した（過失相殺を2割認めた）。

【判決内容】
　この判決は、
「(1) 当裁判所も、原審と同様に、本件箱ブランコの設置又は管理には瑕疵があったと判断するが、その理由は、次のとおり訂正するほかは、原判決の『第3　争点に対する判断』の1（6頁10行目冒頭から9頁8行目末尾まで）記載のとおりであるから、これを引用する」
と判示している。

第2章　誤使用をめぐる裁判例

【判決の意義】
　この判決は、第1審判決（〔117〕(350頁)）と同様な疑問がある（もっとも、この判決は、児童の誤使用につき過失相殺を認めている）。

4 レジャー施設・スポーツ施設事故における誤使用

(1) 概　説

　日本の社会は、「働け、働け」の猛烈社員の時代を経て、いつのころからか、余暇、レジャーを楽しむ時代に至り（余暇が社会全体で楽しむことができるようになったのは、近代社会、現代社会の重要な特徴であり、それ以前にはみられなかった現象である）、最近では、もっと休暇をとってレジャーを楽しむことが推奨される時代になっている（レジャーは、多様であるが、レジャーの中には各種のスポーツも含まれている）。この間、レジャーは、国の政策としても推奨され、国民の休日も連休になりやすいように法律が改正されたり（国民の祝日に関する法律）、全国にレジャー施設の開発が容易に行われるように法律が制定・改正されたりしてきた（もっとも、全国各地で多数のゴルフ場、テニスコート、遊園地等の似たようなレジャー施設・スポーツ施設が建設される等し、画一的なレジャーとして問題視されてきたこともあった）。全国で開発され、建設されたレジャー施設・スポーツ施設（レジャー施設等）の中には、倒産等によって廃止されたものもあるが、人々の生活の中には、徐々にではあるが、レジャーが確実に定着しているようである。

　人がレジャー施設を使用する場合には、そのレジャーの特性を考慮し、レジャーに伴う危険性を認識し、事故を防止することが求められるが、レジャーの場においては緊張感が十分でないこと等もあり、施設の使用者等が事故にあうことがあり、レジャー施設等の使用者等の誤使用・不注意が事故原因になることがある。レジャー施設等は、人が日頃行わないような活動を行うものであり、相当に激しい運動・行動を伴うことがあり、その運動等に伴う危険性があり、レジャー等の特性に応じた安全性が確保されている設備等が必要であるが、その施設の用途・使用方法を逸脱して使用した場合には、自ら危険を招く活動・行動を自己責任に従って行っているというべきである

(レジャー・スポーツは、自己責任が強調されることが多い)。

⑵ レジャー施設・スポーツ施設事故をめぐる裁判例

レジャー施設等を使用していた際、使用者等が事故にあい、その誤使用等が問題になった裁判例としては、次のようなものがある。

(119) ゴルフ場の設置・保存の瑕疵を肯定し、キャディの不注意が事故原因であるとし、プレーヤーの不法行為責任を否定した事例（神戸地伊丹支判昭和47・4・17判時682号52頁）

――――●事案の概要●――――

Y_2は、Y_1株式会社が経営するゴルフ場で、キャディXの付き添いでプレーをし、4番ホールまできたが、グリーンから5番ホールのティーグラウンドまでの距離が遠く、キャディの労力を軽減し、5番ホールからのティーショットの打球を確認するため、Xが5番ホールの打球の落下点付近で待機していたところ、Y_2がティーショットをしたのを注視していたものの、逆光線で打球を見失い、危険を感じて走り出したところに打球が衝突し、負傷したため、XがY_1に対して土地工作物責任、Y_2に対して不法行為に基づき損害賠償を請求したものである。

この判決は、Y_1の責任について打球の監視のための防護網が設置されていなかったことが設置・保存の瑕疵に当たるとし、Y_2の責任については通常予想しうる危険として受忍すべきであるとして不法行為を否定し、Y_1に対する請求を認容し、Y_2に対する請求を棄却した。

【判決内容】

この判決は、

「（被告会社の責任）
　……
　以上の各認定事実によれば、ゴルフの球は、その体積が小さい割合に重量が重く、その球をかなり大きなクラブで打撃して高速で飛行させることにより行うゴルフ競技においては、打球を身体に衝突させることは非常に危険であり、またプ

レーヤーは、特定の熟達者を除き、一般的には打球の方向と着球地点を任意に調節し、打球が先発するキャディらに衝突することのないようにすることは極めて困難であることが推認される。従って、ゴルフコースを設置ないし管理するに当って、キャディを打球の到達範囲内の地域に先発又は待機させて、打球の監視に当らせる場合には、キャディが打球を監視するのに適切な位置を選定して、防護のため必要な大きさと構造を具備した防護網（両側および上部に金網を張り、内部に人がはいれるようにしたトンネル型の、いわゆる巻網が適切であろう。）を設けるなど事故の発生を防止するに足りる保安設備を設けるべきであり、かかる設備を欠くゴルフコースは、設置または保存に瑕疵があるものとして、民法717条の帰責原因になるものといわざるをえない。

……

　以上に認定した各事実によれば、被告会社では、キャディに対し本件事故発生時、5番ホールにおける打球（特にティショット）を監視するため、キャディをしてティグラウンド前方の着球範囲内の地域で待機させる方法を採用しておきながら、打球からキャディの安全を守るため、適切な防護網を設けるなどの保安設備を設けていなかったことが認められるから、土地の工作物である本件ゴルフコースの設置ないし保存に瑕疵があったものというべく、被告会社が右ゴルフコースを管理するものであることは、当事者間に争いがないから、被告会社は、土地の工作物の占有者として、原告が本件事故によって受けた損害を賠償すべき義務がある。

……

　（被告Y$_2$の責任）
　およそ、ゴルフ競技のごときスポーツに参加する者が、競技の過程において被害を受けた場合には、加害者において故意又は重大な過失がなく、かつ被害の原因となるような競技のルールや作法に反する行動のないかぎり、競技中において通常予測しうるような危険は、これを受忍することに同意したものというべく、この理はゴルフ競技におけるプレーヤーとキャディとの間にも妥当するものと解すべきである。

……

　原告は、さらに、本件のようにキャディが打球地点より前方に先行している場合には、自己の打球距離を考え危険の発生を未然に防止すべき注意義務がある趣旨の主張をしている。たしかに本件のようにキャディが打球を監視するため先行することは、ゴルフ競技においても特殊の場合であるから、プレーヤーとしては、キャディの安全を念頭においてプレーすべき義務のあることは当然である。
　けれども、前示のとおり、ゴルフ競技における打球は、非常に打球の巧みなプレーヤーを除き、一般に意のごとくならないもので、打球の方向や距離を調節してキャディとの衝突を避けることは、ゴルフ競技の性質上極めて困難であるのに

対し、一方キャディにおいては、飛球の位置を見失わないかぎり、飛来する球を避けることは比較的容易であるから、プレーヤーとしては、かような場合キャディが打球に対する危険を避けうる態勢にあることを確認したうえ、キャディのいる方向に打球しない心構えで打球すれば足り、それ以上の注意義務を要求することは妥当ではない。

これを本件についてみると、被告 Y_2 としては、付添のキャディである原告が打球してよいと合図しているのであり、原告のいた付近には当時立網も設置されていたのであるから、原告において飛球との衝突を回避してくれるものと考えて打球したことは無理からぬことで、たとえ原告が逆光線で幻惑され飛球の位置を見失うおそれのあることまで気付かなかったとしても、被告 Y_2 があえて原告のいる方向に打球したことを認めるに足りる立証もない以上、被告 Y_2 に注意義務違反があったとはいえず、かつ原告においても、かような被害の発生は通常予測しうる危険として受忍するのが相当であるから、被告 Y_2 に対して不法行為責任を追及することができないものといわざるをえない」

と判示している。

【事案の特徴】

　この事案は、キャディを伴ってゴルフをしていたプレーヤーが球を打ったところ、逆光線で球を見失ったキャディを直撃し、負傷したため、キャディがプレーヤー、ゴルフ場の経営会社に対して損害賠償を請求した事件である。この事案では、ゴルフというスポーツ・レジャーの場における事故が問題になったこと、負傷したのがプレーヤーに付き添ったキャディであることに特徴がある。

【判決の意義】

　この判決は、ゴルフ競技のようなスポーツに参加する者が競技の過程において被害を受けた場合には、加害者において故意または重大な過失がなく、かつ被害の原因となるような競技のルールや作法に反する行動のないかぎり、競技中において通常予測しうるような危険は、これを受忍することに同意したものというべきであるとしたこと、この理はゴルフ競技におけるプレーヤーとキャディとの間にも妥当するとしたこと、キャディにおいては、飛球の位置を見失わない限り、飛来する球を避けることは比較的容易であるから、

プレーヤーとしては、キャディが打球に対する危険を避けうる態勢にあることを確認したうえ、キャディのいる方向に打球しない心構えで打球すれば足り、それ以上の注意義務を要求することは妥当ではないとしたこと、プレーヤーの不法行為責任を否定したこと、ゴルフ場については、キャディのために打球の監視用の防護網が設置されていなかったことが設置・保存の瑕疵に当たるとしたことに特徴がある。

　この判決は、スポーツであるゴルフにおける事故の損害賠償責任に関する基本的な考え方を明示し、ゴルフの場におけるキャディの不注意を認め、プレーヤーの不法行為責任を否定した事例判断として参考になるものである。

　なお、この判決がゴルフ場の設置・保存の瑕疵を肯定した判断については、この事案の事故が偶発的なものであり、キャディの不注意によるものであることに照らすと、疑問が残る。

(120)　プレーヤーの不注意が事故原因であるとし、ゴルフ場の管理の瑕疵を否定した事例（浦和地判昭和53・9・28判時930号93頁）

●事案の概要●

　Xが、昭和49年5月19日、Y有限会社が経営するゴルフ場においてゴルフをしていたところ、6番コースのティーグラウンドに設置されたゴム製マットにティーを差し込み、ティーショットをしたが、ティーが高く跳ね上がり、左目を直撃して負傷したため、XがYに対して不法行為、土地工作物責任に基づき損害賠償を請求したものである。

　この判決は、ティーの跳躍度はティーの立てられた場所によってさほど差異がなく、因果関係が認められない等とし、請求を棄却した。

【判決内容】

　この判決は、

「四　ゴルフの競技において、ティーショットの際の多くの場合、ティーがはね

上がるのが通常であることは原告の自陳するところであるが、はね上がったティーが、打者の顔面に当たって負傷の結果が生じ得ることは経験則上明らかであり、ゴルフをする者は、右通常のティーのはね上がりによって起こり得る危険を認識しているというべきである。

ところで、原告の主張によれば、原告が負傷したのは、本件マットを使用してティーショットした場合のティーの飛躍度が、自然芝の上や人工芝ティーマットの上での場合より異常に大きいためであるとし、本件マットを敷置した被告のゴルフ場のティーグラウンドは、自然芝のティーグラウンドや、人工芝ティーマットを敷置したティーグラウンドより危険性が高く、瑕疵があるという。しかしながら原告本人の供述では右主張を認めるに足りないし、他にこれを認めるべき証拠はないばかりでなく、かえって、前示のとおり本件マットを使用した場合と自然芝の生えた上や、人工芝ティーマットの上でティーショットしたした場合とで、ティーの跳躍度に目立った差異は認められないこと、……によれば、本件マットは、我が国でもかなり以前から数か所のゴルフ施設において使用されているけれども本件のような事故は他には発生しておらず、本件事故は稀有の例と認められること、に徴すると、原告の負傷は原告が本件マットを使用したことと相当の因果関係にはないと推認される。すなわち原告の負傷という結果は、ゴルフをする者が認識し容認した通常起こり得る危険が不幸にしてたまたま起こったものであるというべきである」

と判示している。

【事案の特徴】

この事案は、ゴルフのプレーヤーがティーグラウンドのゴム製マットでティーショットを打った際、ティーが跳ね上がり、目を負傷したため、ゴルフ場の経営会社に対して土地工作物責任等に基づき損害賠償を請求した事件である。この事案では、プレーヤー自身の不注意が事故原因ではないかが問題になったものである。

【判決の意義】

この判決は、ティーショットの際、跳ね上がったティーが、プレーヤーの顔面に当たって負傷の結果が生じうることは経験則上明らかであるとしたこと、ゴルフをする者は、通常のティーの跳ね上がりによって起こりうる危険を認識しているとしたこと、この事案のプレーヤーの負傷という結果は、ゴルフをする者が認識し容認した通常起こりうる危険が不幸にしてたまたま起

4 レジャー施設・スポーツ施設事故における誤使用

こったものであるとしたこと、負傷との間の因果関係を否定したことに特徴があり、ゴルフのプレーヤーの不注意を理由にゴルフ場の経営会社の土地工作物責任等を否定した事例として参考になるものである。

〔121〕 〔120〕の控訴審判決であり、ゴルフ場の管理の瑕疵を否定した事例
（東京高判昭和56・1・30判時995号54頁）

●事案の概要●

前掲〔120〕（357頁）の控訴審判決であり、Xが控訴したものである。
この判決は、ゴム製マットと自然土とでは、ティーの跳ね上がりの違いがない等とし、施設の管理の瑕疵を否定し、控訴を棄却した。

【判決内容】

この判決は、
「6　右1に認定した力学的原理等を踏まえ、右2、3の各鑑定の結果を考慮して考えれば、本件ゴムマット（本件ゴムマットと右各鑑定に用いられたゴムマットとの間に危険度の面で格別の相違点があることを認めるに足りる証拠はない。）を用いてティーショットをする場合のティーの跳ね上がりによる危険度は、裸土にティーを差し込んでショットする場合のそれよりはかなり大きいが、差し込む場所、方法によって最大限に危険度を見積もっても、自然芝ティーグラウンドにティーを直接立ててショットする場合のそれよりさほど大きいものとはいえず、人工芝その他の人工ティーマットを用いる場合のそれに比べると、同等もしくは小さいものとみるべきである（なお、右判断はクラブヘッドのスピードが一定であることを前提とするものであることはいうまでもない。）。そして、このことに、右4、5に認定、判示したところをあわせれば、本件ゴムマットを用いてティーショットすると、ティーが異常に早く回転しながら高く跳ね上がり、方向も一定せず、非常に危険であるとの控訴人の主張は、ティーの差し込み方のいかんを問わず、にわかに肯認し難いというほかない」
と判示している。

【判決の意義】

この事案は、〔120〕（357頁）のティーの跳ね上がり事故の控訴審の事件で

359

あるが、この判決は、ゴルフ場の経営会社の土地工作物責任を否定した事例として参考になるものである。

〔122〕 使用者の誤使用が事故原因であるとし、日覆いの設置・管理の瑕疵を否定した事例（東京地判昭和58・2・24判時1072号121頁。(51)（169頁）参照）

───●事案の概要●───

XがY公団の設置したテニスコートでテニスをしようとし、コート内に設置されたベンチの日覆いの骨組みである鉄製のパイプに手をかけ、懸垂をしたり、全身の屈伸運動をする等の準備運動をしていたところ、パイプの根元が折れて転倒し、負傷したため、XがYに対して国家賠償法2条に基づき損害賠償を請求したものである。

この判決は、日覆いが倒壊したのはXが過度の重力を加えたためであり、日除けとして利用される限り安全性を維持しており、良識あるものとしては、他人から注意されたり、禁止されるまでもなく、このような行為を避けるのが通常であり、これに反して受傷しても、自業自得である等とし、設置・管理の瑕疵を否定し、請求を棄却した。

【判決の意義】

この判決は、日覆いのパイプの折損事故がその本来の用途に反し、テニスコートの使用者の準備運動の用に供して過度の重力を加えたために惹起されたものであること、日覆いの構造、用途および場所的環境、日頃の管理利用状況等に照らすと、日除けとして利用するために具体的に通常有すべき安全性に欠けていたものとは認めがたいとしたことに特徴があり、使用者の誤使用を認め、設置・管理の瑕疵を否定した重要な事例判断として参考になるものである。

この事案のテニスコートの使用者による日覆いの誤使用は、社会常識に照

らしても明白であり、著しい誤使用、異常使用というべきものである。

(123) 審判台の設置・管理の瑕疵を肯定した事例（仙台地判昭和59・9・18判タ542号249頁）

●事案の概要●

A（当時、5歳10カ月で幼稚園児）がその父X_1らとともに、Y町の設置・管理に係るB中学校に行き、X_1らが校庭のテニスコートでテニスに興じていた間、コートのネットの横、サイドラインの外側に置かれていた審判台に登り、左右の鉄パイプを両手で握って審判台の後部から降りようとしたところ、審判台が後方に倒れ、審判台の下敷きになり、後頭部を強打し、病院に運ばれたものの、死亡したため、Aの相続人であるX_1、X_2がYに対して国家賠償法2条に基づき損害賠償を請求したものである。

この判決は、審判台を片付けておくべきであったとし、審判台の設置・管理の瑕疵を認め、請求を認容した（過失相殺を7割認めた）。

【判決内容】

この判決は、

「(二) ところで、営造物の設置、管理の瑕疵とは、当該営造物が通常有すべき安全性を欠く状態をいうが、個々にいう通常有すべき安全性とは、本来の用法に従って使用した場合の安全性にとどまらず、たとえ本来の用法と異なる方法で使用された場合であっても右使用方法が設置・管理者にとって通常予測しうるものであるときはこれに耐えうるような安全性をも兼ね備えた状態を指すものと説くべく、右安全性の有無を判断するに際しては、単に営造物の構造のみならず、その用法、場所的環境、利用状況等諸般の事情を総合的に考慮すべきものと解するのが相当である。これを本件についてみるに、確かに本件審判台は、座席に上って審判をするという本来の目的に使用する限りその構造及び設置されていた地面の状態につき格別安全性に欠けるところがないことは前記判示したとおりである。しかしながら、一般にテニスの審判台はその全部に階段があるため子供でも容易に上ることがきるうえ、一応の高さもあることが認められるところ、経験則に照

第2章　誤使用をめぐる裁判例

らして容易に肯認しうべき高いところに上りたがる子供の好奇心、冒険心に鑑みれば、子供が遊ぶような場所には、子供がこれに上る等して遊ぶことも十分予測しうるところであるから、設置管理者としては、審判台の転倒による事故を未然に防止すべく、故意に倒さない限り転倒のおそれのない程度に安定した構造のものを設置するか、その設置部分を地面に固定するとか、使用しないときには子供が遊具として使用する可能性がない場所または状態に片づけておく等適切な措置を講じるべきであって、このような措置が採られていない限り、その審判台につき通常有すべき安全性があるとは認められないものというべきである。ところで、本件審判台が被告の営造物であることは前記確定のとおりであり、前記(一)で認定した事実からすれば、子供が本件審判台に上って遊ぶ等これを遊具として使用することは被告において予測することが困難ではなかったものと認められ、前記第二項2で認定した本件事故発生の状況に前記2、3の本件審判台の構造及びそれが設置されていた場面の状態を勘案すれば、本件審判台は、幼児が遊具として使用するとき、故意に転倒させなくても倒れる危険のある状態にあったことが窺われるのであって、そうとすれば、被告としては、本件審判台の転倒による事故を未然に防止すべく前記のような適切な措置を講じるべきであったといわざるを得ない（本件校庭において陸上競技用の200メートルトラックを確保するため、その都度本件審判台を移動されていたことは既に認定したとおりであるから、少なくとも本件審判台を前記の場所または状態に片付けておく等の措置は容易に採り得たはずである。）。それにも拘わらず、被告はこのような措置を何ら講じることなく本件審判台を漫然と本件校庭に放置していたのであるから、その設置管理には瑕疵があり、本件事故も右瑕疵によるものというべきものである」

と判示している。

【事案の特徴】

　この事案は、幼児が父親とともに中学校のテニスコートに行き、父親がテニスに興じていた際、審判台に登り、左右の鉄パイプを両手で握って審判台の後部から降りようとしたところ、審判台が後方に倒れ、審判台の下敷きになり、死亡したため、両親が審判台の設置者に対して営造物責任に基づき損害賠償を請求した事件である。この事案は、テニスコートの使用者（父親）に同行した幼児の事故であること、審判台の転倒事故であること、幼児が審判台の本来の用途と異なる用途に使用していた際、発生した事故であることに特徴があり、幼児の誤使用、父親の監督過誤が事故原因ではないか、審判

台の設置・管理の瑕疵が認められるかが問題になったものである。

【判決の意義】
　この判決は、子どもの好奇心、冒険心に鑑みれば、子どもが遊ぶような場所には、子どもがこれに登る等して遊ぶことも十分予測しうるとしたこと、審判台の設置管理者としては、審判台の転倒による事故を未然に防止すべく、故意に倒さない限り転倒のおそれのない程度に安定した構造のものを設置するか、その設置部分を地面に固定するとか、使用しないときには子どもが遊具として使用する可能性がない場所または状態に片づけておく等適切な措置を講じるべきであるとしたこと、このような措置がとられていない限り、審判台につき通常有すべき安全性があるとは認められないとしたこと、この事案の審判台の設置・管理の瑕疵を認めたことに特徴がある。

　しかし、この判決は、審判台の本来の用途から著しく逸脱した用途につき誤った使用方法で使用された事案であることに照らすと、幼児の誤使用、父親の監督過誤は明白であり、この判決の前記の論理は不合理であるというべきである。この判決の論理を前提とすると、子どもの事故については結果責任を認めるに等しいものであり、重大な疑問がある。

(124) 水泳クラブの管理過誤を肯定し、市のタイム測定用電気時計の設置・管理の瑕疵を否定した事例（大阪高判昭和60・6・26判時1176号102頁）

●事案の概要●
　AがB水泳クラブに雇用され、Y市の設置したプールにおいてサブ・コーチとしてクラブの会員である小学生・中学生に水泳指導を行っていたが、BによってC株式会社の製造したタイム測定用の電気時計がプールサイドに置かれていたものを移動させようとし、両手で抱えたところ、漏電のために感電し、死亡したため、Aの両親X_1、X_2がYに対して国家賠償法1条・2条等に基づき損害賠償を請求したものである。第1審

判決（大阪地岸和田支判昭和58・9・27（昭和53年(ワ)第19号））が請求を認容したため、Yが控訴した。

　この判決は、本件タイマーには握りスイッチの一部が破損するなど感電の危険性があり、説明書には水分の多いところではアースを取り付けるようにとの記載があったところ、Bの自主管理の下でプール、タイマーが通常の用法に従って使用されていたのに、Yの担当者がタイマー使用による危険を防止すべき注意義務を負うとするのは相当でないし、プールとタイマーが有機的一体関係にあったとはいえない等とし、第1審判決を取り消し、請求を棄却した。

【判決内容】

　この判決は、

「2　被控訴人らは、本件プールの維持管理にあたっていた教育委員会の担当者又は本件プールの管理者松田は、本件タイマーを調査、点検し、安全を確認したうえでクラブに対し本件タイマーの使用を許すべきであり、本件事故は右担当者又は松田の過失により生じたから、控訴人は国家賠償法1条又は民法715条により責任があると主張する。
　しかしながら、右1認定事実によると、クラブは、その組織と活動の態様からして本件プールにおける水泳指導については自主的管理の能力を有するものと認められ、クラブ員に対する事故についてはクラブの責任で措置することを条件に本件プールの専用許可を得ていることからしても、その専用使用による水泳指導を行う限度においては自主的に管理すべきものであり、その限度においては教育委員会の管理権の範囲外というべく、本件タイマーがクラブの所有、管理にかかるものであり、本件プールの設備であるとかプールと一体となっているものでないことは後記3のとおりであり、本件事故当時においてはクラブが右水泳指導に本件タイマーを使用していたのであるから、本件タイマーの使用に関しても教育委員会の管理権は及ばなかったというべきである。
　もっとも教育委員会あるいはその担当者ないし松田において、クラブが本件プールの使用目的に反するような用法あるいは一見して不相当、危険であると知りうる方法ないし用具を用いるような場合においては、プールという営造物の性質からして、これにより発生することがあるべき危険を予防するための措置をとるべき義務の存在までも否定することはできないけれども、本件タイマーがプール

4　レジャー施設・スポーツ施設事故における誤使用

サイドで使用されること自体危険というべきものでなく、アースをとることなく使用することに危険が存在したとしても、それは一見して危険なものと認めうるものでもない。水泳の熟練者である監督、コーチが指導に当ってクラブの自主管理の下に本件プール及び本件タイマーが通常の用法に従って使用されていることに対して、教育委員会担当者や松田において右タイマー使用による危険を防止すべき注意義務を負担するものとすることは相当でない（なお、後記4の社会教育法に基づく教育委員会のクラブ（社会教育関係団体）に対する指導助言に関する規定も法的義務まで課するものではない。）」
と判示している。

【事案の特徴】

　この事案は、水泳クラブのサブ・コーチが会員である小学生・中学生に水泳指導を行っていた際、クラブが置いていたタイム測定用の電気時計を移動させようとし、両手で抱えたところ、漏電のために感電し、死亡したため、両親がプールの設置・管理者に対して営造物責任等に基づき損害賠償を請求した事件である。この事案は、水泳クラブが水泳指導のためにプールに持ち込んだ電気時計による感電事故であること、クラブの法的な責任が問われたのではなく、プールの設置・管理者（市）の法的な責任が追及されたことに特徴があり、コーチ、クラブの電気時計の管理が事故原因ではないかが問題になったものである。

【判決の意義】

　この判決は、タイマーが水泳クラブの所有・管理のものであり、クラブ員に対する事故についてはクラブの責任で措置することを条件にプールの専用許可を得ていることから、その専用使用による水泳指導を行う限度においては自主的に管理すべきものであるとしたこと、その限度においては市の教育委員会の管理権の範囲外であるとしたこと、事故当時クラブが水泳指導にタイマーを使用していたものであり、市の教育委員会の管理権は及ばなかったこと、市の設置・管理の瑕疵を否定したことに特徴がある。

　この判決は、プールを運営する市の営造物責任が問題になった事案につい

て、クラブ側の自己責任を強調し（クラブの管理過誤）、営造物責任を否定した事例として参考になるものである。

〔125〕 スキーヤー自身の過失が事故原因であるとし、スキー場の運営者の不法行為を否定した事例（最一小判平成2・11・8判時1375号65頁、判タ751号62頁、金判869号35頁）

●事案の概要●

Xがスキー指導員の資格を有する等のベテランスキーヤーであるところ、Y株式会社が管理するスキー場において、昭和49年5月18日、滑降中、クレバスに転落し、顔面および右胸部打撲症兼挫創、左肋骨骨折その他の傷害を負い（第一事故）、翌50年5月17日、滑降中、別の箇所でクレバスに転落し、左下腿骨骨折の傷害を負ったため（第二事故）、Yに対して不法行為に基づき損害賠償を請求したものである。第1審判決（前橋地沼田支判昭和56・4・30（昭和51年(ワ)第15号、昭和52年(ワ)第18号））は請求を棄却したため、Xが控訴した。控訴審判決（東京高判昭和60・1・31判時1143号80頁）は、スキー場の管理の過失を認め、請求を一部認容したため、Yが上告した。

この判決は、第一事故、第二事故ともにXの過失による事故であるとし、控訴審判決中、Yの敗訴部分を破棄し、Xの控訴を棄却し、その請求を棄却した。

【判決内容】

この判決は、

「1　第一事故について
(1)　原審の判断は、第一事故は、Aが本件スキー場の閉鎖を十分周知させないままスキーヤーをリフトで運びながら、第一事故現場付近のコースに閉鎖の表示をしなかったという過失によるものである、というのである。
(2)　しかしながら、前示の事実関係によれば、第一事故は、積雪が減少したため

に上告協議会においてスキー場の閉鎖を決定した日から10日以上を経た、スキー場の一部に芝生が見え、ハイカーが来ているような暖かい日に、指導員の資格をもつベテランスキーヤーである被上告人が、スキー場の閉鎖を掲示してあるロープウェー待合室の掲示板を見過ごした上、リフトを降りてから第一事故現場付近に至るまでのより安全な地形の場所にあるコースのすべてに閉鎖の表示がされているのを知りながら、上告協議会が年間を通じてほとんど滑降を禁止しているような急傾斜地において、前方にクレバスが見えているにもかかわらずその付近に向かって滑降し、右クレバスに転落したというのであるところ、シーズン末期のスキー場閉鎖の前後においては、積雪量の減少による危険物の露出、気象の変動に伴う刻々の雪質の変化及びこれによる積雪の崩落などが予想され、このような時期にクレバス付近をスキーで滑降すれば積雪が崩落してクレバスに転落する恐れがあることは、クレバス付近にコース閉鎖等の表示がなくても、スキーヤーにおいて当然に予知し得るところであるというべきであるから、第一事故は、スキー場閉鎖の掲示を見過ごした上、前示のような時期、場所において前方にクレバスがあるのが見えているのに、あえてクレバス付近を滑降した被上告人自身の過失に起因して発生したものというべきであって、Aの本件スキー場の管理の過失によるものということはできない。

2　第二事故について

(1)　原審の判断は、上告協議会は、第二事故当日午前中をもってパトロール業務をやめ、スキー場を閉鎖することとしたが、Aは、その事実を周知させないままリフトによりスキーヤーを運びながら、正午以降パトロールをさせなかったために、パトロール要員らが午前中のパトロールの際事故現場のクレバスを発見してその上方に立てた危険を表示する赤旗が何者かに取り去られたのに気付かず、遅滞なくこれを復旧しなかった点において、同人の本件スキー場の管理に過失があったというのである。

(2)　しかしながら、前示の事実関係によれば、上告協議会では、第二事故当日をもってスキー場を閉鎖して、パトロール業務をやめることとしたが、Aは、その事実を十分周知させないまま正午以降パトロール業務をさせなかったものの、上告協議会のパトロール要員らは、午前中のパトロールの際第二事故現場のクレバスを発見して、その上方に危険表示のための3本の赤旗を立てたというのであり、他方、被上告人は、当日は風が強く事故現場付近に上るための天神峠リフトを始め、これより低い位置にあるリフトも運転が停止されていたので、仲間とともに本件スキー場に到着して昼食を済ませた後、徒歩で登れる低い斜面で滑降していたところ、初めに天神峠リフトより低い位置にある高倉山リフトが動き始めたので数回これに乗って滑降しているうち、天神峠リフトが動き出したのでこれに乗り、終点で降りて徒歩で10メートル程登り、午後3時ころ仲間と一団となって緩やかな斜面を滑降し、地形が25度位の急傾斜に変わる地点で、上告協議会のパト

ロール要員らが午前中のパトロールの際第二事故現場のクレバスを発見して危険表示のための3本の赤旗を立てた地点において、いったん停止して前方を確認したが、その時には右赤旗は何者かに取り去られており、約10メートル下にある右クレバスは死角に入って見えなかったので、最初に飛び出して、右クレバスに滑り込むような形で転落したというのである。

　右事実関係によれば、上告会社は、事故直前まで事故現場付近に上るリフトを停止してスキーヤーを運んでいなかったので、一般のスキーヤーがリフト上方に上ることは困難な状態にあったのであり、このような状態の下において、事故までの数時間のうちにリフト上方に午前中に立てた赤旗が取り去られるようなことはＡにとって予見し難いところであったというべきであるから、同人が正午からリフトの運転を開始した直後の午後3時ころまでの間、第二事故現場付近のパトロールをさせず、取り去られた赤旗を復旧させていなかったとしても、同人の第二事故現場付近の管理に原判示の過失があったということはできないのであり、他方、被上告人は、前記のとおり危険が予知されるシーズン末期に、前年同時期に第一事故を惹起して本件スキー場のこの時期の危険性を熟知しているはずであるにもかかわらず、第二事故現場上方でいったん停止して前方を確認した際、前方が約25度の急傾斜地で、しかも死角になって安全を確認できない場所があるのに、安全を確認しないままその場所に向かって飛び出したというのであるから、第二事故は、被上告人自身の過失によるものというべきであり、原判示の事実関係の下において、他にＡの本件スキー場の管理に被上告人主張の過失があったということもできない」

と判示している（判例評釈として、窪田充見・民商104巻5号104頁、梅津和宏・判タ790号80頁がある）。

【事案の特徴】

　この事案は、スキー指導員の資格を有する等のベテランスキーヤーが、スキー場で滑降中にクレバスに転落して負傷したため（2度の転落事故が問題になった）、スキー場を運営する会社に対して不法行為に基づき損害賠償を請求した上告審の事件である（控訴審判決は、会社の不法行為責任を肯定したものである）。この事案は、スキーの滑降中の転落事故が問題になったこと、スキーヤーが資格を有するベテランスキーヤーであり、その不注意が事故原因として問題になったこと（併せて、会社の過失の有無が問題になったものである）に特徴がある。

4 レジャー施設・スポーツ施設事故における誤使用

【判決の意義】

　この判決は、2度の転落事故がスキーヤーの過失によるものであるとし、会社の過失を否定したものであり、スキー事故につきスキーヤー自身の過失が事故原因であるとし、スキー場の運営者の不法行為を否定した重要な事例判断として参考になるものである。

　この判決の認定した事実関係に照らすと、この判決の判断は合理的であるが、逆に控訴審判決がスキーヤーの不注意を無視ないし軽視した理由が不可解である。

〔126〕　〔123〕の上告審判決であり、幼児の通常予測し得ない異常な行動が事故原因である等とし、審判台の設置・管理の瑕疵を否定した事例
（最三小判平成5・3・30民集47巻4号3226頁、判時1500号161頁、判夕856号197頁）

───●事案の概要●───

　前掲〔123〕（361頁）の上告審判決であり、この判決が審判台の設置管理の瑕疵を認め、請求を認容したため、Yが控訴したものである。控訴審判決（仙台高判昭和60・11・20民集47巻4号3253頁）は、審判台の設置・管理の瑕疵を認め、控訴を棄却したため、Yが上告した。

　この判決は、幼児の行動が審判台の設置・管理者の通常予測し得ない異常なものであった等とし、設置・管理の瑕疵を否定し、原判決中Yの敗訴部分を破棄し、この部分の第1審判決を取り消し、X_1らの請求を棄却した。

【判決内容】

　この判決は、

「1　国家賠償法2項にいう『公の営造物の設置又は管理に瑕疵』があるとは、公の営造物が通常有すべき安全性を欠いていることをいい、右の安全性を欠くか

否かの判断は、当該営造物の構造、本来の用法、場所的環境及び利用状況等諸般の事情を総合考慮して具体的、個別的に判断すべきである（最高裁昭和42年(オ)第921号同45年8月20日第一小法廷判決・民集24巻9号1268頁、最高裁昭和53年(オ)第76号同年7月4日第三小法廷判決・民集32巻5号809頁参照）。

　本件において、その設置又は管理に瑕疵があったと主張されている当該営造物とは、具体的には、上告人（栃木県芳賀郡茂木町）町立の中川中学校の校庭に設置されたテニスの審判台であるが、一般に、テニスの審判台は、審判者がコート面より高い位置から競技を見守るための設備であり、座席への昇り降りには、そのために設けられた階段によるべきことはいうまでもなく、審判台の通常有すべき安全性の有無は、この本来の用法に従った使用を前提とした上で、何らかの危険発生の可能性があるか否かによって決せられるべきものといわなければならない。

　本件審判台が本来の用法に従ってこれを使用する限り転倒の危険を有する構造のものではなかったことは、原審の適法に確定するところであり、中川中学校の校庭において生徒らがこれを使用し、20年余の間全く事故がなかったことは、原審の右判断を裏付けて余りあるものというべきであろう。

　そして、本件審判台が右のように安全性に欠けるものでない以上、他種の審判台と比較して安全性が劣っているとか、これを地面に固定すべきであるとか、競技や練習終了後にはその都度片付けて置くべきであるとかいうのは、実情にはそぐわない非難というほかはない。

2　本件事故の発生した中川中学校の校庭が幼児を含む一般市民に事実上解放されていたことは、前述のとおりであるが、このように、公立学校の校庭が開放されて一般の利用に供されている場合、幼児を含む一般市民の校庭内における安全につき、校庭内の設備等の設置管理者に全面的に責任があるとするのは当を得ないことであり、幼児がいかなる行動に出ても不測の結果が生じないようにせよというのは、設置管理者に不能を強いるものといわなければならず、これを余りに強調するとすれば、かえって校庭は一般市民に対して全く閉ざされ、都会地においては幼児は危険な路上で遊ぶことを余儀なくされる結果ともなろう。

　公の営造物の設置管理者は、本件の例についていえば、審判台が本来の用法に従って安全であるべきことについて責任を負うのは当然として、その責任は原則としてこれをもって限度とすべく、本来の用法に従えば安全である営造物について、これを設置管理者の通常予測し得ない異常な方法で使用しないという注意義務は、利用者である一般市民の側が負うのが当然であり、幼児について、異常な行動に出ることがないようにさせる注意義務は、もとより、第一次的にその保護者にあるといわなければならない。

3　以上説示するところによって本件をみるのに、本件事故時のAの行動は、本件審判台に前部階段から昇った後、その座席部分の背当てを構成している左右の

鉄パイプを両手で握って審判台の後部から降りるという極めて異常なもので、本件審判台の本来の用法と異なることはもちろん、設置管理者の通常予測し得ないものであったといわなければならない。そして、このような使用をすれば、本来その安全性に欠けるところのない設備であっても、何らかの危険を生ずることは避け難いところである。幼児が異常な行動に出ることのないようにしつけるのは、保護者の側の義務であり、このような通常予測し得ない異常な行動の結果生じた事故につき、保護者から設置管理者に対して責任を問うというのは、もとより相当でない。まして本件に現れた付随的事情からすれば、Aは、保護者である被上告人X₁らに同伴されていたのであるから、同被上告人らは、テニスの競技中にもAの動静に留意して危険な行動に出ることがないように看守し、万一その危険が察知されたときは直ちに制止するのが当然であり、また容易にこれを制止し得たことも明らかである。

4　これを要するに、本件事故は、被上告人らの主張と異なり、本件審判台の安全性の欠如に起因するものではなく、かえって、前記に見るようなAの異常な行動に原因があったものといわなければならず、このような場合にまで、上告人が被上告人らに対して国家賠償法2条1項所定の責任を負ういわれはないというべきである」

と判示している（判例評釈として、徳本広孝・法協113巻12号74頁、中村哲也・判評433号57頁、増永謙一郎・判タ882号126頁がある）。

【事案の特徴】

　この事案は、幼児が父親とともに中学校のテニスコートに行き、父親がテニスに興じていた際、審判台に登り、左右の鉄パイプを両手で握って審判台の後部から降りようとしたところ、審判台が後方に倒れ、審判台の下敷きになり、死亡したため、両親が審判台の設置者に対して営造物責任に基づき損害賠償を請求した上告審の事件である（第1審判決、控訴審判決ともに、審判台の設置・管理の瑕疵を肯定したものである）。この事案は、幼児の誤使用、父親の監督過誤が事故原因ではないか、審判台の設置・管理の瑕疵が認められるかが問題になったものである。

【判決の意義】

　この判決は、審判台の通常有すべき安全性の有無は、審判台の本来の用法に従った使用を前提としたうえで、何らかの危険発生の可能性があるか否か

によって決せられるべきものであるとしたこと、この事案の審判台が本来の用法に従ってこれを使用する限り転倒の危険を有する構造のものではなかったとしたこと、公立学校の校庭が開放されて一般の利用に供されている場合、幼児を含む一般市民の校庭内における安全につき、校庭内の設備等の設置・管理者に全面的に責任があるとするのは的を得ないことであるとしたこと、幼児がいかなる行動に出ても不測の結果が生じないようにせよというのは、設置管理者に不能を強いるものであるとしたこと、審判台が本来の用法に従って安全であるべきことについて責任を負うのは当然として、その責任は原則としてこれをもって限度とすべきであるとしたこと、本来の用法に従えば安全である営造物について、これを設置・管理者の通常予測し得ない異常な方法で使用しないという注意義務は、利用者である一般市民の側が負うのが当然であるとしたこと、幼児について異常な行動に出ることがないようにさせる注意義務は第一次的にその保護者にあるとしたこと、この事案の事故は幼児の異常な行動に原因があったものとし、このような場合にまで町の営造物責任を負ういわれはないとしたことを判示しているが、この判決の論理・判断は合理的であるとともに、社会常識に合致したものであって、重要な先例として位置づけることができるものである。

　この判決は、製品・設備事故における誤使用（幼児による誤使用・不注意を含む）と製造業者、設置・管理者等の損害賠償責任との関係について重要な指摘をしているものであり、この意味でも重要な先例になるものである。

〔127〕　キャディの不注意を認めつつ、ゴルフプレーヤーの不法行為を肯定した事例（神戸地判平成5・5・25判タ840号172頁）

―――――●事案の概要●―――――

　Xがゴルフ場でキャディとして勤務していたが、昭和63年9月、キャディとして稼働していた際、7番ホールのティーグラウンドで先行パーティの進行状況を確認しようとしたところ、Yがティーグラウンド上で

4 レジャー施設・スポーツ施設事故における誤使用

ドライバーの素振りをしたことから、Yのゴルフクラブのヘッドが X の右眼に当たり、右眼球破裂の傷害を負ったため、X が Y に対して不法行為に基づき損害賠償を請求したものである。

　この判決は、本件ゴルフ場にはスタート待機中、ティーグラウンドおよびその周辺での素振り練習を禁止する旨の看板が設置されているし、一般に練習スイングを行う際にはその周囲に人がいないことを十分確認すべき注意義務があるのに、これを怠ったとし、請求を認容した（過失相殺を3割認めた）。

【判決内容】

　この判決は、

「5　右1ないし3の各認定事実によれば、プレーヤーは、素振り、すなわち練習スウィングを行う際にはその前にクラブがあたるような身近なところに誰も人がいないことを十分に確認すべき注意義務があるというべきところ、ティーグラウンドは、キャディや同伴プレーヤーの立入る場所であるところから、ゴルフ場経営者（訴外会社）もそこでのプレーヤーの素振り練習を禁止する立看板を設置して右注意義務を喚起している。

　右4の認定事実によれば、被告は、素振りを開始する直前の時点において、約3メートル離れた場所にキャディ（原告）と同伴プレーヤー3名の姿を見ていることが明らかであり、キャディがティーグラウンド周辺においてプレーヤーのため各種の世話や指図等をするために動き回ることや、プレーヤーもティーショットのためにティーグラウンド周辺を動き回ることがあることを十分予見していたことが明らかである。

6　そうすると、被告は、自己が素振りをする本件ドライバーのヘッドが届く範囲内に第三者が近付く可能性を予見し、或いは予見し得た筈であるから、直ちに素振り練習を断念すべきであった。

　ところが、被告は、右注意義務を怠り、素振り練習を中止せず、かつ十分に周囲の安全を確認しないまま、漫然安全であると軽信して素振り行為を行った過失により、本件事故を発生させたということができる」

と判示している。

【事案の特徴】

373

この事案は、キャディがティーグラウンドで先行パーティの進行状況を確認しようとした際、ゴルフのプレーヤーがティーグラウンド上でドライバーの素振りをし、キャディを直撃し、負傷したため、プレーヤーに対して不法行為に基づき損害賠償を請求した事件である。この事案では、キャディの不注意が事故原因ではないかが問題になったものである。

【判決の意義】

この判決は、プレーヤーは、練習スイングを行う際にはその前にクラブが当たるような身近なところに誰も人がいないことを十分に確認すべき注意義務があるとしたこと、ティーグラウンドはキャディや同伴プレーヤーの立ち入る場所であり、ゴルフ場経営者もプレーヤーの素振り練習を禁止する立看板を設置して注意義務を喚起しているとしたこと、この事案では、プレーヤーの素振りにつき過失があるとしたこと、キャディの不注意につき過失相殺を3割認めたことに特徴があり、事例判断を提供するものである。

(128) 練習者の不注意が事故原因であるとし、ゴルフ練習場の設置・管理の瑕疵を否定し、経営会社の不法行為責任を否定した事例（静岡地判平成7・3・10判時1554号130頁）

●事案の概要●

XがY$_1$株式会社が経営するゴルフ練習場でゴルフの練習をしていたところ、自分の打席の自動打球セット機の給球装置部分にゴルフボールを入れようとした際、前の打席で練習をしていたY$_2$がゴルフクラブを振ったヘッドがXの左眼に当たって負傷したため、XがY$_1$に対して土地工作物責任、Y$_2$に対して不法行為に基づき損害賠償を請求したものである。

この判決は、練習者が自分の打席内でゴルフクラブを振る限り、隣接する打席内にクラブは入り込まないものであり、Xが漫然とY$_2$の打席に自分の身体を入り込ませたことによって事故が発生した等とし、Y$_1$

4 レジャー施設・スポーツ施設事故における誤使用

らの責任を否定し、請求を棄却した。

【判決内容】

この判決は、

「㈡　本件練習場は、前記二の1の㈠で認定した構造を有し、各打席はその左右をセット機で区切られ、後方は各打席利用者用の椅子の存在などによって通路自体と区別され、クラブを振る場所もスタンスマットの存在により指定されているものであって、各打席は、明確に他の打席と区分されている。そして、前記二の2の㈡で認定したように、本件練習場では練習者がその打席内の定められたスタンスマット上の位置でクラブを振る限り、隣接する打席内に振ったクラブが入り込まないだけの距離をもって設置され、同時に、前記二の2の㈡の事実によると、利用者においても何ら危険を感じない施設、設備状況にあるものと認められる。

他方、ゴルフ練習場を利用するものは、技術レベルもまちまちであり、全くの初心者であっても何ら区別されていないことは原告の指摘するとおりであり、この点は本件練習場においても同様と認められるが、通常の弁識能力を有するものであるならば、その技術レベルの程度如何にかかわらず、本件練習場の各打席の区分を認識し、かつその打席内で練習中のものに不用意に近寄ることの危険性は十分認識し得るものというべきであって、仮に、隣の打席内に入る必要性がある場合は、その入る練習者において相応の注意をなすべき義務があるというべきである。

㈢　右㈡の事実によると、少なくとも本件練習場の打席内でスタンスマット上に立って普通にクラブを振る練習者にとって、右打席内の空間は、独占的、かつ排他的に右練習者に与えられ、不用意に第三者が入り込んでくることは予想できず、したがって、かかる練習者は、特段の事情がない限り、周囲の安全を一々確認する義務を要求されるものではないというべきである。

2　前記二の2の㈡の事実、前記二の4の㈡の事実及び前記1の㈢によると、本件事故は、原告が漫然と原告打席内から被告打席内に自己の身体を入り込ませたことにより、被告Y₂が振りかぶったクラブのヘッド部分を自己の左眼に打ち当て、本件事故に遭遇するに至ったものと認めるのが相当である。

そうすると、本件事故は、原告自身の過失によって生じたものと解せざるを得ず、そうすると、被告Y₂の過失を認めることはできないから、被告Y₂に不法行為責任を認めることはできない」

と判示している。

【事案の特徴】

この事案は、ゴルフ練習場でゴルフの練習をしていた者が自分の打席の自動打球セット機の給球装置部分にゴルフボールを入れようとした際、前の打席で練習をしていた者の振ったゴルフクラブが直撃し、負傷したため、練習場の経営会社に対して土地工作物責任に基づき損害賠償を請求する等した事件である。この事案では、ゴルフの練習をしていた者の不注意が事故原因ではないかが問題になったものである。

【判決の意義】

　この判決は、練習をしていた者が自分の打席内でゴルフクラブを振る限り、隣接する打席内にクラブは入り込まないものであり、この事案では漫然と隣接する打席に自分の身体を入り込ませたことによって事故が発生したことを認め、通常の弁識能力を有するものであるならば、技術レベルの程度如何にかかわらず、練習場の打席の区分を認識し、かつ、打席内で練習中の者に不用意に近寄ることの危険性は十分認識しうるものとし、仮に隣の打席内に入る必要性がある場合は、練習者において相応の注意をなすべき義務があるとしたうえ、この事案では練習をしていた者の過失があったとし、経営会社の使用者責任等を否定したものであり、ゴルフ練習場における練習をしていた者のゴルフクラブ直撃事故が自己の過失によるものであるとした事例判断として参考になる。

〔129〕　管理運行者の誤使用が事故原因であるとし、レジャー施設の瑕疵を否定した事例（東京地判平成7・3・29判時1555号65頁。(54)（175頁）参照）

●事案の概要●

　平成2年に大阪で開催された「国際花と緑の博覧会」に出展されたウォーターライド施設（水路に大型ボートで客を輸送する施設）からボートが転落し（開業2日目に事故が発生した）、客が負傷し、休業したため、施設の運行を担当したX株式会社が、出展者であるAに対して休業損害

として19億1393万円を賠償した後、施設を設計し、その主要な部分の工事を請け負ったY株式会社に対して瑕疵担保責任、債務不履行責任、使用者責任、共同不法行為者間の求償に基づき損害賠償を請求したものである。

この判決は、施設の瑕疵を否定し、Xらが的確な管理運行をしなかったことが事故原因であったとして、請求を棄却した。

【判決の意義】

この判決は、大規模なレジャー施設の転落事故において施設の運行者と工事の施工業者との間で損害の負担をめぐる紛争が生じた事案について、運行者の誤使用を認めた事例判断として参考になるものである。

〔130〕 サッカーゴールの設置・管理の瑕疵を肯定した事例（鹿児島地判平成8・1・29判夕916号104頁）

●事案の概要●

A（当時、中学校1年生）がY市の市立中学校でサッカー部に属していたところ、同級生B、Cら3名とサッカーの練習をするため、Yが建設した一般公開前の多目的広場に行き、B、Cが広場に置かれていたゴールを前に動かそうとしたが、動かなかったことから、いったん倒して移動させようとした際、ゴールの前でAがリフティングをしていたため、Aの腹部にクロスバーが当たり、救急車で病院に搬送されたものの、病院で死亡したため、Aの両親X_1、X_2がYに対して国家賠償法2条に基づき損害賠償を請求したものである。

この判決は、ゴールが転倒しないように地面やフェンスに固定しておくべきであり、設置・管理に瑕疵があった等とし、請求を認容した（過失相殺を2割認めた）。

第 2 章　誤使用をめぐる裁判例

【判決内容】

この判決は、

「(二)　瑕疵の有無

そうとすれば、事実上、……の 2 箇所から立入が自由であった本件広場内において、本件ゴールを保管する被告は、同ゴールの転倒による危険が生じないように、立てた状態であればもちろん、倒しておく場合でも、地面やフェンス等に金具等で固定して保管しておく必要があったというべきであるところ（小河原証言（100〜105頁）によれば、国分中学校ではゴールを立てた状態で固定していることが認められる。）、被告は、右のような保管方法をとらず、本件ゴールを含め 2 基を同広場内にて建てたまま又は単に倒したまま放置していたのであるが、B 及び C が行おうとしたゴールをいったん倒してから移動させるという方法は、ゴールの取扱いとして通常予想されるものであって、異常な行動とはいえないと解されることを合わせ斟酌すれば、被告は、本件ゴールを通常備えるべき安全性を欠いた状態に置いていたといえるから、同ゴールの設置又は管理には瑕疵があった（国家賠償法 2 条 1 項）というべきである」

と判示している。

【事案の特徴】

この事案は、サッカー部に属する中学生が同級生らとサッカーの練習をするため、市の運営する広場でゴールを前に動かそうとした際、同級生らがいったん倒して移動させようとし、倒したところ、ゴールの前でリフティングをしていた中学生に当たり死亡したため、死亡した中学生の両親が市に対して営造物責任に基づき損害賠償を請求した事案である。この事案では、ゴールを操作した中学生らの不注意、死亡した中学生の不注意が事故原因ではないか、ゴールの設置・管理の瑕疵が認められるかが問題になったものである。

【判決の意義】

この判決は、ゴールをいったん倒してから移動させることは、ゴールの取扱いとして通常予想されるものであって、異常な行動とはいえないとしたこと、ゴールを通常備えるべき安全性を欠いた状態で置いていたとしたこと、ゴールの設置・管理の瑕疵があるとしたことを判示している。

しかし、サッカー部に属する中学生の知識、経験、能力に照らせば、ゴー

ルを倒すにあたって周囲を注意することは当然に理解することができるものであり、この事案の中学生らが危険な操作を行ったことは明白であって（この意味で、異常な操作であるということができる）、このような事態に備えて設置・管理を行うべきことまで必要であるとはいえない。この判決には、社会常識に照らして疑問が残る。

(131) スポーツ施設の設置・保存の瑕疵を肯定した事例（東京地判平成9・2・13判タ953号208頁）

●事案の概要●

　Yがプールその他のスポーツ施設を設置した建物を所有し、スポーツクラブを経営し、Xは、そのクラブの会員であったが、Xが2階廊下を歩行中、溜まっていた水に足を滑らせて転倒し、骨折等の傷害を負ったため、XがYに対し土地工作物責任に基づき損害賠償を請求したものである。

　この判決は、水溜まりができやすいという瑕疵を肯定し、クラブ会則中の「本クラブの利用に際して、会員本人または第三者に生じた人的・物的事故については、会社側に重過失のある場合を除き、会社は一切損害賠償の責を負わないものとする」との特約の対象外であるとし、請求を認容した。

【判決内容】

　この判決は、

「4　民法717条1項にいう『土地ノ工作物』とは、土地に接着し、人工的作業によって成立したものであると解されているが、原告主張のとおり本件施設がこれに該当することはいうまでもなく、特に本件廊下について瑕疵の有無を検討すべきである。

　同条項にいう『工作物ノ設置又ハ保存ニ瑕疵アル』とは、当該工作物が当初から、又は維持管理の間に、通常あるいは本来有すべき安全性に関する性状又は設

備を欠くことをいい、その存否の判断にあたっては、当該工作物の通常の利用方法に即して生ずる危険に対して安全性を備えているか否かという観点から、当該工作物自体の危険性だけでなく、その危険を防止する機能を具備しているか否かも併せて判断すべきである。

　前記認定事実によれば、本件事故当時、被告は、階段の１階の上り口、１階と２階との間の踊り場、２階に上がった所にそれぞれ足をふくためのマットを置き、階段の１階の上り口、１階と２階との間の踊り場には、身体をよくふくように促す注意書きを掲示していたが、プール、シャワー利用後よく身体を拭かず、水着が水分を相当含んだ濡れた状態のままで利用者が通行することが少なくなかったため、本件廊下は、ナラの小市松材質でフローリングされた床面上に水滴が飛散し、しばしば滑りやすい状態になったこと、殊に、前記コンクリート壁の端付近の箇所は、何らかの原因のために、利用者の身体から落ちた水滴が集まって小さな水たまりができやすく、この箇所に水がたまっていると滑りやすかったこと、利用者は素足で本件廊下を通行するので、転倒して受傷する危険性があったこと、被告の係員は、本件廊下やロッカールーム等をおおむね１時間おきに巡回して床の水をふき取ったり、プールでのレッスンが終了した後も、時間を見計らって本件廊下の水をふき取る等して清掃を行っていたが、その清掃が行われる前には、本件廊下、殊に、前記コンクリート壁の端付近の箇所は、小さな水たまりができる等して滑りやすい状態になっていたこと、しかるに、カラーすのこを敷く等して右危険を防止する有効な措置が執られていなかったこと、以上のとおりであったから、本件廊下は、１階から濡れた水着のままで上がってくるプール利用者が通行するため、利用者の身体から水滴が落ち、素足で通行する利用者にとって滑りやすい箇所が生ずるという危険性を有していたものというべきである。

　したがって、本件施設には、設置又は保存の瑕疵があったものと解するのが相当である」

と判示している。

【事案の特徴】

　この事案は、スポーツクラブの会員がスポーツ施設の廊下を歩行中、溜まっていた水に足を滑らせて転倒して負傷したため、施設の管理・運用者に対して土地工作物責任に基づき損害賠償を請求した事件である。この事案では、プールを含むスポーツ施設の廊下での転倒事故が問題になり、転倒した会員の不注意が事故原因ではないか、滑りやすい箇所が生じることにつき施設の設置・保存の瑕疵が認められるかが問題になったものである。

4 レジャー施設・スポーツ施設事故における誤使用

【判決の意義】

　この判決は、土地工作物の設置・保存の瑕疵の存否の判断にあたっては、土地工作物の通常の利用方法に即して生ずる危険に対して安全性を備えているか否かという観点から、土地工作物自体の危険性だけでなく、その危険を防止する機能を具備しているか否かも併せて判断すべきであるとしたうえ、この事案では、小さな水溜まりができる等して滑りやすい状態になっていた箇所があり、危険を防止する有効な措置がとられていなかったとし、設置・保存の瑕疵を認めたものである。

　この判決は、スポーツ施設の水溜まりによる転倒事故に対する危険防止措置の瑕疵を認めた事例判断を提供するものであるが、水溜まりに対する対策がとられていたこと、会員は廊下等が濡れた状態にあったことを認識していたこと、水溜まりは歩行者が通常の注意によってその危険を回避することが可能であることに照らすと、この判決には疑問が残る。

(132) スキー場の設置・管理の瑕疵を肯定した事例（東京地判平成10・2・25判時1662号98頁）

●事案の概要●

　Y村が設置し、管理するスキー場には、コースの途中に橋が設置され、橋の両側には転落防止用ネットが張られていたところ、A（当時、大学3年生）がスキー場を滑走中、橋の上でバランスを崩し、転落防止用ネットに衝突し、橋とネットの隙間から11メートル下に落下して死亡したため、Aの両親X_1、X_2がYに対して国家賠償責任法2条に基づき損害賠償を請求したものである。

　この判決は、ネットにはスキーヤーの転落を防ぐ程度の強度を備えておくことが必要であり、防護設備として極めて不十分な状態にあったとし、スキー場の設置・管理の瑕疵を認め、請求を認容した（過失相殺を2割認めた）。

【判決内容】

この判決は、

「(一) 前記二1のとおり、本件橋の部分は、自然の地形を利用したスキーコースではなく、尾根と尾根とを架橋するために人工構造物である本件橋を設置し、スキーコースとしたものであり、それゆえ、本件橋の両側は山肌が自然の傾斜をもって下っていく地形ではなく、橋桁の下まで空間となって、垂直に落下する状態になっており、特に、Ａが落下した北側の縁からは、斜め方に位置するジャンプ台の滑走開始地点までは約11メートル落差があり、北側の縁のほぼ真下には砂防壁上に設置されていた鉄パイプ製のガードレールが雪面上にでている状態で存在していたのであるから、スキーヤーが本件橋の北側の縁から転落した場合には、右鉄パイプ製のガードレールや積もっている雪面に落下による強い衝撃をもって衝突することにより、生命・身体に重大な危険が生じる可能性があることは容易に予測できたところである。

加えて、一般的にスキーヤーが高速で滑走することにより、あるいは、スキーヤー同士が衝突しまたは衝突することを避けることなどにより、あるいは、スキーヤー同士が衝突し又は衝突することを避けることなどにより、身体のバランスを崩し、制御不能の滑走状態になることも容易に予測し得るところであり、さらに、本件橋の手前のコース部分から本件橋に入る際には、滑走幅が従前の３分の２に減少して約10メートルと狭くなること、傾斜度も急に変化していることから、本件橋の手前のコース部分から本件橋に入ったスキーヤーが、身体のバランスを崩し、滑走を制御できない状態で、滑走幅が狭いために本件橋の縁に衝突する危険性を具体的に予測できたといわなければならない。そして、本件事故当時、本件橋の両側部分に設置されていたガードレールは、積雪により大人の膝ぐらいの高さしかなかったのであるから、スキーヤーが本件橋の縁に衝突した場合には、衝突の勢いによりガードレールを乗り越え、ガードレール上に転落防止のために設置されていた本件ネットに突っ込む可能性は大きかったのであるから、本件ネットは、スキーヤーによる衝突による衝撃を支えて、スキーヤーが本件橋の両側から転落することを防ぐ強度を備えておく必要があったといわなければならない。

しかるに、本件ネットは、前記二1のとおり、最上部が約３メートル間隔に立てられていた支柱のフックに掛けられ、最下部がガードレール４段目下部の支柱部分にビニル紐で結びつけられていたのみで、支柱の中間部や支柱と支柱の間では結束されておらず、風によっても内側又は外側にたわむような状態であり、Ａの本件ネットへの衝突による衝撃と身体の重みを支えきれずに外側にたわみ、Ａは本件ネットとガードレールの間にできた隙間から転落してしまったのであるから、本件ネットは、本件橋を滑走中、本件ネットに衝突したスキーヤーの転落を防止するための防護設備としては極めて不十分な状態にあったことは明白であ

り、本件橋は、スキーコースに要求される通常有すべき安全性を備えておらず、設置・管理の瑕疵があったといわざるをえない」
と判示している。

【事案の特徴】
　この事案は、スキーコースの途中に橋が設置されたスキー場でスキーをしていたスキーヤー（大学生）が、スキー場を滑走中、橋の上でバランスを崩し、転落防止用ネットに衝突し、橋とネットの隙間から落下して死亡したため、両親がスキー場の設置・管理者である村に対して営造物責任に基づき損害賠償を請求した事件である。この事案は、スキー場における落下事故が問題になったこと、コースの途中の橋からスキーヤーがバランスを崩して落下した事故であること、スキーヤーのスキーの誤操作・不注意が事故原因ではないか、落下防止設備の設置・管理の瑕疵が認められるかが問題になったことに特徴がある。

【判決の意義】
　この判決は、橋に入ったスキーヤーが身体のバランスを崩し、滑走を制御できない状態で橋の縁に衝突する危険性を具体的に予測できたとしたこと、設置された転落防止用ネットがスキーヤーによる衝突による衝撃を支え、橋の両側から転落することを防ぐ強度を備えておく必要があるのに、その強度がなかったとしたこと、スキーコースに要求される通常有すべき安全性を備えておらず、設置・管理の瑕疵があるとしたことに特徴があり、スキー場の設置・管理の瑕疵を肯定した事例判断として参考になる。
　もっとも、この事案では、死亡したスキーヤーのスキーの誤操作の程度は軽くないといえよう（この判決は、過失相殺を2割認めているが、5割を超える程度の過失相殺が相当である）。

（133）（132）の控訴審判決であり、スキー場の設置・管理の瑕疵を肯定した事例（東京高判平成10・11・25判時1662号96頁）

第2章　誤使用をめぐる裁判例

── ●事案の概要● ──

　前掲〔132〕（381頁）の控訴審判決であり、Yが控訴し、X₁らが附帯控訴したものである。
　この判決は、スキー場に設置された橋の管理に瑕疵があったことを認め（過失相殺を6割認めた）、基本的には第1審判決を引用し、Yの控訴に基づき第1審判決を変更し、請求を認容した。

【判決の意義】

　この判決は、スキーコースに要求される通常有すべき安全性を備えておらず、設置・管理の瑕疵があるとしたことに特徴があり、スキー場の設置・管理の瑕疵を肯定した事例判断として参考になる。この判決は、過失相殺を6割認めている。

〔134〕　車両の運転・操作者の誤操作が事故原因であるとし、ダートトライアル競技場の設置・管理の瑕疵を否定した事例（浦和地判平成10・9・25判時1673号119頁）

── ●事案の概要● ──

　Y₂株式会社がダートトライアルの競技場を設置し、経営しているところ、平成5年5月、Y₁は、自己車両の助手席にAを同乗させ、ダートトライアルの練習をしていたが、競技場のカーブになっている箇所の防護柵に衝突させ、防護柵の支柱の縦杭が助手席の窓から突き刺さってAの頸部等を圧迫したことから、Aが死亡したため、Aの両親X₁、X₂がY₁に対して不法行為、Y₂に対して土地工作物責任に基づき損害賠償を請求したものである。
　この判決は、特異な事故の経過、ダートトライアル用の自動車の構造等からY₁の責任を否定し、防護柵が競技場を使用する者の異常・特殊な行動にも対処しうる絶対的な安全性を備えている必要はない等とし、

工作物の瑕疵を否定し、Y₂の責任を否定し、請求を棄却した。

【判決内容】

　この判決は、

「一　被告会社の責任について
1　民法717条1項の工作物責任の有無
㈠　本件競技場は、前記前提事実のとおり、一般公道の規則が及ばない、起伏が大きく、カーブも多い未舗装の道路よりなるものであり、ダートトライアルが、そのような道路をできるだけ早い時間でコースを走行することを競うものであることから、その性質上、競技に参加する車両の運転者は、自己の実力の限界に挑み、時には自己の実力を超える運転も行いかねないのであって、そのためにコース逸脱等の事故も十分に考えられるところ、本件競技場を含め、ダートトライアルの走行においては、車両の転倒や防護壁等への衝突等は少なからず発生するものなのである。
　また、弁論の全趣旨によれば、ダートトライアルに参加する車両は、転倒や防護壁への衝突等によって乗車している者に重大な障害を与えないために必要な改造や設備がなされているばかりでなく、本件車両についても、前記認定のとおり、車両内部が金属製パイプであるロールバーにより補強され、運転席のシートベルトが4点式のものに改められるなどされているのである。
㈡　ところで、民法717条1項にいう土地の工作物の所有者は、当該工作物が第三者の使用に供される場合には、その使用に際して通常予想される事故の発生を未然に防止し得る安全性を備えるべきものであって、そのような安全性に欠ける場合には、同条項所定の工作物責任を免れ得るものではないが、本件競技場のようなその使用に際して車両の転倒や防護壁等の衝突等が少なからず発生するだけでなく、ダートトライアルの性質上、そのような事故がいわば不可避的に内在しているともいえる工作物である場合には、その安全性は、車両の転倒や防護壁等への衝突等の発生それ自体を予防することを目的としたものではなく、競技の実施に伴いそのような事故の発生を前提に、ダートトライアル用に改造、整備を施された車両が競技の実施に伴い発生することが通常予想される程度の事故に至っても、乗車している者に重大な障害を与えないだけの安全性を具備する設備を備えていれば、その設置又は保存に瑕疵はないものというべきである。
　なお、被告会社は、前記前提事実のとおり、『走行に関する誓約書』を利用者に提出させており、本件事故当日においても、被告Y₁及びAは右誓約書を被告会社に提出していたが、右誓約書により、被告会社が、ダートトライアルの実施に伴い通常予想される事故の発生を防止することのできない設備しか備えていない場

合においてまでその責任を免れると解することはできない。
　……
　㈤　因みに、本件競技場では、本件事故後に、より高い盛り土等によるコース逸脱防止施設が設置されているところ、そのような施設が当初より設置されていたとすれば、本件のような態様の事故も起こっていなかったと考えられなくもなく、Ａの死亡という事態も避けることができた可能性もあるが、そもそも、民法717条1項の工作物責任の有無は、事故当時における工作物の設置又は保存の瑕疵の有無を判断すべきものであって、その判断と対象となる当該工作物の安全性は、通常予想される危険に対する安全性であればよく、当該工作物を使用するものの異常・特殊な行動にも対処し得る絶対的な安全性を備えている必要はないというべきところ、本件では、右㈣でみたとおりの、本件事故に至る被告Ｙ₁の運転操作、そして、その結果として、本件防護柵の横木を外し、支柱を残すという本件車両の衝突の態様・程度は、ダートトライアルに参加する車両の動向として通常予測できる範囲を超えていたものと言わざるを得ず、本件においては、被告会社の本件防護柵を含めた本件競技場の設置又は保存に瑕疵があったということはできない。
　㈥　したがって、原告らの被告会社に対する民法717条1項に基づく損害賠償請求には理由がない」
と判示している。

【事案の特徴】

　この事案は、ダートトライアルの競技場においてダートトライアルの練習をしていた者がカーブで防護柵に衝突させ、防護柵の支柱の縦杭が助手席の窓から突き刺さり、助手席にいた同乗者が死亡したため、両親が競技場の設置・管理者に対して土地工作物責任に基づき損害賠償を請求する等した事件である。この事案では、ダートトライアルの競技場における衝突事故が問題になったこと、車両の運転者が運転・操作を誤り、防護柵に衝突させた事故であること、車両の同乗者が死亡したことに特徴がある。

【判決の意義】

　この判決は、ダートトライアルの走行においては、車両の転倒や防護壁等への衝突等は少なからず発生するものであるとしたこと、ダートトライアルの競技場の安全性は、車両の転倒や防護壁等への衝突等の発生それ自体を予

防することを目的としたものではなく、競技の実施に伴いそのような事故の発生を前提に、ダートトライアル用に改造・整備を施された車両が競技の実施に伴い発生することが通常予想される程度の事故に至っても、乗車している者に重大な障害を与えないだけの安全性を具備する設備を備えていれば、設置・保存に瑕疵はないとしたこと、この事案では、操作・運転者の運転操作、車両の衝突の態様・程度は、ダートトライアルに参加する車両の動向として通常予測できる範囲を超えていたものであり、競技場の設置または保存に瑕疵があったということはできないとしたことに特徴があり、車両の運転・操作者の誤操作を重視し、競技場の設置・管理の瑕疵を否定した重要な事例判断として参考になるものである。

(135) ゴルフ場におけるプレーヤーの不法行為を肯定した事例（東京高判平成11・11・2判時1709号35頁）

●事案の概要●

　X、Yらが同じパーティでゴルフ場においてゴルフをし、2番ホールでプレーをしていたところ、Yが前方約150ヤードのグリーンに向かって5番ウッドで球を打った際、Xがその左前方約20メートルに立っていたことから、左にそれた打球が右顔面に当たり、Xが右眼を失明したため、XがYに対して不法行為に基づき損害賠償を請求したものである。第1審判決（浦和地熊谷支判平成11・1・29判時1709号39頁）は、Yが球を打つ前に声をかけず、Xが打球を避ける動作をすることを確認しないで球を打った過失があった等とし、請求を一部認容したため（過失相殺を4割認めた）、X、Yが控訴した。

　この判決は、前方20メートルの位置に人がいたときは、後方のプレーヤーは球を打ってはならず、その前方のプレーヤーが立ってはならない等とし、Yの控訴に基づき第1審判決を変更し（過失相殺を4割認めた）、請求を一部認容し、Xの控訴を棄却した。

第2章　誤使用をめぐる裁判例

【判決内容】

　この判決は、

「ゴルフプレーヤーがゴルフ場においてプレーするに当たっては、その打球が他人に当たらないよう注意すべきであることはいうまでもない。その一つの場面として、前方の至近距離に人がいる限り、フルショットをしてはならない。そして、ゴルフのショットは、経験を積んだプレーヤーであっても、打球が予想外の方向に飛ぶことが時として起こりうるから、このようなミスショットの可能性も考慮に入れなければならない。

　これを本件についてみると、先に認定した事実及び原審における第一審被告本人によれば、第一審被告は、約150ヤード（約137メートル）先のサブグリーンをねらって、5番ウッドのフルショットにより第2打を試みたこと、その際、第一審被告の位置から左前方約20メートル先に第一審原告が立っていたことが認められる。5番ウッドでフルスイングした場合のゴルフの打球の速度と人間の認知及び回避に要する時間の関係を考慮すると、20メートルでは、ミスショットが生じた場合に、第一審原告がその打球を見ていてもこれを回避することは不可能である。すなわち、第一審原告の位置は、第一審被告から見て至近距離にあるというべきである。したがって、第一審被告は、第2打を打ってはならなかったのであり、第一審被告には、右注意義務に違反した過失がある。

　第一審被告は、打つ前には第一審原告に対し『打ちますよ。』と声をかけたと主張し、原告における第一審被告本人の供述には、右主張に沿う部分がある。しかし、声をかけたとしても、至近距離に立っている第一審原告がその直撃を避けることは不可能であった。したがって、第一審被告が声をかけたとしても、そのことによって安全のための注意義務を尽くしたということはできない。

　また、第一審被告は、第一審原告は、第一審被告がサブグリーンをねらうことが容易に理解できたのに自分本位に前に出たもので、第一審原告のこのような行為は、ゴルフにおいて生ずる危険を自己の責任において受容しているものであると主張する。しかし、第一審原告の右行為が過失を構成するかどうかは別として、第一審原告が第一審被告から打球を当てられても構わないと考えていたとまでは解することができない。第一審被告の右の主張は採用することができない」

と判示している。

【事案の特徴】

　この事案は、ゴルフ場においてゴルフをしていたプレーヤーが球を打ったところ、同じパーティでプレーをし、前方約20メートルに立っていたプレーヤーに当たって負傷したため、球を打ったプレーヤーに対して不法行為に基

づき損害賠償を請求した事件である。この事案では、球を打つプレーヤーの前方にいることは危険であるため、負傷したプレーヤーの不注意が事故原因ではないかが問題になったものである。

【判決の意義】

　この判決は、プレーヤーは、ゴルフ場で前方の至近距離に人がいる限り、フルショットをしてはならない義務があるとし、この義務違反によるプレーヤーの不法行為を肯定したものであり、プレーヤーのゴルフ場における不法行為を肯定した事例判断を提供するものである。

　なお、この事案では、負傷をしたプレーヤーの不注意もゴルフにおける常識に反したものであることも明白である。

〔136〕　操縦者の誤使用・誤改造が事故原因であるとし、ジェットスキーの製造業者の警告・指導義務違反を否定した事例（京都地判平成12・3・27判タ1107号252頁。(56)（181頁）参照）

――●事案の概要●――

　AがY₁株式会社がジェットスキーを設計し、系列会社に製造させ、系列会社から引渡しを受けて販売店に納入したY₂株式会社の販売に係るジェットスキーを購入し、平成7年7月、海水浴場において使用中、波打ち際でエンジンが停止したまま流されそうになったことから、浜辺に戻そうとした際、エンジンが始動し、無人のまま暴走し、浜辺にいたX₁、X₂の頭部等に衝突し、X₁、X₂が負傷したため、X₁、X₂がY₁、Y₂に対して不法行為に基づき損害賠償を請求したものである。

　この判決は、本件ジェットスキーには無人の場合には、アイドリング状態に減速される機能があるものの、改造レバーが設置され、一時的に無人のまま暴走したものであり、欠陥がないとし、改造レバーへの交換に対する警告・指導義務がないとし、請求を棄却した。

【判決の意義】

　この判決の控訴審判決である大阪高判平成12・11・21判タ1107号249頁は、X_1らが控訴したものであり、Y_1らの警告・指導義務違反を否定し、控訴を棄却したものである（〔57〕（185頁）参照）。

　これらの判決は、ジェットスキーの使用者の無断改造・誤改造が事故原因であるとし、ジェットスキーの欠陥を否定したものであり、重要な事例判断として参考になるものである。

〔137〕　スキーヤーの誤操作が事故原因であるとし、スキー場の設置・管理の瑕疵を否定した事例（福岡地行橋支判平成14・3・5判タ1133号155頁）

---●事案の概要●---

　Aが、スキー場のゲレンデでスキーで滑走中、ゲレンデ内の松の木に衝突し、死亡したため、Aの相続人であるX_1、X_2が後方を滑走していたY_1に対してAに衝突する等したと主張し、不法行為に基づき、スキー場を管理するY_2株式会社に対して松の木の設置・管理の瑕疵を主張し、土地工作物責任に基づき損害賠償を請求したものである。

　この判決は、Y_1が衝突する等したことはないとし、松の木は初心者であっても危険を判断することができる等とし、設置・管理の瑕疵を否定し、請求を棄却した。

【判決内容】

　この判決は、

「(3)　そこで、本件の場合についてこれを考えるに、……によれば、本件松の木は、被告会社の大山国際スキー場が初心者ないし初級者コースに指定したゲレンデ内に生えていること、そこは実際にも初級者の多くが利用するゲレンデであること、斜度は10度程度の傾斜面であり、多くの人がゆっくりとしたスピードでスキーを楽しんでいる場所であること、本件松の木の位置はゲレンデの内側に存在したとの事実が認められるが、一方で、本件松の木の位置、大きさ、その周囲の

状況、そのゲレンデの具体的な利用形態……を見ると、本件松の木は視認可能性の高い位置に、黒色で目立つ形で、近くにある他のたくさんの松と同様に立っているものであること、とくに密集して生えているものでもないこと、通常のコース取りでもって滑走した場合に、本件松の木は、衝突しやすいい位置や状態に置かれているということもないこと、初級者の多くは、本件松の木付近ではなく、山麓に向けて左側に大きく広がった部分、障害物の少ない部分を利用しているものであること、このゲレンデは本件事故のような重大事故は本件以前に発生したことはないこと、初級者が利用するとしても、初級者は、本件松の木ないしその付近の松の木近くの滑走を危険と判断すれば、当初からこれに近付かないような滑走すれば足り、それがとくに困難となるような状況にもなかったとの事実が認められることからすると、本件松の木に防護マットを敷設せずにゲレンデ内に残しておいたことが、スキー場利用者の自己責任を越えて、それとの衝突を招くような危険を現出させていたものと言うことはできず、本件松の木については、原告らの主張するような安全措置を施す必要はなく、本件松の木に関し、被告会社の管理するスキー場の設備に欠けるところがあったとは認められない。そして、全証拠によっても、その設置管理の瑕疵があったとの事実を認めることはできない（以上の点から、被告会社の安全措置義務違反の事実も同様に認めることはできない。）」

と判示している。

【事案の特徴】

　この事案は、スキーヤーがスキー場で滑走中、ゲレンデ内の松の木に衝突し、死亡したため、相続人らがスキー場の管理・運営会社に対して土地工作物責任に基づき損害賠償を請求する等した事件である。この事案では、スキーヤーの松の木への衝突事故が問題になったこと、スキーヤーのスキーの誤操作が問題になったことに特徴がある。

【判決の意義】

　この判決は、スキー場の松の木は初心者でもその存在・危険を認識でき、これに近づかないように滑走すれば足りるとし、スキー場の設置・管理の瑕疵を否定したものであり、スキー場の設置・管理の瑕疵を否定した事例判断として参考になる。この判決は、松の木への衝突がスキーヤーの誤操作によるものであることが事故原因であると認めたものである。

391

(138) スキーヤーの操作技量の問題を指摘しつつ、スキー場の設置・保存の瑕疵を否定した事例（長野地判平成16・7・12判タ1195号198頁）

　A（当時、大学生）が、平成14年12月、Y村の設置したスキー場においてスノーボードで滑走中、コースに設置されていた防護ネットを支える木製丸太の支柱に衝突し、コース外に転落して死亡したため、Aの相続人であるX_1、X_2はYに対してスキー場の設置・管理の瑕疵を主張し、土地工作物責任に基づき損害賠償を請求したものである。
　この判決は、スキーヤーは自身の責任において危険を予見回避するなどの安全管理を行い、自己の技量に応じた滑走をすることに努めるべきであるところ、コースの支柱に衝突緩和のための方策を講じるまでの義務はない等とし、設置・管理の瑕疵を否定し、請求を棄却した。

【判決内容】

　この判決は、
「1　スキー場の事故におけるスキーヤー及びスノーボーダー（スキーヤー等）とスキー場経営者の危険分担
　スキー及びスノーボード（スキー等）は、雪崩、沢への転落、転倒及び立ち木、リフト支柱、他のスキーヤー等との衝突などの危険を内包している性質を有しているため、その行動のルールとして、国際スキー連盟（FIS）のルールである『安全と行動』……や国内スキー等安全基準……が定められている。また、スキー等は、山の自然の地勢を利用したスポーツであり、滑走面の状況、スキーヤー等の滑走技量ないし熟練度、滑走態様、滑走速度、気象条件等に応じてその危険の程度が様々であるとしても、その性質上、高度の危険を伴うスポーツであるため、スキー等において、どのような注意配分をし、滑走コースを選択し、速度を調節するかは、当該スキーヤー等の自由な判断に委ねられており、その判断に基づき、コース状況と自己の技量に応じて斜面を滑走することを本質とするものである。したがって、スキーヤー等はスキー等そのものに内在する危険を十分承知しているものと認められ、スキー等の滑走に伴う具体的危険については、当該スキーヤー等自身の責任において危険を予見回避するなどの安全管理を行い、自己の技量に応じた滑走をすることに努めるべきである。

他方、スキー場を経営し、あるいはスキー場のリフトを管理する者（スキー場経営者等）は、スキーヤー等を滑走に適した滑走斜面の上部に運送し、スキーヤー等を上記のとおり危険を内包する滑走面に誘導する以上、スキーヤー等が自身で甘受すべき程度を越えた危険に遭遇することの内容、現実のスキーヤー等の利用状況、積雪状況、滑走面の状況等を考慮の上、スキーヤー等の安全を確保すべき義務があるというべきである。したがって、スキー場経営者等が自身において負担すべき程度を越えた危険に遭遇して死亡した場合には、スキー場経営者等は債務不履行ないし不法行為責任を負うものである。

以上から、スキー等滑走時に当該スキーヤー等が本来的に甘受すべき危険の範囲か否かは、当該スキー事故の態様、結果、当該スキー等事故がスキー等滑走時において通常伴う程度のものか否か、スキーヤー等についてスキー等滑走時に要求される一般的、原則的ルールの遵守の有無、程度、スキー場経営者等による当該事故現場の管理状況等を考慮して個別具体的に判断すべきである。

……

(7) Aは、本件事故当時、信州大工学部の学生であり、本件事故当日、同級生の丙川夏夫（丙川）及び乙山と3人で本件スキー場にスノーボードに出かけた。丙川が車を運転し、A及び乙山を拾う形で午前7時30分頃に長野市から本件スキー場に出かけ、途中のコンビニエンスストアで朝食を済ませて、本件スキー場には午前8時30分頃に到着した。Aと丙川は、前日サークルの忘年会に参加し、寝不足であった。本件スキー場の白樺コースを5回程度3人で滑った後、Aと乙山は、本件コースを一緒に滑ることにした。乙山が先に滑って後からAが追いかける形で本件コースを一度滑走した。その後、Aと乙山は、一緒にリフトに乗り、再び本件コースを滑ることにした。乙山は、途中の幅が狭いところ……までは後ろからAがついてきていることを確認したが、その後は一気に下まで滑走した。その後、乙山は、リフト乗り場で10分程度Aを待ったが、Aが現れないので、何かあったと思い、リフトに乗って本件コースを再度Aを捜しながら滑走したところ、本件コースの端に手袋が落ちていたので、その付近を見たところ、Aが本件コースを外れて転落しているのを発見した。乙山は、近くを滑走していた第三者にレスキュー隊を呼んで貰い、その後、レスキュー隊によりAは引き揚げられ、病院に運ばれたが、亡くなった。

(8) Aは、本件事故において、本件支柱に衝突したことは明らかではない。本件支柱にAの血痕が付着していたとの事実は不明であり、また、ネットが破れていた事実はあるが、本件事故によるものか否かは判然としていない。

3 以上の事実を認めることができる。とすると、被告の本件コースの支柱の管理については、本件コースの難易度、支柱の位置及び本件コースの利用者数等に照らしても、被告に支柱にマットなどの衝突緩和のための方策を講じるまでの義務はないから、本件コースの工作物の設置保存に瑕疵があったと認めることはで

きない。他方、Aのスノーボード歴、Aは本件コースを何度か滑走していると認められること、Aが本件事故当時、体調が十分でなかったことを窺わせる事実等に照らし、本件事故原因が主としてAの技量及び健康管理等に問題があったことは否めない。

結局のところ、本件事故の原因は、未だ判然としない点もあるが、少なくとも、原告らが主張するような本件コースの支柱等の設置の瑕疵ではないことは明らかである」

と判示している。

【事案の特徴】

この事案は、スキーヤー（スノーボーダー）がスキー場においてスノーボードで滑走中、コースに設置されていた防護ネットを支える木製丸太の支柱に衝突し、コース外に転落して死亡したため、相続人らがスキー場の設置・管理者である村に対して土地工作物責任に基づき損害賠償を請求した事件である。この事案では、スキー場におけるスノーボードの支柱への衝突・転落事故が問題になったこと、スキーヤーのスノーボードの誤操作が問題になったこと、スキーヤーの誤操作が事故原因ではないか、スキー場の設置・保存の瑕疵が認められるかが問題になったことに特徴がある。

【判決の意義】

この判決は、スキー等は高度の危険を伴うスポーツであり、滑走コースを選択し、速度を調節するかは、スキーヤー等の自由な判断に委ねられ、その判断に基づき、コース状況と自己の技量に応じて斜面を滑走することを本質とするとしたこと、スキーヤー等はスキー等そのものに内在する危険を十分承知しているとしたこと、スキー等の滑走に伴う具体的危険については、スキーヤー等自身の責任において危険を予見回避するなどの安全管理を行い、自己の技量に応じた滑走をすることに努めるべきであるとしたこと、スキー場の経営者らはスキーヤーらが自身で甘受すべき程度を越えた危険に遭遇することの内容、現実のスキーヤー等の利用状況、積雪状況、滑走面の状況等を考慮のうえ、スキーヤー等の安全を確保すべき義務があるとしたこと、ス

キー等滑走時にスキーヤー等が本来的に甘受すべき危険の範囲は、スキー事故の態様・結果、スキー等事故がスキー等滑走時において通常伴う程度のものか否か、スキーヤー等についてスキー等滑走時に要求される一般的・原則的ルールの遵守の有無・程度、スキー場経営者等による当該事故現場の管理状況等を考慮して個別具体的に判断すべきであるとしたこと、この事案の事故態様は明らかではないが、支柱等の設置の瑕疵は認められないとしたこと、事故原因は明らかではないが、スキーヤーの技量等に問題があったことは否定できないとしたことに特徴がある。

この判決は、スキーヤーのスノーボードの操作技量に問題があることを疑いながら、スキー場の設置・保存の瑕疵を否定した事例判断として参考になるものである。

〔139〕 スキーヤーの誤操作が事故原因であるとし、スキー場の経営会社の安全管理義務違反を否定した事例（東京地判平成16・11・19判タ1180号227頁。〔59〕（190頁）参照）

●事案の概要●

Xが、平成14年12月、Y株式会社が管理するスキー場で、チューブ型そりを借り、そりに乗ってゲレンデを滑走していたところ、加速し、スキー場の鉄塔に衝突し、骨折等の傷害を負ったため、XがYに対して緩衝マットを整えていなかった等と主張し、不法行為に基づき損害賠償を請求したものである。

この判決は、スキーヤーは自らの判断と技術によって種々の危険を回避しながら滑走しなければならず、スキーヤーの危険回避義務を遵守することを前提として安全対策を行えば足りるところ、本件鉄塔は滑走者に容易に視認することができた等とし、不法行為を否定し、請求を棄却した。

第2章　誤使用をめぐる裁判例

【判決の意義】
　この判決は、そり等は自然の地形を利用しながら滑走するスポーツ、または遊技であり、滑走すること自体が他者や施設との衝突等のさまざまな危険を伴うものであり、滑走者は、自らの技量および用具の性能に応じてコースを選択し、スピードや方向をコントロールして滑走することを前提に、ゲレンデの安全対策や管理を行うことで足りると解すべきであり、この事案では、スキーヤーはゲレンデの特性を十分把握し、かつ、そりを試しに滑り、性能を十分理解していたにもかかわらず、通常の滑走者とは異なり、判断を誤って足でブレーキをかけることもなく直滑降したために事故が発生したものであるとしたこと、スキー場の管理会社の安全管理義務違反を否定したことに特徴があり、事故原因がスキーヤーの誤操作にあるとし、スキー場の管理会社の不法行為を否定した事例判断として参考になるものである。

〔140〕　ゴルフ場におけるプレーヤーの不法行為を肯定した事例（大阪地判
　　　　平成17・2・14判時1921号112頁）

●事案の概要●

　X_1がA株式会社、X_2株式会社、X_3株式会社の各代表取締役であったが、Yらとともに、ゴルフ場でゴルフをしていたところ、11番ホールにおいて、同伴していたYが第2打を打ったところ、前方にいたX_1に当たって、重症を負い、重篤な後遺症が残ったため、X_1らのほか、Aの破産後、破産管財人X_4がYに対して不法行為に基づき損害賠償を請求したものである。
　この判決は、X_1がショットするYの43メートル前方にいたにもかかわらず、安全な場所に下がらせないまま漫然とショットした過失を認め、請求を認容した（過失相殺を6割認めた）。

【判決内容】

この判決は、

「II　被告の注意義務違反

1　一般に、ゴルフプレーにおいて、ショットをしようとする者は、まず同伴プレーヤーが自己の前方にいるか否かを確かめる義務を負うのは当然として、仮にいることを認めた場合は、自己と同伴プレーヤーと間の距離、自己のボールの飛距離に鑑み、①自己と同伴プレーヤーとの距離が離れていて、自己のボールが同伴プレーヤーの方向に飛んでいったとしても、同伴プレーヤーがボールの行方を見ていさえすればボールの衝突を回避できる距離にいる場合には、自己がボールを打つところを同伴プレーヤーが見ていることを確認する義務を負うにとどまるか、②自己と同伴プレーヤーの距離が近く、自己のボールが同伴プレーヤーの方向に飛んでいったならば、同伴プレーヤーがボールの行方を見ていたとしてもボールの衝突を回避できない可能性がある距離にいる場合には、同伴プレーヤーを安全な場所まで下がらせる義務があるというべきである。そして、ミスショットの可能性は、それによってボールが同伴プレーヤーの方向に飛ぶ可能性が否定できない場合には、それに応じて、この義務が加重されるというべきである。また、ショットをした者は、③ボールが同伴プレーヤーに当たるまでの間に、『ファー』などの大声を掛けて警告を発すれば、警告を聞いてボールの飛来に気付いた同伴プレーヤーがボールの衝突を回避できる可能性がある場合には、自己のボールが同伴プレーヤーの方に向かって飛ぶとすぐに、『ファー』などの大声を掛けて警告を発する義務を負うというべきである。

2　これを本件についてみると、①前記認定のとおり、本件ショットの際の被告のボール状態は、深い草がグリーンとは反対の方向を向いてボールに覆い被さっており、打ちやすい状態とはいえないものであったのであるから、フェアウェイ上でボールを打つ場合と比べるとミスショットをする可能性が高かったこと、②ミスショットをした場合には、被告から右側のかなり前方に原告X_1が立っていたのであるから、原告X_1のいる方向にボールが飛ぶ可能性も十分あったこと、③前記認定のとおり、被告は9番ウッドでショットをすると130ヤード程度の距離を飛ばすことができたのであるから、被告が思いきり打ったボールがミスショットであった場合には、本件ショット地点から約43.5メートルしか離れていない原告X_1が立っていた地点までボールが飛ぶ可能性は十分あること、④ボールがフライ性の飛球とならずに飛んだ場合には約43.5メートル先の原告X_1のところまでわずか2、3秒で到達しうること、⑤ショットをしてからわずか2、3秒で衝突するボールは、たとえ原告X_1においてその行方を目で追うことができていたとしても、衝突を回避できない場合も十分ありうることからすると、被告には、原告X_1を安全な場所まで下がらせる義務があったというべきであり、これを怠って、原告X_1

を安全な場所まで下がらせないまま、漫然と本件ショットをした被告には過失があるというべきである」
と判示。

【事案の特徴】
　この事案は、ゴルフ場においてゴルフをしていたプレーヤーが球を打ったところ、同じパーティでプレーをし、前方43メートルに立っていたプレーヤーに当たって負傷したため、球を打ったプレーヤーに対して不法行為に基づき損害賠償を請求した事件である。この事案では、球を打つプレーヤーの前方にいることは危険であるため、負傷したプレーヤーの不注意が事故原因ではないかが問題になったものである。なお、事案の内容は、〔135〕（387頁）と類似している。

【判決の意義】
　この判決は、球を打ったプレーヤーは前方にいる同伴プレーヤーを安全な場所に下がらせる義務があったところ、この義務に違反したとし、プレーヤーの不法行為を肯定したものであり、事例判断を提供するものである。
　なお、この判決は、負傷したプレーヤーの不注意につき高率の6割の過失相殺を認めた。

5 工場内事故における誤使用

(1) 概　説

　工場は、製品の製造、加工、修理等のためにさまざまな施設・設備を備え、企業の従業員等が働く場であるが、その事業活動の性質上、従業員等の人身損害の発生する可能性があり、実際にも多数の労働災害事故が発生しているため、従来からその安全の確保等が図られ、労働安全衛生法（昭和47年法律第57号）によって従業員等の保護も図られている。

　工場で働く従業員等は安全教育を受け、作業に相当程度習熟しているものであるが、工場内では設備・製品の操作・使用にあたってさまざまな原因から事故が発生することがあり、その事故の中で従業員等の誤使用・不注意が事故原因になることがある。工場内で作業を行う従業員等は、作業に習熟することが期待され、工場内の諸規則、設備・製品の取扱説明書等を遵守し、自らも安全の確保を図ることが期待されているし、遵守するのが通常であるが、作業に習熟しなかったり、取扱説明書等を遵守しなかったり、不注意によって事故を発生させることがある。

　工場における設備・製品事故において負傷等した従業員等の誤操作・不注意が事故原因になった場合には、原則として設備・製品の製造業者・施工業者等の損害賠償責任は認められないことになる。

(2) 工場内事故をめぐる裁判例

〔141〕　使用者の誤操作が事故原因であるとし、リフトの製造業者等の損害賠償責任を否定した事例（岐阜地大垣支判昭和60・4・25判時1169号105頁。〔61〕（196頁）参照）

──────●事案の概要●──────

　Xが鉄骨造2階建て倉庫兼自宅を所有する建築大工であり、器材を運搬するために、Y₁株式会社が製造し、Y₂株式会社が販売し、Y₃らが設置工事をしたリフトを作業に使用していたところ、2階の倉庫にある

器材を2階の天井に設置されたホイストで階下に移動すべく作動させたところ、ホイストのワイヤロープが切断し、搬器がXの背部に落下して負傷したため、XがY₁らに対して損害賠償を請求したものである。

　この判決は、ワイヤロープの切断の原因が搬器の吊り上げによってドラムと二重巻きとなり、これに搬器の強制横引きが加わり、メッセンジャーワイヤに搬器が一時的に引っ掛かり、ワイヤロープに急激な衝撃荷重が作用し、切断したとし、本件リフト、ホイストの使用には非常な危険を伴うものであることを知りながら、約2年6カ月間ホイストのワイヤロープの点検・取替えをせず、ホイストの可動範囲内にクレーンのメッセンジャーワイヤが入るような状態でホイストを作動させ、ホイストの作動中に搬器の下に進入して作業をしたという最も常識的で基本的な注意を怠ったことによって事故が発生したものであり、Xの異常な使用方法、作業姿勢に起因して発生したものであるとし、請求を棄却した。

【判決の意義】

　この判決は、作業場において事業者自身がリフトを使用して運搬作業中、リフトのワイヤロープが切断して搬器が落下し、負傷した事故について、長期にわたってリフトのメンテナンスを怠り、作業中にも不注意であったことを認め、リフトの製造業者等の損害賠償責任を否定したもの（事故発生と設備・機械との因果関係を否定したもの）であり、使用者の誤操作、異常な使用方法が事故原因として認めた事例、リフトの製造業者等の損害賠償責任を否定した事例として参考になるものである。

〔142〕　荷物運搬用の昇降機の納入・施工業者の指示・警告義務違反を肯定した事例（山口地判平成3・2・27判タ757号208頁。〔62〕（199頁）参照）

●事案の概要●

　A株式会社がB株式会社の製造に係る荷物運搬用の昇降機を設置することを含む倉庫の建築工事をY₁株式会社に依頼し、Bの地域の総代理店であるY₂株式会社は、Y₁に依頼され、昇降機の据付工事を担当し、Y₁が倉庫を完成し、Aに引き渡して稼働していたところ、Aの従業員Cがドアスイッチにセロテープを貼り、扉が閉まっているのと同様な状態で荷降ろし作業をしていたが、上半身を挟まれて死亡したため、Cの相続人であるX₁、X₂、X₃がY₁らに対して不法行為に基づき損害賠償を請求したものである。

　この判決は、Cが危険な状態で荷降ろし作業をしたことが事故の一因であるとしたものの、Y₂については、納入業者としてドアスイッチの誤用や改造による危険性についての指示・警告義務があるのに、適切な措置を講ずべき義務を怠ったとし（過失相殺を3割認めた）、Y₁の責任を否定し、Y₂の責任を肯定し、Y₁に対する請求を棄却し、Y₂に対する請求を認容した。

【判決の意義】

　この判決は、倉庫の荷物運搬用の昇降機を使用して作業をしていた従業員がドアスイッチにセロテープを貼って扉が閉まっている状態で荷降ろし作業を行っていたところ、上半身を挟まれて死亡した事故について、昇降機の納入・施工業者の指示・警告義務違反を認めたものであるが、この事案における従業員の無断改造・誤使用に照らすと、疑問のある判断である。

(143) 作業用エレベータの設置・保存の瑕疵を肯定した事例（東京地判平成5・10・25判時1508号138頁）

●事案の概要●

　金属の廃品回収業を営むXが取引先であるY株式会社の工場において、

回収作業を行うため、工場内の作業用エレベータ（外扉は手動式であり、各階の側壁には、かご表示灯兼操作ボタンが設置されていた）に乗り込もうとし、手動式外扉に手をかけ、横に引いたところ、容易に開いたことから、足を踏み出したが、かごが来ておらず、昇降路の底部のコンクリート床面に転落して負傷したため、XがYに対して土地工作物責任に基づき損害賠償を請求したものである。

　この判決は、エレベータの設置・保存の瑕疵を認め、請求を認容した（過失相殺を3割認めた）。

【判決内容】

　この判決は、

「2　ところで、建築基準法34条1項は、建築物に設ける昇降機は安全な構造でなければならない旨規定し、これを受けて、同法施行令129条の9がエレベーターの安全装置の設置義務を定め、その安全装置の一つとして、かご及び昇降路の全ての出入口の戸が閉じていなければ、かごを昇降させることができない装置（1項1号）並びに昇降路の出入口の戸は、かごがその戸の位置に停止していない場合においては、鍵を用いなければ外から開くことができない装置（1項2号）を掲げている。しかるに、前記認定事実によれば、本件エレベーターは、手動式外扉が完全に閉まっていない状態で、かごを移動させる電流回路が作動し、他階の呼出しに応じてかごが呼出階まで移動してしまい、密閉していない外扉が手動で容易に開いてしまう状態にあって、かごが1階に来ていないにもかかわらず、外扉が開いてしまった結果、本件事故が発生したものというべきであり、本件エレベーターは法令上の安全装置を具備していない欠陥があったことは明らかである。そして、本件エレベーターは、被告の所有かつ占有する本件工場内に設置された建物の構成部分であり、民法717条1項にいう土地の工作物にあたるところ、右のような設置又は保存の瑕疵があったため、本件事故が発生したものであるから、被告は、右規定に基づき、本件事故により原告が被った損害を賠償すべき責任がある」

と判示している。

【事案の特徴】

　この事案は、個人事業者が取引先の工場において作業を行うため、工場内

の作業用エレベータ（外扉は手動式）に乗り込もうとした際、手動式外扉を手で開け、足を踏み出したところ、かごが来ておらず、転落して負傷したため、個人事業者が工場の経営会社に対して土地工作物責任に基づき損害賠償を請求した事件である。この事案では、エレベータの転落事故が問題になったこと、転落した者が自ら手動外扉を手で開け、転落した事故であること、個人事業者の不注意が事故原因ではないか、エレベータの設置・保存の瑕疵が認められるかが問題になったことに特徴がある。

【判決の意義】
　この判決は、エレベータが法令上の安全装置を具備していない欠陥があったとしたこと、エレベータの設置・保存の瑕疵が認められるとしたことに特徴があり、瑕疵を肯定した事例判断を提供するものである。もっとも、この事案では、個人事業者の十分な注意があれば転落事故を回避することは十分に可能であったということもでき、限界的な事例というべきである。

(144)　油圧裁断機の欠陥を肯定した事例（東京高判平成13・4・12判時1773号45頁）

●事案の概要●

　Aは、Y_2株式会社に雇用され、Y_1株式会社の製造に係る油圧裁断機を操作していたところ、付設されていた自動搬送装置で裁断されたプラスチック製の食品容器（フードパック）を横のリフト上に運び、製品が一定数量になると、リフトが下降して、ベルトコンベアが動き出し、隣の梱包作業場に運び、その後リフトが再び上昇して元の位置で停止するというしくみになっていたが、Aが所定の方法ではなく、装置を停止させず、リフトが下降した際に荷崩れを取り除こうとし、上昇してきたリフトと天井の間で頭部を挟まれ、死亡したため、Aの相続人Xらが、Y_1に対して製造物責任に基づき、Y_2に対して債務不履行に基づき損害賠償を請求したものである。第1審判決が製品の欠陥を否定し、Y_1に

対する請求を棄却し、Y₂に対する請求を一部認容したため、Xら、Y₂が控訴した。

　この判決は、リフト上にセンサーを設置していない欠陥があったとし、Y₁の製造物責任を肯定し（過失相殺を5割認めた）、Xらの控訴に基づき第1審判決を変更し、Y₂の控訴を棄却した。

【判決内容】

　この判決は、

「(ウ)　このように、予定された荷崩れ品の排除策は不適切なものであったと認められる。このことを前提として考えると、本件機械の操作担当者が、荷崩れが起きた都度、常に機械を停止させるなど作業を中断して対応するものと期待することはできない。通常の操作担当者であれば、熟練するにつれて、作業効率を考えて、あるいは、特に作業を急がされていなくても、作業が中断して円滑に進まないことを嫌って、上記のような不適切な対処策をによらずに、機械を停止させることなく問題を解消しようと考えることが当然予想される。その結果、リフトが作動中に崩れたフードパックを取り除こうとする行動に出ることが想定されるのである。本件機械の製造者としては、そのような操作担当者の心理にも配慮して、機械の安全性を損なうことのないようにする必要があるというべきである。

(エ)　ところで、本件機械の構造は原判決添付の各図面に記載されているとおりであるが、前記のとおり、第一コンベアを載せたリフト部分に関しては、裁断機のある側を除いた三方向は遮蔽物もなく開いていて、手足や身体を入れることは容易な構造となっている。また、上部に上がってフードパックが積み重ねられた第一コンベアが下降を始めてから、コンベアでフードパックを隣の梱包場所に移動させ、再び上昇を始めて最上部に至って停止するまでの時間も、前記のようにおよそ20秒間を要する。この時間は短いようではあるが、第一コンベアを載せたリフトが上下動をする範囲が60センチメートル前後の高低差にすぎないため、その動きは必ずしも速くは感じられず、手早く取り除けば、手や身体を入れても大丈夫と思いがちな時間であるといえる。

(オ)　したがって、第一コンベア上でフードパックの荷崩れが起きて、これを取り除かねばならないときに、操作担当者が、本件機械を停止させないまま、作動中のリフトの上部に手や身体を入れてこれを行おうとすることは、十分に予見できるものと認められる。そして、本件機械で予定されていた荷崩れ品の排除策が不適切なものであったという前記認定の状況にあっては、客観的に見れば危険な行為ではあっても、作動しているリフトの上部に手や身体を入れて崩れたフードパ

404

5 工場内事故における誤使用

ックを取り除こうとすることをもって、予測の範囲を超えた異常な使用形態であるということはできない。堀鉄工所は、リフト上に手や身体を入れるようなことはおよそ考えられないと主張するが採用できない。

(カ) そして、機械を停止せず、作業効率を犠牲にせずに、しかも安全に荷崩れ品を排除することは、十分に可能であったものと認められる（例えば、リフトが最下部でフードパックを梱包場所に移動させた後、そのまま停止するか、あるいはリフトが最上部まで上らずに、もっと下で一旦停止して、次のサイクルに入ると同時に最上部まで上昇していくようなシステムになっていれば、安全に荷崩れしたフードパックを取り除くことができ、身体を挟まれることもなかったと考えられる。）。そうすると、先ず、このような適切な排除策が講じられていなかった、すなわち欠陥があったものと認めるのが相当である。また、仮にそうでないとしても、本件のような不適切な排除策を前提に本件機械を設計しておきながら、リフト上に手や身体が入ったときに本件機械が自動的に停止するような対策が講じられていなかった点で、本件機械には欠陥があったものと認めることができる。

(キ) 堀鉄工所は、荷崩れが起きることについて太田モールドから修理等の申出もなかったので、認識していなかった旨主張する。しかし、原審での堀鉄工所代表者尋問の結果によれば、荷崩れの起きることを認識していたものと認められる。また、製造物の欠陥の存否の判断は、あくまでも当該製造物の客観的な性状、属性に照らして行うべきものであることからしても、その主張は採用できない。

割鉄工所は、荷崩れを直す際の危険の防止は、基本的に本件機械を利用する事業者の責任領域にあるとも主張する。しかし、本件機械に欠陥の存在が認められる以上は、製造者としての責任を負うべきであって、事業者が別に責任を負うことがあるとしても、堀鉄工所が責任を免れるものではない」

と判示している。

【事案の特徴】

　この事案は、事業者の従業員が工場に設置された油圧裁断機（自動搬送装置で裁断されたプラスチック製の食品容器（フードパック）を横のリフト上に運び、製品が一定数量になると、リフトが下降して、ベルトコンベアが動き出し、隣の梱包作業場に運び、その後リフトが再び上昇して元の位置で停止するというしくみになっていた）の操作中、装置を停止させず、リフトが下降した際に荷崩れを取り除こうとし、上昇してきたリフトと天井の間で頭部を挟まれ、死亡したため、相続人らが油圧裁断機の製造業者に対して製造物責任に基づき損害賠償を請求する等した控訴審の事件である（第1審判決は油圧裁断機の

第2章　誤使用をめぐる裁判例

欠陥を否定したものである)。この事案は、工場内に設置された機械設備事故が問題になったこと、機械設備を操作していた従業員の死亡事故が問題になったこと、従業員の誤操作があったこと、機械設備の欠陥の有無が問題になったことに特徴がある。

【判決の意義】

　この判決は、センサーが付けられていなかったことにつき油圧裁断機の欠陥を肯定したものであるが、事故原因は従業員の誤操作であること、誤操作の危険性は明白であること等の事情に照らすと、重大な疑問のある判断である。

6　道路事故における誤使用

(1)　概　説

　日本全国には、国道、都道府県道、市町村道、区道の公道、私道が各地に存在し、それぞれの道路の設置・管理者によって整備・管理されている。道路においては、各種の自動車、自動二輪車、自転車、歩行者等が通行等のために使用し、交通事故のおそれがあるが、それだけでなく、道路には、路面、側溝、分離帯、ガードレール、縁石、信号機、標識等の各種の設備も設置されているため、人身事故を含めさまざまな設備事故が発生する可能性がある。

　交通事故の場合には、運転者・歩行者等の自己責任が問題になりがちであるが、設備事故の場合には、設備の設置・管理の瑕疵の有無、使用者等の誤使用・不注意が問題になることがある。

(2)　道路事故をめぐる裁判例

　道路における事故というと、交通事故が日常的に多数発生するため、交通事故に関心が傾きがちであるが、道路の設備事故が生じることがあり、前記のとおり、誤使用が因果関係・瑕疵の判断にあたって問題になることが少なくない。

〔145〕　国等の道路管理の瑕疵を肯定した事例（最一小判昭和45・8・20民集24巻9号1268頁、判時600号71頁）

―●事案の概要●―

　国道56号線の高知県須崎市の長佐古トンネル付近は、山側からしばしば落石があり、何回か崩土があったところ、昭和38年6月、幅20メートルにわたって斜面が崩壊し、岩石が落下したが、たまたま国道上を走行していたAの運転に係る貨物自動車の助手席上部に岩石が落下し、助手席に同乗していたBが衝撃により負傷し、路上に放り出されて即死したため、Bの両親X_1、X_2がY_1（国）、Y_2県に対して国家賠償法2条・3条に基づき損害賠償を請求したものである。第1審判決（高知地判昭和

39・12・3判時393号13頁）が請求を一部認容したため、Y₁らが控訴し、X₁らが附帯控訴したところ（請求を拡張した）、控訴審判決（高松高判昭和42・5・12判時509号41頁）がY₁らの控訴を棄却し、X₁らの拡張後の請求を一部認容したため、Y₁らが上告した。

この判決は、国道が通行における安全性の確保に欠けるとし、管理の瑕疵を認め、瑕疵に基づく損害賠償責任については過失の存在を要しないとし、上告を棄却した。

【判決内容】

この判決は、

「国家賠償法2条1項の営造物の設置または管理の瑕疵とは、営造物が通常有すべき安全性を欠いていることをいい、これに基づく国および公共団体の賠償責任については、その過失の存在を必要としないと解するを相当とする。ところで、原審の確定するところによれば、本件道路（原判決の説示する安和より海岸線に沿い長佐古トンネルに至る約2,000メートルの区間）を含む国道56号線は、一級国道として高知市方面と中村市方面とを結ぶ陸上交通の上で極めて重要な道路であるところ、本件道路には従来山側から屢々落石があり、さらに崩土さえも何回かあったのであるから、いつなんどき落石や崩土が起こるかも知れず、本件道路を通行する人および車はたえずその危険におびやかされていたにもかかわらず、道路管理者においては、『落石注意』等の標識を立て、あるいは竹竿の先に赤の布切をつけて立て、これによって通行車に対し注意を促す等の処置を講じたにすぎず、本件道路の右のような危険性に対して防護柵または防護覆を設置し、あるいは山側に金網を張るとか、常時山地斜面部分を調査して、落下しそうな岩石があるときは、これを除去し、崩土の起るおそれのあるときは、事前に通行止めをする等の措置をとったことはない、というのである。そして、右の原審の認定は、挙示の証拠関係に照らして、是認することができる。かかる事実関係のもとにおいては、本件道路は、その通行の安全性の確保において欠け、その管理に瑕疵があったものというべきである旨、本件道路における落石、崩土の発生する原因は道路の山側の地層に原因があったので、本件における道路管理の瑕疵の有無は、本件事故発生地点だけに局限せず、前記2,000メートルの本件道路全般についての危険状況および管理状況等を考慮にいれて決するのが相当である旨、そして、本件道路における防護柵を設置するとした場合、その費用の額が相当の多額にのぼり、上告人県としてその予算措置に困却するであろうことは推察できるが、それによ

り直ちに道路の管理の瑕疵によつて生じた損害に対する賠償責任を免れうるものと考えることはできないのであり、その他、本件事故が不可抗力ないし回避可能性のない場合であることを認めることができない旨の原審の判断は、いずれも正当として是認することができる」

と判示している。

【事案の特徴】

　この事案は、国道を走行中の自動車に落石が直撃し、助手席にいた者が死亡したため、両親が国らに対して営造物責任等に基づき損害賠償を請求した上告審の事件である。この事案では、「落石注意」等の標識、竹竿の先に赤の布切が立てられていたことから、自動車の運転者の不注意が事故原因ではないか等が問題になったものである。

【判決の意義】

　この判決は、防護柵・防護覆を設置しなかったこと等が道路管理の瑕疵に当たるとしたものであり、事例判断として参考になる。

〔146〕　幼児の誤使用が事故原因であるとし、市道の設置・管理の瑕疵を否定した事例（最三小判昭和53・7・4民集32巻5号809頁、判時904号52頁、判タ370号68頁）

―――――●事案の概要●―――――

　Y市内の幅員3メートルの道路は、一方の側が崖下まで約4メートルあり、その部分に2メートル間隔で立てられた高さ80センチメートルのコンクリート柱の上下に2本の鉄パイプを通して手摺が設置されていたが（付近道路は、子どもの遊び場にもなっており、一般の親は、転落の危険をおそれ、防護柵で遊ばないように注意を与えていた）、X（当時、6歳）は、防護柵の上段手摺に後向きに腰掛けて遊ぶうちに転落し、負傷したため、Yに対して国家賠償法2条に基づき損害賠償を請求したものである。第1審判決（神戸地判昭和48・8・9判時763号79頁）は、防護柵は子

409

どもにとって格好の遊び道具になりうるうえ、子どもらが本件防護柵で遊ぶことは通常予想しうるところである等とし、請求を認容したため、Yが控訴した。控訴審判決（大阪高判昭和52・10・14判時882号59頁）は、本件防護柵は防護柵本来の用法である通行人や車両の転落防止としての機能上安全性に欠けるところはなく、道路管理者において、本件道路が幼児の遊び場となることを予定し、幼児が防護柵上に乗ったり腰掛けたりする異常な行動まで予定し、そのために生ずる危険防止のために高い金網を設置するなど万全な施設をしなければ、道路の設置・管理に瑕疵があるものとはいえないとし、第１審判決を取り消し、請求を棄却したため、Xが上告した。

　この判決は、本件事故が通常予測することのできない行動に起因するものであったとし、上告を棄却した。

【判決内容】

　この判決は、

「ところで、国家賠償法２条１項にいう営造物の設置又は管理に瑕疵があつたとみられるかどうかは、当該営造物の構造、用法、場所的環境及び利用状況等諸般の事情を総合考慮して具体的個別的に判断すべきものであるところ、前記事実関係に照らすと、本件防護柵は、本件道路を通行する人や車が誤つて転落するのを防止するために被上告人によつて設置されたものであり、その材質、高さその他その構造に徴し、通行時における転落防止の目的からみればその安全性に欠けるところがないものというべく、上告人の転落事故は、同人が当時危険性の判断能力に乏しい６歳の幼児であったとしても、本件道路及び防護柵の設置管理者である被上告人において通常予測することのできない行動に起因するものであつたということができる。したがつて、右営造物につき本来それが具有すべき安全性に欠けるところがあつたとはいえず、上告人のしたような通常の用法に即しない行動の結果生じた事故につき、被上告人はその設置管理者としての責任を負うべき理由はないものというべきである。本件道路の設置又は管理に所論の瑕疵はないとした原審の判断は、正当として是認することができ、原判決に所論の違法はない」

と判示している。

【事案の特徴】
　この事案は、幼児が崖上の市道の防護柵の手摺に後向きに腰掛けて遊んでいた際、崖下に転落して負傷したため、市に対して営造物責任に基づき損害賠償を請求した上告審の事件である。この事案は、幼児の市道からの転落事故であること、市道に設置された防護柵の手摺に腰掛けて遊んでいたことが誤使用に当たるかが問題になったことに特徴がある。

【判決の意義】
　この判決は、この事案の転落事故は道路および防護柵の設置管理者である市において通常予測することのできない行動に起因するものであったとしたこと、市道につき本来それが具有すべき安全性に欠けるところがあったとはいえないとしたこと、通常の用法に即しない行動の結果生じた事故につき、市は市道の設置管理者としての責任を負うべき理由はないものというべきであるとしたことに特徴がある。

　この判決は、営造物の誤使用（異常な行動）と設置・管理の瑕疵に関する基本的な考え方を明示したものとして参考になるとともに、幼児の誤使用を理由に市道の設置・管理の瑕疵を否定した重要な事例判断として参考になるものである。

〔147〕　県道の状況と事故発生との因果関係を否定し、県道の設置・管理の瑕疵を否定した事例（最一小判昭和55・3・13判時968号46頁、判夕417号91頁）

　●事案の概要●
　Aが夜間帰宅するため県道（幅員8.6メートルで、片側の路肩部分の幅員1.4メートルが未舗装であり、歩道部分が未分離であり、時速40キロメートルの速度制限があった）を歩行中、Bの運転する自動車から衝突され、死亡したため、Aの相続人であるX₁、X₂らがY県に対して国家賠償法2

条に基づき損害賠償を請求したものである。控訴審判決（東京高判昭和53・5・17交通民集13巻2号301頁）が請求を棄却としたため、X_1らが上告した。

この判決は、設置または管理の瑕疵を否定し、上告を棄却した。

【判決内容】

この判決は、

「所論の点に関する原審の事実認定は、原判決挙示の証拠関係に照らし、正当として是認することができ、右認定の事実関係のもとにおいて、本件道路の設置又は管理に瑕疵がなく、また、本件道路の状況と本件事故の発生との間には相当因果関係がないとした原審の各判断は、正当であって、原判決に所論の違法はない」と判示している（判例評釈として、村上義弘・民商83巻6号102頁がある）。

【事案の特徴】

この事案は、未舗装・歩道部分が未分離の県道を夜間走行中の歩行者が自動車に衝突され、死亡したため、相続人らが県に対して営造物責任に基づき損害賠償を請求した上告審の事件である。この事案では、自動車の運転者の不注意が事故原因ではないかが問題になったものである。

【判決の意義】

この判決は、県道の状況と事故発生との因果関係を否定したものであり、県道の設置・管理の瑕疵を否定した事例判断として参考になる。

(148) 埋立地内道路の設置・管理の瑕疵を肯定した事例（最一小判昭和55・9・11判時984号65頁、判タ428号63頁）

──●事案の概要●──

Aがハムの免許を得ていたところ、夜間雨の影響でもやが生じていたが、ハム仲間Bが港湾施設の建設工事中であった埋立地で落輪事故を起こし、動けなくなっている旨の電波を傍受し、Bを救助しようとして軽

自動車を運転し、埋立地に向かったところ、埋立地には一般道路が取付道路とわからない状況にあり、入口にも立入りを規制する掲示等はなく、夜間照明もなかったところ、Aが取付道路に接続する道路を直進し、岸壁から軽自動車ともども転落し、死亡したため、Aの母Xが埋立地の管理者であるC管理組合から権利義務一切を承継したY市に対して国家賠償法2条に基づき損害賠償を請求したものである。控訴審判決（福岡高判昭和53・8・28判タ372号94頁）は、埋立地内における道路および安全施設の設置目的等の事情から埋立地の管理に瑕疵があったとはいえず、仮に何らかの瑕疵があったとしても、本件転落事故の発生と因果関係がないとし、請求を棄却すべきものとしたため、Xが上告した。

　この判決は、一般車両の立入りを禁止する立札ないし標識灯または道路前方が海であることを示す危険標識が全く設置されていないことは埋立地の管理に瑕疵があることになるとし、原判決を破棄し、本件を原審に差し戻した。

【判決内容】

　この判決は、

「三　しかしながら、原審が確定した前記一記載の事実関係のもとにおいては、本件事故当時、港湾施設の建設工事に関係のない一般車両が都市計画幹線道路から舗装ずみの取付道路を通って本件埋立地内に立ち入ることがきわめて容易で、かつ、その可能性を否定することができない状況にあり（現にとくに夜間には一般車両が立ち入ることがあった。）、しかも夜間にこれらの車両が本件埋立地内の道路を進行した場合には、亡Aと同じように、物揚場の岸壁から海中に転落して死傷等の事故の発生する危険性が客観的に存在したことは否定することができないから（とくに車両がいわゆる○○道路を直進した場合には、その延長線上の海を挟んだ対岸に石油会社の照明設備があることから、気象状況のいかんによっては、運転者に対してあたかも右道路が対岸まで一直線に延びているかのような錯覚を与える危険のあったことがうかがわれる。）、本件埋立地の管理者としては、一般車両が本件埋立地内に立ち入って事故を起こす危険に備えて、夜間でも識別することができるように、取付道路の入口付近に一般車両の立入りを禁止するた

めの立札ないし標識灯を設置するか、又はいわゆる○○道路と交差する物揚場の岸壁付近に道路前方が海であることを示す危険標識を設置するなどして、進入車両の転落事故の発生を未然に防止するための安全施設を設置することが、最小限必要であったものと解するのが相当である。けだし、国家賠償法2条1項にいう公の営造物の設置又は管理の瑕疵とは、営造物が通常有すべき安全性を欠くことをいうのであるが、当該営造物の利用に付随して死傷等の事故の発生する危険性が客観的に存在し、かつ、それが通常の予測の範囲を超えるものでない限り、管理者としては、右事故の発生を未然に防止するための安全施設を設置する必要があるものというべきであり、たとい本件において、本件埋立地内のいわゆる○○道路が一般車両の通行が予定された道路法2条所定の道路にはあたらないこと、また、本件事故当時、右○○道路を含む本件埋立地が港湾施設工事の途中であって、その本来の用途目的と無関係な一般車両のための安全施設についてはその検討、設置の段階以前の状況にあったこと等の原判決の指摘する事情があったとしても、この点から直ちに、一般車両の本件埋立地への立入りを予測することが困難であるとか、あるいはこれを予測して危険防止のための措置を講ずることを要求することが不当であるとすることはできないからである。してみれば、他に特段の事情のない限り、本件埋立地の管理には瑕疵のあった疑いがあるものといわざるをえないから、原審が前記二(1)(イ)(ロ)に記載したような理由に基づいて右管理の瑕疵を否定したことは、国家賠償法2条1項の解釈適用を誤ったか、又は審理不尽、理由不備の違法があるというべきである」

と判示している（判例評釈として、古崎慶長・民商84巻5号57頁、94巻6号70頁がある）。

【事案の特徴】

この事案は、海岸の埋立地で夜間事故にあった友人を救助しようとし、軽自動車を運転し、埋立地に向かった際、埋立地には一般道路が取付道路とわからない状況であり、一般道路から取付道路を進行し、岸壁から軽自動車ともども転落し、死亡したため、相続人らが埋立地の管理者に対して営造物責任に基づき損害賠償を請求した上告審の事件である。この事案は、夜間に埋立地の取付道路において自動車を運転した者の不注意が事故原因ではないか、埋立地の管理の瑕疵が認められるかが問題になったものである。

【判決の意義】

この判決は、一般車両が埋立地内に立ち入って事故を起こす危険に備えて、

夜間でも識別することができるように、取付道路の入口付近に一般車両の立入りを禁止するための立札ないし標識灯を設置する等、進入車両の転落事故の発生を未然に防止するための安全施設を設置することが最小限必要であったとし、埋立地内道路の設置・管理の瑕疵を認めたものである。

　しかし、この判決は、一般道路と埋立地の取付道路が続いていたとしても、前方を注意して運転すれば転落事故の発生を防止することは可能であったものであり、運転者の誤運転（不注意）が事故原因であると認め、瑕疵を否定するのが合理的ではないかとの疑いが残るものである。

(149)　運転者の急ブレーキが事故原因であるとし、県道の設置・管理の瑕疵を否定した事例（最一小判昭和55・12・11判時991号76頁、判タ434号166頁）

●事案の概要●

　X株式会社のAの運転に係るタクシーが山間部のY県（滋賀県）の管理する県道を夜間の降雨中に走行していたところ、道路と川の境が見えがたく、道路にガードレールもなかったことから、Aが運転を誤って、緩いカーブで急ブレーキをかけて川に転落し、死亡したため、XがYに対して国家賠償法2条に基づき損害賠償を請求したものである。控訴審判決（大阪高判昭和51・3・19交通民集13巻6号1407頁）がガードレールの設置を欠いていたとし、請求を認容すべきものとしたため、Yが上告した。

　この判決は、本件事故がAが急ブレーキの措置をとったことから滑行して川に転落したものであるとし、本件を原審に差し戻した。

【判決内容】

　この判決は、

「しかしながら、本件事故は、本件道路と高橋川との境を見誤って走行したため高橋川に転落したというのではなく、訴外Aが進路前方のカーブに気づいて急制

動の措置をとったところ、降雨中で路面が滑り易くなっており、かつ、路面が高橋川に向って傾斜したかまぼこ状をなしていたため、滑行して右高橋川に転落したというものであるから、原判示指摘の安全施設のうち視線誘導標識や夜間の照明設備の存否は、右事故の発生とはなんらの関係がなく、本件事故との関係で問題となりうる本件道路の瑕疵は、専ら高橋川沿いの道路傍にガードレールの設置を欠いた点にこれを求めるほかはないと考えられる。ところで、本件道路の安全性のために右のようなガードレールの設置が必要とされるかどうかを考えるのに、薄暮時ないし夜間における降雨時に本件道路と高橋川との境の見分けがつかないために走行する自動車が運転を誤る危険に対する安全の確保という点だけからは、前記のような視線誘導標識ないし夜間の照明設備の設置だけで足り、それに加えてガードレールの設置まで必要であるとは考えられないから、これが肯定されるためには、更に別段の事情が存在しなければならないというべきところ、原判決は、このような事情として、前記のように本件道路が高橋川に向って大きく傾斜しているかまぼこ状をなし、降雨のため路面がぬれているような場合には走行自動車が路面を滑行して高橋川に転落する危険性があったとの事情を挙げている。そうすると、本件における問題は、本件道路と高橋川との境が不明確なため自動車の運転を誤った場合であると否とにかかわらず、降雨中に本件道路を走行する自動車につき生ずべき滑行事故による転落の危険にそなえてガードレールを設置する必要があったかどうかに帰着するものといわなければならない。

　そこで、右の点について検討するのに、原審は、本件道路は路面がいわゆるかまぼこ型の構造をなし、特に高橋川に沿った路肩への傾斜が大きいことを認定してはいるが、原判決が本件事故現場の模様の概略を示すものとして引用する第一審判決末尾添付図面（縮尺200分の1のもの）には、幅員4.5メートルの本件道路のほぼ中央から高橋川沿いの路面の端までの高低差は0.096メートルと記載されており、右記載によればその平均勾配は約4.26パーセントであることが計算上明らかである。また、原審は、薄暮時ないし夜間における降雨時に本件道路を通行する車両が路面を滑行して高橋川へ転落する危険性があり、以前にも本件と同様の転落事故が一、二件あったとも認定しているが、車両がどのような走行状態にあるときに路面を滑行する危険があるのか、薄暮時ないし夜間であることと路面が傾斜しているために生ずる滑行との間にどのような関係があるのか、以前に発生した同様の事故が道路と高橋川との境を見誤って進路を誤ったことによるものか、あるいは路面の傾斜のために滑行したことによるものかなどの点についてはこれを明確にしていない。原審の認定した事実のみをもってしては、道路がかまぼこ型で高橋川の側に傾斜していることから、ガードレールを設置しないことが道路として通常有すべき安全性を欠くことになり、道路の設置ないし管理の瑕疵にあたるとすることは困難であり、この点に関する原判決の理由説示には不備があるものといわなければならない」

と判示している(判例評釈として、芝池義一・民商85巻1号120頁、古崎慶長・民商94巻6号75頁、石川善則・判タ472号129頁がある)。

【事案の特徴】
　この事案は、自動車(タクシー)の運転者が県道を夜間の降雨中に走行していた際、緩いカーブで急ブレーキをかけて川に転落し、死亡したため、タクシー会社が県に対して営造物責任に基づき損害賠償を請求した上告審の事件である。この事案は、運転者の自動車の誤操作が事故原因ではないか、県道の管理の瑕疵が認められるかが問題になったものである。

【判決の意義】
　この判決は、転落事故が運転者の急ブレーキに起因するものであるとし、県道の設置・管理の瑕疵を否定したものであり、重要な先例として位置づけることができるものである。

〔150〕　歩行者の不注意の可能性を指摘しつつ、信号機の設置・管理の瑕疵を肯定した事例(最二小判昭和60・4・26裁判所HP)

●事案の概要●

　Aが大阪市内の東西方向に長い変形5差路の交差点(東西道路の西行直進車線は、3車線であり、交差点内の距離は、最短で54.20メートル、最長で68.73メートル、ここの信号機は、青が27.0秒、黄が2.5秒、全赤が1.5秒、赤が83.5秒である)において、交差点の西詰め横断歩道を南から北に横断歩行中、折から時速40キロメートルで東から西へ走行してきたBの運転に係る貨物自動車に衝突され、Aが死亡したため、Aの相続人であるX₁、X₂が道路を管理するY府に対して信号機の設置・管理の瑕疵を主張し、損害賠償を請求したものである。第1審判決(大阪地判昭和54・9・13判時947号95頁)は、Aが赤信号で横断を始めたとし、因果関係を否定し(信号機の設置・管理の瑕疵自体は認めた)、請求を棄却したため、X₁らが控訴した。控訴審判決(大阪高判昭和56・5・29交通民集18巻2号

304頁）は、Aが青信号で横断を始めたとし、信号機の設置・管理の瑕疵を認め、原判決を取り消し、請求を認容したため、Yが上告した。

この判決は、原判決の走行距離の計数上の矛盾があるとし（信号機の設置・管理の瑕疵については上告理由にされなかった）、原判決を破棄し、本件を原審に差し戻した。

【判決内容】

この判決は、

「三　しかしながら、原判決の右説示のうち、まず、右二㈡の(2)についてみるに、(イ)地点から南側歩道までは0.8メートル、衝突地点までは1.7メートルというのであるから、衝突地点は南側歩道から2.5メートルの距離にあることになるところ、原審と同様の計算方法によれば、被害者がこの間を歩行するのに必要な時間は約2.25秒にすぎず、Aの反応時間と制動時間を合わせた約3.8秒との間には衝突後停止までの時間を考慮してもなおかなりの差があるのに、本件事故が現に発生しているのであって、所論のとおり被害者が衝突の直前に立ちすくむことも十分考えられるのであるから、被害者が(イ)地点から衝突地点までに要する試算上の時間とAの被害者発見後衝突までに要する時間との単純な比較から直ちに、Aが被害者を(イ)地点に発見したとする限り衝突の可能性がないとした原審の判断は、合理性を欠くものというほかはない。

次に原審の前記説示によれば、Aの運転する加害車はグリーンベルトから二番目の車線を走行してきて交差点に入り、直進したというのであって、別紙図面にも照らすと加害車が交差点に入ってから本件横断歩道の東側の線に達するまでの距離は、54.20メートルと68.73メートルとの平均値である61.47メートル前後となる。更に、同図面によると横断歩道の幅員は4メートルであり、また、Aの供述記載によれば、横断歩道内の衝突地点から停止地点までの距離は3.1メートルであるというのであり、この記載部分は原審も排斥しているわけではないのであって、結局、加害車が交差点に入ってから停止するまでの距離は最大でもこれらを合計した68.57メートル前後をこえないことになる。原審は、他方では、Aは、停止地点の26.5メートル手前で、横断を始めようとする態勢にある被害者を発見し、急停止の措置をとったというのであるから、Aは被害者の対面信号が青に変わる瞬間に横断態勢にある被害者を発見したと仮定しても、Aの対面信号である(A)、(B)信号機が黄に変わったのはその4秒前であり、この4秒間に加害車が原審認定の時速40キロメートルで走行した距離は計算上44.4メートルとなるから、(A)、(B)信号機が黄に変わったのは加害車が停止地点より70.9メートル手前の地点にいたと

きということになる。しかも、これは、右のとおりAが被害者の対面信号の青に変わる瞬間に横断態勢にある被害者を発見したとの仮定の上に立つものであるところ、被害者が対面信号の青に変わるのを認識してから横断態勢に入り、かつ、そのことを外部から認識することができるような状態となるまでには、若干の時間を要するものと考えられること、夜間の降雨時で前方の見通しが十分でなかったこと、原審の採用した……には、本件横断歩道の南側で信号待ちをしていた歩行者は、（被害者のほかにも）4、5人いたとする部分があることなどを考慮すると、この仮定には無理があるものというべきであつて、被害者が青信号で横断を開始したとする以上、Aが横断態勢にある被害者を発見した時には、被害者の対面信号が青に変わってから若干の時間を経たのちであったものとみるほかなく、この間にも加害車は時速40キロメートルで走行を続けていたのであるから、右70.9メートルという距離は更に長いものであったことになるのである。そうだとすれば、加害車は、(A)、(B)信号機が青から黄に変わった時には東西道路西進車両用の東詰め停止線よりも更に東側にいたことになり、これらの信号機が黄に変わったのちに交差点に進入したものというべきことになるのであって、加害車が黄に変わる直前の青で交差点に進入したとの認定と矛盾する。

　更にまた、原審認定の被害者発見後1秒間というAの反応時間については、加害車の走行状況を前部からみた場合には、なんらの異常を認め得ないものと考えられるところ、……には、原審が排斥した部分を考慮しても、交差点北詰めで発進準備をしながら信号待ちをしていた野際が、少なくとも加害車の走行状態の異常に気付くまでは対面信号が青に変わったことを認識していなかったことをうかがわせるに足りる記載があり、もしAが被害者の対面信号が青に変わった瞬間に被害者を発見したのであるとすれば、被害者の対面信号とBの対面信号とは同時に青に変わるのであるから、Bは、発進準備をしながら信号待ちをしていたというのに、その対面信号が青に変わったことに1秒間も気付かなかったことになり、このことは、他に特段の事情のない限り、Aが横断態勢にある被害者を発見した時には、Bの対面信号、したがってまた被害者の対面信号がまだ青に変わっていなかったことを疑わせるものと考えられるのである」
と判示している（判例評釈として、太田勝造・民商93巻4号142頁、古崎慶長・民商95巻1号46頁、古崎・判自23号84頁がある）。

【事案の特徴】

　この事案は、歩行者が信号機が設置された交差点において自動車に衝突され、死亡したため、相続人らが管理者に対して営造物責任に基づき損害賠償を請求した上告審の事件である。この事案では、交差点における歩行者と自

動車の衝突事故が問題になったこと、信号機の設置・管理の瑕疵の有無が問題になったこと、歩行者が青信号で横断したか、赤信号で横断したかが問題になったことに特徴がある。

【判決の意義】

この判決は、控訴審において信号機の設置・管理の瑕疵があったと認めたことを前提とし（この判断は上告理由になっていない）、青信号で横断したとの控訴審の認定・判断が誤りであるとし（第1審判決は、赤信号で横断したと認定・判断している）、控訴審判決を破棄したものである。

この判決は、交差点における歩行者と自動車の衝突事故につき信号機の設置・管理の瑕疵を認めつつ、歩行者の不注意の可能性を指摘した事例として参考になるものである。

〔151〕 歩行者の通常予測できない行動が事故原因であるとし、荒湯桶の設置・管理の瑕疵を否定した事例（最一小判昭和63・1・21裁判所HP）

―――●事案の概要●―――

観光地になっている温泉地において、摂氏98度の熱湯が流れる荒湯（源泉）桶が遊歩道より約1.5メートル下の河川敷に設置され、遊歩道にはコンクリート製の支柱に太さ約20センチメートルの鉄パイプ1本を通した構造の高さ約40センチメートルの防護柵が設置されていたところ、Aは、深夜、飲酒酩酊して荒湯桶に立ち寄り、防護柵に休憩のために腰掛けようとしたが、酩酊のため身体の平衡を失い、仰向けになって荒湯桶に転落し、病院に運ばれたものの、死亡したため、Aの相続人であるX_1、X_2らが荒湯桶を設置・管理するY財産区に対して国家賠償法2条に基づき損害賠償を請求したものである。第1審判決（神戸地豊岡支判昭和58・1・21（昭和55年(ワ)第31号））は、防護柵はやや低きに失する感も残るが、通常の柵の高さの範囲内にあるとし、設置・管理の瑕疵を否定し、請求を棄却したため、X_1らが控訴した。控訴審判決（大阪高判昭

和59・9・28判タ544号150頁)は、防護柵は少なくとも2倍の高さに改める必要性があった等とし、設置・管理の瑕疵を認め、原判決を取り消し、請求を認容したため(過失相殺を8割認めた)、Yが上告した。

　この判決は、防護柵本来の用法である転落防止の機能に欠けるところはなく、通常の用法に即しない行動の結果生じた事故については設置・管理者に責任はないとし、原判決を破棄し、原判決中Yの敗訴部分を破棄し、控訴を棄却した。

【判決内容】

　この判決は、

「国家賠償法2条1項にいう営造物の設置又は管理の瑕疵の有無については、当該営造物の構造、用法、場所的環境等諸般の事情を総合考慮して具体的個別的に判断すべきところ(最高裁昭和53年(オ)第76号同53年7月4日第三小法廷判決・民集32巻5号809頁)、前記事実関係に照らすと、前記遊歩道から本件荒湯桶に転落するのを防止するため、本件防護柵が設置されており、その材質、高さ、形状等の構造に加え、右遊歩道の状況や荒湯が高温のため危険であることを警告する立札の設置、夜間照明の実施等の措置がとられていたことを考慮すると、本件防護柵は、その本来の用法である転落防止の機能に欠けるところはなかったものというべきであり、更に、亡Aは隣町に住む当時36歳の健康な男子であり、本件事故は、同人が右遊歩道上を通行中に発生したものではなく、同人が飲酒により相当酩酊したうえ、近くに休憩用長椅子が3個も用意されていたのに、太さ約20センチメートルの丸い鉄パイプが一本通っている構造の本件防護柵に後向きに腰掛けようとして身体の平衡を失い、後方に転落したというのであって、同人の行動は、本件防護柵の本来の用法に即したものということができないから、同人の転落死亡事故は、本件荒湯桶の設置管理者である上告人において通常予測できない行動に起因するものであったということができる。また、前記のとおり、右遊歩道上から本件荒湯桶への転落防止策としては、本件防護柵の設置をもって足りるものとする以上、右遊歩道上から本件荒湯桶に転落した亡Aとの関係においては、本件荒湯桶に蓋がなかったことをもって、その設置、管理について瑕疵があったものということはできない。そうだとすれば、右営造物につき通常有すべき安全性を欠いていたものということはできず、亡Aのした通常の用法に即しない行動の結果生じた事故について、上告人はその設置管理者としての責任を負うべき理由はない」

と判示している（判例評釈として、窪田充見・民商99巻2号97頁、岩田好二・判タ706号128頁、井上秀典・判自53号48頁、古崎慶長・判自63号99頁がある）。

【事案の特徴】

この事案は、荒湯（源泉）桶の側の遊歩道の防護柵に腰掛けようとした飲酒酩酊した観光客が酩酊のため身体の平衡を失い、荒湯桶に転落して死亡したため、相続人らが設置・管理者に対して営造物責任に基づき損害賠償を請求した上告審の事件である。この事案は、歩行者が遊歩道の防護柵からの転落事故であること、歩行者が飲酒酩酊していたこと、歩行者の防護柵の誤使用（不注意）があったこと、防護柵の設置・管理の瑕疵の有無が問題になったことに特徴がある。

【判決の意義】

この判決は、防護柵は本来の用法である転落防止の機能に欠けるところはなかったとしたこと、歩行者の行動は防護柵の本来の用法に即したものということができないとしたこと、歩行者の転落事故は荒湯桶の設置・管理者にとって通常予測できない行動に起因するものであったとしたことに特徴があり、重要な事例判断として参考になるものである。

〔152〕 運転者の誤操作が事故原因であるとし、村道等の設置・管理の瑕疵を否定した事例（盛岡地判平成元・5・18判タ764号160頁）

●事案の概要●

Aが夜間Y村が管理する村道（幅員約6.1メートル）を原動機付自転車に乗って走行中、幅員4メートルの橋（街路灯、ガードレールは設置されていなかった）から転落し、死亡したため、Aの相続人であるX_1、X_2がYに対して設置・管理の瑕疵を主張し、国家賠償法2条に基づき損害賠償を請求したものである。

この判決は、付近の状況からみて容易に幅員の減少箇所に接近していることを認識し、橋の中央部を通過することができたはずであり、時速

30キロメートルを超えて親柱等に接触し、バランスを崩して転落したものである等とし、道路および橋の設置・管理の瑕疵を否定し、請求を棄却した。

【判決内容】

この判決は、

「以上によれば、㈠本件道路においては、その電信柱、草むらの状況及び路面の着泥状況からして、一般に前方注意義務を尽くしていれば、本件事故の現場に橋があることについてはともかくとして、本件事故現場付近において、少なくとも25センチを超える高さをもった草むらによって、その増員が減少をしていることを発見することは容易であったと推認され、逆に、運転者がこれに気付きながら、そのような草むらとなっている部分を、特に本件のような二輪車の運転者が時速30キロメートルを超える速度で走行し、あえて本件親柱等に接触し、バランスを崩し、川に転落することがあると考えることは通常想定が困難な事態であること、㈡また、本件橋は、郊外に存し、1の㈡で認定した事実によれば、30秒余りに一人ないし一台しか本件橋を通行しない計算になるなどその通行量は比較的少なく、対向する人あるいは車両が同時に対向して本件橋を通行することは殆どないこと考えられる上、まれに対向することはあっても交通量の少なさに本件橋の長さを考慮すれば、一方が避護するであろうことは充分に考えられるから、本件橋は人あるいは車両が単独で通行するのが普通であると考えてよいところ、4メートルの増員があれば、人あるいは車両が単独で通行するには何らの支障はないのが通常であり、本件事故まで本件道路及び本件橋において、本件のような事故の発生したことがなかったことはこのことを裏付けているというべきであること、㈢更に、本件事故は亡政雄自らの過失に起因するものといわざるを得ないことに鑑みると、原告らの主張のような設備がなされていなかったことをもって、本件道路及び本件橋の設置及び管理に通常有すべき安全性を欠き、瑕疵があったものということはできないといわざるを得ない」

と判示している。

【事案の特徴】

この事案は、夜間村道を原動機付自転車に乗って走行中、幅員4メートルの橋から転落し、死亡したため、相続人らが村に対して営造物責任に基づき損害賠償を請求した事件である。この事案は、原動機付自転車の運転者の橋

からの転落事故であること、運転者の誤操作（不注意）があったこと、村道上の橋の設置・管理の瑕疵の有無が問題になったことに特徴がある。

【判決の意義】

この判決は、橋の設備に接触し、バランスを崩して転落したとし、村道等の設置・管理の瑕疵を否定したものであり（原動機付自転車の運転者の誤操作が事故原因であるとしたものである）、事例判断として参考になる。

(153) 通行者の通常予測し得ない動作が事故原因であるとし、市道の設置・管理の瑕疵を否定した事例（大阪地堺支判平成2・3・22判時1346号112頁）

●事案の概要●

高齢者で、失明していたAは、その嫁Bが付き添ってY市の管理に係る市道を歩行中、走行してきた自動車との接触を避けようとし、狼狽し、BがAを横に押したことから、Aが無蓋の側溝（幅29センチメートル、深さ24センチメートル）に転落し、負傷し、その後、死亡したため、Aの相続人であるX₁、X₂らがYに対して国家賠償法2条に基づき損害賠償を請求したものである。

この判決は、付添者が側溝部分に押しやる行動は通常は予測できない等とし、市道の設置・管理の瑕疵を否定し、請求を棄却した。

【判決内容】

この判決は、

「以上の事実関係のもとでは、既述のように、本件事故の発生は本件右折車の過失のほか、客観的な危険性はそれほど大きくなかったにもかかわらず、Bが狼狽の余り被害者を右へ押した過失の結果であり、本件交差点を南から東へ右折するに際し車両の左前角が同交差点の北東角に近接するような車長の車両は、その速度を相当に落とさざるをえないのであるから、通常の歩行者は、本件のような事故に遭遇するとは考え難い。もとより、本件溝部分に蓋がされていれば、被害車

がこれにはまり込むことはなかったであろうが、完全に失明している高齢の被害者に付き添っていた者が、狼狽の余りとはいえ、被害者を本件溝部分の方に押しやるということは、通常予測しえないところである。

　道路の設置、管理の瑕疵とは、これが通常備えるべき性質又は設備を欠くことであるから、通常予測できないような事態についての対応が欠けていても、そのために道路の設置、管理に瑕疵があるとはいえない」
と判示している。

【事案の特徴】

　この事案は、高齢者（失明者）が付添者と市道を歩行中、走行してきた自動車との接触を避けようとした際、付添者が高齢者を横に押しやり、側溝に転落して死亡したため、相続人らが市に対して営造物責任に基づき損害賠償を請求した事件である。この事案は、高齢者の道路の側溝への転落事故が問題になったこと、転落の原因は、走行する自動車の接近、付添者の狼狽、付添者の動作であったこと、市道の設置・管理の瑕疵の有無が問題になったことに特徴がある。

【判決の意義】

　この判決は、付添者が、狼狽の余りとはいえ、高齢者を側溝の方に押しやるということは通常予測し得ないとしたこと、通常予測できないような事態についての対応が欠けていても、道路の設置・管理に瑕疵があるとはいえないとしたこと、この事案では市道の設置・管理の瑕疵を否定したことに特徴があり、道路の設置・管理の瑕疵を否定した事例判断として参考になるものである。

(154) 市道の設置・管理の瑕疵を肯定した事例（大阪地判平成2・8・8判時1372号113頁）

　　　　　　　　●事案の概要●

　Xが、夜、Y市の幅員6メートルの市道を自転車に乗って走行中、橋のかかった場所（橋は幅員約5メートルであり、市道から約80センチメート

ル狭くなっているところがあったが、前方からの見通しは良好であった）から川に転落し、負傷したため、XがYに対して国家賠償法2条に基づき損害賠償を請求したものである。

　この判決は、市道に照明設備、標識、欄干等の設備が必要であり、市道の設置・管理の瑕疵を認め、請求を認容した（過失相殺を7割認めた）。

【判決内容】

　この判決は、

「㈠　本件道路には本件狭窄部があり、その北側は水路となっていたから、本件道路を自転車を運転して南から北に通行する者は、道路西側寄りの約80センチメートルは幅部分内を通行するときには本件狭窄部分に突き当たることになるから、その道路状況を認識していない場合には、その道路状況を認識していない場合には、本件狭窄部分から路外に逸脱して水路に転落する危険があった。そして、本件道路は、道路交通上（18条1項）上、自転車運転者に道路の左端によって通行することが義務づけられている道路であるから、これに従って通行すればするほど右の危険は高まる状況にあった。

　したがって、殊に見通しが悪くなる夜間において、本件道路通行者に対する安全性を確保するためには、通行者に対して本件狭窄部分の手前でその存在を認識させ、水路への転落を防止するための設備、例えば、本件狭窄部分の手前にその道路の形状ないし水路の存在を示す標識、もしくは本件狭窄部分及び小橋に水路への転落を防止する欄干等を設置することが必要であったというべきである。

　しかるに、本件事故当時、本件道路には右水路への転落を防止する欄干も危険を示す標識灯も設置されておらず、また、本件道路の照明設備も防犯灯としての18ワットの蛍光灯が一つという極めて不十分なものであった。

　したがって、本件事故当時、本件道路は通常有すべき安全性を欠いていたものであって、本件道路の管理には瑕疵があったものといわなければならない。しかし、右のような設備を設置することにより本件道路が通常有すべき安全性は確保できるのであるから、本件道路の設置自体には瑕疵があったとはいえない。

㈡　確かに、本件道路は見通しのよい直線道路であり、本件事故当時本件狭窄部分の発見を妨げるような障害物も存在しなかったから、原告が光量の十分な前照灯を装備し、前方を注視して進行しておれば、本件狭窄部分の道路状況をその手前で確認し、水路への転落を回避する措置をとりえたことは後期認定のとおりで

ある。
　しかしながら、自転車運転者が、通常、常に光量の十分な前照灯を装備しているとは限らず、また、対向車の接近等により、進路前方のみを注視して走行しえない事態も起こりうるから、転落事故を回避しえたからといって、本件道路の管理に瑕疵がなかったとはいい難い。
　なお、被告は、本件道路を極めて多数の者が継続して昼夜を分かたず通行しているにもかかわらず、本件事故現場で本件と同様の事故が発生していなかったことからも、本件道路の設置・管理に瑕疵がないことは明らかである旨主張するが、仮に本件事故と同様の事故が発生していなかったとしても、右一事をもって、本件道路の管理に瑕疵がなかったとはいい難い」
と判示している。

【事案の特徴】
　この事案は、夜間、市道を自転車に乗って走行中、橋のかかった場所から川に転落し、負傷したため、市に対して営造物責任に基づき損害賠償を請求した事件である。この事案は、自転車の運転者が市道から川への転落事故であること、事故現場は見通しのよい場所であったこと、運転者の誤操作が事故原因ではないか、市道の設置・管理の瑕疵が認められるかが問題になったことに特徴がある。

【判決の意義】
　この判決は、市道に照明設備、標識、欄干等の設備が必要であるとし、市道の設置・管理の瑕疵を認めたものであるが、運転者の自転車の誤操作（不注意）に照らすと、疑問のある判断である。

(155)　町道の設置・管理の瑕疵を肯定した事例（広島地判平成2・8・31判時1368号101頁）

●事案の概要●

　Aが、昭和61年3月、X株式会社の所有する大型特殊貨物自動車を運転し、Y町の管理する町道（付近の工場に荷物を運送する等のために利用されていたものであり、工場を誘致するにあたって取付道路として設置され、

町道とされたものであり、町道とするにあたって工場の経営会社とYとの間で免責に関する合意が締結されていた）を走行中、最急勾配が13.5％あり、路面が凍結し、深雪が積もっていたところ、スリップして後退し、駒止め1基を破壊し、8メートル下の護岸に転落したため、XがYに対して国家賠償法2条に基づき損害賠償を請求したものである。

　この判決は、町道が道路構造令に適合しないものであった等とし、道路の設置・管理の瑕疵を認め、請求を認容した（過失相殺を5割認めた）。

【判決内容】

　この判決は、
「本件町道の場合、道路構造令上、許容される最大勾配は、12パーセントであることは前記認定のとおりである。そして、……によると、積雪寒冷地では、坂路でいったん停止し発進するような場合に路面の状況によって発進不可能になったり、降坂時においてはエンジンブレーキのみでは制動が十分でなく機械的な制動を防止するため、寒冷地における縦断勾配の値は、できるだけ急勾配の値を用いるのは避けるべきであり、本件町道の場合、10パーセント程度に留めるのが相当であることが認められる。ところが、前記認定のとおり、本件町道については、地形による技術的制約のため右勾配値に適合する技術的制約のため右勾配値に適合するような工事をすることができず、その勾配は、13.5パーセントであった。しかも、本件町道は、本件事故現場付近で右のように急勾配である上、カーブしており、道路の西側路側が高さ8メートル前後の切り立った崖になっており、また冬期には、積雪が多く、凍結する箇所であって、積雪、凍結時のスリップ事故の発生が予想されたから、これに備えて車両の路外逸脱を防止するための安全施設の設置については、一般の道路以上に十分配慮する必要があったものと認められる。

　そして……によれば、本件道路改良契約において、本件免責事項が定められたのは、本件町道が道路構造令に適合しない急勾配の道路であり、事故の発生が予想されたところから、町道認定後に事故が発生した場合、Xが責任を負い、被告は、責任を負わないことを明確にするためであり、被告は、本件町道が急勾配のためスリップし易く、本件自動車の転落箇所が危険箇所であると認識していたことが認められる。また、被告の建設課長補佐であるBは、本件自動車の転落箇所

は、棚を設置すべき箇所であると証言している。
　以上によれば、本件自動車の転落箇所には、車両の路外逸脱を防止するためのガードレール等の防護柵を設置する必要があったものと認めるのが相当である。ところが、右箇所には、右防護柵が設置されていなかったのであって、本件町道の構造、形状、用法、場所的環境、自然的条件、交通状況等諸般の事情を総合考慮すると、本件町道は、右設置がされていなかった点において、道路として通常有すべき安全性を欠いており、その点で瑕疵があったものと認めざるを得ない」
と判示している。

【事案の特徴】
　この事案は、路面が凍結した急斜面の町道を大型特殊貨物自動車を運転して走行中、スリップして後退し、転落したため、自動車の所有会社が町に対して営造物責任に基づき損害賠償を請求した事件である。この事案は、自動車のスリップによる転落事故であること、急勾配の雪道を運転する運転者の誤操作が問題になったことに特徴がある。

【判決の意義】
　この判決は、車両の路外逸脱を防止するためのガードレール等の防護柵を設置する必要があったとし、町道の設置・管理の瑕疵を認めたものであり、事例判断を提供するものである。

(156)　歩行者の通常予想できない行動が事故原因であるとし、遊歩道の設置・管理の瑕疵を否定した事例（福岡地判平成4・4・24判時1437号134頁、判タ791号116頁）

　　　　　　　●事案の概要●
　AはB県の公務員であったが、自動車を運転し、Y_1県下のえびの高原にでかけ、硫黄山付近に自動車を駐車し、遊歩道を散策していたところ（熱気・噴気の危険性を指摘し、立入りを禁止する注意看板が4箇所に設置されていた）、事故の態様は明らかではないものの、遊歩道から9メートル下の急斜面の地表が陥没し、噴気孔に転落し、全身熱傷の傷害を負

って死亡したため、Aの相続人であるX₁、X₂がY₁県、Y₂（国）に国家賠償法2条に基づき損害賠償を請求したものである。

　この判決は、事故現場は大小の岩石が無数に存在し、足場の悪い急斜面を約9メートル下った場所であり、遊歩道を利用する歩行者が立ち入ることが通常予想できない場所である等とし、遊歩道の設置・管理の瑕疵を否定し、請求を棄却した。

【判決内容】

　この判決は、

「国家賠償法2条1項にいう公の営造物の設置管理の瑕疵とは、公の営造物がその設置管理上通常備えるべき安全性を欠く場合をいい、その瑕疵の有無は、当該営造物の構造、通常の用法、場所的環境及び利用状況等諸般の事情を総合考慮して具体的個別的に判断すべきものである。ところで、本件遊歩道が、その本来の用法である歩行者がその上を通行する道路として使用される限りにおいて、物理的構造及び機能面の瑕疵が存在しなかったことは、弁論の全趣旨から明らかでありこれには本件事故の態様が前記二3(四)に認定のようなものであったことを考え合わせると、結局本件において検討すべき公の営造物の設置・管理の瑕疵とは、本件遊歩道の設置管理者たる被告Y₁県に、啓明のように本件遊歩道から外れて歩行するものを予測して何らかの安全性確保の措置を採るべきことが要請されるか否かにあるので、以下この点につき検討する。

　前記一に判示のように、(1)本件事故発生地点は、本件遊歩道から南へ約9メートル傾斜の急な足場の悪い斜面を下りた場所であること、(2)右地形に加え、本件遊歩道から南側には観光の対象となるものもないため、通常観光客が立ち入ることはないこと、(3)本件事故現場付近は活発な噴気現象が恒常的に発生している場所ではなく、本件事故以前に地表陥没による危険があることを知らせる看板が設置されていたこと、このほか前記二3に判示のように、本件事故は啓明が既に存在していた噴気孔に自ら近付いて転落したものであり、啓明が噴気孔に近付かないように注意して行動しておれば、本件事故の発生を防ぐことが十分可能であったと考えられること、以上のような事情に照らして判断すると、被告Y₁県において、本件遊歩道利用者の安全確保のため、本件事故現場付近の遊歩道から南側へ斜面を下りて立ち入る者があることまで予測して、柵の設置やその他右地域への立入り防止のための措置を講ずべきことが要請される事情が存したと解することはできない。むしろ、本件事故は、本件遊歩道の設置管理者である被告Y₁県にお

いて通常予測することのできない啓明の行動に起因するものであったというべく、本件遊歩道の設置管理上具有すべき安全性に欠けるところがあったとはいえない」と判示している。

【事案の特徴】

　この事案は、遊歩道を散策していた者が、熱気・噴気の危険性を指摘し、立入りを禁止する注意看板が4箇所に設置されていた箇所を歩行中、遊歩道から9メートル下の急斜面の噴気孔に転落し、全身熱傷の傷害を負って死亡したため、相続人らが県らに対して営造物責任に基づき損害賠償を請求した事件である。この事案は、遊歩道付近を歩行していた者の転落事故であること、歩行者の不注意が事故原因であったこと、遊歩道の設置・管理の瑕疵の有無が問題になったことに特徴がある。

【判決の意義】

　この判決は、この事案の事故は歩行者がすでに存在していた噴気孔に自ら近づいて転落したものであり、歩行者が噴気孔に近づかないように注意して行動しておれば、事故の発生を防ぐことが十分可能であったと考えられるとしたこと、この事故が通常予測することができない歩行者の行動に起因したものであるとしたこと、遊歩道の設置・管理の瑕疵は認められないとしたことに特徴があり、歩行者の不注意を重視し、遊歩道の設置・管理の瑕疵を否定した事例判断として参考になるものである。

(157)　運転者の異常な行動が事故原因であるとし、橋の設置・管理の瑕疵を否定した事例（浦和地判平成5・1・25判自110号94頁）

●事案の概要●

　Aが自転車に乗って走行中、川に架かる橋から川中に転落し、死亡したため、Aの相続人であるX_1、X_2が橋を管理するY_1市に対して国家賠償法2条、河川改修工事を施工していたY_2株式会社に対して不法行為に基づき損害賠償を請求したものである。

> この判決は、本件事故当時、改修工事を告知するバリケードが設置されており、Aがバリケードを押し倒して川中に転落したことは極めて異常なことであり、Y₁らがこのような事態を予見することは困難であった等とし、橋の設置・管理の瑕疵を否定し、請求を棄却した。

【判決内容】

この判決は、

「元来、本件事故当時、被告会社によって、弁天橋上に設置された前記A字型バリケードは、凶状を通行する車両や人の転落事故の発生を防止するためのものではなく、橋上を通行する車両の運転者や通行人に対して工事が行われていることを告知し、東西両側に設置された前記A字型バリケードの内側を通行するように指示するための施設である。そして、このような施設が設置されていれば、通常、橋上を通行する車両の運転者や通行人は、相当の注意を怠らない限り、自らバリケードに接近し、その外側に出ることの危険を察知して、適切な回避行動をとることが期待できるのであり、それにもかかわらず、Aが乗っていた自転車もろとも前記A字型バリケードを押し倒して川中へ転落したというのは極めて異常なことであり、事故発生前の時点において、被告らがこのような事態の発生を予見することは困難であったというべきである。そうであるとすれば、被告会社が原告ら主張のような交通上の安全確保の措置をとらなかったからといって、これを被告会社の過失であるということはできないし、被告市が被告会社に対し、そのような措置を要求しなかったからといって、被告市による弁天橋の管理について瑕疵があったとはいうことはできない」

と判示している。

【事案の特徴】

この事案は、自転車に乗っていた者が道路を走行中、川に架かる橋（当時改修工事中であり、バリケードが設置されていた）から川中に転落し、死亡したため、相続人らが橋の管理者に対して営造物責任に基づき損害賠償を請求する等した事件である。この事案は、自転車の運転者の橋からの転落事故であること、運転者がバリケードを押し倒して川に転落したものであり、不注意があったこと、橋の設置・管理の瑕疵が問題になったことに特徴がある。

6 道路事故における誤使用

【判決の意義】

　この判決は、バリケード等の施設が設置されていれば、通常、橋上を通行する車両の運転者や通行人は、相当の注意を怠らない限り、自らバリケードに接近し、その外側に出ることの危険を察知して、適切な回避行動をとることが期待できるとしたこと、この事案の運転者がバリケードを押し倒して川中へ転落したというのは極めて異常なことであるとしたこと、橋の管理者が事故発生前の時点でこのような事態の発生を予見することは困難であったとしたこと、橋の管理の瑕疵を否定したことに特徴があり、自転車の運転者の異常な行動を認め、橋の設置・管理の瑕疵を否定した事例判断として参考になるものである。

(158)　(156)の控訴審判決であり、歩行者の通常予想できない行動が事故原因であるとし、遊歩道の設置・管理の瑕疵を否定した事例（福岡高判平成5・11・29判タ855号194頁）

●事案の概要●

　前掲〔156〕（429頁）の控訴審判決であり、X₁らが控訴したものである。
　この判決は、自然公園は、自然をあるがままの状態で公園として指定されたものであり、自然の営みの中に危険性が存在するとしても、その危険は訪れる利用者において自主的に回避することが原則として予定されており、本件事故が遊歩道利用者の自主的判断と責任において行動すべき地域において、通常人の予想外の事態が生じた等とし、遊歩道の設置・管理の瑕疵を否定し、控訴を棄却した。

【判決内容】

　この判決は、
「3　一般に、本件現場のような自然公園は、自然をあるがままの状態で公園と

して指定されたものであり、自然の営みの中に危険性が存在するとしても、その危険は訪れる利用者において自主的に回避することが原則として予定されているというべきである。その見地からすると、本件遊歩道の設置目的は、単に現場付近一帯を散策したり、登山したりする者の利便のため、安全な順路を示すとともに歩行を容易にすることにあり、利用者が遊歩道外に出ることについて、全面的に禁止或いは許容するというような意味はないのであって、遊歩道外の場所への立入については、原則として利用客の自主的判断と責任に委ねられているものと解される。

　もっとも、遊歩道が整備されることによって、噴気現象等について知識、経験の少ない一般観光客の来訪が増大することは容易に考えられるから、具体的に事故発生の危険性が予測される場所については、その旨を明確にして利用客の立入を禁止する措置をとることが遊歩道設置管理者に要求されると解され、本件現場付近についても、4箇所に熱気や噴気の危険性を指摘し、立入を禁止する注意看板が本件事故当時から存在していたことは前記一で引用の事実関係のとおりである。

4　そこで、問題は、本件事故現場についても、本件のような態様の事故の発生を防止するため、被控訴人Y_1県において、柵を設けたり、注意看板を設置するなどの措置を採ることが、本件遊歩道の設置管理者として要求されていたかといえるかどうかにあるが、既に認定したとおり、本件事故現場は、被告的観光客が立ち入ることの少ない場所であり、付近一帯は硫黄分を含んだ噴気のため地表が淡黄白色を呈しているが、活発な噴気現象が固定的、恒常的に起きている場所ではなく、しかも、現場付近一帯に散在する噴気孔は、噴気の強さや噴気孔の位置が絶えず変化していること及び本件事故のように地中に熱気のたまった空洞があり、地表が陥没して転落する危険性についても、当時、一般にはそれほど知られていなかったと考えられることなどを考慮すると、被控訴人Y_1県には、本件事故現場について、本件のような態様の事故発生の危険性を具体的に予見することはできなかったと認められる。したがって、被控訴人Y_1県が、本件事故現場について、本件遊歩道利用者の立入りを禁止し、或いは陥没事故の危険性を警告するなど事故発生の防止措置を当時採っていなかったことをもって、直ちに本件遊歩道の設置管理の瑕疵があったとはいえないのであり、本件事故は、遊歩道利用者の自主的判断と責任において行動すべき地域において、通常人の予想外の事態が生じたことによってもたらされたものというほかない。

　そうすると、被控訴人Y_1県に対し、国家賠償法2条1項に基づき損害賠償を求める控訴人らの本件請求は理由がない」

と判示している。

【事案の特徴】

この事案は、遊歩道を散策していた者が遊歩道から噴気孔に転落し、全身熱傷を負って死亡したため、相続人らが県らに対して営造物責任に基づき損害賠償を請求した控訴審の事件である。この事案は、遊歩道付近を散策していた歩行者の転落事故であること、歩行者の不注意が事故原因であったこと、遊歩道の設置・管理の瑕疵の有無が問題になったことに特徴がある。

【判決の意義】

　この判決は、遊歩道外の場所への立入りについては原則として利用客の自主的判断と責任に委ねられているとしたこと、この事案の転落事故は遊歩道の利用者の自主的判断と責任において行動すべき地域において通常人の予想外の事態が生じたものであるとしたこと、遊歩道の設置・管理の瑕疵を否定したことに特徴があり、歩行者の予想外の行動を認め、遊歩道の設置・管理の瑕疵を否定した事例判断として参考になるものである。

(159)　排水路の通路部分の設置・管理の瑕疵を肯定した事例（山形地酒田支判平成 6・7・28 判時1527号139頁）

●事案の概要●

　Aは、夜間、酒を飲んだ後、自転車に乗って走行中、堤防と堤防をつなぐ道路が排水路と交差する橋状の排水路蓋部分から排水路に転落し、凍死したため、Aの相続人であるX$_1$、X$_2$らがY市に対して国家賠償法2条に基づき損害賠償を請求したものである。

　この判決は、夜間の通行者が誤って転落しないように転落防止柵を設けたり、照明設備などの事故防止施設を設けるべきであったところ、このような施設を欠くものであるとし、排水路の設置・管理の瑕疵を認め、請求を認容した（酒に酔っていたこと等から異常な運転をして転落した過失があるとし、8割の過失相殺を認めた）。

【判決内容】

この判決は、

「四　本件排水路の設置管理の瑕疵

　前記一項『本件転落事故現場付近の状況』認定のとおり、京田川側の堤防から本件橋状蓋部分を通る本件道路は別紙事故現場平面図(1)のとおり本件橋状蓋部分の前後で右と左に屈曲し、本件橋状蓋部分までは最初はきつく途中からは緩やかな下り坂になって本件橋状蓋部分の手前で急に右へ屈曲しており、本件橋状蓋部分を渡るとすぐに直角に近く左に屈曲しながら今度はややきつい上り坂になっているという特異な変形道路であって、京田川側の堤防から本件橋状蓋部分付近への夜間の見通しは、近くに民家もなく照明設備もないので当然に悪い。したがって、自転車などは下り坂で勢いがつくと途中で路外に逸脱しやすく、特に夜間で見通しが悪いときには、本件橋状蓋部分を外れて両脇の本件排水路に転落する危険があることが充分に予想される。しかも、一旦転落してしまうと、本件排水路は深さ1.95メートルと排水路程からは高く、コンクリート壁面が垂直であるため大人でも這い上がるのは困難だというのであるから、その水深が浅いところで約5センチメートル、深いところで約55センチメートル程度であっても、冬期間に排水路内に長時間取り残されれば、凍死する危険性が充分にある。そして、本件道路の利用者がほぼ限定されているとはいえ、不特定多数の人が通行可能な状態にあり、本件事故後の調査でも午後6時から午後8時までの間に自転車が12台、その他自動車等22台の合計34台が通行しており、相応の交通量がある。したがって、これらの諸事情を総合すれば、本件橋状蓋部分及びその直近の本件排水路式の道路部分には、夜間の通行者が誤って転落しないように転落防止柵を設けたり、照明設備を設けるなどの事故防止施設を設けるべきであって、そのような施設のない本件橋状蓋部分や本件排水路敷の通路部分を含む本件排水路は、営造物が通常有すべき安全性を欠いているものというべきであり、その設置管理には瑕疵があったと認めるのが相当である」

と判示している。

【事案の特徴】

　この事案は、夜間飲酒後自転車に乗って走行中、堤防と堤防をつなぐ道路が排水路と交差する橋状の排水路蓋部分から排水路に転落し、死亡したため、相続人らが市に対して営造物責任に基づき損害賠償を請求した事件である。この事案は、自転車の排水路上の通路からの転落事故が問題になったこと、自転車の運転者が飲酒後運転していたこと、運転者の誤操作（不注意）が事故原因として問題になったこと、排水路の通路部分の設置・管理の瑕疵の有

無が問題になったことに特徴がある。

【判決の意義】

この判決は、排水路の通路部分につき夜間の通行者が誤って転落しないように転落防止柵を設けたり、照明設備を設けるなどの事故防止施設を設けるべきであるとしたこと、このような施設のない通路部分を含む排水路は通常有すべき安全性を欠いているとし、設置・管理の瑕疵を認めたことに特徴がある。

しかし、この事案の自転車の運転者は飲酒の上自転車を運転していたというものであり、異常な運転、重大な不注意があるものであって、この判決の判断には重大な疑問がある（このことは、この判決が8割の高率の過失相殺を認めたことにも示されている）。

〔160〕 国道の設置・管理の瑕疵を肯定した事例（福井地判平成7・4・26判時1555号112頁）

●事案の概要●

Xが、平成3年12月、国道上を自動車を制限速度を超える速度（制限速度が40キロメートルである場所を70キロメートルで走行した）で運転して走行中、路面が凍結していたことからスリップし、国道脇の小屋に衝突して負傷したため、国道に設置された融雪装置からの放水によってスリップ事故が発生したと主張し、国道を管理していたY県に対して国家賠償法2条に基づき損害賠償を請求したものである。

この判決は、放水による凍結防止のための措置を講じるべきであったとし、設置・管理の瑕疵を認め、請求を認容した（過失相殺を3割認めた）。

【判決内容】

この判決は、

「国道ないしその附帯施設が国家賠償法2条1項にいう公の営造物であることは多言を要しないところ、右国道ないしその附帯施設の構造は、当該国道の損する地域の地形、気象及び交通等の状況に適合した危険防止の措置をなし、国道を常時良好な状態で保持し、安全かつ円滑な交通を確保すべき義務があり、通常、当該国道が予定された構造を備えず安全性を欠いている場合及び危険防止の措置を講じなかった場合には、国道の設置・管理に瑕疵があるというべきである。
　これを本件についてみるに、前記認定のように、本件事故現場付近の路面は全面にわたってかなりの程度凍結しており、当該凍結は本件融雪装置の放水に起因するものであるところ、右放水は被告からの委託業者が実施したものであるから、道路管理者としても容易にその実施時期・方法等を把握できるものであり、気象条件等についても通知されるシステムになっており、右通知がなかったとしても一般の気象情報を利用すれば、容易に知りうるものであるから、本件道路の管理者としては、右放水による路面凍結を防止する義務があり、かつ、それを容易に防止できるにもかかわらず、本件においては、なるべく雨天ないし曇天時に放水点検するように指示していたにすぎず、委託業者が何時、どのように放水点検するのかということは全く把握していない上、放水による凍結を防止するための措置も全く講じていなかったことが認められ、気象状況等に応じ、常に道路を可能な限り通行に適した状態にしておくべき国道の維持管理に明らかな瑕疵があったというべきである」

と判示している。

【事案の特徴】

　この事案は、国道上を自動車を制限速度を超える速度で運転して走行中、路面が凍結していたことからスリップし、運転者が国道脇の小屋に衝突して負傷したため、管理者である県に対して営造物責任に基づき損害賠償を請求した事件である。この事案は、自動車の国道脇の小屋との衝突事故が問題になったこと、運転者に制限速度違反の誤操作があったこと、衝突事故の原因は、自動車のスリップ、自動車の誤操作、道路面の凍結、融雪装置の放水が順次関係していること、国道の管理の瑕疵の有無が問題になったことに特徴がある。

【判決の意義】

　この判決は、放水による凍結を防止するための措置も全く講じていなかったことが認められ、気象状況等に応じ、常に道路を可能な限り通行に適した

状態にしておくべき国道の維持管理に明らかな瑕疵があったとしたものであるが、運転者が制限速度を30キロメートル超える70キロメートルで走行していたこと（誤動作）を考慮すると、自動車の運転に関する社会常識を逸脱した極めて疑問な判断である。

〔161〕 駐車車両の放置が道路管理の瑕疵に当たるとし、道路の管理の瑕疵を肯定した事例（東京地判平成8・9・19判時1858号54頁）

●事案の概要●

　Aが、昭和62年6月12日深夜、Bの同乗する自動車を運転し、コンテナ埠頭の片側5車線の第4車線を走行中、同車線上に牽引車両を切り離して駐車していたコンテナ積載台車（トレーラー）後部に衝突させ（速度制限の50キロメートルを20キロメートル超過する速度で走行していた）、A、Bが死亡したため、Aの両親X_1ら、Bの両親X_2らが本件トレーラーの所有者であるY_1株式会社、埠頭を利用する運送会社Y_2ら、道路を管理するY_3都に対して損害賠償を請求したものである。

　この判決は、Y_1の責任を認め、Y_2らの責任を否定し、Y_3の責任については、夜間無灯火の違法駐車が約1年半も継続していたこと等から、駐車車両の放置につき管理上の瑕疵を認め、Y_1、Y_3に対する請求を認容し、Y_2らに対する請求を棄却した（Aの過失を3割、Bの過失を1割認めた）。

【判決内容】

　この判決は、

「(四) 被告東京都の責任
　前記一の事実によれば、本件道路は道路法上の道路ではないものの、道路交通法の適用となる一般交通のように供する場所であることからすれば、本件道路を管理する東京都開発局南部埋立地管理事務所は、道路を常時良好な状態を保つように維持し、修繕し、もって一般交通に支障を及ぼさないように努める義務を負

うと解されるところ（道路法42条参照）、前記一のとおり、本件道路は、幅６メートルの中央分離帯で分離され、片側幅員16.8メートルの片側５車線の、終日駐車禁止の規制がされた道路であって、本件事故当時は、その第４車線及び第５車線上に、コンテナを積み込んだトレーラーが、何らの灯火をつけることなく、特段の警告措置を取ることなく、それぞれ40台以上もの駐車列を作って並んだまま、夜間、少なくとも２時間以上放置されていたのであり、本件道路が片側５車線の道路であって、なお３車線が走行可能であることを考慮しても、道路の中央寄りに２車線にわたってトレーラーが何らの灯火もなしに、数十台駐車されているという右駐車状況からするならば、本件事故当時、本件道路はその安全性を著しく欠如する状態であったといわざるをえない。そして、右のように、夜間、トレーラーが、駐車灯等を点灯しないままの状態で、本件道路の中央よりの車線に数十台の駐車列を作って並んでいるという状況は、遅くとも、本件事故の約１年６ヵ月前である、昭和60年11月頃には既に発生し、その危険性が問題とされ、現に昭和62年３月には、夜間駐車されていたトレーラーへの追突事故が発生してその危険が現実化していたにもかかわらず、本件道路を管理していた東京都開発局南部埋立地管理事務所は、夜間の違法駐車数を訴外警備会社に調査させ、その数が500台を超えるというような異常な事態であることを把握し、その危険性について危惧しながらも、路上駐車の事態を解消するために、都有地を利用したシャーシープールの設置を計画し実施したほかは、水上書の取締に委ねるほかないとして、現実に違法駐車されたトレーラー等の排除又は一般車両に対する道路中央部分に障害物が存在することについての告知については、何らの措置も取らなかったのであるから、このような状況のもとにおいては、本件事故発生時、同事務所の道路管理に瑕疵があったというほかない。したがって、被告東京都は、国家賠償法２条に基づき、本件事故によって生じた損害を賠償すべき責任がある。

　この点に関し、被告東京都は、本件トレーラーは、一定時間経過後には、運転者その場所から移動させる意思を有しており、継続的に放置されていたものではないから、路上で放置された障害物のように、道路を管理するものにおいて、これを異動除去すべき義務が生じるものではなく、また、本件道路は、安全に通行できる部分があり、かつ、安全に通行できる部分を識別することは、通常の速度で走行するかぎりは極めて容易であったから、本件道路には、通常備えるべき安全性を欠く点は存在しなかったと主張する。しかしながら、前記のように、本件道路には、コンテナを積み込んだトレーラーが、駐車灯等の灯火をつけることなく、また特段の警告装置を取ることなく、数十台以上もの駐車列を作って並んだまま、夜間、少なくとも２時間以上放置されていたものであり、かつ、前認定の事実によれば、翌朝コンテナパースに向けて発進するまでは、駐車を継続していることは明らかである以上、その駐車時間に鑑みれば、本件トレーラーの運転者が将来これを移動させる意思を有していたか否かを問わず、右事態は本件道路の

安全性を著しく欠如する状態であったといわざるを得ない」
と判示している。

【事案の特徴】
　この事案は、自動車が深夜コンテナ埠頭の片側5車線の第4車線を走行中、同車線上に駐車していたコンテナ積載台車（トレーラー）後部に衝突させ、運転者・同乗者が死亡したため、相続人らが都に対して営造物責任に基づき損害賠償を請求する等した事件である。この事案は、自動車の駐車車両との衝突事故が問題になったこと、運転者の深夜制限速度を超えて走行する誤操作があったこと、駐車車両の放置が道路の管理の瑕疵に当たるかが問題になったことに特徴がある。

【判決の意義】
　この判決は、深夜2時間以上放置したことが道路の管理の瑕疵に当たるとしたものであるが、運転者が深夜制限速度を20キロメートル超える70キロメートルで走行したこと（誤操作）を考慮すると、疑問が残る判断である（仮に過失相殺を認めて調整するとしても、この判決の過失相殺の判断は低すぎるものである）。

〔162〕　通常有すべき安全性を欠くに至っているとはいえないとし、国道の管理の瑕疵を否定した事例（東京高判平成8・9・26判夕960号112頁）

●事案の概要●

　Aが国道を原動機付自転車を運転して走行中、交通が渋滞していたため、前方の大型トレーラーを追い抜くため、走行車線から道路の路肩に進入し、追い越しを始めたところ、歩道の縁石に自転車を接触させ、バランスを崩して転倒し、トレーラーの後輪に轢かれて死亡したため、Aの両親X_1、X_2が国道を管理するY（国）に対して国家賠償法2条に基づき損害賠償を請求したものである。第1審判決が請求を一部認容したため、Yが控訴し、X_1らが附帯控訴した。

441

> この判決は、路肩に泥土が堆積していたとしても、当時の堆積の程度であれば、路肩部分が通常有すべき安全性を欠いているとはいえないとし、管理の瑕疵を否定し、原判決を取り消し、請求を棄却した。

【判決内容】

この判決は、

「3 右によれば、被害車が、本件路肩上の泥土のために、ハンドルをとられたり、車輪をスリップしたとはにわかに認めがたく、かえって、被害車が、加害車を追い越そうとしたときは、歩道の縁石と加害車との間の間隔がわずか1.3メートルしかなく、しかも、加害車は、大型トレーラーであるから、被害車が衝突の危険を感じて、心理的になるべく離れて並進ないし追い越しをしようとすることは十分考えられること（……の実験結果もこれを裏付けている。）、本件事故現場は当時、既に暗くて、証明も十分でなかったこと、前記タイヤ痕はまっすぐ歩道の縁石に向かって印象されていることを勘案すれば、亡Aは、加害車を追い越す際に、加害車との間隔をとることに気をとられ、縁石に十分注意を払わず、そのために縁石に接触して横転したことを認めるに足りないというべきである。したがって、被控訴人等の主張する泥土の堆積と本件事故の発生との間に法律上の因果関係があるとは認められない。

……

4 したがって、路肩上に泥土が堆積していたことから当然に道路の管理に瑕疵があるというべきではなく、堆積した泥土の厚さの程度や堆積した泥土が車両の走行に与える影響、道路の管理体制の実情、高越状況等をも考慮して、道路の管理に瑕疵があるかどうかについて判断すべきである。そして、本件事故現場を管理していた控訴人の国道維持出張所において、平成2年11月の本件路肩の清掃後も、定期的に道路を巡回して、道路上の落下物の回収等を行い、道路の異常の有無を把握していたことは前記認定のとおりであり、……によれば、本件事故現場付近を管理する控訴人の右国道維持出張所では、1月、2月は降積雪が多いため、車道上に降った雪を除雪車により排除して路肩に堆積させることなどして、車道における車両の安全な通行を確保することを中心に管理していることが認められる。また、本件路肩上の泥土の堆積状況は前記認定のとおりであるところ、……によれば、本件路肩部分の泥土の堆積状況に比較的近いと考えられる泥土の堆積状況では、二輪車の通常の走行には余り影響がないことが認められるから、本件路肩のうちでも、あまり泥土が堆積していない車道外側線付近（この部分は、路肩の効用のうち、特に、自動車の走行速度を確保するための余裕幅をとることに

よって、車道の効用を保つという趣旨を主に担うことになる。）では、二輪車の走行に、より影響がないことが推認される。これに本件事故が前記認定のとおり、追越し禁止区域で、大型トレーラーを左側から追い越すために路肩を走行して縁石に接触し転倒したことにより発生していること、（この追い越し方法は道路交通法28条1項に違反する。）をも勘案すると、本件事故当時、本件路肩部分に泥土が堆積していたとしても、自動二輪車の通常の直進走行を前提とするかぎり、前記認定の厚さの泥土の存在をもって、道路の路肩部分が通常有すべき安全性を欠くに至っているとはいまだ認めがたく、道路の管理に瑕疵があったとはいえないというべきである。よって、この点の被控訴人等の主張も採用できない」

と判示している。

【事案の特徴】

　この事案は、国道を原動機付自転車を運転して走行中、前方の大型トレーラーを追い抜くため、走行車線から道路の路肩に進入したところ、歩道の縁石に原動機付自転車を接触させ、バランスを崩して転倒し、トレーラーの後輪に轢かれて死亡したため、両親が国に対して営造物責任に基づき損害賠償を請求した事件である。この事案は、原動機付自転車の転倒事故が問題になったこと、原動機付自転車の運転者が追越禁止区域で違法な追越方法をとる誤操作があったこと、国道の路肩部分の国道管理の瑕疵が問題になったことに特徴がある。

【判決の意義】

　この判決は、この事案の事故が追越禁止区域で大型トレーラーを左側から追い越すために路肩を走行して縁石に接触し転倒したことにより発生した等とし、国道の路肩が通常有すべき安全性を欠くに至っているとはいえないとし、国道の管理の瑕疵を否定したものであり、瑕疵の否定事例として参考になるものである。

(163) (160)の控訴審判決であり、国道の設置・管理の瑕疵を肯定した事例
　　　（名古屋高金沢支判平成8・11・6判時1592号80頁）

第2章 誤使用をめぐる裁判例

―――――――●事案の概要●―――――――
前掲〔160〕(437頁)の控訴審判決であり、Yが控訴したものである。
　この判決は、第1審判決と同様な判断を示し、第1審判決を変更し（第1審判決が過失相殺を3割認めたのに対し、4割の過失相殺を認めた）、請求を認容した。

【判決内容】

　この判決は、

「控訴人は、乙25（神奈川県工科大学機械システム工学科教授安倍正人の鑑定書）及び甲26（科学警察研究所交通部部付主任研究官上山勝の意見書）を根拠として、本件事故は、被控訴人が被控訴人車を運転中制限速度毎時40キロメートルの道路を少なくとも時速70キロメートルという大幅の制限速度違反の状態で進行し、さらに加速しながら車線変更を行ったためにタイヤがスリップして、自車のコントロールを失うことによって発生したものであり、本件事故の原因は被控訴人の安全運転への配慮に欠けた、通常予想されない危険な運転行為によるものであるから、本件道路の管理について瑕疵はなく、仮に本件事故現場付近の路面が凍結していたとしても本件事故の発生との間に相当因果関係はない旨主張する。しかしながら、右乙号証が推定する被控訴人車がスリップする直線路に至って車線変更をしたことを窺わせるに足る事情は証拠上一切認められないし、また、仮にカーブの出口付近で被控訴人が加速したとしてもその上限について判断されていない右乙号証をもって直ちにこの点の控訴人の主張を採用することはできない。後記3認定の本件事故発生時における被控訴人車の走行速度及び運転方法が危険なものであり、過失相殺の対象になることは当然であるとしても、制限速度が毎時40キロメートルの道路において制限速度をかなりの程度上回る速度で走行する車両が多数存在することは一般的に知られるところであり、前記認定によれば本件道路は郊外の比較的見通しのよい幹線道路であり、当時の天候は快晴で積雪もなかったことに照らすと、後記3認定の被控訴人の走行速度及び運転方法をもって、直ちに本件道路で通常予想される交通方法を逸脱した異常なものとまで認めることはできないのであるから、本件道路の管理について瑕疵はないばかりでなく、仮に本件事故現場付近の路面が凍結していたとしても本件事故の発生との間に相当因果関係はないという控訴人の前記主張は採用できない」

と判示している。

【事案の特徴】

この事案は、国道上を自動車を制限速度を超える速度で運転して走行中、路面が凍結していたことからスリップし、運転者が国道脇の小屋に衝突して負傷したため、管理者である県に対して営造物責任に基づき損害賠償を請求した控訴審の事件である。この事案は、自動車の国道脇の小屋との衝突事故が問題になったこと、運転者に制限速度違反の誤操作があったこと、衝突事故の原因は、自動車のスリップ、自動車の誤操作、道路面の凍結、融雪装置の放水が順次関係していること、国道の管理の瑕疵の有無が問題になったことに特徴がある。

【判決の意義】

　この判決は、第1審判決（〔160〕（437頁））と同様な判断をしたものであるが（過失相殺を3割から4割に変更したものである）、第1審判決と同様に、自動車の運転の社会常識を逸脱した極めて疑問のある判断である。

〔164〕　橋の管理の瑕疵を肯定した事例（高知地判平成10・5・11判夕995号128頁）

●事案の概要●

　銀行の従業員AがY₁市内の繁華街で開催された取引先の忘年会に出席し、二次会、三次会に出席して飲酒し、その後、帰宅するため、妻X₁が自動車で迎えに来るのを待つこととし、待ち合わせ場所付近の国道を歩いていたところ、国道近くを流れる川に転落して死亡したため（国道沿いの橋に約4.1メートルほど欄干が破損していたため、この破損場所から転落したことが疑われた）、Aの相続人であるX₁、X₂らがY₁市、Y₂（国）に対して国家賠償法2条に基づき損害賠償を請求したものである。

　この判決は、欄干の破損場所から転落したことを認め、破損したまま放置したことに橋の管理の瑕疵があったとし、Y₁の責任を認め、Y₁に対する請求を認容し（過失相殺を8割認めた）、Y₂に対する請求を棄却した。

【判決内容】

この判決は、

「二　営造物管理責任の有無
1　前記前提事実4記載のとおり、被告Y₁市管理の欄干の破損箇所は長さ約4.1メートルであり、歩行者は当該箇所から転落する危険がある。本件欄干は歩行者等の転落を防止し、歩行者等の生命、身体の安全を護る構造物であり、特に、弁論の全趣旨によれば、本件現場は、Y₁市の中心部に位置し、昼夜歩行者もあるが、被告Y₁市は、本件欄干を、前記前提事実6のとおり、破損したまま約12日間放置し、なんら転落事故防止のための措置をとっていなかったのであって、同被告の営造物の管理には瑕疵があったものというべきである。

被告Y₁市は、歩行者が本件欄干破損箇所から転落することは、本件欄干と歩道等の位置関係等から凡そ考えられず、亡Aが本件欄干破損箇所から転落したとしても、それは余程異常な行動によるものであり、亡Aの転落と管理の瑕疵との間には因果関係がないと主張するが、前記認定のとおり、亡Aは、現実に幡多倉橋の欄干破損箇所から転落しており、市街中心部に設置されている欄干が10日以上も、長さ約4.1メートルにわたって破損したまま放置されていたのであって、管理の瑕疵と亡Aの転落との間に因果関係があることを認めざるを得ない」

と判示している。

【事案の特徴】

この事案は、飲酒のうえ繁華街の国道を歩行中、妻が自動車で迎えに来るのを待っていた間、歩行者が川に転落して死亡したため、相続人らが国らに対して営造物責任に基づき損害賠償を請求した事件である。この事案は、国道から川への歩行者の転落事故が問題になったこと、歩行者が飲酒酩酊していたこと、国道上の橋の欄干が一部破損していたことから、橋の管理の瑕疵の有無が問題になったことに特徴がある。

【判決の意義】

この判決は、橋の破損箇所の放置を理由に橋の管理の瑕疵を肯定したものであるが、歩行者の飲酒の状況に照らすと、飲酒者の不注意が事故原因であるというべきものであり、社会常識を逸脱した極めて疑問な判断である（この判決が8割もの高率の過失相殺を認めていることも、その疑問を裏づける）。

〔165〕 歩行者の不注意が事故原因であるとし、マットの安全性を肯定した事例（東京地判平成11・4・22判タ1016号173頁）

●事案の概要●

　高齢者（当時、70歳）Xが、雨天の日、ビニールマット上を歩行した際に、Y株式会社においてビルの新築工事を施工するために公道上に塩化ビニール樹脂製の歩行マットを敷設していたところ、Xが転倒し、負傷したため、不法行為に基づき損害賠償を請求したものである。
　この判決は、歩行マットのすべり抵抗係数が安全性が認められる0.4以上であった等とし、請求を棄却した。

【判決内容】

　この判決は、

「二　前記認定の事実によれば、被告は、本件工事にあたり、歩行者が通行する公衆用道路である本件道路上全面に90メートルにわたって鉄板を敷きつめる必要があり、歩行者の歩行の安全確保のために右鉄板上に全面に本件マットを敷設していたことが明らかである。そうであるとすれば、本件マット上を多数の一般の歩行者が通行することは当然に予想されたのであるから、被告としては、一般の歩行者が転倒等の不測の事故に遭わないよう、これらの歩行者の歩行上十分な安全性のあるマット等を選択したうえ、さらにこれらのマット等を適切に敷設する注意義務を負っていたというべきである。そこで、以下、右の注意義務を被告が怠ったといえるかという観点から、前記一で認定した事実を前提にして本件の争点について判断する。
1　本件マット自体が歩行者にとって安全性能を欠いていたか
㈠　前記認定のとおり小野教授の右各試験の結果によれば、本件マットのCSR値は、水及びダストを散布した状態においても最低で0.559（紳士靴をすべり片とした場合の値）である。
　右各試験の結果については、その信頼性を疑わせるような事情は特に存しない。それどころか、右各試験は東京工業大学の小野教授という第三者に依頼してなされたものであること、小野教授はすべりに関する専門家であること、右各試験のうち1回目の試験は本件事故以前になされていること、本件事故後になされた2回目の試験も1回目の試験の結果と比べるとその結果は合理的なものであると評価できることからすると、右各試験の信頼性は十分あるものというべきである。

そして、CSR値は0.4以上が安全とされていることからすると、本件マットのCSR値は安全と評価できる範囲内に収まっているのであるから、本件マット自体の安全性能に問題はないといえる。

㈡　これに対し、原告は、本件マットの安全性能を試験するには『制動停止距離法』によるべきであると主張する。しかし、その主張の根拠は明らかではなく、また、制動停止距離法によった場合、本件マットが安全性に欠けるという結果が得られるとの証拠もない。

また、原告は、前記各試験は人間が歩行するメカニズムに則ったものではないから、原告の歩行中に発生した本件事故の現実にそわないと主張する。しかし、小野教授の報告書……や同教授の論文……においては、許容範囲とされるCSR値は通常の歩行を想定して定められているのであって、右各試験は人間の歩行を念頭に置いたものであることは明らかである。

さらに、原告は、通常の道路におけるアスファルト舗装に比べて本件マットは滑りやすいと主張する。確かに、本件マットが水に濡れている場合、アスファルト舗装に比べて滑りやすいことは容易に推測できるというべきであるし、小野教授の前記各試験の結果によれば、本件マットは清掃状態の場合に比べて水及びダストを散布した場合のほうがよりCSR値は低く、滑りやすくなっていることが認められる。しかし、本件マットを過度に滑りにくくすれば、歩行する際の快適さを損なったり、かえってつまづきなどによる事故が発生する危険性が増加することも考えられるのであるから、本件マットがアスファルト舗装と同程度の滑りにくさを有しない限り安全性に欠けるとするのは妥当ではない」

と判示している。

【事案の特徴】

この事案は、ビルの新築工事を施工するために公道上に塩化ビニール樹脂製の歩行マットが敷設されていたところ、雨天の日、高齢者がマット上を歩行した際、転倒し、負傷したため、施工業者に対して不法行為に基づき損害賠償を請求した事件である。この事案は、高齢者のマット歩行中の転倒事故が問題になったこと、高齢者の不注意が事故原因ではないか、マットが安全性に欠けるかが問題になったことに特徴がある。

【判決の意義】

この判決は、一般の歩行者が転倒等の不測の事故にあわないよう、これらの歩行者の歩行上十分な安全性のあるマット等を選択したうえ、マット等を

適切に敷設する注意義務を負っていたとしたこと、この事案ではマットが安全性に欠けるところはないとしたことに特徴があり、マットの安全性を肯定した事例として参考になる（この事案の転倒事故は、歩行者の不注意が原因であったということになる）。

(166) 歩道・河川の設置・管理の瑕疵を肯定した事例（大阪高判平成13・1・23判時1765号57頁）

●事案の概要●

　道路を遮る形で川が流れ（川底まで約2.3メートル）、その相当手前に高さ約80センチメートルのガードレールが設置されていたところ、Y_3株式会社が隣接地を駐車場として使用していたことから、ガードレールを撤去し、川沿いに高さ約38センチメートルのガードレールを設置していたが、平成9年4月深夜、Aが飲酒酩酊して歩行中、ガードレールに躓き、川に転落し、約6時間後に発見され、死亡したため、Aの相続人であるX_1、X_2らが道路・河川を管理するY_1府、Y_2市に対して国家賠償法2条、Y_3に対して土地工作物責任に基づき損害賠償を請求したものである。第1審判決（大阪地判平成12・3・28（平成9年(ワ)第12104号））は、通常の注意を払っていれば事故が発生しなかったとし、請求を棄却したため、X_1らが控訴した。

　この判決は、飲酒者の歩行を前提とした安全性の確保が必要であるとし、転落防止装置等が必要であった等とし、設置・管理の瑕疵を認め、第1審判決を変更し、請求を認容した（過失相殺を6割認めた）。

【判決内容】

　この判決は、

「1　歩道、河川の安全性
　本件では歩道の安全性が問題となっている。歩道は老若男女を問わずすべての

人が通行する。視覚障害者を初めとする身体障害者も通行するし、昼夜を問わず、天候いかんも問わない。脇見をしたり、物思いに耽りながら歩道を通行する人も多いし、歩道上を走っている通行者もいる。酒に酔った歩行者もいる。歩道は、本来このような交通弱者が安心して通行できる場所として設けられたものである。

したがって、このような歩道通行者が常に進路前方、左右、足下に注意しながら、歩道を安全に通行するものであると期待することはできない。歩道は、このような種々雑多な歩行者が、いかなる季節、天候、時刻であろうと、歩道を通行することについての通常有すべき安全性が確保されていなければならない。

そして、もし、歩道が通常有すべき安全性が確保されていないのであれば、当該歩道の設置管理に瑕疵があるというべきである。また、歩道通行中の者が河川に転落して負傷する防止策がとられておらず、河川が通常有すべき安全性が確保されていないのであれば、当該河川の管理にも瑕疵があるといわざるを得ない。

2　Aの泥酔等

㈠　被控訴人等は、Aが本件事故当時酩酊ないし泥酔していたとして、このような者についてまで歩道、河川の安全性を確保する必要はないと主張する。

しかし、前後不覚の泥酔者はともかくとして、かなりの深酒をしていて注意力が散漫になっている程度であれば、当該飲酒者の歩行を禁ずることはできず、同人にとっても、歩道を通行することについての通常有すべき安全性が確保されていなければならない。

　　……

4　まとめ

以上の1ないし3の認定判断によると、本件事故は、土地工作物である本件ガードレールの設置の瑕疵により発生したものであり、公の営造物である道路（本件歩道等）及び河川（今井戸川）の管理の瑕疵により発生したものと認めることができる。

すなわち、本件事故現場は、公の営造物である道路（本件歩道等）と河川（今井戸川）が交差するところであるが、同所には高さ38センチメートルしかない瑕疵のある本件ガードレールが設置されているだけで、今井戸川への転落防止のための相当な措置が講じられていない。そのため、道路及び河川が交錯する本件事故現場は、歩行者の転落防止等通常有すべき安全性を欠いていたことが認められる。

道路管理者は、本件歩道等の通行者が危険な本件事故現場に近づかないように誘導もしくは通行止めにする等、相当な措置を講ずるべきであったのに、これを怠った管理責任がある。河川管理責任者は、本件ガードレール自体を十分な高さのものにして設置するか、本件ガードレールに沿ってより高い柵を設置する等、今井戸川への転落防止のための適当な措置を講ずるべきであったのに、これを怠った管理責任がある」

と判示している。

【事案の特徴】

　この事案は、深夜飲酒して道路を歩行していた者がガードレールに躓き、川に転落して死亡したため、相続人らが府、市に対して営造物責任に基づき損害賠償を請求する等した控訴審の事件である（第1審判決は歩行者の不注意が事故原因であるとし、道路の設置・管理の瑕疵を否定したものである）。この事案は、歩行者の夜間における道路から川への転落事故が問題になったこと、歩行者がガードレールに躓いて発生した事故であること、歩行者が飲酒のうえ歩行していたこと、飲酒による不注意が事故原因ではないかと問題になったこと、ガードレールに沿って転落防止措置を講じなかったことが道路の設置・管理の瑕疵として問題になったことに特徴がある。

【判決の意義】

　この判決は、飲酒者の歩行を前提とした安全性の確保が必要である等とし、道路の設置・管理の瑕疵を肯定したものである。

　しかし、この判決は、道路の安全性に関する判断の枠組み自体に重大な疑問があるだけでなく、飲酒酩酊による不注意を軽視しているという重大な疑問があるものである。

(167)　町道の設置・管理の瑕疵を肯定した事例（福岡地小倉支判平成13・8・30判時1767号111頁）

●事案の概要●

　XがY町の管理に係る道路を原動機付自転車に乗って走行中、道路のアスファルト部分が剥離しており、剥離部分に後輪が引っかかり転倒し、負傷したため、XがYに対して国家賠償法2条に基づき損害賠償を請求したものである。

　この判決は、剥離が発生してから少なくとも2、3日を経過し、瑕疵を発見し危険を除去しなかった等とし、道路の設置・管理の瑕疵を認め、

請求を認容した（過失相殺を5割認めた）。

【判決内容】

この判決は、

「(1) 営造物の設置管理の瑕疵とは、営造物が通常有すべき安全性を欠いていることをいうが、この要件はいわゆる規範的要件であるから、原告において営造物の安全性の欠如を根拠付ける具体的事実（評価根拠事実）を主張立証し、被告において損害発生の予見可能性のないことや結果回避可能性のないこと（評価障害事実）を主張立証することになると解される。
(2) 本件くぼみの位置や形状は、前記事実(4)のとおりであるところ、本件くぼみの底と道路表面に深さ約5センチメートルの段差があるので、原動機付き自転車のように軽量かつ安定度の低い車両が本件くぼみに入った場合は、車輪が段差に引っかかったり、運転者がハンドルを取られたりして転倒する危険性が十分にあったものであり、本件道路には安全性が欠如していたと一応認めることができる」
と判示している。

【事案の特徴】

この事案は、町道を原動機付自転車を運転して走行中、町道のアスファルト部分が剥離していた箇所に後輪が引っかかって転倒し、負傷したため、町に対して営造物責任に基づき損害賠償を請求した事件である。この事案は、走行中の原動機付自転車の転倒事故が問題になったこと、運転者の不注意が問題になったこと、アスファルト部分の剥離の放置が道路の管理の瑕疵に当たるかが問題になったことに特徴がある。

【判決の意義】

この判決は、剥離が発生してから少なくとも2、3日を経過し、瑕疵を発見し危険を除去しなかった等とし、町道の設置・管理の瑕疵を認めたものであるが、2、3日の放置が管理の瑕疵に当たるとする判断には疑問が残るし、事故原因として運転者の不注意に照らすと、この疑問は無視できないものである。

(168) 市道の管理の瑕疵を肯定した事例（神戸地尼崎支判平成13・12・4判時1798号111頁）

●事案の概要●

　Xが、平成7年12月夜、Y₁市の設置する市道を原動機付自転車を運転して走行中、道路工事がされ、段差があり、保安灯の照明装置がない場所で、アスファルト路面から約5センチメートル突出していた消火栓にハンドルをとられて路上に投げ出され、負傷し、後遺症を負ったため、XがY₁のほか、工事を請け負ったY₂株式会社、工事を施工していたY₃に対して国家賠償法2条等に基づき損害賠償を請求したものである。

　この判決は、本件事故の2時間前にも原動機付自転車を運転していた者が路面から突出した制水弁に乗り上げた事故があったこと等を認め、市道の設置・管理の瑕疵を肯定する等し、請求を認容した（過失相殺を3割認めた）。

【判決内容】

　この判決は、

「㈠　上記認定事実によれば、本件工事の結果、本件消火栓は切削された周囲の路面から約5センチメートルの高さで突出していたにもかかわらず、その周囲には建設事務次官通達『建設工事公衆災害防止対策要綱（土木工事編）』の定める基準（勾配5パーセント以内）を満たさない不十分なすりつけ舗装しかされていなかった上、夜間、本件消火栓の存在及び危険性について注意を喚起するための保安灯や照明という保安設備は設置されず、北行車両については、道路工事中であることや段差が生じていることを知らせる標示も、本件事故現場付近のみならず、本件工事区間内のどこにも設置されていなかった、というのであって、事故防止のための措置が講じられていなかったというに等しく、このような状況の下では、原動機付自転車等の二輪車が、本件消火栓及びその周囲が切削されたアスファルト路面から突出していることやその程度に気付かないまま進行し、ハンドルを取られるなどして転倒するような交通上の危険性が存在していたものというべきである（なお、上記建設事務次官通達は、法令ではないが、その定めるすりつけの基準は、道路の安全性を判断する資料となるものであり、また、直接的には、掘

削した路面と周囲の路面との段差が生じた場合［本件についていえば本件段差］について定めるものではあるが、切削した路面と突出した本件消火栓との段差についても、同様に判断資料となるものということができる。被告らは、本件消火栓の周囲の勾配は消火栓南側の南方方向で6.25パーセントであり、上記通達の基準値である5パーセントの勾配とほぼ同程度であるとまでいうことはできない）。

したがって、本件道路の本件事故現場付近は、道路として通常有すべき安全性を欠いていたというべきである」

と判示している。

【事案の特徴】

この事案は、市道を原動機付自転車を運転して走行中、道路工事がされており、路面から約5センチメートル突出していた消火栓にハンドルをとられて路上に投げ出され、負傷したため、市に対して営造物責任に基づき損害賠償を請求する等した事件である。この事案は、市道を原動機付自転車を運転して走行中、消火栓と衝突した事故が問題になったこと、運転者の不注意が問題になったこと、市道の管理の瑕疵の有無が問題になったことに特徴がある。

【判決の意義】

この判決は、工事の施工にあたって事故防止のための措置が講じられていなかったというに等しい等とし、市道の管理の瑕疵を認めたものであるが、運転者の不注意が事故原因になったとの判断も不合理ではない。

(169) 町道の設置・管理の瑕疵を肯定した事例（千葉地判平成14・1・21判時1783号127頁）

●事案の概要●

XがY町の設置する町道の急な坂道（斜度約14度）を激しい雨の降っている日に歩行していたところ、町道に設置されていた鉄蓋（グレーティング）の上で滑り、負傷したため、XがYに対して国家賠償法2条に基づき損害賠償を請求したものである。

この判決は、鉄蓋付近には谷側にガードレールが設置されていたほか、転倒防止の設備がなかったこと、事故前から滑りやすいことが住民により問題にされていたこと、県議会議員によりYに陳情されていたこと等の事情から、通常有すべき安全性を欠いていたとし、町道の設置・管理の瑕疵を認め、請求を認容した（過失相殺を5割認めた）。

【判決内容】

　この判決は、

「㈠　1に認定した事実によれば、本件町道は、伊豆急電鉄北川駅から付近の集落に至る町道のうち坂道となっている部分に当たり、絶対的な交通量は限られるとしても、前記の駅を利用する観光客や付近住民、その送迎用の自動車が常時利用している道路部分であって、被告の設置している町道の中では比較的交通量の多い部分に属している（少なくとも、山間の道のように歩行者があまり利用しないといった道路でない）ところ、舗装はされているものの、全体としてかなりの急傾斜になっている上、その部分によって傾斜の程度が13ないし21度の範囲内で異なり、一般的にいっても比較的歩きにくい道路といえ、また、激しい降雨時にはその危険性がいっそう高まるものといえる。そうすると、このような道路に特に滑りやすい構成部分（滑り止めのないグレーティングはそのような部分に該当するといえる）があれば、歩行者がその部分で転倒する危険性が存在することは、一般論として肯定することができるところである。

　そして、本件グレーティングのうち、原告が転倒した部分付近の傾斜は14.0度であり、本件町道の中では比較的傾斜のゆるい部分に属しているものの、絶対的な斜度としてはなおかなり高いものということができる。

　……

㈢　以上のような事情を総合すると、原告が本件道路を歩行中に起こった本件事故は、本件事故当時、原告に、左手で傘を差し、右手ではリュックサックを背負った妻の左手を握るという不安定な姿勢をとっており、また、足元を十分に注視しなかったため本件グレーティングに足を乗せる直前までこれを発見することができなかったという歩行態様の問題点があることを考慮しても、なお、本件町道の通常の用法により生じたものとはいえ、本件グレーティングは、本件町道の構成部分として通常有すべき安全性を欠いていたものであり、被告にはその管理に瑕疵があったものといわざるをえない」

と判示している。

【事案の特徴】

　この事案は、歩行者が町道の急な坂道（斜度約14度）を激しい雨の降っている日に歩行していた際、鉄蓋（グレーティング）の上で滑り、負傷したため、町に対して営造物責任に基づき損害賠償を請求した事件である。この事案は、歩行者の降雨中における急な坂道に設置された鉄蓋上の転倒事故が問題になったこと、歩行者の不注意が事故原因ではないかが問題になったことに特徴がある。

【判決の意義】

　この判決は、歩行者が左手で傘を差し、右手ではリュックサックを背負った妻の左手を握るという不安定な姿勢をとっており、また、足元を十分に注視しなかったためグレーティングに足を乗せる直前までこれを発見することができなかったという歩行態様の問題点があることを認めつつ、町道の設置・管理の瑕疵を認めたものであるが、判決文を一読しただけでも疑問のある判断である。

　この事案では、歩行者が通常の注意をすれば事故の回避が可能であったということができる（この判決も、5割の過失相殺を認めているのも、瑕疵に関する微妙な判断が影響している）。

(170)　町道の設置・管理の瑕疵を肯定した事例（福岡地行橋支判平成15・1・28判時1864号154頁）

●事案の概要●

　Y_1町は、Y_2に注文し、Y_2が道路の改良舗装工事を施工し、Y_3が現場責任者であったところ、工事現場のガードレールが工事のために取りはずされていたが（街灯は設置されていなかった）、深夜、Aが自動車を運転して走行中、ガードレールが取りはずされていた箇所から隣接する川（約4メートル下）に落下し、死亡したため（当時、Aは、無免許で、飲酒運転であった）、Aの両親X_1、X_2がY_1に対して国家賠償法2条に基

づき、Y_2らに対して不法行為に基づき損害賠償を請求したものである。

　この判決は、赤色注意灯、ロープ等を設置しなかったこと等から、道路の設置・管理に瑕疵があった等とし、請求を認容した（過失相殺を3割認めた）。

【判決内容】

　この判決は、

「上記認定のとおり、本件道路部分は、やや右カーブしているため、道なりに曲がらなければ、西郷川に転落する可能性のある変形道路であるうえ、西郷川との境界部分も、本件追加工事により、従来の状態とは異なる形状となっていた。また、本件道路部分付近の夜間の見通しは、近くに民家もなく照明設備もないので当然に悪い。したがって、とくに夜間で見通しの悪いときには、本件道路部分から西郷川に転落する危険のあることが十分に予想される。被告らは、中原方面から直進する場合、本件道路から西郷川に転落する可能性はないと主張するが、上記のような本件道路の形状からすると、このような主張は採用することができない。また、西郷川は、本件事故当時、床堀された上、降雨により増水していたのであるから、自動車が転落すると、運転者が溺死する可能性があることも十分に予想された。

　したがって、これらの諸事情を総合すると、本件道路部分には、夜間の通行者が誤って転落しないように、仮設のガードレールを作ったり、バリケードを増やしてチューブライトを設置するなどの事故防止策を講じるべきであって、そのようなことがなされなかった本件道路部分は、通常有すべき安全性を欠いているものというべきであり、その設置管理には瑕疵があったと認めるのが相当である」

と判示している。

【事案の特徴】

　この事案は、道路の改良舗装工事が施工されていたところ、夜間自動車を運転して走行中（運転者は無免許で飲酒中であった）、ガードレールが取りはずされていた箇所から川に転落して運転者が死亡したため、相続人らが町に対して営造物責任に基づき損害賠償を請求した事件である。この事案は、自動車の川への転落事故が問題になったこと、運転者が無免許で飲酒運転であり、自動車の誤操作、不注意があったこと、道路の設置・管理の瑕疵の有無

が問題になったことに特徴がある。

【判決の意義】

この判決は、夜間の通行者が誤って転落しないよう仮設のガードレールをつくる等の事故防止策を講じるべきであり、対策が講じられなかった道路部分は、通常有すべき安全性を欠いているとし、道路の設置・管理の瑕疵を認めたものであるが、運転者の不注意が認められるうえ、無免許、飲酒運転であったことに照らすと、極めて疑問の多い判断である。

〔171〕 国道の設置・管理の瑕疵を一応推定するとした事例（福岡高判平成15・7・15判タ1156号197頁）

●事案の概要●

中学生Ａ（当時、14歳）が、平成11年7月23日、当時、集中豪雨であったところ、国道を歩行中、交差点に設置された集水ますのグレーチング蓋が流水の影響によって浮き上がっていたところ、その開口部から集水ますに転落し、暗渠を流されて死亡したため、Ａの相続人である母ＸがＹ（国）に対して国家賠償責任法2条に基づき損害賠償を請求したものである。第1審判決（長崎地判平成14・3・27判タ1156号203頁）は、記録的な豪雨の流水が集水ますの開口部から溢れ出したなどとし、グレーチング蓋がはずれたことが瑕疵に当たらないとし、請求を棄却したため、Ｘが控訴した。

この判決は、グレーチング蓋が固定されていなかったことが設置・管理の瑕疵を一応推定するとしたうえ、推定を動揺させる証拠がないとし、第1審判決を変更し、請求を認容した（過失相殺を75％認めた）。

【判決内容】

この判決は、

「ア　一応の推定

本件グレーチング蓋がボルト等で本件集水ますに固定されていれば、本件事故は起きなかったと認められるから、上記固定されていなかったことは、被控訴人の営造物である本件側溝、本件集水ます及び本件グレーチング蓋を含む本件道路（国賠法2条1項にいう公の営造物に当たる。）の設置又は管理に瑕疵があったものと一応推認するのが相当である。

イ　本件事故当時、行政関係法令上、グレーチング蓋をボルト等で固定することを指示する規定がなかったことは、同法令上違法でなかったことを意味するが、そのことは、損害賠償法の上でも違法性が阻却されることに直結するものではなく、アの推定を左右しない。行政法理と損害賠償法理とは、そもそも法原理が異なるからである。（最高裁第一小法廷昭和37年11月8日判決・民集16巻11号2216ページ、同第二小法廷昭和46年4月23日判決・民集25巻3号351ページ参照）。

……

6　本件道路の設置又は管理の瑕疵の有無についての結論
　そして、他に3(4)アの推定を動揺させるに足りる証拠はない。
(1)　したがって、本件グレーチング蓋がボルト等で本件集水ますに固定されていなかったことは、被控訴人の営造物である本件側溝、本件集水ます及び本件グレーチング蓋を含む本件道路が、通常有すべき安全性を欠いていたというべきであり、国賠法2条1項にいう公の営造物の設置又は管理に瑕疵があったものということができる」

と判示している。

【事案の特徴】

　この事案は、集中豪雨によって国道の交差点に設置された集水ますのグレーチング蓋が流水の影響によって浮き上がっていたところ、歩行者（中学生）が開口部から集水ますに転落して死亡したため、相続人が国に対して営造物責任に基づき損害賠償を請求した控訴審の事件である（第1審判決は、国道の管理の瑕疵を否定している）。この事案は、国道の集水ます（開口部）からの歩行者の落下事故が問題になったこと、歩行者の不注意があったこと、蓋が浮き上がったことは記録的な豪雨によるものであったこと、蓋が浮き上がったことが国道の管理の瑕疵に当たるかが問題になったことに特徴がある。

【判決の意義】

　この判決は、グレーチング蓋がボルト等で集水ますに固定されていれば、事故は起きなかったと認められることを前提とし、固定されていなかったこ

とは、集水ますおよびグレーチング蓋を含む国道の設置または管理に瑕疵があったものと一応推認するのが相当であるとし、この事案では推定を動揺させる証拠がないとし、国道の設置・管理の瑕疵を認めたものであるが、前記の推定が認められるべき根拠が乏しいだけでなく（推定を認めるべき経験則、蓋が浮き上がった原因の検討が十分ではない）、記録的な豪雨による突発的な事故であることに照らすと、国道の管理の瑕疵を認めるには疑問が残るものである。

〔172〕 歩道の設置・管理の瑕疵を肯定した事例（広島地福山支判平成17・2・23判時1895号82頁）

―――●事案の概要●―――

　Aが、未明、Y市が設置・管理する歩道（水路の溝蓋部分）を前照灯を点灯して自転車で走行中、溝蓋の途切れた部分から水路（深さ約1メートル）に転落し、後頭部を打撲して死亡したため、Aの相続人であるX₁、X₂がYに対して国家賠償法2条に基づき損害賠償を請求したものである。

　この判決は、夜間通行者が誤って水路に転落しないような標識等を設置する必要があった等とし、設置・管理の瑕疵を認め、請求を認容した（過失相殺を4割認めた）。

【判決内容】

　この判決は、

「このように、本件事故現場においては、夜間、肉眼では本件溝蓋の途切れるところと、本件水路の開渠部分の境目を識別しにくく、そのまま本件溝蓋部分を進行して本件水路に転落しかねない危険性を有している。そして、そのような場合には、本件水路の深さが約1メートルで側溝及び底面の材質がコンクリート製であることからすれば、転落した自転車運転者等が生命を失いかねない危険があることは当然予想されることである。この点、被告は、仮に転落しても途中で引っ

460

掛かって止まり、底部まで直下することはないと主張するが、最も狭い底部においても幅は約0.5メートルであるところ、本件自転車の幅は約0.54メートルであり、容易に底面に到達するし、運転者においてはなおさらである。そして、当事者双方の実験時においては、本件歩道を利用した歩行者及び自転車はほとんどなかったものの、本件市道は、深夜でもまばらとはいえ、自動車の通行がある道路であることからしても、深夜における本件歩道の自転車等の通行可能性は相応にあるものと推認される。

したがって、これらの事情を総合すれば、本件歩道及び水路は、深夜本件歩道及び水路上の溝蓋を進行してきた自転車等が、本件溝蓋部分を経て本件水路に転落する危険性を有しており、本件溝蓋の付近等には、夜間の通行者が誤って本件水路に転落することのないように危険性を知らせる標識や転落防止装置を設けたり、照明設備を設置するなどの事故防止措置をとることが必要であったというべきである。

しかしながら、本件事故当時、そのような措置は何らとられていなかったものであるから、本件歩道及び水路は、営造物が通常有すべき安全性を欠いていたものというべきであり、その設置管理に瑕疵があったと認めるのが相当である。

これに対し、被告は、本件以前に本件事故現場での事故報告はなく、近隣住民等から防護柵等の設置の要望もなかったから、本件歩道及び水路が通常有すべき安全性を欠いていたとはいえないとの趣旨の主張をする。なるほど、被告は、土木事業や水路の改修事業等に関する地元住民の意向を市に申し出る土木常設員制度を設けているところ、本件事故現場について、本件事故前、被告に土木常設員を通じて防護施設等の設置の要望はなかった。しかし、証人渡邊自ら、被告Y市における他の水路転落事故についても、土木常設員から意見が上がってきたことはないと証言していることをみると、そもそも被告の土木常設員制度が、かかる水路転落事故発生の危険性の指摘という観点において十分に機能していたものといえるのか疑問なしとしないことに加え、本件事故直後の平成13年1月1日にも本件事故現場で転落事故が起きていること、それを踏まえて警察の指摘を受けて上記ポストコーンが急遽設置されたこと、さらには、設置者は明らかではないが、過去に本件溝蓋北西側端付近に歩行者止めが設置されていた痕跡があることなどに照らせば、本件事故現場の転落危険性及び転落防止装置の必要性があったものと十分に認められるのであり、被告主張の事実をもって、本件歩道及び水路に瑕疵がなかったとはいえない。また、被告が主張する水路管理上の開渠の原則については、本件溝蓋部分をAに占用許可するにあたって、溝掃除を容易にするためのグレーチングをかけることを義務づけることで対処し、本件事故現場近くの水路においても同様のコンクリート製溝蓋が多く見受けられることなどに鑑みると、必ずしも絶対的な原則とは認め難い。そもそも被告が主張するような『開渠の原則』が存するとしても、転落事故発生の危険を放置してよいことにはならないの

461

第2章　誤使用をめぐる裁判例

であり、転落防止装置には溝蓋以外にも防護柵の設置等、より弊害の少ない種々の方法が考えられるところである。清掃作業上の困難という理由も設置上さほど障害になるものとは認められない。結局のところ、この点についての被告の主張は理由がないというべきである」
と判示している。

【事案の特徴】

　この事案は、夜間、前照灯を点灯して自転車で歩道（水路の溝蓋部分）を走行中、溝蓋の途切れた部分から水路に転落し、死亡したため、相続人らが市に対して営造物責任に基づき損害賠償を請求した事件である。この事案は、自転車の水路への転落事故が問題になったこと、水路の溝蓋部分を走行していたため、運転者の不注意が問題になったこと、水路の設置・管理の瑕疵の有無が問題になったことに特徴がある。

【判決の意義】

　この判決は、夜間の通行者が誤って水路に転落することのないように危険性を知らせる標識や転落防止装置を設けたり、照明設備を設置するなどの事故防止措置をとることが必要であったとし、歩道および水路は、営造物が通常有すべき安全性を欠いていたものとして、設置・管理の瑕疵を認めたものであり、事例判断を提供するものである。

　もっとも、この事案では、運転者の過失相殺を4割程度認めるには足りない程度の重大な運転者の不注意があり、これが主要な事故原因であるとの疑問が残るものである。

〔173〕　歩道の設置・管理の瑕疵を肯定した事例（名古屋簡判平成18・8・2判夕1129号229頁）

●事案の概要●

　Xが、歩道を散歩中、対向する自転車を避けるため、Y市の管理に係る歩道の一部である蓋付U字形側溝の上に立ち止まった後、側溝上を歩行したところ、5センチメートルほど持ち上がっていた蓋に足をとられ

て転倒したため、Yに対して国家賠償法2条に基づき損害賠償を請求したものである。

この判決は、蓋が5センチメートル持ち上がった状況は通常の安全性を欠くものであるとし、道路の瑕疵を認め、請求を認容した（Xの過失を8割認め、過失相殺した）。

【判決内容】

この判決は、

「本件事故現場の状況は、争いのない事実等(3)のとおりである。側溝は、雨水等の排水を本来の目的とするものであるが、本件側溝は歩道の一部であって、蓋がされて本来の歩道部分と段差がないのであるから、人が歩くことも当然予想される。そうすると、本件蓋が5センチメートルほど持ち上がっている状態は、歩行者がそれにつまずいて転倒する危険性は十分にあり、本件歩道には通常有すべき安全性を欠いていたと一応認定することができる。

被告は、一般の歩行者が通常の注意を払っていれば、本件蓋の持ち上がりに気づき、転倒事故は回避できるから、瑕疵は存在しない旨主張する。

しかし、通常の歩道において、歩行者に足元の道路の状況に常に注意を払う義務を認める法的根拠はなく、また、本件事故当時、本件歩道において歩行者にそのような注意を払うことを求め得るような事情はうかがわれないので、一般の歩行者が通常の注意を払えば、常に本件蓋の持ち上がりに気づいて転倒事故を回避できるとまでは認められず、被告の主張は採用できない」

と判示している。

【事案の特徴】

この事案は、歩行者が歩道を散歩中、対向する自転車を避けるため、側溝の上に立ち止まった後、側溝上を歩行した際、5センチメートルほど持ち上がっていた蓋に足をとられて転倒したため、市に対して営造物責任に基づき損害賠償を請求した事件である。この事案は、歩行者の歩道上の転倒事故が問題になったこと、歩行者が側溝の上を歩行し、蓋に足をとられた不注意があったこと、歩行者の不注意が事故原因ではないか、歩道の設置・管理の瑕疵があるかが問題になったことに特徴がある。

第2章　誤使用をめぐる裁判例

【判決の意義】

　この判決は、一般の歩行者が通常の注意を払えば、常に蓋の持ち上がりに気づいて転倒事故を回避できるとまでは認められない等とし、歩道の設置・管理の瑕疵を認めたものである。

　しかし、側溝を歩行しているものであり、前方に注意を払えば十分に事故を回避することができたものであって、この判決は社会常識を逸脱したものであり、重大な疑問があるものである。

〔174〕　運転者の誤操作が事故原因であることを推定し、県道の設置・管理の瑕疵を否定した事例（仙台高判平成20・5・29判タ1278号250頁）

――●事案の概要●――

　Aが、田における耕作作業を終え、Y県の管理する幅員4.7メートルの県道（工事用車両道路兼農道であり、工事終了後は、農道として移管される予定になっていた）をトラクターを運転して走行中、路肩から転落し、道路脇に設置された用水路の側溝とトラクターの間に挟まれ、死亡したため、Aの相続人であるX₁、X₂らがYに対して道路の設置・管理の瑕疵を主張し、国家賠償法2条に基づき損害賠償を請求したものである。第1審判決（仙台地判平成19・9・27（平成17年(ワ)第1690号））が道路の安全性の瑕疵を否定し、請求を棄却したため、X₁らが控訴した。

　この判決は、事故の具体的な原因は不明であるが、路肩が弱かったとはいえない等とし、道路の設置・管理の瑕疵を否定し、控訴を棄却した。

【判決内容】

　この判決は、

「(4)　そこで、本件事故の事故態様について検討する。上記認定のとおり、Aは、本件事故現場の近くにある自己所有の水田での耕作作業を終えて、本件事故現場の西側で本件道路に入り、本件道路を西側から東側に向けて走行していたもので

ある。そして、本件道路の通行量はさほど多いものではなく、本件トラクターのギアは主変速が 4 速、副変速が H に入っており、本件トラクターとしては最も速度が出せる状態になっていたことにすれば、Aは、本件トラクターが出すことができる上限に近い、時速10kmないし15km程度の速度で本件道路を走行していた可能性がある。また、本件トラクターは、実況見分時には、左右ブレーキペダルの連結板（セーフティロック）が外れた状態にあったところ、連結板が外れた状態でブレーキを踏めば、片ブレーキとなり、横転の可能性があるのであり、速度を上げている場合には、その危険が高まるものと考えられる。Aが本件トラクターのブレーキペダルの連結板が外れた状態で本件道路を走行中に片ブレーキを掛けたために、本件トラクターが横転して本件事故に至った可能性も否定することはできない。なお、証人夏川和夫の供述によれば、トラクターが横転すればそれによってブレーキペダルの連結板が外れる可能性があることが認められるが、可能性でいえば、Aが連結板を最初からかけ忘れていた可能性もあるのである。

　その一方で、Aが本件道路を走行中にブレーキを掛けたとすれば、その理由は必ずしも明らかではない。本件道路は、周囲を水田に囲まれており、幅員がさほど広いとはいえず、アスファルト舗装がされているわけでもないのであるから、本件道路を車両で通行するのは周辺の農地の所有者が中心であると考えられ、また、本件事故直後の実況見分の際にも一般車両の通行はなかったことからすれば、本件道路の交通量は多くはなかったものと考えられるのであり、対向車が現れた可能性は高いものとはいえないし、対向車が存在したことを認めるに足りる証拠もない。本件事故現場付近の本件道路には、多少のくぼみがあるが、それが本件トラクターでの走行に支障があるようなものだったとも考え難い。本件道路上に何らかの障害物があり、それを避けるためにブレーキを掛けたようなことをうかがわせる証拠はない。

　このようにみると、本件事故が、本件トラクターのブレーキペダルの連結板が外れた状態で走行中に片ブレーキを掛けたために本件トラクターが横転したことによるものである可能性があるものの、その蓋然性が相当程度に認められるとまではいえない。

　また、実況見分調書……によれば、転落後の本件トラクターの前輪がやや右方向に曲がっていることが認められ、このことからすると、転落直前、Aは、転落を予見し、これを避けるために右ハンドルを切ったものの、間に合わずに転落したものとうかがわれるが、これによっても、どうして転落するに至ったのかは明らかでない。

　他に本件事故の原因を明らかにするに足りる証拠はなく、本件事故の具体的な原因は明らかとはいえないが、上記のとおり、本件事故現場付近の本件道路の路肩部分が脆弱だったとは認められないのであるから、本件事故は、結局のところ、Aの何らかの運転ミスにより、走行中に本件トラクターを横転させたか、あるい

は、本件トラクターを路外に進出させることによって生じたものと考えざるを得ない。
(5) 以上のとおり、本件事故の具体的な原因は明らかとはいえないが、本件事故現場付近の路肩が崩壊した事実が認められない以上、本件事故現場の路肩が脆弱であったことを理由として本件道路に設置又は管理の瑕疵があったとする控訴人らの主張は理由がないものといわざるを得ない」
と判示している。

【事案の特徴】

　この事案は、県道をトラクターを運転して走行中、路肩から転落し、運転者が道路脇に設置された用水路の側溝とトラクターの間に挟まれ、死亡したため、相続人らが県に対して営造物責任に基づき損害賠償を請求した控訴審の事件である。この事案は、トラクターの道路からの転落事故が問題になったこと、運転者の誤操作があったと推定されることに特徴がある。

【判決の意義】

　この判決は、事故原因が不明であるとしつつ、道路の設置・管理の瑕疵を否定したものであり、運転者の誤操作が事故原因であることを推定し、前記の瑕疵を否定した事例判断として参考になる。

7　鉄道事故における誤使用

(1)　概　説

　日本各地に鉄道網が設置され、日々運用されているが、自動車交通網の発達につれ、鉄道網が減少傾向にある。鉄道は、陸上交通の動脈の地位から低下しつつあり、地域によっては道路交通の障害として問題視されたりして現在に至っている。

　鉄道事故は、従来から多数発生しているところであり、事故の中には鉄道設備の瑕疵が問題になったものもあるし、設備の使用者の誤使用が問題になったものもある。鉄道設備による事故が発生した場合、鉄道設備の占有者・所有者が損害賠償責任を負うかが問題になるところ、鉄道事故において使用者の誤使用が関連すると思われるいくつかの裁判例を概観したい。

(2)　鉄道事故をめぐる裁判例

〔175〕　鉄道設備の設置の瑕疵を肯定した事例（最二小判昭和46・4・23民集25巻3号351頁、判時626号25頁、判タ263号211頁）

―●事案の概要●―

　A（当時、3歳）がY株式会社の運行する鉄道の警標のみが設置された無人踏切で電車にはねられ、死亡したため、Aの両親X_1、X_2がYに対して土地工作物責任に基づき損害賠償を請求したものである。控訴審判決（東京高判昭和40・2・10判時398号11頁）は、保安設備がなかったことが瑕疵に当たるとし、請求を認容すべきものとしたため、Yが上告した。

　この判決は、踏切道の軌道施設は保安設備と一体となって考察すべきであり、あるべき保安設備を欠く場合には、設置に瑕疵があるとし、上告を棄却した。

【判決内容】

第2章　誤使用をめぐる裁判例

　この判決は、

「同第2点について。
　列車運行のための専用軌道と道路との交差するところに設けられる踏切道は、本来列車運行の確保と道路交通の安全とを調整するために存するものであるから、必要な保安のための施設が設けられてはじめて踏切道の機能を果たすことができるものというべく、したがって、土地の工作物たる踏切道の軌道施設は、保安設備と併せ一体としてこれを考察すべきであり、もしあるべき保安設備を欠く場合には、土地の工作物たる軌道施設の設置に瑕疵があるものとして、民法717条所定の帰責原因となるものといわなければならない。この点の原審の判断に所論の法令違背はなく、論旨は採用することができない。
　同第3、4点について。
　踏切道における軌道施設に保安設備を欠くことをもって、工作物としての軌道施設の設置に瑕疵があるというべきか否かは、当該踏切道における見通しの良否、交通量、列車回数等の具体的状況を基礎として、前示のような踏切道設置の趣旨を充たすに足りる状況にあるかどうかという観点から、定められなければならない。そして、保安設備を欠くことにより、その踏切道における列車運行の確保と道路交通の安全との調整が全うされず、列車と横断しようとする人車との接触による事故を生ずる危険が少くない状況にあるとすれば、踏切道における軌道施設として本来具えるべき設備を欠き、踏切道としての機能が果されていないものというべきであるから、かかる軌道設備には、設置上の瑕疵があるものといわなければならない。
　これを本件について見るに、原審（第一審判決引用部分を含む。）の適法に確定した諸事情、とくに、本件踏切を横断しようとする者から上り電車を見通しうる距離は、踏切の北側で50メートル、南側で80メートルで、所定の速度で踏切を通過しようとする上り電車の運転者が踏切上にある歩行者を最遠距離において発見しただちに急停車の措置をとっても、電車が停止するのは踏切をこえる地点になるという見通しの悪さのため、横断中の歩行者との接触の危険はきわめて大きく、現に本件事故までにも数度に及ぶ電車と通行人との接触事故があったことと、本件事故当時における一日の踏切の交通量（後記踏切道保安設備設置標準に従った換算交通量）は700人程度、一日の列車回数は504回であったことに徴すると、本件踏切の通行はけっして安全なものということはできず、少くとも警報機を設置するのでなければ踏切道としての本来の機能を全うしうる状況にあったものとはなしえないものと認め、本件踏切に警報機の保安設備を欠いていたことをもって、上告会社所有の土地工作物の設置に瑕疵があったものとした原審の判断は、正当ということができる。
　所論は、運輸省鉄道監督局長通達（昭和29年4月27日鉄監第384号および同号の

2）で定められた地方鉄道軌道及び専用鉄道の踏切道保安設備設置標準に従って保安設備を設ければ、社会通念上不都合のないものとして、民法上の瑕疵の存在は否定されるべきであるというが、右設置標準は行政指導監督上の一応の標準として必要な最低限度を示したものであることが明らかであるから、右基準によれば本件踏切道には保安設備を要しないとの一事をもって、踏切道における軌道施設の設置に瑕疵がなかったものとして民法717条による土地工作物所有者の賠償責任が否定さるべきことにはならない。そして、前記諸事情のもとにおいては、所論のような踏切利用の態様の委細や警報機の設置に要する費用等を云々することによって、前記判断の結論を左右しうるものとは認められないから、原審の右判断に審理不尽の違法があるということもできない」

と判示している（判例評釈として、川井健・法協90巻3号554頁、徳本鎮・民商66巻5号182頁、宮原守男・判タ265号64頁がある）。

【事案の特徴】

　この事案は、幼児が無人踏切で電車にはねられ死亡したため、両親が鉄道会社に対して土地工作物責任に基づき損害賠償を請求した上告審の事件である。この事案では、幼児の踏切事故が問題になったこと、幼児の親の監督過誤が事故原因として問題になること、鉄道の警標のみが設置されたことが鉄道設備の設置・保存の瑕疵に当たるかが問題になったことに特徴がある。

【判決の意義】

　この判決は、少なくとも警報機を設置するのでなければ踏切道としての本来の機能を全うしうる状況にあったものとはいえないとし、鉄道設備の設置の瑕疵があったとしたものであり、事例判断を提供するものである。もっとも、幼児の年齢等を考慮すると、鉄道設備だけでなく、両親の監督過誤が事故原因であるとして問題になりうるものである。

（176）　踏切の保安設備の設置・保存の瑕疵を肯定した事例（最三小判昭和46・9・28判時646号44頁、判タ269号192頁）

●事案の概要●

　国鉄の見通しの悪い踏切につき第一種踏切（遮断機を設け、警手を配置

するもの）から第三種踏切（警報機のみを設置するもの）に変更されたところ、踏切において自動車と炭水車が衝突し、現場に居合わせたAが巻き添えで死亡したため、Aの相続人であるX₁、X₂らがY（日本国有鉄道）に対して土地工作物責任に基づき損害賠償を請求したものである。控訴審判決（大阪高判昭和42・7・15交通民集4巻5号1324頁）が保安設備を欠く瑕疵を認め、請求を認容すべきものとしたため、Yが上告した。
　この判決は、保安設備を欠く設置上の瑕疵を認め、上告を棄却した。

【判決内容】

　この判決は、

「……の上告理由第1点について。
　列車運行のため専用軌道と道路との交差するところに設けられる踏切道は、本来列車運行の確保と道路交通の安全とを調整するために存するものであるから、必要な保安のための施設が設けられてはじめて踏切道の機能を果すことができるものというべく、したがって、土地の工作物たる踏切道の軌道施設は、保安設備とあわせ一体としてこれを考察すべきであり、もしあるべき保安設備を欠く場合には、土地工作物たる軌道施設の設置に瑕疵があるものとして、民法717条所定の帰責原因となるものといわなければならない。この点の原審の判断に所論の法令違背はなく、論旨は採用することができない。
　同第2、4点および結語について。
　踏切道における軌道施設に保安設備を欠くことをもって、工作物としての軌道施設の設置に瑕疵があるというべきか否かは、当該踏切道における見通しの良否、交通量、列車回数等の具体的状況を基礎として、前示のような踏切道設置の趣旨をみたすに足りる状況にあるかどうかという観点から、判断されなければならない。そして、保安設備を欠くことにより、その踏切道における列車運行の確保と道路交通の安全との調整が全うされず、列車と横断しようとする人車との接触による事故を生ずる危険が少なくない状況にあるとすれば、踏切道における軌道施設として本来備えるべき設備を欠き、踏切道としての機能が果されていないものというべきであるから、かかる軌道設備には、設置上の瑕疵があるものといわなければならない。
　これを本件について見るに、原審の適法に確定した諸事情、とくに、本件軌道の東西の見通しが極めて悪く、本件踏切と交差する道路の中央部の軌道の南側レールから約3.65メートル南の地点から軌道上西方を見通しうる距離はわずか20メ

ートル前後にしかすぎず、右踏切を自動車を運転し南から北へ横断しようとするときは、自動車の前部を踏切内に乗り入れ、たまたま列車が通過する場合には、それと接触するおそれがある地点において、一旦停車し、軌道上の状況を確かめなければならないこと、本件軌道は貨物列車専用の単線の軌道であって、いずれの列車の速度も時速20キロメートルを越えることはないが、湊川駅には蒸気機関車の方向を転換させる転車台がないため湊川駅から神戸港駅方面へ貨物を牽引する場合、機関車は炭水車を先頭にして進むいわゆる逆行運転をせざるをえないし、その逆行運転のときは、機関士は機関士席に正常に腰かけたまま、上半身を捻じ曲げて、後向きになるようにし進行方向に注意しながら機関車の操作をしなければならないため、機関士の前方注意力は正常運転の場合に比較して著しく阻害されること、上告人は経営合理化のため昭和36年4月1日それまで第一種（遮断機を設け警手を配置する）であった本件踏切を第三種（警報機のみを設置する）に変更したが、本件事故後である同年11月から自動第一種踏切とし、警手の配置はしないが、列車が通過する度に自動的に遮断機が閉じる設備を設置したこと、昭和34年10月ごろ、上告人が本件踏切の交通量について調査したところによると、歩行者を1、自転車を2、荷車・牛馬車を3、小型自動車を10、それ以外の自動車を30として算出した総交通換算量は33.048であり、自動車の一日の交通量は1、522台であり、本件事故当時はこれを相当上回わる交通量であったこと、昭和36年4月当時本件踏切を通過する定時列車回数は一日12回であったが、湊川駅構内の貨車入替作業のため時を定めず度々機関車が通過すること、第三種踏切に変更された後、保安設備として設置された閃光式警報機は本件踏切の南側西端と北側東端にあり、南側の警報機は高さが約5.8メートルあり、その上部に警報ベルが、また、地上約4メートルの個所に2個の閃光赤色灯がそれぞれ取り付けられていて、東行列車が踏切手前145メートル、西行のそれが同じく148メートルの軌道上にさしかかると自動的に警報ベルが鳴り始め、赤色灯が点滅し始める装置になっており、これらの作動中は、正常な注意力を働かすならば警報機から30メートル手前の地点で警報ベルの音を聴取でき、20メートル手前の地点で赤色灯の点滅を確認することはできるが、南側閃光式警報機は電柱のやや陰になり、高さが高いため接近すると却って多少見えにくくなり、そのうえ、その警報ベルは旧式のものでその音は比較的弱く、周囲の騒音が大きい場合は、聴きとり難い状況にあったことに徴すると、本件踏切はただ単に警報機を設置したのみでは保安設備として不十分であり、自動遮断機の設備をするのでなければ踏切道としての本来の機能を全うしうる状況にあったものとなしえないものと認め、本件踏切に自動遮断機の保安設備を欠いたことをもって、上告人所有の土地工作物の設置に瑕疵があり、本件事故はこの瑕疵により発生したものであるとした原審の判断は、正当ということができる（当裁判所昭和40年(オ)第536号同46年4月23日第二小法廷判決参照）」

471

と判示している。

【事案の特徴】

　この事案は、警報機のみが設置された踏切において自動車と炭水車が衝突し、現場に居合わせた者が巻き添えで死亡したため、相続人らが国鉄（当時）に対して土地工作物責任に基づき損害賠償を請求した上告審の事件である。この事案は、見通しの悪い踏切での衝突事故の巻き添え事故が問題になったこと、踏切の保安設備の変更後の事故が問題になったこと、自動車の運転者の不注意が事故原因ではないかが問題になったこと、踏切の設置・保存の瑕疵の有無が問題になったことに特徴がある。

【判決の意義】

　この判決は、ただ単に警報機を設置したのみでは踏切の保安設備として不十分であり、自動遮断機の設備をするのでなければ踏切としての本来の機能を全うしうる状況にあったものとはいえないし、踏切に自動遮断機の保安設備を欠いたことが瑕疵に当たるとしたものであり、事例判断を提供するものである。

(177)　自動車の運転者の不注意が事故原因であるとし、踏切の保安設備の設置の瑕疵を否定した事例（和歌山地判平成2・8・17判タ739号142頁）

●事案の概要●

　Aが貨物自動車を運転し、JR和歌山線の農道踏切（警報機・遮断機は設置されていなかったが、一時停止の標識が設置され、列車を見通すためのミラーも設置され、踏切からの見通しも良好であった）を、電車が約60メートルに接近しているところを横断中、電車と衝突し、頭蓋骨骨折等によって死亡したため、Aの相続人Xが踏切を設置するY株式会社に対して警報機・遮断機が設置されていなかった等と主張し、土地工作物責任に基づき損害賠償を請求したものである。

　この判決は、自動車運行者は通常の注意を払いさえすれば、事故の発

生は十分に防止することができた等とし、踏切の設置・保存の瑕疵を否定し、請求を棄却した。

【判決内容】

この判決は、

「2　ところで、踏切における軌道施設に警報機、遮断機の保安設備を欠くことが、工作物としての軌道施設の設置瑕疵に該当するか否かは、当該施設における見通しの良否、交通量、通過する列車の回数等の具体的状況を総合して、列車運行の確保と道路交通の安全とを調整すべき踏切設置の趣旨を満たすに足りるものといえるかどうかという観点から定めなければならない。
3　この観点から本件について検討するに、前認定の諸事情のもとにおいては、本件踏切は、前記の踏切注意柵、標識が設置されている以上、運行する列車と横断しようとする人や車との接触による事故を生ずる危険が少なくない状況にあるとまでは認められず、列車運行の確保と道路交通の安全との調整という踏切としての本来の機能を全うしているものというべきであり、しかも、自動車通行者は本件踏切南側停止線付近でその東方約180〜190メートルの地点に電車を認識しうるのであるから、通行者において電車通過につき通常の注意を払いさえすれば、事故の発生は十分に防止することができる。

そして、前記認定事実のもとでは、Aが前記停止線で一旦停止したが東方から西進する右電車の確認を怠ったか、確認を一応したがまだ渡れるものと判断を誤って横断しかけたことが本件事故の原因と窺える状況にあって、通常の注意を払っていれば電車を確認し本件事故の発生を未然に防止できたものというほかはなく、結局、事故の原因が本件踏切の踏切警報機、遮断機等の保安設備の設置欠缺にあるということはできない」

と判示している。

【事案の特徴】

この事案は、貨物自動車を運転し、JRの農道踏切を横断中、電車と衝突し、運転者が死亡したため、相続人らが鉄道会社に対して土地工作物責任に基づき損害賠償を請求した事件である。この事案は、自動車の踏切事故が問題になったこと、自動車の運転者の不注意が事故原因になったこと、踏切の保安設備の設置の瑕疵の有無が問題になったことに特徴がある。

【判決の意義】

第2章　誤使用をめぐる裁判例

　この判決は、自動車の運転者が通常の注意を払えば事故の発生を防止することができたとし、鉄道の保安設備の設置の瑕疵を否定したものであり、事例判断を提供するものである。この判決は、自動車の運転者の不注意を理由に鉄道の保安設備の設置の瑕疵を否定した事例として参考になる。

〔178〕　自動車の運転者の誤操作が事故原因であるとし、鉄道施設の設置・管理の瑕疵を否定した事例（最一小判平成2・11・8金判869号31頁）

————●事案の概要●————

　Aは、JR日豊本線と併行して走る県道（幅員7.7メートル）を大型貨物自動車を運転して走行中、本件自動車を道路の縁壁を越えて線路上に転落させ、折から走行してきた急行列車に衝突させ、列車の乗客が死傷したため（乗客2名が死亡し、33名が負傷した）、負傷した乗客、死亡した乗客の相続人であるX_1、X_2らが鉄道を設置管理していたBを承継したY事業団に対して国家賠償法2条に基づき損害賠償を請求したものである。控訴審判決が鉄道施設に車両等の転落防止施設あるいは転落した車両等と列車との衝突を防止する保安施設ないし危険防護施設を設置していなかった等とし、施設の設置・管理の瑕疵を認め、請求を認容したため、Yが上告した。

　この判決は、本件事故は自動車の運転手の異常かつ無謀な運転によって生じたものであって、鉄道施設の設置・管理者の通常予測できないものであったとし、原判決を破棄し、本件を原審に差し戻した。

【判決内容】

　この判決は、

「国家賠償法2条1項の営造物の設置又は管理の瑕疵とは、営造物が通常有すべき安全性を欠いていることをいい（最高裁昭和42年(オ)第921号同45年8月20日第一小法廷判決・民集24巻9号1268頁）、右の通常有すべき安全性は、営造物の設置管

理者において通常予測することのできる用法を前提として定めるべきものであって、この趣旨における安全性に欠けるところがない場合には、営造物の通常の用法に即しない行動の結果事故が生じたとしても、右事故が営造物の設置又は管理の瑕疵によるものであるということはできないと解するのが相当である（最高裁昭和53年(オ)第76号同年7月4日第三小法廷判決・民集32巻5号809頁参照）。これを本件についてみるに、原審の確定した前記事実関係によれば、幅員7.7メートルある本件県道の道路端には図面第二図のとおり幅約40センチメートル、深さ約15センチメートルのコンクリート製の無蓋側溝が設置されており、更に側溝の東側には図面第二図のとおり道路面から縁壁上端までの高さ約40センチメートル、幅約25センチメートルの石造の本件縁壁が設置されていたというのであり、本件縁壁の右材質、高さ、形状等の構造に加え、本件県道の幅員や見通し状況、側溝の存在等を考慮すると、本件縁壁は、通常予測することのできる用法を前提として生ずる事故によって車両等が路外へ転落することを防止する機能に欠けるところはなかったものというべきである。そして、前記認定事実によれば、本件事故は、Ａが本件自動車を運転中、先行車を無理に追い越そうとして過って本件自動車の右前輪を本件県道東側の側溝に落とした際、減速あるいは停止の措置をとることなく、アクセル・ペタルを踏み込んで加速した勢いで側溝から脱出しようとし、かえって側溝にハンドルをとられ、右前輪のホイルナット付近を本件縁壁に激突させ、そのままの状態で本件自動車を約17.6メートルも進行させ、その間、約13.3メートルにわたって本件縁壁の上段の縁石を下段の縁石から剥離、崩落させ、本件自動車を下段の縁石を乗り越えて路外に進出するに至らしめ、急遽制動措置をとったが時すでに遅く、本件自動車は制御を失い、本件軌道敷内に転落した結果発生したというのである。そうであれば、Ａのとった措置は、本件自動車が大型車両で強い駆動力のあることを過信して強引に側溝からの脱出を図ったもので、本件事故現場付近の前記地理的状況等にかんがみれば、極めて異常かつ無謀な運転行為であり、本件事故は、このような通常予測することのできない無謀な行動に起因するものであったということができる。そうだとすれば、本件県道において、通常予測することのできる用法を前提とした場合、車両等の転落防止施設としては前記側溝に接して設置された本件縁壁をもって十分なものであったというべきであるから、国鉄が、鹿児島県に対し、更に本件軌道敷への車両等の転落防止施設の設置を要請せず、また、自ら本件軌道敷への車両等の転落防止施設あるいは転落した車両等と列車との衝突を防止する保安施設ないし危険防護施設を設置しなかったとしても、鉄道施設につき通常有すべき安全性を欠いていたものということはできず、Ａのした通常予測することのできない無謀な行動に起因する本件事故について、上告人がその鉄道施設の設置管理者としての責任を負うべき理由はない」

と判示している（判例評釈として、潮海一雄・民商104巻5号110頁がある）。

【事案の特徴】

　この事案は、鉄道と並行する県道を大型貨物自動車を運転して走行中、道路の縁壁を越えて線路上に転落させ、折から走行してきた急行列車に衝突させ、列車の乗客が死傷したため、乗客らが鉄道の管理者に対して営造物責任に基づき損害賠償を請求した上告審の事件である。この事案は、自動車の並行する鉄道への転落事故が問題になったこと、自動車の運転者の誤操作が事故原因であったこと、自動車の転落防止措置等につき鉄道施設の設置・管理の瑕疵の有無が問題になったことに特徴がある。

【判決の意義】

　この判決は、自動車の転落事故は運転者の異常かつ無謀な運転によって生じたものであるとしたこと、鉄道施設の設置・管理者の通常予測できないものであったとしたこと、道路において通常予測することのできる用法を前提とした場合、車両等の転落防止施設としては縁壁をもって十分なものであったとし、鉄道施設の設置・管理の瑕疵を否定したことに特徴がある。

　この判決は、自動車の運転者の誤操作が事故原因であるとし、鉄道施設の設置・管理の瑕疵を否定した重要な事例判断であるということができる。

〔179〕　乗客の異常な行動が事故原因であるとし、鉄道設備の設置・保存の瑕疵を否定した事例（東京地判平成4・1・28判時1421号94頁）

――●事案の概要●――

　公務員Xが、勤務先の仕事が終わり、食事・飲酒をした後、国鉄（当時）に乗り、常磐線佐貫駅で下車したところ、動き始めた電車とプラットホームの隙間に転落し、重傷を負ったため、Y（国鉄清算事業団）に対して土地工作物責任等に基づき損害賠償を請求したものである。

　この判決は、本件事故は何ら自己の足元に注意を払わず、発車直後の電車に近づいて発生したものであり、Xの異常な行為の結果生じたもの

である等とし、請求を棄却した。

【判決内容】

　この判決は、

「駅のプラットホームと列車との間に生じる隙間が可能な限り小さいものであることが望ましいことはいうまでもないが、他方、土地の工作物である駅のプラットホームに線路上を移動する列車が入出線するという鉄道の構造上、右の隙間が生じること自体はやむを得ないものである。ところで、民法717条の定める土地の工作物の設置又は保存の瑕疵とは、工作物が通常有すべき安全性は、工作物の設置保存者において通常予測することのできる用法前提として定めるべきものであって、この趣旨における安全性に欠けるところがない場合には、工作物の通常の用法に即しない行動の結果事故が生じたとしても、右事故が工作物の設置又は保存の瑕疵によるものであるということはできないと解するのが相当である。したがって、本件プラットホームに右の瑕疵があるというためには、落下地点のホーム端と列車との隙間（以下『本件隙間』という。）の幅が、駅のプラットホームの通常の用法を前提として安全性を欠くものであり、それゆえに本件事故が起きたという場合でなければならないこととなる。

　そこで、この点について検討してみると、そもそもプラットホームは、その性質上その上にあるものに転落の可能性があることは明らかで、かつ、これに接着して列車等の発着・通過が行われるものであるから、それ自体危険性を有することは避けられない。もちろん、このような利用者の転落や列車との接触を防止するため、プラットホームの端に仕切りを設け、列車が到着する都度端に仕切りを設け、列車が到着するつど乗降口付近のみ開くといった安全設備を設置することは望ましいことであるが、大量輸送を行う公共機関にあっては、その経済性等にも配慮が必要であり、そのコストや効率面からいって、すべての駅のプラットホームにその設置を期待できるものではない。具体的に本件で問題とされている列車とプラットホームとの間の隙間も、前示のとおり、できる限り小さいことが望ましいことは確かであるが、プラットホームを直線に設置できないこともありうるのであり、このような場合には、必然的にその隙間の幅は平均的なものではなく、部分的に大きくなる箇所が生じることは避けられないこととなる。このように、一般にプラットホームは転落の危険を伴うものであるから、転落を防止するため、プラットホームの端に利用者が近づかないよう注意を促してそのための措置を講じるとともに、乗降客の数がプラットホームの収容能力を超えることのないように配慮し、最も転落の危険の高い利用者の乗降時には、そのような事故の有無につき充分な見張りをして転落に気付かないまま列車を発車させることの内

477

第2章　誤使用をめぐる裁判例

容に注意しなければならない（この見張りは主として乗降口付近について行えば足りる。）ものである。そして、このような管理上の注意が払われている限り、停車又は通過する列車との間に、転落の可能性のある隙間が生じうる鉄道のプラットホームであっても、そのことから直ちに瑕疵があるとはいえず、大量輸送を行う公共交通機関においては、利用者にもそれ相応の事故の安全を守るべき注意義務が存するというべきである（心身にハンディキャップのある人々の保護についての特別の配慮が必要であることは当然であるが、これは本件の判断には影響しない。）。本件プラットホームについていえば、……によれば、本件プラットホームは、日本国有鉄道建設規定及び部内の通達である建造物基本構造基準規定等に従って設計、築造及び保守されており、本件隙間の幅は、約25センチメートルであったこと（右の幅員は、……という数式によって求めることができ、他に右認定を覆すに足る証拠はない。）。ホーム端には盲人用点字ブロック及びラバー掛けブロック等が設置されていたこと等の事実を認めることができ、また、日常、国鉄の利用者に対しホームの端に寄らないように注意がされていたことは公知の事実である。以上を前提として、通常の用法、すなわち、列車への乗降や乗降客の見送り等の場合に照らしてその安全性を考えれば、列車への直接の乗降時には、行為者において特にその足元に注意しなければならず、また、乗降客の見送りの際や乗車前及び降車後にホーム上を歩く際には、乗降時とは異なって何ら列車に接着する必要はないのであり、原則として安全場所を示す白線又は盲人用点字ブロックの内側にいるべきであって、混雑等でやむを得ずその外側に出ざるを得ない場合も、その足元には十分注意すべきであることはいわば当然要求されるところである。そうすると、本件プラットホームについて、前示程度の幅を有する本件隙間が生じるということから、前示程度の幅を有する本件隙間が生じるということから、駅のホームとして通常有すべき安全性に欠けるものであったと認めることはできないものといわなければならない。そして、前示認定の本件事故の態様からすれば、本件事故は、何らの理由もなく発車直後の本件列車に原告が自分から近付いていき、本件隙間に落下したものであり、何ら自己の足元に全く注意を払わず、発車直後の本件列車に近付くという通常予測することのできない異常な行動（……によれば、原告自身でさえ、一旦下車した後になぜ本件列車に近付いたのか分からないことが認められる。）によって発生したものというべきである」

と判示している。

【事案の特徴】

　この事案は、飲酒をした乗客が駅で下車した後、動き始めた電車とプラットホームの隙間に転落して負傷したため、土地工作物責任に基づき損害賠償

を請求した事件である。この事案は、飲酒した乗客の駅のプラットホームからの転落事故が問題になったこと、乗客の不注意が事故原因であったこと、駅のプラットホームの設置・保存の瑕疵の有無が問題になったことに特徴がある。

【判決の意義】

この判決は、自己の足元に全く注意を払わず、発車直後の列車に近付くという通常予測することのできない乗客の異常な行動を理由に鉄道設備の設置・保存の瑕疵を否定したものであり、異常な行動を肯定し、事故との因果関係を否定した事例判断として参考になる。

(180) 踏切の設置・保存の瑕疵を肯定した事例（前橋地判平成16・5・14判時1860号108頁）

●事案の概要●

A（当時、中学校1年生）がY株式会社が運行する鉄道に設けられた踏切（第四種踏切。遮断機、警報機が設置されておらず、もともと一般人の通行を予定したものではなく、近隣の田への出入りのためのものであったが、近年、周辺では市街化が進行していた。なお、「とまれみよ」の文字板が設置され、踏切注意柵が設置されていた）を自転車に乗って横切ったところ、折から進行してきた普通列車に跳ねられて死亡したため、Aの両親であるX_1、X_2がYに対して土地工作物責任に基づき損害賠償を請求したものである。

この判決は、警報機を設置すべきであったとし、踏切の設置・管理の瑕疵を認め、請求を認容した（過失相殺を8割認めた）。

【判決内容】

この判決は、

「(ア) 列車運行のための専用軌道と道路との交差するところに設けられる踏切道

は、本来列車運行の確保と道路交通の安全とを調整するために存するものであるから、必要な保安のための施設が設けられて初めて踏切道の機能を果たすことができるものというべく、したがって、土地の工作物たる踏切道の軌道施設は、保安設備と併せ一体としてこれを考察すべきであり、もしあるべき保安設備を欠く場合には、土地の工作物たる軌道施設の設置に瑕疵があるものとして、民法717条1項所定の帰責原因となるものといわなければならない。そして、踏切道における軌道施設に保安設備を欠くことをもって、工作物としての軌道施設の設置に瑕疵があるというべきか否かは、当該踏切路における見通しの良否、交通量、列車回数等の具体的状況を基礎として、上記のような踏切道設置の趣旨を充たすに足りる状況にあるかどうかという観点から、定められなければならない。そして、保安設備を欠くことにより、その踏切道における列車運行の確保と道路交通の安全との調整が全うされず、列車と横断しようとする人車との接触による自己を生ずる危険が少なくない状況にあるとすれば、踏切道における軌道施設として本来備えるべき設備を欠き、踏切道としての機能が果たされていないものというべきであるから、かかる軌道設備には、設置上の瑕疵があるものといわなければならない（最高裁昭和40年(オ)第536号同46年4月23日第二小法廷判決・民集25巻3号351頁参照）。

(イ) これを本件について見るに、前記争いのない事実及び上記(1)で認定した諸事実、特に、本件踏切西端からの伊野駅方向の見通しが、線路沿いに設置された電柱群、とりわけ本件通路と線路との間に設置された電柱に視界を遮られて良好とはいえないため、このことに、本件駐車場側から本件踏切を通行する者は、本件通路を通行する際に、伊野駅方面から新前橋駅方面に進行する電車に対して背を向ける格好で通行することになること、本件踏切の進入口は、自転車に乗って本件踏切を通行しようとする者がさほど速度を落とすことなく本件踏切に進入することができる状態にあることも併せ考慮すると、徒歩又は自転車で本件踏切を通行しようとする者が電車の接近に気付かずに本件踏切内に入り電車と接触する危険は大きく、現に本件事故までにも、本件踏切に伊野駅寄りに隣接して存在した第四種踏切（その後廃止された。）において死亡事故が発生していたこと、本件踏切の周辺では、昭和50年代以降次第に市街地化が進み、本件踏切の北西側に大規模小売店等が相次いで開店するなどしたため、本件事故当時、小中学生を中心に本件踏切を徒歩又は自転車で通行することがよく行われていたこと、本件踏切のある地点では、本件事故当時、1日当たりの電車の通過本数が上下合わせて200本を超え、取り分け本件事故が発生した時間帯でありラッシュ時である午後5時から午後6時59分の時間帯には、平均して約4分に一本もの割合が電車で通過していたことに徴すると、本件踏切の通行は決して安全なものということはできず、本件踏切は、本件事故当時、少なくとも電車が踏切に接近すると警報音を鳴らして電車の接近を警告する警報機を設置するのでなければ、踏切道としての本来の

機能を全うし得る状況はなかったものと認められる。

　そうすると、たとえ、本件踏切の両端に、本件踏切に入ろうとする通行者に向けて『とまれみよ』との記載のある文字板の付された踏切警標が設置され、かつ、黄色と黒色が斜形に塗装された踏切注意さくが設置されていること、本件通路に沿って本件駐車場付近までコンクリート製の線路侵入防止さくが設置されていること、本件踏切の東端に、二輪車以外の自動車の通行を禁止する標識が設置されていること（なお、この点について考察するに、道路を通行するのは二輪車以外の自動車だけではなく、歩行者や二輪車（自動車も含まれる。）も道路を通行するのであるから、道路と交差する踏切において二輪車以外の自動車を前提とした安全性を備えていてもそれだけでは不十分であって、本件踏切が道路と交差する踏切である以上は、歩行者や二輪車も考慮に入れた安全性を備えていなければならないということはいうまでもない。）を考慮に入れても、警報機の保安設備を欠いていた被告所有の土地の工作物である本件事故当時、設置上の瑕疵があったものというべきである」

と判示している。

【事案の特徴】

　この事案は、中学生が鉄道の踏切を自転車に乗って横切ったところ、折から進行してきた普通列車に跳ねられて死亡したため、両親が鉄道会社に対して土地工作物責任に基づき損害賠償を請求した事件である。この事案は、中学生の自転車の踏切事故が問題になったこと、中学生の不注意が事故原因であったこと、踏切の設置・保存の瑕疵の有無が問題になったことに特徴がある。

【判決の意義】

　この判決は、警報機の保安設備を欠いていた踏切は、設置上の瑕疵があるとしたものであるが、自転車を運転していた中学生の通常の注意をもって事故発生を防止することができたものであり、重大な疑問がある判断である（この判決は、８割もの高率の過失相殺を認めているが、このこともこの判決の瑕疵の判断に疑問を抱かせるものである）。

8　河川・海岸等事故における誤使用

(1)　概　説

　河川（用水路を含む）、海岸においても多数の転落事故が発生している。水が温まる季節になると、河川・海岸に出かけたり、あるいは自宅の近くの水辺に出かけ、遊んだりすることがあるが、幼児・児童等が河川等に転落し、溺れる等する事故が発生することがある。

　河川等は、その遊び方、使用の仕方によっては事故の発生のおそれがあるものであり、河川等の設置・管理（保存）の瑕疵の有無が問題になるとともに、誤使用・不注意、監督者の監督過誤が問題になることが少なくない。もっとも、河川等は、道路・鉄道等の設備・施設と異なり、自然の設備・施設という性質も強いものであるし、老若を問わず、社会生活上日頃から転落事故等の回避について注意を払うべきであるところに重要な違いがある。

(2)　河川・海岸等事故をめぐる裁判例

　河川等の誤使用が関連する河川等の事故に関する裁判例をいくつか紹介したい。

〔181〕　幼児の異常な行動が事故原因であるとし、用水路の設置・管理の瑕疵を否定した事例（大阪地判昭和53・7・13判時912号85頁）

―――――●事案の概要●―――――

　A（当時、5歳）が幅員5.5メートルの道路に接する箇所（道路には、高さ95センチメートルのネットフェンス、高さ約60センチメートルの鉄柵が設置されていた）に、コンクリート造りの農業用用水路（幅2.36メートル、高さ1.8メートルであり、潅漑期のみに通水されていた）が設置されていたところ、この用水路に入り、鉄格子のスクリーンをくぐり抜け、暗渠内に入り、水溜まりに転落して死亡したため、Aの両親X_1、X_2が道路を管理するY_1市、用水路を設置するY_2土地改良区に対して国家賠償法2条に基づき損害賠償を請求したものである。

この判決は、本件事故は幼児の予想外の異常な行動の結果である等とし、設置・管理の瑕疵を否定し、請求を棄却した。

【判決内容】

　この判決は、

「国家賠償法2条1項の営造物の設置又は管理の瑕疵とは、当該営造物が、その構造、用途、場所的環境等を考慮して、具体的に通常すべき安全性を欠いていることをいうものと解する。

　そこで本件に追記検討するに、本件用水路及び本件道路の構造、位置関係等前記認定の事実によれば、本件道路から本件用水路の開水路部分への転落を防止し、本件暗渠部分については、暗渠上部から開水路部分への転落を防げるため本件暗渠部分の入口付近へ人が近寄るのを防ぎ、仮に通水中の開水路部分へ転落した場合でも転落した人が本件暗渠内部へ流れ込むのを防ぐ設備を備えれば足るものといわねばならない。そして前記認定の事実によれば、開水路部分と本件道路との堺には高さ95センチメートルのネットフェンスが設置されているのであるから、本件道路から本件用水路への転落防止のためにはそれをもって充分である。また、本件暗渠の入口部分と本件道路の堺には前記認定のとおり高さ約60センチメートルの鉄柵が設置されていた。確かに前記認定の鉄柵の構造に照らせば、幼児や児童がこれを乗りこえあるいはその透間をくぐり抜けることは可能であると考えられるけれども、その内側は本件暗渠部の上部となり、鉄柵から内部へ侵入したとしても直ちに本件用水路に転落する危険はなく、その構造に照らせば、すでに多少の分別を有するに至っていたと考えられる亡Aの如き満5歳の幼児に対してもその内部に侵入することを制止する機能を有しているものと認められる。更に前記のとおり本件暗渠入口には本件スクリーンが取り付けられており、前記認定の本件スクリーンの構造に照らせば、たとえ幼児といえども本件スクリーン場に直接転落したりあるいは水に流されてきた場合等には自然にこれをすり抜けることは不可能であり、亡Aの如き満5歳の幼児であっても、意識的に身体を横にし多少の工夫をしなければ、その鉄枠の透間をくぐり抜けることはできないものと考えられる。

　以上のとおり本件においては、前記ネットフェンス、鉄柵、本件スクリーン等が設置され、それらは通常予測される危険を防止するためには何ら欠けるところはないものといわねばならない。確かに、時には幼児が、通常人の予測し得ない行動をとることがあることも考えられ、そして本件における満5歳の幼児である亡Aの如く、前記鉄柵を乗り越えるか或いはその透間をくぐり抜けるかして本件暗渠の上部に侵入し、次いでそこから本件スクリーンを伝って水の無い本件用水

路の底部へ降り、更に本件スクリーンの鉄枠の透間をくぐり抜けて本件暗渠の内部へ侵入した行動は、通常人の予測し得ない異常な行動であるといわねばならない。しかるところ、このような異常な行動までも予測して、それより生ずるであろう危険を防ぐための万全の処置を講じておかなければ当該営造物の設置、管理に瑕疵があるといわなければならないものとはとうてい解し得ない。

以上によれば、本件事故は本件道路、或いは本件用水路の設置又は管理に瑕疵が存したことによるものということはできない」

と判示している。

【事案の特徴】

この事案は、幼児が道路の鉄柵を乗り越え、農業用用水路に入り、鉄格子のスクリーンをくぐり抜け、暗渠内に入り、水溜まりに転落して死亡したため、両親が用水路の管理者等に対して営造物責任に基づき損害賠償を請求した事件である。この事案は、幼児の用水路への転落事故が問題になったこと、幼児の異常な行動、親の監督過誤があったこと、用水路の設置・管理の瑕疵の有無が問題になったこと（併せて道路の設置・管理の瑕疵も問題になった）に特徴がある。

【判決の意義】

この判決は、鉄柵等が通常予測される危険を防止するためには何ら欠けることはないとしたこと、幼児が暗渠の内部へ侵入する等した行動は、通常人の予測し得ない異常な行動であるとしたこと、異常な行動までも予測して、これより生ずるであろう危険を防ぐための万全の処置を講じておかなければ営造物の設置・管理に瑕疵があるとはいえないとしたことに特徴がある。

この判決は、幼児の用水路への転落事故について、幼児の異常な行動を理由に用水路の設置・管理の瑕疵を否定した事例判断として参考になるものである。

(182) 保護者の監督過誤が事故原因であるとし、用水溝の瑕疵を否定した事例（最三小判昭和53・12・22判時916号24頁）

8 河川・海岸等事故における誤使用

●事案の概要●

　X₁、X₂の自宅の裏側には用水溝（護岸壁の高さは0.46メートル、水深は0.15メートル）が設置されていたところ、X₁らの子であるA（当時、1歳7カ月）が用水溝に転落し、死亡したため、X₁らが用水溝を共同で管理するY₁土地改良区、Y₂町に対して国家賠償法2条に基づき損害賠償を請求したものである。控訴審判決（仙台高判昭和53・3・27判時900号74頁）は、本件用水溝は客観的状況からいって、幼児でもこれに転落する危険は乏しく、仮に転落しても容易に護岸壁を這い上がることができ、Aのような年齢の幼児は当然保護者の監護のもとにあると信頼するのが自然である等とし、本件用水溝の管理の瑕疵を否定し、請求を棄却したため、X₁らが上告した。

　この判決は、第1審判決を相当とし、上告を棄却した。

【判決内容】

　この判決は、

「所論の点に関する原審の判示には措辞適切を欠く点もあるが、原判決は、要するに、本件事故現場の本件用水溝は原判示のような護岸壁の高さや水深からいって通常の幼児や成人にとってその生命、身体に危険を生じさせるようなものではなく、このような営造物の管理者は亡Aのような1年7月程度の乳幼児が保護者の監護を離れたために生ずべき事故を予見してその防止のための措置を講ずべき義務を負担しているものとは解し難いとの理由により、本件用水溝に対する被上告人らの管理の瑕疵を否定する旨判断したものであると解されるところ、右判断は、正当として是認することができる」

と判示している。

【事案の特徴】

　この事案は、自宅の裏側に用水溝が設置されていたところ、幼児が用水溝に転落し、死亡したため、両親が用水溝の管理者に対して営造物責任に基づき損害賠償を請求した上告審の事件である。この事案は、幼児の用水溝への

第2章　誤使用をめぐる裁判例

転落事故が問題になったこと、幼児の親の監督過誤があったことに特徴がある。

【判決の意義】

　この判決は、用水溝の管理者が乳幼児が保護者の監督を離れたために生ずべき事故を予見してその防止のための措置を講ずべき義務を負担しているものとは解しがたいとし、用水溝の管理の瑕疵を否定したものであり（その旨の判断を示した控訴審判決を正当としたものである）、保護者の監督過誤を理由に用水溝の瑕疵を否定した重要な事例判断として参考になるものである。

（183）　児童の異常な行動が事故原因であるとし、河川の瑕疵を否定した事例（最一小判昭和55・7・17判時982号118頁、判タ424号69頁）

──●事案の概要●──

　A（当時、6歳7カ月）が河川内の島状の堆積土に上って遊んでいるうち、足をすべらせて川に転落し、死亡したが、現場付近には、70センチメートルの防護柵があり、30センチメートルのパラペットが設置されており、Aは、防護柵を乗り越えて他人の畑に侵入し、パラペットを越えて本件堆積土に降りて行ったものであったことの事情があったところ、Aの両親X_1、X_2がY府に対して国家賠償法2条に基づき損害賠償を請求したものである。第1審判決（京都地判昭53・10・17判時929号112頁）は、管理の瑕疵を否定し、請求を棄却したため、X_1らが控訴した。控訴審判決（大阪高判昭54・12・25判時963号49頁）は、予測できない事故であった等とし、控訴を棄却したため、X_1らが上告した。

　この判決は、本件事故はAの異常な行動によって発生したとし、上告を棄却した。

【判決内容】

　この判決は、

「原審が適法に確定した事実関係のもとにおいては、本件堆積土の存在自体に危険性はなく、本件事故は河川管理者である京都府知事において通常予測することのできない上告人らの子智史の異常な行動によって発生したものであって、同知事による本件河川の管理に瑕疵があったものということはできないとした原審の判断は、正当として是認することができる」

と判示している（判例評釈として、村上義弘・民商84巻4号84頁、古崎慶長・判タ439号128頁がある）。

【事案の特徴】

この事案は、児童が河川内の島状の堆積土に上って遊んでいた際、足をすべらせて川に転落し、死亡したため、両親が営造物責任に基づき損害賠償を請求した上告審の事件である。この事案は、児童の河川への転落事故が問題になったこと、児童の異常な行動があったことに特徴がある。

【判決の意義】

この判決は、児童の異常な行動を理由に河川の瑕疵を否定したものであり、重要な事例判断として参考になる。

〔184〕 外濠の管理の瑕疵を肯定した事例（大阪地判昭和55・12・25判時1012号103頁）

●事案の概要●

大阪城の外濠は、高さ約1メートルの有刺鉄線付の柵と生垣が設置されていたが、一部生垣が途切れる等していたところ、A（当時、9歳）は、外濠の縁でザリガニ取りをしていた際、外濠に転落し、溺死したため、Aの両親X_1、X_2が外濠を管理するY市に対して国家賠償法2条に基づき損害賠償を請求したものである。

この判決は、外濠の管理の瑕疵を認め、請求を認容した。

【判決内容】

この判決は、

「ところで、本件外濠への転落、溺死の危険を防止するためには、本件外濠ないしその縁への立入を防止する措置を講ずることをもって十分とするものであるが、その措置の内容は、およそ、あらゆる態様の立入行為を絶対的に阻止するに必要な設備、例えば、数メートルもの高さのあるフェンスといったものを設けることまで要するものではないとはいうまでもないけれど、前述の本件外濠の構造、場所的環境、公園施設としての用法、本件事故当時の現実の利用状況など諸般の事情を考慮して、本件外濠ないしその縁への立ち入りを防止するのに十分なものと客観的にみられるような設備を設けることが必要であるとともにそれをもって足りるものというべきである。したがって、その設備は、例えば、本件事故後設置されているような高さ１メートルに満たない鉄柵でもよいであろうし、あるいは、本件外濠の縁から不測の転落事故を防ぐだけの一定の距離を置いたうえでなら更に低いななこ垣（波垣）でも足りるであろうが、本件外濠に沿って連続して設けられ、本件外濠ないしその縁への立ち入りが危険であり、許されないものであることを明示するものでなければならない。そして、その程度の設備であれば、これを設けることが前述の文化財保護の趣旨に反するものとは考えられない。

　そこで、本件外濠につきこれないしその縁への立ち入りを防止するのに十分なものと客観的に認められる設備が設けられていたかどうかをみてみるに、前記事実関係によれば、まず、本件外濠近くの園路は、これから南側外濠の方へは自由に通行できる状況にあったから、全く右の立ち入り防止の役割は果しておらず、鉄柵は、本件事故当時は本件事故現場の約120メートル西のあたりから西方に設置してあったにとどまり、ウバメガシの生垣も同様本件外濠の周囲の一部に植樹されているにとどまり、かつ、そのところどころには人が十分通れる程度の切れ目が存在していたのであり、有刺鉄線は一部が残存するのみでしかもそれも老朽化しており、中にはそれを張ってあった棒杭が倒れかけ、あるいは倒れていたものさえあったのだから、これらの設備も、本件外濠ないしその縁への立ち入りを現実に防止しあるいは禁止の趣旨を明示していたものとはみ難いし、本件外濠周辺には本件事故当時危険防止や動物捕獲禁止等の立て札はなく、しかも、本件事故当時に、現に、土曜、日曜には本件外濠でザリガニ取りをして遊ぶ子どもらや魚釣りをしていた大人らがかなりいて、これに対する厳しい取締もされていなかったのであるから、右各設備を総合して考慮してみても、人が本件外濠ないしその縁に立ち入ることを防止するに十分なものと客観的に認められる設備が設けられていたものとみることはできない。

　そうだとすると、被告の本件外濠の管理には瑕疵があったものといわなければならない」

と判示している。

【事案の特徴】

この事案は、児童が大阪城の外濠の縁でザリガニ取りをしていた際、濠に転落し、溺死したため、両親が市に対して営造物責任に基づき損害賠償を請求した事件である。この事案は、児童の外濠への転落事故が問題になったこと、児童の不注意、親の監督過誤が問題になったこと、外濠の管理の瑕疵の有無が問題になったことに特徴がある。

【判決の意義】

　この判決は、外濠周辺には事故当時、危険防止や動物捕獲禁止等の立て札はない等とし、外濠の管理の瑕疵を認めたものであるが、児童の年齢、外濠の構造、危険の内容に照らし、重大な疑問のある判断である（控訴審判決、上告審判決によってこの判断が否定されたことは、〔186〕（491頁）、〔187〕（493頁）のとおりである）。

(185)　水路の設置・管理の瑕疵を肯定した事例（浦和地判昭和56・1・30判時1014号103頁）

●事案の概要●

　X_1、X_2が子A（当時、3歳）らとともに、Y市の設置する公園に隣接する団地内に居住していたところ（公園は、団地を造成したB株式会社が開設し、Yに譲り渡した）、昭和51年6月、公園に隣接して流れる水路に転落し、死亡したため、X_1らがYに対して水路の設置・管理の瑕疵を主張し、国家賠償法2条に基づき損害賠償を請求したものである。

　この判決は、防護柵の転落防止装置が十分でなかった等とし、水路の設置・管理の瑕疵を認め、請求を認容した（過失相殺を3割認めた）。

【判決内容】

　この判決は、

「(い)　本件水路の本件事故現場付近への幼児の転落事故は、団地自治会の調査でも本件事故前ですでに15件にも達し、その都度住民から同種の陳情が被告に対し

繰り返された。
㈢　同団地自治会事務局長大石晃は昭和49年12月ころ被告市に対し、団地内を通り111号踏切に自動車を乗入れられるよう道路を整備するとの被告の計画に反対する陳情をしたが、その際、被告係員は右計画を承認するならば本件水路への蓋かけをする旨述べ、交渉の条件とした。

　以上のとおり認めることができ、右事実によると、被告は本件事故当時既に本件水路に蓋かけをすべき必要性を承認していたものといえる。

　他方、被告の対処についてみるのに、……を総合すると、次の事実が認められる。

　被告Y市は昭和44年ころから急速に農地の宅地化が進み、従前水田であったところに団地が各所に形成され、従前の灌漑用水路が各団地内を通過したため転落事故が多発し、本件事故当時でも、同市各団地等を流れる水路で何らの防護柵がない場所が92か所、延58キロメートルに及び、毎年徐々に水路の蓋かけ等の工事をして来た。しかし、その予算の都合上順位をもうけ、通学路を優先したが、本件のように何らの防護柵がある場所は後順位とし、また、本件水路について踏切乗入問題と一括処理をすることを強調し、農民からの流水に冷却化の苦情をも考慮して、本件水路の蓋かけ工事を延引していた。

　以上のとおり認めることができる。

　右各認定の事実によると、本件水路への蓋かけの陳情は被告としてもこれを検討すべき十分の必要性があったものであるというべきところ、立法上予算上これを審理するための手続的措置をとらず、本来は別個の問題である踏切乗入問題との一括処理を強調するなどの点で、手続的な公正に欠けるところがないとはいえない。

㈣　以上、㈡、㈢の各事情を総合考慮すると、被告が本件橋、本件防護柵の転落等防止機能が通常備えるべき安全性を有するものとして設置し管理した措置は、その合理性を肯認することができず、本件橋、本件防護柵には国家賠償法2条の設置管理の瑕疵があったものということができる」

と判示している。

【事案の特徴】

　この事案は、幼児が公園に隣接して流れる水路に転落し、死亡したため、両親が市に対して営造物責任に基づき損害賠償を請求した事件である。この事案は、幼児の水路への転落事故が問題になったこと、幼児の不注意、親の監督過誤が問題になること、水路の管理の瑕疵の有無が問題になったことに特徴がある。

8　河川・海岸等事故における誤使用

【判決の意義】

　この判決は、水路に防護柵が設置されていたものの、これでは十分ではなかった等とし、水路の設置・管理の瑕疵を肯定したものであるが、防護柵の設置、親の監督過誤に照らすと、疑問が残るものである。

(186)　〔184〕の控訴審判決であり、通常予測し得ない児童の異常行動が事故原因であるとし、外濠の設置・管理の瑕疵を否定した事例（大阪高判昭和56・12・24判時1044号380頁）

●事案の概要●

　前掲〔184〕(487頁)の控訴審判決であり、Yが控訴し、X₁らが附帯控訴したものである。
　この判決は、管理の瑕疵を否定し、原判決中、Yの敗訴部分を取り消し、X₁らの請求を棄却し、X₁らの附帯控訴を棄却した。

【判決内容】

　この判決は、

「ところで、国家賠償法2条1項にいう営造物の設置又は管理に瑕疵があったとみられるかどうかは、当該営造物の構造、用法、場所的環境及び利用状況等諸般の事情を総合考慮して具体的個別的に判断すべきものであるところ、前記認定事実によれば、本件事故の発生した本件外濠付近は、文化財保護委員会告示昭和30年第46号により特別史跡に指定されている大阪城跡22万2,260坪に含まれるものであって、特別史跡については、文化財保護法は『文化財を保存し、且つ、その活用を図り、もって国民の文化的向上に資することとともに、世界文化の進歩に貢献することを目的とする』（同法1条）見地から『その現状を変更し、又はその保存に影響を及ぼす行為をしようとするときは、文化庁長官の許可を受けなければならない』（同法80条1項）ものとし、現状不変更が原則とされているものである。しかして本件外濠付近はもともと城を外敵から守るために設けられたものであり、それ自体転落の危険性を包蔵するものであるが、その歴史上学術上の価値の高さのゆえに特別史跡に指定されているもので、かかる本件外濠付近の危険の発生防止のために必要な設備を設けるには文化財保護に由来する現状不変更の原則にし

491

たがい自ら制限があるものといわなければならない。そして本件外濠、石垣の場所的環境、実情から通常予想される危険は石垣からの転落事故の危険であるから、控訴人としては右危険を防止するために必要な設備をなすべく、又これを以て足り立ち入りの規制に従わず本件外濠や石垣付近で動物捕獲行為をなす如き行動に出る者のあることを予想してこれを防止する設備まで設ける必要があるものではないというべきところ、前記認定事実によれば、控訴人は本件外濠及び石垣を保護する目的で本件外濠に沿って有刺鉄線を張った柵あるいは高さ0.9メートルの鉄柵を設け、更にウバメガシの生垣を設けることにより本件外濠及び石垣に一般人が近づくことを規制していたものであって、右の有刺鉄線は修理が十分になされないままであったものの特別史跡を現状のまま保存する見地からは通行者がみだりに本件外濠及び石垣に立入ることを規制する設備としてはこれをもって足りるというべきである。前記認定の事実によれば、邦勲は近くに児童公園など適当な遊び場があるにもかかわらず、わざわざ立ち入りを規制されている本件外濠及び石垣付近に立ち入ったうえ友人とともに大阪市公園条例により禁止されているザリガニ取りをして遊んでいるうちに本件外濠に転落し溺死するにいたったものであって、本件事故は、特別史跡たる本件外濠、石垣付近の場所的環境、利用状況からすれば控訴人において通常予測しえない邦勲の異常行動に起因するものというべきであって、このような事故に対してまで営造物の設置管理に瑕疵があるものとして管理責任に着せしめるべきものではなく、この点をいう被控訴人等の主張はとうてい採用し難い」

と判示している。

【事案の特徴】

　この事案は、児童が大阪城の外濠の縁でザリガニ取りをしていた際、外濠に転落し、溺死したため、両親が市に対して営造物責任に基づき損害賠償を請求した控訴審の事件である（第１審判決は、前記のとおり、外濠の設置・管理の瑕疵を肯定している）。この事案は、児童の外濠への転落事故が問題になったこと、児童の不注意、親の監督過誤が問題になったこと、外濠の管理の瑕疵の有無が問題になったことに特徴がある。

【判決の意義】

　この判決は、外濠・石垣の場所的環境、実情から通常予想される危険は石垣からの転落事故の危険であるから、市としてはこの危険を防止するために必要な設備をなすべく、またこれをもって足り、立入りの規制に従わず外濠

や石垣付近で動物捕獲行為をなすような行動に出る者のあることを予想してこれを防止する設備まで設ける必要があるものではないとしたこと、この事案の事故は通常予測し得ない児童の異常行動に起因するものであるとしたこと、外濠の設置・管理の瑕疵を否定したことに特徴があり、事例判断として参考になるものである。

(187) (186)の上告審判決であり、児童の無軌道な行動が事故原因であるとし、外濠の設置・管理の瑕疵を否定した事例（最三小判昭和58・10・18判時1099号48頁、判タ513号141頁）

―――●事案の概要●―――

前掲〔186〕（491頁）の上告審判決であり、X_1らが上告したものである。

この判決は、外濠の設置・管理の瑕疵を否定し、上告を棄却した。

【判決内容】

この判決は、

「所論の点に関する原審の事実認定は、原判決挙示の証拠関係に照らしてこれを是認することができる。右事実関係のもとにおいては、本件事故は、邦勲の無軌道な行動に起因するものと認められ、ことに本件外濠及びこれに接する石垣が大阪城公園の一部であるとともに、いわゆる特別史跡に指定されている大阪城跡内にあること等諸般の事情に照らすと、その構造及び場所的環境から通常予測される入園者の石垣からの不用意な転落事故の危険を防止するための設備としては、本件の柵ないしウバメガシの生垣をもって足りるというべきであるから、本件事故が本件外濠の設置、管理又は保存の瑕疵によるものではないとした原審の判断は、正当として是認することができ、その過程に所論の違法はない」

と判示している（判例評釈として、芝池義一・民商90巻4号122頁がある）。

【判決の意義】

この判決は、この事案の事故は児童の無軌道な行動に起因するものであるとし、外濠の設置・管理の瑕疵を否定したものであり、重要な事例判断とし

て参考になる。

(188) 児童の著しく軽率な行動等が事故原因であるとし、仮橋の設置・保存の瑕疵を否定した事例（東京高判昭和58・12・20判時1104号78頁）

―●事案の概要●―

　A（当時、10歳3カ月）は、昭和53年5月、河川敷にY株式会社が設置した砂利運搬用の仮橋（大型貨物自動車が走行するために鋼材で設置されていた）を自転車に乗って走行していたところ、自転車とともに川に転落し、死亡したため、Aの両親X_1、X_2がYに対して土地工作物責任に基づき損害賠償を請求したものである。第1審判決（宇都宮地判昭和58・4・8（昭和53年(ワ)第620号））が請求を認容したため、Yが控訴した。

　この判決は、仮橋の危険性は容易に認識することができ、仮橋の通行には特別の技術・経験を要せず、慎重に行動すれば足りるとし、仮橋の設置・保存の瑕疵を否定し、第1審判決を取り消し、請求を棄却した。

【判決内容】

　この判決は、

「以上のような事実関係の下において、土地の工作物である本件仮橋の設置又は設備を欠くことをいい、特に、危険な工作物に関しては、損害発生の防止上求められる設備を欠いているなど当該工作物について社会通念上要求される安全性を欠いているとき、当該工作物にはその設置又は保存に瑕疵があるということができる。そして、ある工作物に右のような意味での瑕疵があるか否かは、その設置目的、構造、利用状況、四囲の状況等の具体的事情の下において、当該工作物が通常予想される危険に対する安全性を欠いており、その安全性を具備することが社会通念上占有者又は所有者の責任領域に属すると認められるかどうかによって決すべきであって、およそ予想されるあらゆる危険に備えているのでなければ当該工作物に瑕疵があるということになるものではない。蓋し、社会生活を営む上での工作物に由来する種々の危険の中には、当該工作物を設置又は管理する所有者又は占有者が全て危険の防止の責任を負担するものとするのが必ずしも相当ではなく、却ってそれ以外の利用者自らがその判断と危険負担においてある主の危

険に対処すべきものとするのが公平の観念に合致する場合があるのであって、危険の性質やその回避の難易等に応じて、これら危険の防止ないし回避がいずれの責任領域に属するものとするのがもっとも公平に適するかを考慮することが必要であるからである。

　これを本件についてみるに、先に認定したとおり、本件仮橋の所有者であり占有者（直接占有者であったか間接占有者であったかは、暫く措く。）であった控訴人としては、付近の住民や釣人などの一般人が本件仮橋を通行することのあるのを知り又は十分知り得べき状況にあったし、本件事故の被害者である訴外将弘のように、児童らが自転車に乗車したまま本件仮橋を通行するような事態さえあり得ないと考えたものとは断定し難い。そして、本件仮橋は、専ら大型貨物自動車により砂利運搬販路として設置されたものであって、そのようなものとして特定又は少数のものによって利用されている限りにおいては、十分な安全性を有していたと解することができるとしても、本件仮橋は前記認定のとおり簡略な規模、構造のものであったのであり、さらに、本件仮橋から転落した場合には死の結果をも招来しかねないことも明らかであって、一般人が通行するならば危険性の高いものであったことは、否定し得ない。それにもかかわらず、控訴人は、本件仮橋の進入口付近に一般人の通行を禁止する旨の立札を設置したのみであって、進入口に柵を設け、あるいは縄、鎖等を張りめぐらすなど関係者以外の者が容易に立ち入ることができないようにするための措置は一切講じていなかったというのであるから、本件原判決の認定、判断するように、本件仮橋の設置又は保存には瑕疵があったとすることにも、一理なしとはしない。

　しかしながら、先ず、本件仮橋は自然工物たる河川区域内に所在し、その付近には人家その他人の集散する施設はないのであって、幼児その他の事理弁識能力に欠ける者が単独で本件仮橋に接近することは通常予想されないのであるから、本件仮橋の安全性の有無についても、事理弁識能力を揺する者を基準として判断することで足りるものというべきである。そして、本件仮橋の持つ危険性といっても、それは、特別の知識、経験を持つ者でなければその存在を察知できないような潜在的又は技術的な性質のものではなく、通常の事理弁識能力を有するものであれば、それが危険であること告知する立て札等に俟つまでもなく、そのもの自体の構造等から容易にその危険の性質や程度について的確な認識を持つことができる類のものである。また、本件仮橋の持つ右のような危険性を認識した上で、これを利用しようとする者が、その危険の現実化を回避するためには、なんら特別の技術や経験を必要とするものではなく、要するに慎重に行動しさえすれば足りるものである。そして、先に認定したような本件仮橋の構造や四囲の状況からすれば、本件仮橋が専ら特定人のために大型貨物自動車による砂利運搬路として特許使用の許可によって設置されているものであり、一般交通の用に供されている行動又は指導ではないことは容易に識別し得るものと認められるのであるから、

495

右のような危険の現実化を絶対的に回避しようとすれば、本件仮橋を通行する途を選ぶことなく、一般交通の用に供されている前記の間中橋や石上橋等を通行すべきであって、これらの選択は、当該利用者自身の判断と危険負担においてなされるべきものである。したがって、敢えて本件仮橋を通行することを選択し、不幸にして不測の事態が生じたとしても、それは、当該本人の著しく軽率な行動に起因するか、敢えて自己の判断と責任において危険を冒したことの結果又は自らがした危険の引き受けの結果としてこれを甘受すべきものであると解すべきところである」

と判示している。

【事案の特徴】

　この事案は、高学年の児童が河川敷に設置された砂利運搬用の仮橋を自転車に乗って走行していた際、自転車とともに川に転落し、死亡したため、両親が設置者に対して土地工作物責任に基づき損害賠償を請求した控訴審の事件である。この事案は、児童の仮橋からの転落事故が問題になったこと、児童の自転車の誤操作があったこと、仮橋の設置・管理の瑕疵が問題になったことに特徴がある。

【判決の意義】

　この判決は、仮橋の危険性は特別の知識・経験をもつ者でなければその存在を察知できないような潜在的または技術的な性質のものではないとしたこと、仮橋の危険性は通常の事理弁識能力を有するものであれば、それが危険であること告知する立て札等に待つまでもなく、そのもの自体の構造等から容易にその危険の性質や程度について的確な認識をもつことができる類のものであるとしたこと、仮橋の利用者が危険の現実化を回避するためには、何ら特別の技術や経験を必要とするものではなく、慎重に行動しさえすれば足りるとしたこと、この事案では児童の著しく軽率な行動に起因するか、あえて自己の判断と責任において危険を冒したことの結果または自らがした危険の引受けの結果としてこれを甘受すべきものであると解すべきであるとしたこと、仮橋の設置・管理の瑕疵を否定したことを判示したものであり、仮橋

の明白な危険を認めた事例、転落事故が児童の著しく軽率な行動等に起因したものとした事例として参考になるものである。

(189) 幼児の通常予測し得ない行動が事故原因であるとし、防火用貯水槽の設置・管理の瑕疵を否定した事例（最三小判昭和60・3・12判時1158号197頁、判タ560号127頁、判自19号45頁）

●事案の概要●

Y市の管理する防火用貯水槽が市営団地内に設置され、周囲の外壁の上に約20センチメートル間隔で高さ1.3メートルの菱形金網製の防護網が設置される等していたが（忍び返しは設置されていなかった）、A（当時、4歳9カ月）が防護網に登って遊んでいるうちにその上端から貯水槽内に転落し、死亡したため、Aの両親X_1、X_2がYに対して国家賠償法2条に基づき損害賠償を請求したものである。第1審判決（福島地白河支判昭和58・1・25（昭和55年(ワ)第185号））が貯水槽が通常有すべき安全性を欠いていたとし、請求を認容したため、Yが控訴した。控訴審判決（仙台高判昭和58・9・26判タ510号126頁）は、防護網は人が容易に貯水槽に入ったり、転落したりすることを防止するに足りるものであり、防護網をよじ登ることは社会通念上通常予測し得ないことであるとし、設置・管理の瑕疵を否定し、原判決を取り消し、請求を棄却したため、X_1らが上告した。

この判決は、本件事故は通常予測し得ない行動によって発生したものであるとし、設置・管理の瑕疵を否定し、上告を棄却した。

【判決内容】

この判決は、

「原審の適法に確定した事実関係のもとにおいては、本件事故は通常予測することのできない上告人らの子秀雄の行動によって発生したものであって、本件貯水

槽の設置又は管理に所論の瑕疵があったものということはできないとした原審の判断は、正当として是認することができる」
と判示している（判例評釈として、芝池義一・民商93巻6号134頁がある）。
【事案の特徴】
　この事案は、幼児が市営団地内の防火用貯水槽の防護網に登って遊んでいるうちにその上端から貯水槽内に転落し、死亡したため、両親が市に対して営造物責任に基づき損害賠償を請求した上告審の事件である（第1審判決が貯水槽の管理の瑕疵を認めたのに対し、控訴審判決がこれを否定したものである）。この事案は、幼児の貯水槽への転落事故が問題になったこと、幼児の不注意、親の監督過誤があったこと、貯水槽の設置・管理の瑕疵の有無が問題になったことに特徴がある。
【判決の意義】
　この判決は、この事案の事故は通常予測することができない幼児の行動によって発生したものであり、貯水槽の設置・管理の瑕疵は認められないとしたものであり、重要な事例判断として参考になる。

〔190〕　河川敷の管理の瑕疵を肯定した事例（大分地判昭和60・3・12判時1168号133頁）

●事案の概要●

　A（当時、4歳6カ月）は、河川敷で遊んでいたところ、砂利採取業者であるY₃有限会社が砂利採取をした跡の水溜まりに転落し、溺死したため、Aの両親X₁、X₂がY₃のほか、Y₁(国)、Y₂県に対して国家賠償法2条に基づき損害賠償を請求したものである。
　この判決は、水溜まりが危険なまま放置された河川の管理の瑕疵があったとし、請求を認容した（過失相殺を6割認めた）。

【判決内容】

この判決は、
「3　およそ河川管理の目的は、河川について洪水、高潮等による災害の発生が防止され、河川が適性に利用され、及び流水の正常な機能が維持されるようにこれを総合的に管理することにより、国土の保全と開発に寄与し、もって公共の安全を保持し、かつ公共の福祉を増強すること（河川法1条）にあり、同法75条所定の河川管理者の監督処分も右の目的に従い行使されなければならないことはもちろんであるが、河川敷の砂利採取後にプール状の大きな水溜まりが出現し、周囲の環境から幼児の転落水死事故が十分予測し得る危険な状態が発生したのに、河川管理者が、そのような危険防止は河川管理の目的外であるとして、何らの措置もとることなく、このような場合、河川管理者には、直ちに河川法75条の監督処分を発動して砂利を採取した業者に埋め戻し等をさせるか、さもなければ、河川管理者自らが河川管理義務の一環として、砂利採取後を埋め戻し現場における危険な状態を解消するか、とりあえず水溜まりの周囲に柵を作るなどして幼児が近付けないようにし、もって事故の発生を未然に防止すべき義務があるものというべきである。
　本件においては、Aの水死した水溜まりが子供とりわけ幼児にとって危険な状態であったことは前示のとおりであり、河川管理者である大分県知事の前示のようなずさんな河川管理によって本件水溜まりが危険な状態のまま放置され、その結果本件事故が発生したことは明らかである」
と判示している。

【事案の特徴】
　この事案は、幼児が河川敷で遊んでいた際、砂利採取跡に転落し、死亡したため、両親が国に対して営造物責任に基づき損害賠償を請求する等した事件である。この事案は、幼児の河川敷における溺死事故が問題になったこと、幼児の不注意、両親の監督過誤が問題になったこと、河川敷の管理の瑕疵の有無が問題になったことに特徴がある。

【判決の意義】
　この判決は、水溜まりが児童・幼児にとって危険な状態であるとし、河川敷の管理の瑕疵を認めたものであり、事例判断を提供するものである。なお、この判決は、管理の瑕疵を肯定する前提となった危険な状態を強調する割には高率の過失相殺を認めている。

(191) 排水機場のフェンスの設置・管理の瑕疵を肯定しつつ、事故との因果関係を否定した事例（千葉地判昭和60・11・29判時1190号86頁）

●事案の概要●

　A（当時、5歳9カ月）、B（当時、4歳4カ月）は、昭和56年9月、自宅から徒歩数分かかる排水機場（周囲に金網フェンスが設置され、立入禁止の看板が設置されていた）に遊びに行き、排水機場内の調整池の水槽に転落し、溺死したため、Aらの両親X_1、X_2がY_1（国）Y_2県に対して国家賠償法2条に基づき損害賠償を請求したものである。

　この判決は、周囲のフェンスに穴が開いていたことは設置・管理の瑕疵に当たるものの、Aらがこの穴から入り込んだとは認められず、因果関係が認められないとし、請求を棄却した。

【判決内容】

　この判決は、

「以上の事実からすれば、本件調整池は、水深が約2メートルから3メートルと深く、水槽の周囲に手をかけるところもないので、幼児が転落した場合には自力ではい上がることが困難であって、本件排水機場内に人が立ち入った場合には人命に対する危険性を有するが、本件排水機場の外周には高さ約1.5メートルの外周金網フェンスがあり、さらに右金網フェンスの内側に入るとその直下に本件調整池があるような状況ではなく、草地及びコンクリート敷部分を経て水槽に至るのであり、前記のように立入禁止札も2箇所に掲げられていたのであるから、本件排水機場内の危険性及び内部への立入禁止の趣旨は明示され、通常予測しうる危険性に対する防止設備は設置されていたというべく、これ以上に、右外周金網フェンスを乗り越えたうえ本件調整池に近づく異常な行動を予測してその防止のために金網フェンスの高さを高くし融資徹線を張るなどの措置を講じておかなければ営造物に瑕疵があるとまではいえず、また……によれば、水槽の縁に手すり等を設けることは調整池の浚渫作業の障害となることが認められ、右障害にもかかわらず調整池周囲に転落防止のため水槽の縁に手すり等を設置しておかなければ営造物に瑕疵があるとはいえない。
　……
　二人の子供を同時に突然失った原告らの悲しみは推察するにあまりあるが、以

上のとおりAとBが原告主張のように外周金網フェンスの穴から立ち入ったことを認めることはできないから、AとBの転落死亡事故と本件排水機場の前記設置・管理の瑕疵との間に因果関係があるということはできず、原告らの主張は理由がない」
と判示している。

【事案の特徴】
　この事案は、二人の幼児が自宅の近くの排水機場に遊びに行った際、排水機場内の調整池の水槽に転落し、溺死したため、両親が国に対して営造物責任に基づき損害賠償を請求する等した事件である。この事案は、幼児の池への転落事故が問題になったこと、幼児の不注意、異常な行動があったこと、池の設置・管理の瑕疵の有無が問題になったことに特徴がある。

【判決の意義】
　この判決は、排水機場の周囲のフェンスに穴が開いていたことが設置・管理の瑕疵に当たるものの、幼児らがこの穴から入り込んだとは認められないとし、因果関係を否定したものであるが、事実上幼児らの異常な行動が事故原因であるとした事例として参考になる。

(192)　用水路の管理の瑕疵を肯定した事例（横浜地判昭和61・7・24判時1210号102頁）

●事案の概要●

　X_1（当時、3歳7カ月）は、昭和54年7月、友人二人と団地内の遊園地で遊んでいた際、金網製フェンスで区切られ、遊園地に隣接していた用水路に出ていたところ（フェンスの下の隙間を潜り抜けた）、用水路に転落し、負傷したため、X_1、両親X_2、X_3が遊園地の管理者であるY_1県、Y_2土地改良区に対して国家賠償法2条に基づき損害賠償を請求したものである。
　この判決は、用水路は幼児が転落したときは自力で脱出することが極

めて困難な危険性があった等とし、用水路の管理の瑕疵を認め、請求を認容した（過失相殺を6割認めた）。

【判決内容】

この判決は、

「本件フェンスの構造についても既に判示したとおりであって、右認定の事実によると、よう意に破られない程度の金網の構造、強度を備えており、フェンス下部胴縁と地表との間隔が、児童、幼児が潜り抜けることができない程度に設置されてあったものと認められるから、これらの機能、状態が維持される限り、本件フェンスは右防護設備としての機能に欠けるところはなかったものと認められる。
　しかし、本件フェンスが設置された後に、本件フェンスの下の地表が掘り取られ、フェンス下部と地表との間に、児童、幼児が潜り抜けることができる程度の空隙が生じたものと認められることも既に認定のとおりであって、その結果、本件フェンスは、前記機能を備えるべき防護設備としての機能を失い瑕疵を生じたものというべきである。
　以上のとおりであるから、本件フェンスは、その構造上、フェンス下の地表に容易にくぼみが生じないような処置が施されていない点において、あるいは右くぼみが生じた後に速やかにこれを補修する処置がとられなかった点において、本件フェンスの設置、管理に瑕疵があったものと認められる。
　しかし、本件フェンスが設置された後に、本件フェンスの下の地表が掘り取られ、フェンス下部と地表との間に、児童、幼児が潜り抜けることができる程度の空隙が生じたものと認められることも既に認定のとおりであって、その結果、本件フェンスは、前記機能を備えるべき防護設備としての機能を失い瑕疵を生じたものというべきである。
　以上のとおりであるから、本件フェンスは、その構造上、フェンス下の地表に容易にくぼみが生じないような処置が施されていない点において、あるいは右くぼみが生じた後に速やかにこれを補修する処置がとられなかった点において、本件フェンスの設置、管理に瑕疵があったものと認められる。
(二) 被告県は、フェンスの下のくぼみを潜り抜けてフェンスの外側に出るというような行動は、管理者として通常予想することができない行動である旨主張するが、遊園地等、児童、幼児が日常的に、多数参集する場所において、その周囲をフェンス等で囲って外部との通行を遮断した場合に、遊園地を利用する児童、幼児が、フェンス外に出て遊ぼうとするため、これを乗り越えて、あるいは金網に、多少とも疲弊しているところなどがあればこれを破って外部に出ようとすることのあることは、通常経験されるところであって、フェンスの下の空隙部分を利用

し、あるいはこれを広げて外部に出ようとすることも通常予想できないような、特に異常な行動ということはできない」
と判示している。

【事案の特徴】
　この事案は、幼児が団地内の遊園地で遊んでいた際、金網製フェンスを越えて用水路に出ていたところ、用水路に転落し、負傷したため、県に対して営造物責任に基づき損害賠償を請求する等した事件である。この事案は、幼児の用水路への転落事故が問題になったこと、幼児の異常な行動があったこと、用水路の設置・管理の瑕疵の有無が問題になったことに特徴がある。

【判決の意義】
　この判決は、用水路の周囲の金網フェンスの下の地表が掘り取られた設置・管理の瑕疵を認めたこと、金網フェンスの下の空隙部分を利用し、あるいはこれを広げて外部に出ようとすることも通常予想できない特に異常な行動ということはできないとしたことを判示している。

　しかし、この事案の幼児の行動は常識外のものであり、幼児の不注意であるとともに、親の監督過誤があったというべきであって、この判決の判断には疑問がある。

(193)　児童の異常な行動が事故原因であるとし、側溝の設置・管理の瑕疵を否定した事例（名古屋地判昭61・10・23判時1238号110頁）

●事案の概要●

　A（当時、10歳）は、昭和58年9月、洪水注意報が発令されている中、小学校を下校する途中、通学路の歩道脇にある側溝の増水に流され、溺死したため、Aの両親X_1、X_2が側溝の管理者であるY市に対して国家賠償法2条に基づき損害賠償を請求したものである。
　この判決は、Aが側溝の中に足を入れて戯れており、不注意で足を滑らせたことが事故原因であるとし、側溝の設置・管理の瑕疵を否定し、

> 請求を棄却した。

【判決内容】

この判決は、

「(イ) 右争いのない事実と検証の結果によれば、本件側溝は、さして幅が広く深井構造を有するものとはいえないうえ、その付近はゆるやかな坂道であって水はけがよく、幅員2.2メートルの歩道上にまで雨水が浸水するおそれはないこと、また本件側溝が開渠であったことも、側溝が路面排水を目的とすることからすれば、合理性がないではなく、また、本件側溝の構造、設置場所等からみて開渠であったことが直ちに危険に結びついていたとは認めることができない。

(ロ) のみならず、……によれば、滝川小学校では、毎年3回程度、教諭が児童の一斉下校に付き添って下校指導にあたるとともに通学路の安全を点検していたもので、佐久間自身も本件側溝付近の通学路としての安全を点検しており、右安全点検の結果は教育委員会に報告されていたこと、佐久間は、通学路に危険箇所があれば直ちに学校に連絡するようPTAに依頼し、右連絡があった場合には、何らかの処置をとるようにしていたこと、が認められる。

(ハ) そして、本件事故は、前記のとおり、Aが前示戯れの行為から不注意にも足を滑らせたことにより発生したものと認められるところであり、学校長である佐久間にとって大雨時に児童が戯れに本件側溝に足を入れて遊んで水の流れに足をとられることまでは、通常予測することができないものといわなければならない」

と判示している。

【事案の特徴】

この事案は、高学年の児童が下校途中、通学路の歩道脇にある側溝の増水に流され、溺死したため、両親が市に対して営造物責任に基づき損害賠償を請求した事件である。この事案は、児童の側溝への転落事故が問題になったこと、児童の異常な行動があったこと、側溝の管理の瑕疵の有無が問題になったことに特徴がある。

【判決の意義】

この判決は、転落事故の原因が大雨時に児童が戯れに側溝に足を入れて遊んで、水の流れに足をとられたことにあるとし、通常予測することができないとしたこと、側溝の管理の瑕疵を否定したことに特徴があり、児童の異常

な行動を理由に側溝の管理の瑕疵を否定した事例判断として参考になるものである。

〔194〕 水路の設置・管理の瑕疵を肯定した事例（浦和地判平成元・3・24判時1343号97頁、判タ714号91頁）

●事案の概要●

　A（当時、5歳）が両親X_1、X_2とY市に居住していたところ、付近は新興住宅街であったが、友人と自宅付近で遊んでいるうちに、自宅付近の水路（幅員約1.94メートル、深さ約1.9メートル。高さ約50センチメートルのブロック塀が設置されていた）にブロック塀を乗り越えて近づき、転落し、死亡したため、X_1らがYに対して国家賠償法2条に基づき損害賠償を請求したものである。

　この判決は、付近は新興住宅街であり、子どもが水路に近づくことは十分予想されたこと、Y市内では幼児等の水路転落事故が3回発生していたこと等の事情から、幼児等の転落事故の防止のために水路に危険防護の設備を設けるべきであった等とし、設置・管理の瑕疵を認め、請求を認容した（過失相殺を4割認めた）。

【判決内容】

　この判決は、

「本件水路は本件事故当時水が1.35メートルの深さに停滞し幼児、児童らが転落した場合自力で這い上がることは不可能な状態であり、本件事故当時現場付近は新興住宅街でかなりの住宅が存在し南側宅地造成地付近及びその西側の空き地付近は子供の遊び場として現に利用され付近住民特に子供が本件水路に近づくことが充分予想され、さらに被告は過去に同種の転落事故を3回経験していたことも考えあわせると、被告は西側水路の移管を受けるにあたり本件水路の危険性を知りえたものと解され、水路の移管を受けて公の営造物とする以上転落事故の発生を未然に防止するため本件水路に相当な危険防護の設備をすみやかに整えるべきであったというべきである。しかるに、被告は何ら首肯するに足りる合理的な理

由もなく（土地分譲を受けた者が処置をとることを予想し二重の安全装置となると考えたため指導はしなかったというが、分譲地がただちに分譲されるとは限らず、仮に分譲されたとしてもただちに転落を防止する処置がとられるとは限られないので、被告の主張は合理性がないと解する。）、移管後２ヶ月半になるのに本件水路に子供などの転落を防止する処置を未だ講じていなかったもので、公の営造物である本件水をは本件事故当時通常有すべき安全性を欠いていたものと認められる。なお、被告において水路の移管を受けた後前記期間内に右危険防止の設備をとることが著しく困難であり右処置を講じないことを合理化するような技術的、財政的制約があったことを認めるにたる証拠はない。よって、被告の本件水路に対する管理には瑕疵があり、右瑕疵により本件事故が生じたものと認められるから、被告は国家賠償法２条により本件事故の損害を賠償すべき責任を有する。

これに対し、被告は被告の主張１で本件事故はＡの危険な行為に基づき生じたもので被告には管理の瑕疵はないと主張する。しかし、前記認定のようにＡは西側水路の南側グロッグ塀を越えて本件水路付近に近づいた可能性もあり、また本件水路に転落前本件水路の上付近で時々片足を地面から離し遊んでいた模様であるが、ブロック塀の高さとＡの年令から推測される身長との比較、同人の年令などから推測される発育程度、行動様式から判断すると、右Ａの右行為を被告が通常予測することができない危険な行為と認めることは相当でないから、被告の主張１は理由がない」

と判示している。

【事案の特徴】

この事案は、幼児が自宅付近で遊んでいた際、自宅付近の水路のブロック塀を乗り越えて近づき、転落し、死亡したため、両親が市に対して営造物責任に基づき損害賠償を請求した事件である。この事案は、幼児の水路への転落事故が問題になったこと、幼児の異常な行動、親の監督過誤があったこと、水路の管理の瑕疵の有無が問題になったことに特徴がある。

【判決の意義】

この判決は、幼児等のための転落事故防止措置のないことにつき水路の管理の瑕疵を認めたものであるが、瑕疵の判断が微妙な事件である。

この判決は、過去の同種事故の発生を重視して瑕疵を肯定したものと推測されるが、幼児の年齢、ブロック塀を乗り越える等した行動の態様に照らすと、幼児の通常予測できない行動であり、親の監督過誤があったというべき

であり、疑問が残るものである。

(195) 河川の管理の瑕疵を肯定した事例（浦和地判平成元・4・26判時1343号103頁）

●事案の概要●

　A（当時、4歳7カ月）が妹B（当時、3歳）と遊んでいたところ、自宅から30メートル離れた川に遊びに行き、おもちゃを川に落としたことから、川岸に設置されていた木柵の鉄線の間をくぐり、川辺に入り込み、川に転落して死亡したため、Aの両親X_1、X_2が川を管理していたY県に対して国家賠償法2条に基づき損害賠償を請求したものである。

　この判決は、転落地点は河川の改修工事によって川岸が垂直になり危険になったものであるとし、木柵は適正十分なものではなかったとして設置・管理の瑕疵を認め、請求を認容した（過失相殺を4割認めた）。

【判決内容】

　この判決は、

「ところで、……を総合すれば、当事者間に争いのない請求の原因2のとおり本件改修工事が行われた所定の区間については、その工事の一環として、本件事故当時既に川沿い（道路際）一面に、40センチほどの高さのコンクリート製土台が設けられ、その上の支柱に高さ1.2メートルほどの金網フェンスが張り巡らされていたが、その金網フェンスは本件転落地点の岸辺に至る直前でとぎれ、同地点の岸辺には、前記三に認定したとおり同地点にまで岸辺の掘り下げが及んでいたにもかかわらず、また、同所は工事を施工した部分と将来の計画部分との境めとなっていたため、掘り下げ未了の岸辺が同地点に面して道路側から張り出している状況となっていたにもかかわらず、右のような金網フェンスは張られず、あるいはまた、木杭に縛り付ける等の方法で移動可能のフェンス（本件事故後には、これが現場に取りつけられた。）が暫定的に設置されるようなこともなく、ただ、浦和土木事務所職員によって高さ約1メートルの木杭が約2メートルほどの間隔で数本打ち込まれ、その杭と杭との間に3、4本の鉄線が張られていたにすぎず、しかも、前記金網フェンスのとぎれ部分とその際の杭との間には、通り抜け可能

第2章　誤使用をめぐる裁判例

な間隔が開いており、杭と杭との間の鉄線は有刺鉄線ではない単なる針金である上、張りぐあいが相当に緩んでいる部分もあったことが認められ、右認定を左右にするに足りる証拠はない。

　右認定の事実関係によれば、右のような柵の設置は、一つの安全対策措置であったにしても、前記のとおり本件転落地点付近の危険性が高まったのに伴って採られた措置としては、いまだ適正にして十分とはいえず、前記のとおりの改修工事により同地点付近に増大した危険は、地域住民らに対する関係でなお残存していたものといわざるを得ず、他に、同地点付近に特段の危険防止措置が講じられていたことについての主張立証はないので、同地点付近の毛長川に対する埼玉県知事の管理にはなお瑕疵があったものというべきである」

と判示している。

【事案の特徴】

　この事案は、幼児が妹と自宅近くの川に遊びに行った際、おもちゃを川に落としたことから、川岸に設置されていた木柵の鉄線の間をくぐり、川辺に入り込み、川に転落して死亡したため、両親が県に対して営造物責任に基づき損害賠償を請求した事件である。この事案は、幼児の河川への転落事故が問題になったこと、幼児の異常な行動、親の監督過誤が問題になったこと、河川の管理の瑕疵の有無が問題になったことに特徴がある。

【判決の意義】

　この判決は、設置された木柵が適正・十分でなかったとし、河川の管理の瑕疵を認めたものであるが、木柵の状況、河川への入り込みの状況に照らすと、幼児の異常な行動、両親の監督過誤を認めることができ、この判決の判断には疑問が残る。

(196)　用排水路の設置・管理の瑕疵を肯定した事例（大阪高判平成元・7・7判時1331号65頁、判タ721号148頁）

―●事案の概要●―

　A（当時、10歳）が母Xとともに、B方を訪問していたところ、帰宅間際になり、失くした野球のボールを捜しに出かけたが、その後、行方

508

不明になり、B方の近くにあった用排水路の開渠部分（水深約1.6メートル）に転落して死亡していたのが発見されたため、Xが用排水路に設けられた防護柵に欠損部分があったことが用排水路・道路の設置・管理の瑕疵に当たると主張し、Xが管理者であるY市に対して国家賠償法2条に基づき損害賠償を請求したものである。第1審判決（大阪地岸和田支判昭和61・6・27（昭和57年(ワ)第265号））はAの死亡の経過、行動が一切不明である等とし、請求を棄却したため、Xが控訴した。

　この判決は、防護柵を十分にすべきであった等とし、設置・管理の瑕疵を認め、原判決を変更し、請求を認容した（過失相殺を75％認めた）。

【判決内容】

　この判決は、

「ところで、国家賠償法2条1項にいう営造物の設置又は管理の瑕疵とは、当該営造物が通常有すべき安全性を欠いていることをいうと解されているところ（最判昭和45年8月20日民集24巻9号1268頁）、これを本件についてみるに、本件水路に接する本件道路は広く近隣の住民による利用がなされていたのであり、従って、これら利用者、特に通学路に使用する学童等が好奇心から本件水路に近附く可能性は極めて高く、他方、本件事故現場は、一旦転落すれば、水深、周囲の擁壁等の状況から、大人においても這い上がることが困難であって、殊に学童においては死に至る危険性の高いものであったのであるから、これら道路及び水路の管理者たる被控訴人としては、まず防護柵を十全にする等して、右利用者等が右の箇所に近附くことを防止する設備をする等し、もって本件の如き事故の発生を未然に防止すべき義務があったものというべきである。然るに、被控訴人は、本件転落場所の北側擁壁に至る部分については全くかかる措置を講ぜず、また本件道路上の人が通行する部分に、その措置として設置されていた鉄柵についても、これが一部欠損し、これについて住民等からその危険性を指摘されていたにも拘わらず、漫然これを放置していたものであり、その結果、亡Aがこれら防護措置のなされていなかったか、もしくは右欠損した部分から本件水路の開渠部分に立ち入り、同所から転落して死亡したというのであるから、被控訴人においては、公の営造物たる本件各道路及び水路の設置又は管理に瑕疵があったものというべきであり、国家賠償法2条1項の規定に基づき、右Aの死亡に伴う損害につき賠償の責に任ずべきものである」

【事案の特徴】

　この事案は、高学年の児童が母とともに、知人方を訪問していた際、失くした野球のボールを捜しに出かけ、近くの用排水路の開渠部分に転落して死亡していたため、相続人が市に対して営造物責任に基づき損害賠償を請求した控訴審の事件である（第1審判決は児童の死亡の経緯等が不明であるとし、営造物責任を否定したものである）。この事案は、児童の用排水路への転落事故が問題になったこと、児童の異常な行動が疑われたこと、用排水路の管理の瑕疵の有無が問題になったことに特徴がある。

【判決の意義】

　この判決は、防護柵を十分にすべきであったとし、水路の設置・管理の瑕疵を認めたものであるが、児童の年齢、用排水路の状況等の事情を考慮すると、河川の瑕疵を否定する判断のほうが合理的である（第1審判決の判断のほうが合理的である）。

(197)　児童の通常予測できない行動が事故原因であるとし、河川の設置・管理の瑕疵を否定した事例（大阪高判平成元・7・28判時1331号70頁）

―●事案の概要●―

　A（当時、小学校6年生）が川（一級河川）の堤防法面にできた横穴状の窪地の下部を小型スコップで掘って遊んでいるうちに土砂が崩れ落ちて死亡したため、Aの両親X_1、X_2がY_1（国）、Y_2府に対して国家賠償法2条に基づき損害賠償を請求したものである。第1審判決（大阪地判昭和63・5・27判時1294号80頁）は、川の設置・管理の瑕疵を認め（過失相殺を8割認めた）、請求を認容したため、Y_1らが控訴し、X_1らが附帯控訴した。

　この判決は、Aの通常予測できない行動があったとし、設置・管理の瑕疵を否定し、原判決中Y_1らの敗訴部分を取り消し、X_1らの請求を棄

却し、附帯控訴を棄却した。

【判決内容】

この判決は、

「そして以上認定したところからすれば、本件事故現場の堤防ののり面自体は、同所に子供が立ち入って遊ばなければ、本件のような事故が起きることはなく、堤防として本来具有すべき安全性に欠けるところはなかったし、かつ、子供達が右堤防ののり面に立ち入って遊ぶというようなこと、殊に、右の裏面に横穴を掘って遊ぶというようなことは、その設置管理者である控訴人国又は大阪府知事（ないしはその各担当職員）において通常予測できないことであったというべきであるから、本件事故現場の堤防の設置又は管理の瑕疵はなく、本件事故は被控訴人等主張の瑕疵によるものではないと認めるのが相当である」

と判示している。

【事案の特徴】

この事案は、児童が河川の堤防法面にできた横穴状の窪地の下部を小型スコップで掘って遊んでいた際、土砂が崩れ落ちて死亡したため、両親が国らに対して営造物責任に基づき損害賠償を請求した控訴審の事件である（第1審判決は河川の管理の瑕疵を認めたものである）。この事案は、高学年の児童の河川の堤防における崩落事故が問題になったこと、児童の異常な行動があったこと、河川の管理の瑕疵の有無が問題になったことに特徴がある。

【判決の意義】

この判決は、この事案の堤防は本来具有すべき安全性に欠けるところはなく、児童の通常予測できない行動があったとし、河川の設置・管理の瑕疵を否定したものであり、河川の瑕疵を否定した事例判断として参考になる。

〔198〕 幼児の通常予測することができない行動が事故原因であるとし、河川・市道の管理の瑕疵を否定した事例（大阪高判平成2・2・28判タ731号124頁）

●事案の概要●

　A（当時、5歳）が両親X_1、X_2に連れられてパチンコ店に来ていたところ、店内・店外、付近のY_1市の市道（ガードレールは設置されていなかった）で遊んでいたが、夜9時頃行方不明になり、後に隣接する川の下流で水死体になっているのが発見されたため（当時、川が溢水になっており、道路と川の境界も判然としない状況であった）、X_1らがY_1市、Y_2県に対して河川・道路の設置・管理の瑕疵を主張し、国家賠償法2条に基づき損害賠償を請求したものである。第1審判決は、設置・管理の瑕疵を否定し、請求を棄却したため、X_1らが控訴した。

　この判決は、第1審判決を相当とし、通常予測することができない危険接近の行動に起因するものであるとし、控訴を棄却した。

【判決内容】

　この判決は、

「なお、被控訴人Y_1市が本件事故当時危険防止措置として設置したバリケードとロープは、人の進入あるいは転落を物理的に阻止するに足りるものではなく、前記のとおりロープが張られていなかった部分もあったのであるから、右バリケードやロープの設置された意味を理解できない幼児が冠水した本件市道から右ロープの下を潜り、ないしは、ロープの張られていない箇所から本件河川に接近して転落し、あるいは、本件河川の近くで幼児が転倒すれば水に流されてロープの下を通って川に転落することも考えられるものであった。そして、詳細は不明であるものの、先に認定したところによれば、Aは、冠水中の本件市道に立ち入って本件河川に接近したために、道路と河川の境界が判らなかったためか、流水に足をとられる等の理由によって本件市道上で転倒して水に押し流されたために、本件河川に転落するにいたったものと推認される。

　しかしながら、前述したような本件事故現場の地理的環境、とくに、同所が昼間でも子供の通行が多い場所とはいえ、しかも、本件事故発生当時は夜9時を過ぎた時刻になっていたことを考えると、被控訴人Y_1市のとるべき措置としては、右のような一般の通行人に危険の存在をしらせ、これに近寄らせない措置で十分であったというべきであり、冠水中の本件市道に夜間幼児が保護者の監護なしに一人で立ち入って本件河川に接近し、その結果本件河川に転落するというような

事態は、被控訴人等において通常予測することができない危険接近の行動に起因するものであったというべきである」
と判示している。

【事案の特徴】
　この事案は、幼児が両親に連れられてパチンコ店に来ていた間、夜行方不明になり、後にパチンコ店に隣接する川の下流で水死体になっているのが発見されたため、両親が市に対して営造物責任に基づき損害賠償を請求した控訴審の事件である（第1審判決は河川等の管理の瑕疵を否定したものである）。この事案は、幼児の河川への転落事故が問題になったこと、親の監督過誤があったこと、道路・河川の管理の瑕疵の有無が問題になったことに特徴がある。

【判決の意義】
　この判決は、夜間幼児が保護者の監護なしに市道に一人で立ち入って河川に接近し、その結果河川に転落するというような事態は、市らにおいて通常予測することができない危険接近の行動に起因するものであったとし、河川・市道の管理の瑕疵を否定したものであり、瑕疵を否定した事例判断として参考になる（この判決においては実質的には両親の監督過誤が重視されていると推測される）。

(199)　幼児の通常予測することができない異常な行動が事故原因であるとし、用水路の設置・管理の瑕疵を否定した事例（福岡地行橋支判平成2・4・18判自76号66頁）

●事案の概要●
　A（当時、3歳）が友人B（当時、6歳）と川に設置された農業用取水施設である井堰付近で遊んでいたところ、土手から井堰の下流方向に敷かれたコンクリートベースに降りた際、身体のバランスを崩して流水路に転落し、死亡したため、Aの親X$_1$、X$_2$らがY$_1$（国）、Y$_2$県らに対

513

> して国家賠償法2条に基づき損害賠償を請求したものである。
> この判決は、本件事故は通常予測することのできないAの異常な行動に起因するものであるとし、設置・管理の瑕疵を否定し、請求を棄却した。

【判決内容】

　この判決は、

「これを本件についてみるに、前記認定のように、庄内川は水量が少なく、水深も浅いため水難事故という観点からすれば比較的安全な河川であるうえ、本件井堰の設置されている付近は住宅街から相当に離れた田園地帯にあり、しかも本件井堰を挟む農道、土手については普段人通りがほとんどなく、まして本件井堰及びそのコンクリートベースについては丈の高い雑草が自然の防護柵をなし、通常子供の水遊び場や大人達の魚釣りの場所ともなっていなかったのであって、Aは付近に適当な公園などの遊び場があるのにBに連れられて通常、人の寄り付かない本件井堰周辺に至り、さらに川面に浮いている魚を見付けてコンクリートベースにまで降り立ち、同所から川面に転落したものであって、以上の諸般の事情を総合すれば、本件事故は被告らにおいて通常予測することのできないAの異常な行動に起因するものというべきである。

　してみれば、前述した本件井堰の構造、場所的環境や利用状況を考慮すると、本件井堰のコンクリートベース直下の深みが事故時に約1.2メートルの状況であり、その深みの発生を事前に防止する措置や深みを埋め戻す措置がなされていなかったこと、また本件井堰への立入禁止の措置を欠いたものであったとはいえ、庄内川及び本件井堰が本件事故当時通常有すべき安全性を欠いていたとはいえないから、被告らに庄内川及び本件井堰の設置または管理上の瑕疵はない」

と判示している。

【事案の特徴】

　この事案は、幼児が友人と川に設置された農業用水取水施設である井堰付近で遊んでいた際、土手から井堰の下流方向に敷かれたコンクリートベースに降り、身体のバランスを崩して流水路に転落し、死亡したため、両親が国らに対して営造物責任に基づき損害賠償を請求した事件である。この事案は、幼児の用水路への転落事故が問題になったこと、幼児の異常な行動があったこと、用水路の設置・管理の瑕疵の有無が問題になったことに特徴がある。

【判決の意義】

　この判決は、この事案の事故が幼児の通常予測することができない異常な行動によるものであるとし、用水路の設置・管理の瑕疵を否定したものであり、用水路の瑕疵を否定した事例判断として参考になる。

〔200〕　幼児の異常な行動が事故原因であるとし、河川の管理の瑕疵を否定した事例（東京地判平成3・3・25判タ768号74頁）

──●事案の概要●──

　X（当時、2歳）が兄A（当時、3歳）と自宅近くの川の土堤上で遊んでいたところ、靴を川に落とし、靴を取ろうとし、川に転落し、溺れ、無酸素性脳症状により後遺症が生じたため、Xが河川を管理するY_1県、Y_2（国）に対して国家賠償法2条に基づき損害賠償を請求したものである。

　この判決は、本件事故は現場付近の灌木の密集した端上に乗って遊ぶという幼児特有の危険を顧みない異常行動に基づくものであった等とし、河川の管理の瑕疵を否定し、請求を棄却した。

【判決内容】

　この判決は、

「以上の事実によれば、転落場所付近の土堤部分は、子供が遊び場として使用した場合、河川に転落する危険性を有していたということができる。しかしながら、河川は、道路等の人工公物と異なり、もともと自然公物であって、自然の状態において公共のように供される性質を有し、被告らによる河川管理の目的は、洪水・高潮等による災害発生の防止、河川の適正利用、流水の正常な機能維持等にあり、一般公衆の自由使用に供することを目的とするものではないから、公衆の河川の自由使用に伴う危険は、原則としてこれを使用するものの責任において回避すべきものである。そうであってみれば、被告らの河川の管理に瑕疵があったというためには、当該土堤付近が頻繁に人の通行の用に供され、あるいは子供の遊び場として常時利用されている状況の下、被告らが護岸工事等によって土堤部

分に人為的に手を加えた結果、土堤部分からの転落事故が生ずる危険性が従前より増大したことが必要であるというべきである。右の観点から本件をみると、右に判示したように、本件転落場所付近の土堤を、日常的に、近所の住民が通行したり、子供が遊び場所として使用したりすることはなく、かつ、篠・潅木等の密生によって水面及び天端の水面側の限界点を確認しにくい状況、土堤の断崖部分の状況、幅の狭まった天端部分の状況等は、自然現象によって生成したものであって、被告らが人為的に手を加えた結果によるものではないし、住宅側から転落場所付近の土堤への立入禁止の標識、設備や転落防止のための防護施設等がなかった点についても、本件事故は、当時2歳の原告が当時3歳の実兄と二人で転落場所付近の篠・潅木の密生した天端上に登って遊ぶという、いわば幼児特有の危険を顧みない異常行動に基づくものであって、先に認定した転落場所周辺の利用状況等と合わせて鑑みれば、被告らに、このような場合をも想定して住宅側から転落場所付近の土堤への立入禁止の標識、設備や転落防止のための防護施設等を設置する義務はなかったというべきである」

と判示している。

【事案の特徴】

この事案は、幼児が兄と自宅近くの川の土堤上で遊んでいた際、靴を川に落とし、靴を取ろうとし、川に転落し、溺れて後遺症を負ったため、国らに対して営造物責任に基づき損害賠償を請求した事件である。この事案は、幼児の河川への転落事故が問題になったこと、幼児の異常な行動、親の監督過誤が問題になったこと、土堤の管理の瑕疵の有無が問題になったことに特徴がある。

【判決の意義】

この判決は、公衆の河川の自由使用に伴う危険は原則としてこれを使用するものの責任において回避すべきものとしたこと、河川の管理の瑕疵の判断は、護岸工事等によって土堤部分に人為的に手を加えた結果、土堤部分からの転落事故が生ずる危険性が従前より増大したことが必要であるとしたこと、この事案の事故は幼児特有の危険を顧みない異常行動に基づくものであるとしたこと、河川の管理の瑕疵を否定したことに特徴がある。

この判決は、幼児の異常な行動によって河川への転落事故が発生したとし、

河川の管理の瑕疵を否定した事例判断として参考になるものである。

〔201〕 排水機場の管理の瑕疵を肯定した事例（佐賀地判平成4・7・17判タ801号138頁）

●事案の概要●

X₁、X₂の子であるA、B（当時、幼児）が友人と一緒に近所の馬場川排水機場に行き、門扉を乗り越えて導水路に入り、アメンボ取り等をして遊んでいたところ、斜面を滑り落ち、沈砂池にはまって溺死したため、X₁らが排水機場を管理するY（国）に対して国家賠償法2条に基づき損害賠償を請求したものである。

この判決は、門扉の高さが子どもでも乗り越えられるものであること、立入禁止の看板の数が不足していたこと等の事情から、機場の管理に瑕疵があったとし、請求を認容した（過失相殺を7割認めた）。

【判決内容】

この判決は、

「本件機場のような人工公物である営造物については、その管理者に、河川、湖沼のような自然公物に比し、より高度な安全確保措置を講じることが要請されること等を併せ考えると、被告としては、幼児がB門扉を乗り越え又はその東側の隙間を通り抜けて、本件機場内に侵入することを防止するため、右未完成のCフェンス及びC門扉に代わるべき十分な侵入防止措置を講じる義務があったというべきである。

そこで、右措置が講じられたか否かについて検討するに、前記のとおり、本件機場敷地内への進入口として利用される蓋然性が最も高いと考えられる前記管理道を北側入口部分に設置された安全ロープが、上下2本とも緩やかに張られて垂れ下がり、これを持ち上げたり押し上げたりすることによって、子供でも容易にここを通り抜けられることができ、南側管理橋付近にも安全ロープが張られていたけれども、本件機場敷地内への進入口である前記管理道路入口付近、あるいは、本件機場内への進入口となりやすい前記D門扉付近には設置されておらず、しかも、その立入禁止看板の内容は、前記認定のとおり、『関係者以外立入禁止』の文

言と工事関係者とおぼしき人物が両手を広げた絵であって、必ずしも本件機場の危険性を十分に示したものではなく、殊に亡Aらのような子供に対しては、『あぶないから、はいってはいけません。』等の文言によるより直接的な表現でなければ、危険告知の方法としては十分でなかったと考えられること、加えて、本件機場東側の仮設木橋がそのまま放置され、付近に安全ロープや立入禁止看板等の侵入防止設備は全く施されていなかったこと、さらに、前記認定のとおり、担当職員による巡回は、いわば片手間的に行われていたに過ぎなかったこと等から判断すれば、前述の侵入防止措置が十分に講じられていたと認めることはできない。

したがって、亡AがD門扉を乗り越え、亡Bがその東側の隙間を通り抜けて本件機場内に侵入したことが、その管理者の予測を超えた行動とすることはできず、結局、本件機場は営造物として通常有すべき安全性を欠いていたものであって、本件事故当時における本件機場の管理には瑕疵があったというべきである」

と判示している。

【事案の特徴】

この事案は、幼児が友人と一緒に近所の排水機場に行き、門扉を乗り越えて導水路に入って遊んでいた際、斜面を滑り落ち、沈砂池にはまって溺死したため、両親が国に対して営造物責任に基づき損害賠償を請求した事件である。この事案は、幼児の導水路への転落事故が問題になったこと、幼児の異常な行動があったこと、排水機場の管理の瑕疵の有無が問題になったことに特徴がある。

【判決の意義】

この判決は、立入禁止の看板が設置されていたものの、幼児用のものではなかった等とし、排水機場の管理の瑕疵を認めたものである。

しかし、この事案では、幼児の異常な行動があったものであるところ（近所にあったことを考慮すると、親の監督過誤もある）、立入禁止の看板が設置されていたこと、排水機場の用途が限定され、外形上明確であること、排水機場の危険性は外観上明確であること考慮すると、排水機場の管理の瑕疵を否定することが合理的であるということができ、この判断には疑問がある。

(202) (201)の控訴審判決であり、幼児の通常予測できない行動が事故原

8 河川・海岸等事故における誤使用

因であるとし、排水機場の設置・管理の瑕疵を否定した事例（福岡高判平成5・6・29判タ844号127頁）

●事案の概要●

前掲〔201〕（517頁）の控訴審判決であり、Yが控訴したものである。
　この判決は、機場は一般人が利用する施設ではないこと、道路に安全ロープが張られ、立入禁止の看板が設置されていたこと、沈砂池の周囲にはフェンスと門扉が設置されていたこと、子どもが導水路に入り込むことは通常予測できないこと等の事情から瑕疵を否定し、原判決を取り消し、請求を棄却した。

【判決内容】

　この判決は、

「1　国家賠償法2条1項の営造物の設置又は監理の瑕疵とは、営造物の設置又は監理の瑕疵とは、営造物が通常有すべき安全性を欠き、他人に危害を及ぼす危険性のある状態をいうが、かかる瑕疵の存否については、当該営造物の構造、用法、場所的環境及び栄養状況等諸般の事情を総合考慮して具体的個別的に判断すべきものである。
2　これを本件についてみるのに、前記認定事実（引用に係る原判決理由1ないし3）によれば、本件機場は、流況調整河川佐賀導水事業の目的の一つである内水排除を行うため、その東側を流れる馬場川の流水の一部を流況調整河川佐賀導水路へ導水し、本件機場西側約100メートルのところを流れる城原川へ吐出させるための施設であり、北側から順次、流入堰、土砂溜、導水路、沈砂池、スクリーン、機場本体（ポンプ場）、吐出槽が配置された施設であって（流入堰付近及びスクリーン付近の各上部には管理橋が、導水路西側は土砂の搬出路Aがそれぞれ設置されていた。）、本件事故当時、沈砂池には雨水が貯溜して水深約2メートルとなっており、しかも、右貯溜水は混濁していて、沈砂池の底が見通せず、幼児にとって水深を認識することは困難な状況であったし、導水路の水深が約30センチメートルであり、コンクリート堰上面から沈砂池底面までは勾配が約45度の傾斜面となっていた上、沈砂池の周囲には手を掛けるところもないのであるから、幼児が沈砂池にはまった場合には独力で這い上がることが困難であり、本件機場は、沈砂池に幼児が立ち入った場合には人命に対する危険性が高い施設というべきである。

519

第 2 章　誤使用をめぐる裁判例

　しかしながら、本件機場は、その構造及び用法からして、右導水事業の関係者が利用する施設であり、一般人の利用が予定されていないことは明らかであること、また、本件機場敷地内へは、本件機場北側を走る町道鶴線から本件機場管理道路を通ることあるいは馬場川に架けられた仮設木橋を渡ることにより、立ち入りが可能であるが、町道鶴線から本件機場管理道路への入口部分、Cフェンス北側部分、東側Dフェンス北側部分、南側管理橋から機場本体部分の計4か所には安全ロープが張られ、Cフェンス北側部分、南側管理橋の東西両端部分、機場本体の東西両面部分の計5か所には、『関係者以外立入禁止』の文言及び工事関係者を示す人物が両手を広げた絵の記載のある看板が各1枚ずつ設置されていたのであり、また、本件機場内で危険性があるといえる沈砂池を含む水路部分（土砂溜、導水路等）の周囲は、西側は流入堰付近から南側管理橋までの間に、侵入防止及び転落防止のため、C、Dフェンス及びC、D門扉が、東側は北側管理橋から南側管理橋にかけてDフェンスが、それぞれ設置されており（Cフェンス及びC門扉の高さは2メートル、Dフェンス及びD門扉の高さは1.2メートル）、C、D門扉はいずれも施錠されていたこと、D門扉東側支柱とその東側のDフェンス支柱との間の間隔が15センチメートル強にすぎないことからすれば、本件機場（水路部分）が危険な施設であって、そこへの立入りが禁止されることは、これらの安全ロープ、立入禁止看板、フェンス及び門扉により、幼児に対しても、明瞭に表示されていたというべきであり、右各フェンス及び門扉の高さやB門扉とBフェンス支柱との間の間隔の程度からすれば、これらは、人（幼児を含め）が通常の形態で沈砂池を含む水路部分に容易に侵入し、又は転落することを防止するに足りる設備といえるから、本件機場は通常有すべき安全性を備えていたものというべきである。

　もっとも、前記管理道路入口部分の上下2本の安全ロープは緩く張られて垂れ下がっていて、通り抜けが可能な状態であり、……によれば、本件機場東側の馬場川では、日頃、魚釣りをする人や魚採り等をして遊ぶ子供もいて、時折、散歩や馬場川での魚釣り等のために付近住民らが右安全ロープを越えて前記管理道路から本件機場敷地内に立ち入ったり、仮設木橋を渡って本件機場敷地内に立ち入ったりしていたことが認められる。（……）けれども、本件機場においては、右管理道路入口部分の安全ロープのみでなく、前記のとおり、本件機場内への侵入経路に当たる道筋には他にも立入禁止看板や安全ロープを設けているところ、右立入禁止看板では、工事関係者を示す人物が両手を広げた絵が記載されているのであるから、文字を判読できない幼児であっても、本件機場が危険であって立入りが禁止される場所であることは容易に認識できるものというべきである（右立入禁止看板は、前記管理道路の入口部分やD門扉部分には設置されていないけれども、その設置場所からして、本件機場内に侵入しようとする者には目につく場所に設置されているといえるし、……によっても、かつて、立入禁止看板や、前記

管理道路入口部分の安全ロープ以外の安全ロープを無視して本件機場内に侵入した者があったことまでを認めるには至らない。）。また、本件機場内で危険性があるといえる沈砂池を含む水路部分の周囲には前記認定の構造のフェンスや門扉を設置し、このメンからも本件機場（水路部分）が危険であって立入が禁止される場所であることを表示していること及び右フェンスや門扉が通常予想される侵入防止及び転落防止設備としての機能としては十分であるといえることからすれば、本件機場の設置管理者である控訴人において、亡AらがD門扉を乗り越え、また、亡BがD門扉東側支柱とDフェンス支柱との隙間を通り抜けて本件機場の搬出路Cを下って導水路にはいるというような行動をとるまでには通常予測することはできないというほかない」

と判示している。

【判決の意義】

この事案は、前記のとおりであるが、この判決は、設置されていた看板が文字を判読できない幼児であっても、排水機場が危険であって立入りが禁止される場所であることは容易に認識できる等とし、幼児の通常予測できない行動を理由に排水機場の設置・管理の瑕疵を否定したものであり、第1審判決（〔201〕（517頁））と比較すると、この判決が合理的であり、瑕疵を否定した事例判断として参考になるものである。

(203) 河川の設置・管理の瑕疵を肯定した事例（高松高判平成9・1・24判タ937号121頁）

●事案の概要●

A（当時、5歳で保育園児）が姉B（小学校2年生）、C（小学校1年生）とともに水着で川遊びに行き、水遊び中、深みで溺れて死亡したため、Aの両親X_1、X_2が川を管理するY県に対して河川改修工事の埋戻しが十分でなかった等と主張し、国家賠償法2条に基づき損害賠償を請求したものである。第1審判決（高知地判平成8・3・29判タ937号124頁）は、溺れた場所はみず道として従前から深かった等とし、設置・管理の瑕疵を否定し、請求を棄却したため、X_1らが控訴した。

> この判決は、工事の埋戻しが不十分であった等とし、設置・管理の瑕疵を認め、原判決を変更し、請求を認容した（過失相殺を6割認めた）。

【判決内容】

この判決は、

「以上の認定事実及び検討の結果によれば、本件深みは、本件事故の約2か月前に施工された本件工事の埋め戻しが不完全であったことによって発生したと認めるのが相当である。
3　ところで、河川の管理に瑕疵があるとは、河川が通常有する安全性を欠いていることをいうと解されるところ、本件深みは、知事が仙頭建設に発注した護岸工事に伴う本件工事により現出したものであり、従来堰付近は膝位まで、堰の上流約3メートル付近までは大人の腰位までの深さであったのに、堰の直近で約1.6メートル、堰から3メートルの地点で2.3メートルの本件深みにして、子供の水遊び場として安全な場所に新たな危険を発生させたのであるから、河川管理者である知事は、仙頭建設を指示監督して本件深みの掘削部分を従前の状態に埋め戻すか、本件深み周辺に、転落防止のための柵を設け、あるいは危険防止のための立て札を設けるなどして右危険を回避すべきであったのに、本件深みを放置したうえ何らの措置も採っていないのであるから、河川管理に瑕疵があるといわなければならない」

と判示している。

【事案の特徴】

この事案は、幼児が児童らとともに川遊びに行き、水遊び中、深みで溺れて死亡したため、両親が県に対して営造物責任に基づき損害賠償を請求した控訴審の事件である（第1審判決は河川の管理の瑕疵を否定したものである）。この事案は、児童の河川における溺死事故が問題になったこと、児童の異常な行動が問題になったこと、河川の改修工事の埋戻しが十分でなかったことが設置・管理の瑕疵に当たるか（事故原因になるか）が問題になったことに特徴がある。

【判決の意義】

この判決は、改修工事の埋戻しが十分でなかったことが事故原因であると

8 河川・海岸等事故における誤使用

し、河川の設置・管理の瑕疵を認めたものであるが、従来から深みのある場所であったことに照らすと、疑問の残る判断である。

(204) 取水施設の設置・管理の瑕疵を肯定した事例（広島地判平成10・2・16判タ1009号107頁）

●事案の概要●

A（当時、小学校1年生）が広島城内堀の取水施設の取水口付近（遊歩道から斜階段が設置されていたが、一般人の通行が予定されておらず、干潮時でなければ進入できないものであった）で流れ着いたボールを取ろうとし、足を滑らせ、転落して死亡したため、Aの両親X_1、X_2が取水施設を管理するY（国）に対して国家賠償法2条に基づき損害賠償を請求したものである。

この判決は、子どもが興味をそそられて取水口に近づくことは予見不可能な異常な行動とはいいがたい等とし、設置・管理の瑕疵を認め、請求を認容した（過失相殺を7割認めた）。

【判決内容】

この判決は、

「国家賠償法2条1項の公の営造物の設置又は管理の瑕疵とは、営造物が通常備えるべき性質又は設備を欠くこと、すなわち、本来備えるべき安全性を欠いている状態をいい、その有無は、営造物の構造、用法、場所的環境、利用状況等を総合して判断すべきである。

これを本件について見ると、右認定事実によれば、本件施設について、①本件取水口付近の水深は、本件施設の目的から必要なものではあるが、その設置により生じたもので、捨石天端から子どもが転落すると溺死の危険があること、②本件事故当時、本件河川の堤防天端にある遊歩道から中小段両端に設置された斜階段下までは、何ら通行に支障を来す構造になっていないこと、③右捨階段下にある捨石天端も、若干歩行困難な面はあるが、干潮時前後には物理的に通行可能な構造となっており、かつ、その先に本件施設管理用階段が存在するなどおよそ人の通行を予定していないわけではなく、現に、本件事故前も、子供がそこを通行

523

して本件取水口付近に遊びに行くこともあったこと、④施設天端に設置された切石三つには、位置、形状等に照らし、本件事故前から、地元基町小学校PTA役員会から本件取水口付近の危険性の指摘を受け、相応の対策を講じる機会があったことの諸点を指摘することでき、これらの諸点に照らせば、本件施設の本件取水口付近の危険性について、危険認識能力及び判断能力が低い子供が興味をそそられて容易に近づき得る（このことが予見不可能な異常な行動とは到底言い難い。）状況のまま放置していたものであり、その設置又は管理に瑕疵があったというべきである。）」

と判示している。

【事案の特徴】

　この事案は、低学年の児童が広島城内堀の取水施設の取水口付近で流れ着いたボールを取ろうとし、転落して死亡したため、両親が国に対して営造物責任に基づき損害賠償を請求した事件である。この事案は、児童の取水施設への転落事故が問題になったこと、児童の異常な行動があったこと、取水施設の設置・管理の瑕疵の有無が問題になったことに特徴がある。

【判決の意義】

　この判決は、取水口に近づくことは予見不可能な異常な行動とはいいがたいとし、取水施設の設置・管理の瑕疵を認めたものであるが、予見不可能であることと異常な行動は別の概念であること、通常の予見可能性、予見可能性の相当性を検討する必要があること、取水施設の本来の用途は明白であり、その危険性も外観上明確であること、児童の年齢等の事情を考慮すると、取水施設の設置・管理の瑕疵を肯定するには重大な疑問のある判断である。

(205) 用水路の設置・管理の瑕疵を肯定した事例（浦和地判平成11・3・29判時1694号117頁）

●事案の概要●

　A（当時、小学校1年生）がY公団の設置する農業用の用水路に架かる橋桁と橋下に設置された防護フェンスの間から橋下に立ち入り（本件用水路から転落事故が発生していたため、Yは、用水路への立入りを全面的

に禁止し、防護フェンスを設置し、立入禁止の看板を設置する等の措置をとっていた)、橋下のフェンスの破損部分から橋台に立ち入って遊んでいたところ、用水路に転落して死亡したため、Aの両親X_1、X_2がYに対して国家賠償法2条に基づき損害賠償を請求したものである。

　この判決は、防護フェンスの一部が破損したときは直ちにこれを補修し、子どもが水路堤内に侵入することを防止すべきであるのに、これを怠った設置・管理の瑕疵を認め、請求を認容した(過失相殺を6割認めた)。

【判決内容】

　この判決は、

「1　前記認定した事実によると、武蔵水路は、深さ2.9メートル、底幅8メートル、天端16.7メートルで、その両岸は、約34度の傾斜の人工岸壁で水面に接し、本件事故当時は、湧水量35.40立方メートル、流速毎秒約1.5メートルであったというのであるから、武蔵水路に転落した場合は、自力ではい上がることはほとんど不可能であり、現に、本件事故までに武蔵水路に転落して死亡するという事故が相次いでおり、昭和63年には、赤見橋付近で遊んでいた幼稚園児が防護フェンスの隙間から武蔵水路に転落して死亡するという事故が発生していること、被告は、武蔵水路の立入を防止するためには、全線にわたって防護フェンスを設置するとともに、立入禁止の看板を設置して注意を呼びかけ、また、救命施設として浮きブイ、救命棒、救助手摺り、タラップ、救助用スクリーンを設置して、万一の事態に備え、さらに、武蔵水路の管理に当たっては、前記のとおり、防護フェンスを設置するとともに、これが破損した場合には補修し、さらに、武蔵水路周辺の小学校12校に対し、武蔵水路の危険性を知らせるチラシを配布する等にて武蔵水路を管理するとともに、鴻巣市水難事故防止対策協議会に出席して地元住民からの意見を聴取する等していることが認められ、かかる事実によると、被告は、子供らが武蔵水路の堤内に立ち入ることのあり得ること及び子供らが武蔵水路の堤内に立ち入った場合には、武蔵水路に転落して死亡する事故が発生することを予測していたと認められる。

　したがって、被告は、子供らが武蔵水路の堤内に立ち入らないようにするために必要な措置を講じる義務を負うとともに、右防護フェンスと一体となっている本件フェンスについても、その管理に万全を期し、破損等があれば直ちにこれを

第2章　誤使用をめぐる裁判例

補修する等して武蔵水路を管理すべき義務を負うというべきである。
　2　本件事故は、前示のとおり、Aが、本件フェンスの本件破損部分から武蔵水路の堤内である本件橋台に立ち入ったために生じたものである。本件破損部分がいつ生じたかは不明であるが、本件事故当日にAや丙川らが本件フェンスを破損したものとする証拠はなく、かえって、その破損の大きさ、フェンスの材質、形状等からみると、むしろ、本件事故の日より相当以前に既に存していたものと認めるのが相当である。ところで、被告は、前記認定のとおり、武蔵水路に防護フェンス、救命施設、立入禁止の看板等を設置し、さらに、武蔵水路周辺の小学校12校に対し、『水路周辺の危険防止チラシ』を合計5300枚配布する等していたほか、水の友に委託して、防護フェンスや救命施設等の保守点検、破損箇所の補修をする等して武蔵水路を管理していたが、赤見橋地点については、管理用道路が分断されていたことから、武蔵水路右岸の赤見橋取り付け道路を自動車で走行しながらの目視確認をしていたにとどまり、赤見橋の橋下に設置された本件フェンスの状況を直接確認しなかったため、本件フェンスが立て1.3メートル、横0.65メートルにわたって破損していることを現認することができなかったものある。武蔵水路の危険性にかんがみると、赤見橋付近について、防護フェンスと一体をなす本件フェンスの状況を直接確認することなく、武蔵水路右岸からの目視確認による巡視を相当とする合理的な理由は存しないし、本件破損部分の補修をすることなく放置したため、本件事故が発生したのであるから、被告としては、武蔵水路の設置管理に瑕疵があるといわざるを得ない」

と判示している。

【事案の特徴】

　この事案は、低学年の児童が農業用の用水路に架かる橋桁と橋下に設置された防護フェンスの間から橋下に立ち入り、フェンスの破損部分から橋台に立ち入って遊んでいた際、用水路に転落して死亡したため、両親が国に対して営造物責任に基づき損害賠償を請求した事件である。この事案は、児童の用水路への転落事故が問題になったこと、児童の異常な行動があったこと、用水路の設置・管理の瑕疵が問題になったことに特徴がある。

【判決の意義】

　この判決は、児童がフェンスの破損部分から用水路の堤内に立ち入ったために生じたとしたこと、防護フェンスの一部に破損があったことにつき用水路の設置・管理の瑕疵があるとしたことに特徴がある。

しかし、用水路の危険性は外観上明確であり、児童が防護フェンスの破損部分から入り込んだという異常な行動があったこと、用水路の本来の用途にかかわらない行動であったこと、児童の年齢、用水路への侵入の仕方等の事情を考慮すると、用水路の設置・管理の瑕疵を否定する判断が合理的であって、この判決の判断には重大な疑問がある。

(206) 仮水路の設置・管理・保存の瑕疵を肯定した事例（神戸地姫路支判平成13・4・23判時1775号98頁）

> Y_2（国）が、その管理に係る河川の浄化工事をY_1株式会社に発注し、Y_1が河川に仮水路を設置していたところ、自宅が近くにあったＡ（当時、3歳）が堤防から河床に下って遊んでいたが、仮水路または河川に転落して死亡したため、Ａの両親X_1、X_2がY_1に対して土地工作物責任、Y_2に対して国家賠償法2条に基づき損害賠償を請求したものである。
>
> この判決は、工事前に比して危険が著増しており、仮水路の周囲にロープを張るなどの措置を講ずべきであった等とし、設置・管理・保存の瑕疵を認め、請求を認容した（過失相殺を7割5分認めた）。

【判決内容】

この判決は、

「そこで、前記認定の事実をもとに、右工作物の設置又は保存に瑕疵があったか否かを検討するに、被告Y_1が本件工事を開始するまでは、低水護岸から低水敷にかけて雑草が繁茂していたため、河川敷で遊ぶ子供達が、そこから先の河床（低水敷）に降りたり、流水部に近づくことは容易でなかったにもかかわらず、前記1㈢(1)のとおり、本件工事に伴う浚渫・敷均工事によって、工事前に存在していた雑草が取り払われ、容易に河床に降りることができるようになった上、河床（低水敷）が乾いた洗浄土で均され、子供や幼児からすると、遊び場とみられる場

所となっていた。そして、本件事故現場流域周辺は、皮革工場が建ち並び、その間に民家が密集しているような地域であり、現に、河川敷（高水護岸ないし高水敷）が、従前から近所の子供達の遊び場になっていたのであるから、近所の子供が本件仮水路に近づき、何らかのはずみでこれに転落する危険が十分に予想される状況になっていたといえる。しかも、本件仮水路は、その水流、水深、形状からして、それ自体、子供（とりわけ幼児）が転落すれば溺死の危険が十分に考えられる構造物であったが、本件工事前の状（前記一1(二)）と本件事故当時の事故現場付近の状況（前記一1(三)）とを対比すれば、その危険が、本件工事前に比して著しく増大していたというべきである。

　このような状況下で、本件のような幼児の水難事故を防止するには、本件仮水路の周囲（少なくとも、高水敷と低水護岸との境）に、トラロープを張り巡らしたり、幼児でも容易に危険を理解できる立入禁止標識（例えば、子供が川に溺れている図柄、ヘルメットを被った作業員が両手を開いて制止している図柄の看板）を設置するなどして、幼児を危険な本件仮水路に近づけないようにするための措置を講ずるべきであったといわなければならない。まして、本件の場合、被告Y_1が、被告国に提出した施工計画書の中で、地元対策として、『工事区域内は、一般者の侵入を防ぐため、トラロープ等で明示』する措置をとることを約束、予定していた事実も無視することはできない。しかるに、被告Y_1は、本件工事期間中に限り工事用出入口付近に監視員を配置したり、堤防天端の市道上に、工事中であることを示す看板を設置したのみで、現に被告国に対して防護措置として約束したトラロープを張り巡らしていなかったばかりか、これに代わる、幼児の立入を阻止するための安全整備を格別設けなかった。なお、堤防天端の市道上に設置された看板は、その記載内容からして、通行中の車両の運転者に対し、工事車両の出入りがあるから注意するよう警告することを主眼にしたものであって、幼児を対象に、本件工事現場に立ち入らないように注意する趣旨のものではなかったというべきであるし、また、工事用出入口付近に配置された監視員も、主として工事車両の出入りに伴う交通整理を主眼とするものであったことがうかがわれる。

　以上によれば、被告Y_1は、本件仮水路設置による危険性の発生ないし増大を減殺、除去するための措置を講じず、そのために本件事故が発生したというべきであるから、工作物の設置及び保存に瑕疵があったことが認められ、その占有者である被告Y_1には民法717条1項に基づき原告らの被った後記損害を賠償すべきである」

と判示している。

【事案の特徴】

　この事案は、河川の浄化工事が施工され、河川に仮水路が設置されていた

ところ、幼児が堤防から河床に下って遊んでいた際、仮水路または河川に転落して死亡したため、両親が施工会社に対して土地工作物責任に基づき損害賠償を請求する等した事件である。この事案は、幼児の河川の仮水路への転落事故が問題になったこと、幼児の異常な行動、親の監督過誤が問題になったこと、仮水路の設置・保存の瑕疵の有無が問題になったことに特徴がある。

【判決の意義】

この判決は、河川敷が従前から近所の子どもの遊び場になっていたから、近所の子どもが仮水路に近づき、何らかのはずみでこれに転落する危険が十分に予想される状況にあった等とし、仮水路設置による危険性の発生ないし増大を減殺・除去するための措置を講じなかったことにつき仮水路の設置・保存の瑕疵を認めたものであるが、仮水路の危険性は外観上明確であり、幼児であっても認識が可能であり、一人で危険な場所で遊んでいたこと、親の監督過誤があることに照らすと、疑問の残る判断である（この判決が高い割合の過失相殺を認めたのは、瑕疵を認めたこととのバランス上、幼児の行動、両親の監督過誤を重視したものである）。

9　湖沼池事故における誤使用

(1) 概　説

　河川等の事故のほか、水辺の事故としては、従来から湖、沼、池で転落等の事故が発生している。湖等で遊ぶ等する際は、転落等の危険があることは明白であり、湖等の周辺の地形、設備、湖等の規模等の事情を考慮し、自ら安全の確保を図ることが重要であり、このことは、老若男女を問わず、当てはまる。

　湖等で幼児、低学年の児童が遊ぶ場合には、親の日頃からの注意喚起、同行した際の注意・監督が重要であり、このような注意等が不十分であったときは、異常な行動、不注意として評価されることになる。

(2) 湖沼池事故をめぐる裁判例

(207)　幼児の予想外の行動が事故原因であるとし、池の設置・管理の瑕疵を否定した事例（東京高判昭和45・12・21判時619号56頁）

―●事案の概要●―

　A、Bら（当時、幼児）が、Y市が設置する公園内にある池（周囲は、遊歩道が設置され、さらに1.5メートルないし2メートル間隔で1メートル前後の高さの柵が設置されていた）に氷が張っていたことから、柵をくぐり抜け、氷の上で遊んでいるうちに氷が割れ、溺死したため、Aらの両親X_1、X_2らがYに対して国家賠償法2条に基づき損害賠償を請求したものである。第1審判決（横浜地判昭和44・12・2（昭和43年(ワ)第754号））が請求を棄却したため、X_1らが控訴した。

　この判決は、具体的に通常予想されうる危険の発生を防止するに足ると認められる程度の安全性を保持すれば足りる等とし、池の設置・管理の瑕疵を否定し、控訴を棄却した。

【判決内容】

9　湖沼池事故における誤使用

　この判決は、

「本件池は、弘明寺公園の入口から約150メートル入った三方を台地に囲まれた日当たりの悪い傾斜した凹地にあり、横約13メートル、縦約16メートルの楕円形の古い沼地で、周囲の台地の湧水及び雨水の流入水、池底からの湧水を貯水していること、本件事故当時池の周囲には急な崖の裾に連なっている東南部を除き1.5メートルないし2メートル間隔に丸木の杭を打った木柵が設置されていたこと並びに木柵間をくぐり抜ける等して柵内に侵入することが可能であったことは当事者間に争いがない。……によれば、本件池は、その周囲に遊歩道を廻らし、その内側にある前記木柵は、各杭の頂点部分と中間部分を丸太又は角棒をとりつけ、横に連結したもので、地面との感覚はそれぞれ1.05メートルもしくは0.65メートルであったこと、本件池は都市公園法第2条、同法施行令第2条にいわゆる修景施設として自然の景観を保つよう管理され、池の水量も右目的に副うよう排水施設により調節されていたのであるが、少数の児童が柵の外側からエビガニ、雑魚等を釣ることはあっても特に児童達の遊び場とまではなっていなかったこと、本件事故は、亡Aらは池の北西側の中間部の横棒をくぐり抜けて入り、氷の上で遊んでいるうちに中央部の水の薄い部分が割れて水中に落ち溺死したことが認められ、右認定を覆すに足る証拠はない。

　……

　本件池の如き公園施設として公共の目的に供しているものの設置及び管理について、通常有すべき安全性を保持するためには、一般的には、当該営造物の構造、用途、場所的環境及び利用状況等諸般の事情を考慮して、具体的に通常予想されうる危険の発生を防止するに足ると認められる程度のものを必要とし、かつ、これをもって足るものというべきであって、およそ想像しうるあらゆる危険の発生を防止しうる設備を要するものではない。本件についてこれをみると本件池の設置の目的、場所的環境及び利用状況よりして通常に予想される唯一の危険は、池を廻る遊歩道から池への転落事故の危険であるから、被控訴人としては右危険を防止するために必要な設備をしなければならないことはいうまでもなく、またこれをもって足るというべきである。本件池の周囲（東南側を除く）に設けられた木柵は、その構造、形状及び設置場所からしてわざわざ乗りこえるか又は横棒の間をくぐり抜けない限り柵内には入れず、遊歩道を歩行中又はそこで遊んでいるときに誤って池に転落することは完全に防止することができ、併せて池の中に侵入するのを制止する機能をも果しているものであって、遊歩道からの転落による危険の発生を防止するためには本件木柵の設置をもって足るというべきである。本件事故はわざわざ木柵を潜り抜けて入り池の氷の上で遊んだため発生したもので、本来の池の利用状況からしても例外というべく、かような場合の危険の発生を未然に防止しえない本件木柵の設置をもって営造物の設置に瑕疵があるとする

控訴人らの主張は、本件池が景観施設である点を考慮すれば到底採用することはできない。なお、控訴人らは、本件池に排水装置が完全でなく、本件事故当時機能を停止したこと及び危険防止のための標識を設けなかったことをもって設置管理の瑕疵と主張するが、右は本件事故の発生と何ら因果関係はなく、又これをもって設置管理に瑕疵があると認めることはできない」

と判示している。

【事案の特徴】

　この事案は、幼児が公園内にある池に氷が張っていたことから、柵をくぐり抜け、氷の上で遊んでいるうちに氷が割れ、溺死したため、両親らが市に対して営造物責任に基づき損害賠償を請求した事件である。この事案は、幼児の池に張った氷からの転落事故が問題になったこと、幼児の異常な行動があったこと、池の管理の瑕疵の有無が問題になったことに特徴がある。

【判決の意義】

　この判決は、通常有すべき安全性を保持するためには、一般的には、営造物の構造、用途、場所的環境および利用状況等諸般の事情を考慮して、具体的に通常予想されうる危険の発生を防止するに足ると認められる程度のものを必要とし、かつ、これをもって足るとしたこと、通常有すべき安全性を保持するためにはおよそ想像しうるあらゆる危険の発生を防止しうる設備を要するものではないとしたこと、池につき通常予想される唯一の危険は、池を廻る遊歩道から池への転落事故の危険であるから、この危険を防止するために必要な設備をする必要があり、かつ、足りるとしたこと、この事案の転落事故は幼児がわざわざ木柵をくぐり抜けて入り池の氷の上で遊んだため発生したもので、本来の池の利用状況からしても例外であったとしたこと、池の管理の瑕疵を否定したことに特徴があり、幼児の予想外の行動が事故原因であるとして、池の管理の瑕疵を否定した事例判断として参考になる。

(208) 潅漑用ため池の管理の瑕疵を肯定した事例（福岡地判昭和60・3・28判時1182号118頁）

9 湖沼池事故における誤使用

●事案の概要●

A（当時、4歳7カ月）は、柵が設置され、立看板が立てられた農地の潅漑用ため池に転落し、溺死したため、Aの両親X_1、X_2がため池を管理していたY市に対して国家賠償法2条に基づき損害賠償を請求したものである。

この判決は、扉部分から容易に侵入できた管理の瑕疵を認め、請求を認容した（過失相殺を5割認めた）。

【判決内容】

この判決は、

「(四) 本件堤は、近隣の大人や子供らがつくしとりや魚釣の目的で立ち入る場所であり、本件柵を越えて池川の斜面に入り込む者も見られていた。

……によれば、(1)本件柵にとりつけられていた前記扉代わりの看板は、昭和55年3月20日ころは、片方はちょうつがいで、もう片方は鉄線でそれぞれ木枕に固定されており、壊れていなかったことが認められるが、他方、(2)……によれば、和保を救助にあたった消防署救護隊員からは、右扉代わりの看板の出入口からこれを壊すことなく本件溜池の南側斜面から入ったことが認められるから、右(1)の事実によっては前記(二)の認定を左右するに足りない。

3 右1及び2の事実によれば、本件溜池は、住宅地に接し、近隣の子どもらが立入る場所となっており、本件堤の上の柵を越えると右側斜面が水面に転落の危険のある状況にあったということができるところ、本件柵は、その一部に有刺鉄線を張らず、出入口として立看板を利用した者が扉代わりに取り付けられていたが、本件事故当時右の扉は半ば壊れかかり、鍵も施されておらず、幼少の子どもらが右の扉の箇所から容易に本件堤の南側斜面に出入りできる状態にあったものといえるから、右扉のある出入口部分を補修する等の処置を講ずべきものであったといわなければならない。

したがって、本件溜池は公の営造物として通常具備すべき安全性を欠いていたものというべきであり、被告らの本件溜池に対する管理には瑕疵があったものと認めるべきである」

と判示している。

【事案の特徴】

この事案は、幼児が農地の潅漑用ため池に転落し、溺死したため、両親が

市に対して営造物責任に基づき損害賠償を請求した事件である。この事案は、幼児のため池への転落事故が問題になったこと、幼児の異常な行動、親の監督過誤があったこと、ため池の設置・管理の瑕疵の有無が問題になったことに特徴がある。

【判決の意義】

この判決は、柵等が設置されていたものの、扉部分から容易に侵入できた管理の瑕疵を認めたものであり、事例判断を提供するものである。

〔209〕 児童の通常予測できない行動が事故原因であるとし、水槽の設置・管理の瑕疵を否定した事例（仙台高判昭和63・9・12判時1302号106頁）

―――●事案の概要●―――

A（当時、7歳）は、周囲が金網防護柵に囲まれ、危険警告板が設置されていた防火水槽に転落し、溺死したため、Aの両親X_1、X_2が水槽を管理するY町に対して営造物責任に基づき損害賠償を請求したものである。第1審判決（福島地郡山支判昭和62・11・26（昭和60年(ワ)第377号））が設置・管理の瑕疵を認め、請求を一部認容したため、Yが控訴し、X_1らが附帯控訴したものである。

この判決は、転落事故がAの通常予測できない行動に起因したものであるとし、水槽の設置・管理の瑕疵を否定し、Yの敗訴部分を取り消し、請求を棄却した。

【判決内容】

この判決は、

「ところで、国家賠償法2条1項は、公の営造物の設置又は管理に瑕疵があった場合にはその設置、管理者たる国、公共団体等に損害賠償責任がある旨を定めているが、右の瑕疵とは、営造物が通常有すべき安全性を欠いていると解され（最高裁昭和45年8月20日・民集24巻9号1268頁参照）しかして営造物が通常有すべき安全性を欠いているか否かは、当該営造物の構造、用法、場所的環境等諸般の

事情を総合考慮して具体的個別的に判断すべきところ（最高裁昭和53年7月4日判決・民集32巻5号809頁参照)、前記認定の事実によると、本件防火水槽の周囲には地表から高さ約1.1ないし1.2メートルの金網防護柵が張りめぐらされ（なお引用にかかる原判決挙示の証拠によれば右水槽の周囲はコンクリート造りで、これを土台にL字型網が柱として建てられ、右柱をつなぐ形でフェンス状の金網が張りめぐらされているもので右構造は堅固なものであることが認められる。)、児童幼児においては金網に足をかけてよじ登らない限り右柵を越えられず、また相当身長のある大人であっても過失によって本件防火水槽に転落することは防止するに足りるものであること明らかであり（以下右柵を本件防護柵という。)、しかも右柵の目に付きやすい箇所に小学生程度でもわかるように右水槽が危険であることを警告する表示板を掲示するなどの措置がとられていることを考慮すると、本件防護柵はその目的である転落防止の機能に欠けるところはなかったというべく、更に亡A（昭和53年2月6日生。事故当時満7歳で小学校1年生から2年生になる直前であった。）は本件防火水槽の周辺で遊んでいる最中に右水槽に転落したものではなく、武田早苗を救助せんがためとはいえ本件防護柵の金網に足をかけてよじ登ってこれを乗り越えた結果水槽内に転落水死したものであって、同女の行動は本件防火水槽ないし本件防護柵の本来の用法に即した行動ということはできないから、同女の本件転落死亡（溺死）事故は本件防火水槽の設置管理者である控訴人において通常予測できない行動に起因するものであったということができる。また右のとおり本件防火水槽周辺から右水槽への転落防止策としては、本件防護柵の設置をもって足りるものである以上、本件事故との関係においては、被控訴人らの主張するごとき、水槽内への侵入防止のためのより高い防護柵、忍び返えし、有刺鉄線等の設置あるいは水槽内への落下防止のための全面ネット型の防護柵（網）等の設置がなかったからといって本件防火水槽の設置管理について瑕疵があったということはできない（そもそも本件防（消）火用の貯水槽のごとき営造物は平常時においてはその危険性はもとよりその衛生面などからみればその管理においては無用かつ厄介視されるものではあるが（その営造物の性質上人家及び人の蝟集する場所への設置が要請され、その容積も大きく、したがって深いことが必要でしかもそのうえ緊急事態に備えるため消火活動に使われることが求められるなど)、しかし火災の発生は人々にもたらす不幸の最たるものの一つであって火災の発生が少なくない我が国の原状からして好むと好まざるとにかかわらずその設置は住民の福祉にとって必要不可欠であり、そのもたらす利益も少なくないという観点からみれば防火水槽等の本来の用法から通常予測される危険の防止はその設置管理者側において負担するべきではあるが、回避することが可能であるべき本来の用法に即さない行動の防止ないしはその行動から生ずる危険の負担は、右営造物の設置によって利益を受ける個々の住民やその保護者等において負うべきものである」

と判示している。

【事案の特徴】

この事案は、児童が金網防護柵に囲まれ、危険警告板が設置されていた防火水槽に転落し、溺死したため、両親が町に対して営造物責任に基づき損害賠償を請求した控訴審の事件である（第1審判決は設置・管理の瑕疵を認めたものである）。この事案は、児童の水槽への転落事故が問題になったこと、児童の異常な行動（本来の用法に即したものとはいえない行動）があったこと、水槽の設置・管理の瑕疵の有無が問題になったことに特徴がある。

【判決の意義】

この判決は、児童の行動は防火水槽ないし防護柵の本来の用法に即した行動ということはできないとしたこと、転落事故は防火水槽の設置管理者において通常予測できない行動に起因するものであったとしたこと、防火水槽の設置・管理の瑕疵を否定したことに特徴がある。この判決は、転落事故にあった児童の異常な行動を認め、水槽の設置・管理の瑕疵を否定した事例判断として参考になるものである。

(210) 人工池の設置・管理の瑕疵を肯定した事例（浦和地判平成3・11・8判夕784号208頁）

●事案の概要●

A（当時、5歳）がY県の設置・管理する県立親水公園の人工池で遊んでいたところ（水路部分が水遊び場と河道部分に分けられ、高さ約1.4メートルの防護柵が設置されていた）、降雨のために増水した池に入り込み、水に溺れて死亡したため、Aの両親X_1、X_2がYに対して国家賠償法2条に基づき損害賠償を請求したものである。

この判決は、防護柵は幼児が容易にくぐり抜けることができるものであり、河道部分に入り込むと不用意に深みに落ち込む危険性が極めて高い等とし、公園の設置・管理の瑕疵を認め、請求を認容した（過失相殺

を55％認めた）。

【判決内容】

この判決は、

「1 　右1ないし4で判示したように、本件親水公園中の水遊び場は、児童や幼児が水に漬かって遊ぶことを予定して人工的に設置され、現にそのように利用されているのであるから、自然の状態に残された河川とは大いに異なり、児童や幼児が水に漬かって遊ぶ施設として通常有すべき安全性が要求されるのは当然のことであり、これを欠いている場合には、設置又は管理に瑕疵があることになる。
2 　ところで、水遊び場と河道部分の境には本件柵が設置されており、その最上部から約0.35メートル間隔でコンクリート製擬木と横棒とワイヤーロープが張られていることは既に判示したとおりであり、この間隔であれば、幼児は、その体形に照らして比較的容易にこれを潜り抜けることができる。このことは、Aが潜り抜けたと認められることからも明らかである。
　また、水遊び場と河道部分の水が平常時でも濁っており、外見だけでは水深がどの程度あるのか分からず、水も流れることなく滞留していたことも既に判示したところであり、従って、好奇心にかられた幼児が、河道部分の水深が水遊び場に比べて著しく深く危険であることに思い至らずに、横棒間あるいは横棒とワイヤーロープの間を潜り抜けて河道部分に入り込んでしまうおそれがあることは容易に予測できるところである。
　更に、本件柵を潜り抜けても、その先約0.6メートルは、水深が水遊び場と異ならないから、その先も安全であると考え、本件柵に幼児の手が届かない位置まで進んでから不用意に深い部分に落ち込んでしまう危険性が極めて大きい。しかも、深い部分との境は急な斜面になっているので、体は本件柵から遠い位置に落ち込みやすく、幼児が落ち込んだ場合に本件柵につかまるなどして溺れるのを防ぐことは困難である。
3 　右に述べたような事情を考慮すれば、本件親水公園は、児童や幼児が水に漬かって遊ぶ施設として通常有すべき安全性を欠くものであって、設置又は管理に瑕疵があるというべきである」

と判示している。

【事案の特徴】

　この事案は、幼児が県立親水公園の人工池で遊んでいた際、遊び場部分から柵を越えて河道部分に入り込み、溺れて死亡したため、両親が県に対して

営造物責任に基づき損害賠償を請求した事件である。この事案は、幼児の池での溺死事故が問題になったこと、幼児の異常な行動が問題になったこと（遊び場部分と河道部分は柵が設置されていたところ、幼児がこれをくぐり抜けて事故にあった）、池の設置・管理の瑕疵の有無が問題になったことに特徴がある。

【判決の意義】

この判決は、この事案の水遊び場は、児童や幼児が水に漬かって遊ぶことを予定して人工的に設置されたものであるから、自然の状態に残された河川とは大いに異なるとし、児童や幼児が水に漬かって遊ぶ施設として通常有すべき安全性が要求されるとしたこと、好奇心にかられた幼児が、河道部分の水深が水遊び場に比べて著しく深く危険であることに思い至らずに、柵の間をくぐり抜けて河道部分に入り込んでしまうおそれがあることは容易に予測できるとしたこと、池の設置・管理の瑕疵があるとしたことに特徴があり、親水公園に設置された池の設置・管理の瑕疵を肯定した事例判断として参考になる。

(211) 池の設置・管理の瑕疵を肯定した事例（大阪高判平成6・12・7判時1529号80頁）

●事案の概要●

A（当時、3歳7カ月）がY市の管理する公園の池（景観を楽しむために設置された修景池）付近で姉Bと遊んでいたところ、池に転落し、死亡したため、Aの母XがYに対して国家賠償法2条に基づき損害賠償を請求したものである。第1審判決（神戸地姫路支判平成5・2・26（平成2年(ワ)第382号））が請求を棄却したため、Xが控訴した。

この判決は、乳児・幼児が池に近づき、足を滑らせるなどして転落することがあり得ることは予測可能であった等とし、設置・管理の瑕疵を

9　湖沼池事故における誤使用

認め、原判決を変更し、請求を認容した（過失相殺を3割認めた）。

【判決内容】

　この判決は、

「本件池は、日本庭園風に設計された周囲約240メートルのいわゆる修景池で、石積みの護岸は水面と直角状になっており、本件事故が生じた護岸付近の水深は平常で約1.5メートル、増水時には約1.8メートルに達する。また、池の周りには遊歩道が設置されていて水際に容易に近づくことができるようになっているが、遊歩道には、本件事故当時『きけん』と記載した看板が立てられていただけで転落防止のための柵等は設置されていなかった。

　以上認定の事実に基づいて考えるに、本件事故が、池に遊泳しているアヒルを近くで見るため水際に近づいたＡが誤って池に転落したために発生したものと推認されること前記のとおりであるところ、本件池は景観を楽しむために設置されたいわゆる修景池であって本来幼児・児童の遊戯の場所として利用する目的で設置されたものではなく、また、本件池のある公園南側部分の植物園や野球場も、その性質上、主として成人や年長の学童の利用に供される施設であって、本件池の周辺は、公園の北側部分と比較すると保護者が同伴していない幼児・児童の来集する可能性の少ない場所であるといわざるをえないけれども、公園北側部分の施設の利用者の中には足を延ばして本件池に立ち寄って池の周りの遊歩道を散策したりする者も少なくなく、また、自動車等で直接本件池に訪れる者も存在することは容易に推認されるところであり、しかも本件池には幼児・児童の興味をそそるあひるや鴨も遊泳しているのであるから、たとえ保護者同伴であってもわずかの隙に幼児・児童が一人で池に近づき、足を滑らせるなどして水中に転落することがありうることは予測可能であって、過去にそのような事例がないからといってこのような事故の発生が予測不能であったということはできない。もっとも、幼児や児童が池に転落するようなことがあっても、水深が浅く水底も平坦であるならば、自力で容易に水面から這い上がったり、同伴している保護者等がこれを助け上げたりすることにより、事故の発生にまで至ることはないであろうが、本件池のような護岸が水面と垂直の石積みとなっており、水深も1.5ないし1.8メートルもある場合には、一旦転落すれば自力で這い上がることは到底できず、たとえ保護者等の成人が近くにいてもこれを助け上げることはきわめて困難といわざるをえないので、ただちに水死事故等の発生につながることは見易い道理であり、したがって池への転落が予測可能である以上、人身事故発生の予見もまた可能であったといわなければならない。そうすると、本件池については、転落防止のための防護柵等が設置されるべきであったといわなければならず、その設置のない

539

本件池は通常備えるべき安全性を欠くものであって、その設置又は管理に瑕疵があるものといわざるをえない」
と判示している。

【事案の特徴】

この事案は、幼児が姉とともに公園の景観のための池付近で遊んでいた際、池に転落し、死亡したため、相続人が市に対して営造物責任に基づき損害賠償を請求した控訴審の事件である（第１審判決は池の設置・管理の瑕疵を否定したものである）。この事案は、幼児の池への転落事故が問題になったこと、幼児の異常な行動が問題になったこと（池の周囲の遊歩道には危険であることを示す看板が設置れさていた）、池の設置・管理の瑕疵の有無が問題になったことに特徴がある。

【判決の意義】

この判決は、この事案の池は景観を楽しむために設置されたものであり、本来幼児・児童の遊戯の場所として利用する目的で設置されたものではないこと、池への転落が予測可能である以上、人身事故発生の予見もまた可能であったとしたこと、この事案の池は転落防止のための防護柵等が設置されるべきであったとし、設置・管理の瑕疵が認められるとしたことを判示している。

しかし、この事案における池の設置目的、使用状況、過去において事故が発生していなかった状況、看板の設置、池の外観に照らすと、抽象的な池への転落の可能性を根拠に人身事故の予見可能性を認めることは合理的ではないというべきであり、この判決の予見可能性の判断・論理、瑕疵の判断には大いに疑問がある。

(212) 児童の通常予測し得ない異常な行動が事故原因であるとし、ため池の設置・管理の瑕疵を否定した事例（高松地判平成７・10・９判タ924号179頁）

●事案の概要●

　A（当時、小学校1年生）がY市の所有地内にあるため池（護岸工事が行われ、周囲は高さ約120センチメートルのフェンスが設置されており、フェンス内の天端は約20センチメートルであった）に転落し、死亡したため、Aの両親X_1、X_2がYに対して国家賠償法2条に基づき損害賠償を請求したものである。

　この判決は、Aの行動は、通常予測し得ない異常な行動であった等とし、設置・管理の瑕疵を否定し、請求を棄却した。

【判決内容】

　この判決は、

「1　国家賠償法2条1項の営造物の設置又は管理の瑕疵とは、営造物が通常有すべき安全性を欠いていることをいい、その判断は、営造物をとりまく場所的環境、営造物の構造、防護設備の完全性、事故の状況等を総合的に勘案して決せられるべきである。

2㈠　これを本件について見ると、本件ため池は、農業灌漑用として、地元農民らの用水確保を目的としているものであって、一般公衆の自由使用に供せられていなかったものであるから、その本来の用法に従った使用を前提とすれば、本件ため池が通常有すべき安全性を有するか否かは、隣接地から本件ため池の護岸に接近した者が誤って護岸から水面に転落する危険を防止しうる措置がなされているか否かにかかるというべきところ、前記のとおり、本件ため池の東岸には、地面からの高さが120センチメートルある金属性のフェンスが護岸に沿って間断なく設置されていたのであり、これにより本件ため池への転落事故は通常防止されていたものとみることができる。

㈡　本件ため池及び事故現場付近の状況は、前記二で認定したとおりであり、Aが本件ため池に転落した当時、被告が本件ため池の東側に設置されたフェンスに有刺鉄線の架設をしていなかったこと、立入禁止の掲示をしていなかったこと、本件扉に南京錠などによる施錠をしていなかったことについては、当事者間に争いがなく、……によれば、Aらが魚採りをして遊んでいた本件フェンスの南方部付近の護岸天端は、約1メートルの幅があり、本件事故以前にも複数の子どもがそこで魚取りなどをして遊んでいたことが認められるけれども、本件扉ないしAの転落した場所付近のフェンスの内側（ため池側）には、平均20センチメートル

程度の天端があるだけであり、客観的に見てこの部分のフェンスを乗り越えたり、天端を歩行したりすることは相当困難と認められるのであって、この部分に人が立ち入ることは通常考えられず、少なくとも本件事故前にこの部分が子どもの歩行に利用されていたと認められる証拠は存しない。そうだとすれば、この部分を歩行するという本件事故時におけるＡの行動は、通常予測しえない異常な行動というべきである」

と判示している。

【事案の特徴】

　この事案は、低学年の児童が農業灌漑用のため池に転落し、死亡したため、両親が市に対して営造物責任に基づき損害賠償を請求した事件である。この事案は、児童のため池への転落事故が問題になったこと、児童の異常な行動があったこと（池の周囲に設置されたフェンスを乗り越えたものである）、池の設置・管理の瑕疵の有無が問題になったことに特徴がある。

【判決の意義】

　この判決は、この事案のため池は農業灌漑用として地元農民らの用水確保を目的としているものであり、一般公衆の自由使用に供せられていなかったとしたこと、ため池の本来の用法に従った使用を前提とすれば、ため池が通常有すべき安全性を有するか否かは、隣接地からため池の護岸に接近した者が誤って護岸から水面に転落する危険を防止しうる措置がなされているか否かにかかるとしたこと、フェンスとため池との間は狭く、ここを歩行することは相当困難であり、ここに人が立ち入ることは通常考えられないとしたこと、児童の行動は通常予測し得ない異常な行動であるとしたこと、ため池の設置・管理の瑕疵を否定したことに特徴がある。

　この判決は、ため池への転落事故につい児童の異常な行動があったとし、ため池の設置・管理の瑕疵を否定した事例判断として参考になるものである。

(213)　ため池の保存の瑕疵を肯定した事例（浦和地熊谷支判平成９・３・27判時1634号126頁）

9 湖沼池事故における誤使用

●事案の概要●

　A（当時、2歳）、B（当時、5歳）が自宅近くの農業用ため池（ため池の周囲には柵等は設置されておらず、自由に立ち入ることができた）付近で遊んでいたところ、ため池に転落して死亡したため、A、Bの両親X_1、X_2がため池の所有者Yに対して土地工作物責任に基づき損害賠償を請求したものである。

　この判決は、ため池の周囲の状況からため池の保存上の過失を認め（X_1らの過失を5割認めて過失相殺した）、請求を認容した。

【判決内容】

　この判決は、

「1　……によれば、本件池は、隣接する道路の通行人が何の抵抗もなく、この池の縁まで歩いていける状態にあり、しかも池の周囲はぬかるみの状態で、冬場は氷も張って、滑りやすく、非常に危険な状態にあったこと及び本件池は、水中に転落したものが岸に上がるのは大人でも非常に困難な状態にあったことが認められるから、万一このような場所に幼児が親の付き添いもないまま遊びに来て、池に近づけば、池への転落の危険性が極めて大きく、転落した以上独力で岸に上がるのは不可能で、助かる見込はほとんどないと考えられる。

2　前記争いのない事実として記載したとおり、本件池の付近には被告の貸家も含めて多数の人家があり、その中には、当然、本件のように幼児のいる家庭も相当数あったはずであるから、被告としては、幼児が近づけば転落の危険性が極めて大きいと考えられる本件池については、危険防止のため、その周囲に柵や金網を設置するなどの措置を講ずべき立場にあったにもかかわらず、何らの措置も講じないで危険な状態のままにしていたため、本件池に近づいた原告らの子供らが池の縁で足を滑らせて池に転落し、死亡するに至ったのである。

　したがって、本件事故は、本件池の『保存の瑕疵』（管理の瑕疵）によって発生したと認めるほかないものである」

と判示している。

【事案の特徴】

　この事案は、児童らが自宅近くの農業用ため池付近で遊んでいた際、ため池に転落して死亡したため、両親がため池の所有者に対して土地工作物責任

543

に基づき損害賠償を請求した事件である。この事案は、児童の農業用ため池への転落事故が問題になったこと、児童の異常な行動、親の監督過誤が問題になったこと、ため池の設置・保存の瑕疵の有無が問題になったことに特徴がある。

【判決の意義】

この判決は、住宅が増加している状況において、この事案のため池は隣接する道路の通行人が何の抵抗もなく、この池の縁まで歩いていける状態にあり、池の周囲はぬかるみの状態で、冬場は氷も張って、滑りやすく、非常に危険な状態にある等とし、周囲に危険防止の柵等が設置されていなかったことから、ため池の保存の瑕疵を認めたものであり、事例判断を提供するものである。

もっとも、この事案のため池は従来から使用されてきたものであり、周囲に住宅が増加する状況において、ため池の危険性と事故防止については周囲の者も注意すべきは当然であって、このような日頃の注意を怠っていたことが事故原因の一つというべきである。

10　ガス設備・機器事故における誤使用

(1)　概　説

　ガス設備・ガス機器は、ガスによる燃焼を利用する設備・機器であり、その使用方法を誤ったり、不注意によって使用したりすると、火災事故、一酸化炭素中毒事故等の事故が発生する可能性が相当にある。実際にも毎年多数のガス設備・ガス機器の事故が報告されている。

(2)　ガス設備・機器事故をめぐる裁判例

　ガス設備事故等の事故について誤使用が問題になったいくつかの裁判例を紹介したい。

(214)　ガス販売業者らの指導義務違反の過失を肯定した事例（京都地判昭和56・12・14判時1050号112頁。(19)（86頁）参照）

―●事案の概要●―

　X（当時、82歳）がY$_1$株式会社からプロパンガスの継続的供給を受け、ガス元栓のうち未使用栓を「閉」の状態にし、紐で縛っていたところ、Y$_1$の依頼でガス設備の保全点検を行ったY$_2$が元栓の紐をはずし、検査終了後、栓を「閉」の状態にしたものの、紐で縛ることなどをしなかったことから、Xが誤って「開」の状態にしたままにし、ガスが漏洩し、ガスコンロに点火し、爆発したため、XがY$_1$に対して債務不履行、Y$_2$に対して不法行為に基づき損害賠償を請求したものである。

　この判決は、未使用栓にキャップ等の装置を装着すべきことを指導すべき過失があった等とし、請求を認容した。

【判決の意義】

　この判決は、高齢者によるプロパンガスのコンロの爆発事故について、使用者の誤使用があったものの、未使用栓のキャップ等の装置の装着に関するガスの販売業者らの指導義務違反の過失を認めたものであり、事例判断とし

て参考になる。

(215) 児童の不注意が事故原因であるとし、ガスストーブの欠陥を否定した事例（東京地判昭和59・3・26判時1143号105頁。(20)（88頁）参照）

●事案の概要●

　Ｘ（当時、8歳）の父ＡがＹ株式会社の製造したガスストーブを購入し、自宅で暖房用に使用していたところ、Ｘが薄手木綿地の寝間着姿のまま、ガスストーブの前にまたがり、暖を取りながらテレビを観ていたが、着衣に引火して燃え上がり、火傷等の傷害を負ったため、ＸがＹに対してガスストーブの設計上の欠陥、製造上の欠陥、指示上の欠陥を主張し、製造物責任に基づき損害賠償を請求したものである。
　この判決は、本件ストーブが改造されたこと、改造後の異常燃焼はＡ方の綿ほこり等による目詰まりが原因であった等とし、本件事故はストーブの異常燃焼がなくても起こりうる状況であったとし、異常燃焼が本件事故の原因であるとの証明がないとして設計上の欠陥、製造上の欠陥を否定し、指示上の欠陥も否定し、請求を棄却した。

【判決の意義】

　この判決は、児童が寝間着姿のまま暖房用のガスストーブの前にまたがり暖を取っていた際に着衣に着火した事故について、児童の不注意によって着火した可能性を認め、ガスストーブの欠陥を否定したものであり、事例判断として参考になる。

(216) ガスレンジの販売・施工業者の従業員に通常しなければならない注意を著しく欠いた重過失があったとし、その使用者責任を肯定した事例（東京地判昭和61・12・18判時1249号77頁）

10 ガス設備・機器事故における誤使用

---●事案の概要●---

　Y_1がY_2所有の建物（店舗）を賃借し、レストランを営業していたところ、Y_3株式会社から業務用オーブン付ガスレンジを購入し、店舗内の調理室に据え付けたが、その際、Y_3の従業員がガスレンジの内部の熱が背面に伝導する構造になっていたのに、これを誤解し、背面に伝導しないと思い、背面が磁器タイル張りのベニヤ板の壁に接して据え付け、ガスレンジの使用によって長期低温過熱が生じ、発火し、隣接するX_1、X_2、X_3有限会社の所有する建物に延焼したため、X_1らがY_1らに対して土地工作物責任、Y_3に対して使用者責任に基づき損害賠償を請求したものである。

　この判決は、調理室の壁がベニヤ板製であったことが構造上の瑕疵には当たらないとし、土地工作物責任を否定したが、ガスレンジを設置した業者の従業員の重過失を認め、使用者責任を肯定し、Y_1らに対する請求を棄却し、Y_3に対する請求を認容した。

【判決内容】

　この判決は、

「右に認定した事実によれば、被告Y_3は、火気を使用し火災発生源となる危険性のある厨房機器の販売業者であるにもかかわらず、ヒカリ厨房から業務用ガスレンジを仕入れた際、その構造及び安全性の検査を全くせず、右業務用ガスレンジの有する性質を技術担当者や営業担当者等に周知、徹底する方策をなんら採らないまま、顧客に対してその配置設計をするとともに販売をしていたのであり、本件ガスレンジの配置設計及び森田による配置に関する指示も、右のような状況の下になされたものということができる。

　そして、既に認定した事実関係によれば、本件火災が発生したのは、直接には被告Y_3の従業員である森田が、本件ガスレンジの性質を誤認して、不適切な設置方法を指示した過失に起因するものということができるが、森田が右のような指示をしたことについては被告Y_3における仕入製品の構造及び安全性の検査をし、その結果を営業担当者等に周知、徹底すべき者が、これを行っていなかった過失も競合して存在したということができ、これらの被告Y_3の従業員の過失は、厨房

機器の販売業者の従業員として通常しなければならない注意を、著しく欠いたものというべきであり、失火責任法の重過失に該当する者といわなければならない」
と判示している。

【事案の特徴】
　この事案は、レストランの経営者が業務用オーブン付ガスレンジを購入し、店舗内の調理室に据え付け、使用していたところ、長期低温過熱が生じ、発火し、隣接建物に延焼する等したため、隣接建物の所有者が販売・施工業者らに対して損害賠償を請求した事件である。この事案は、ガスレンジの使用者の使用上の不注意が問題になったものである。

【判決の意義】
　この判決は、ガスレンジの販売・施工業者の従業員に通常しなければならない注意を著しく欠いた重過失があったとし、その使用者責任を肯定したものであり、ガスレンジの使用者の使用上の不注意を否定した事例判断として参考になる。

(217)　ガス配管工事の施工業者らの重過失を否定した事例（浦和地判平成元・9・27判時1352号131頁。(21)(91頁)参照）

●事案の概要●

　X_1が所有する木造建物の1階部分をA、X_2に賃貸し、Aは、料理店を開店するためにガスレンジを購入し、Y_1株式会社にガス配管の変更工事、ガス栓の設置工事を依頼し、Y_1は、業務委託店であるY_2株式会社に工事を下請けさせ、Y_2の担当者は、Aから内装工事の依頼を受けていたCにガスレンジの上方を不燃材（耐火ボード）にするよう要請し、Cが了解し、Aにその旨を伝えたものの、Aがこれを断り、ステンレス板のみを貼り、ガスレンジが設置されたところ、その半月後、ガスレンジの後壁内部の木部がガスレンジのコンロの火によって炭化し、低温着火し、建物が全焼したため、X_1、X_2がY_1らに対して使用者責任に基

づき損害賠償を請求したものである。

　この判決は、Y_2は不燃材を使用したか否かを確認せず、適切な忠告をすることもなく、漫然とガスレンジとガス栓を接続し、ガスレンジを利用可能な状態にしたことは業務上の注意義務違反の過失があるものの、重過失には当たらないとし、請求を棄却した。

【判決の意義】

　この判決は、賃借した建物で料理店がガスレンジを使用していたところ、低温着火し、建物が全焼した事故について、ガス配管工事の施工業者らの重過失を否定したものであり、事例判断として参考になる（なお、火災の原因として使用者の不注意を認めなかったものである）。

〔218〕　ガス湯沸器の改造が事故原因であるとし、点検業者の不法行為を肯定し、その他の業者の不法行為を否定した事例（札幌地判平成10・7・26判タ1040号247頁。(22)（93頁）参照）

●事案の概要●

　AがY_1から建物を賃借して居住していたところ、建物に設置されたY_2の製造に係るプロパン式瞬間湯沸器を使用して風呂に湯を入れていたが、一酸化炭素中毒により死亡したため、Aの相続人Xが、Y_1、Y_2のほか、ガス器具の点検業者Y_3、設置業者Y_4に対して不法行為に基づき損害賠償を請求したものである。

　この判決は、湯沸器の改造によって安全装置が作動せず、事故が発生したと認め、点検業者Y_3の不法行為責任を認め、請求を認容したが、製造・販売業者Y_2等のその余の責任を否定し、請求を棄却した。

【判決の意義】

　この判決は、ガス湯沸器の改造によって安全装置が作動せず、中毒事故が

発生したとし、点検業者の不法行為を認め、その他の業者の不法行為を否定したものであるが、事例判断として参考になる。

11　エスカレータ・エレベータ事故における誤使用

(1)　概　説

エスカレータも、エレベータも、現在、日常的に使用されている建物の設備であり、その設備の安全性を信頼して使用されている。もっとも、エスカレータ事故、エレベータ事故も稀にではあるが、事故発生の報道がされており、事故原因、設備の管理・保存の瑕疵等が問題になることがある。

(2)　エスカレータ・エレベータ事故をめぐる裁判例

エスカレータ事故、エレベータ事故については、警告上の過失・欠陥をめぐる裁判例として相当数の裁判例を紹介しているが（〔23〕～〔30〕（96頁～116頁）参照)、ここでは、使用者の誤使用、不注意の観点から裁判例を紹介したい。

〔219〕　エスカレータの設置・保存の瑕疵を肯定した事例（松山地判昭和48・2・19判時708号79頁。〔23〕（96頁）参照）

●事案の概要●

X（当時、1歳11カ月）が父母といっしょに、Y_1市が所有し、Y_2協同組合が賃借し、管理する温泉センターに行き、温泉に入浴後、1階食堂入口付近で母が目を離した隙に付近のエスカレータに乗ろうとし、エスカレータの階段部分と側壁との間の空隙に左足親指等を噛み込まれ、負傷したため、XがY_1らに対して土地工作物責任に基づき損害賠償を請求したものである。

この判決は、幼児・老人を含む家族連れが利用しており、エスカレータの構造から階段部分と左右側壁に足が噛み込まれる可能性がある等の事情があり、エスカレータの運転にあたって職員を配置しなかったことが本来備うべき安全性を欠いていたとし、設置・保存の瑕疵を認め（過失相殺を5割認めた)、Y_2の責任を認め、Y_1に対する請求を棄却し、Y_2に対する請求を認容したものである。

【判決の意義】

　この判決は、幼児が父母とともに温泉センターに行き、エスカレータの階段部分と側壁との間の空隙に左足親指等を嚙み込まれ、負傷した事故について、エスカレータの設置・保存の瑕疵を認めたものであるが、幼児の年齢、親の監督過誤を考慮すると、親の監督過誤が事故原因であるというべきであり、疑問のある判断である。

(220)　エスカレータの設置・保存の瑕疵を肯定した事例（大阪地判昭和50・9・30判時815号70頁）

―――●事案の概要●―――

　Ｘ（当時、7歳）が母Ａ、弟Ｂ（当時、3歳）といっしょに、Ｙ株式会社が経営する百貨店に行き、3階から4階に上るエスカレータに乗り、Ｘが4階フロアーに至ったところ、Ｂが履いていたゴム長靴がエスカレータのステップと4階の降り場の先端のプレートに挟み込まれ、ＡがＢを抱きかかえて4階のフロアーに降ろしたところ、Ｘが残された長靴を取ろうとし、左手で摑んだ際、左手指がステップとプレートの間にはさまれ、負傷したため、ＸがＹに対して土地工作物責任等に基づき損害賠償を請求したものである。

　この判決は、エスカレータの通常の利用方法によって利用していたのに長靴が挟まれたのは、エスカレータに本来備えるべき安全性を欠いたものである等とし、土地工作物責任を認め（Ａ、Ｘの過失を考慮し、5割の過失相殺を認めた）、請求を認容した。

【判決内容】

　この判決は、

「しかしながら、本件事故の際において慶が通常のエスカレーターの利用方法と異なり、ことさら本件事故発生の原因となるような乗り方をしていたと認め得る

証拠はない（この点につき、……には、Bがエスカレーターの側面に強くゴム長靴を押し当てていたとの記載があるが、これは前述のとおりその作成者である福田雅行の推測を記載したものにすぎず、Bが正常でない乗り方をしたことの証拠とすることは到底できないところである。）のであるから、かかる通常の利用方法に従って本件エスカレーターを利用していたにも拘わらずBのゴム長靴が右エスカレーターの機械にはさまれたという事実がある以上、本件エスカレーターの機械設備そのものが、その性質上本来備えているべき安全性を欠いているものといわざるを得ない。

　そして、本件事故は履いていたゴム長靴がエスカレーターにはさまれたことそれ自体によって生じたものではなく、はさまれた長靴を取り出そうとして手をはさまれた事故であるが、靴がはさまれたこととこれを取り出す行為とは客観的に極めて密接な関係があるから、本件事故はエスカレーターの瑕疵と相当因果関係があるものということができる」

と判示している。

【事案の特徴】

　この事案は、児童が母親とともに百貨店のエスカレータに乗り、ゴム長靴が挟み込まれ、長靴を取ろうとし、左手指がステップとプレートの間に挟まれ、負傷したため、百貨店を経営する会社に対して土地工作物責任に基づき損害賠償を請求した事件である。この事案は、児童のエスカレータ事故が問題になったこと、児童の不注意（異常な行動）、親の監督過誤が問題になったこと、エスカレータの設置・保存の瑕疵の有無が問題になったことに特徴がある。

【判決の意義】

　この判決は、児童が正常でない乗り方をしたことの証拠がない等とし、エスカレータの設置・保存の瑕疵を肯定したものであるが、児童の年齢、事故の態様に照らすと、児童の不注意、異常な行動が事故原因である（併せて親の監督過誤も認められる）ことは明らかであり、この判決には疑問がある。

〔221〕　母親の監督過誤が事故原因である可能性を重視し、エスカレータの設置・保存の瑕疵を否定した事例（東京地判昭和56・8・7判時1026号

105頁。(24)(99頁)参照)

───●事案の概要●───

　Aがその子であるX（当時、4歳）、B（当時、1歳）を連れて、Y株式会社の経営するスーパーマーケットに買い物に行き、Bを右手で抱き、Xを左手で手を引いて3階から2階に降りるエスカレータに乗ったところ、エスカレータの中段付近においてXがステップ上でサンダルのボタンをとめようとし、誤って前かがみに倒れ、左手をエスカレータの側板とステップとの間に挟まれて負傷したため、XがYに対してエスカレータの設置・保存の瑕疵を主張し、土地工作物責任に基づき損害賠償を請求したものである。

　この判決は、事故の原因となる設置・保存の瑕疵は認められないとし、請求を棄却した。

【判決の意義】

　この判決は、幼児が母親とともにスーパーマーケットのエスカレータに乗り、ステップ上でサンダルのボタンをとめようとし、前かがみに倒れ、左手をエスカレータの側板とステップとの間に挟まれて負傷した事故について、エスカレータの設置・保存の瑕疵が認められないとしたものであるが、事例判断として参考になる（この判決は実質的には、母親の監督過誤が事故原因である可能性を重視したものである）。

(222)　エスカレータの保存の瑕疵を肯定した事例（東京地判昭和56・10・28判時1042号115頁。(25)(102頁)参照）

───●事案の概要●───

　X（当時、5歳）が母Aに連れられてY管理組合の管理する複合ビルに行き、Aとともに、Xが前になって1階から地下1階に降りるエスカレータに乗っていたところ、Xの履いていたゴム長靴の右足先端が自分

11 エスカレータ・エレベータ事故における誤使用

の乗っていたステップと一段後方のAの乗っていたステップとの間に挟まれ、負傷したため、XがYに対してエスカレータの保存の瑕疵を主張し、土地工作物責任に基づき損害賠償を請求したものである。

　この判決は、ステップの中央に足の位置を定めるよう注意を呼びかけるポスター等による広報活動がされず、黄色の線で塗られておらず、ステップの垂直部分に溝がつけられていない等とし、構造上の瑕疵はないものの、安全に運転するため、本来備うべき設備・配慮を欠いていたとし、保存の瑕疵を認め（過失相殺を5割認めた）、請求を認容した。

【判決の意義】
　この判決は、幼児が母親とともにビルのエスカレータに乗り、履いていたゴム長靴の右足先端が自分の乗っていたステップと一段後方のステップとの間に挟まれ、負傷した事故について、エスカレータの保存の瑕疵を認めたものであるが、幼児の乗り方、母親の監督過誤の可能性があり、疑問の残る判断である。

（223）　エスカレータの設置・保存の瑕疵を肯定した事例（山形地酒田支判昭和57・1・14判タ470号174頁。（26）（104頁）参照）

━━━━━●事案の概要●━━━━━
　A（当時、9歳4カ月）が友人とともに、Y株式会社が経営する百貨店に行き、4階から5階に上るエスカレータに乗り、ベルト上に腹ばいとなり、外側に身を乗り出していたところ、4階天井との間に首を挟まれ、死亡したため、Aの両親X_1、X_2がYに対してエスカレータの設置・保存の瑕疵を主張し、損害賠償を請求したものである。
　この判決は、幼児から老人まで不特定多数の者が集合するデパートにあっては必ずしも通常の利用方法に従わない場合があり、そのための不測の事故が発生する危険もあるとし、業界団体が定めている安全対策標

準に合致するだけでは足りず、危険防止のための万全の安全確保の設置・管理上の配慮をする必要がある等とし、設置・保存の瑕疵を認め（過失相殺を8割認めた）、請求を認容した。

【判決の意義】

　この判決は、児童が友人とともに百貨店のエスカレータに乗り、ベルト上に腹ばいとなり、外側に身を乗り出していた際、4階天井との間に首を挟まれ、死亡した事故について、万全の安全措置がとられていないことにつきエスカレータの設置・保存の瑕疵を認めたものであるが、児童の異常な行動が事故原因であり、重大な疑問のある判断である。

（224）　通常の利用方法に従っているとは認められないとし、エスカレータの設置・保存の瑕疵を否定した事例（東京地判昭和57・12・24判時1096号95頁。(27)（106頁）参照）

●事案の概要●

　X_1（当時、3歳）が母X_2とともにY株式会社が経営する百貨店に行き、ビニール長靴を買い、これを履いて2階から1階に降りるエスカレータに乗り、X_2と手をつないでいたところ、左足先が黄色の注意標識の枠からはみ出し、スカートガードとステップの隙間に挟まれ、負傷したため、X_1、X_2、X_1の父X_3がYに対して土地工作物責任等に基づき損害賠償を請求したものである。

　この判決は、店内放送・ステッカーで注意喚起をし、黄色の注意標識をしていた等とし、X_1が通常の利用方法に従っているとは認められないとし、設置・保存の瑕疵を否定する等し、請求を棄却した。

【判決の意義】

　この判決は、児童が母親ともに百貨店のエレベータに乗り、左足先が黄色

の注意標識の枠からはみ出し、スカートガードとステップの隙間に挟まれ、負傷した事故について、通常の利用方法ではないとし、エスカレータの設置・保存の瑕疵を否定したものであるが、事例判断として参考になる。

(225) エレベータ製造業者等の警告上の過失を肯定した事例（東京地判平成5・4・28判時1480号92頁。(28)（109頁）参照）

●事案の概要●

　Xが病院に入院中、病院内のエレベータに乗り込もうとしたところ、扉が閉まり始め、エレベータのセーフティーシューとエレベータの床の間の隙間に右足先を挟まれ、負傷したため、エレベータの製造業者であるY$_1$株式会社、保守・管理業者であるY$_2$株式会社に対して損害賠償を請求したものである。

　この判決は、扉が閉まるにつれてセーフティシューが下降し、全開の状態で約35ミリメートルある隙間が扉が閉まるにつれて約10ミリメートルにまで閉まるという本件エレベータの下部の構造に起因して事故が発生したとし、セーフティシューの構造に水平移動型を採用し、あるいは利用者に対して適切な指示・警告の表示を施すことによって事故を防止すべき義務があるところ、この措置を講じなかった過失があるとし、請求を認容した。

【判決の意義】

　この判決は、エレベータの使用者のセーフティーシューとエレベータの床の間の隙間での挟まれ事故について、エレベータの製造業者等の警告上の過失を認めたものであるが、事故態様に照らし、誤使用が疑われるものである。

(226) (225)の控訴審判決であり、使用者の誤動作が事故原因であったとし、エレベータ製造業者等の過失を否定した事例（東京高判平成6・

9・13判時1514号85頁。〔29〕（111頁）参照）

●事案の概要●

前掲〔225〕（557頁）の控訴審判決であり、Yが控訴したものである。
この判決は、Xの行為が原因であるとし、原判決を取り消し、請求を棄却した。

【判決の意義】

この判決は、〔225〕（557頁）につき、エレベータの使用者の行為が事故原因であったとし、製造業者等の過失を否定したものであり、使用者の誤動作を認めたものであり、事例判断として参考になる。

〔227〕 通常の利用方法と異なる乗り方が事故原因であるとし、エスカレータの点検業者の不法行為を否定し、ビル所有者の土地工作物責任を否定した事例（岡山地判平成6・1・25判タ860号212頁）

●事案の概要●

X（当時、8歳）が友人AとY₁所有のビル1階ロビー付近で遊んでいたとき、エスカレータに乗ってはしゃいでいたところ、危険防止用の三角部ガード板が脱落していたため、エスカレータの手摺とビルの天井との間に頭を挟まれ、左顔面に裂傷を負ったことから、XがY₁に対して土地工作物責任に基づき、エスカレータの保守点検業者であるY₂に対して不法行為責任に基づき損害賠償を請求したものである。
この判決は、Y₁の責任について、間接占有者にも当たらないとして、これを否定し、Y₂の責任について、三角部ガード板がエスカレータの付属品ではなく、保守点検の範囲にも入らない等として、これを否定し、請求を棄却した。

【判決内容】

この判決は、

「前記のとおり、原告は本件エスカレーターを遊具として遊んでいたもので、その本来の用途に従った利用をしていなかったものではあるが、本件エスカレーターの利用者の安全を図るために設置されている前記三角部ガード板が脱落しており、それが本件原因の一因になっているのであるから、本件エスカレーターには利用者の安全を確保するために通常有すべき設備が欠けていたものというべきである。

……

しかして、被告Y_1は本件ビルの管理をエイコー産業に委託している間接占有者であるところ、間接占有者も民法717条1項の占有者に含まれるとしても、前記のようにエイコー産業が親会社の被告Y_1とは別個独立の人的組織と物的施設を擁して本件ビルの管理業務を処理していたことに徴すると、同条の定める責任の根拠に照らして、被告Y_1が民法717条1項の損害賠償責任を負担すべき間接占有者に当たるものと認めることはできないといわざるを得ない。

……

……被告Y_2は本件エスカレーターを販売したものではなく、単に本件ビル管理者のエイコー産業から本件エスカレーターの保守点検のみを委託されていたものであって、右契約の範囲には修理は含まれず、しかも三角部ガード板はエスカレーターの付属品ではなく、建屋の設備であることからすると、原告において被告Y_2の責任原因と主張する請求原因2の(2)の①ないし③の主張は理由がないというべきである。

また、本件事故は、原告が、前認定のように、多数のスナックやクラブ等が入居する本件ビルに設置され、かつ光電式で作動する本件エスカレーターを遊具として利用し、しかも通常の利用の方法と異なる前記のような手すりから外側に身を乗り出すような危険な乗り方をしていたために発生した事故であるところ、本件事故の前に、被告Y_2において本件のような事故の発生や、子供たちが原告のような危険な利用をしていること等の情報に接していた証拠もない本件の場合、被告Y_2としては、点検の結果三角部ガード板の脱落を委託者のエイコー産業に報告して、同社の善処を求めたことで、その義務は尽くされているというべきであり、それ以上、管理者のエイコー産業を差し置いて独立に、本件エスカレーター利用者のために事故回避のための措置をとるべき義務までも負担しているものと、たやすくいうことはできないというべきである」

と判示している。

【事案の特徴】

この事案は、児童が友人とビルのエスカレータに乗ってはしゃいでいたと

ころ、危険防止用の三角部ガード板が脱落していたため、エスカレータの手摺とビルの天井との間に頭を挟まれ、左顔面に裂傷を負ったため、ビルの所有者に対して土地工作物責任に基づき損害賠償を請求する等した事件である。この事案は、児童のエスカレータの手摺と天井との挟まれ事故が問題になったこと、児童の異常な行動があったこと、エスカレータの点検業者の不法行為の成否が問題になったこと、エスカレータの設置・保存の瑕疵の有無が問題になったことに特徴がある。

【判決の意義】

この判決は、光電式で作動するエスカレータを遊具として利用し、通常の利用の方法と異なる手摺から外側に身を乗り出すような危険な乗り方をしていたために発生した事故であるとしたこと、点検業者の不法行為を否定したこと、ビルの所有者の土地工作物責任を否定したことに特徴があり、事例判断を提供するものである（なお、このエスカレータには三角部ガード板が脱落しており、これが事故原因の一因になっているのであるから、エスカレータには利用者の安全を確保するために通常有すべき設備が欠けていたとしている）。

(228) エレベータの設置・保存の瑕疵を肯定した事例（東京地判平成18・9・26判時1971号133頁）

●事案の概要●

Y$_2$株式会社においてY$_1$が所有する建物で温泉施設を経営していたところ、平成16年8月、本件施設に赴き、2階でエレベータから降りようとしたが（4人降りた最後であった）、エレベータの扉に左右から上半身を挟まれ、肋軟骨を損傷したため、XがY$_1$に対して民法717条1項ただし書、Y$_2$に対して債務不履行、不法行為、土地工作物責任に基づき損害賠償を請求したものである。

この判決は、Y$_1$につき必要な注意を尽くしたとして責任を否定したものの、Y$_2$につきドアの開閉時間、セーフティシュー・ドア反転

装置の作動状況等が重なって本件事故が発生したものと推認し、温泉施設の設置・保存の瑕疵を認め、Y_1に対する請求を棄却し、Y_2に対する請求を認容した。

【判決内容】

　この判決は、

「(1)　……によれば、平成16年8月30日、原告ら4人が本件エレベーターから降りた際、エレベーターの扉が、通常のエレベーターより高速で閉まったため、最後に降りようとした原告が胸をはさまれるかたちになり、かつ、扉がすぐには開かなかった（ただし、数秒もしないうちに開いた）ことが認められる。

　……はエレベーターの現状を示すビデオテープであり、扉に人が挟まるとすぐ開くかたちとなっているが、調整後のものである。また、被告らは、エレベーターの保守点検業者が同年9月14日に本件エレベーターを点検した際、異常は一切認められていない旨主張するが、……によれば、同日はドアの開時間が変更されただけであり、厳密なかたちでの点検は、事故後約3か月を経過した同年12月2日にされている。

　以上によれば、本件事故は、ドアの開閉時間、セフティシュー及び過負荷ドア反転装置（かごドア先端に乗降する人が触れたり、挟まったりした場合にドアを反転させる）の作動状況等の要因が重なって生じたものであることが推認される。そして、本件施設が温泉施設であり、顧客が薄い館内着を着用することがあることを考慮すれば、上記のような状況が生じたことは、施設の設置・保存の瑕疵といわざるを得ない。

(2)　しかしながら、……を総合すれば、本件施設において、本件事故以前には同様の事故はなかったことが認められ、このような状況のもとでは、被告会社としては、専門業者にメンテナンスを任せることで損害の発生を防止するのに必要な注意は尽くしているものというべきである」

と判示している。

【事案の特徴】

　この事案は、温泉施設の使用者がエレベータから降りようとした際、エレベータの扉に左右から上半身を挟まれ、肋軟骨を損傷したため、施設の所有者・経営者に対して土地工作物責任等に基づき損害賠償を請求した事件である。この事案は、エレベータの使用者の降りようとした際における扉による挟ま

れ事故が問題になったこと、使用者の誤使用があったこと、エレベータの設置・保存の瑕疵の有無が問題になったことに特徴がある。

【判決の意義】

この判決は、ドアの開閉時間等に不備があるとし、エレベータの設置・保存の瑕疵を認めたものであるが、エレベータのドアの開閉は容易にわかるものであることに照らすと、使用者の誤使用であり、瑕疵を肯定した判断には疑問が残るところである。

12 自動車事故における誤使用

⑴ 概　説

　自動車は、多数の部品を組み合わせて完成され、膨大な台数が販売されている。自動車は、いくつかの種類の自動車が製造・販売されているが、いずれの種類の自動車も各種の運転免許を有する者によってのみ運転することができるものであるうえ、高速で走行する製品であり、いったん事故が発生すると、人身事故・物損事故等の重大な事故に発展するおそれがある。毎年、多数の自動車事故が発生しているが、その事故の大半は、運転者の操作過誤（運転過誤、運転ミス）、整備不良によるものであるが、自動車の不備等が原因になることもないではない。自動車事故において自動車の欠陥、製造業者の過失等が問題になった場合であっても、運転者の操作過誤等の他の原因に起因するか、複合しているかが問題になることがある。

⑵ 自動車事故をめぐる裁判例

〔229〕　運転者の速度の出し過ぎが事故原因であるとし、自動車の構造上の欠陥を否定した事例（山形地判昭和46・6・29判タ267号346頁）

●事案の概要●

　Xが自動車販売業者であるY株式会社からA株式会社の製造に係る自動車を購入し、ハンドルにぶれがあるとの不満をもち、Yに点検させたところ、異常がなかったが、その購入の約2カ月後、Xが自動車を運転中、その後部を数回左右に蛇行させ、中心線を越えて対向車に衝突したため、XはYに対して債務不履行に基づき損害賠償を請求したものである。

　この判決は、自動車に構造上の欠陥はなく、事故の原因が速度の出し過ぎにあったとして、請求を棄却した。

【判決内容】

この判決は、

「(16) 右(12)の衝突事故後被告は、本件自動車を引取った上、そのハンドルのぶれ等の存在につき、ロードテストその他の点検を施行したが、格別の異常は認められず、昭和38年12月頃、本件自動車を中古車として他に売却したが、以後その買受人から、ハンドルのぶれの存在等一切の苦情が出ていない。
(17) 本件自動車は、三菱自動車株式会社製であるところ、同会社は昭和37年から昭和43年までの間本件自動車と同一の自動車を5000台製造し、そのうち2000台は国内にその余の一部は輸出して外国に各販売したが、本件自動車以外、ハンドルのぶれの存在等、クレームは全く出ていない。
　右認定の事実を総合すると次の如き判断に到達する。
(1) 本件自動車の衝突事故は、直接的には原告の無理の追越し（前方不注視も含む）と、滑走し易い道路状況における速度の出し過ぎがその原因を構成しているものと認めるのが相当である。
(2) 本件自動車に、ハンドルのぶれを惹起するに足る構造上の欠陥の存在は認定し難い。仮に右欠陥が存したとしても、本件自動車の衝突事故は右の如き原因によるもので、少くとも右衝突時は、ハンドルのぶれが発生していなかったから、同欠陥の存在は、右事故の原因にはならない。
(3) 右(1)(2)によると、本件自動車に構造上の欠陥が存することを理由とする、契約の所謂不完全履行による被告の債務不履行は存在しないことに帰着する」

と判示している。

【事案の特徴】

　この事案は、自動車を運転中、中心線を越えて対向車に衝突したため、運転者が自動車の販売会社に対して債務不履行に基づき損害賠償を請求した事件である。この事案は、自動車の衝突事故が問題になったこと、運転者の誤操作（運転過誤）が問題になったこと、自動車の構造上の欠陥の有無が問題になったことに特徴がある。

【判決の意義】

　この判決は、自動車の構造上の欠陥を否定し、事故原因が運転者の速度の出し過ぎであるとしたものであり、運転者の自動車の誤使用を認めた事例判断として参考になる。

(230) 軽自動車の欠陥が事故原因であると認めるに足りる証拠がないとした事例（福岡地判昭和52・2・15判時869号91頁）

●事案の概要●

雨天下、国道上でY₁株式会社が製造した軽自動車とY₂株式会社が運行し、Y₃が運転していた大型バスが衝突し、軽自動車に乗車していた4名が死亡したが、軽自動車は、高速で走行中、反対車線に進入し、そのままバスと衝突したため、被害者の相続人であるX₁、X₂らがY₁に対して自動車の欠陥による不法行為責任に基づき、Y₂に対して運行供用者責任に基づき、Y₃に対して不法行為責任に基づき、損害賠償を請求したものである。

この判決は、軽自動車の欠陥が事故を発生させたという証拠がないとして、Y₁に対する請求を棄却し、Y₂らに対する請求を一部認容した。

【判決内容】

この判決は、

「標記の件につき原告らは要するに、本件自動車は高速走行中安定性を失い、蛇行した結果本件事故が発生したとの事実を前提として、右蛇行運動は、ホンダN360が一般的に有するところの、高速度走行中の原則又は緊急回避措置の際に車体の横ゆれ、蛇行運動が生じるという製造上の欠陥に基づくもの、或いはホンダN360は前部機関前輪駆動であるために、高速走行時左右折に際して原則するとハンドルがきれすぎる特性等を有するところ、その他諸欠陥とあいまって高速走行時の安定性に欠けるという製造上の欠陥を有し、右欠陥が原因で前記蛇行運動が生じた旨主張する。しかし、その前提事実はさて置き、ホンダN360一般に右主張の如き製造上の欠陥が存していたことにつき、原告らの立証は必ずしも尽くされておらず、弁論の全趣旨により真正に成立したものと認められる甲8号証（小口泰平作成名義のホンダN360型軽四輪自動車に関する鑑定書）によっても、これを肯認させるに十分でない。却って、本件事故に際しての次の如き諸事情を併せ考えると、事故の原因を本件軽自動車の製造上の欠陥に結びつけることはますます困難といわざるを得ない。すなわち、第二項で認定したように、本件事故現場付近では事故当時かなり強い雨が降っており、そのためアスファルト道路の路面は滑走しやすい状況になっていたところ、本件軽自動車の各タイヤの摩滅状態はす

565

でに限界に近いものであったこと、本件軽自動車は本件バスの走行車線を走っていたが、いったん自己車線に戻りかけ再び突然に車体をセンターラインに対し約80度の角度で斜めに向けたまま対向車線にすべるように入り込んで来たというのであるから、本件軽自動車のハンドルは左に切られたまま対向車線に入り込んできたものと考えるのが経験則にかなうこと等の諸事情が存するところ、これらの事情は、本件軽自動車のいずれかのタイヤにハイドロプレーニング現象が生じて、スリップのため対向車線に車体を前記のように斜めにしたまま進入して来たものではないかとの推認を高度の蓋然性をもって起こさせるものである。であるとすれば、本件軽自動車のタイヤ等の管理の不十分や運転態度等の車の保有者・運転者側の事情が本件事故発生の一因であったことは認められても、原告らが主張するように本件軽自動車の構造・製造上の欠陥が本件事故を招来せしめたと認めるに足りる証拠は存しないのであり、従って、本件事故により生じた結果に対して被告Y₁が責任を負うべき根拠は何らないので、原告らの被告Y₁に対する請求は、その余の点について判断するまでもなく、すべて理由がない」

と判示している。

【事案の特徴】

この事案は、軽自動車を運転して走行中、バスと衝突し、運転者・同乗者らが死亡したため、相続人らが軽自動車の製造会社に対して不法行為に基づき損害賠償を請求する等した事件である。この事案は、軽自動車とバスの衝突事故が問題になったこと、軽自動車の運転者の誤操作（運転過誤）が問題になったこと、軽自動車の欠陥の有無が問題になったことに特徴がある。

【判決の意義】

この判決は、軽自動車の欠陥を認めるに足りる証拠がないとしたものであり、事例判断として参考になる。この判決は、実質的には高速走行、反対車線への侵入が運転者の誤使用によることを示唆するものである。

(231) 駐車中の自動車における一酸化炭素中毒事故との相当因果関係を否定した事例（東京高判昭和63・1・26判時1265号85頁）

●事案の概要●

Aが東名高速道路のパーキングエリア内に自動車を駐車中、一酸化炭

素中毒により死亡したため、Aの相続人であるX₁、X₂らは仮眠中に駐車中の自動車または他車の排気ガスのために一酸化炭素中毒により死亡したと主張し、Y株式会社に対して保険金を請求したものである。第1審判決（東京地判昭和59・9・14交通民集21巻1号8頁）が請求を一部認容したため、X₁ら、Y双方が控訴した。

この判決は、一酸化炭素中毒の原因が駐車中の自動車または他車の排気ガスによるものではないとして、原判決を取り消し、請求を棄却した。

【判決内容】

この判決は、

「……右実験結果から考察すると、本件自動車の運転席に最も濃度の高い一酸化炭素が流入するのは右実験のような位置関係で運転席が他車の排気ガスにさらされる場合であるとみられるが、その場合の一酸化炭素の濃度は風向き、風速等の外的条件に左右される可能性が大きく、ある程度以上の濃度のガスが継続的に運転席に流入する可能性自体かなり疑わしいから、仮に時間に比例して一酸化炭素中毒が運転席に流入し、そこに滞留するとしても、その量は微々たるものと思われる。また、右実験におけるような位置関係以外に本件自動車の周囲に他の自動車が駐車していて排気ガスを放出していたとしても、右にみたような拡散の状況からすれば、右ガスが運転席の一酸化炭素の濃度に与える影響は微弱であると考えられる。もっとも、次に述べる津田征郎の実験結果からすると、周辺の両側に大型車両が駐停車しているような場合にはガスの拡散がかなり妨げられ、その結果一酸化炭素濃度がそうでない場合の数倍に達することがあることが認められるが、前記のような本件駐停車位置の状況からして両側に大型車両が駐停車する状況は起こりにくく、ことに平行して駐停車することはまずありえないこと、前記実験で放出された約10万PPMという一酸化炭素濃度が異例に高いものであることに加えて、前記のように車外と車内とでは一酸化炭素の濃度にかなりの差が生ずることをも併せ考えると、前記実験結果に右のような拡散に対する障害の問題をも考慮に入れて検討しても、車内の一酸化炭素濃度が死亡の危険を招く程度にまで高まることは想定し難い。
……

以上認定したところによれば、本件駐車位置で運転席にいた亡Aが周囲に駐車した他の自動車や自車の排気ガスを吸入したとしても、これによって同人が一酸化炭素中毒にかかり死亡する可能性はほとんど考えられないといわなければなら

ない。……右測定値の一部は、ある程度の時間継続すれば一酸化炭素中毒死を招く可能性のあるものであるが、右実験は、室内で、しかも一部は換気の全く行われない状態で、他の部分は、戸外の状態に匹敵するような十分な換気の行われていない状態の下で行われたものであること、測定室のシャッターを開放した時に一酸化炭素濃度が急速に低下していることからみて、本件駐車位置における一酸化炭素濃度の程度を認定する根拠とすることは困難である。

　そのほか、一審原告らの前記主張事実を認めるに足りる証拠はない。

　以上によれば、前記のように亡Ａを乗せた本件自動車が本件駐車位置に駐車されたのちにおける右自動車又は他車からの排気ガスの排出と同人の死亡との間には相当因果関係は存在しないというほかない。同人の死亡が自殺によるものでないことは遺体発見時の状況から明らかであり、また、他殺と認めるに足りる事跡はなく、死亡原因はついに明らかにすることはできないが、だからといって、このことだけから前示認定の結果をさしおいて、消去法により前記相当因果関係があるものとすることはできない。したがって、亡Ａの死亡は、本件自動車の運行に起因する事故によるもの又は同人が運行中の交通乗用具に搭乗しているときの事故によるものと断定することはできないから、その余の点について判断するまでもなく、一審原告の本訴請求は理由がない」

と判示している。

【事案の特徴】

　この事案は、東名高速道路のパーキングエリア内に自動車を駐車中、運転者が一酸化炭素中毒により死亡したため、相続人らが保険会社に対して保険金の支払いを請求した控訴審の事件である。この事案は、駐車中の自動車内における運転者の一酸化炭素中毒事故が問題になったこと、事故原因が駐車中の自動車または他車の排気ガスによるものであるかが問題になったこと、保険金の支払いが問題になったことに特徴がある。

【判決の意義】

　この判決は、一酸化炭素中毒の原因が駐車中の自動車または他車の排気ガスによるものではないとしたこと、事故原因との因果関係について消去法により相当因果関係があるものとすることはできないとしたこと、運転者の自動車の運行に起因する事故によるとはいえないとしたことに特徴があり、駐車中の自動車の運転者の死亡事故につき自動車に起因するものではないとし

た事例判断として参考になる。

(232) 運転者の誤操作が事故原因であることを示唆し、自動車の欠陥を否定した事例（大津地判平成 8・2・9 判時1590号127頁、判夕918号186頁）

●事案の概要●

X_1がY_1株式会社の製造に係る自動車を運転中、左前が沈み込むような感じを受け、ハンドルが左に切れて操舵が不能な状態に陥り、道路左端にあった道路標識・石垣に衝突したため、X_1と自動車の所有者X_2が、Y_1と自動車の販売業者であるY_2株式会社に対して不法行為に基づき損害賠償を請求したものである。

この判決は、自動車が左前に沈み込む異常が起こったとは認められない等とし、請求を棄却した。

【判決内容】

この判決は、

「一　原告らの被告Y_1に対する請求は、同被告が本件自動車を製造するにあたって、その購入者である原告らが適正な方法にしたがって使用を続ける場合に、本件自動車自体の欠陥に由来する原因によって、その身体・財産等に損害を与えることがないように注意すべき義務があるにもかかわらず、それを怠ったという過失があることを主張し、右欠陥に基づいて原告らが被った損害の賠償を求めるものである。

したがって、原告らは、同被告の右不法行為に基づく損害賠償の要件として、①本件自動車が有していた欠陥の内容、②同被告が本件自動車を製造する過程において右欠陥が生じたものであること、③原告らの損害が右欠陥に基づくものであることを主張・立証すべき責任を負担する。右にいう『欠陥』とは、当該製品の品質・状態が、社会通念上要求される合理的安全性を欠いていることをいうものと解されるところ、本件で問題とされる自動車については、多数の部品によって構成される科学的、技術的に高度で複雑な製造物であって、高速走行に耐えられる安全性を求められていることはもちろん、速度や燃費等の走行性能、運転における快適性、内装・外観に対する嗜好等さまざまな需要に応えるための工夫が施されており、製造業者においてその構造・品質等についての情報を熟知してい

569

るのに対して、その使用者は自動車一般に通じる概括的な知識しか持ち合わせていないのが通常であることに鑑みれば、主張・立証すべき『欠陥』の内容として、当該製品に限っての製造上、設計上あるいは指示・警告上の危険を生じさせる具体的な原因についてまで主張・立証することは困難を極める作業であるといわざるを得ない。したがって、自動車事故について、いわゆる製造物責任を追求する原告としては、第一次的に、当該自動車の合理的な使用期間中に、通常の使用方法で使用していたにもかかわらず、身体・財産に危険を及ぼす異常が発生したことを主張・立証することで一応の『欠陥』の主張・立証として足りると解すべきである。これに対し、右『欠陥』の存在を否定する相手方当事者は、原告が主張・立証した『異常』が当該自動車の製造上、設計上の問題に起因しないことについての具体的な事実等を反証すべきであると解される。

本件についてみると、原告らは、被告Y_1の製造した本件自動車を購入し、9か月足らずのうちに本件事故が発生し、その間に被告Y_1において、いわゆる6か月点検を受けていたこと、本件事故は、原告X_1が本件自動車を運転中に、道路脇にあった交通標識、さらに石垣に衝突させた事故であり、事故現場は舗装された直線道路で、走行の障害となるものはなかったことは前記のとおりであり、本件自動車を購入後、原告春男はこれを通常に使用していたことは同原告本人尋問によって認められる。従って、本件自動車に『欠陥』があったことを主張・立証すべき原告らは、第一次的に、本件自動車の走行中に異常が発生したこと、具体的には本件自動車の左前が沈み込み、ハンドル操作が不能になったこと（争点1、2）を主張・立証することで足りるというべきである。

……

五　結論

本件事故は、直線道路を走行する自動車が、道路左脇にあった交通標識に衝突し、最終的には左前輪が脱落するという態様であり、原告らは、本件事故直前に本件自動車の左前が沈み込み操舵不能になるという異常な事態が生じたと主張していたが、以上検討してきたとおり、原告らが主張するような異常が本件自動車に生じたとは認められず、さらに本件自動車の通常の走行を妨げるような瑕疵があったと認めることもできないから、争点4、5について判断するまでもなく、原告らの主張は理由がない」

と判示している。

【事案の特徴】

この事案は、自動車を運転中、左前が沈み込むような感じを受け、道路左端にあった道路標識・石垣に衝突したため、運転者らが製造会社らに対して不法行為に基づき損害賠償を請求した事件である。この事案は、自動車の道

路端への衝突事故が問題になったこと、運転者の誤操作（運転過誤）が問題になったこと、自動車の欠陥の有無が問題になったことに特徴がある。

【判決の意義】

この判決は、運転者らの主張に係る異常が自動車に生じたとは認められないとしたこと、自動車の通常の走行を妨げるような瑕疵があったと認めることはできないとしたことに特徴がある。この事案では、事故態様が問題になり、運転者の供述が重要な証拠であるところ、この判決は、運転者の供述の信用性を否定し、実質的に運転者の誤使用を示唆するものであり、事例として参考になるものである。

(233) 運転者の誤操作、異常な運転が事故原因であるとし、自動速度制御装置・ブレーキ倍力装置の欠陥を否定した事例（東京高判平成8・2・29判タ924号228頁）

> Xが自動車を運転して走行中、衝突事故が発生し、負傷したため、自動車の速度制御装置の欠陥により加速し、衝突事故が発生したと主張し、自動車の製造業者であるY株式会社に対して不法行為に基づき損害賠償を請求したものである。第1審判決（東京地判平成5・1・28交通民集26巻6号1620頁）が請求を棄却したため、Xが控訴した。
>
> この判決は、自動車の欠陥を否定し、控訴を棄却した。

【判決内容】

この判決は、

「⑥ 控訴人本人尋問の結果及び乙第2号証によれば、控訴人は、本件事故当時、飲食店（スナック）を経営しており、客の接待のため、本件事故発生前の昭和57年10月4日午後8時ころから本件事故日である翌5日午前2時ないし3時ころまでの間に、ビール大瓶を3本ないし4本ほど飲酒し、また、同夜の営業が忙しかったため、同日午前4時40分ころに同店の営業を終えたときは体がひどく疲労し

571

た状態であったこと、及び、控訴人は、本件事故後、意識を消失して自己が救急車によって搬送された事実も分からない状態になり、控訴人の救助搬送にあたった消防隊員は、控訴人の飲酒を臭い等で認識し飲酒運転と判断したことが認められる。

　これら①ないし⑥の諸事情に照らすと、前記㈡(1)ないし(4)の本件車両の故障に関する控訴人の供述のうち、本件ASCD使用時の増速に関する部分及び本件事故時に本件第一ないし第三解除機構が作動しなかったことに関する部分は、いずれもこれを採用することかせせきないし、……のうち、本件各瑕疵の存在を肯定する部分は、本件事故前の本件車両の状態及び本件事故の状況に関する不正確な情報を前提としており、反対趣旨の……及び証人藤木憲夫の証言に対比して到底採用することができない。

㈤　以上によれば、本件事故当時、本件車両に本件瑕疵が存在していたものと認めることはできず、他に本件事故が本件車両製造上の被控訴人の過失に基づく故障ないし欠陥によって生じたことを認めるに足りる証拠はない」

と判示している。

【事案の特徴】

　この事案は、自動車を運転して走行中、衝突事故が発生し、負傷したため、運転者が製造会社に対して不法行為に基づき損害賠償を請求した控訴審の事件である。この事案は、自動車の衝突事故が問題になったこと、運転者の誤操作、異常な運転が問題になったこと、自動車の欠陥の有無が問題になったことに特徴がある。

【判決の意義】

　この判決は、運転者の主張に係る自動車の速度制御装置の故障・欠陥を認めるに足りる証拠がないとしたこと、運転者の供述が信用できないとしたこと、運転者が飲酒運転をしていたとしたことに特徴があり、自動車の欠陥を否定した事例判断として参考になる。また、この判決は、自動車の運転者が飲酒運転をしていたこと（異常な運転に当たる）、運転者の供述の信用性を否定したことの事例判断としても参考になるものである。

〔234〕　運転者の異常な使用が事故原因であるとし、自動車の欠陥を否定し

た事例（津地四日市支判平成10・9・29金判1057号46頁）

●事案の概要●

　X_1が、自動車の所有者であるX_2株式会社の副社長であり、自動車を運転し、外出した先で飲酒をしたため、訪問したX_2の工場でエンジンをかけたまま運転席で眠り込んでしまったところ、自動車が発火し、廃車になったため、X_1らが自動車の販売業者であるY株式会社に対して債務不履行、不法行為に基づき損害賠償を請求したものである。

　この判決は、火災が異常な使用によって生じたものであり、欠陥がなかったとし、請求を棄却した。

【判決内容】

　この判決は、

「二　原告らは、エンジンをかけたまま寝込んでしまうことも合理的に予期される通常の方法であるとして、本件火災が発生したのであるから、被告が本件自動車の欠陥以外の他の原因によって本件火災が発生したことを具体的に主張立証しないかぎり債務不履行、不法行為責任を免れないと主張するが、原告としては、本件自動車にいかなる欠陥があったのか、そして、いかなる経過を経て出火に至ったのか具体的に主張立証すべきである。しかし、エンジン、アクセルあるいはアクセルとエンジンとの連絡に欠陥があると主張するだけで、具体的な主張をしない。

　ところで、前記認定事実によれば、本件火災発生のメカニズムは次のように推測される。運転席のシートはやや後ろに傾いているだけで、通常の運転状態であったことからして、原告X_1が寝ていた間は、両足が床についていたものとみられること、深夜飲酒のうえエンジンをかけたまま運転席で寝込んでしまい、睡眠中無意識の動作によりアクセルを踏み込み、その状態が長く続くことにより、エンジンの高速回転状態（過レーシング状態）を生み出し、排気系統を異常過熱させ、エンジンルームからの出火につながった可能性が高い。したがって、本件火災は、原告X_1が飲酒のうえエンジンをかけたまま寝込んでしまったという異常な使用に起因するものと認められ、本件自動車に欠陥があったことを認めさせる証拠はない。

三　原告らは、被告は説明・警告義務を果たしていないと主張しているが、深夜飲酒のうえエンジンをかけたまま寝込んでしまった場合、出火のみならず、寝ぼ

けて発進させてしまうこともありうるので、危険であることは明らかであり、このようなことに対してまで被告が警告すべき義務を負うものではない」
と判示している。

【事案の特徴】
　この事案は、自動車を運転し、外出した先で飲酒をし、訪問先でエンジンをかけたまま運転席で眠り込んでしまった際、自動車が発火し、廃車になったため、販売会社に対して損害賠償を請求した事件である。この事案は、自動車の発火事故が問題になったこと、飲酒のうえ、自動車内でエンジンをかけたまま眠り込んだ異常な操作が問題になったこと、自動車の欠陥の有無が問題になったことに特徴がある。

【判決の意義】
　この判決は、飲酒のうえ、自動車のエンジンをかけたまま運転席で眠り込んでしまい、睡眠中無意識の動作によりアクセルを踏み込み、その状態が長く続くことにより、エンジンの高速回転状態を生み出し、排気系統を異常過熱させ、エンジンルームからの出火につながった可能性が高いとし、火災が運転者の異常な使用によって生じたことを認め、自動車の欠陥を否定したものであり、自動車の火災の原因が運転者の誤操作（誤使用）にあるとした事例判断として参考になる。

（235）　運転者の誤操作が事故原因であるとし、自動車のブレーキの欠陥を否定した事例（東京地八王子支判平成11・1・28判タ1021号238頁）

●事案の概要●
　X株式会社が米国の製造業者Aの製造に係る普通特殊自家用自動車（キャンピングカー）をY株式会社から購入し、Xの代表者Bが使用していたところ、数回、ベーパーロックが発生し、再三修理を依頼したが、完全な修理ができなかったため、Xが不完全履行を理由に売買契約を解除し、Yに対して売買代金の返還を請求したものである。

この判決は、ペーパーロックの発生はBの運転方法に起因するものであり、ブレーキの欠陥ではないとし、請求を棄却した。

【判決内容】

　この判決は、

「2㈠　右1に認定の事実に鑑み、本件自動車の欠陥の有無につき判断すると、右1㈠に認定の本件自動車の走行状況、1㈡(1)に認定の及川実験の結果及び本件自動車と同車種のクラリオン車の原告以外のユーザーからクレームがないことによれば、勅使川原らが使用した際に生じたペーパーロックは、エンジンブレーキの効き具合が弱いため主にフットブレーキを使用したという右1㈠に認定の運転方法に起因するものであり、車体が重く、エンジンブレーキの効き具合が国産車と異なって弱いことなど本件自動車のブレーキの特性を理解して、夏期に山間部の下り坂を走行するような場合には、速度を十分減速するとともに、エンジンブレーキを多用して、フットブレーキの使用を控え目にすることにより、本件自動車についてペーパーロックの発生を防止することができると認めるのが相当である。

　このほか、証拠（甲18、証人及川）によれば、本件自動車には、タンデムブレーキシステムが採用されており、前輪ディスクブレーキと後輪ドラムブレーキとは、独立の系統となっていて、前輪ブレーキに異常が生じても、後輪ブレーキの機能は保持されていることが認められる。この点につき、甲第18号証（原告代表者作成の説明書）には、ブレーキペダルが床について効かない状態となった場合には、前輪ブレーキのみならず後輪ブレーキのブレーキオイルも気泡化しているとの記載部分がある。しかしながら、本件自動車のブレーキに異常が生じる原因は、前輪ブレーキディスクの加熱によるものであるところ（……によれば、小林実験でペーパーロックが生じた際においても、後輪ブレーキドラム周辺の温度は、約60ないし110度に過ぎなかったことが認められる。）、本件全証拠によっても、右熱がリヤブレーキパイプ内のブレーキオイルに気泡を生じさせてペーパーロックを発生させることを認めるに足りる的確な証拠はないのであるから、甲第18号証の右記載部分を採用することはできない。

　以上を総合考慮すると、本件自動車のブレーキに欠陥があるとは未だ認め難い（なお、原告は、『本件自動車には、シフトダウン機能ないしエンジンブレーキによる減速機能が欠陥とまでは言えないまでも不足しており、これが右の前輪ディスクブレーキのペーパーロックに対する性能が不十分なことと相まってペーパーロックの発生に寄与した。』と主張するが、藤岡鑑定の結果によれば、本件自動車のシフトダウン機能及びエンジンブレーキによる減速機能が不十分であるとはい

えないことが認められるから、原告の右主張は、採用できない。)。
(二) 以上に関し、小林実験、本件検証、藤岡実験の各結果は、いずれも右(一)の判断を左右しないというべきである。その理由は、次のとおりである。
(1) 及川実験における山間部における走行及び藤岡実験における走行でいずれもベーパーロックが生じていないことに鑑みると、前記1(二)(2)に認定の小林実験においては、相当頻回にフットブレーキを使用したことが窺われるほか、証拠（原告代表者）によれば、右実験時に際しブレーキオイルは約2年半前に交換したままのものを使用していたことが認められる。そうすると、右実験時のフットブレーキの使用方法や、右実験時に使用したブレーキオイルが古く沸点が低かったことが、小林実験でベーパーロックを発生したことに影響を与えている可能性があるというべきであるから、小林実験の結果をもって、本件自動車がベーパーロックを起こし易いとは認め難い。
(2) 前記1に認定の事実によれば、前記1(三)に認定の本件検証及び前記1(四)に認定の藤岡実験の際の本件自動車の各走行方法は、通常の走行方法とは相当異なるというべきであり、したがって、本件検証の際にベーパーロックの兆候が現れたこと及び藤岡実験において本件自動車のブレーキ操作による油温上昇率が他車より高いことが判明したことなどをもって、本件自動車がベーパーロックを起こし易いとは認め難い。

証人藤岡健彦は、真夏の使用時においては本件自動車のブレーキに実用上の危険がない訳ではなく、ブレーキの性能を強化し、放熱量を大きくするなどの措置を講じる必要がある旨証言するが、藤岡鑑定及び右証言をもって、本件自動車のブレーキに欠陥があると認めることはできない。
(三) 他に、本件自動車のブレーキに欠陥があることを認めるに足りる証拠はない」
と判示している。

【事案の特徴】

　この事案は、自動車を運転中、数回ベーパーロックが発生し、再三修理を依頼したものの、完全な修理ができなかったため、不完全履行を理由に売買契約を解除し、売買代金の返還を請求した事件である。この事案は、自動車のブレーキ故障事故が問題になったこと、運転者の誤操作が問題になったこと、自動車のブレーキの欠陥の有無が問題になったこと、不完全履行による売買契約の解除が問題になったことに特徴がある。

【判決の意義】

　この判決は、自動車の故障が運転者の運転方法に起因するものであるとし、

ブレーキの欠陥を否定したものであり、自動車の運転者の誤操作を認めた事例判断として参考になる。

〔236〕　フロント・サイドマスクの設計上の欠陥を肯定した事例（仙台地判平成13・4・26判時1754号138頁）

●事案の概要●

　Xが軽自動車を保有していたが、自動車用品販売店Aで、Y株式会社の製造に係るフロント・サイドマスクを購入し（この製品は、自動車のフロントガラス、サイドガラス、サイドミラーを覆うものであり、冬は凍結防止カバーとして、夏は日除けとして使用する製品であり、自動車のフロントガラス一面に広げ、左右のドアミラーに袋をかぶせ、付属のゴムひもに接続された金属製フック（細い金属製である）4個を、ドア下のエッジに掛けて固定して使用するものである）、夜、自動車にこの製品を取り付けようとし、3箇所にフックを掛けた後、最後に、しゃがんで何度か手探りをして左前部分のエッジにフックを掛け、きちんと装着されたかどうかを確認するために、しゃがんだままゴムひもを触ったところ、フックがはずれ、跳ね上がったフックがXの左眼に突き刺さり、左眼角膜裂傷等の傷害を負ったため、Xは、Yに対して、製品の欠陥を主張し、製造物責任に基づき損害賠償を請求したものである。

　この判決は、設計上の欠陥を肯定し（数万個製造されたこの製品のうち、事故が発生したのは当該製品のみであった）、請求を認容した。

【判決内容】

　この判決は、

「以上に説示の事実によれば、本件製品は、自動車のフロントガラス等の凍結防止カバーであり、フックを自動車のドア下のエッジに掛けて固定する構造のものであるから、装着者がかがみ込んでフックを掛けようとすることは当然であり、

しかも、本件製品が使用されるのは、自動車のフロントガラス等の凍結が予測される寒い時期の夜であることが多いところ、そのような状況下で本件製品の装着作業が行われると、フックを一回で装着することができず、フックを放してしまう事態が生じることは当然良そうされるところである。しかも、フックを放した場合、ゴムひもの張力によりフックが跳ね上がり、使用者の身体に当たる事態も当然予想されるところである。ところが、本件製品の設計に当たり、フックが使用者の身体に当たって傷害を生じさせる事態を防止するために、フックの材質、形状を工夫したり、ゴムひもの張力が過大にならないようにするなどの配慮はほとんどされていないものであり、本件製品は、設計上の問題として、通常有すべき安全性を欠き、製造物責任法3条にいう『欠陥』を有しているといわなければならない」

と判示している。

【事案の特徴】

この事案は、夜、自動車にフロントサイドマスクを取り付けようとし、しゃがんで何度か手探りをしてフックを掛け、きちんと装着されたかどうかを確認するために、しゃがんだままゴムひもを触ったところ、フックがはずれ、跳ね上がったフックが左眼に突き刺さって負傷したため、製造会社に対して製造物責任に基づき損害賠償を請求した事件である。この事案は、自動車関連製品の取付けの際の突き刺さり事故が問題になったこと、使用者の不注意が問題になったこと、この製品の欠陥の有無が問題になったことに特徴がある。

【判決の意義】

この判決は、この製品の設計上の欠陥を認めたものであるが、設計上の欠陥を認める判断基準には疑問が多いものであるし、使用者の不注意によって事故が発生した蓋然性があるため、欠陥を肯定した判断にも疑問があるものである。

(237) 事故時までの点検・修理の過誤を示唆し、エンジン等の製造時に欠陥が存在したとは認められないとした事例（大阪地判平成14・9・24判

夕1129号174頁)

●事案の概要●

　X_1がA株式会社の代表取締役であるが、平成10年8月、平成9年の初年度登録のY株式会社の製造に係る中古自動車を、B株式会社からテレビオークションによって購入し、社用車として使用中、平成12年3月、Aの取引先の従業員X_2を同乗させて運転していたところ、右前部の車高が下がり、路肩に停めるや、右前部から火花が立ち、火災が発生し、自動車が焼損したため、X_1、X_2がYに対して不法行為責任、製造物責任、債務不履行責任に基づき損害賠償を請求したものである。

　この判決は、エンジンルーム内の右前哨灯後方のコルゲートチューブ、その内部のワイヤーハーネス芯線が露出し、車体鉄板とアーク放電が生じて発火した等とし、不法行為責任、製造物責任、債務不履行責任を否定し、請求を棄却した。

【判決の内容】

　この判決は、

「2　製造物責任又は不法行為責任の成否について
(1)　製造当時にエンジンルーム内のワイヤーハーネス芯線が露出し、同芯線と車体鉄板が直接接触していた可能性及び製造当時に異物が混入し、その時点で異物が同芯線と車体鉄板との間に介在していた可能性について

　前記1⑽の認定のとおり、本件車両の発火原因は、エンジンルーム内の右前照灯後方のコルゲートチューブ（PP材）及びその内部に封入されたワイヤーハーネスの被覆（塩化ビニル材）が何らかの理由でいずれも損傷したため、ワイヤーハーネス芯線が露出し、直接あるいは金属類の介在物を通して間接に、この芯線露出部（プラス側）と車体鉄板（マイナス側）が接触することとなり、電気火花（漏電現象）とアーク放電（トラッキング現象）が発生したことに起因するところ、電気火花（漏電現象）、アーク放電（トラッキング現象）状態になると、数10分程度でも、車両は発火、出火する可能性があることを考慮すると、被告による本件車両製造当時に上記芯線が露出し、同芯線と車体鉄板が直接接触していた場合や、製造過程で既に上記芯線と車体鉄板を介在する異物が混入していた場合には、本

件車両、初年登録時から早々の時期に発火、出火した可能性が高いから、製造当時に上記芯線と車体鉄板が直接接触していた可能性や製造過程で異物が既に上記芯線と車体鉄板を介在していた可能性は極めて低いといわざるを得ず、また、本件車両内及びその周辺部で異物が発見されていないことも総合すると、これらの事実を認めることはできない。
(2) 製造当時に鋭利な異物が混入し、本件車両の出荷後にワイヤーハーネス芯線の被覆等を損傷させ、直接又は介在物を通して間接に同芯線と車体鉄板を接触させた可能性について
ア 上記(1)のとおり、本件車両内及びその周辺部で異物が発見されていないこと等に照らすと、ワイヤーハーネス芯線等付近に鋭利な異物が混入したとはにわかに認め難いことに加え、仮に同芯線付近に異物が混入したとしても、前記1(1)、(2)、(5)、(7)、(12)を総合すると、本件車両の発火部分は、ゼロヨンや香川トヨタの整備・点検作業の過程において、外部に露出することが幾度かあったことが認められるほか、原告X_1の前所有者が本件車両を使用していた際や、同原告の使用時においても、共亜産業による給油やエンジンオイル交換等の際に、異物が混入する可能性がないとはいえないから、被告による製造当時に鋭利な異物が混入したと認めるには足りない。
イ また、原告らは、本件車両の出荷後に鋭利な異物が混入したとすれば、異物が混入する構造自体が欠陥であると主張するが、製造物責任法上の『欠陥』とは、当該製造物の特性、その通常予見される使用形態、その製造業等が当該製造物を引き渡した時期その他の当該製造物に係る事情を考慮して、当該製造物が通常有るべき安全性を欠いていることをいうところ（同法2条2項参照）、鋭利な異物が混入すること自体極めて偶発的要素によるところが多いから、本件車両の構造上、当然に異物の混入を防止すべきであったとはいえないし、また、……によれば、本件車両はたとえ異物が混入したとしても、異物を取り除くことが容易な構造であったと認められるから、本件車両に『欠陥』があったということはできない。
(3) 『欠陥』の特定の程度、及びその立証に関する一応の推定について
原告らは、本件車両を、その合理的な使用期間内に通常の用法で使用していたにもかかわらず、原告らの身体、財産に危険を及ぼす異常が発生したことを主張立証すれば、製造物責任法にいう『欠陥』の主張・立証としては十分であり、これを争う被告において、『欠陥』が製造上生じたものでないことを具体的に反証すべきであるなどと主張する。

 しかしながら、本件車両は平成9年11月10日初度登録されたものであること、原告X_1は平成10年9月18日までにゼロヨンを介して、中古車である本件車両を購入したこと、本件車両はその後、ゼロヨン、香川トヨタ又は共亜産業において、別表記載のとおりの作業内容を含む整備・点検作業を受けていること、その間、前記1(3)、(4)、(5)認定の警告灯の点灯及び同(7)認定のカリカリ音の発生といった

異常が認められたが、その都度ゼロヨンないし香川トヨタにおいてこれに対応し、部品取替等の修理を施していることは、いずれも前記1認定のとおりである。このように製造時から相当期間を経過した後中古車として本件車両を取得し、さらに約1年半後本件事故が発生したが、その間、被告以外の第三者による整備・点検が繰り返された事案においては、原告らの主張するように、製造段階における『欠陥』の存在を前提として、『欠陥』の特定の程度を緩和し又は『欠陥』の存在を一応推定することはできないものと解するのが相当である」

と判示している。

【事案の特徴】

　この事案は、ネットオークションで中古自動車を購入し、運転して走行していた際、右前部の車高が下がり、路肩に停めるや、右前部から火花が立ち、火災が発生し、自動車が焼損したため、製造会社に対して損害賠償を請求した事件である。この事案は、自動車の火災事故が問題になったこと、自動車の点検・修理の過誤が問題になったこと、自動車の欠陥の有無が問題になったことに特徴がある。

【判決の意義】

　この判決は、製造時から相当期間を経過した後、中古車として売買され、その約1年半後に本件事故が発生したところ、その間、第三者による整備・点検が繰り返された事案においては、製造段階における欠陥の存在を前提として、欠陥の特定の程度を緩和し、または欠陥の存在を一応推定することはできないとしたこと、この事案では製造時に欠陥が存在したとは認められないとしたことに特徴があり、事故時までの点検・修理の過誤を示唆するものとして参考になる。

13　日用品事故における誤使用

(1)　概　説

　日常生活等の場で日常的に使用する製品は多種多様であり、膨大な数量の日常的に使用する製品が製造・販売されている。日常的に使用する製品は日用品と呼ばれているが、その分類は容易ではない。日用品は、その種類は多様であるが、比較的簡単な構造の製品が多く、その用途・用法も比較的容易に理解することができる。日用品の危険性は比較的容易に認識することができることが多く、取扱説明書等の警告・指示の内容も簡単であることが多いが、使用者が取扱説明書等の記載を読まなかったり、読んでいたとしても正確に理解していないことが多い。使用者の中には、取扱説明書を読んでいても、記載内容に従わない用途・使用方法等に使用する者もいる。

　日用品事故が発生した場合には、製品の欠陥、製造業者等の過失とともに、使用者の誤使用が問題になることが少なくない。日用品事故における誤使用をめぐる裁判例をいくつか紹介したい。

(2)　日用品事故をめぐる裁判例

〔238〕　親の監護過誤が事故原因であるとし、防護柵の構造上の欠陥を否定した事例（神戸地尼崎支判昭和54・3・23判時942号87頁。(50)（166頁）参照）

―――――●事案の概要●―――――

　A（当時、1歳3カ月）が父母X_1、X_2と自宅にいたところ、X_1らが目を離した隙に、自宅2階の部屋と階段踊り場の境に設置されたY株式会社の製造に係る乳幼児用防護柵（ベビーガード）の最上段のV字型部分に頸部をはさみ、窒息死したため、X_1らがYに対して防護柵の構造上の欠陥、適正な使用方法の表示の欠如を主張し、不法行為に基づき損害賠償を請求したものである。

　この判決は、本件防護柵の構造が極めて簡単なものであり、その取扱

いも容易で特別の技術、知識を要しない等とし（明白な危険を認めている）、構造上の欠陥を認めず、設置使用につき一般の利用者が容易に気付き得ない危険が内在するものと認めるに至らない等とし、不法行為を否定し、請求を棄却した。

【判決の意義】

この事案は、幼児の防護柵における窒息事故であり、不幸な事故であるが、この判決は、防護柵の明白な危険を前提として親の監護過誤を認め、防護柵の構造上の欠陥を否定したものであり、事例判断として参考になる。

〔239〕 使用者による金槌の誤使用が事故原因であるとし、金槌の形状上の欠陥等を否定した事例（京都地判昭58・3・30判時1089号94頁。〔39〕（136頁）参照）

●事案の概要●

XがY₁株式会社が製造し、Y₂株式会社が卸売りした金槌（Y₃株式会社、Y₄を経て購入した）を使用し、板に打ち付けられた釘を抜くために鉄製の釘抜きの頭部を打ち付けたところ、金槌の頭端部に亀裂が入り、剝離した破片が左眼に飛び込み、負傷したため、XがY₁らに対して形状上の欠陥等を主張し、損害賠償を請求したものである。

この判決は、本件事故は金槌の使用方法によっては通常発生するものであり、本件金槌の打てき面の変形状態からみて、本件釘抜きの硬度の高いことは知り得たはずであり、本件事故は事故発生の危険を軽視した使用方法および作業姿勢により発生したものであるとし（金槌の用途に関する説明書きを貼付することも要しないとした）、金槌の欠陥を否定し、請求を棄却した。

【判決の意義】

この事案は、金槌の使用者の金槌使用中における破片による傷害事故であるが、この判決は、事故発生の危険を軽視した使用方法および作業姿勢が事故原因であるとしたものである。金槌の使用方法、その危険性は明白であるところ、この判決は、使用者による金槌の誤使用が事故原因であるとした事例判断として参考になる。

(240) 受傷者の転倒・骨折とテニスシューズの靴底の剥離との間の因果関係を否定した事例（東京地判平成5・2・18判タ823号211頁。(53)（173頁）参照）

―●事案の概要●―

 Xが、昭和60年8月、テニスコートにおいて、Y株式会社が製造したテニスシューズ（靴底にポリウレタンが使用されていた）を履いてテニスをしていたところ（購入後、約5年間を経過していた）、休憩時間に近くの遊動円木に乗り、地面に飛び降りたが、その際、靴底が突然剥がれて足が滑り、右踵骨骨折を負ったと主張し、Yに対して不法行為に基づき損害賠償を請求したものである。

 この判決は、骨折は、靴底が剥がれたためではなく、遊動円木から飛び降りたことによるものであり、仮に靴底が剥離して右足が滑ったとしても、骨折との間に因果関係はない、警告上の義務もない等とし、請求を棄却した。

【判決の意義】

 この事案は、テニスシューズの剥離・転倒事故であるが、この判決は、転倒・骨折とテニスシューズの靴底の剥離との間の因果関係がないとしたものであり、事例判断として参考になる。この判決は、事故態様に関する使用者の供述の信用性を否定した事例判断を加えるものである。

(241) 孫と遊んでいた者の不注意が事故原因であるとし、ポテトチップスの袋の欠陥を否定した事例（東京地判平成7・7・24判タ903号168頁）

●事案の概要●

Xがその孫Aと遊んでいたところ、Aが手に持っていたポテトチップスの袋（アルミ蒸着ラミネートフィルム製）の角が目に当たって負傷したため、ポテトチップスの製造業者であるY株式会社に対して損害賠償を請求したものである。

この判決は、ポテトチップスの袋の欠陥を否定して、請求を棄却した。

【判決内容】

この判決は、

「我々の日常の経験では、本件袋のような材質・形状の包装は軽量で形の壊れやすいスナック菓子等食品類の包装に比較的多く用いられているが、本件袋についていえば、自らその中身のポテトチップスを食べることのない生後6～7か月の乳児が袋を手に持って遊ぶことを通常予想して製造販売されるものとはいえないのみならず、本件袋が消費者の手で開封されるまでの間に、菓子袋本来の用法とは無関係の本件事故のような事態をも予想して包装の材質・形状を工夫したものでなければ、その製品には安全性を欠いた欠陥があるというべきでもない」

と判示している。

【事案の特徴】

この事案は、孫（乳児）と遊んでいた際、孫が持っていたポテトチップスの袋の角が目に当たって負傷したため、製造業者に対して損害賠償を請求した事件である。この事案は、食品の袋による負傷事故が問題になったこと、負傷した者の不注意があったこと、袋の欠陥の有無が問題になったことに特徴がある。

【判決の意義】

この判決は、乳児が袋を手に持って遊ぶことを通常予想して製造販売されるものではないとしたこと、この事案の事故は袋の本来の用法とは無関係で

あるとしたこと、本来の用法と無関係の事故のような事態をも予想して包装の材質・形状を工夫しなければ安全性を欠いた欠陥があるというべきではないとしたことに特徴があり、事例判断として参考になるものである。この判決は、製品の本来の用法と無関係の事故であり、孫と遊んでいた者の不注意によって事故が発生したものとした事例判断として参考になる。

(242) 自転車の販売業者の誤操作が事故原因であるとし、販売業者の取付けの過誤を肯定したうえ、製造業者の表示・警告上の欠陥を肯定した事例（広島地判平成16・7・6判時1868号101頁。(45)（151頁）参照）

―●事案の概要●―

　X（当時、5歳）がその父母AらがY株式会社の製造し、B販売店から購入した児童用自転車（Bが未完成の自転車を購入し、ペダルをギアクランクに取り付ける等して組み立てて完成する商品であった）に乗って遊んでいたところ、自転車のペダル軸の根元から飛び出していたバリに接触して右膝を受傷したため、XがYに対して製造物責任に基づき損害賠償を請求したものである。

　この判決は、Bがギアクランクにペダル軸を取り付けた際にバリが発生したところ、取付けの際にバリ発生の危険性につき表示・警告上の欠陥があった等とし、請求を認容した。

【判決の意義】

　この事案は、児童用自転車のバリへの接触・負傷事故であるが、この判決は、販売業者の取付けの過誤を認めたうえ、製造業者の表示・警告上の欠陥を認めたものである。この事案では、販売業者の誤操作が事故原因であるが、その誤操作の原因としてバリ発生に関する表示・警告が問題になったものであり、この欠陥を認めるべきか微妙な事件である。

14 家具事故における誤使用

⑴ 概　説

　家具は、さまざまな種類のものがあり、住居・事務所等に置かれ、日常生活にあたって日常的に利用されている。家具の用途、使用方法、危険性はその外観上明確であり、社会常識に属するということができる。

　家具によって事故が発生した場合、さまざまな原因がありうるが、使用者の誤使用も重要な原因の一つである。家具事故における誤使用をめぐる裁判例は少ないが、紹介したい。

⑵ 家具事故をめぐる裁判例

(243)　客の誤使用が事故原因であるとし、デッキチェアーが土地の工作物に当たらないとした事例（東京地判昭和47・12・11判時704号70頁）

●事案の概要●

　Xは、Y株式会社が経営する百貨店の屋上において備え付けられていたアルミパイプ製のデッキチェアーに腰をかけようとし、左手でデッキチェアーの脚乗せ部分のパイプをつかみ、腰をおろしたところ、左手薬指がパイプと角度調節部分にはさまり、先端が切断されたため、XがYに対して土地工作物責任に基づき損害賠償を請求したものである。

　この判決は、デッキチェアーが通常の用法に従って使用すれば格別危険な物ではない等とし、設置箇所との定着性が極めて希薄であり、人に危険を及ぼす性質ではないとし、土地の工作物に当たらない等とし、請求を棄却した。

【判決内容】

　この判決は、

「三　しかして、原告は、本件事故は民法第717条にいわゆる『土地の工作物』たる本件デッキチェアーの設置又は保存に瑕疵があったことに起因するものである

第2章　誤使用をめぐる裁判例

と主張するので、まず本件デッキチェアーが右の『土地の工作物』に該当するかどうかについて検討する。

　ところで、右の『土地の工作物』とは本来地上地下に人工を加えて作ったものないしはこれと一体をなすものであり、建物内の工作物も、建物の一部としてこれと一体をなす内部設備等は『土地の工作物』というのを妨げないが、右のような内部設備を除いて建物内に設置してある工作物については、その定着性を考慮し、さらに民法717条の依拠する危険責任の法理から当該工作物それ自体の人に及す危険性の有無をも総合して『土地の工作物』に該当するか否かを決すべきところ、これを本件について見るに、……を総合すると

1　本件デッキチェアーは被告本店の屋上に顧客に対するサービスとしてその休憩用に床面に固定されることなく備え付けられていたものであり、その形状は別紙図面のとおりであり、その枠は直径2.5センチメートルのアルミ製パイプで作られており、背中をもたれる部分、腰掛け部分、足乗せ部分はいずれもビニールレザーが張られており、その重量は5.4キログラムであって比較的軽量であり、簡単に折りたたむことができその運搬も容易であること

2　本件デッキチェアーは訴外日本エスエス管工業株式会社が昭和35年に製作したものであって、同年から本件事故が発生した昭和45年までの間に、本件デッキチェアーを同種のデッキチェアーは右訴外会社から全国的に約1万3,865台が販売され、一般家庭のほか、百貨店、プールサイド、保養所、船の甲板上などで休憩用などとして広く利用されてきたものであり、通常の用法に従って使用すれば格別危険な物でもなく、現に、これまで被告百貨店屋上に備えつけてあった本件デッキチェアーに関し傷害事故当なんらの事故も発生したこともなく、前記訴外会社には前記のとおり販売されたデッキチェアーについて苦情や事故は全く報告されていないことが認められ、他に右認定に反する証拠はない。

　右事実によれば、本件デッキチェアーはその設置箇所との定着性は極めて稀薄であるうえ、人に危険を及す性質を有するものとは言えず、したがって民法717条にいわゆる『土地の工作物』には該当しないものといわなければならない」

と判示している。

【事案の特徴】

　この事案は、百貨店の屋上においてアルミパイプ製のデッキチェアーに腰をかけようとし、左手でデッキチェアーの脚乗せ部分のパイプをつかみ、腰をおろした際、左手薬指がパイプと角度調節部分にはさまり、先端が切断されたため、客が百貨店の経営会社に対して土地工作物責任に基づき損害賠償を請求した事件である。この事案は、アルミパイプ製の椅子による指切断事

故が問題になったこと、客の誤使用が問題になったこと、椅子の設置・保存の瑕疵の有無等が問題になったことに特徴がある。

【判決の意義】

この判決は、この事案の椅子は通常の用法に従って使用すれば格別危険な物ではないとしたこと、椅子が土地の工作物に当たらないとしたことを判示している。この判決は、百貨店の屋上に設置された椅子が土地の工作物でないことを理由として土地工作物責任を否定したものであるが、その際の考慮事情として椅子の用法が明白であることを前提とし、客の誤使用を認めた重要な事例判断として参考になるものである。

(244) 幼児の異常な行動が事故原因であるとし、机の欠陥を否定した事例
（福島地郡山支判平成7・7・25判時1552号103頁）

●事案の概要●

X$_1$、X$_2$が子どもA（当時、2歳8ヵ月）を連れて電機店で商品を見ていたところ、Aが店内に設置されていた事務用机につかまり、机が横転したため、下敷きになって死亡したことから、机の製造業者であるY$_2$株式会社、机を設置していた販売店であるY$_1$株式会社に対して不法行為に基づき損害賠償を請求したものである。

この判決は、事故が机の本来の使用方法と異なったAの行動によって生じたとして、机の欠陥を否定し、請求を棄却した。

【判決内容】

この判決は、

「そもそも、机に安全性上の欠陥があるというためには、その机を通常予想される使用方法に従って使用したにもかかわらず、なお横転等の危険性がある場合に限られるというべきところ、確かに、本件机は、一般的な事務机と比較して、背が高く、横に長い形状を有するため、比較的、横転しやすい性質を有することは否定できない。しかしながら、前記認定した事実に、前記争いのない事実を総合

すれば、本件机は、Aが本件机の手すりにぶら下がるなどして、本件机の天板長辺方向の一端に体重を掛けたため横転したものと推認され、前記認定のとおり、本件机は、日本工業規格で規定された最も厳しい安定試験にも適合していることを考え合わせると、本件事故は、Aが本件机にぶら下がるなどという、本件机の本来の使用方法とは明らかに異なった行動をとったため発生したと考えられるから、本件机の安全性上の欠陥があったとの原告らの主張は理由がないというべきである。

　……

　思うに、前記認定のとおり、本件机が置かれていた場所は、家庭用電機製品の販売店店舗内であり、幼児を連れた若い家族連れの来店も多いことは容易に推認されるところであるから、このような店舗内の安全管理をする者としては、店舗内において通常予想される事態を想定し、店内商品、備品等が崩れたり、横転することがないように注意し、事故を未然に防止すべき義務があることはいうまでもないが、前記のとおり、本件事故は、Aが本件机にぶら下がるなどという、本件机の本来の使用方法とは異なった行動をとったために発生したと考えられ、このようなAの行動は、幼児等の遊戯場であれば格別、家庭用電機製品の販売店店舗内において通常予想される事態を超えているものというべきであるから、被告において、かような事態まで想定した上、本件机を固定して横転の危険性を回避すべき義務まであったとはいい難く、これを肯定して鶴岡店店長の過失があったとする原告らの主張は理由がないというべきである」

と判示している。

【事案の特徴】

　この事案は、両親が幼児を連れて電機店で商品を見ていた際、幼児が店内に設置されていた事務用机につかまり、机が横転したため、下敷きになって死亡したため、製造業者、電機店に対して不法行為に基づき損害賠償を請求した事件である。この事案は、事務用机の横転・下敷き事故が問題になったこと、幼児の誤使用・異常な行動があったこと、机の欠陥の有無が問題になったこと、製造業者らの不法行為が問題になったことに特徴がある。

【判決の意義】

　この判決は、この事案の机の横転は、幼児が机の手摺にぶら下がるなどして、その天板長辺方向の一端に体重を掛けたため横転したものであり、幼児が机の本来の使用方法とは明らかに異なった行動をとったため発生したとし、

机の欠陥を否定したものである。この判決は、机の本来の使用方法と明らかに異なった行動が事故原因であるとし（親の監督過誤もある）、机の欠陥を否定した事例判断として参考になるものである。

第2章　誤使用をめぐる裁判例

15　玩具事故における誤使用

(1) 概　説

　玩具は、時代の流行を反映し、また、安全性に対する社会的な要請を満たすため、さまざまな玩具が企画され、製造・販売されている。玩具は、幼児・児童が使用することが前提とされているため、一層厳格な安全性の確保が図られているはずであるが（筆者の幼児・児童の時代と比較すると、現在の玩具は遙かに安全性の確保が図られている）、事故発生の危険を玩具の種類、形状、材質等によって一切排除することはできない。玩具の安全性をより一層確保するためには、幼児・児童の年齢等の事情を考慮して、親等による監視・教育が残るところである。

　玩具事故においても、使用者側の誤使用をめぐる問題が生じるが、誤使用が問題になったいくつかの裁判例を紹介したい。

(2) 玩具事故をめぐる裁判例

〔245〕　子ども用の玩具が安全性を欠いていたとし、製造・販売業者の債務不履行を肯定した事例（大阪地判昭和61・2・14判時1196号132頁）

　玩具の卸売業者であるX株式会社が製造業者であるY$_1$、Y$_2$から玩具のアーチェリー（プラスチックの弓1個と矢4本）を買い受け、XからA株式会社、AからB株式会社に順次売買され、C（当時、4歳）がBから購入し、姉D（当時、7歳）とアーチェリーで遊んでいたところ、Dが矢を発射し、発射直前に矢の先に取り付けられていたゴム製の吸盤がはずれ、矢がCの左目に突き刺さって負傷したため（Xは、アーチェリー約8万組を回収し、廃棄した）、BがCに対して損害賠償として約1836万円を支払い、AがB額をBに支払い、XがB額をAに支払った後、XがY$_1$らに対して安全な構造の製品を納入すべきであったと主張し、債務不履行に基づき損害賠償を請求したものである。

592

この判決は、本件アーチェリーは子ども用の玩具であり、幼児の使用も当然に予想されるところ、矢の吸盤が容易にはずれ、吸盤の先が小さくと尖っていたことは安全性を欠くものであるとし、債務不履行を認め（過失相殺を4割認めた）、請求を認容した。

【判決内容】

　この判決は、

「本件アーチェリーは子供用の玩具であり、幼児の使用も当然に予想されるものであるから幼児の使用に際し安全な構造を有する製品でなければならないが、前認定のとおり、本件アーチェリーの矢は、吸盤が容易にはずれ、吸盤のはずれた矢先は小さく尖っていたのであるから、幼児の使用に際しての安全性を欠いていたと解するのが相当である。そして、被告らが本件売買契約上原告に対し幼児の使用に際し安全な構造を有する製品を納付すべき債務を負っていたことはいうまでもないから、被告らは原告に対し債務不履行に基づき原告の後記損害を賠償する責任がある」

と判示している。

【事案の特徴】

　この事案は、児童が幼児らと玩具のアーチェリーで遊んでいた際、幼児に向かって矢を放ったことから、吸盤がはずれ、幼児の目に当たって負傷し、卸売業者が損害賠償をした後、製造・販売業者らに対して債務不履行に基づき損害賠償を請求した事件である（玩具の卸売業者が製造業者らに対して求償を請求したものである）。この事案は、人に向かって矢を放ち、矢の吸盤がはずれ、人に突き刺さった事故が問題になったこと、児童の誤使用、異常な行動があったこと、玩具の安全性の有無が問題になったことに特徴がある。

【判決の意義】

　この判決は、子ども用の玩具であることを強調し、吸盤がはずれることにつき安全性を欠いていたとし、製造・販売業者の債務不履行を認めたものである。この事案では、児童が人に向けて矢を放つという誤使用、異常な行動

をどのように取り扱うかが問題になるところ、この判決は、過失相殺として考慮したものであるが、疑問が残る判断である。

(246) カプセル玩具の設計上の欠陥を肯定した事例（鹿児島地判平成20・5・20判時2015号116頁）

●事案の概要●

　玩具メーカーであるA株式会社がカプセル入りの玩具（カプセル玩具）を製造し、スーパーマーケット等の店舗等に設置された専用のゲーム機に収納され、ゲームの景品として頒布されていたところ、X_1（事故当時、2歳10ヵ月）は、平成14年8月10日、X_1の兄（事故当時、6歳11ヵ月）がカプセル玩具（直径4センタメートル大）を持って遊んでおり、X_1がこのカプセル玩具を持って走っていたところ、口に持っていった瞬間にこれを飲み込み、X_1の母X_3がこれを取り出そうとしたが、取り出すことができず、救急車で病院に搬送され、一時期心肺停止状態に陥り、カプセル玩具を取り出したことにより心拍を再開したものの、低酸素脳症になったため、X_1、その両親X_2、X_3がAを吸収合併したY株式会社に対して設計上の欠陥、表示上の欠陥を主張し、製造物責任に基づき損害賠償を請求したものである。

　この判決は、本件カプセル玩具は設計上通常有すべき安全性を欠いていた等とし、過失相殺を7割認め、請求を認容した。

【判決内容】

　この判決は、

「(4)本件カプセルの設計上の欠陥
ア　前記一の認定事実のとおり、本件カプセルは直径40mmの球体であること、また前記(3)のとおり、3歳未満の幼児でも最大開口量が40mmを超えることは珍しくないことからすると、本件カプセルには3歳未満の幼児の口腔に入る危険性があったと認められる。

イ　前記一の認定事実のとおり、本件カプセルは、表面は概ね滑らかでほとんどゆがみのない球体であったこと、本件窒息事故発生当時、原告X_3や救急隊員が原告X_1の口腔から本件カプセルを除去しようとしたが除去できなかったこと、今給黎病院に搬送されたとき本件カプセルは原告X_1の喉頭部にはまりこみ、指も届かない部位にあったことからすると、本件カプセルのような表面の滑らかな球体は、一度口腔内に入ると指でつかんで取り出すことが難しいこと、最大開口量とほぼ同じ大きさの物でも口腔の奥へと入り込みやすい形状であることが推認できる。さらに、本件カプセルの表面には、空気抜きの穴が一つあるのみで口腔内に入った場合の通気孔はなかったことから、本件カプセルが咽頭ないし喉頭で停滞すると、気道を完全に閉塞することになる。
　すると、本件カプセルの設計は、乳幼児の口腔内に入ってしまった場合の口腔からの除去や気道確保が非常に困難となる危険な形状であったというべきで、本件カプセルのように幼児が手にする物は、口腔から取り出しやすくするために、角形ないし多角形とし、表面が滑らかでなく、緊急の場合に指や医療器具に掛かりやすい粗い表面とする、また気道確保のために十分な径を有する通気口を複数開けておく等の設計が必要であったというべきである。
　ウ　以上から、本件カプセルは、3歳未満の幼児が玩具として使用することが通常予見される使用形態であるにもかかわらず、3歳未満の幼児の口腔内に入る危険、さらに一度口腔内にはいると除去や気道確保が困難になり、窒息を引き起こす危険を有しており、本件カプセルは設計上通常有すべき安全性を欠いていたというべきである。すると、表示上の欠陥について判断するまでもなく、本件カプセルには欠陥があったと認められる。
　したがって、本件窒息事故は、本件カプセルの欠陥より生じたものと認められるので、被告は製造物責任を負い、後記損害について原告らに賠償する義務がある。
　……
　しかし、ST基準が被告主張の根拠に基づき制定されたとしても、前記(2)のとおり、球状の物体の場合、咽頭ないし喉頭で停滞して窒息する場合もあり、誤飲及び窒息を防ぐためには、物体が口腔内に入ることを防止することが必要になるのであり、ST基準が定めるサイズでは不十分である。
　したがって、ST基準を満たすことのみで、本件カプセルが幼児の窒息防止のための十分な安全性を有していたとは認められない。
　……
　ウ　製造物責任法4条1号の免責事由（開発危険の抗弁）について
　前記一の認定事実のとおり、直径39mm以下のものは誤飲、窒息事故を引き起こすおそれがあることは行政機関が発行する文書や民間団体が発行する乳幼児の救命手当に関する文書に記載されているところ、その記載内容は広く知られた事

実であると認められる。さらに、前記(1)のとおり、被告は本件カプセルが玩具になりうることを認めていること、及び本件窒息事故当時に3歳未満の男児の最大開口量が40mmを超え得ることは容易に想定できたことを示す調査結果が存在した等の事情も認められる。

以上によれば、本件カプセルをAが引渡した時における科学または技術の知見によっては、本件カプセルに設計上の欠陥があったことを認識できなかったとは認められない。

(6) なお、本件窒息事故は、原告らの自宅内で原告X_1が長男及び長女らと本件カプセルで遊んでいる中で発生したものであるところ、家庭内で子供が遊んでいる際、事故を防止するため必要な監督をするのはその親の責任であるとの被告の主張は首肯し得ないではないが、同主張によりAが製造した製造物の欠陥から生じた損害についての被告の責任を全て否定することはできない。原告X_2及び原告X_3の本件窒息事故当時の監督、管理状況等原告ら側の事情は、損害額の算定で斟酌されるべきである」

と判示している。

【事案の特徴】

この事案は、幼児が兄が持っていたカプセル入り玩具のカプセルを持って遊んでいたところ、カプセルが口腔内に入り、気道を閉塞し、母親が取り出そうとしたものの、取り出すことができず、救急車が病院に搬送し、医師が取り出したが、低酸素脳症による後遺症が残ったため、幼児らが製造業者に対して製造物責任に基づき損害賠償を請求した事件である。この事案は、幼児の玩具用のカプセルの誤飲事故が問題になったこと、カプセル入り玩具の欠陥の有無が問題になったこと（設計上の欠陥、表示上の欠陥が主張された）、事故原因として幼児の親の監督過誤が問題になったことに特徴がある。

【判決の意義】

この判決は、3歳未満の幼児が玩具として使用することが通常予見される使用形態であるにもかかわらず、3歳未満の幼児の口腔内に入る危険、さらに一度口腔内に入ると除去や気道確保が困難になり、窒息を引き起こす危険を有しているとしたこと、カプセルが設計上通常有すべき安全性を欠いていたとしたことに特徴がある。この判決は、被害者の年齢を重視した後知恵と

しての判断であるとの印象が強いものであって、この事案では、親の監督下で発生した事故であり、親の監督過誤、幼児らの異常な行動が認められるものであり、玩具の欠陥、特に設計上の欠陥を否定することも不合理ではないといえよう（なお、この判決は、親の責任も否定できないとし、7割の過失相殺を認めている）。

【判決の意義】

この事案は、幼児のカプセル玩具の誤吸引事故であり（いくつかの不幸な偶然が重なった事故である）、この判決は、設計上の欠陥を認めたものであるが、被害者の年齢を重視した判断であるとの印象が残る。この事案では、親の監督下で発生した事故であり、親の監督過誤、幼児らの異常な行動が認められるものであり、玩具の欠陥、特に設計上の欠陥を否定することも不合理ではない。

第2章　誤使用をめぐる裁判例

16　食品等事故における誤使用

(1)　概　説

　食品は、人が摂取するものであり、その性質上、相当に高い安全性の確保が求められるが、その用法・用量、摂取時期を誤れば、食品事故が発生することがある。食品の危険性は、本来、伝承された知識・知恵によって明白な危険として認識されていることが多いが、近年は、さまざまな加工食品を摂取することが多く、加工食品の場合には、食品に関する十分な情報の提供によってその危険性を認識し、事故を回避することができるものである。また、食器は、人が摂取する製品ではないが、食品を載せるなどの用途に使用されるものであり、相当の安全性の確保が求められる。

　食品事故としては、毎年、多数の食中毒事故が発生しているが、食品の販売時の汚染のほか、販売後の保管中の汚染・腐敗等の原因がありうるため、事故原因を特定することが困難であることがある。食品事故のうち、従来、多数の裁判例が公表されているのは、ふぐ中毒事故であるが、事故の中には飲食客が自ら肝等の中毒の原因になる部分の調理を依頼した事件もある。また、正月には、高齢者らが雑煮を食べた際、喉に詰まらせる等して救急病院に搬送されたり、死亡する事故が発生しているし、秋には、毒きのこを食用きのこと間違って食べて中毒事故が発生したりしている。

(2)　食品等事故をめぐる裁判例

〔247〕　患者の異常な行動が事故原因であるとし、病院の担当者の監視義務
　　　　違反等の過失を否定した事例（旭川地判平成13・12・4判時1785号68頁）

──────●事案の概要●──────

　Aが精神分裂病の疑いでY協同組合連合会の経営するB病院に入院していたところ、夕食として出された白玉もちの入った澄まし汁を摂取した際に、のどに詰まらせ窒息死したため、Aの両親X_1、X_2がYに対して債務不履行、不法行為に基づき損害賠償を請求したものである。

この判決は、医師の過失を否定し、請求を棄却した。

【判決内容】

　この判決は、

「(1)　白玉だんごの提供

　Aに、精神病の治療等のため投与されていたセレネース、レボトミン、ウインタミン等の薬剤には、嚥下障害の副作用があるとされているところ、これらの薬剤の投与量は、上記一の(2)のイのとおり、Aの入院した平成8年11月22日以降、数倍に増量されたというのであるし、被告病院において、同月28日、同月29日及び同年12月2日に、Aから、ろれつが回らない旨の訴えを受けたり、その状態を直接確認したりしたこと、本件事故当日、原告XがAと面会した際にも、同人のろれつは回っておらず、薫製玉子を食べようとしてむせったことが認められるのであるから、そもそも、Aに白玉だんごを提供するべきではなかったと考えることもでき、現に、被告病院においては、本件事故後、患者に白玉だんごを提供するのを止めているのである。

　しかしながら、直径約2センチメートルの白玉だんごが、他の食品と比較して特に誤嚥事故発生の危険が高いものというのは困難である。現に、白玉だんごは、従前から、被告病院の給食に使用されており、平成8年当時も、月に2、3回の割合で使用され、A自身も、平成8年11月27日に白玉だんごを食べているのであるが、誤嚥事故は発生していないし、被告病院としても、嚥下障害の副作用の発現を考慮し、当該副作用を抑制する薬剤の投与量も増量していたのである。

　本件事故は、Aが、口腔内の白玉だんごを一気に飲み込もうとしたことによるものというべきであり、白玉だんごを同人に提供したことについて、被告病院医師らに過失があるとはいえない。

(2)　食事の際の監視

　上記(1)のとおり、白玉だんご自体が、特に誤嚥事故発生の危険が高いものということはできないし、それまで、Aの食事の摂取状況に著しい異常があったわけでもないのであるから、被告病院医師らに、Aの食事の状況を、常に監視すべき注意義務があるとまではいえない。

　少なくとも、山田准看護士は、Aに夕食を渡した後も、同人の様子も見に戻っており、本件事故発生時も、背部叩打法、ハイムリック法等の処置を試みているほか、直ちに他の看護職員等に応援を求めるなどしているのであって、この点について、被告病院医師らに過失があるとはいえない」

と判示している。

【事案の特徴】

　この事案は、病院の入院患者が夕食として出された白玉もちの入った澄まし汁を摂取した際に、のどに詰まらせ窒息死したため、病院の運営者に対して債務不履行、不法行為に基づき損害賠償を請求した事件である。この事案は、病院における患者の白玉だんごの摂取による窒息事故が問題になったこと、患者が白玉だんごを一気に飲み込もうとした異常な行動が問題になったこと、病院の担当者の監視義務違反等の過失の有無が問題になったことに特徴がある。

【判決の意義】

　この判決は、患者が白玉だんごを一気に飲み込もうとしたことが窒息事故の原因であるとし、白玉だんごを提供し、食事の際に監視したことにつき過失がなかったとしたものであり、事例判断を提供するものである。

(248) 強化耐熱性の食器の設計上の欠陥を否定し、表示上の欠陥を肯定した事例（奈良地判平成15・10・8判時1840号49頁。(43)(143頁)、(108)(332頁)参照）

―――――●事案の概要●―――――

　国立大学附属小学校３年生であったＸが学校給食の際、ワゴンに強化耐熱製の食器を返却に行こうとし、他の児童に接触し、食器を誤って床に落としたところ、飛び散った食器の破片で右眼を負傷したため、食器の製造業者であるＹ₁株式会社に対して食器の欠陥を主張して製造物責任に基づき、Ｙ₂（国）に対して学校教諭等の過失を主張して国家賠償責任に基づき損害賠償を請求したものである。

　この判決は、設計上の欠陥は認められないとしたものの、商品カタログ、取扱説明書に割れた場合の危険性についての記載がない等の事情から、表示上の欠陥を肯定し（Ｘの過失相殺は、Ｘの異常な用法が認められないとし、否定した）、Ｙ₁に対する請求を認容し、教員等の過失を否定

し、Y₂に対する請求を棄却した。

【判決の意義】
　この事案は、児童の給食の際における食器の落下・飛び散り事故であり、この判決は、設計上の欠陥を否定したが、表示上の欠陥を認めたものであり、食器の落下原因が食器を持っていた児童の他の児童との接触にあることに照らすと、誤使用の可能性のある事故である。

17 介護製品・介護施設事故における誤使用

(1) 概 説

　日本の社会は、現在、急速に高齢化が進行している状況である。元気な高齢者が多数さまざまな活動をしている一方（観光地などは高齢者でいっぱいである）、病気・老化等で介護施設に入所し、日々の生活を送っている高齢者も多数である。最近は、高齢者を購買層として想定した高齢者用の多種多様な製品が製造・販売され、高齢者がより安全に製品を使用することができるようになっている。また、高齢者が生活する住居・介護施設等も高齢者に対応したものが開設され、運用されているが（施設も多様化している）、高齢者の身体能力・判断能力の減退に応じた設備が設置され、できるだけ施設内の事故発生の防止が図られている。

　介護製品・介護施設の安全確保のためのさまざまな工夫が行われているが、事故が発生しているようであり、その原因として高齢者の誤使用、異常な行動等が問題になることがある。介護製品・介護施設事故における誤使用が問題になった裁判例をいくつか紹介したい。

(2) 介護製品・介護施設事故をめぐる裁判例

(249) 高齢の入院患者に対する事故防止措置を怠った過失を肯定した事例
　　（東京高判平成11・9・16判タ1038号238頁）

―●事案の概要●―

　高齢（明治41年生）で難病（結節性動脈周囲炎）に罹患していたAが、昭和54年、Y市が経営する病院に入院中、ベッドから転落し、その翌日、急性副腎不全を来して死亡したため、Aの相続人Xらが債務不履行に基づき損害賠償を請求したものである。第1審判決が請求を一部認容したため、双方が控訴した。

　この判決は、ベッドに柵を立てず転落防止措置を怠った過失を肯定し、Yの控訴に基づき原判決を変更し、請求を一部認容し、Xらの控訴を棄

却した。

【判決内容】

この判決は、

「以上のような訴外人の身体状態等を考慮すると、訴外人は自己の体を支えること自体相当困難であり、特に、体勢が崩れるとこれを自己の力で立て直すのは極めて困難であることが容易に知れるところであって、これに、訴外人がほとんどベッド上で生活をしなければならないことを考え併せると、ベッドからの転落防止は当然看護する側で配慮しなければならない事柄であったと認められる。
……
訴外人のような身体状態の患者を入院させている病院としては、看護婦等により患者に対し具体的な看護をすることができる状態にない場合には、患者のベッドからの転落を防止するためにベッドに柵を立てる措置をすべきであったということができるところ、訴外人の転落当時、具体的な看護をしている者はいなかった状態であるにもかかわらず、ベッドの柵が立てられていなかったのであるから、一審被告（Y病院）にこの点において過失があったものというべきである」

と判示している。

【事案の特徴】

この事案は、高齢者の入院患者が病院内のベッドから転落し、死亡したため、相続人らが病院の運営者に債務不履行に基づき損害賠償を請求した控訴審の事件である。この事案は、高齢者の患者が病院内のベッドからの転落事故が問題になったこと、ベッド上の不注意が問題になること、転落防止措置を講ずべき過失の有無が問題になったことに特徴がある。

【判決の意義】

この判決は、この事案の患者がほとんどベッド上での生活が必要な状況であることから、ベッドからの転落防止は当然看護する側で配慮しなければならない事柄であるとしたうえ、ベッドに柵を立てず転落防止措置を怠った過失を肯定したものであり、事例判断を提供するものである。

（250）　介護老人保健施設の設置・保存の瑕疵を肯定した事例（福島地白河支

判平成15・6・3判時1838号116頁。(94)(302頁)参照)

――●事案の概要●――

　Y社会福祉法人が介護老人保健施設を開設し、運営していたところ、X（明治38年生まれ）が要介護3の認定がされており、平成12年10月、Yとの間で入所するために介護老人保健施設利用契約を締結し、入所し、介護を受けていたが、平成13年1月8日、自室のポータブルトイレを使用し、トイレ中の排泄物を施設に併設されていた汚物処理場に捨てに赴いた際、その出入口の仕切りに足をひっかけて転倒し、負傷したため、XがYに対して債務不履行、土地工作物責任に基づき損害賠償を請求したものである。

　この判決は、排泄物を定時に清掃すべき義務違反による債務不履行、仕切りにつき瑕疵があるとし、土地工作物責任を認め、請求を認容した。

【判決の意義】

　この判決は、介護施設の汚物処理場の出入口に仕切りが存在し、その構造は、下肢の機能の低下している要介護老人の出入りに際して転倒等の危険を生じさせる形状の設備であるとし、設置・保存の瑕疵を認めたものであり、事例判断を提供するものである。

(250)　高齢の利用者に対する必要な介護を怠った過失を肯定した事例（福岡地判平成15・8・27判時1843号133頁。(95)(304頁)参照)

――●事案の概要●――

　X（当時、95歳）が高齢に伴う身体機能、精神機能の低下によって要介護4の認定を受け、通所介護の措置を受け、平成12年7月、Y法人（特定非営利活動法人）との間で、娘Aを代理人として通所介護を内容とする契約を締結し、おおむね週3回、Yの施設で介護サービスを受けていたところ、同年11月、Yの施設の畳敷の静養室において昼寝から目覚

めた後、入口付近の段差で転倒し、右大腿骨顆上骨折の傷害を受けたため、XがYに対して介護サービス契約上の債務不履行に基づき損害賠償を請求したものである。

　この判決は、事業者は、認識した利用者の障害を前提に安全に介護を施す義務があるとし、昼寝から目覚めた際に必要な介護を怠った過失があるとし、債務不履行を肯定し、請求を認容した。

【判決の意義】

　この判決は、介護施設の利用には視力障害があり、痴呆もあったことから、静養室入口の段差から転落するおそれもあったとし、介護施設の担当者が利用者の動静を見守ったうえ、昼寝から目覚めた際に必要な介護を怠った過失があったとしたものであり、事例判断を提供するものである。

18　医薬品等事故における誤使用

⑴　概　説

　医薬品は、治療目的のために人体に摂取して使用されるが、それ自体有害な作用があるため、その用途、用法、用量に従って使用することが必要である。医薬品の用途・用法等に関する情報は、能書等によって詳細な内容が提供されているが、これに従わないで医薬品を使用し、有害な作用が生じた場合には、誤使用として使用者が自ら危険を引き受けたものと評価されることになる。

　また、医療器具も、人体に治療目的のために使用されるが、人体に直接接触等して使用されるために相当の安全性の確保が求められているところ、医療器具についても、用途・用法に厳格に従って使用されることが必要であり、これに従わない場合には、誤使用として取り扱われることになる。

⑵　医薬品等事故をめぐる裁判例

(252)　送血ポンプの製造業者の注意義務違反を肯定した事例（千葉地判平成13・3・30判時1755号108頁。(12)（68頁）参照）

――――――●事案の概要●――――――

　Xが心臓にファロー四徴症の疑いがあるとし、Y₁の設置した病院で検査を受け、右室二腔症の診断により、平成7年7月、人工心肺装置を使用して手術を受けたが、手術中に送血ポンプのチューブに亀裂が生じ、空気が血管に混入し、Xが脳梗塞を引き起こし、脳機能障害の後遺症が生じたため、XがY₁のほか、送血ポンプの製造業者であるY₂株式会社に対して損害賠償を請求したものである（Y₁に対しては、債務不履行に基づき、Y₂に対しては不法行為に基づき請求した）。

　この判決は、ポンプのチューブホルダーの構造をより保持力の高いものに、チューブガイドの構造を先端がチューブに接触してもチューブに亀裂が生じにくいものに改良等すべき注意義務があったところ、ポンプ

の構造に起因して生じた事故であり、Y₂が何らの改良をしていない等とし、Y₂の不法行為を認め、Y₂に対する請求を認容し、Y₁に対する請求を棄却した。

【判決の意義】

　この判決は、送血ポンプの亀裂事故について、製造業者は送血ポンプの安全性の確保については高度の注意義務を負っているとしたこと、チューブガイドの構造につき、その先端がチューブに接触してもチューブに亀裂が生じにくいものに改良する等すべき注意義務があったとしたこと、製造業者がこの構造に何らの改良を加えなかったことによりこの事案の事故が発生したとしたこと、製造業者の不法行為を認めたことに特徴があるが、亀裂が生じたことに関する原因の認定が適切でないという疑問がある（なお、病院の担当者の使用状況によっては、製造業者の不法行為は否定される可能性がある）。

〔253〕　〔252〕の控訴審判決であり、病院担当者の誤使用を肯定し、送血ポンプの製造業者の警告義務違反を肯定した事例（東京高判平成14・2・7 判時1789号78頁、判タ1136号208頁。〔12〕（68頁）参照）

●事案の概要●

　前掲〔252〕（606頁）の控訴審判決であり、X、Y₂が控訴したものである。
　この判決は、Y₂の不法行為責任とともに、Y₁の債務不履行責任を肯定し、原判決を変更し、Xの請求を認容し、Y₂の控訴を棄却した。

【判決の意義】

　この判決は、第1審判決（〔252〕（606頁））よりも事故の経過の認定が合理的であり、病院の担当者の誤使用を認めたものであるが（この意味では事例として参考になる）、送血ポンプの製造業者の警告義務違反を認めた判断には

607

疑問が残る。

(254) カテーテルの欠陥を肯定した事例（東京地判平成15・9・19判時1843号118頁）

●事案の概要●

Xが出張勤務中、突然気を失い、Y₂医科大学の運営するA病院で検査を受けたところ、脳動静脈奇形と診断され、その数カ月後、A病院で奇形に塞栓物質を注入し、奇形を縮小させる脳血管内手術を受けたが、その際、Y₁株式会社の輸入に係る超極細のカテーテルを通して患部に塞栓物質を注入する途中で、カテーテルが破裂し、塞栓物質が脳内に流入し、脳梗塞が発症し、重篤な後遺障害を負ったため、XがY₁に対してはカテーテルの欠陥を主張して製造物責任に基づき、Y₂に対しては医師の過失を主張して使用者責任に基づき損害賠償を請求したものである。

この判決は、カテーテルにつき強度不足による欠陥を肯定し、Y₁に対する請求を認容し、医師の過失を否定し、Y₂に対する請求を棄却した。

【判決内容】

この判決は、

「(4) 以上の事情を総合すれば、本件破裂箇所は、術者が、注入の際に注射器に経験上感知し得る過剰な圧力を感じているのにあえて注入を続けるなど、術者が経験上体得した通常予想される使用形態を越えて、あえて過剰な加圧でもしない限り、破損しないような強度を備えていなかったと推認される。

したがって、本件カテーテルには前記(1)アでいう欠陥が存在していた（以下『本件欠陥』という。）と認められる」

と判示している。

【事案の特徴】

この事案は、患者が病院で脳血管内手術を受けた際、超極細のカテーテルを通して患部に塞栓物質を注入する途中で、カテーテルが破裂し、脳梗塞が発症し、重篤な後遺障害を負ったため、製造業者に対して製造物責任に基づき損害賠償を請求する等した事件である。この事案は、医療器具であるカテーテルの手術中の亀裂事故が問題になったこと、医療器具を使用した医師の誤使用が問題になったこと、カテーテルの欠陥の有無が問題になったことに特徴がある。

【判決の意義】
　この判決は、術者が経験上体得した通常予想される使用形態を越えて、あえて過剰な加圧でもしない限り、破損しないような強度を備えていなかったとし、カテーテルの欠陥を認めたものであるが、医師の証言の信用性によるものであって、疑問が残る判断である。

19 事業用機械事故における誤使用

(1) 概　説

　社会においては、企業等の事業活動にあたってさまざまな機械等の製品が使用されているが、すでに紹介した製品のほかの種類の事業用機械事故における誤使用をめぐる裁判例を紹介したい。

　工場等においては、その事業の遂行に必要な各種の機械等の製品が使用されており、その使用者である従業員等はその製品につき資格を有し、相当の知識・経験を有していることが多い。資格等を有する従業員等は、業務の慣れから誤使用をすることがあるし、経験等の十分でない従業員等は不注意によって製品を使用することがある。また、工場等を経営する事業者において事業環境の安全の確保を図ることが必要であり、事業者における安全確保の措置が十分でないことが事故原因になることもある。

　事業用機械事故の原因は、従業員等の誤使用等の複数の原因が想定されるところであり、事故が発生した場合には、事故原因の特定・証明が問題になったり、損害賠償責任の成否・所在が問題になったりすることがある。

(2) 事業用機械事故をめぐる裁判例

　事業用機械事故における誤使用をめぐるいくつかの裁判例を紹介したい。

(255)　製麺機の製造業者の注意義務違反を肯定した事例（東京地判平成4・11・30判時1482号120頁、判タ834号150頁。(63)（202頁）参照）

　　そば店を経営するXは、Y_2有限会社が製造し、Y_1有限会社が販売した製麺機を購入し、使用していたが、主電源スイッチを入れ、カッター第1スイッチ、第2スイッチを切った状態でカス取り作業を行っていたところ、カッターが回り出し、指先を切断されたため、Y_1らに対して不法行為、債務不履行に基づき損害賠償を請求したものである。

　　この判決は、Y_2は、第2スイッチを切れば、カッターの回ることの

ない安全な構造の製麺機を設計・製造するか、カス取り作業をする際には主電源スイッチを切るよう危険を指示警告して事故発生を未然に回避すべき注意義務があったのに、これを怠ったとし、Y_1は、流通過程に関与したにすぎないとし、Y_1に対する請求を棄却し、Y_2に対する請求を認容した。

【判決の意義】

この事案は、そば屋に設置された製麺機の使用者のカス取り作業中における指切断事故であるが、この判決は、製造業者の注意義務違反（過失）を認めたものであるところ、誤使用の疑いのある事件であり（社会常識上使用者が注意をしていれば避けることができた事故である）、製造業者の過失を肯定した判断には疑問が残る。

（256）　使用者の誤使用を重視し、歩行型耕耘機の安全性の欠如を否定した事例（名古屋地判平成11・9・10判時1718号108頁。(64)（204頁）参照）

●事案の概要●

農家の主婦AがY株式会社の製造・販売にかかる歩行型耕耘機を使用して耕地の粗起こし作業中、後退運転をしていたところ、背後に柿木が接近したために後退を停止させようとしたが、柿木の枝がクラッチレバー等に挟まれ、後退を停止させることができず、柿木と耕耘機の金属製バーに挟まれ、負傷して死亡したため、Aの相続人Xらが不法行為に基づき損害賠償を請求したものである。

この判決は、通常有すべき安全性を欠いていたとはいえないとし、請求を棄却した。

【判決の意義】

この事案は、農業を営む歩行型耕耘機を使用中に耕耘機と木に挟まれた事

故であるが、この判決は、使用者の誤使用を重視し、耕耘機の安全性の欠如を否定したものであり、事例判断として参考になるものである。

(257) ポンプ、バルブの欠陥を肯定した事例（東京高判平成16・10・12判時1912号20頁。(66)（208頁）参照）

　X株式会社がA株式会社の注文により食肉の自動解凍装置を製作し、Y_1株式会社の製造に係る汎用品であるポンプとY_2株式会社の製造に係る汎用品であるバルブを使用して製作し、Aに納入したところ、Aが食肉の解凍に使用中、解凍食肉の中に金属異物が混入していたため、Aから損害賠償請求を受ける等し、売上高が減少したことから、XがY_1、Y_2に対して製造物責任に基づき損害賠償を請求したものである。第1審判決がバリの残留を認めたものの、汎用品であるポンプ、バルブの欠陥を否定し、請求を棄却したため、Xが控訴した。

　この判決は、解凍食肉に付着していた金属異物が本件ポンプ、本件バルブによるものであることを推定し、切削バリが残留したことが欠陥に当たるとし、本件ポンプ、本件バルブの欠陥を肯定し、7カ月間の売上高の減少につきその2割が損害であるとし（民事訴訟法248条の適用を肯定）、過失相殺を5割認め、原判決を変更し、請求を一部認容した。

【判決の意義】
　この事案は、汎用品であるポンプ、バルブを使用して製作した食肉の自動解凍装置の異物購入事故であるが、この判決は、ポンプ、バルブの欠陥をいずれも肯定したものであるものの、汎用品の認識、解凍装置の製作業者の誤使用を的確に理解していない判断であり、重大な疑問が残るものである（第1審判決のほうが合理的な判断を示している）。

(258) 使用事業者の誤使用を認め、高速オフセット印刷輪転機の欠陥等を否定した事例（大阪地判平成17・5・27判時1915号65頁。(68)(215頁)参照）

──●事案の概要●──

A株式会社がB株式会社から工場用建物を賃借し、Y₁株式会社の製造に係るガスを燃焼させて印刷物の塗料等を乾燥させるシステムの高速オフセット印刷輪転機を、Y₂株式会社を経て、C株式会社から購入し、建物に設置し、使用していたところ、印刷機のガス爆発により印刷機・建物が大破したことから、建物と建物内に設置されていた機械類に保険契約を締結していた各保険会社Xらが保険金を支払ったため、XらがY₁、Y₂に対して保険代位により、Y₁に対して不法行為に基づき、Y₂に対して瑕疵担保責任に基づき損害賠償を請求したものである。

この判決は、瑕疵、構造上の欠陥、警告義務違反等を否定し、請求を棄却した。

【判決の意義】

この事案は、印刷輪転機のガス爆発事故であるが、この判決は、輪転機を使用した事業者の誤使用を認め、輪転機の欠陥等を否定したものであり、事例判断として参考になるものである。

(259) 焼肉店営業者のメンテナンス不足が事故原因であるとし、無煙ロースターの設置工事の施工者の製造物責任等を否定した事例（大阪地判平成18・10・20判時1982号125頁）

──●事案の概要●──

A株式会社が、平成8年6月頃、焼肉店の営業を開始したが、営業に先立ち、内装工事をB株式会社らに、無煙ロースターの設置工事をY株式会社に注文し、Yは、自社製の無煙ロースターを設置したところ、平

成14年5月18日、店舗内で火災が発生し、店舗が一部焼損し、Aと損害保険契約を締結していたX株式会社が保険金をAに支払った後、Yに対して製造物責任、不法行為責任、債務不履行責任に基づき損害（保険金相当額）の賠償を請求したものである。

この判決は、Aのメンテナンス不足のためにダクト内部から出火したものと認め、ロースターに断熱材を被膜しなかったことが欠陥に当たらないとし、請求を棄却した。

【判決内容】

この判決は、

「三　製造物責任について
(1)　原告は、ダクトに断熱材が巻かれていなかったことを本件ロースターの欠陥であると主張する。
　しかし、ダクト内を通る排気は通常は50℃程度とされ、高槻市の火災予防条例においても、排気ダクト一般について『排気ダクト等は、建築物等の可燃性の部分及び可燃性の物品との間に10センチメートル以上の距離を保つこと。ただし、金属以外の不燃材料で有効に被覆する部分については、この限りではない』とされており、排気ダクトについて、その設置状況にかかわらず、常に断熱材による被服が必要であるとはいえない。
　また、本件ロースターの設置工事の経緯は前記一(1)のとおり、本件店舗の工事の初期の段階で土間の上にダクトを設置するというものであり、本件全証拠によっても、ダクトが設置された時点において、ダクトの周囲10cm未満に可燃物があったとは認められず、根太等の可燃物がダクトの周囲10cm未満に設置されることが当然に予定されていたとも認められない。したがって、被告がダクトを設置した段階において、これに断熱材を巻かなかったことで本件ロースターが通常有すべき安全性を有していなかったとは認められない。
(2)　また、上記のとおり、本件火災において、根太が低音発火した事実は認められず、本件火災の出火原因は、ヤングの日常のメンテナンス不良によりダクト内に付着した油脂に引火したというものであるから、ダクトに断熱材を巻かなかったこと、本件火災の発生との間には、そもそも因果関係が認められないというべきである」

と判示している。

【事案の特徴】

　この事案は、焼肉店で火災が発生したことから、損害保険会社が保険金を支払ったため、出火元である無煙ロースターの設置工事の施工業者に対して製造物責任等に基づき損害賠償を請求した事件である。この事案は、焼肉店の火災事故が問題になったこと、店舗内の無煙ロースターが出火元であったこと、無煙ロースターのメンテナンス不足が疑われたこと（使用者の誤使用が疑われたこと）、無煙ロースターの欠陥等の有無が問題になったことに特徴がある。

【判決の意義】

　この判決は、出火原因が焼肉店の事業者のメンテナンス不足であるとし、設置工事の施工業者の製造物責任等を否定したものであり、事例判断を提供するものである。

〔260〕　焼却炉の製造業者の指示・警告上の欠陥を肯定した事例（名古屋高金沢支判平成19・7・18判タ1251号333頁。(71)（226頁）参照）

　　　Ｘ株式会社が木製サッシの製造・販売を業とし、焼却炉を設置し、使用していたところ、法令上のダイオキシン類の規制に適合しなかったため、Ｙ株式会社の製造に係る焼却炉を購入し、使用していたが、Ｘの従業員が焼却作業中、灰出し口の扉を開いたことから、バックファイヤーが発生し、火災に至り、Ｘの工場を全焼する等したため、ＸがＹに対して製造物責任に基づき損害賠償を請求したものである。第１審判決（富山地判平成17・12・20裁判所HP）は、指示・警告上の欠陥を認め、請求を認容したため、Ｙが控訴した。

　　　この判決は、基本的に第１審判決を引用し、焼却炉の指示・警告上の欠陥を認め、過失相殺を３割認め、控訴を棄却した。

【判決の意義】

　この事案は、焼却炉の火災事故であり、この判決は、焼却炉の製造業者の指示・警告上の欠陥を認めたものであるが、焼却炉の事業者であり、作業員が焼却炉の運用の相当の経験を有することに照らすと、誤使用が認められるものであり、欠陥を肯定した判断には重大な疑問が残るものである。

第3章 誤使用の取扱いをめぐる今後の課題

　第2章では、以上182件の製品事故・設備事故において使用者等の誤使用が問題になった裁判例の概要を紹介し、裁判例によって誤使用がどのように取り扱われ、評価されてきたかをみてきた。読者諸氏は、これらの裁判例の論理・結論についてどのような感想をもつのであろうか。裁判例ごとに誤使用に対する考え方、設置・管理の瑕疵、欠陥等の判断の仕方がまちまちであり、裁判は水物であるといった印象を抱いたのであろうか。このような印象に根拠があることは否定しようがないであろう。

　誤使用の意義・定義は、すでに紹介したところであるが（253頁参照）、製品・設備は、特定の用途・用法のために販売され、設置される等しているものであり、使用者等がその特定の用途・用法を逸脱して使用することは、製品・設備の使用に伴う危険を格段に増加・拡大させる危険な行為であるから、特段の事情のない限り、使用者等が自らその結果を負うべき合理的な根拠がある。

　紹介した裁判例の中には、このような観点から合理的な判断をしているものがある一方、誤使用を無視し、あるいは軽視した判断を示したり、合理的な理由を説示しないまま損害の塡補という結論を急ぎすぎていたりするものもある。製品事故等につき損害賠償責任が問題になった場合には、使用者の誤使用は、特段の事情のない限り、製品の欠陥、設置・管理の瑕疵等を否定すべき合理的な根拠があるから（製品事故等によっては因果関係が否定されることもある）、今後の裁判例の動向を注目したい。

　また、本書は、損害賠償責任が問題になった場面における誤使用の取扱いを紹介したものであり、製品事故等の原因調査、原因究明、事故情報の提供、さらに製品等の改善・改良等の場面における誤使用の取扱いは、それぞれの

場面における各種の要請に従って検討し、分析・判断することが必要である。これらの場面における誤使用の取扱いは、今後、それぞれの要請に従って十分な検討・議論がされることが重要である。

【判例索引】

〔最高裁判所〕

最一小判昭和45・8・20民集24巻9号1268頁、判時600号71頁、判タ
　252号135頁…………………………………………………………………266・407
最二小判昭和46・4・23民集25巻3号351頁、判時626号25頁、判タ
　263号211頁………………………………………………………………………467
最三小判昭和46・9・28判時646号44頁、判タ269号192頁…………………469
最三小判昭和53・7・4民集32巻5号809頁、判時904号52頁、判タ
　370号68頁、金判562号42頁……………………………………………266・409
最三小判昭和53・12・22判時916号24頁………………………………………484
最一小判昭和55・3・13判時968号46頁、判タ417号91頁…………………411
最一小判昭和55・7・17判時982号118頁、判タ424号69頁…………………486
最一小判昭和55・9・11判時984号65頁、判タ428号63頁…………………412
最一小判昭和55・12・11判時991号76頁、判タ434号166頁………………415
最一小判昭和56・7・16判時1016号59頁、判タ452号93頁…………………317
最三小判昭和58・10・18判時1099号48頁、判タ513号141頁………………493
最三小判昭和60・3・12判時1158号197頁、判タ560号127頁、判自19号45頁……497
最二小判昭和60・4・26裁判所HP………………………………………………417
最一小判昭和63・1・21裁判所HP………………………………………………420
最一小判平成2・11・8判時1375号65頁、判タ751号62頁、金判869号35頁……366
最一小判平成2・11・8金判869号31頁…………………………………………474
最一小判平成5・3・25民集47巻4号3079頁、判時1478号115頁、判タ
　833号139頁、金判940号3頁……………………………………………………237
最三小判平成5・3・30民集47巻4号3226頁、判時1500号161頁、判タ
　856号197頁………………………………………………………………………369
最二小判平成7・6・23民集49巻6号1600頁、判時1539号32頁、判タ
　887号61頁、判自143号42頁……………………………………………………47
最三小判平成8・1・23民集50巻1号1頁、判時1571号57頁、判タ
　914号106頁………………………………………………………………………243

〔高等裁判所〕

東京高判昭和40・2・10判時398号11頁………………………………………467
東京高判昭和40・3・24判時408号11頁………………………………………270

619

判例索引

大阪高判昭和42・7・15交通民集4巻5号1324頁 …………………………………470
高松高判昭和42・5・12判時509号41頁 ……………………………………………408
東京高判昭和45・12・21判時619号56頁 ……………………………………………530
大阪高判昭和49・1・31判時752号40頁 ………………………………………………81
大阪高判昭和51・3・19交通民集13巻6号1407頁 …………………………………415
大阪高判昭和52・10・14判時882号59頁 ……………………………………………410
仙台高判昭和53・3・27判時900号74頁 ……………………………………………485
東京高判昭和53・5・17交通民集13巻2号301頁 …………………………………412
福岡高判昭和53・8・28判タ372号94頁 ……………………………………………413
大阪高判昭和54・12・25判時963号49頁 ……………………………………………486
仙台高判昭和55・9・9（昭和54年(ネ)第3号） ……………………………………318
東京高判昭和56・1・30判995号54頁 ………………………………………………359
東京高判昭和56・4・23判時1000号61頁 ………………………………………………57
大阪高判昭和56・5・29交通民集18巻2号304頁 …………………………………417
大阪高判昭和56・12・24判時1044号380頁 …………………………………………491
仙台高判昭和58・9・26判タ510号126頁 ……………………………………………497
東京高判昭和58・12・20判時1104号78頁 …………………………………………494
大阪高判昭和59・9・28判タ544号150頁 ……………………………………………420
福岡高判昭和59・3・16判時1109号24頁 ……………………………………………125
福岡高判昭和59・3・16判時1109号45頁 ……………………………………………126
東京高判昭和60・1・31判時1143号80頁 ……………………………………………366
大阪高判昭和60・6・26判時1176号102頁 …………………………………………363
仙台高判昭和60・11・20民集47巻4号3253頁 ………………………………………369
東京高判昭和63・1・26判時1265号85頁 ……………………………………………566
東京高判昭和63・3・11判時1271号3頁 ……………………………………43・46
仙台高判昭和63・9・12判時1302号106頁 …………………………………………534
東京高判平成元・2・6判時1310号83頁 ……………………………………………235
大阪高判平成元・7・7判時1331号65頁、判タ721号148頁 …………………508
大阪高判平成元・7・28判時1331号70頁 ……………………………………………510
大阪高判平成2・2・28判タ731号124頁 ……………………………………………511
東京高判平成2・12・7判時1373号3頁 ………………………………………………39
名古屋高判平成3・10・31民集50巻1号115頁 ……………………………………243
福岡高判平成5・6・29判タ844号127頁 ……………………………………………518

620

東京高判平成5・8・31判タ848号139頁……………………………………………323
福岡高判平成5・11・29判タ855号194頁…………………………………………433
東京高判平成6・7・6判時1511号72頁……………………………………………140
東京高判平成6・9・13判タ862号159頁……………………………………………43
東京高判平成6・9・13判時1514号85頁……………………………………111・557
大阪高判平成6・12・7判時1529号80頁……………………………………………538
東京高判平成8・2・29判タ924号228頁……………………………………………571
東京高判平成8・9・26判タ960号112頁……………………………………………441
名古屋高金沢支判平成8・11・6判時1592号80頁…………………………………443
高松高判平成9・1・24判タ937号121頁……………………………………………521
東京高判平成10・11・25判時1662号96頁…………………………………………383
東京高判平成11・9・16判タ1038号238頁…………………………………………602
東京高判平成11・11・2判時1709号35頁……………………………………………387
大阪高判平成12・11・21判タ1107号249頁…………………………………185・390
大阪高判平成13・1・23判タ1765号57頁……………………………………………449
東京高判平成13・4・12判時1773号45頁……………………………………………403
東京高判平成14・2・7判時1789号78頁、判タ1136号208頁……………68・607
東京高判平成14・8・7判時1795号110頁……………………………………………349
名古屋高金沢支判平成15・2・19判タ1141号166頁………………………………351
福岡高判平成15・7・15判タ1156号197頁…………………………………………458
東京高判平成16・10・12判時1912号20頁…………………………………208・612
福岡高判平成17・1・14判時1934号45頁……………………………………………213
福岡高判平成19・3・20判時1986号58頁……………………………………………306
名古屋高金沢支判平成19・7・18判タ1251号333頁………………………226・615
仙台高判平成20・5・29判タ1278号250頁…………………………………………464
仙台高判平成22・4・22判時2086号42頁……………………………………………158

〔地方裁判所〕
高知地判昭和39・12・3判時393号13頁……………………………………………407
大阪地判昭和41・5・20判時473号48頁………………………………………………36
名古屋地判昭和43・8・28判時539号26頁…………………………………………273
神戸地豊岡支判昭和44・7・30（昭和41年㈠第4号）………………………………81
東京地判昭和44・9・4判時582号81頁………………………………………………275
横浜地判昭和44・12・2（昭和43年㈠第754号）……………………………………530

621

東京地判昭和45・8・31判時617号74頁 ……………………………………… 77
山形地判昭和46・6・29判タ267号346頁 …………………………………… 563
松山地判昭和46・8・30判時652号69頁 ……………………………………… 311
神戸地伊丹支判昭和47・4・17判時682号52頁 ……………………………… 354
前橋地高崎支判昭和47・5・2判時687号88頁 ……………………………… 79
京都地判昭和47・11・30判時704号77頁 ……………………………………… 313
東京地判昭和47・12・11判時704号70頁 ……………………………………… 587
松山地判昭和48・2・19判時708号79頁 ………………………………… 96・551
神戸地判昭和48・8・9判時763号79頁 ……………………………………… 409
京都地判昭和48・11・30判時738号89頁 ……………………………………… 117
東京地判昭和50・6・30判時801号52頁 ……………………………………… 83
大阪地判昭和50・9・30判時815号70頁 ……………………………………… 552
高知地判昭和51・1・19判時819号83頁 ……………………………………… 232
福岡地判昭和52・2・15判時869号91頁 ……………………………………… 565
福岡地判昭和52・10・5判時866号21頁 ……………………………………… 122
金沢地判昭和53・3・1判時879号26頁 ……………………………………… 39
福岡地小倉支判昭和53・3・10判時881号17頁 ……………………………… 124
大阪地判昭和53・7・13判時912号85頁 ……………………………………… 482
東京地判昭和53・8・3判時899号48頁 ……………………………………… 39
東京地判昭和53・9・7判時901号43頁 ……………………………………… 43
東京地判昭和53・9・25判時907号24頁 ……………………………………… 54
浦和地判昭和53・9・28判時930号93頁 ……………………………………… 357
京都地判昭和53・10・17判時929号112頁 …………………………………… 486
福岡地判昭和53・11・14判時910号33頁 ……………………………………… 39
盛岡地判昭和53・12・21（昭和51年(ワ)第297号） ………………………… 318
熊本地判昭和53・12・22判タ374号82頁 ……………………………………… 229
広島地判昭和54・2・22判時920号19頁 ……………………………………… 39
神戸地尼崎支判昭和54・3・23判時942号87頁 ………………………… 166・582
札幌地判昭和54・5・10判時950号53頁 ………………………………… 39・40
京都地判昭和54・7・2判時950号87頁 ……………………………………… 39
静岡地判昭和54・7・19判時950号199頁 ……………………………… 39・41
大阪地判昭和54・7・31判時950号241頁 ……………………………… 39・41
前橋地判昭和54・8・21判時950号305頁 ……………………………… 39・42

大阪地判昭和54・9・13判時947号95頁	417
横浜地判昭和54・9・26判時944号8頁	43
大阪地判昭和54・10・5判時958号95頁	333
東京地判昭和55・10・31判時1005号139頁	85
大阪地判昭和55・12・25判時1012号103頁	487
浦和地判昭和56・1・30判時1014号103頁	489
前橋地沼田支判昭和56・4・30（昭和51年(ワ)第15号、昭和52年(ワ)第18号）	366
宇都宮地判昭和56・5・28判時1038号339頁	315
東京地判昭和56・8・7判時1026号105頁	99・553
東京地判昭和56・10・28判時1042号115頁	102・554
京都地判昭和56・12・14判時1050号112頁	86・545
山形地酒田支判昭和57・1・14判タ470号174頁	104・555
東京地判昭和57・2・1判時1044号19頁	43
浦和地判昭和57・9・29判時1068号90頁	276
東京地判昭和57・12・24判時1096号95頁	106・556
神戸地豊岡支判昭和58・1・21（昭和55年(ワ)第31号）	420
福島地白河支判昭和58・1・25（昭和55年(ワ)第185号）	497
東京地判昭和58・2・24判時1072号121頁	169・360
京都地判昭和58・3・30判時1089号94頁	136・583
福島地白河支判昭和58・3・30判時1075号28頁、判タ493号166頁	49・50
宇都宮地判昭和58・4・8（昭和53年(ワ)第620号）	494
福岡地小倉支判昭和58・8・26判時1105号101頁	319
大阪地岸和田支判昭和58・9・27（昭和53年(ワ)第19号）	364
東京地判昭和59・3・26判時1143号105頁	88・546
福岡地判昭和59・6・19判時1125号146頁	193
東京地判昭和59・8・27判時1146号86頁	43
東京地判昭和59・9・14交通民集21巻1号8頁	567
仙台地判昭和59・9・18判タ542号249頁	361
大阪地判昭和59・11・28判時1155号281頁	335
東京地判昭和59・12・20判時1167号66頁	338
大分地判昭和60・3・12判時1168号133頁	498
東京地判昭和60・3・27判タ555号121頁	51
福岡地判昭和60・3・28判時1182号118頁	532

岐阜地大垣支判昭和60・4・25判時1169号105頁 ･････････････････････････196・399
名古屋地判昭和60・5・28判時1155号33頁、判タ563号202頁･･･････････････53
岐阜地判昭和60・9・12判時1187号110頁･････････････････････････････････321
千葉地判昭和60・11・29判時1190号86頁･････････････････････････････････500
大阪地判昭和61・2・14判時1196号132頁 ････････････････････････････････592
東京地判昭和61・3・3判時1222号56頁 ･･････････････････････････････････234
大阪地岸和田支判昭和61・6・27（昭和57年(ワ)第265号） ･････････････････509
横浜地判昭和61・7・24判時1210号102頁 ････････････････････････････････501
名古屋地判昭和61・10・23判時1238号110頁 ･････････････････････････････503
東京地判昭和61・10・28判タ630号173頁 ････････････････････････････････340
東京地判昭和61・12・18判時1249号77頁 ････････････････････････････････546
東京地判昭和62・5・18判時1231号3頁 ･･････････････････････････････43・45
福島地郡山支判昭和62・11・26（昭和60年(ワ)第377号）･･････････････････534
大阪地判昭和63・5・27判時1294号80頁 ･････････････････････････････････510
浦和地判平成元・3・24判時1343号97頁、判タ714号91頁 ･････････････････505
浦和地判平成元・4・26判時1343号103頁 ････････････････････････････････507
盛岡地判平成元・5・18判タ764号160頁 ･････････････････････････････････422
浦和地判平成元・9・27判時1352号131頁 ･･････････････････････････････91・548
富山地高岡支判平成2・1・31判時1347号103頁 ･･････････････････････････171
大阪地堺支判平成2・3・22判時1346号112頁 ････････････････････････････424
福岡地行橋支判平成2・4・18判自76号66頁 ･････････････････････････････513
大阪地判平成2・8・8判時1372号113頁 ･････････････････････････････････425
和歌山地判平成2・8・17判タ739号142頁 ･･･････････････････････････････472
広島地判平成2・8・31判時1368号101頁 ････････････････････････････････427
山口地判平成3・2・27判タ757号208頁 ･････････････････････････････199・400
東京地判平成3・3・25判タ768号74頁 ･･･････････････････････････････････515
東京地判平成3・3・28判時1381号21頁 ･･････････････････････････････････138
東京地判平成3・4・23判タ767号96頁 ･･･････････････････････････････････342
浦和地判平成3・11・8判タ784号208頁 ･･････････････････････････････････536
東京地判平成4・1・28判時1421号94頁 ･･････････････････････････････････476
東京地判平成4・1・30判タ792号191頁 ･･････････････････････････････････58
福岡地判平成4・4・24判時1437号134頁、判タ791号116頁 ････････････････429
横浜地判平成4・4・27判自106号50頁 ･･･････････････････････････････････324

624

佐賀地判平成 4・7・17判タ801号138頁 ……………………………………517
福岡地小倉支判平成 4・9・1 判タ802号181頁 ……………………………279
東京地判平成 4・11・30判時1482号120頁、判タ834号150頁 ………202・610
浦和地判平成 5・1・25判自110号94頁 ……………………………………431
東京地判平成 5・1・28交通民集26巻 6 号1620頁 ………………………571
神戸地姫路支判平成 5・2・26（平成 2 年(ワ)第382号）…………………538
東京地判平成 5・2・18判タ823号211頁 ………………………………173・584
東京地判平成 5・4・28判時1480号92頁 ………………………………109・557
神戸地判平成 5・5・25判タ840号172頁 ……………………………………372
東京地判平成 5・10・25判時1508号138頁 …………………………………401
岡山地判平成 6・1・25判タ860号212頁 ……………………………………558
東京地判平成 6・3・29判タ868号217頁 ……………………………………281
新潟地判平成 6・6・30判タ849号279頁 ……………………………………38
山形地酒田支判平成 6・7・28判時1527号139頁 …………………………435
静岡地判平成 7・3・10判時1554号130頁 …………………………………374
東京地判平成 7・3・29判時1555号65頁 ………………………………175・376
福井地判平成 7・4・26判時1555号112頁 …………………………………437
東京地判平成 7・7・24判タ903号168頁 ……………………………………585
福島地郡山支判平成 7・7・25判時1552号103頁 …………………………589
千葉地木更津支判平成 7・9・26判タ894号127頁 …………………………326
高松地判平成 7・10・9 判タ924号179頁 …………………………………540
東京地判平成 7・11・15判タ912号203頁 …………………………………282
東京地判平成 8・1・25判タ918号150頁 …………………………………141
鹿児島地判平成 8・1・29判タ916号104頁 ………………………………377
大津地判平成 8・2・9 判時1590号127頁、判タ918号186頁 ……………569
高知地判平成 8・3・29判タ937号124頁 …………………………………521
東京地判平成 8・5・21判タ920号170頁 …………………………………344
東京地判平成 8・9・19判時1858号54頁 …………………………………439
東京地判平成 9・2・13判タ953号208頁 …………………………………379
山口地下関支判平成 9・3・17判時1637号104頁、判タ955号165頁 ………179・328
浦和地熊谷支判平成 9・3・27判時1634号126頁 …………………………542
東京地判平成 9・4・15判時1631号96頁 …………………………………284
東京地判平成 9・11・21判時1640号143頁 …………………………………330

625

東京地判平成 9 ・12・24判タ991号209頁 ··286
広島地判平成10・ 2 ・16判タ1009号107頁 ···523
東京地判平成10・ 2 ・25判時1662号98頁 ··381
高知地判平成10・ 5 ・11判タ995号128頁 ··445
札幌地判平成10・ 7 ・26判タ1040号247頁 ····································93・549
浦和地判平成10・ 9 ・25判時1673号119頁 ···384
津地四日市支判平成10・ 9 ・29金判1057号46頁 ··································572
東京地八王子支判平成11・ 1 ・28判タ1021号238頁 ···························574
浦和地熊谷支判平成11・ 1 ・29判時1709号39頁 ································387
名古屋地判平成11・ 3 ・15判タ1001号205頁 ······································238
浦和地判平成11・ 3 ・29判時1694号117頁 ···524
東京地判平成11・ 4 ・22判タ1016号173頁 ···447
熊本地判平成11・ 8 ・27判時1696号131頁 ···288
名古屋地判平成11・ 9 ・10判時1718号108頁 ·······························204・611
札幌地判平成11・11・17判時1707号150頁 ···291
京都地判平成12・ 3 ・27判タ1107号252頁 ···································181・389
大阪地判平成12・ 3 ・28（平成 9 年(ワ)第12104号） ···························449
東京地判平成12・ 5 ・22判時1718号 3 頁 ··161
横浜地判平成12・11・17判時1749号70頁 ··· 60
千葉地判平成13・ 3 ・30判時1755号108頁 ·································68・71・606
神戸地姫路支判平成13・ 4 ・23判時1775号98頁 ································527
仙台地判平成13・ 4 ・26判時1754号138頁 ···577
東京地判平成13・ 5 ・11判時1765号80頁 ··293
福岡地小倉支判平成13・ 8 ・30判時1767号111頁 ·······························451
東京地判平成13・11・27判時1794号82頁 ··296
旭川地判平成13・12・ 4 判時1785号68頁 ··598
神戸地尼崎支判平成13・12・ 4 判時1798号111頁 ·······························453
横浜地判平成13・12・ 5 判時1774号98頁 ··346
東京地判平成13・12・27判時1798号94頁 ··297
千葉地判平成14・ 1 ・21判時1783号127頁 ···454
福井地判平成14・ 2 ・28判時1789号108頁 ···································187・350
福岡地行橋支判平成14・ 3 ・ 5 判タ1133号155頁 ·······························390
長崎地判平成14・ 3 ・27判タ1156号203頁 ···458

名古屋地判平成14・4・22判時1866号108頁 ………………………………………64
長崎地判平成14・5・14判時1934号55頁 ……………………………………206
大阪地判平成14・9・24判タ1129号174頁 …………………………………578
福岡地小倉支判平成14・10・29判時1808号90頁 …………………………114
東京地判平成14・12・17判タ1155号231頁 …………………………………301
福岡地行橋支判平成15・1・28判時1864号154頁 …………………………456
東京地判平成15・3・20判時1846号62頁 ……………………………………72
福島地白河支判平成15・6・3判時1838号116頁 ……………………302・603
福岡地判平成15・8・27判時1843号133頁 ……………………………304・604
東京地判平成15・9・19判時1843号118頁 …………………………………608
奈良地判平成15・10・8判時1840号49頁 ………………………143・332・600
東京地判平成16・3・23判時1908号143頁 …………………………………148
名古屋地判平成16・4・9判時1869号61頁 …………………………………66
前橋地判平成16・5・14判時1860号108頁 …………………………………479
広島地判平成16・7・6判時1868号101頁 ……………………………151・586
長野地判平成16・7・12判タ1195号198頁 …………………………………392
東京地判平成16・11・19判タ1180号227頁 …………………………190・395
大阪地判平成17・2・14判時1921号112頁 …………………………………396
広島地福山支判平成17・2・23判時1895号82頁 …………………………460
大阪地判平成17・5・27判時1915号65頁 ……………………………215・613
東京地判平成17・7・19判時1976号76頁 ……………………………………219
富山地判平成17・12・20裁判所HP ……………………………………226・615
福岡地小倉支判平成18・2・10判時1986号61頁 …………………………306
東京地判平成18・9・26判時1971号133頁 …………………………………560
大阪地判平成18・10・20判時1982号125頁 …………………………………613
東京地判平成19・2・5判時1970号60頁 ……………………………………222
大阪地判平成19・5・9判タ1251号283頁 …………………………………308
東京地判平成19・10・29判時2002号116頁 …………………………………156
仙台地判平成19・7・10判時1981号66頁 ……………………………………154
仙台地判平成19・9・27（平成17年(ワ)第1690号） ………………………464
名古屋地判平成19・11・30判時2001号69頁 ………………………………127
鹿児島地判平成20・5・20判時2015号116頁 ………………………………594
東京地判平成21・10・21判時2069号67頁 …………………………………119

神戸地姫路支判平成22・11・17判時2096号116頁…………………………132
〔簡易裁判所〕
名古屋簡判平成18・8・2判タ1129号229頁……………………………462

【著者紹介】

升田　純（ますだ　じゅん）

〔略　歴〕　昭和25年4月15日生まれ。
　　　　　昭和48年　　　国家公務員試験上級甲種・司法試験合格
　　　　　昭和49年3月　京都大学法学部卒業
　　　　　昭和49年4月　農林省（現農林水産省）入省
　　　　　昭和52年4月　裁判官任官、東京地方裁判所判事補
　　　　　昭和56年7月　在外研究・米国ミシガン州デトロイト市
　　　　　昭和57年8月　最高裁判所事務総局総務局局付判事補
　　　　　昭和62年4月　福岡地方裁判所判事
　　　　　平成2年4月　東京地方裁判所判事
　　　　　平成4年4月　法務省民事局参事官
　　　　　平成8年4月　東京高等裁判所判事
　　　　　平成9年4月　裁判官退官、聖心女子大学教授
　　　　　平成9年5月　弁護士登録
　　　　　平成16年4月　中央大学法科大学院教授

〔主要著書〕『詳解　製造物責任法』（商事法務研究会、平成9年）
　　　　　『高齢者を悩ませる法律問題』（判例時報社、平成10年）
　　　　　『情報をめぐる法律・判例と実務』（共編著、民事法研究会、平成15年）
　　　　　『要件事実の基礎と実践』（金融財政事情研究会、平成15年）
　　　　　『要件事実の実践と裁判』（金融財政事情研究会、平成16年）
　　　　　『裁判からみた内部告発の法理と実務』（青林書院、平成20年）
　　　　　『実務　民事訴訟法〔第4版〕』（民事法研究会、平成21年）
　　　　　『要約マンション判例155』（学陽書房、平成21年）
　　　　　『現代社会におけるプライバシーの判例と法理』（青林書院、平成21年）
　　　　　『風評損害・経済的損害の法理と実務』（民事法研究会、平成21年）
　　　　　『モンスタークレーマー対策の実務と法〔第2版〕』（共著、民事法研究会、平成21年）
　　　　　『最新　PL関係判例と実務〔第2版〕』（民事法研究会、平成22年）
　　　　　『判例にみる損害賠償額算定の実務』（民事法研究会、平成22年）など

警告表示・誤使用の判例と法理

平成23年2月10日　第1刷発行

定価　本体5,300円（税別）

編　者　升田　純
発　行　株式会社　民事法研究会
印　刷　文唱堂印刷株式会社

発行所　株式会社　民事法研究会
〒150-0013　東京都渋谷区恵比寿3-7-16
〔営業〕TEL 03(5798)7257　FAX 03(5798)7258
〔編集〕TEL 03(5798)7277　FAX 03(5798)7278
http://www.minjiho.com/　　info@minjiho.com

落丁・乱丁本はお取り換えします。
ISBN978-4-89628-662-5　C2032 ￥5300E